固原年鉴

2022

固原市地方志研究室 编

黄河出版传媒集团
阳 光 出 版 社

图书在版编目（CIP）数据

固原年鉴. 2022 / 固原市地方志研究室编. -- 银川：阳光出版社，2023.8
ISBN 978-7-5525-7045-8

Ⅰ. ①固… Ⅱ. ①固… Ⅲ. ①固原-2022-年鉴
Ⅳ. ①Z524.33

中国国家版本馆CIP数据核字（2023）第205534号

固原年鉴2022　　固原市地方志研究室　编

责任编辑　杨　皎
封面设计　固原文贞工作室
责任印制　岳建宁

黄河出版传媒集团
阳光出版社　出版发行

出 版 人　薛文斌
地　　址　宁夏银川市北京东路139号出版大厦（750001）
网　　址　http://www.ygchbs.com
网上书店　http://shop129132959.taobao.com
电子信箱　yangguangchubanshe@163.com
邮购电话　0951-5047283
经　　销　全国新华书店
印刷装订　固原文贞印刷有限公司
印刷委托书号　（宁）0027519
地图审图号　宁S（2023）第021号

开　　本　889 × 1194　1/16
印　　张　25.25
字　　数　600千字
版　　次　2023年8月第1版
印　　次　2023年8月第1次印刷
书　　号　ISBN　978-7-5525-7045-8
定　　价　198.00元

《固原年鉴(2022)》编辑部

主　　编　张志海

副 主 编　宋兆璠　杨永成

执行副主编　薛　强

特邀审读　贠有强

编　　辑　马成贵　李　莉　杨平梅　李　荣　李　静

《固原年鉴（2022）》撰稿人

（以姓氏笔画为序）

丁　正	丁永强	于海军	马　强	马　铎	马一平	马小龙
马天东	马玉龙	马玉明	马成贵	马金凤	马亚丽	马建红
马德功	丰　楠	王　龙	王　伟	王永鹏	王龄松	王路路
毛作鹏	文佐东	方　雪	甘　强	冯　荣	兰永锋	朱鸿禧
伍贵生	刘　军	刘　茜	刘万恩	刘丽华	刘智峰	齐佩佩
关凌月	安金国	许　军	孙文升	孙有平	孙海江	孙润阳
杜玉斌	杜年强	杜晓东	李　莉	李　荣	李兴民	李宏伟
李国栋	李翔鹰	闫维路	杨　军	杨　洁	杨　莉	杨　健
杨　超	杨　智	杨平梅	杨占辉	杨代军	杨宁香	杨华厚
杨意河	杨良谋	连廷鹏	吴　璇	何　明	何学花	余广东
余　慧	宋　平	宋掌玺	张　开	张　明	张小燕	张红香
张莉红	张海彪	张筱淳	张蕾蕾	陆世龙	武娟娟	武海鸥
虎永军	罗　诚	金　琳	金文静	金晓明	单海君	郎凤鸣
赵　锐	赵生献	赵宝娣	郝晓湖	柳　丽	姚志俊	贺　文
袁　伟	袁正斌	贾世国	倪金栋	徐　鹏	徐向臣	郭满贤
姬彩云	崔国强	崔建设	睦世友	程耀东	强　兵	蒙永彬
褚广宏	裴国强	裴京斐	胡玉荣	戴小维	魏广泱	冀晓华

编辑说明

一、《固原年鉴》于2004年首次出版，本卷为2022，是由固原市地方志研究室编纂出版，具有政府年度公报性质的地方资料性工具书，面向区内外公开发行。

二、《固原年鉴(2022)》以马克思列宁主义、毛泽东思想、邓小平理论、“三个代表”重要思想、科学发展观、习近平新时代中国特色社会主义思想为指导，坚持辩证唯物主义和历史唯物主义的立场、观点和方法，求真务实，与时俱进，全面、系统、翔实地记载固原市2021年各项事业发展状况、重大事件和各行业各领域最新成就，为社会各界了解固原提供基本资料。

三、《固原年鉴(2022)》收录的文字、图片资料时限为2021年1月1日至2021年12月31日。使用“宁夏回族自治区”称谓时简称“自治区”“全区”；使用“固原市”称谓时，简称“全市”“市”。

四、《固原年鉴(2022)》采用分类编辑法。以类目、分目、条目组成框架结构的主体部分，少数分目增设子分目，条目作为记述的基本形式。不同层次的标题，通过字体、字号和版式设计加以区别，条目标题统一用黑体字加【 】标示，便于读者查找。

五、《固原年鉴(2022)》设特载、大事记、固原综览、中国共产党固原市委员会、固原市人民代表大会常务委员会、固原市人民政府、中国人民政治协商会议固原市委员会、中国共产党固原市纪律检查委员会 固原市监察委员会、民主党派、群众团体、法治、军事、经济管理、农业、工业、商贸服务业、文化旅游、金融业、经贸合作、交通、水利、城市建设、乡村振兴、生态环境、科学技术、教育体育、卫生健康、应急管理、县(区)概览、荣誉·人物、附录共31个类目。

六、《固原年鉴(2022)》所刊载的文字和图片资料由固原市直各部门(单位)、县(区)及驻固中央、自治区部门(单位)和企业提供，经各供稿单位主要领导审核，编辑时按照年鉴编辑体例和要求进行编辑整理。获得2021年度省部级以上及市委、市政府表彰的先进集体和个人，根据各供稿单位提供的表彰文件进行收录，先进集体及个人排名不分先后。所列领导任职情况(机构和组成人员)根据固原市直各部门(单位)、县(区)及驻固中央、自治区部门(单位)和企业上报资料与中共固原市委组织部《固原市副处级以上干部名册(2021年度)》收录。

七、《固原年鉴(2022)》条目所涉数据来源众多，相关数据或有差异，遇此情况当以《固原市2021年国民经济和社会发展统计公报》为准。计量单位采用国务院公布的公制和国际单位制，少数非统计意义的计量单位仍用市制。数字用法执行国家标准《出版物上数字用法》(GB/ 15835—2011)，标点符号用法执行国家标准《标点符号用法》(GB/ 15834—2011)。

八、《固原年鉴(2022)》卷首图片设特载、红色固原、绿色发展、经济高质量发展、改革开放、群众生产生活、人民精神文化、城乡人居环境、庆祝中国共产党成立100周年、抗疫特辑等专题，对全市重要会议、重要成就、重大活动等社会各领域的年度亮点工作加以反映。

固原数字(2021年度)

总 面 积:10522.2平方千米
市区面积:52.33平方千米
户籍户数:44.12万户
户籍人口:145.76万人
常住户数:39.7万户
常住人口:114.8万人

地区生产总值:375.13亿元
第一产业增加值:64.21亿元
第二产业增加值:80.65亿元
第三产业增加值:230.27亿元

地方一般公共预算收入:15.82亿元
一般公共预算支出:245.02亿元
地方财政收入:27.03亿元
地方财政总支出:255.12亿元

社会消费品零售总额:124.92亿元
金融机构存款余额:546.39亿元
金融机构贷款余额:485.35亿元
保险保费收入:14.04亿元
劳务总收入:73.36亿元

城镇居民人均可支配收入:32546.4元
农村居民人均可支配收入:13086.0元
城镇居民人均消费支出:23599.3元
农村居民人均消费支出:10885.3元
城镇登记失业率:4.77%

农林牧渔业总产值:142.39亿元
粮食播种面积:311.18万亩
粮食总产量:78.23万吨
公路总里程:10855千米

旅游景点:14个
国家AAAA级旅游景点:6个
接待国内游客总收入:28.67亿元
接待国内游客:708.58万人

普通高等院校:1所
中等职业教育学校:5所
特殊教育学校:3所
幼儿园:441所

普通中学:70所
高中:14所
初中:56所
小学:415所

艺术表演团体:59个
博物馆:7个
公共图书馆:6个
文化馆:6个
档案馆:6个

卫生机构(包括村卫生室):1107个
卫生技术人员数:9133人
医疗卫生机构实有床位:6878张
基本医疗保险参保人数:130.35万人
基本养老保险参保人数:68.54万人

工业增加值:47亿元
固定资产投资额增速:8%
规模以上工业增加值增速:2.7%
地区生产总值增速:6.1%

(固原市统计局　国家统计局固原调查队)

固原荣誉

2014年7月，固原市被评为中国冷凉蔬菜之乡、中国马铃薯之乡。

2015年1月，固原市入选国家新型城镇化综合试点地区。

2016年3月，固原市被人力资源和社会保障部确定为全国第二批社保卡综合应用试点市。

2016年6月，固原市成为京东全国电商扶贫试点城市。

2016年6月，六盘山红军长征纪念馆被确立为中央国家机关爱国主义教育基地。

2016年10月，固原市入选长征十大潜力城市之一。

2016年12月，固原市荣获“2016中国最具魅力宜居宜业宜游城市”称号。

2016年12月，固原黄牛、固原马铃薯、固原胡麻油、彭阳红梅杏和彭阳朝那鸡获国家地理标志保护产品。

2017年1月，固原市六盘山红军长征纪念馆、将台堡红军长征会师纪念碑、单家集革命遗址、老龙潭革命烈士纪念亭4处景区入选全国红色旅游经典景区名录。

2017年8月，固原市被交通运输部评为十三五期间全面推进公交都市建设第一批创建城市。

2017年8月，固原市荣获最美中国“全域旅游创建典范城市”称号。

2017年10月，固原市被住房和城乡建设部命名为2017年国家园林城市。

2017年10月，固原市清水河国家湿地公园通过国家验收，正式成为国家湿地公园。

2018年3月，固原市成功入选全国旅游标准化试点单位。

2018年12月，国家民委命名固原市为“全国民族团结进步创建示范市”。

2019年8月，固原市入选第四批中央财政支持开展居家和社区养老服务改革试点地区。

2019年11月，固原市被全国普法办公室授予“‘七五’普法中期先进城市”称号。

2019年11月，六盘山红军长征纪念馆、将台堡红军长征会师纪念园被国家民族事务委员会命名为全国民族团结进步教育基地。

2019年11月，“固原黄牛”“西吉马铃薯”荣获中国农产品区域公用品牌。

2019年11月，固原市进入“中国城市绿色竞争力”排名第75名。

2019年12月，固原市被国家体育总局授予“‘薪火传承·中国健康跑’薪火传承奖（银奖）”“最美赛道奖”“传播贡献奖”“优秀组织奖”。

2020年12月，固原市入选“第四批全国旅游标准化示范单位”名单。

2021年1月，固原市入选2018—2020周期国家卫生城市（区）命名名单。

2021年5月31日，固原市入选第四批国家公共文化服务体系示范区公示名单。

2021年10月12日，固原市被生态环境部命名为第五批国家生态文明建设示范区。

2021年12月2日，固原市被平安中国建设协调小组办公室公示为2017—2020年度平安中国建设示范市拟授牌命名名单。

11月29日，中国共产党固原市第五次代表大会在市会议中心开幕

12月28日，固原市第五届人民代表大会第一次会议在市会议中心开幕

12月27日，市政协五届一次会议在市会议中心开幕

12月1日上午，中国共产党固原市第五届纪律检查委员会举行第一次全体会议

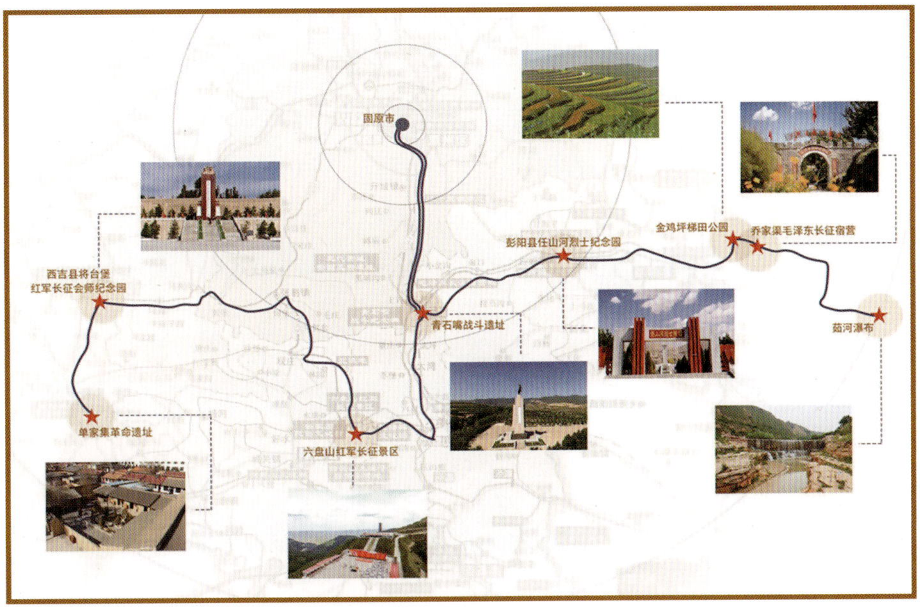

固原市红色旅游专线

游客在西吉县将台堡红军长征会师纪念园内，聆听红色故事，感受革命先烈崇高的革命精神

单家集革命遗址

六盘山红军长征纪念园

青石嘴战斗遗址

乔家渠毛泽东
长征宿营地旧址

将台堡红军长征会师纪念园

任山河烈士陵园

红军寨

86年前，红军战士钟贵鑫长征过六盘因伤流落彭阳，从此扎根务农；86年后，其子钟维成深情讲述长征故事，赓续红色基因，传承长征精神

城市品质再升级

今日固原乡村美如画

城市绿地公园让市民更幸福

灯火璀璨的博物馆广场

渝河水清岸绿焕新生

泾河源镇入选第一批全国乡村旅游重点镇(乡)

彭阳古城刘高庄经红河至杨坪公路入选2021年全区最美农村路

西吉县葫芦河治理成效显著

全面运营中的金昱元循环经济产业链项目

高科技蔬菜产业园的大棚穿上了厚厚的“棉衣”

纺织车间工人在忙碌

工人在宁夏隆德浩得纸业包装有限公司瓦楞纸生产线作业。该公司在隆德县残疾人托养中心、陈靳乡陈靳村、观庄乡大庄村设立扶贫车间，让群众在家门口就业增收。今年上半年，该公司实现工业生产总值692万元，带动86人就业，其中残疾人47人

亲亲食品集团作为招商引资重点企业落户西吉工业园区，成立了宁夏亲亲食品科技有限责任公司，主要经营膨化食品、果冻等休闲食品。目前，一期虾条膨化线已建成并投产生产，安置63名当地群众就业

9月27日，经过压榨、精练、灌装、封箱，又一批冷榨高端亚麻籽油在宁夏六盘珍坊生态农业科技有限公司的灌装线上生产完毕

原州区头营镇的融侨丰霖(宁夏)肉牛生态产业园

原州区高品质蛋鸡产业项目是西北地区单体规模最大的蛋鸡项目，市场覆盖北京、上海、广东、陕西、江苏等多个省10余个大中城市。项目采用日本无菌养殖技术，实现了全自动化养殖

养牛过上“牛日子”，小康路上劲头足

隆德县奠安乡新街村村民在合作社查看伊拉兔生长情况

宁夏东昂农业科技有限公司在彭阳县红河村建成矮砧密植苹果种植基地

智能化园区管理平台建成投入运行

中水回用灌溉

原州区飞毛腿技校学生潜心学习提技能

风电能源为高质量发展添动力

新建成的330千伏输电线路

天然气走进千家万户

建设中的银昆高速(固原段)公路

固原飞机场

西城路社区党建综合服务中心全力打通服务群众“最后一公里”

“163”政务服务大厅工作人员用心服务每一名群众

教育基础设施全面改善，学生们喜笑颜开

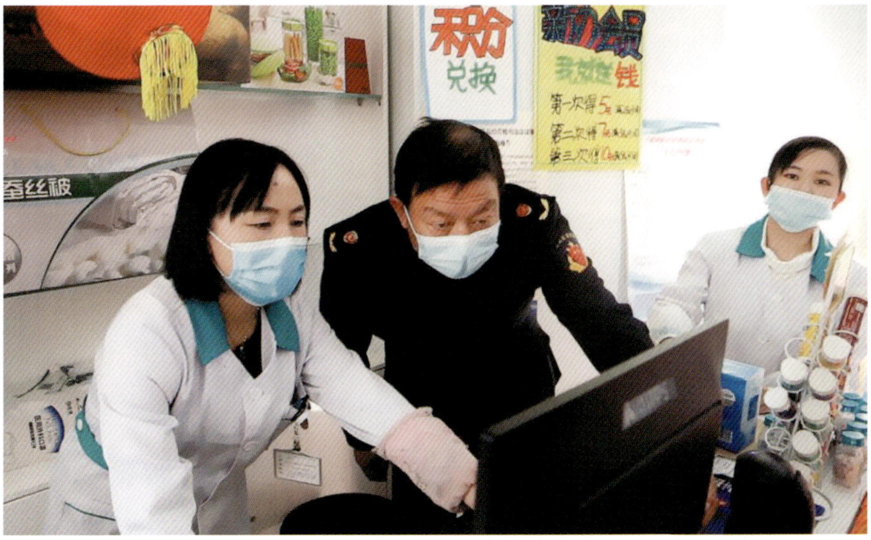

市场监管局执法人员对药店购买“一退两抗”药物登记信息督查

固原市社保中心职工为群众指导手机异地就医备案

8月16日，市人社局举办固原-福州2021年夏季高校毕业生专场招聘会

西吉县兴隆镇单南村村干部带着相关书籍，上门为村民讲授养牛知识

社区活动室里
老年人下棋娱乐

农民自乐班弹
奏出丰收的喜悦

音乐家指导
群众吹奏乐器

戏曲进校园

原州区妇联联合北塬街道文化巷社区，开展以“亲子颂党恩，书香庆华诞”为主题的活动，现场花艺老师指导插花

幸福生活像花儿一样

移民新村美如画

六盘山下的美丽村庄

城市“绿肺”为市民生活提供了幸福空间

基础设施的完善提升了景区形象

村村通公路成为现实

健步小道成为
市民休闲的新去处

农民新居

卫生光荣之家

城市绿地，助增市民幸福感

6月25日晚，固原市庆祝中国共产党成立100周年文艺晚会在市会议中心精彩上演

颂歌献给党

7月16日，市教育体育系统“奔跑吧，少年”儿童青少年主题健身活动启动仪式暨第二届中学生田径运动会开幕式在彭阳县体育场举行

固原一中师生同唱“没有共产党就没有新中国”

童心向党

4月26日，庆祝建党100周年广场文化活动暨“六盘山儿女心向党”专场文艺演出在市区人民广场举行。舞蹈、独唱、小品等节目为市民带来了一场家门口的文化大餐

6月18日，原州区“脱贫致富感党恩　乡村振兴跟党走”庆祝中国共产党成立100周年合唱大赛中，三营镇东塬村脱贫群众代表队荣获“文明风尚奖”

6月10日，固原市庆祝中国共产党成立100周年“唱支山歌给党听”群众红歌合唱比赛活动启动仪式在西吉县将台堡红军长征胜利会师纪念园广场举行

城阳乡“光荣在党50年”纪念章开始陆续颁发，固原市3000多名老党员获殊荣

7月1日，武警固原支队举行重温入党誓词仪式，庆祝建党百年华诞

固原市国资国企系统举办庆祝中国共产党成立100周年“永远跟党走 共筑中国梦”文艺晚会

疫情期间，群众生活物资保障充足

10月31日，固原市紧急抽调86名医务人员赴银川集中隔离点开展疫情防控工作

坚持“外防输入，内防反弹”总策略，固原火车站工作人员在站内进行消杀

防疫人员在高速路口对入固货车进行查验，及时了解货运司机困难，既保证货运畅通，又保障外防输入

西南新区查验点

“亮明身份，战疫一线”活动，让党旗在防疫一线高高飘扬，守好农村防疫“最后一公里”

志愿者一起坚守在疫情防控一线

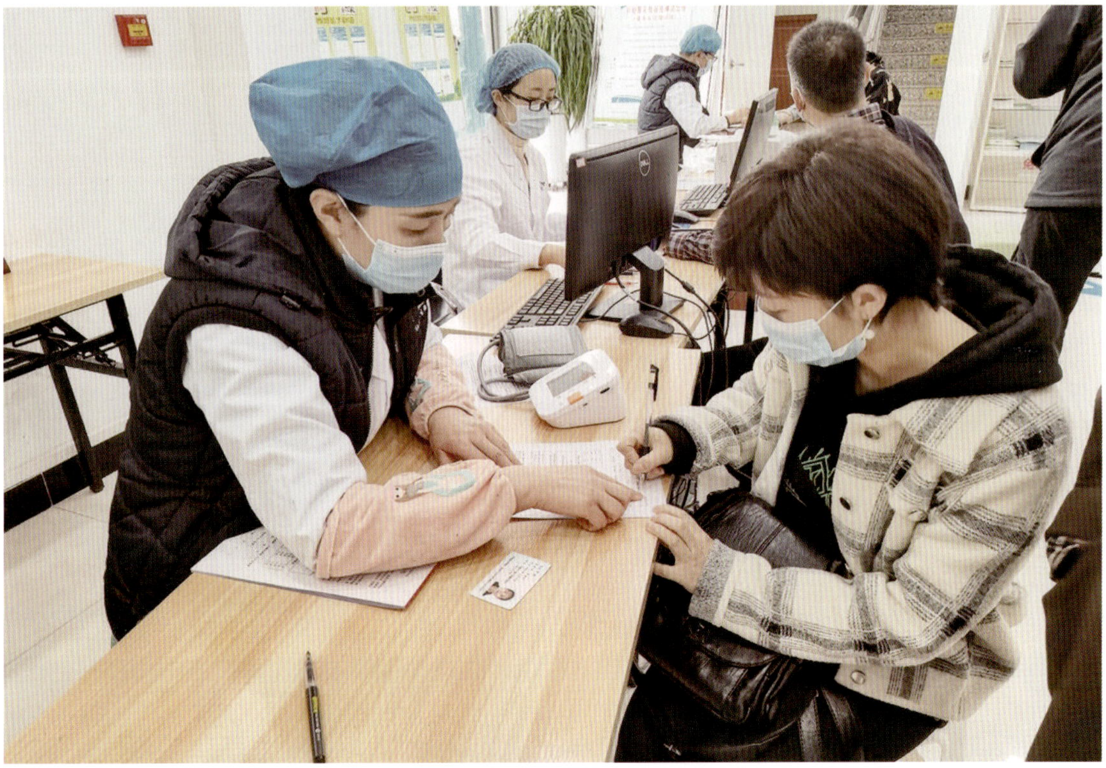

10月20日，固原市全面启动新冠疫苗加强针接种工作，对全程接种二剂次新冠病毒灭活疫苗满六个月的十八岁以上人群接种第三剂次疫苗，优先接种感染高风险人群和保障社会基本运行的关键岗位人员。为方便群众就近接种，全市共设置45个接种点

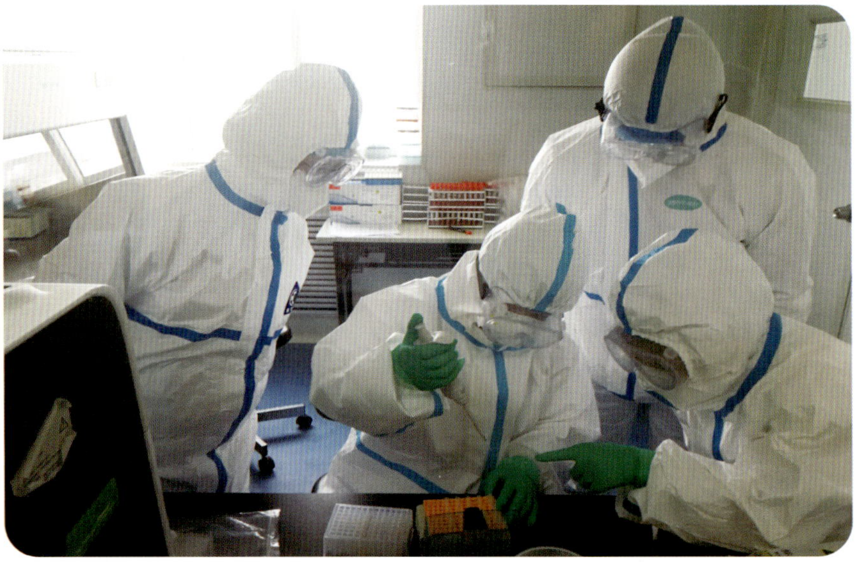

做好实验室监测，让群众放心安心

2021年以来，固原蓝天救援队开展常态化疫情防控免费消杀工作，对部分机关单位及公共活动场所进行预防性全面消杀，为市民的健康筑起一道安全防线

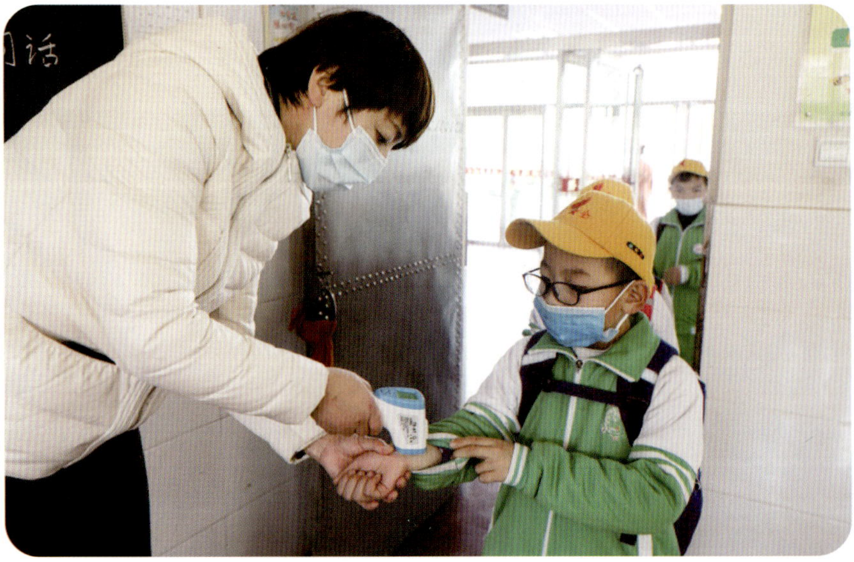

分学段开学复课

目 录

特 载

大事记

固原综览

机关党建

老干部工作

网络与信息安全

党校教育

固原市人民代表大会常务委员会

综述

重要会议

立法工作

立法成果

监督工作

代表工作

固原市人民政府

综述

中国共产党固原市纪律检查委员会 固原市监察委员会

民主党派

群众团体

法　治

审计

统计

市场监督管理

自然资源管理

农　业

综述

肉牛产业

马铃薯产业

冷凉蔬菜产业

金融业

乡村振兴

生态环境

荣誉·人物

附 录

机构和组成人员

统计资料

文件目录

牢记领袖嘱托　铭记真抓实干
奋力谱写建设黄河流域生态保护和高质量发展先行区固原新篇章

——在中国共产党固原市第五次代表大会上的报告

（2021年11月29日）

马汉成

同志们：

现在，我代表中国共产党固原市第四届委员会向大会作报告。

中国共产党固原市第五次代表大会，是在中国共产党成立100周年的重要节点，我们摘掉贫困帽、实现小康梦、开启新征程的重要时刻，召开的一次重要会议。大会的主题是：高举习近平新时代中国特色社会主义思想伟大旗帜，深入贯彻习近平总书记视察宁夏重要讲话精神，汲取党的百年奋斗重大成就和历史经验的智慧力量，牢记领袖嘱托、铭记真抓实干，奋力谱写建设黄河流域生态保护和高质量发展先行区、全面建设社会主义现代化固原新篇章。

领袖大爱如山似海。习近平总书记对固原缘深情浓，先后三次访贫问苦，为我们开创了挪穷窝、拔穷根、奔小康、共富裕的幸福路。特别是党的十八大以来，习近平总书记两次视察宁夏，擘画了“建设经济繁荣民族团结环境优美人民富裕的美丽新宁夏”的宏伟蓝图，赋予了“建设黄河流域生态保护和高质量发展先行区”的时代使命，这是我们拼搏前进的强大动力、接续奋斗的根本遵循。回望过去的奋斗路，全市人民感恩共产党、感谢总书记、感念党中央，万众一心铸就了翻天覆地、摆脱贫困的全面小康史，绘就了战天斗地、绿色发展的生态建设史，成就了感天动地、亲如一家的民族团结史。眺望前方的奋进路，六盘儿女更加拥护共产党、拥护总书记、拥护党中央、拥护中国特色社会主义制度，无比自豪、无上光荣地向着实现中华民族伟大复兴的中国梦奋勇前进！

一、同心苦干三大攻坚战，摘掉贫困帽实现小康梦开创新局面

过去五年，在以习近平同志为核心的党中央亲切关怀和坚强领导下，在自治区党委高度重视和正确领导下，市委把坚持党的全面领导贯彻全过程、各领域，团结带领全市人民，坚持以习近平新时代中国特色社会主义思想武装头脑、指导实践、推动工作。始终胸怀“两个大局”、心怀“国之大者”、统筹推进“五位一体”总体布局、协调推进“四个全面”战略布局的政治自觉不断提高；始终全面贯彻党的十九大和十九届二中三中四中五中六中全会精神的政治定力不断增强；始终深入学习宣传贯彻习近平总书记系列重要讲话尤其是视察宁夏重要讲话精神的政治担当不断提升；始终对标落实自治区第十二次党代会精神及历次全会决策部署的政治责任不断实化。2019年8月，自治区党委常委集体调研固原时给予“固原脱贫攻坚为全区作出了贡献，生态建设为全区树立了榜样，广大干部干事创业的精气神为全区广大党员干部作出了榜样”的高度评价。

脱贫圆梦小康圆满。我们始终践行习近平总书记精准扶贫、精准脱贫方略，兑现了“誓拔穷根”的庄严承诺，实现了“摆脱贫困”的千年

梦想。各级领导、全体党员、援宁队伍、福建各界、第一书记、帮扶单位听党指挥、上下同欲、与民同苦,用辛勤和汗水诠释了党有号召、我有行动的脱贫实践,实现了从家徒四壁、忍冻挨饿的穷苦日子到丰衣足食、家境殷实的幸福生活,创造了世人惊叹的历史性脱贫奇迹,贡献了中国减贫方案的固原样本。我们汇集思想、组织、群众、社会四方力量,以"四查四补"为抓手,攻下堡垒实现了"两不愁三保障",战胜疫情,建成了全面小康社会。以"四大提升行动"巩固脱贫成果有力有效、衔接乡村振兴有序有策,涌现的先进、创造的经验、奉献的生命,共同展现了"上下同心、尽锐出战、精准务实、开拓创新、攻坚克难、不负人民"的脱贫攻坚精神。

经济增质民生增福。我们始终践行习近平经济思想和以人民为中心的发展思想,统筹稳增长、保民生。经济发展稳中向好。预计全市生产总值五年年均增长6.7%左右;城乡居民收入五年年均分别增长7.3%、11.4%左右。扛起先行区建设政治责任,聚焦产业发展、基础设施、生态建设、重大项目,细化36项重点任务,逐条推进见到实效。融侨肉牛养殖加工、黄天鹅高品鸡蛋、丰源纺织一期等项目建成达产,带动5大重点产业发展势头强劲、预期良好。召开产业发展和招商引资大会,出台7个政策性文件,全市上下大抓产业和招商引资的氛围更加浓厚。民生事业稳步改善。财政支出85%以上用于民生,学前教育普惠程度居全区前列,义务教育基本均衡发展通过国家评估认定,创成国家公共文化服务体系示范区,公共卫生服务网络实现城乡全覆盖,社会保障扩面提标、应保尽保、百姓念好,每年坚持办一批民生实事,全市人民的获得感、幸福感不断提升。面对国内外疫情的复杂形势和自身防控繁重任务,我们贯彻总书记"生命重于泰山、疫情就是命令、防控就是责任"的重要指示,各级干部、医护人员支援疫区、坚守阵地,靠实"四方责任",坚持"外防输入、内防反弹",人、物、环境同防,常态化疫情防控的体制机制逐步健全,2020年2月,输入性病例在全区率先"清零",时至今日,再未发生输入性病例,疫情防控阻击战的管控体系严密有效,疫情防控持久战的责任体系运转有序,护佑了人民群众的生命和健康。

生态变优环境变好。我们始终践行习近平生态文明思想,坚决守好改善生态环境生命线。绿山治水见真章。坚定"荒山"变"绿岛"的决心,建管育护一体推进,新营造林260万亩,森林覆盖率由22.8%提高到30.8%,水土流失治理程度达76%。到户到人宣传"火"的教训,压实防火责任,提升防控能力,像守护生命一样守护好来之不易的生态成果。创新试点"四个一"林草工程,在实现山绿与民富双赢的路径上打开了视野、探索了经验、见到了成效。创成国家生态文明建设示范区,泾源县入选全国"绿水青山就是金山银山"实践创新基地。自治区党委对固原生态建设给予"成绩值得肯定、经验值得推广、精神值得学习、作风值得发扬"的充分肯定。清乱治污见实效。坚决落实总书记重要批示精神,动真碰硬完成六盘山国际旅游休闲度假区暨狩猎场项目整改,铁腕治理六盘山三关口矿区生态环境污染问题,昔日满目疮痍的矿山披上"绿装"。全面整改完成中央和自治区党委环保督察反馈问题,坚持"五河"同治、流域综治,实施"控源、截污、治理、修复"措施,"五河"国控断面水质优良率从20%跃升至80%,渝河水生态环境治理模式在全国推广,天蓝、地绿、水清成为今日固原的美丽画卷。

城市更靓农村更美。我们始终践行习近平总书记建设海绵城市和城乡融合发展的重要指示,强功能、补弱项、促融合。条件改善温暖民心。海绵城市试点建设让城市既有"面子"、更有"里子"。老旧小区、棚户区改造让5.15万户居民喜迁新居、安居乐业。新增城市绿地106.7万平方米,创成国家园林城市、国家卫生城市,城市的现代感日益增强。中南部城乡安全饮水、黄河水调蓄工程建成,圆了固原人民不吃苦咸水、喝上泾河水、用上黄河水的百年梦想。实现了飞机连接全国大城市,高速融入全国大路网的美好愿望。环境改变滋润心田。彭阳"互联网+人饮"智慧水利模式在全国推广,"四好农村路"提质扩面,光纤网络实现行政村全覆盖。坚持"典型示范引领"与"整乡整村推进"相结合,内外兼修整治农村人居环境,建设美丽小城镇35个、美丽村庄148个,乡风文明积分卡模式创出乡村治理新经验,农村面貌焕发新颜值。

改革破局开放破题。我们始终践行习近平总书记关于改革开放的重要指示,全面深化改革、推动开放。围绕百姓期盼改革。"放管服"改革破茧成蝶,便民惠民"163"政务服务模式实现市县一体化运行;"四权"改革落笔入题,颁发宁夏林权不动产"第一证",签订跨市水权交易"第一单",敲响农村集体经营性建设用地入市"第一槌";政法、城管、医疗等领域改革成效明显。聚焦发展需要开放。出台优化营商环境20条,成功举办陕甘川宁经联会、第28届西交会固原分会,深化闽宁协作,加强与京津冀、长三角等地区合作,积极参与中阿博览会,对外开放内引外联、持续扩大。

民族和睦社会和谐。我们始终践行习近平总书记铸牢中华民族共同体意识的重要指示,坚决守好促进民族团结生命线。赓续红色基因聚人心。以"传承党的百年光辉史基

因、铸牢中华民族共同体意识”主题教育为载体，大力宣传固原是民族政策策源地、民族团结实践地、中华民族共同体意识新高地的光辉史，全市各族人民人心归聚、精神相依、守望相助，共同书写了民族大团结的恢宏史诗、奏响了民族大团结的精彩乐章。共创和谐进步新局面。开展“拥护核心感党恩、同心携手奔小康”教育，创成全国民族团结进步示范市，六盘山长征纪念馆、将台堡红军长征会师纪念园建成全国民族团结进步教育基地。坚决守好维护政治安全生命线，稳妥有序、全民支持、社会认可，民族和睦、宗教和顺的大好局面进一步巩固提升。

民主有序法治有力。我们始终践行习近平法治思想，坚持党的领导、人民当家作主、依法治国有机统一。民主活力蓬勃展现。人大立法、监督、决定、任免权和代表作用有效发挥，出台森林草原防火决定等10部地方性法规，人民政协政治协商、民主监督、参政议政水平不断提升，各民主党派、工商联和无党派人士积极发挥作用，统一战线、工青妇、党管武装、退役军人服务管理等工作进一步加强。法治保障坚强有力。积极化解政府债务、盘活企业经营、防范金融风险，总体平稳可控。基层治理“1+6”政策措施全面落实、有序推进。法治政府建设迈上新台阶，“七五”普法圆满收官，扫黑除恶专项斗争、政法队伍教育整顿扎实有效，社会乱象治理“五项机制”得到中央扫黑除恶督导组充分肯定，公众安全感连续7年位居全区五市第一。

党建提质作风提效。我们始终践行习近平总书记全面从严治党和作风建设永远在路上的重要论述，大抓党建、严改作风。以政治建设统领，始终把党章作为政治建设的根本遵循，严格执行《关于新形势下党内政治生活的若干准则》，扎实开展“两学一做”学习教育、“不忘初心、牢记使命”主题教育，深入推进党史学习教育，隆重庆祝建党100周年，特别是深入学习宣传贯彻习近平总书记“七一”重要讲话和党的十九届六中全会及《决议》精神，广大党员干部学史明理、学史增信、学史崇德、学史力行的主动性更加自觉，信仰信念信心更加坚定，在坚持和发展中国特色社会主义道路上进一步增长了智慧、增进了团结、增加了信心、增强了斗志。抓组织建设强基，圆满完成县乡领导班子和村（社区）“两委”换届，一批能担责、素质高、历练实的优秀干部得到提拔重用。实施“五大人才提升工程”，人才队伍建设持续加强。农村、机关、城市、企业等各领域党建全面提升，打造了“两个带头人”工程等党建带脱贫全国品牌。创新开展“知先进、强担当，知民情、强服务，知敬畏、强纪律”的“三知三强”实践，党员干部政治领导、科学发展、依法执政、群众工作等本领不断增强。从作风建设切入，持之以恒正风肃纪反腐，治理扶贫资金、工程建设、项目招投标、政府采购等领域乱象，查处了一批违纪违法案件，清除了一批害群之马，支持推动纪检监察体制改革，严格落实中央八项规定及其实施细则精神，出台加强领导干部作风建设“十项规定”，四届市委任期内巡察实现全覆盖，风清气正的政治生态持续改善巩固加强。

同志们，五年强基兴业、善政惠民，得益于中国共产党的坚强领导、中国特色社会主义制度的无比优越、中华民族共同体意识的光辉照耀、全市人民的同心苦干。我们也深刻体悟到：习近平新时代中国特色社会主义思想是领航灯塔，总书记核心地位和党中央亲切关怀是精神之源，自治区党委正确领导和倾心支持是坚强保障，历届市委奠定的坚实基础、积累的成功经验是雄厚底气，全市各级党组织和党员干部群众共同奋斗是磅礴力量。在此，我代表中共固原市委，向全市广大党员干部群众，向各民主党派、人民团体，向所有关心支持固原发展的同志们、朋友们，表示衷心感谢！致以崇高敬意！

同志们，成就鼓舞人心，经验弥足珍贵。一是必须坚持党的坚强领导。历史和事实充分证明，没有共产党就没有今天的新固原、幸福的新生活。做好固原的工作，最根本的一条就是坚持党中央权威和集中统一领导。我们要把增强“四个意识”的自觉、坚定“四个自信”的行动、做到“两个维护”的忠诚，作为捍卫“两个确立”和提升政治判断力、政治领悟力、政治执行力的检验标准，把拥戴核心、听令核心、紧跟核心，作为对党忠诚的鲜明态度，坚决在思想上政治上行动上同以习近平同志为核心的党中央保持高度一致，任何时候任何情况下都不含糊、不迟疑、不动摇。二是必须一心为民造福。历史和事实充分证明，心系人民才能得到人民的拥护和支持，固原过去五年，是群众得到实惠最多的五年，是群众生活质量、生活环境变化最大的五年。我们要牢记“江山就是人民，人民就是江山”，坚持人民至上，始终站稳人民立场、固守人民利益，实现好、维护好、发展好最广大人民的根本利益。坚信“铸牢中华民族共同体意识”是固原发展稳定的“幸福密码”，是实现民族大团结的“生命之源”，坚定维护民族团结。三是必须强化理论武装。历史和事实充分证明，先进理论是行动的指南针，固原小康的实现、脱贫的胜利、生态的成就，根本在于习近平新时代中国特色社会主义思想的领航定向。我们要高举思想旗帜、精神旗帜，真学真懂真信真用这一当代中国马克思主义、二十一世纪马克思主义，进一步增强政治认同、思想认同、理论认同、情感认同，用真理光芒照亮前行之路。四是必须践行新发展理念。历史和事实充分证明，理念决定思路，思路决定出路。固原发展要破除经济结构矛盾突出、增长动力后劲不足、质量效益仍然偏低的深层次问题，就要念好新发展理念的“真经”。我们必须在创新发展上求突破，防止走“平庸”之路；在协调发展上下功夫，防止走“失衡”之路；在绿色发展上用实招，防止走“透支”之路；在开放发展上抢机遇，防止走“封闭”之路；在共享发展上见成效，防止走“分化”之路。五是必须持续解放思想。历史和事实充分证明，让思想永远年轻是共产党人不断取得伟大成就的密码之一。解放思想成就了固原的过去，也必将引领固原的未来。我们要把解放思想、更新观念作为“总开关”和“金钥匙”，多一点“改”的精神，聚一分“革”的锐气，坚决破除思想观念陈旧之冰、改革故步自封之冰、工作消极懈怠之冰、对待群众感情淡漠之冰，增强善于用先进理念谋事、市场方式干事、满意标准成事的科学思维，书写固原现代化建设新答卷。六是必须树立系统观念。历史和事实充分证明，偏执一隅、缺乏前瞻没有前途。固原发展必须破除固有思维定式，既要纵向看成就，更要横向看差距，以前瞻30年的眼光革故鼎新、推陈出新。我们要坚持把固原发展置身时代大背景、全国大格局系统谋划、统筹推进，增强“识势”之智，提高“谋事”之能，把握“成事”之道，抢抓战略机遇、政策机遇，实现发展质量、结构、规模、速度、效益、安全相统一。这些经验源于实践、成于实践，必须倍加珍惜、长期坚持。

在肯定成绩的同时，我们也认识到，前进道路上面临着一些困难和问题：一是经济发展不足的市情没有改变。经济总量小，财政收入少，县域经济实力弱，产业链条不全，产品品牌不优，缺少龙头企业和好项目带动引领，高质量发展存有很多“难点”。二是民生保障不够的短板没有补齐。巩固脱贫成果、衔接乡村振兴任务艰巨，城乡群众稳定增收的基础不牢，教育、医疗等领域的优质资源不均衡，社会治理体系和治理能力现代化差距大、弱项多，满足人民对美好生活的向往还有不少“痛点”。三是改革开放不活的瓶颈没有突破。重点领域改革契合度不高，创新能力不强，人才资源短缺，市场体系培育滞后，营商环境有待优化；开放不足短板突出，未融入国家高铁网，畅通对外大通道还有许多“堵点”。四是干部作风不硬的实际没有扭转。一些党员干部工作激情不足、热情不够，服务基层、群众、企业的意识不强，爱玩不爱学、重痕不重绩、被动不主动的官僚气息较强，谋事缺想法、干事缺办法、成事缺方法，适应新时代新形势新任务的能力还有一批“断点”。五是基层组织建设不强的基础没有夯实。一些基层党组织抓基层、强基础、固基本的意识不强、工作不实，抓党建责任落实存在层层递减现象，发挥政治功能、组织功能、服务功能还有一些“弱点”。

同志们，回顾过去五年，我们已凭苦干实干创造奇迹、成就梦想；展望新的征程，我们更要靠苦干实干追赶前行者、建功新时代！

二、同心实干美丽新固原，担当振兴责 奋进共富路 启航新征程

“建设美丽新宁夏、共圆伟大中国梦”是习近平总书记对宁夏人民的殷殷嘱托和深深祝福。回顾党的百年奋斗史，革命先辈在固原留下了弥足珍贵的红色资源和精神财富。“单家集夜话”种下了民族大团结的基因，《清平乐·六盘山》孕育着“不到长城非好汉”的革命精神，将台堡会师传递着长征精神的火种。习近平总书记在将台堡发出了“缅怀先烈、不忘初心，走好新的长征路”的伟大号召，赓续着红色血脉的时代内涵、最新使命。“红色”成为固原最厚重的发展历史、最鲜明的时代本色。未来，我们要把“红色”作为最鲜明的标识，传承好红色基因，保护好、管理好、运用好红色资源，讲好固原红色故事。固原曾经山河贫瘠、干旱少绿，六盘儿女发扬“三苦”作风，一代接着一代干，几十年如一日，描绘出云烟成雨、七彩斑斓、林海雪原的美丽画卷，创建了天高云淡、绿水青山的靓丽名片。“绿色”成为固原最厚实的发展潜能、最鲜艳的发展底色。未来，我们要把“绿色”作为最宝贵的财富，在实现生态美与百姓富上建机制，真正让绿水青山成为百姓致富的“摇钱树”。“红色固原、绿色发展”定位，符合中央精神，契合固原实际，顺应时代要求，要笃定前行、久久为功。

今后五年工作总体要求是：高举中国特色社会主义伟大旗帜，全面贯彻习近平新时代中国特色社会主义思想，以习近平总书记视察宁夏重要讲话精神为根本遵循，以满足人民对美好生活的向往为根本目的，以铸牢中华民族共同体意识为民族工作主线，切实增强“四个意识”、坚定“四个自信”、做到“两个维护”，坚持稳中求进工作总基调，按照“五位一体”总体布局和“四个全面”战略布局要求，自觉站位新发展阶段，完整准确全面贯彻新发展理念，主动融入服务新发展格局；全面贯彻自治区党委决策部署，担负建设黄河流域生态保护和高质量发展先行区时代使命，坚决守好促进民族团结、维护政治安全、改善生态环境“三条生命线”；聚焦“红色固原、绿色发展”定位，坚持产业强市、生态立市、依法治市，坚持抓乡村振兴、县域经济、实干作风，以“党建第一责任”引领和保障发展“第一要务”，统筹疫情防控和经济社会发展，统筹发展和安全底线，守牢发展和生态红线，弘扬伟大建党精神，不忘初心、牢记使命，践行“社会主义

是干出来的”伟大号召，奋力谱写建设黄河流域生态保护和高质量发展先行区、全面建设社会主义现代化固原新篇章，为建设经济繁荣民族团结环境优美人民富裕的美丽新宁夏、实现第二个百年奋斗目标和中华民族伟大复兴的中国梦不懈奋斗！

同志们，今后五年，我们要以先行区建设统领全局、统揽发展，坚持定性和定量相结合，以争创5个国家级示范市、发展“5+4”产业、建成6个基地、建设10大基础设施工程、实施党建“铸魂”工程及人才培育工程、开展5项民生提升行动为抓手，努力实现以下目标：

*经济发展实现新跨越，打造优质的产业生态。*地区生产总值增速高于全区平均水平。加快推进工业化、信息化、城镇化、农业现代化，产业结构、用能结构、投资结构明显优化；加快实施乡村振兴战略，产业融合发展迈出实质性步伐；加快构架高质量发展的现代产业体系，经济增长的含金量、含新量、含绿量稳步提升，用现代信息技术为产业联“网”上“云”、赋智赋能，逐步实现产业数字化；加快提升县域经济综合实力、财政支出自给率明显增强，建成宁夏区域副中心城市。

*人民生活实现新提升，打造和谐的社会生态。*城乡居民人均可支配收入年均增长高于经济增长、高于全区平均增速，共同富裕迈出坚实步伐。民生保障优质化、市域治理规范化、城市管理智慧化、公共服务均等化水平不断提升。全市域创成全国民族团结进步示范县，争创铸牢中华民族共同体意识示范市。

*绿色发展实现新突破，打造美丽的自然生态。*南部水源涵养区建设取得显著进展，六大森林生态系统协调发展显著增强，森林覆盖率显著提高。空气质量优良天数、国控断面水质优良比例稳步提升，能耗“双控”实现“双降”，六盘山跨区域生态补偿机制建立，森林碳汇交易平台建成运行，构建绿色发展的产业结构、能源结构、消费结构和生产生活方式，为全区实现碳达峰、碳中和作出贡献。

*改革开放实现新进步，打造活跃的市场生态。*适应新发展格局、顺应高质量发展的机制初步建立，产业投资主导、民间投资主体、市场化配置资源的格局基本形成，金融服务实体经济能力进一步增强，改革创新能力显著提高；开放步伐不断加快，闽宁协作、毗邻地区合作等跨区域开放机制深入推进，形成优势互补、互惠互利的协作局面。

*从严治党实现新作为，打造良好的政治生态。*政治生态如同自然生态一样山清水秀、海晏河清，党的建设全面加强，各级党组织的政治功能和组织能力全面提升，党管宣传工作责任制全面落实；党员干部理想信念更加坚定、党性修养更加先进、政治忠诚更加可靠、廉洁自律更加纯洁。

同志们，没有等出来的精彩，只有干出来的辉煌。只要我们坚定必胜信心，真抓实干，我们的目标一定能够实现！

三、同心善干建设先行区，发展高质量治理现代化建功新时代

建设黄河流域生态保护和高质量发展先行区是习近平总书记赋予宁夏各族人民践行“国之大者”的政治使命，是指引固原实现高质量发展的重大机遇、重要抓手。

*（一）持之以恒壮大县域经济提高发展质量。*县域强则全市强。要立足实际，发挥优势，做优产业、做好项目、做强城镇、做大企业，为全市发展“强肌健体”。

抓产业聚能。坚持走“区域化布局、标准化生产、品牌化经营、融合化发展”路子，下功夫调一产结构、延二产链条、促三产提升。认准方向抓。以提品质、延链条、创品牌为核心做强肉牛产业，建成全国百万头高端肉牛生产加工基地；以建标准、扩规模、上冷链为重点做优绿色食品，建成百万亩高产高品马铃薯和冷凉蔬菜基地，建成全国绿色食品生产供应基地；以强功能、筑优势、增服务为关键做活文化旅游，建设长征长城国家文化公园，六盘山长征景区创成国家5A级景区，建成全国避暑养生和红色文化旅游基地，创成国家全域旅游示范市；以增绿量、建机制、富百姓为基础做实生态经济，建成绿色发展“双碳”“双控”实践基地；以引龙头、育集群、增就业为目的做大纺织服装，引育现代纺纱、织布、植物印染、服装加工四大产业链。运用市场化理念，加快培育发展新材料、新能源、中药材、电子信息4个产业，打造新的经济增长极。创新机制抓。落实好规划引领、专班推进、科研支撑、龙头带动、政策保障“五个一”机制，走好协同、企业、人才、环境创新“四条路”。以固原产业技术创新研究院为平台，探索建立协同创新共同体。创建品牌抓。强化品牌意识，注重品牌培育，加大品牌宣传，深入挖掘“老字号”“原字号”产业品牌内涵，打响固原高品鸡蛋、固原黄牛、马铃薯、冷凉蔬菜、文化旅游5个品牌，不断提高知名度、美誉度。

抓项目蓄能。聚焦“谋划、建设、招商、融资”四个关键，抓项目促发展。跑部进厅争取。聚焦政策导向、资金投向，主动加强与国家部委、自治区厅局、大型企业对接联系，争取更多资金倾斜投向固原，更多项目落地布局固原。立足优势谋划。抓住发展机遇，发挥固原新优势，高标准谋划建设重大项目库，确保项目不断档、资金不断链。以心换心招商。突出产业链招商、企业以商招商，靠实党政“一把手”抓产业、抓招商的责任，健全服务机构、增强工作力量，力促招商引资实现新突破。

抓城镇增能。落实国土空间规

划，坚持“四水四定”原则，构建城乡一体发展新格局，2026年常住人口城镇化率达55%左右。完善功能。加快构建交通、水利、能源、信息“四张网”，实施全市域海绵城市推广、现代高效节水灌溉及固海扩灌黄河水入西通彭、水源水库联调联蓄及“互联网+城乡供水”、新能源转型基地、银昆固原高速公路、中卫经固原至平凉铁路、六盘山机场改扩建、城乡安全供热、电网升级改造等重点工程项目。提升品质。推动城市更新，实施城市双修，持续改善人居环境。加强战国秦长城、古城墙等文化遗存及传统村落保护。加快光纤宽带提速升级、5G网络市域覆盖等智慧城市基础设施建设，规范提升物业服务水平，让群众生活更美好。

抓企业释能。企业是发展的主体，必须真情实意关心、支持、服务、保护，为发展注入源头活水。培育壮大企业。紧盯市场所需、产业所向，开展“专精特新”优质企业梯度培育行动，培育100家规上工业企业、增加值过100亿元。加快园区扩容提质，完善基础设施，健全投融资平台，为企业发展拓展空间。弘扬企业家精神，培育企业家队伍，保护企业家权益，让企业家有归属感、发展情。营造亲商环境。把优化营商环境作为“永不竣工的工程”，坚持“两个毫不动摇”，促进非公有制经济健康发展和非公有制经济人士健康成长，构建亲清新型政商关系，打造优质高效的政务环境、公平正义的法治环境、竞争有序的市场环境、合作共赢的开放环境，让企业安心经营、放心发展。

（二）持之以恒实干乡村振兴共享发展成果。坚持农业农村优先地位不动摇，落实“产业兴旺、生态宜居、乡风文明、治理有效、生活富裕”的乡村振兴战略总要求，尽好补齐民生短板、促进共同富裕的责任。

抓巩固衔接防返贫。认真落实国家和自治区乡村振兴重点帮扶县政策，做好巩固拓展脱贫攻坚成果同乡村振兴有效衔接，工作不留空档，政策不留空白。落实机制巩固。坚持“四个不摘”，聚焦监测对象，落实责任机制、监测帮扶机制、“四查四补”机制，严防规模性返贫。统筹兼顾衔接。坚持承前启后抓好目标衔接，点面结合抓好政策衔接，层层压实抓好责任衔接，完善“领导包抓+专班推进+驻村帮扶”机制，上下同心抓好力量衔接。

抓五项行动惠民生。落实落细自治区“四大提升行动”实施意见，提高人民生活品质。抓实移民致富提升行动让移民群众更暖心。紧盯产业就业、基础设施、公共服务、人居环境、社会融入“五项重点任务”，打好领导包抓、部门协同、政策保障、督查推进“组合拳”，答好移民致富“满意卷”。抓好城乡居民收入提升行动让群众更称心。加强技能培训、扩大社会就业增工资性收入；发展优质种养、鼓励勤劳创业、培育经营主体增经营性收入；深化农村资源变资产、资金变股金、农民变股民“三变”改革增财产性收入；落实惠民政策稳转移性收入。抓牢基础教育质量提升行动让群众更放心。坚持立德树人，加强新时代教师队伍建设，高质量办好思政课，落实“双减”要求，新建改扩建一批中小学幼儿园，推动学前教育普及普惠发展、义务教育优质均衡发展、高中教育优质特色发展、职业教育产教融合升高创新发展、“互联网+以城带乡教育”示范发展，促进学生德智体美劳全面发展。抓紧全民健康水平提升行动让群众更安心。慎终如始做好新冠肺炎疫情常态化防控工作。加强健康教育，倡导全民健身。市人民医院创成三甲、建成省级区域医疗中心。深化医改夯实医共体、建设医联体，构建覆盖城乡、延伸末端的医疗服务网络。抓细社会保障服务提升行动让群众更舒心。推动基本养老、医疗、工伤等社会保险应保尽保。紧盯低保、残疾、孤儿等特殊群体，提高工作精细化水平，确保应助尽助。围绕妇女、儿童、青年、老年人、退役军人等重点对象，构建全方位、更贴心社会关爱服务体系，让社会更加温暖。

抓全面振兴促共富。统筹抓好“五大振兴”，促进农业高质高效、乡村宜居宜业、农民富裕富足。振兴产业“富民”。落实国家粮食安全战略，执行最严格的耕地保护制度，建设百万亩高效节水灌溉基本农田。深化农村集体产权制度改革，发展壮大村集体经济。完善农业产业、生产、经营“三大体系”，让更多农户嵌入产业链、走上致富路。振兴人才“强农”，鼓励外出能人返乡创业回报乡村，吸引优秀人才下乡兴业服务乡村，就地培养新农人留乡守业发展乡村，让各类人才在强农兴农中建功立业。振兴文化“铸魂”，坚持既富口袋又富脑袋，用优秀文化涵养道德风尚、孕育文明新风，用红色文化激发奋斗热情，让乡风美、人心聚、动力足。振兴生态“塑形”，推进乡村建设行动，科学编制管控村庄规划，实施村庄绿化，治理垃圾污水，推进农户改厕，整村整乡整县改善人居环境，让乡村成为生态宜居美丽家园。振兴组织“壮骨”，大力开展乡村振兴主题培训，推进“抓乡促村、整乡推进、整县提升”创建，让农村基层党组织成为“活力、善治、文明”乡村的“主心骨”。

（三）持之以恒坚守生态立市厚植发展底色。深入贯彻习近平生态文明思想，坚决守好改善生态环境生命线，为先行区建设增光添彩。

打好生态建设持久战。坚持建管一体、系统治理，建设美丽固原。“修育”并举建设生态。围绕“建设宁南水源涵养区”目标，以六盘山、月亮山、云雾山和清水河、葫芦河、渝河、泾河、茹河“三山五河”为坐标，推进国土绿化行动，提升生态碳汇能力，实施山水林田湖草生态保护修复工程，增强涵养水源、保持水土、改善水质、增加水量、改革水权的行动自觉，新增涵养水量5000万方，争取设立六盘山国家公园，创建国家森林城市。“三严”同抓保护生态。严格生态环境损害赔偿制度，落实林长制、河长制；严抓禁伐、禁垦、禁采、禁牧“四禁”规定和减少资源消耗、减少污染行为、减少废物排放、减少肥药用量“四减”措施，实现保持河道不断流、保持水流不干涸、保持水土不流失、保持农田不污染的“四保”目标；严防森林草原火灾，守好生态成果。

打胜污染防治攻坚战。全地域、全时段、全过程推进煤尘、烟尘、汽尘、扬尘“四尘同治”，饮用水源、黑臭水体、工业废水、城镇污水、农村排水“五水共治”，建筑垃圾、生活垃圾、危险废物、畜禽粪污、工业固废、电子废弃物“六废联治”，强化农业面源污染治理，守好蓝天、碧水、净土。

打赢绿色转型大会战。立足“双碳”目标，落实“双控”任务，坚决不建高耗能、高排放项目，统筹抓好节能降碳提效、绿色低碳循环、绿色生活创建，促进经济社会发展全面绿色转型。持续提高资源利用效率，强化生态文明宣传教育，开展低碳型社会创建，让绿色低碳成为全社会思想共识和全民自觉行动。

（四）持之以恒深化改革开放蓄积发展动能。固原发展的动力在改革、出路在开放。要系统集成强改革，内外联动促开放，持续增强发展新动能、拓展发展新空间。

深化改革添动力。保持改革定力，释放改革红利。“四权”改革要全面突破。用水权改革围绕“节水增效”，优化生活、生态、生产配水体系，到2026年，全市用水总量控制在3.5亿立方米以内；土地权改革围绕“盘活增值”，探索农村承包地“三权分置”多种实现形式，全面推进农村集体经营性建设用地入市，土地综合利用效益达到自治区平均水平；排污权改革围绕“降污增益”，抓好排污权初始核定、基价确定、有偿取得、抵押融资等工作；山林权改革围绕“植绿增绿”，建立林业资源价值评估机制，探索以林养林、以地换林、以能换林新机制，实现从生态项目到生态资源、生态资产、生态价值的市场化转换。重点改革要纵深推进。加快转变政府职能，全面落实政府权责清单制度，延伸“163”政务服务模式到乡镇，实现“一网通办”“一次办结”。探索市区管理体制新路径，进一步理顺权责关系，打通管理“堵点”。实施国企改革三年行动，建立健全管资本为主的国有资产监管体制。

扩大开放增活力。拓展对外开放的领域、空间和层次。强化开放意识，主动融入“一带一路”和宁夏内陆开放型经济试验区建设，在高中端产业上构筑与大区域互利共赢的产业合作体系。用好开放平台，以更大力度、更实举措深化东西部协作，变单向援助为双向互动，探索共建“闽宁产业园”和“飞地产业园”，走好携手共赢之路。优化开放环境，破除地域隐性壁垒，打造开放新高地。

（五）持之以恒加强文化建设奏响发展强音。深入贯彻习近平总书记“举旗帜、聚民心、育新人、兴文化、展形象”的重要指示，守正创新，加快建设新时代文化固原。

加强宣传工作让主旋律更响亮。坚持党管宣传原则，牢牢掌握宣传工作领导权、主导权、话语权，加强宣传、党校、媒体、网络等阵地建设和管理，不断强化主流宣传政治引领、思想引航、舆论引导功能。推进媒体深度融合发展，加强网络文明建设，巩固壮大主流思想舆论，讲好固原故事、展现固原魅力。

提高社会文明程度让正能量更强劲。实施社会主义核心价值观引领工程，用社会主义先进文化凝聚精神力量，加强公民道德建设，深化拓展文明实践活动，破除高额彩礼等陈规陋习，让社会主义核心价值观深入人心、引领新风，弘扬真善美、传递正能量。实施精神文明创建工程，推动创建文明村镇、文明单位、文明家庭，争创全国文明城市，共创文明美好家园。

丰富群众文化活动让精气神更昂扬。坚持文化惠民，突出“建管用”一体，加强城乡公共文化设施建设，推动公共文化数字化，支持文化大院建设，倡导建设“书香固原”，让全市人民生活更精彩。坚持文化育民，推出一批思想精深、艺术精湛、制作精良的高质量文化产品和文艺作品，让“文学固原”品牌更具影响力，更好地满足人民群众多样化、多层次、多方面精神文化需求。

（六）持之以恒促进民族团结凝聚发展伟力。完整准确全面把握和贯彻习近平总书记关于加强和改进民族工作的重要思想，守好促进民族团结生命线，凝聚团结合力。

铸牢中华民族共同体意识。树牢休戚与共、荣辱与共、生死与共、命运与共的中华民族共同体理念，构筑各民族共有精神家园。夯实思想基础增共识。坚持“管肚子”与“管脑子”相结合，大力弘扬以爱国主义为核心的中华民族伟大精神，用共同理想信念凝心铸魂。拓展“脱贫小康感党恩、振兴共富跟党走”实践载体，深化感恩、认同、法治三项教育，让中华民族共同体意识之树枝繁叶茂。坚定文化自信增认同。用中华文化陶染各民族文化，增强各族群众对伟大祖国、中华民族、中华文化、中国共产党、中国特色社会主义的认同。教育各族群众牢记习近平总书记“四个共同”重要论述，树立正确中华民族历史观，做好回族历史正本清源、宣传阐释，向广大干部群众经常讲反复讲“四个关系”，唱响

“中华儿女一家亲”主旋律，坚定做中华民族共同体意识的忠实捍卫者和忠诚推动者，让民族团结旗帜在固原大地高高飘扬。

促进各民族交往交流交融。巩固全国民族团结进步示范市创建成果，促进各民族深度交融。共居共学促交往。促进各民族在空间上深度嵌入、在生活上相互尊重、在学习上共同进步，不断增进共同性，尊重和包容差异性，建设好各族群众守望相助的美好家园。共建共享促交流。以“七进”活动为抓手，深化民族团结进步创建内涵，丰富创建形式，选树一批民族团结进步模范个人和单位，把“单家集夜话”纪念馆建成全国党的民族政策和“铸牢中华民族共同体意识”教育基地。共事共乐促交融。坚持各民族平等就业、团结共事，拓宽山川、城乡间各族群众有序流动渠道，增强各族群众幸福感。

提高民族事务治理能力。全面贯彻民族区域自治制度，提升民族事务治理现代化水平。完善工作格局。形成党委统一领导、政府依法管理、统战部门牵头协调、民族工作部门履职尽责、各部门通力协作、全社会共同参与的民族工作格局。

（七）持之以恒推进市域治理筑牢发展基石。市域治理是国家治理的重要基石，要全面推进市域社会治理规范化、法治化、智能化。

加强民主政治建设。坚持人民主体地位，发展全过程人民民主，支持和保证人大及其常委会依法行使好立法权、监督权、决定权、任免权；支持政府转变职能，依法行政、依法履职；支持人民政协充分发挥协商民主重要渠道参政议政，推进专门协商机构制度建设，丰富有事好商量、众人的事情众人商量的制度化实践；支持法院、检察院依法履职、公正司法。巩固发展爱国统一战线，支持民主党派、工商联和无党派人士更好发挥作用。坚持党管武装，深化军民融合，争创全国双拥模范城市。强化工青妇等群团组织的桥梁纽带作用，团结引导广大群众始终听党话、感党恩、跟党走。

推进全面依法治市。坚持以习近平法治思想为指导，深化政法领域全面改革，推进法治固原建设。坚持科学立法，加强生态环保、城乡建管等重点领域立法，以良法保障善治。坚持决策依法，健全完善决策程序，全面推行法律顾问和行政执法“三项制度”。坚持公正司法，巩固深化政法队伍教育整顿成果，维护社会公平正义。坚持全民守法，全面实施“八五”普法，维护宪法权威，推进民法典实施，营造全民守法、遇事找法、解决问题靠法的良好法治环境。

深化平安固原建设。坚持总体国家安全观，守好维护政治安全生命线。提高宗教工作水平，依法管理宗教事务。防范化解经济领域风险，守住不发生系统性风险底线。深入开展“净网”行动，全力防控网络安全风险。持续抓好安全生产，完善应急管理体系，加强应急物资储备保障。坚持和发展新时代“枫桥经验”，构建社会矛盾综合治理机制，全面推进“1+6”治理体系，着力标定网格化管理、便民化服务、信息化支撑、规范化运行的基层治理格局。坚决防范打击各类刑事犯罪、电信诈骗等违法犯罪活动，推进扫黑除恶常态化，维护社会和谐稳定，保障人民安居乐业。

同志们，我们要沿着习近平总书记指引的康庄大道，持之以恒贯彻落实自治区党委关于先行区建设系列部署，用非常之力，创非常之业！

四、同心同德做到“两个维护”，着力强党建勇于改作风展现新作为

办好固原的事情，关键在强党建改作风、抓班子带队伍。我们要铭记总书记“生于忧患、死于安乐，常怀远虑、居安思危”的谆谆教导，继续推进新时代党的建设新的伟大工程，坚持全面从严治党，勇于自我革命，深入实施党建“铸魂”工程，推进自我净化、自我完善、自我革新、自我提高。

（一）加强政治建设，做到政治忠诚过硬。旗帜鲜明讲政治，立场坚定对党忠诚是政治建设的根本要求。始终把好政治方向。做到观察分析形势把握政治因素、筹划推动工作落实政治要求、处理解决问题防范政治风险，在重大问题上态度鲜明，关键时刻、重大事件中经得起风浪考验，切实增强“四个意识”、坚定“四个自信”、做到“两个维护”。始终严守政治纪律。自觉学习、遵守、贯彻、维护党章，严肃党内政治生活，严格执行民主集中制、重大事项请示报告等制度，时刻牢记“五个必须”，坚决防止“七个有之”，旗帜鲜明反对关系学、两面人，纯洁党内同志关系，以抓发展、谋振兴、促共富、惠民生、保安全的实际成效检验对党的忠诚度。

（二）加强思想建设，做到理想信念过硬。把学习贯彻习近平新时代中国特色社会主义思想作为终身必修课，推动理想信念教育常态化，做这一伟大思想的坚定信仰者、忠实实践者，不断提高马克思主义看家本领。常筑信仰之基。坚持唯物史观和正确党史观，深化拓展党史学习教育成果，用好固原红色资源，加强党史、新中国史、改革开放史、社会主义发展史宣传教育，引导党员干部深知红色政权来之不易、新中国来之不易、中国特色社会主义来之不易，掌握中国共产党为什么能、马克思主义为什么行、中国特色社会主义为什么好的历史、理论、实践逻辑，更加增强对习近平新时代中国特色社会主义思想坚贞信仰、对中国特色社会主义坚定信念、对中华民族伟大复兴坚强信心。常补精神之钙。深入学习、广泛宣传、全面贯彻总书记“七一”重要讲话和党的十九届六中全会精神及《中共中央关于党的百年奋斗重大成就和历史经验的决议》，深刻领悟“两个确立”

的历史意义、理论依据、实践伟力,统一思想、统一意志、统一行动,全面落实维护党中央权威和集中统一领导的各项制度,转化为践行"两个维护"的思想自觉、政治自觉、行动自觉。

（三）加强组织建设,做到基层基础过硬。贯彻新时代党的组织路线,不断严密党的组织体系。坚持抓基层强基础。突出政治功能,统筹推进全领域基层党建,常态化整顿软弱涣散基层党组织,做好党员发展和教育管理服务工作,推动基层党组织全面进步、全面过硬。坚持全覆盖固基本。进一步优化组织设置,理顺隶属关系,创新活动方式,扩大基层党的组织覆盖和工作覆盖,不断提高各级党组织政治领导力、思想引领力、群众组织力、社会号召力。

（四）加强队伍建设,做到能力素质过硬。软肩膀挑不起硬担子,要以加强领导班子建设为引领,强能力提素质,锻造过硬班子和干部人才队伍。树立鲜明用人导向。落实新时代好干部标准,贯彻习近平总书记"四个特别"要求,坚持以政治标准为首、实干实绩为要、廉洁正派为底,注重在乡村振兴主战场、维护稳定第一线、服务群众最前沿考察识别选用干部。坚持严管厚爱干部。落实"三个区分开来"和容错纠错、澄清正名机制,加强和改进干部考核评价工作,关心、关爱、严管基层一线干部,落实"优待、优厚、优先"政策,让各级干部在实践中增本领、长才干。统筹发挥退出领导岗位干部的特长,专抓产业、项目、民生等工作,让其退位不退志、不退责。要认真做好离退休干部工作,做到政治上关怀、生活上关照,让他们发挥余热、贡献余力。大力培养引进人才。落实党管人才原则,坚持引育并举、以用为本,实施人才培育工程,统筹推进各领域人才队伍建设,支持宁夏师范学院"升大创博",促进高等教育高质量发展。完善各类人才管理、服务、保障制度,让人才进得来、留得住,有舞台、能成功。

（五）加强作风建设,做到党性宗旨过硬。作风关乎党心民心。突出实干抓作风。践行"三严三实",落实中央八项规定精神不放松,严格执行自治区"八条禁令"和市委"十项规定"不停步,锲而不舍正学风、改文风、转会风、纠"四风",多为基层、为企业松绑减负解困。展现实干树新风。以建市20周年为契机,大力倡导严、真、实、细、快的工作作风,继续推行"项目化管理、清单化推进、常态化督导"机制,激励党员干部"身入"基层"心到"基层,察实情、办实事、求实效。

（六）加强纪律建设,做到廉洁守纪过硬。纪律是管党治党的尺子、不可逾越的底线。抓实"治"的硬要求。靠实"两个责任",加强对"一府一委两院""一把手"和领导班子的监督,精准用好监督执纪"四种形态",发挥巡察利剑作用,加强审计监督,深化"331"监管机制,不断扎紧制度笼子,用制度管权管事管人,一体推进不敢腐、不能腐、不想腐。坚持"严"的主基调。始终把纪律挺在前面,坚持无禁区、全覆盖、零容忍,保持惩治腐败高压态势,坚决查处贪污受贿、以权谋私等问题,持续查处工程领域、项目资金使用中违规违纪违法行为,持续整治群众身边的腐败,坚决清除一切损害党的先进性和纯洁性的因素,清除一切侵蚀党的健康肌体的病毒,确保各级党组织和党员干部不变质、不变色、不变味。

同志们,只要我们坚决响应党中央号召,永远保持同人民群众的血肉联系,始终与全市人民站在一起、想在一起、干在一起,就一定能够共创固原更加美好的未来!

同志们,走好新的长征路,我们勿忘昨天的苦难辉煌,无愧今天的使命担当,不负明天的伟大梦想。让我们更加紧密地团结在以习近平同志为核心的党中央周围,全面贯彻习近平新时代中国特色社会主义思想,在自治区党委的正确领导下,以史为鉴、开创未来,埋头苦干、勇毅前行,奋力谱写建设黄河流域生态保护和高质量发展先行区、全面建设社会主义现代化固原新篇章,为建设经济繁荣民族团结环境优美人民富裕的美丽新宁夏,为实现中华民族伟大复兴的中国梦不懈奋斗!

有关说明:

1.5个国家级示范市:国家全域旅游示范市、铸牢中华民族共同体意识示范市、国家森林城市、全国双拥模范城市、全国文明城市。

2."5+4"产业:肉牛、绿色食品、文化旅游、生态经济、纺织服装5个重点发展产业,新材料、新能源、中药材、电子信息4个培育发展产业。

3.6个基地:全国百万头高端肉牛生产加工基地、百万亩高产高品马铃薯和冷凉蔬菜基地、全国绿色食品生产供应基地、全国避暑养生和红色文化旅游基地、绿色发展"双碳""双控"实践基地、全国党的民族政策和"铸牢中华民族共同体意识"教育基地。

4.10大基础设施工程:山水林田湖草生态保护修复工程、现代高效节水灌溉及固海扩灌黄河水入西通彭、水源水库联调联蓄及"互联网+城乡供水"、新能源转型基地、全市域海绵城市推广、银昆固原高速公路、中卫经固原至平凉铁路、六盘山机场改扩建、城乡安全供热、电网升级改造。

中共固原市委员会
关于制订国民经济和社会发展第十四个五年规划和二〇三五年远景目标的建议

（2021年1月5日中国共产党固原市第四届委员会
第九次全体会议通过）

中国共产党固原市第四届委员会第九次全体会议，认真学习贯彻党的十九届五中全会精神，深入贯彻落实习近平总书记视察宁夏重要讲话精神，全面落实自治区党委十二届十二次全会精神，就制定固原市国民经济和社会发展第十四个五年规划和2035年远景目标提出以下建议。

一、全面建成小康社会，乘势而上开启全面建设社会主义现代化新征程

1. *决战脱贫攻坚、决胜全面建成小康社会取得决定性成就。*“十三五”时期是固原脱贫攻坚决战阶段、全面建成小康社会决胜阶段。市委坚持以习近平新时代中国特色社会主义思想为指导，深入学习贯彻习近平总书记视察宁夏重要讲话精神，全面贯彻落实党中央和自治区党委决策部署，团结带领全市干部群众，不忘初心、牢记使命，攻坚克难、砥砺奋进，基本完成“十三五”规划目标任务，全面建成小康社会胜利在望，谱写了固原发展新篇章。脱贫攻坚取得重大胜利，5个贫困县（区）全部摘帽，624个贫困村全部出列，26.7万农村贫困人口全部脱贫，实现“两不愁三保障”目标，消除了市域绝对贫困和整体贫困，闽宁对口帮扶成为全国东西部协作的典范。经济发展实现量增质升，全市地区生产总值预计2020年达到345亿元，年均增长7.2%，比2010年翻1.5番以上，产业基础不断增强，优势特色产业链条延长，绿色发展优势初步形成，预计2020年全面建成小康社会目标实现程度达97%以上。生态环境发生根本转变，形成了生态立市、造福人民的广泛共识，担起了生态保护、污染治理的历史责任，蹚出了生态优先、绿色发展的宽阔路子。“四个一”林草产业试验示范工程得到国家领导人和自治区党委充分肯定，空气优良天数5年年均达到91.9%，五河水质全面达标，全市现有5个国控断面水质优良比例从2015年的20%提高到80%，森林覆盖率达到30.1%。基础设施实现重大突破，实施了一批利长远的重大基础设施项目，宁夏中南部城乡饮水安全工程、黄河水调蓄工程建成通水，南调泾河水与北引黄河水的双水源保障格局基本形成，圆了百万城乡居民安全饮水梦想，实现了村村通柏油（水泥）路、县县通高速。创成国家园林城市、国家卫生城市和自治区文明城市，海绵城市基本建成，城乡面貌更加靓丽，产城融合已有雏形。民生事业发展成效显著，财政投入优先保障民生，五县（区）义务教育基本均衡发展全部通过国家评估认定，公共卫生、医疗服务能力大幅提升，疫情防控工作机制常态化运行，创成全国公共文化服务体系示范市和旅游标准化示范单位，城镇登记失业率控制在4%以下，城乡居民人均可支配收入增速高于经济增长速度，年均分别增长7.4%和10.8%，社会保障应保尽保。改革开放取得丰硕成果，794项改革任务全面推进，创造了一批“固原经验”，金融扶贫“蔡川模式”、涉农资金“331”监管机制、城市综合执法体制改革、农村集体产权制度改革、供销社综合改革、互联网+城乡供水等做法在全国全区推广，创新实施“163”政务服务模式，“放管服”改革扎实推进，营商环境持续优化，对外开放成效显著。基层治理水平明显提升，乡村、社区、校园、企业、社团等重点领域治理扎实推进，乡村文明实践积分卡“兴盛模式”在全国全区推广，创成全国民族团结进步示范市。扫黑除恶专项斗争取得明显成效，社会乱象治理工作得到中央督导组肯定，公众安全感连续八年位居全区五市第一，安全生产形势总体平稳。全面从严治党纵深推进，“两学一做”常态化开展，“不忘初心、牢记使命”主题教育成效明显，管党治党政治责任不断强化，正风肃纪持续加力，党风政风持续好转，政治生态持续向好，基层党组织功能充分发挥，党员干部队伍结构不断优化，广大干部干事创业的精气神为全区作出了榜样。固原的发展进步，饱含着习近平总书记的深情厚爱，凝结着党中央的真情关怀，倾注着自治区党委和政府的鼎力支持，汇集着全市人民团结拼搏的辛勤劳动。全市上下要感恩奋进、再接再厉、一鼓作气，打赢脱贫攻坚决胜战、打赢全面小康收官战、打好疫情防控阻击战，为开启全面建设社会主义现代化新征程奠定坚实基础。

2.新发展阶段固原面临的新机遇新挑战。当前和今后一个时期，固原面临的机遇和挑战都有新的发展变化。从机遇看，世界百年未有之大变局、新一轮科技革命和产业变革为我们提供了重大发展契机。我国已转向高质量发展阶段，经济长期向好的基本面没有改变，发展仍然处于重要战略机遇期，我国有独特的政治优势、制度优势、发展优势和机遇优势，经济社会发展具有诸多有利条件，构建新发展格局战略抉择及国家“一带一路”、新时代推进西部大开发形成新格局、黄河流域生态保护和高质量发展等重大战略和政策交汇叠加，为我们提供了更多承接东部产业转移、加强区域合作等新的重大机遇。经过多年努力，固原彻底撕掉了千百年来的绝对贫困标签，为我们腾出了发展空间、打下了坚实基础，民族团结社会和谐的局面、生态环境持续向好的形势，为经济社会高质量发展创造了良好环境。从挑战看，我市发展不足、发展质量不高的市情没有变，产业结构倚重倚能特征明显、面临着稳增长与调结构的双重挑战，发展方式粗放特征明显、面临着生态保护与追赶发展的双重压力，增长动能过度依赖投资拉动、面临着培优存量与扩大增量的双重任务，发展活力要素聚集度不强、面临着发展要素流失和重塑竞争优势的双重难题。从总体看，固原处于乘势而上、奋力追赶、缩小差距的关键时期，机遇大于挑战，希望多于困难。全市上下必须增强发展信心，抓住历史机遇，把握新发展阶段，坚定不移贯彻新发展理念，加快融入新发展格局，主动担当作为，科学精准施策，在危机中育先机、于变局中开新局。

3.到2035年基本实现社会主义现代化远景目标。习近平总书记两次视察宁夏都明确提出“建设经济繁荣、民族团结、环境优美、人民富裕美丽新宁夏”，这是新时代宁夏发展的总目标、总要求、总遵循，也是固原今后一个时期发展的行动指南。展望2035年，固原必须坚定不移用习近平总书记视察宁夏重要讲话精神统一思想、统揽全局、统领发展，让“经济繁荣、民族团结、环境优美、人民富裕”成为固原现代化的鲜明标识和奋斗目标，确保与全国全区同步基本实现社会主义现代化。在经济繁荣实现大跨越上蹚新路，综合实力明显增强，创新能力、企业市场竞争力大幅跃升，年均经济增速高于全国全区平均水平，经济总量、人均GDP比2020年均实现翻一番半以上，基本建成特色鲜明的市域生态友好型现代产业体系，蹚出一条生态优先、绿色发展、城乡一体、产城融合的高质量发展新路子，新型工业化、信息化、城镇化、农业现代化基本实现。在民族团结实现大进步上走在前，民族团结示范市创建成果持续巩固提升，中华民族共同体意识深入人心，民族团结之花常开长盛，“六盘儿女一家亲”品牌更加靓丽；宗教关系更加和顺，宗教与社会主义社会相适应的中国化方向根深蒂固；市域治理体系和治理能力基本现代化，共建共治共享的社会治理格局更加完善，法治固原、平安固原建设达到更高水平。在环境优美实现大突破上树标杆，黄河流域生态保护和高质量发展先行区建设取得重大战略成果，生态环境全面改善，生态系统健康稳定，资源节约集约利用成为广泛共识，绿色生产生活方式蔚然成风，生态优先绿色发展成势，生态建设为全区作出更大贡献，山水美业态美城乡美环境美生活美“五美融合”发展格局全面形成。在人民富裕实现大提升上争同步，城乡居民人均收入翻一番半、赶上全国全区平均水平，中等收入群体显著扩大，人民生活水平显著提升；城乡基本公共服务实现均等化，公民素质和社会文明程度达到新高度，基本建成文化强市、教育强市、健康固原，创成全国文明城市，幼有所育、学有所教、劳有所得、病有所医、老有所养、住有所居、弱有所扶取得重大进展，人的全面发展、全体人民共同富裕取得新成效。

二、“十四五”时期经济社会发展指导思想和主要目标

4.“十四五”时期经济社会发展指导思想。高举中国特色社会主义伟大旗帜，深入贯彻党的十九大和十九届二中、三中、四中、五中全会精神，坚持以马克思列宁主义、毛泽东思想、邓小平理论、“三个代表”重要思想、科学发展观、习近平新时代中国特色社会主义思想为指导，坚持党的基本理论、基本路线、基本方略，全面贯彻落实习近平总书记视察宁夏重要讲话精神，按照“五位一体”总体布局和“四个全面”战略布局，坚定不移贯彻新发展理念，坚持稳中求进工作总基调，全面落实自治区党委十二届八次九次十次十一次十二次全会精神，以推动高质量发展为主题，以深化供给侧结构性改革为主线，以改革创新为根本动力，以满足人民日益增长的美好生活需要为根本目的，统筹发展和安全，践行建设先行区时代使命，主动融入新发展格局，加快构建创新引领企业、科技、金融、人力相协同的现代生态产业体系，扎实推进基层治理体系和治理能力现代化，坚决守好促进民族团结、维护政治安全、改善生态环境“三条生命线”，走出

一条生态优先、绿色发展、城乡一体、产城融合的高质量发展新路子，更加彰显山水美、业态美、城乡美、环境美、生活美，奋力描绘好继续建设美丽新宁夏的固原画卷，为全面建设社会主义现代化开好局、起好步。

5.“十四五”时期经济社会发展必须遵循的原则

——坚持党的全面领导。全面落实党领导经济社会发展的体制机制，坚持和完善中国特色社会主义制度，切实增强“四个意识”、坚定“四个自信”、做到“两个维护”，不断提高贯彻新发展理念、构建新发展格局的能力和水平，为实现高质量发展提供根本保证。

——坚持以人民为中心。坚持人民主体地位，坚持共同富裕方向，始终做到发展为了人民、发展依靠人民、发展成果由人民共享，维护人民根本利益，激发全市人民的积极性主动性创造性，促进社会公平，增进民生福祉，不断实现人民对美好生活的向往。

——坚持新发展理念。把新发展理念贯穿发展全过程和各领域，把注意力集中到解决各种不平衡不充分的问题上来，主动融入新发展格局，坚持生态优先、绿色发展定位，切实转变发展方式，加快新旧动能转换，推动质量变革、效率变革、动力变革，实现更高质量、更有效率、更加公平、更可持续、更为安全的发展。

——坚持深化改革开放。坚定不移推进改革，坚定不移扩大开放，加快治理体系和治理能力现代化建设，破除制约高质量发展、高品质生活的思想观念和体制机制障碍，破解开放视野不宽、信心不足、能力不够的短板弱项，强化有利于调动全社会积极性的重大改革开放举措，持续增强发展动力和活力。

——坚持系统观念。加强前瞻性思考、全局性谋划、战略性布局、整体性推进，统筹巩固拓展脱贫成果和乡村振兴，统筹经济发展实现量的增长和质的稳步提升，统筹建设生态产业现代体系与新型城镇融合发展，统筹改善民生和社会治理，统筹生态保护和山绿民富，统筹全面发展和安全发展，着力固根基、锻长板、补短板、强弱项，注重防范化解重大风险挑战，实现发展质量、结构、规模、速度、效益、安全相统一。

6.“十四五”时期经济社会发展的主要目标。“十四五”期间是我市建设黄河流域生态保护和高质量发展先行区美丽新固原的关键阶段。必须锚定2035年远景目标，对标中央《建议》“六个新”和自治区党委《建议》“六个明显”主要目标，以先行区建设为统领，坚持守正和创新相统一、定性与定量相结合，努力实现以下主要目标。

经济实力实现新突破。全市地区生产总值、人均地区生产总值、研发经费投入强度增速高于全区平均水平，综合经济实力、创新能力、企业市场竞争力显著增强，财政自给率不断提高。产业结构调整取得决定性进展，农业综合效益达到全区平均水平，工业集群化规模化现代化发展水平不断提升，服务业新业态新模式不断涌现，纺织服装、特色农业、生态经济、文化旅游等产业链条成形成势，初步形成实体经济、科技创新、现代金融、人力资源协同发展的现代生态产业体系。

生态建设实现新突破。国土空间开发保护格局持续优化，生态文明体制机制更加健全，绿色生产生活方式加快形成，现代化生态保护体系、污染治理体系、水源涵养体系、资源利用体系、绿色发展体系、防洪减灾体系基本形成。南部水源涵养区建设扩面提质取得重大进展，主要污染物排放总量持续减少，生态环境质量持续改善，环境空气质量优良天数稳定保持在90%以上，8个国控断面水质优良比例保持在75%以上，森林覆盖率达到33.6%，六盘山国家公园建设取得实质性进展，绿水青山就是金山银山实践创新基地建设取得新成效，生态安全屏障更加牢固，建成国家森林城市和生态文明建设示范市。

改革开放实现新突破。高质量发展、高效能治理、高品质生活的体制机制更加完善，适应新发展格局、顺应高质量发展的政府治理体系、经济发展机制基本建立，资源配置效率明显提升，政务服务更加高效便捷，市场活力、社会活力充分激发。闽宁协作典范作用进一步发挥，深度融入黄河流域一体化发展大格局，生态保护区域联调联动、毗邻地区合作等跨区域协作机制深入推进。

社会文明实现新突破。社会主义核心价值观深入人心，“不到长城非好汉”的革命精神广受推崇，全民思想道德素质、科学文化素质和身心健康素质明显提高，思想观念深度转变，社会文明程度显著提升，全国文明城市创建取得阶段性成果。固原黄河文化、红色文化、农耕文化、生态文化全面传承发展，公共文化服务体系更加完善、文化产业体系加快形成，人民群众精神文化生活日益丰富，文化自信充分彰显，文化强市建设取得新进展。

民生水平实现新突破。居民人均可支配收入与经济发展实现同步增长、达到3万元以上，城乡居民收入差距缩小。实现更加充分更高质量就业，全民受教育程度和教育质量明显提高，医疗保障和疾病防控体系更加完善，居民主要健康指标达到全区平均水平。多层次社会保障体系更加健全，社会保障待遇水平、人均民生投入、基本公共服务均等化水平达到全区平均水平。脱贫攻坚成果不断巩固拓展，乡村振兴战略全面推进。初步建成智慧城市，“1411”城镇体系服务功能更趋完善、质量明显提升，常住人口城镇化率达60%左右。

治理效能实现新突破。社会主义民主法治实践更加广泛深入，政府诚信度、行政执行力、司法公信力显著提升，乡村、社区、校园、企业、社团等重点领域治理能力和治理水平明显提升。重大风险防范、突发事件应对、公共事件处置、自然灾害防御能力明显增强，发展安全保障更加有力。中华民族共同体意识全面增强，宗教中国化方向深入推进，民族团结、宗教和顺、社会和谐的良好局面更加稳固。

三、坚持以先行区建设为统领，切实担负践行时代使命的政治责任

牢记习近平总书记嘱托，坚决扛起建设先行区、守好生命线、固原作贡献的政治责任，以建设黄河流域生态保护和高质量发展先行区统领经济社会发展全局，让先行区成为固原现代化的优先路径和主战场。

7\. 落实“五个区”战略定位。紧扣自治区“五个区”战略定位，统筹推进生态环境保护和经济社会发展。在建设河段堤防安全标准区上走在前，综合推进堤防砌护、污染防治、防洪排涝、水系连通、生态恢复五大工程，系统治理水资源、水生态、水环境、水灾害。在建设生态保护修复示范区上作表率，实施六盘山国家公园创建及山水林田湖草生态保护修复项目，增强水土保持、水源涵养、水量增加、水质改善能力，保护好祖国西北绿色屏障，守护好六盘山“天然水塔”。在建设环境污染防治率先区上树标杆，持续坚决打好蓝天、碧水、净土三大保卫战，建立健全污染防治长效机制，推动生态环境保护约束性指标稳定提升、生态环境质量好中向优。在建设经济转型发展创新区上蹚新路，坚定不移贯彻新发展理念，深化供给侧结构性改革，加快经济结构调整，推动产业转型升级，在纺织服装、特色农业、生态经济、文化旅游四大产业发展上取得新突破。在建设黄河文明传承彰显区上作贡献，实施红色文化、生态文化、乡土文化、非物质遗产文化、黄河文化五大提升行动，做精做靓固原特色旅游品牌，加快创建国家全域旅游示范市。

8\. 构建“五美融合”新格局。以“三山五河”为生态坐标，构建“一区五城”生产、生活、生态发展布局。建设宁夏南部水源涵养区，以六盘山、云雾山、月亮山及其外围拓展延伸区域为重点，全市域抓好水源涵养林、水土保持林、生态公益林建设，同步建设生态经济林，新增涵养水源5000万立方米左右。以清水河、葫芦河、渝河、泾河、茹(红)河流域为脉，以市区和四县县城为体，实现产业龙头带动、园区(基地)支撑、链条完整的业态美，城乡一体、产城融合、就业就近的城乡美，花海梯田、果树成林、清水长流的山水美，收入稳增长、消费更便利、健身有去处、就业就学就医有保障的生活美，民族团结、社会和谐、亲商重商、人文质朴的环境美。

9\. 创新机制率先突破。坚持服务国家战略大局，以机制创新为先导，全面落实自治区“四个率先”要求，着力在生态保护补偿、区域合作、绿色发展、土地增减挂钩、重大项目建设等方面干在实处、蹚出新路、创造经验。建立生态综合补偿机制，建立和完善水权、排污权、用能权、碳排放权有偿使用和交易制度，全面推行河湖长制、林长制和山长制，严格落实“四禁”“四减”措施，努力实现“四保”目标。建立产业跨地区转移利益共享合作机制，积极融入新发展格局，进一步加强与福建对口帮扶市及其他兄弟省市的紧密协作，加大与央企民企的密切合作，做好产业跨地区转移的承接和落地工作，做到园区共建、利益共享。建立绿色发展长效投入机制，集中财力实施先行区建设重点项目，设立黄河流域生态保护和高质量发展基金，鼓励引导社会力量、社会资本参与建设，推动形成先行区建设多元投入机制。建立土地增减挂钩调剂政策机制，灵活运用城乡建设用地增减挂钩节余指标调剂、耕地占补平衡指标调剂等土地政策，支持先行区重大基础设施和产业项目建设。建立重大项目谋划落地机制，统筹实施重点产业培育、重要民生改善、重大设施建设、重要生态保护四大专项行动，不断增加有效投入。

四、构建现代化产业体系，提高经济质量和效益

坚持把发展经济着力点放在实体经济上，以供给侧结构性改革为主线，坚持生态优先、绿色发展定位，做好“调”“转”“改”三篇文章，集中力量实施好“四大产业创新引领行动计划”，以产业发展的新突破带动产业结构的大调整，推动经济发展实现量的合理增长和质的稳步提升。

10\. 调整优化产业结构。紧盯市场需求、着眼长远发展，坚持适应性调整和动态性调整相结合、战略性调整和常态化调整相统一，坚持不懈调优一产、突破二产、配套协同三产，走出靠天吃饭和为种而种为养而养的传统路径，构建创新引领、协同发展的现代产业体系。一产聚焦调结构、强特色、树品牌，坚持调减低效过剩的、调增短缺高效的原则，调优种养结构、调大经营规模、调强加工能力、调长产业链条，推进形成布局区域化、生产标准化、经营规模化、发展产业化。二产聚焦扩增量、促转型、增效益，坚持无中生有，把新型工业作为三次产业良性互动的核心枢纽，深入推进工业“十强双百”行动，加快推进工业园区整合优化，淘汰落后产能，加快企业转型升级，大力发展农产品精深加工、纺织服装、新材料、新能源等劳动密集型

产业，大力发展新兴产业，推动二产实现量和质双突破。三产聚焦做规模、提层次、强品质，紧跟消费升级趋势，紧贴生产需要，积极培育品牌企业、现代商圈、商业街区、中高端市场、大型物流实体，培育发展研发设计、现代金融、会展经济、健康养生、夜间经济、假日经济等新业态新模式，推动生活性服务业和生产性服务业提档升级。加快推进数字化发展，产业数字化、数字产业化互促共进，数字产业、数字政府、数字城市取得明显进展。积极发展能源及新材料产业和电子信息产业。

11.构建现代产业体系。对标自治区9个重点产业，坚持市场导向，结合固原实际，全产业链谋篇布局，推动产业向高端化、绿色化、智能化、融合化方向发展，加快建立现代产业生产体系、经营体系、标准体系和服务体系，全面提升全要素生产率，促进产业纵向成链、横向成群、突破发展。纺织服装坚持全市“一盘棋”思想，走差异化、小门类、高附加值的产业发展路子，编制发展规划，制定扶持政策，建立推进机制，以实施百万锭棉纺纱基地建设工程为抓手，重点培育现代纺纱、织布、植物印染、服装加工四大产业链条，构建现代纺织服装产业体系，建设上中下游一体、产供加销互促的现代服装产业园，促进产业聚集发展，真正将纺织服装培育成为区域经济发展的主导产业和支柱产业。特色农业坚持反弹琵琶、接二连三，从市场端、加工端发力，以“5个10亿农业产业集群培育”行动为抓手，以建设五河流域现代农业产业园为支撑，实施高端肉牛加工基地建设、绿色食品全产业链提升、粤港澳大湾区有机蔬菜直供基地建设工程，加快构建现代农业体系，打造集研发、种植、加工、营销、文化、生态于一体的现代农业全产业链。强化农产品品牌效应，实现由“卖产品”向“卖品牌”转变，让固原更多的特色农产品走向市场。生态经济坚持生态产业化、产业生态化，突出发展“四个一”林草产业，拓展山绿民富共赢新路子，做好“生态+”文章，挖掘释放绿水青山的生态功能、经济优势和产业价值，推进生态与旅游、文化、农业等各方 面有机融合，实施“四个一”林草产业及国家储备林建设工程，重点培育发展集基地建设、旅游观光、农事体验、苗木供应、产品深加工、林下经济等为一体的生态经济产业链，实现百姓富与生态美有机统一。文化旅游坚持生态为形、文化为魂，以文塑旅、以旅彰文，推动文化和旅游融合发展，在挖潜转化、丰富产品、扩大合作、改善服务上下功夫，构建现代文化旅游产业体系。以创建国家全域旅游示范市建设为载体，以长城长征国家文化公园等重点项目为抓手，打响“天高云淡六盘山”品牌，构建“一核三带一网”发展布局，努力把固原打造成西部重要的生态休闲避暑旅游度假区和红色文化旅游目的地。

12.改造升级产业园区。立足资源禀赋、产业基础和发展潜力，支持固原经济开发区完善园区功能，加快集聚创新资源，完善公用基础设施，促进企业向园区集中、业态向园区集聚、要素向园区汇集，力争创建为自治区高新技术产业开发区。按照市县一体、集中优势、突出重点的原则，实施工业园区标准化提升工程，鼓励支持各县统筹产业布局，突出主导产业，注重结构优化，培育壮大各具特色的工业园区和产业集聚区。深化园区体制机制改革，鼓励市场主体参与园区运营建设。

13.支持发展民营经济。坚持“两个毫不动摇”，落实我市促进民营经济发展《实施意见》和“五项制度”，优化民营经济发展环境，强化公平竞争审查刚性约束，市县领导主动联系帮扶民营企业解难纾困，构建亲清政商关系，促进非公有制经济健康发展和非公有制经济人士健康成长，激发市场主体活力。全面落实减税降费政策，切实降低企业生产经营、房屋租金、用能用工、物流运输成本。用足用好产业扶持政策、金融支持政策、创新创业平台，持续加大“政银企”对接力度，鼓励引导民营企业参与产业发展、公共事业和基础设施建设。

五、巩固拓展脱贫攻坚成果，全面推进乡村振兴

坚持把解决好“三农”问题作为工作重中之重，全面实施乡村振兴战略，强化以工补农、以城带乡，推动形成工农互促、城乡互补、协调发展、共同繁荣的新型工农城乡关系，促进农业高质高效、乡村宜居宜业、农民富裕富足。

14.实现巩固拓展脱贫攻坚成果同乡村振兴有效衔接。严格落实“四个不摘”要求，保持现有帮扶政策、资金支持、帮扶力量总体稳定。健全防止返贫监测帮扶机制，加强对脱贫不稳定人口、边缘人口的常态监测、动态帮扶。完善“社会保障+产业扶持”“双兜底”机制，实施脱贫户移民户双富计划，持续发展壮大扶贫产业，做好脱贫人口稳岗就业，解决好移民户籍迁转、产业扶持、就业稳定、社会融入等问题。加强扶贫项目资金资产管理和监督。坚持和完善社会力量参与帮扶机制，持续深化闽宁协作和央企定点帮扶等制度，实施民营企业“百企兴百村”行动。抢抓国家在西部地区脱贫县中集中支持一批乡村振兴重点帮扶县政策机遇，争取我市更多县（区）进入国家重点帮扶县名单，做好同乡村振兴体制机制、产业发展、乡村建设、基层治理有效衔接，统筹乡村全面振兴与县域产城融合发展，统筹乡村环境建设与农民生产生活条件改善，统筹乡风文明与社会主义核心价值观引领，统筹乡土人才系统培养与回乡创业人员大胆使用，统筹乡村基本公共服务水平提高与基层治理效能提升，全面推进产业、人

才、生态、文化、组织振兴。

15.夯实农业发展基础。健全农业支持保护制度，强化惠农强农政策。深入实施藏粮于地、藏粮于技战略，坚持最严格的耕地保护制度，大力实施高标准农田、农业基础设施建设等重点工程，提升收储调控能力，开展粮食节约行动，确保粮食安全。推动农业供给侧结构性改革，强化现代农业科技和装备支撑，加强与农业科研机构、农业高等院校等技术平台的合作，提高农业良种化水平和科技转化能力，加强农业生产经营领域过程监管，保障农产品质量安全。丰富农村业态，建立农业产业链与农民利益链联结机制，发展休闲农业和乡村旅游，推动农村一二三产业融合发展，拓展农民增收空间。

16.实施乡村建设行动。统筹县域城镇和村庄规划建设，优化乡村空间布局，保护传统村落和乡村风貌，打造集约高效生产空间，营造宜居适度生活空间。持续开展农村人居环境综合整治，科学推进农村改厕、生活垃圾处理和污水治理，实施乡村绿化美化和水环境整治行动，全面提升农村人居环境质量。提档升级农村水、电、路、气、通信、广播电视、物流等基础设施，提升农房抗震建设质量。深入推进“两个带头人”工程，实施高素质农民培育工程和农村劳动力就业能力提升行动，鼓励各类人才入乡返乡创业。

17.推进农村综合改革。完善农村基本经营制度，落实第二轮土地承包到期后再延长三十年政策，加快培育龙头企业、农民合作社、家庭农场等新型农业经营主体，推进专业化社会化服务，发展多种形式适度规模经营，促进小农户与现代农业有机衔接。健全城乡统一的建设用地市场，积极探索实施农村集体经营建设用地入市制度，建立土地征收公共利益用地认定机制。推进农村宅基地所有权、资格权、使用权“三权分置”改革，保障进城落户农民土地承包权、宅基地使用权、集体收益分配权，鼓励依法自愿有偿转让。深化农村集体产权制度改革，发展新型农村集体经济。健全农村金融服务体系，支持发展乡村普惠金融，建立农业保险体系。

六、深入推进创新驱动发展，塑造经济社会发展新优势

坚持越是贫困地区越要创新驱动发展，深入实施创新驱动发展战略，大力推动科技兴市、人才强市，健全科技创新体制机制，提升企业技术创新能力，催生高质量发展新动能。

18.加强科技力量建设。以产业技术研究院创新为依托，整合国家、自治区和各类科研院所在固原设立的实验室、工作站等创新资源、技术力量，建立专业化研究院、科技创新中心、分校分院等创新平台。深化与区内外大专院校、科研院所合作，聚焦重点产业、重点领域、关键环节，协同实施重大科技工程，推动创新链和产业链深度融合。培育壮大科技特派员队伍。

19.强化企业创新主体地位。落实政府扶持政策、项目资金，推动各类创新要素向企业聚集，支持企业建立技术创新中心和智能车间、承担科技项目、开展技术合作，发挥企业在创新要素集成和资源配置中的主导作用。建立健全科技创新企业培育体系，引进一批创新示范企业，培育一批重点领域领军型创新企业，建设一批“双创”载体和孵化基地。

20.激发人才创新活力。深化人才发展体制机制改革，健全引才育才留才工作机制，完善培养引进、使用评价、激励服务体系，推动人才向产业和企业集聚。开展高技能人才培养行动，引进一批新兴产业、企业管理等紧缺型高层次人才及团队，培育一批本土人才，提高人才质量和密度。打破地域、身份、学历限制，培育选树一批“六盘英才”。

21.培育良好创新生态。改进科技项目组织管理模式，实行“揭榜挂帅”等制度，扩大科研自主权，提高科技产出效率。推进投入体制创新，建立健全政府投入为主、社会多渠道投入的稳定投入机制，积极引导金融机构加大科技型企业信贷支持。加强知识产权保护，健全技术交易服务体系。弘扬科学精神和工匠精神，倡导宽容失败的创新文化，加强科普工作，营造崇尚创新的价值导向和社会氛围。

七、优化国土空间布局，推进城乡协调发展和新型城镇化

实施区域协调发展战略、新型城镇化战略，实施市区集合、县城提升计划，建立健全城乡融合发展机制，把城市和农村作为一个整体全域推进，构建科学、多元、绿色、开放的城镇空间发展体系。

22.优化国土空间规划布局。坚持人口资源环境相均衡、经济社会生态相统一，按照自治区国土空间总体布局要求，着眼先行区建设，以“三山五河”为生态坐标，构建“一区五城”生产、生活、生态空间布局。加快完善市县（区）二级国土空间规划，推动总详专三类规划有机衔接、协同配套、一体落实。着眼于主体功能定位，全市域一盘棋，科学划定生态保护红线、永久基本农田、城镇开发边界三条控制线。推进经济、产业、主要农产品、人口向市区、四县县城及“五河”流域川道区高效集聚，推进生态保护和建设沿山脊及林地成片成带规模集聚。前瞻性预留、优化重大基础设施及公共设施、重大生产力布局空间。

23.推进以人为核心的新型城镇化。突出城市集约发展，实施城市更新行动，统筹城镇规划、建设、管理，全市域建设宜居城市、韧性城市、智慧城市。全面提升宁夏副中心城市品质，突出生态园林和文化旅游城市定位，注重内涵提升，优化空间布局，实施公共服务设施提标扩面、环境卫生设施提级扩能、市政公用设施提档升级、产业配套设施提

质增效等工程，巩固提升全国园林城市、卫生城市创建成果，启动全国文明城市创建，提升公共服务、宜居宜业水平，增强综合承载和辐射带动力。推进以县城为重要载体的城镇化建设，四个县城突出“精致宜居宜业”特色，提升吸纳人口、集聚产业、综合服务能力，打造带动县域经济发展的增长极。发展以乡镇为节点的城乡工农综合体，特色小城镇注重完善功能、提升承载能力，其他乡镇严格控制规模、重点改善人居环境、提升内涵，不断增强小城镇衔接城乡、联动工农功能，打造服务农民的区域中心。提高城镇化质量，加快城镇经营管理精细化、法治化、社会化、信息化步伐，标本兼治拥堵、污染、脏乱等问题。推进美丽乡村建设，开展“百村示范、千村整治、万户清洁”行动，推广幸福农家“123”工程，建设美丽宜居家园。

24.促进城乡一体产城融合。建立市、县财政支持城乡融合发展机制，建立城乡基础设施和公共服务设施互联互通、共建共享机制，推进城乡产业发展、基础设施、公共服务一体化。深化户籍制度改革，落实财政转移支付和城镇新增建设用地规模与农业转移人口市民化挂钩政策，加快农业转移人口市民化。坚持房子是用来住的、不是用来炒的定位，租购并举、因城施策，有效增加保障性住房供给。坚持以城聚产、以产兴城、产城联动，聚焦城市集聚人口、就业创业、招才引智、产业发展等空间，优化完善生产、居住、上学、就医、购物、康养等功能，布局新的消费业态、商业模式、生活业态、休闲空间、特色街区、产业园区。

八、持续加强生态建设和环境保护，坚决守好生态环境生命线

牢固树立绿水青山就是金山银山的理念，坚持涵水养水、增加绿量，更加注重治山理水、显山露水，生态保护、生态建设、生态治理三管齐下，促进人与自然和谐共生。

25.加快推动绿色低碳发展。以绿色低碳循环为目标，强化规划管控、政策引导，坚持一产利用生态、二产服从生态、三产保护生态，积极培育节能环保产业、清洁生产产业、清洁能源产业，加快传统产业绿色化改造，构建绿色低碳循环经济产业链，提高经济发展的绿色含量。大力倡导简约适度、绿色低碳的生活方式。广泛开展绿色生活创建活动。降低碳排放强度，推进低碳化发展。

26.筑牢绿色生态安全屏障。统筹推进生态环境保护、修复和建设，推广彭阳县小流域综合治理经验，加快六盘山人工促进生态修复，不断提升生态系统质量。持续开展大规模国土绿化行动，实施天然林保护、三北防护林、小流域综合治理、退耕还林还草等水源涵养和水土保持工程，统筹推进森林、草原、流域、湿地、农田、城市“六大生态系统”建设，筑牢西北重要生态安全屏障。

27.抓好重点领域污染防治。坚持综合治理、系统治理、源头治理，深入打好污染防治攻坚战，持续改善环境质量。坚持“四尘同治”，全地域全时段全过程推进烟尘、煤尘、汽尘、扬尘协同治理，让固原空气常新。坚持“五河共治”，实施水污染综合治理工程，加强饮用水源地保护，坚决守好水环境质量只能变好、不能变差的底线，确保五河水质稳定达标，让固原清水长流。坚持“六废联治”，严格管控固体废物、危险废物、建筑垃圾、生活垃圾、畜禽粪污、电子废弃物，抓好农村面源污染防治，让固原环境常优。坚决整改中央、自治区环保督察反馈问题。

28.全面提高资源利用效率。落实生态保护、基本农田、城镇开发空间管控边界，严格管控生态红线。坚持以水定城、以水定地、以水定人、以水定产，科学配置水资源，严格能耗物耗准入门槛，支撑发展刚需。强化工业项目节约用地评价，力争园区土地产值、投资强度、容积率等主要指标达到自治区平均水平。加快工业园区循环化改造，严格控制高污染高耗能高耗水项目，重点引进低碳环保企业，推广清洁生产。

29.建立生态文明体制机制。建立生态环境保护考核评价机制，坚持生态环境损害责任追究、自然资源资产审计、生态环境损害赔偿、“三线一单”等制度，积极促进建立跨区域生态补偿机制，全面实行排污许可制，健全完善生态监管体系，把生态文明建设的理念、原则、目标、要求深度融入经济社会发展的各方面全过程。

九、实现设施互联互通，夯实经济社会发展基础

坚持统筹城乡、强化功能、服务发展，实施基础设施重大工程项目，加快构建内畅外通、覆盖城乡、保障有力的基础设施网络。

30.构建便捷畅通交通网。加快铁路建设，建成宝中铁路扩能改造项目，建设固原火车站等城乡公交一体化及“零距离换乘”交通枢纽项目。积极推进定西经固原至庆阳铁路建设，连接国家高铁网络。提高公路与周边省区互联互通能力，建成银昆高速公路固原段建设项目，争取建设S50寨科至海原(黑城)、S70彭阳至镇原、S45海原至西吉、隆德至庄浪等高速公路，加快普通国省道省际出口、干线绕城、瓶颈路段改造提升，推动“四好农村路”建设，形成县城1小时通勤、区内城市2小时覆盖、周边节点城市3小时通达的“123交通出行圈”。改扩建六盘山机场，优化航班航线，畅联京津冀、长三角、珠三角、成渝城市群。

31.构建集约高效水利网。积极争取跨区域调水，用好泾河水、引好黄河水、利用雨洪水，全力推进固海扩灌黄河水入西通彭、清水河城乡供水等重大项目建设。实施水源保

护、水系联调、水资源集约节约高效利用工程，解决全市资源型、工程型、水质型缺水问题，实现城乡双水源保障。实施水源水库联调联蓄连通及“互联网+城乡供水”示范区建设项目，加快构建全域覆盖、全程可控的数字治水平台，形成水网体系。

32.构建安全清洁能源网。推进储油设施扩容升级、储气调峰设施完善，实施五县（区）民用天然气全覆盖项目，实现市域燃气镇镇通。实施城乡安全供热项目，提升供热保障能力。适度建设风电、光伏电站、锂电池储能电站等新能源。建设固原电网升级改造及新建330千伏云雾山、硝河电网项目，实施向华中输电固原电源点前期工程，加快煤改气、煤改电等清洁能源替代。

33.构建新型智能信息网。实施5G网络、新一代信息技术应用、网络信息安全保障等重大信息网络基础设施项目，实现千兆光纤网络城乡全覆盖和市域5G网络全覆盖。实施数字固原（六盘云）建设工程，运用大数据、云计算、物联网、区块链等新一代信息技术，实现社区治理、文化旅游、医疗健康、政务服务、特色产业、空间管护、环境监测等云端管控和服务。

十、繁荣发展文化事业和文化产业，加快文化强市建设

坚持马克思主义在意识形态领域的指导地位，坚定文化自信，坚持以社会主义核心价值观为引领，围绕举旗帜、聚民心、育新人、兴文化、展形象的使命任务，培育壮大文化产业和文化市场，提升全市文化软实力。

34.持续提高社会文明程度。大力开展学习贯彻习近平新时代中国特色社会主义思想主题教育，常态化推进理想信念教育，落实宣传工作责任制，深入挖掘红色资源，加强党员干部党史、新中国史、改革开放史、社会主义发展史教育，开展“三苦”作风实践体验活动，打造红色教育基地，传承红色基因，激发干部群众奋斗精神，走好新时代的长征路。深入推进公民道德建设，实施文明创建工程，拓展新时代文明实践中心建设，推进诚信体系，加强网络文明建设，不断提高市民文明素质和全市文明水平。

35.提升公共文化服务水平。深入实施文化惠民工程，市文化馆、图书馆布展运行，改扩建固原博物馆，加快各县图书馆及市县老年大学建设，提升村综合文化服务中心建设，广泛开展群众性文化活动，提升基本公共文化服务效能。加大对战国秦长城、开城遗址、古城墙遗迹等文化遗产的整体性保护和修复力度，继续开展“丝绸之路”（固原段）世界文化遗产申报，建强用好市县融媒体中心，实施文艺作品质量提升工程，增强文化整体实力和竞争力。完善全民健身公共服务体系。

36.加快发展现代文化产业。深入挖掘全市文化资源，加大文化产品开发，壮大文化企业，培育文化业态，引进一批企业和著名文艺团体参与产业开发，建设一批业态集聚的文化产业园区，推动区域文化产业带建设；实施文旅提质增效行动，推进文旅融合发展，促进形成多点支撑、各具特色、优势互补、协调发展的文化产业新格局。

十一、加快改革开放步伐，持续增强发展动力活力

坚持用好改革开放关键一招，深化关键领域改革，实施开放带动战略，激发新活力，打造新优势。

37.主动融入新发展格局。坚持扩大内需这个战略基点，立足全国、服务大局，从生产、分配、流通、消费各环节多点发力，加快融入新发展格局，增强经济发展协同性和高效率。积极融入国内大市场，充分发挥固原优势，做好产业配套协作，与大区域合作共建高中端产业和上中下游供应链全覆盖的完整产业链、供应链。清理不利于要素资源和商品服务自由流动的体制机制，构建现代化物流体系，降低交易成本、提高循环效率。主动参与国内国际双循环，扩大进出口贸易。创新产业业态模式，支持发展“线上+物流+零售”等新模式，加快拓展时尚消费、定制消费、信息消费、智能消费等新兴消费领域，加快餐饮、住宿、零售等传统消费线上线下深度融合，积极开展消费惠民计划，打造特色街区，发展夜间经济和假日经济。创新投资融资机制，突出抓好以商招商、网上招商、专业招商，提高招商引资实效；发挥政府投资撬动作用，创新投融资模式，用好融资担保基金，激发民间投资活力，依法依规推进PPP项目，构建多元化投融资体系；市场化推进政府融资平台改革，支持国有企业积极对接市场资源，形成市场主导的投资内生增长机制。

38.积极融入重大发展战略。牢牢抓住国家“一带一路”建设和新时代宁夏推进西部大开发形成新格局、建设自由贸易试验区、内陆开放型经济试验区等重大机遇，积极承接东中部劳动密集型产业转移和科技成果转化，实现内外联动与互利共赢。加强与黄河“几”字弯都市圈、陕甘川宁毗邻地区、关中平原城市群、宁夏沿黄城市群及沿黄生态经济带协同发展，共同打造跨区域优势产业链、供应链，在积极融入国家和自治区重大战略中实现自身发展。

39.推进重点领域改革。深化国资国企改革，健全管资本为主的国有资产监管体制。完善产权制度，实施市场准入负面清单制度，落实公平竞争审查制度，推进土地、劳动力、资本、技术、数据等要素市场化改革，加快建立平等准入、公正监管、诚信守法、高效规范、公平竞争的市场体系。深化预算管理制度改革，强化预算约束和绩效管理，完善现代金融监管体系，重点发展普惠金融。

40. 加快转变政府职能。建设职责明确、依法行政的政府治理体系。深化“放管服”改革，全市域贯通“163”政务服务模式，落实简政放权、放管结合、优化服务改革，全面实行政府权责清单制度。加快社会信用体系建设，实施涉企经营许可事项清单管理，加强事中事后监管，对新产业新业态实行包容审慎监管；健全重大政策事前评估和事后评价制度，畅通参与政策制定的渠道，提高决策科学化、民主化、法治化水平，推动政务服务标准化、规范化、便利化。

41. 深化对外开放合作。以配套宁夏沿黄、关中平原、兰西等城市群产业链的基础端、先导端为导向，强化区域间产业链互补、供应链互促。全方位畅通对外开放通道，深度对接西安中欧班列枢纽城市、中卫中欧班列节点、兰州国际陆（空）港，增加面向东部沿海地区航线。积极参与中阿博览会、广交会、西洽会等国际国内经贸活动。实施园区结对，探索建立飞地园区、无水港、跨区域合作园区和共建共管共享园区，实现共赢发展。

十二、补齐民生和社会事业短板，提升人民生活品质

坚持以人民为中心的发展思想，统筹抓好各项民生事业，大力实施民生提升计划，扎实推动共同富裕，促进人的全面发展和社会全面进步。

42. 多渠道促进就业创业。坚持经济发展就业导向，实施城乡居民产业就业收入双增计划，扩大就业容量、提高就业质量，努力增加居民工资性、经营性、财产性收入。积极拓展就业新空间，支持劳动密集型产业、中小微企业和个体工商户发展，培育形成吸纳就业的“蓄水池”。完善和落实援企稳岗、购买公益性岗位等政策，扎实做好重点群体就业，帮扶残疾人、零就业家庭成员就业。持续推进农村劳动力转移就业，大力开展职业技能培训提升行动，建成“双创”实训基地建设项目，激发创业带动就业，促进“互联网+”创业，保障劳动者待遇和权益，确保就业形势基本稳定。

43. 建设高质量教育体系。全面贯彻党的教育方针，落实立德树人根本任务，加强师德师风建设，实施教师教学教育质量双升计划，继续实施“名师名校名校长”培育工程，促进各级各类教育高质量发展。实行政府购买公办幼儿园保育教育服务，推动学前教育普及普惠发展；均衡配置城乡教育资源，推进标准化建设，提升办学条件，推动义务教育优质均衡发展和城乡一体化；巩固高中阶段教育普及成果，推动普通高中多样特色发展；完善职业教育体系，按照“普职融通、产教融合、校企合作”要求，加强实训基地建设，推动职业教育与产业发展有效衔接，支持宁夏师范学院升级为宁夏师范大学、建设附属学校，争取固原市职业技术学校升级为高职学院，支持建设宁夏飞毛腿高级技师学院。完善特殊教育保障机制，支持和规范民办教育发展，规范校外培训机构。健全学校家庭社会协同育人机制。实施“互联网+教育”创新应用项目，推进“互联网+教育”示范区建设。

44. 健全多层次社会保障体系。全面实施全民参保计划，推动基本养老保险、基本医疗保险扩面提标，完善基本医疗保险、失业保险、工伤保险统筹机制，健全重大疾病医疗保险和救助制度，积极发展长期护理保险和商业健康保险，发展多支柱养老保险体系，健全灵活就业人员社保制度。健全社会福利救助体系，完善老年人、残疾人关爱服务体系，保障特困人员救助供养，完善社会福利制度，健全退役军人工作体系和保障制度，优化妇女儿童发展环境。实施方便居民生活出行双优计划。积极应对人口老龄化问题，加大养老服务投入，建设六盘山生态康养城，支持社会力量兴办医养机构，加快构建居家社区机构相协调、医养康养相结合的多层次养老服务体系。

45. 全面推进健康固原建设。坚持把保障人民健康放在优先发展的战略位置，实施医疗医生水平双提计划，为人民提供全方位全周期健康服务。深化医药卫生体制改革，完善分级诊疗制度，推进“互联网+医疗服务”，提升远程医疗服务水平。健全疾病预防控制体系，补齐疾控和公共卫生基础设施短板，强化监测预警、风险评估、流行病学调查、检验检测、应急处置等职能，完善重大疫情防控救治体系，提高应对突发公共卫生事件能力。加强公共卫生体系建设，支持市人民医院创建三甲医院，建成宁南区域医疗中心。提升县级医疗机构公共卫生服务能力和诊疗水平。加快乡镇卫生院、社区卫生服务机构和村卫生室标准化建设。推进中医药传承创新发展。广泛开展爱国卫生运动，引导形成健康生活方式。

十三、科学统筹发展和安全，建设更高水平的平安固原

坚持总体国家安全观，始终把安全发展贯穿经济社会发展各领域和全过程，确保人民安居乐业、社会安定有序。

46. 巩固民族团结进步创建成果。深化马克思主义祖国观、民族观、宗教观、文化观、历史观宣传教育，让“三个离不开”“五个认同”思想融入各族群众血脉，铸牢中华民族共同体意识，构建各民族共有精神家园。全面贯彻落实党的民族政策，广泛开展民族团结进步宣传教育，深化“拥护核心感党恩、同心携手奔小康”教育活动，全国民族团结进步示范市成果得到巩固提升，西吉县、隆德县创成全国民族团结进步示范县，坚决守好促进民族团结生命线。

47. 依法管理宗教事务。全面贯

彻党的宗教工作基本方针，坚持我国宗教中国化方向，纵深推进“五进”宗教活动场所，积极引导宗教与社会主义社会相适应。

48.保障地方经济安全。加强经济安全风险预警、防控机制和能力建设，继续加大对非法集资、非法放贷等违法犯罪行为的打击力度，严厉打击逃避银行债务行为，规范金融市场经营。强化政府债务管控，全力化解政府债务，严格执行举债报批制度，严禁违法违规新增债务，坚决守住不发生系统性风险底线。保障信息安全，开展关键行业和领域信息安全测试与评估，建设面向政府、企业、个人的信息安全专业服务平台，推进信息安全资源共享，提高信息安全保障能力。

49.筑牢公共安全体系。深入推进和巩固提升安全生产三年专项整治行动，建立隐患排查治理和风险防控体系，建立企业安全生产诚信承诺制度、安全生产不良信用记录和“黑名单”制度，有效遏制重特大安全事故。加快标准化应急避难场所建设，提升洪涝干旱、森林草原火灾、地质灾害、地震等自然灾害防御工程标准，创建全国安全发展示范城市、综合减灾示范县和综合减灾示范社区。落实国家食品安全战略，建立食品原产地可溯制度和质量标识制度，创建国家食品安全示范城市。

50.推进市域社会治理现代化。加快推进依法治市，一体推进法治固原、法治政府、法治社会建设，有效发挥法治固根本、稳预期、利长远的保障作用。进一步完善地方立法工作格局，加强城乡建设与管理、环境保护、历史文化保护领域立法，不断提高立法质量和效率。全面推行行政执法“三项制度”，完善公共法律服务体系，开展“八五”普法教育，扎实推进民法典实施。持续推进平安固原建设，坚持和发展新时代“枫桥经验”，加强社会治安防控体系建设，构建社会矛盾综合治理机制，推进扫黑除恶常态化，依法打击各类违法犯罪活动，切实做好信访工作，确保社会和谐稳定。创新加强基层治理，聚焦乡村、社区、校园、企业、社团等重点领域治理，规范建设市县乡三级综治中心，提升信息化水平，实现政府治理同社会调节、居民自治良性互动。

十四、凝聚全市各族人民智慧力量，为实现“十四五”规划和二〇三五年远景目标而奋斗

实现“十四五”规划和2035年远景目标，必须坚持党的全面领导，团结一切力量，落实各方责任，同心同向、同频共振。

51.加强改善党的全面领导。坚定维护党中央权威和集中统一领导，加强政治建设，提高政治能力，强化全面从严治党主体责任、监督责任，落实党把方向、谋大局、定政策、促改革的要求，全面提高新发展阶段党的建设质量。深入学习贯彻习近平新时代中国特色社会主义思想和习近平总书记视察宁夏重要讲话精神，完善上下贯通、执行有力的组织体系，确保党中央、自治区和市委的各项决策部署有效落实。全面贯彻新时代党的组织路线，坚持正确用人导向，加强干部队伍建设，提高市县党校建设水平，加大党员干部培训。落实好干部标准，打造忠诚干净担当的高素质干部队伍。锲而不舍落实中央八项规定及其实施细则精神，健全基层减负常态化机制，持续纠治形式主义、官僚主义。完善监督体系，加强政治监督，完善警示教育常态化长效化机制，一体推进不敢腐、不能腐、不想腐，营造风清气正的良好政治生态。

52.推进社会主义政治建设。坚持党的领导、人民当家作主、依法治国有机统一，坚持和完善人民代表大会制度，加强人大对“一府一委两院”的监督。坚持中国共产党领导的多党合作和政治协商制度，发挥社会主义协商民主独特优势，提高建言资政和凝聚共识水平。凝聚社会各界力量，发挥工会、共青团、妇联等人民团体作用，把各自联系的群众紧紧凝聚在党的周围。充分发挥民主党派、工商联和无党派人士作用，巩固和发展最广泛的爱国统一战线。完善国防动员体系，强化全民国防教育，推动军民融合深度发展。

53.健全规划制定落实机制。健全规划体系，按照本建议确定的指导思想、主要目标、重点任务、重大举措，高质量编制“十四五”规划纲要、空间规划以及黄河流域固原市生态保护和高质量发展等14个专项规划，并指导县（区）编制“十四五”规划纲要和专项规划。健全政策协调和工作协同机制，完善规划实施监测评估机制，确保“十四五”目标任务落到实处。

全面完成“十四五”规划和2035年远景目标，责任重大，前景光明。全市各级党组织和广大党员干部群众要更加紧密地团结在以习近平同志为核心的党中央周围，坚持以习近平新时代中国特色社会主义思想为指导，不忘初心、牢记使命，解放思想、真抓实干，奋力描绘好建设黄河流域生态保护和高质量发展先行区、继续建设经济繁荣民族团结环境优美人民富裕美丽新宁夏的固原画卷，为夺取全面建设社会主义现代化新胜利而努力奋斗！

政府工作报告

在固原市第五届人民代表大会第一次会议上

（2021年12月28日）

固原市市长　冼国义

各位代表：

现在，我代表市人民政府，向大会报告工作，请各位代表审议，并请各位政协委员和列席人员提出意见。

一、过去五年工作回顾

市四届人大一次会议以来的五年，是固原发展史上极不寻常、具有里程碑意义的五年。面对百年变局与世纪疫情交织的严峻形势，面对脱贫攻坚和改革发展的繁重任务，全市上下高举习近平新时代中国特色社会主义思想伟大旗帜，深入贯彻党的十九大和十九届历次全会精神，全面落实习近平总书记视察宁夏重要讲话精神，在自治区党委政府和市委的正确领导下，坚持稳中求进工作总基调，完整、准确、全面贯彻新发展理念，感恩奋进、勇毅前行，经济社会发展取得全方位、深层次、历史性成就，为全面建设社会主义现代化新固原奠定了坚实基础。

——*脱贫攻坚全面胜利，乡村振兴顺利开局。*贫困家庭失学辍学学生动态清零，行政村标准化卫生室、基本医保、安全住房实现全覆盖，安全饮水保障率达100%，“两不愁三保障”全面达标，26.7万现行标准下农村贫困人口全部脱贫，贫困发生率从2016年的16.4%下降到零，彻底撕掉西海固“苦瘠甲天下”的历史标签，全面建成小康社会。做好巩固拓展脱贫成果同乡村振兴有效衔接，累计消除致贫返贫风险对象4507户18379人。

——*经济实力大幅增强，居民收入快速跃升。*预计今年地区生产总值达到377亿元，是2016年的1.6倍，年均增长6.7%。人均地区生产总值达到3.3万元。一二三产业增加值年均分别增长4%、8.5%、7%，三次产业结构优化至19.8:20:60.2。财政支出由209亿元增加到240亿元。城乡居民人均可支配收入预计分别超过3.23万元、1.32万元，是2016年的1.4倍和1.7倍，年均分别增长7.3%和11.4%。

——*生态环境显著改善，绿色发展蹚出新路。*森林覆盖率、草原综合植被盖度、水土流失治理程度分别由22.8%、83.6%、56%提高到30.8%、90.3%和80%。单位GDP能耗是全区平均水平的40%。PM10、PM2.5浓度下降30.3%、30%，空气质量达到国家二级标准，连续五年领跑全区。土壤环境质量总体安全，五河水质全面达标，国控断面优良水质比例由20%提高到87.5%，集中式饮用水水源地达标率为100%，黑臭水体消除率100%。创成国家生态文明建设示范区。

——*基础设施日臻完善，城乡面貌显著改观。*新改建公路3615公里，打通固会高速等四条“断头路”，实现县县通高速、村村通硬化路。建成中南部城乡饮水安全、黄河水调蓄工程，自来水普及率达到97%，圆了百万群众安全饮水梦想。新开通航线4条，所有行政村通光纤，自然村通动力电，4G网络全覆盖，建成5G基站1510个。海绵城市建设、国家新型城镇化综合试点取得实效，建成美丽小城镇35个、美丽村庄148个，城镇化率从32.4%提高到43.6%。创成国家园林城市、国家卫生城市和自治区文明城市。

——*民生福祉持续提升，社会大局安定稳定。*城镇新增就业4.4万人，农村劳动力转移就业年均保持在30万人以上。易地扶贫搬迁5.7万人，改造农村危窑危房4.9万户、棚户区3.6万户、老旧小区102个，建成保障性住房1.26万套，近30万人喜迁新居。普惠性幼儿园覆盖率达到99.5%、居全区第一，学前三年毛入园率、义务教育巩固率、高中阶段毛入学率分别达到86%、99.4%和94.2%。全生命周期健康服务体系初步形成。社会保障体系和公共文化设施实现全覆盖。公众安全感连续8年位居全区五市第一。创成全国民族团结进步示范市、全国公共文化服务体系示范区、全国旅游标准化示范单位。

即将过去的2021年，我们以开局就是决战、起步就是冲刺的奋进姿态，扎实做好“六稳”工作，落实“六保”任务，交出了一份全面好于预期的答卷，实现了“十四五”的良好开局。预计地区生产总值增长7%，固定资产投资增长6%左右，地方一般公共预算收入增长13.9%，均为近四年最快增幅；社会消费品零售总额增长8%，城乡居民人均可支配收入分别增长7.6%和10.5%，城镇调查失业率4.6%，单位GDP能耗下降2.5%。

各位代表！回望过去五年，我们在极不寻常中取得了极不平凡的成就，干成了一批人民期盼的大事，办成了一批群众急盼的难事，一些“老大难”问题得到有效解决，站上了新生活新奋斗的起点。主要抓了以下工作：

（一）致力抓脱贫防返贫，乡村振兴开启新征程。坚持把脱贫攻坚作为最大政治责任和第一民生工程，汇集思想、组织、群众、社会四方力量，认真落实“六个精准”“五个一批”要求，2万多名市县乡村干部结对帮扶17万名贫困人口，福建省和中国商飞等5家中央定点帮扶单位无私援助，开展“绣花式”扶贫，累计投入财政专项、涉农整合、闽宁协作等各类资金296.1亿元，银行信贷资金733.1亿元，攻克堡垒县、督战薄弱村、帮扶重点户，彻底消除了市域绝对贫困和整体贫困。产业、金融、消费、旅游、光伏和生态扶贫有力拓宽增收渠道，贫困群众人均纯收入年均增长13%以上。原州区金融扶贫“蔡川模式”入选中国普惠金融助力脱贫攻坚和联合国中国扶贫经典案例。222个扶贫车间让群众就业不出村、挣钱不离家。全面转入乡村振兴的历史新阶段，严格落实“四个不摘”要求，工作、政策、机构队伍等有效衔接，建立专班开展“四查四补”，多措并举应对严重旱情，将641户2575人新纳入防返贫监测。大力实施“四大提升行动”，制定4个具体任务清单，系统部署、示范带动，打造移民示范村15个，村集体经济收入均达5万元以上，38个村达100万元以上，实现“一年一个样”的目标。

（二）致力稳增长防风险，综合实力跃上新台阶。坚持统筹疫情防控和经济社会发展，统筹发展和安全，着力保持经济运行在合理区间。强化规划引领，“十三五”规划确定的34项预期目标如期实现，编制出台“十四五”规划和2035年远景目标纲要及12个专项规划。注重助企纾困与激发活力并举，推动有效市场和有为政府更好结合，出台“六保”23条等一揽子措施，清欠民营企业账款19.2亿元，减免各类税43.9亿元、降低社保费等4.4亿元，67.1亿元财政直达资金惠企利民，帮助企业和个体工商户渡过难关，各类市场主体达到9.4万户、增长1.4倍。妥善处置化解一批金融、债务、环境等风险隐患，信访积案基本清零，守住了不发生系统性风险的底线。坚持人民至上、生命至上，以最快速度、最严责任，扎密筑牢疫情防线，逐步健全常态化网格化防控机制，输入性病例率先在全区“清零”，至今再未发生病例，夺取了疫情防控和经济社会发展双胜利。

（三）致力治污染严保护，生态文明绘就新画卷。出台建设先行区美丽新固原“36条”，全面落实河湖长制，推行林长制，集中抓好大保护、大修复、大治理，完成营造林275万亩，新增城市绿地106.7万平方米，治理水土流失1800平方公里。创新推进“四个一”林草工程，发展林苗花草260.4万亩，山绿与民富初见成效。坚决打好蓝天、碧水、净土保卫战，五河“四乱”问题基本整治，关闭淘汰落后产能企业63家。高质量完成29项中央环保督察反馈问题整改，317件中央和自治区环保督察交办信访问题全部办结销号。改造农村卫生厕所9.9万座，农村生活垃圾和污水治理率分别提高到65%、18.8%，群众环境卫生观念发生可喜变化。隆德渝河水环境治理模式入选国家改革开放40周年成就展，泾源县被命名为国家“绿水青山就是金山银山”实践创新基地和宁夏首个“中国天然氧吧”。

（四）致力调结构提质量，产业发展迈出新步伐。坚持以供给侧结构性改革为主线，集中要素资源育龙头、延链条、创品牌，全面推进五大重点产业延链补链。召开全市产业发展和招商引资大会，出台7个政策性文件，建立市级领导包抓产业发展和重点招商引资项目工作机制，建设产业技术创新研究院，肉牛等8个研发中心挂牌，培育“专精特新”企业76家，国家高新技术企业10家，固原经开区升格为自治区高新技术产业开发区。引进江苏天楹、陕西海升、山东水发、河北雪川、湖北长江医药等龙头企业落户固原，王洼煤矿600万吨改扩建、金昱元盐化工循环产业链、黄天鹅高品质蛋鸡等项目建成投产。农业结构调整步伐加快，特色优势产业占比达到85%，新建高标准农田198万亩，粮食产量稳中有增，固原胡麻油、彭阳红梅杏入选全国第一批地理标志运用促进重点联系指导名录。工业质量效益双提，新增规上企业10家，产值亿元以上企业12家，规上工业增加值年均增长16.8%。文化旅游业蓬勃发展，年均接待游客500万人次以上。西吉县将台堡纪念园被评为全国爱国主义教育示范基地和首批中央文物保护单位。

（五）致力增动能优环境，改革开放释放新活力。“放管服”改革纵深推进，“163”政务服务模式市县一体化运行，项目审批时限无差别压减至60个工作日以内，为乡镇下放权力53项。彭阳县“互联网+城乡供水”在全国推广。“四权”改革182项具体任务稳步推进，用水权改革细化水资源“四定”管控方案，原州区签订全区跨市水权交易“第一单”、泾源县发放用水权质押贷款“第一笔”。用地权改革盘活闲置宅基地、移民迁出区建设用地，隆德县敲响全区农村集体经营性建设用地入市“第一槌”。山林权改革有序推进确权、赋能、增效、增绿、护绿五项任务，彭阳县颁发全区林权不动产“第一证”和林权抵押贷款“第一笔”。排污权改革完成142个单位、312个减排项目排污权核算，实现固定污染源排污许可及登记全覆盖。农村改革、国企改革有序推进。引进金融机构13家，贷存比99.8%，较2016年提高29.5个百分点。成功举办第28届西交会等系列经贸活动，累计引进项目574个，到位资金773亿元，较前五年增长22%。

（六）致力办实事保民生，社会事业取得新进展。坚定践行以人民为中心的发展思想，一体推进公共服务优化和基础设施改善，群众幸福指数不断攀升。坚持教育优先发展，提高乡村教师待遇，新改建学校666所130万平方米，新增城镇学位5.4万个，五县区顺利通过国家义务教育均衡验收，普及高中阶段教育通过自治区评估认定，现代职业教育体系基本建立。“互联网+医疗健康”广泛应用，县域医共体和城市医联体建设全覆盖。基本养老、医疗保险参保率分别达到96.5%和98.5%，居民住院实际报销比例达到75.2%。低保、特困供养群体和残疾人保障标准逐年提高，累计发放保障金36.5亿元、临时救助金3.8亿元。强化粮食物资储备，防灾减灾救灾能力不断增强。国防动员和退役军人服务保障水平不断提升，创成自治区双拥模范城。生育政策有效落实，适老化服务积极供给。新闻出版和广电事业不断进步，外事侨务工作不断拓展，人防建设水平持续提高，史志档案工作成果丰硕。圆满完成第七次人口普查等统计调查任务，快递行业加速发展。妇女儿童、青少年、红十字等事业取得新进展。

（七）致力夯基础保稳定，平安固原达到新水平。基层治理“1+6”政策措施全面落实，政府法治化、规范化水平明显提升，获评全国“七五”普法中期先进城市。全面贯彻党的民族政策，坚决守好促进民族团结生命线，持续铸牢中华民族共同体意识，“三个离不开”“五个认同”更加深入人心。坚决维护政治安全生命线，全面落实宗教工作基本方针，民族团结、宗教和顺局面持续巩固。健全完善应急管理体系，安全生产形势稳定向好。食品药品安全持续加强，全域创建有力有效。强化社会治安综合治理，扫黑除恶专项斗争扎实推进，社会乱象治理“五项机制”得到中央督导组充分肯定，8类主要刑事案件立案数、命案发案数实现“双下降”，固原市、隆德县分别荣获平安中国建设示范市、示范县。

（八）致力改作风提效能，政府履职展现新作为。始终坚持把党的领导贯穿政府工作全过程各方面，高质量开展“两学一做”学习教育、“不忘初心、牢记使命”主题教育、党史学习教育，坚决拥护“两个确立”，自觉把增强“四个意识”、坚定“四个自信”、做到“两个维护”融入实践、落在日常、践于行动，政府系统思想政治建设全面加强、工作作风加快转变、行政效能不断提高。坚持依法行政，认真落实审计监督、政务公开、大额资金管理等制度，推动政府决策科学化、民主化、法治化。加强党风廉政建设和反腐败斗争，从严执行中央八项规定及其实施细则精神，大力压减一般性支出，“三公”经费较2016年下降51.4%。依法接受市人大及其常委会监督，自觉接受市政协民主监督，主动接受社会和舆论监督。提请人大常委会制定地方性法规5件，141件人大代表议案建议、689件政协提案全部办结。

各位代表！五年强基兴业，是全市人民铸就全面小康史、绘就生态建设史、成就民族团结史的五年，五年的发展成就有目共睹，五年的奋斗历程可圈可点！这些成绩的取得，是以习近平同志为核心的党中央领航定向、亲切关怀的结果，是自治区党委政府和市委正确领导的结果，是市人大、市政协、市纪委监委监督支持的结果，是固原历届班子接续奋斗、全市人民共同奋斗的结果。在此，我代表市人民政府，向全市人民，向人大代表、政协委员，向各民主党派、工商联、无党派人士及各人民团体，向中央、自治区驻固单位，向驻固部队、武警官兵、公安民警和应急救援人员，向新闻媒体和所有关心支持固原发展的朋友们，向倾力帮扶固原的中央有关单位、福建省，致以崇高的敬意，表示衷心的感谢！

各位代表！此时此刻，我们深切缅怀在脱贫攻坚一线献出宝贵生命的同志，他们以热血赴使命、以生命践诺言，生动诠释了共产党人的初心使命！此时此刻，我们深刻铭记在抗疫中逆行出征的广大医务工作者、公安民警和志愿者，他们以生命担职责、用挚爱护苍生，守住了“一方平安”！

在肯定成绩的同时，我们也清醒看到存在的差距和挑战：经济量小财弱，产业发展基础薄弱，产城融合度低，县域经济发展滞后；城乡居民收入水平低、来源少，优质教育、医疗等公共服务供给相对不足；科技创新能力不强，人才总体性短缺，促进发展的金融血脉不畅；部分干部用市场化手段解决问题的本领不强，担当精神不够、作风不硬。对这些问题，我们将认真解决。

二、今后五年及明年目标任务

刚刚闭幕的市第五次党代会，擘画了全市未来五年的发展蓝图，吹响了“牢记领袖嘱托，铭记真抓实干，奋力谱写建设黄河流域生态保护和高质量发展先行区固原新篇章”的嘹亮号角。我们将在市委的领导下，全面贯彻落实好市第五次党代会精神，持之以恒壮大县域经济提高发展质量、实干乡村振兴共享发展成果、坚守生态立市厚植发展底色、深化改革开放蓄积发展动能、加强文化建设奏响发展强音、促进民族团结凝聚发展伟力、推进市域治理筑牢发展基石，担当作为跑好“第一棒”，追赶发展书写“新篇章”。

政府工作总体要求是：高举中国特色社会主义伟大旗帜，全面贯彻习近平新时代中国特色社会主义思想和习近平总书记视察宁夏重要讲话精神，以满足人民对美好生活的向往为根本目的，以铸牢中华民族共同体意识为民族工作主线，切实增强“四个意识”、坚定“四个自信”、做到“两个维护”，按照“五位一体”总体布局和“四个全面”战略布局要求，坚持稳中求进工作总基调，自觉站位新发展阶段，完整准确全面贯彻新发展理念，主动融入服务新发展格局；认真落实自治区党委政府和市委决策部署，担负建设黄河流域生态保护和高质量发展先行区时代使命，坚决守好促进民族团结、维护政治安全、改善生态环境“三条生命线”；聚焦“红色固原、绿色发展”定位，统筹疫情防控和经济社会发展，统筹发展和安全底线，守牢发展和生态红线，坚持产业强市、生态立市、依法治市，坚持抓乡村振兴、县域经济、实干作风，奋力谱写建设黄河流域生态保护和高质量发展先行区、全面建设社会主义现代化固原新篇章，为建设经济繁荣民族团结环境优美人民富裕的美丽新宁夏、实现第二个百年奋斗目标和中华民族伟大复兴的中国梦不懈奋斗！

今后五年，我们要围绕市第五次党代会确定的实现“五个新”、打造“五个生态”发展目标，构建科学合理的指标体系，逐年作出安排，逐季督导调度，逐月跟进推动，谋到关键、干在实处，奋力建功新时代、开创新局面。经济发展上，地区生产总值年均增长7%以上。高质量建设宁夏副中心城市，常住人口城镇化率达55%以上。人民生活上，居民收入达3万元以上。创成国家全域旅游示范市、全国双拥模范城市，积极创建全国文明城市，全市域创成全国民族团结进步示范县，努力创建铸牢中华民族共同体意识示范市。绿色发展上，高质量建设宁夏南部水源涵养区，森林覆盖率达到33.6%，草原综合植被盖度达到90.9%，创成国家森林城市。大气、水、土壤等环境质量保持优良，单位地区生产总值能耗和二氧化碳排放优于自治区平均水平。改革开放上，要素市场化配置改革加快推进，营商环境加速优化，市场主体活力全面激发，加快形成高水平开放新体制。全面从严治党上，政府系统党的建设全面加强，工作作风更加严、真、实、细、快，能力素质更加过硬。

2022年是新一届政府履职赶考的开局之年，也是纵深推进先行区建设的关键一年。全市经济社会发展的主要预期目标是：地区生产总值增长7%以上，固定资产投资增长10%左右，地方一般公共预算收入剔除一次性因素后增长6.5%，社会消费品零售总额增长7.5%，城乡居民人均可支配收入分别增长8%和10%，居民消费价格涨幅控制在3%以内，城镇调查失业率控制在5.5%以内。节能降碳和主要污染物排放完成自治区下达任务。

经济增速是综合性指标，是经济发展风向标。明年预期目标安排要全面落实好中央和自治区经济工作会议精神，贯彻“稳字当头、稳中求进”的要求，担负起稳定宏观经济的固原责任，确保经济运行在合理区间，推动经济实现质的稳步提升和量的合理增长，为党的二十大胜利召开营造平稳健康的经济环境。确定地区生产总值增长7%以上等预期目标，总体上高于我市前五年平均水平，高于自治区和全国目标，一是充分考虑了发展不足仍是我市最大实际，实现赶超发展和共同富裕是我们最大任务，只有保持自我加压，才能实现追赶奋进、缩小发展差距。二是要为做好“六稳”“六保”工作，特别是保就业保民生保市场主体，打下良好的经济基础，为减税降费政策留出充足的财政支持空间。三是我们积极担负建设先行区时代使命，规划产业，谋划项目，发展动能正在积厚成势，一批项目陆续落地投产，将对经济增长形成有效支撑。四是我市新型工业化、信息化、城镇化、农业现代化处于起步加速阶段，要适度超前开展基础设施建设，有必要保持一定的投资拉动。五是我市居民收入较低，必须坚持以人民为中心的发展思想，着眼共同富裕，持续改善民生，继续保持较快的收入增长水平，让发展成果惠及群众。明年的工作，“稳”是底线、是大局，“进”是更高目标，只有以更全面的“稳”，才能保障更高质量的“进”。从各项支撑因素看，“稳”有基础，“进”有动能，各项指标是符合实际、可行可及的。

三、对2022年政府工作的建议

开局起步任务重、挑战多、要求高。关键是要以先行区建设统揽全局，以争创6个国家级示范市、发展“5+4”产业、建成6个基地、建设10

大基础设施工程、实施党建“铸魂”工程及人才培育工程、开展5项民生提升行动为抓手，扎实迈好第一步、见到新气象，坚决把宏伟蓝图变成现实美景。重点抓好八个方面工作：

（一）抓好产业发展，高层级壮大县域经济。强化市级领导包抓产业发展和重点招商引资项目工作机制落实，加快培引龙头、延长链条、打造集群。

狠抓重点产业延链条。肉牛产业，聚焦打造全国百万头高端肉牛生产加工基地，抓好良种繁育、规模养殖、饲草保障、精深加工，推进规模化、产业化发展，建设“出户入园+光伏”园区50个、养殖示范村10个、良种繁育基地6个，肉牛饲养量达到125万头，集中养殖率达到25%。力促融侨肉牛加工项目投产，水发浩海和伊赛10万头肉牛屠宰加工项目开工建设。绿色食品，聚焦打造百万亩高产高品马铃薯、冷凉蔬菜基地和绿色食品生产供应基地，重点发展畜禽肉、薯条薯片、果蔬等绿色农产品精深加工，创新企业组织形式和农产品流通方式，推动净菜入超，推进雪川一期15万吨马铃薯加工等项目建成投产，带动建立标准化原料基地35个。文化旅游，聚焦打造全国避暑养生和红色文化旅游基地，推动文旅产业融合发展和文旅服务提档升级，争创国家全域旅游示范市和全国避暑旅游城市。提升改造高档民宿15家，六盘山长征景区创成国家5A级景区，力争接待游客数突破720万人次。生态经济，推进生态产业化、产业生态化，推动山杏、山桃、艾草等功能性保健产品扩大规模，力促山桐子、黑果花楸种植加工和蜂蜜生产等项目投产，带动林下经济稳定发展，林鸡、林蜂、林花分别达到100万只、10万群和10万亩。纺织服装，规划建设六盘山纺织服装园区，培引现代纺纱、服装加工等产业链，紧密衔接就业帮扶车间，力促丰源纺纱二期、华人礼服等项目建成投产，雪洋、新恒纺纱项目落地开工，纺纱产能达到30万锭、家纺服装达到2000万件（套）以上。

狠抓培育产业增动力。新材料，争取在新材料产业园设立化工集中区，做好用水保障，推进岩盐资源综合利用，推动华生管道绿色循环新材料等项目落地。新能源，坚持风光电资源全域统筹，推进电力源网荷储一体化和多能互补发展，建设原州区新能源示范区，加快其他县分布式光伏开发，新建110千伏输变电等电网工程，做好抽水储能电站前期工作。支持隆德、泾源连通管道天然气。中药材，健全药材道地性检测和质量追溯体系，种植面积稳定在15万亩。电子信息，抢抓国家“东数西算”机遇，建设“数字固原”六盘云，新改建通信基站1927座，推动数字产业化和产业数字化。

狠抓项目建设强支撑。实施投资“648810”工程（即围绕产业发展、生态环境、乡村振兴、城镇建设、基础设施、社会民生六个领域，建设400个总投资800亿元项目，其中市级重点项目80个，着力推进十大基础设施工程，确保固定资产投资增长10%左右），压实责任，倒排进度，半月一通报、一月一督查，分批集中开工，力保80个重点建设项目（见表2）一季度开复工60%以上，二季度全部开工。力争开工建设宝中铁路扩能改造项目，推进六盘山机场扩建，加快固海扩灌黄河水入西吉、清水河流域城乡供水等重点工程建设进度。

狠抓营商环境育主体。像爱护阳光、空气和水一样，像爱护眼睛一样爱护营商环境，纵深推进“放管服”改革，加快数字政府建设，提升“163”政务服务APP应用水平，推行项目审批“拿地即开工”极简办模式，企业开办时间提速至3小时内。推进各项惠企利民政策直达基层、企业，落实优化营商环境“20条”措施，严格执行“十必须、十不准”要求，着力加快民营经济发展，促进多种所有制经济共同发展。加强诚信政府建设，有效治理恶意拖欠账款和逃废债行为，让企业家投资放心、创业安心、发展称心。扎实落地科技政策，发挥产业技术创新研究院作用，力争研究与试验发展经费投入强度达到0.6%。认定国家高新技术企业2家、科技型中小企业15家，新增规上企业12户以上，规上工业增加值增长10%。改造提升特色商业街区1个，发展城市夜间经济、假日经济、会议经济等新型业态。布局冷链物流、科技信息、智慧仓储等生产性服务业，推进健康、养老、育幼、家政、快递等生活性服务业向高品质和多样化升级。

（二）抓好巩固衔接，高起点推进乡村振兴。全面推进乡村产业、人才、文化、生态、组织振兴，促进农业高质高效、乡村宜居宜业、农民富裕富足。

强化动态监测帮扶。严格落实“四个不摘”，用好国家和自治区乡村振兴重点帮扶县政策，完善“网格化”防返贫监测帮扶机制，紧盯“三类人群”常态化精细化开展“四查四补”，及时消除返贫致贫风险。深化东西部协作和中央单位定点帮扶，建设闽宁乡村振兴示范村10个，提升闽宁产业园6个，形成示范带动，增强发展内生动力。

提升农业质量效益。落实最严格耕地保护制度，加大“撂荒地”整治力度，坚决遏制耕地“非农化”、防止“非粮化”，提高农业综合生产能力，新建改造高效节灌面积33.4万亩，新建旱作高标准农田50万亩，推广使用有机肥，农业机械化水平达75%以上。健全现代农业产业、生产、经营体系，建立联农带农利益联结机制，群众产业收入占比达到

50%，产业带动劳动力就业比例达50%以上。提升固原国家级农业科技园区，新建农业现代化示范园5个、标准化生产基地40个，认证“三品一标”品牌农产品30个以上，争创知名品牌10个，打响固原黄牛、马铃薯、胡麻油、冷凉蔬菜、高品鸡蛋区域公共品牌。推动各类人才返乡创业、下乡服务，培育新型职业农民2000人以上。

大力推进五项行动。抓实移民致富提升行动，落实38个千人以上移民安置区发展规划，聚焦产业就业、基础设施、公共服务、人居环境、社会融入“五项重点任务”，探索多元要素参与增收模式，打造移民示范村（社区）20个。抓好城乡居民收入提升行动，围绕“两个高于”目标，鼓励创新创业，壮大产业工人队伍，增加工资性、经营性、财产性收入，稳住转移性收入。抓牢基础教育质量提升行动，落实“双减”政策，强化“五项管理”，新建各类学校12所，培育1个自治区级特色高中示范校。认定“六盘名师”100名、“六盘名校”50所、“六盘名校长”30名。支持宁夏师范学院“升大创博”，争取创建市级职业教育高职学院。抓紧全民健康水平提升行动，健全疾病预防控制和公共卫生体系，市人民医院创成“三甲”、建设省级区域医疗中心，培育“六盘名医”50名，为人民提供全方位、全周期健康服务。抓细社会保障服务提升行动，完善社会保障体系，加强社保医保基金监管治理，织密兜牢低保、残疾、孤儿等特困群体基本生活保障网。

建设美丽宜居乡村。编制村庄建设规划，加强传统村落和乡村风貌保护，改善村庄基础设施，新改建“四好农村路”150公里。开展农村人居环境整治提升五年行动，创新建管用机制，推进农村生活污水垃圾减量化、资源化、循环利用，完成农村改厕1.1万户，农村卫生厕所覆盖率达50%以上，农村生活垃圾处理率、污水治理率分别达到75%和36%，打造人居环境整治示范村100个。完善乡村治理，推进移风易俗，建设“活力、善治、文明”乡村。

（三）抓好生态环境，高品质推动绿色发展。认真践行习近平生态文明思想，以减污降碳协同增效为总抓手，守好改善生态环境生命线，筑牢西部生态安全屏障，争创国家森林城市。

加快推动绿色低碳发展。制定2030年碳达峰方案，落实横向生态补偿机制，探索开展“能耗换林”新模式，改造提升金昱元等7家重点用能企业，有效降低能耗水平。严控“两高”增量项目，推动能耗“双控”向碳排放总量和强度“双控”转变。深入开展绿色生活创建行动，建立绿色消费激励机制、推进绿色产品认证、标识体系建设，营造简约适度、绿色低碳生活新时尚。

深入打好污染防治攻坚战。持续巩固中央和自治区环保督察反馈问题整改成果，以更高标准打好蓝天、碧水、净土保卫战。改造农村清洁取暖55万平方米，确保空气环境质量优良天数比例达90%以上。坚持“五水共治”，再生水利用率提高40%以上。严防农业面源污染，规模养殖场设施配套率、畜禽粪污资源化利用率分别达到100%、95%。

加强生态环境保护治理。争取实施六盘山山水林田湖草一体化保护和修复工程，推进国土绿化等重点生态工程建设，完成造林绿化60.6万亩，治理水土流失200平方公里，修复退化天然草原1万亩、废弃露天矿山4000亩，森林覆盖率达到31.5%。推进山长制、林长制，严格落实禁伐、禁垦、禁采、禁牧、禁火措施，确保林草资源安全。推进生态环境执法标准化建设和生态损害赔偿制度落实。

（四）抓好城乡融合，高标准提升城镇品质。深入推进以人为核心的新型城镇化，促进基础设施建设与基本公共服务同步优化。

努力使城乡更协调。高水平编制国土空间规划，市区突出生态园林和文化旅游城市定位，推动产城融合，以城聚产、以产兴城，加快建设宁夏副中心城市。四个县城突出精致宜居宜业，推进经济、产业、人口向县城及“五河”流域川道区高效集聚。城镇强化产业集聚和服务功能，加快形成区域中心乡镇，建设重点小城镇5个，常住人口城镇化率达到48.2%。

努力使城市更美好。实施城市更新和品质提升行动，新改造老旧小区26个，新改建城市绿地369亩，城市建成区绿地率达到38.1%。新建市政管网123公里，补齐城市防洪排涝等基础设施短板。增加保障性住房供给，支持商品房市场更好满足购房者的合理住房需求，促进房地产业健康发展和良性循环。

努力使治理更精细。建设城市治理智慧平台，落实城市管理属地责任，健全“网格化”管理机制，全方位开展“城市体检”，严打严管违法建设行为，提升城市治理精细化、智慧化水平。优化住宅物业管理，有序推进城市垃圾分类，长效治脏治乱治污治堵，努力让城市更干净、更有序、更文明，打造文明城市、生态城市、宜居城市、开放城市、智慧城市。

（五）抓好改革开放，高效能激发市场活力。认真落实改革开放政策，坚持以市场化思维和手段推动改革、扩大开放，激活发展动力。

扎实推进“四权”改革。用水权改革贯彻“四水四定”原则，不断完善监测监管体系，增强全社会节水意识，灌溉水利用系数由0.72提高到0.74。土地权改革建立工业用地弹性出让年限和“标准地”供应制度，建成市级建设用地二级市场交易平台。排污权改革建立有偿使用、市场交易、监测监管等机制，倒逼排污企业降污减排。山林权改革新发展储备林、碳汇林5万亩，建成运行碳汇林交易平台，推动山林权抵押、担保贷款和森林保险。

深化重点领域改革。推进国企改革三年行动，建立现代企业制度，完善考核评价体系。全面推行“管委会+公司”模式，加快开发区向“社会投资、市场运营、专业服务”转变，探索构建“新九通一平”支撑体系，加快闲置、低效用地清理，园区工业总产值占全部工业比重提高到75%。深化新时代农村改革和供销社改革，盘活利用农村闲置宅基地，土地规模化经营程度提高到14.3%。

强化财政金融保障。深化预算管理制度改革，全过程实施财政绩效评价。落实好新的减税降费政策，持续提高财政直达资金的精准性，帮助中小微企业、个体工商户等实体经济减负纾困、恢复发展。加大金融支持实体经济力度，建立财政资金存放与金融机构支持地方发展和重点项目建设挂钩机制，促进中小微企业融资增量、扩面、降价。建立政府产业引导基金，撬动社会资本更好支持产业发展。申创全国普惠金融服务乡村振兴改革试验区，建设村级金融服务站100个。

拓展对外开放格局。积极融入“一带一路”、黄河流域生态保护和高质量发展、西部大开发等国家战略，全方位加强与福建等省市和毗邻地区交流合作，探索共建“飞地产业园”，承接产业转移。突出产业链招商，用情用力引商，以诚待商，亲清和商，招商引资到位资金增长8%以上。

（六）抓好民生实事，高质量优化公共服务。坚持以人民为中心的发展思想，统筹推进经济发展和民生保障，投入资金7.6亿元，办好10个方面30件民生实事（见表1），兜住兜牢民生底线。

着力促进就业创业。抓好高校毕业生、退役军人、农民工等重点群体就业，帮扶残疾人、零就业家庭等困难人员就业，完成职业技能培训1.7万人次，新建创业孵化示范园区（基地）2家，发放创业担保贷款2亿元以上，新增城镇就业8500人，转移农村劳动力就业30万人次以上。

强化公共文化服务。坚持社会主义核心价值观引领，推进公民道德建设。加强文物保护利用，抓好精品文艺创作、文化产业发展、非物质文化遗传传承推广，讲好固原故事。深入实施文化惠民工程，广泛开展群众性文化活动，打造城区一刻钟和农村半小时文体服务圈，更好满足群众精神文化需求。

加强基本民生保障。完善养老服务体系，落实好三孩政策，推进小区适老化改造、托幼试点建设，打造区域性康养基地。健全退役军人服务体系，推动基本优待目录清单落实落地。更好保障妇女、儿童、残疾人合法权益。支持有意愿有能力的企业和社会群体参与公益慈善事业。

（七）抓好社会治理，高水平建设平安固原。加强和创新社会治理，夯实基层基础，打造共建共治共享的社会治理格局。

做好民族宗教工作。坚决贯彻习近平总书记关于加强和改进民族工作的重要思想，持续开展马克思主义“五观”教育和“感恩、认同、法治”教育，把“单家集夜话”纪念馆打造成全国党的民族政策和“铸牢中华民族共同体意识”教育基地，西吉、隆德创成全国民族团结进步示范县，构建各民族共有精神家园。完整准确全面领会和贯彻新时代党的宗教工作理论和方针政策，坚持宗教中国化方向，积极引导宗教与社会主义社会相适应。

提升社会治理水平。全面落实基层治理“1+6”政策文件，建成基层综合治理智慧平台，健全网格化管理服务机制，提升市域社会治理规范化、法治化、智能化水平。实施“八五”法治宣传教育，推进法治固原、法治政府、法治社会一体建设。支持社会组织、志愿服务发展，发挥工会、共青团、妇联等桥梁纽带作用。坚持和发展新时代“枫桥经验”，推进矛盾纠纷多元化解，完善社会治安防控体系，常态化推进扫黑除恶专项斗争和重点行业领域整治，加大防范电信诈骗宣传力度，依法打击各类违法犯罪，维护社会稳定和安全。

守住安全发展底线。落实总体国家安全观，有效防范和化解各领域风险。严肃财经纪律，有序化解政府债务，坚决遏制新增隐性债务。积极发挥社会资本作用，支持引导资本规范健康发展，依法打击非法金融活动，坚决守好不发生区域性系统性金融风险底线。加强应急救援能力建设，推进安全生产专项整治三年行动，促进安全生产形势稳定向好。保持根治欠薪高压态势，健全市场监管治理体系，创建国家食品安全示范城市。

（八）抓好自身建设，高站位建设实干政府。按照“六个过硬”要求，全面加强政府自身建设，建设人民满意的法治政府、创新政府、廉洁政府和服务型政府。

以绝对忠诚的政治品格自觉干。持之以恒学懂弄通做实习近平新时代中国特色社会主义思想，切实加强政府党组及政府系统党的建设，增强“四个意识”、坚定“四个自信”、做到“两个维护”，把坚决捍卫“两个确立”转化为做到“两个维护”的思想自觉、政治自觉、行动自觉，不断增强政治判断力、政治领悟力、政治执行力，始终做到党委有部署、政府见行动、落实有成效。

以根植于心的法治理念依法干。认真学习贯彻习近平法治思想，自觉运用法治思维和法治方式推动工作，坚持依法行政，完善依法决策制度，规范公正文明执法，全面推进法治政府建设。落实好人大决议和政协民主协商计划，积极支持法检“两院”开展工作。自觉接受人大法律监督、政协民主监督、纪委监委监督、审计监督和社会舆论监督，深入推行政务公开，真正做到权力在阳光下运行。

以勇于担当的务实作风创新干。始终把抓落实作为政府工作的生命线，注重学习历史知识、厚植文化底蕴、强化生态观念，悟透以人民为中心的发展思想，始终把人民利益放在最高位置，尽最大努力解决群众的急难愁盼问题。坚持系统思维、科学谋划，完善工作项目化、项目清单化、清单责任化机制，确保件件有着落、事事有回音。坚持“三严三实”，坚决防止简单化、乱作为，坚决反对不担当、不作为。

以清白做事的廉洁本色干净干。深入贯彻全面从严治党要求，认真履行党风廉政建设“一岗双责”，坚持正确政绩观，敬畏历史、敬畏文化、敬畏生态，慎重决策用权，筑牢制度“篱笆”，在政府采购、土地出让、工程项目招投标等领域实现阳光交易，打造廉洁政府。锲而不舍落实中央八项规定及其实施细则精神，严格执行自治区“八条禁令”和市委“十项规定”，坚持过紧日子，持续压减一般性支出，将更多财力用在保基本民生、保工资、保运转和助企纾困、支持重点项目建设上。

各位代表！马上就要迎来元旦、春节，北京冬奥会、冬残奥会即将举办。要严格落实“网格化”责任，科学精准抓好疫情防控，守好外防输入坚固防线，坚决守护人民群众生命健康。统筹安排煤电油气运保障供应，做好粮油肉蛋奶果蔬等保供稳价，保障农民工工资发放，保障困难群众生活，确保群众温暖过冬。

各位代表！新使命开启新征程，新征程召唤新担当。六盘大地苦甲不再，红色固原催人奋进，绿色发展生机勃发。让我们更加紧密地团结在以习近平同志为核心的党中央周围，弘扬伟大建党精神，践行“社会主义是干出来的”伟大号召，在自治区党委政府和市委正确领导下，感恩创新实干，勇毅追赶奋进，努力完成全年目标任务，奋力谱写建设黄河流域生态保护和高质量发展先行区、全面建设社会主义现代化固原新篇章，为建设经济繁荣民族团结环境优美人民富裕的美丽新宁夏、实现第二个百年奋斗目标和中华民族伟大复兴的中国梦不懈奋斗，以优异成绩迎接党的二十大和自治区第十三次党代会胜利召开！

中国共产党固原市第五届委员会常务委员会委员简介

新一届市委常委：马汉成（中）、冼国义（右五）、白学贵（左五）、杨继宏（右四）、位西北（左四）、王栋（右三）、胡斌（左三）、任立新（右二）、何永吉（左二）、蒋刚彪（右一）、褚一阳（左一）。选举马汉成、冼国义、白学贵、杨继宏、位西北、王栋、胡斌、任立新、何永吉、蒋刚彪、褚一阳为市委常委，选举马汉成为市委书记，冼国义、白学贵为市委副书记。

安磊/摄

马汉成　男，回族，1968年1月出生，中央党校研究生，中共党员，现任宁夏回族自治区党委常委、固原市委书记，固原军分区党委第一书记。

冼国义　男，满族，1970年4月出生，研究生，经济学博士，中共党员，现任固原市委副书记，市人民政府党组书记、市长。

白学贵　男，汉族，1976年10月出生，宁夏党校研究生，中共党员，现任固原市委副书记、西吉县委书记。

杨继宏　男，汉族，1973年10月出生，宁夏党校研究生，中共党员，现任固原市委常委、组织部部长、市直属机关工作委员会书记、市委党校（市行政学院）校长（院长）、六盘山干部学院院长。

位西北　男，汉族，1982年1月出生，中央党校研究生，中共党员，现任固原市委常委，市人民政府党组成员、副市长。

王　栋　男，汉族，1974年4月出生，中央党校研究生，中共党员，现任固原市委常委、纪委书记，市监察委员会代主任。

胡　斌　男，汉族，1974年2月出生，大学，历史学学士，中共党员，现任固原市委常委、统战部部长、市政协党组副书记。

任立新　男，回族，1968年3月出生，宁夏党校研究生，中共党员，现任固原市委常委，市人民政府党组成员、副市长。

何永吉　男，汉族，1967年6月出生，中央党校研究生，中共党员，现任固原市委常委、原州区委书记。

蒋刚彪　男，汉族，1970年8月出生，在职研究生，中共党员，现任固原市委常委、固原军分区政治委员。

褚一阳　女，汉族，1974年11月出生，中央党校研究生，中共党员，现任固原市委常委、宣传部部长。

固原市第五届人民代表大会常务委员会主任、副主任、秘书长简介

李志达　男，汉族，1968年11月出生，在职大学，中共党员，现任固原市人民政府党组副书记、副市长，宁夏固原经济技术开发区党工委书记、管委会主任。固原市第五届人民代表大会第一次会议当选为市人大常委会主任。

童全成　男，回族，1965年11月出生，中央党校大学，中共党员，现任固原市人大常委会党组成员、副主任。固原市第五届人民代表大会第一次会议当选为市人大常委会副主任。

吴　璞　男，汉族，1966年12月出生，中央党校大学，中共党员，现任固原市人民政府党组成员、副市长。固原市第五届人民代表大会第一次会议当选为市人大常委会副主任。

张立君　男，汉族，1967年3月出生，宁夏党校研究生，中共党员，现任固原市人民政府党组成员、副市长。固原市第五届人民代表大会第一次会议当选为市人大常委会副主任。

袁秉和　男，汉族，1963年12月出生，农业推广硕士，中共党员，现任固原市人大常委会党组成员、副主任。固原市第五届人民代表大会第一次会议当选为市人大常委会副主任。

李建平　男，汉族，1970年1月出生，宁夏党校大学，中共党员，现任固原市人大常委会党组成员、秘书长、二级巡视员。固原市第五届人民代表大会第一次会议当选为市人大常委会副主任。

马凤贤　男，回族，1968年5月出生，宁夏党校研究生，中共党员，现任固原市教育工委书记、教育体育局党组书记、一级调研员。固原市第五届人民代表大会第一次会议当选为市人大常委会副主任。

马有芳　男，回族，1969年6月出生，宁夏党校大学，中共党员，现任固原市科学技术局副局长（正处级）。固原市第五届人民代表大会第一次会议当选为市人大常委会副主任。

安　祯　男，汉族，1967年6月出生，大学，农学学士，中共党员，现任固原市农业农村局党组书记、一级调研员。固原市第五届人民代表大会第一次会议当选为市人大常委会副主任。

师淑莲　女，汉族，1971年10月出生，在职大学，民盟盟员，现任民盟固原市委员会主任委员。固原市第五届人民代表大会第一次会议当选为市人大常委会副主任。

魏志刚　男，汉族，1968年5月出生，宁夏党校研究生，中共党员，现任固原市人大常委会机关党组书记、办公室主任。固原市第五届人民代表大会第一次会议当选为市人大常委会秘书长。

固原市人民政府市长、副市长、秘书长简介

冼国义　男，满族，1970年4月出生，经济学博士，中共党员，现任固原市委副书记，市人民政府党组书记、市长。固原市第五届人民代表大会第一次会议当选为市人民政府市长。

任立新　男，回族，1968年3月出生，宁夏党校研究生，中共党员，现任固原市委常委，市人民政府党组成员、副市长。固原市第五届人民代表大会第一次会议当选为市人民政府副市长。

王新军　男，汉族，1968年9月出生，工程硕士，民革党员，现任固原市人民政府副市长、民革宁夏区委会副主委（不驻会）。固原市第五届人民代表大会第一次会议当选为市人民政府副市长。

童　东　男，汉族，1971年2月出生，大学，历史学学士，中共党员，现任固原市人民政府党组成员、副市长，市公安局党委书记、局长、督察长。固原市第五届人民代表大会第一次会议当选为市人民政府副市长。

张学斌　男，汉族，1978年10月出生，法学博士，中共党员，现任固原市人民政府党组成员、副市长。固原市第五届人民代表大会第一次会议当选为市人民政府副市长。

杨生俊　男，回族，1968年4月出生，宁夏党校大学学历，中共党员，现任西吉县委副书记、县长。固原市第五届人民代表大会第一次会议当选为市人民政府副市长。

喜晓林　女，回族，1978年11月出生，宁夏党校研究生，中共党员，现任固原市文化旅游广电局局长、文物局局长。固原市第五届人民代表大会第一次会议当选为市人民政府副市长。

杨　军　男，汉族，1977年6月生，中央党校大学学历，中共党员。现任固原市人民政府党组成员、秘书长、市政府办公室党组书记、主任。

中国人民政治协商会议固原市第五届委员会主席、副主席、秘书长简介

余剑雄　男，汉族，1970年4月出生，中央党校研究生，中共党员，现任固原市政协党组书记。政协固原市第五届委员会第一次会议当选为市政协主席。

马正学　男，回族，1971年2月出生，宁夏党校大学学历，中共党员，现任固原市政协党组成员、秘书长、一级调研员。政协固原市第五届委员会第一次会议当选为市政协副主席。

王政权　男，汉族，1967年12月出生，中央党校大学学历，无党派，现任固原市政协副主席。政协固原市第五届委员会第一次会议当选为市政协副主席。

杨耀峰　男，汉族，1967年12月出生，中央党校大学学历，中共党员，现任固原市监委副主任、一级调研员。政协固原市第五届委员会第一次会议当选为市政协副主席。

张翔宇　男，回族，1971年3月出生，在职研究生，教育学硕士，中共党员，现任固原市应急管理局党委书记。政协固原市第五届委员会第一次会议当选为市政协副主席。

虎久强　男，汉族，1972年9月出生，农学学士，民进会员，现任民进固原市委员会主任委员。政协固原市第五届委员会第一次会议当选为市政协副主席。

剡小平　男，回族，1969年10月出生，中央党校大学学历，中共党员，现任固原市委统战部副部长（正处级）。政协固原市第五届委员会第一次会议当选为市政协副主席。

杨银梅　女，汉族，1969年3月出生，文学学士，中共党员，现任固原市卫生健康工委书记，市卫生健康委员会党组书记。政协固原市第五届委员会第一次会议当选为市政协副主席。

陈宇青　男，汉族，1969年11月出生，宁夏党校研究生，中共党员，现任固原市政协机关党组书记、办公室主任、一级调研员。政协固原市第五届委员会第一次会议当选为市政协秘书长。

固原市监察委员会主任简介

王　栋　男，汉族，1974年4月出生，中央党校研究生，中共党员，现任固原市委常委、纪委书记，市监察委员会代主任。固原市第五届人民代表大会第一次会议当选为市监察委员会主任。

固原市中级人民法院院长简介

董　军　男，汉族，1968年8月出生，法律硕士，中共党员，现任固原市中级人民法院党组书记、院长、二级高级法官。固原市第五届人民代表大会第一次会议当选为市中级人民法院院长。

固原市人民检察院检察长简介

曾宪斌　男，汉族，1968年10月出生，大学，法学学士，中共党员，现任固原市人民检察院党组书记、代检察长、二级高级检察官。固原市第五届人民代表大会第一次会议当选为市人民检察院检察长。

大事记

1月

4日，福建飞毛腿集团总经理、福建飞毛腿技师学院院长江志成到福建飞毛腿技师学院原州分校原州区中河乡中河中学，走访慰问贫困学生。

5日，中国共产党固原市第四届委员会召开第九次全体会议。全会听取和讨论市委常委会工作报告，审议通过《中共固原市委员会关于制订国民经济和社会发展第十四个五年规划和二〇三五年远景目标的建议》，总结2021年工作，部署2021年任务。自治区党委常委、市委书记张柱就《建议（讨论稿）》向全会作说明，自治区政府副主席、市委副书记、市长马汉成就2021年经济工作作具体安排。

6日，固原市召开2021年推进招商签约项目落地建设百日行动安排部署会。会议传达学习市委四届九次全会精神，通报2021年全市招商引资工作情况，安排部署2021年推进招商签约项目落地建设百日行动相关工作。

8日，自治区副主席、市长、市应对新冠肺炎疫情工作指挥部指挥长马汉成主持召开指挥部第18次会议，书面传达学习国家卫生健康委2021年元旦、春节期间农村疫情防控工作电视电话会议、自治区党委常委会会议暨应对新冠肺炎疫情工作领导小组第十六次会议和自治区应对新冠肺炎疫情工作指挥部《关于进一步做好2021年元旦、春节期间新冠肺炎疫情防控工作的通知》精神，传达学习自治区党委书记陈润儿同志批示精神，安排部署全市新冠肺炎疫情防控工作。

是日，自治区副主席、市委副书记、市长马汉成会见河北省张家口市雪川农业发展股份有限公司董事长王登社，双方召开座谈会。

是日，原州区2021年首期“创业能力”暨扶贫产品供应商“网络创业”培训班开班。

9—12日，原州区、西吉县、隆德县、泾源县、彭阳县召开两会，回顾总结2021年工作，安排部署2021年工作。

10日，全国高级法院院长会议在最高人民法院召开，隆德县人民法院获得“全国优秀法院”称号，原州区人民法院刑事审判庭庭长刘志聪获得“全国优秀法官”称号。

是日，固原市公安局在市区博物馆广场开展“庆祝首个中国人民警察节暨110宣传日”活动，引导群众提高安全意识，依法合理解决矛盾纠纷，确保生命财产安全。

13日，自治区党委常委、市委书记张柱会见中化学建设投资集团有限公司董事长郑江，双方就开展合作具体事宜进行深入磋商。

是日，自治区党委第三生态环境保护督察组督察反馈会在固原市召开。督察组组长王杨宝反馈督察意见，副市长王新军代表市委和政府作表态发言。

14日，固原市应对新冠肺炎疫情指挥部副指挥长李志达主持召开市应对新冠肺炎疫情工作指挥部第19次会议，会议传达全国疫情防控工作电视电话会议精神，传达陈润儿书记的批示及自治区应对疫情指挥部有关文件精神，通报全市疫情防控形势，审议《固原市新冠肺炎疫情处置操作方案》《关于进一步加强疫情常态化防控期间婚丧嫁娶和聚集性活动管理工作的通知》《关于抽调人员到市应对新冠肺炎疫情指挥部办公室工作的通知》《固原市常态化应对新冠肺炎疫情工作指挥部办公室工作方案》。

是日，自治区党委常委、市委书记张柱会见青岛惟淘悟利国际贸易有限公司董事长周朋举，双方就纺织产业合作开展交流并互换意见。

是日，固原市召开村（社区）“两委”换届工作调度会。会议贯彻落实自治区调度会精神，总结成绩、检视问题、跟进部署。

15—18日，政协固原市四届五次会议在市会议中心召开。市政协副主席马莲主持会议，市政协主席马玉芳代表政协固原市第四届委员会常务委员会向大会报告工作，受政协固原市第四届委员会常务委员会委托，市政协副主席呼延俊杰向大会报告四届四次会议以来的提案工作情况。会议通过政协固原市第四届委员会第五次会议政治决议；

通过政协固原市第四届委员会第五次会议关于常务委员会工作报告的决议；通过政协固原市第四届委员会提案委员会关于四届五次会议提案审查情况的报告；通过政协固原市委员会2021年度协商工作计划。

16日，自治区党委召开全区疫情防控工作电视电话会议，自治区党委书记、自治区党委应对新冠肺炎疫情工作领导小组组长陈润儿出席会议并讲话。自治区党委常委、市委书记张柱，自治区副主席、市长马汉成，市委副书记、西吉县委书记王学军在固原分会场参加会议。

16—18日，固原市第四届人民代表大会第五次会议在市会议中心召开。自治区党委常委、市委书记、大会执行主席张柱主持会议。自治区副主席、市长马汉成代表市政府向大会作工作报告。会议补选袁秉和为市四届人大常委会副主任、李建平为市四届人大常委会秘书长，补选四名同志为市四届人大常委会委员。表决通过关于市人民政府工作报告的决议；表决通过关于市国民经济和社会发展第十四个五年规划和二〇三五年远景目标纲要的决议；表决通过关于市2021年国民经济和社会发展计划执行情况与2021年国民经济和社会发展计划的决议；表决通过关于2021年全市及市本级财政预算执行情况和2021年全市及市本级财政预算草案的决议；表决通过关于市人大常委会工作报告的决议；表决通过关于市中级人民法院工作报告的决议；表决通过关于市人民检察院工作报告的决议。

17日，固原市委召开疫情防控工作会议，传达学习贯彻习近平总书记关于疫情防控的重要指示和全国、全区疫情防控工作会议精神，安排全市冬春季疫情防控工作。

18日，固原建行东海支行政务中心服务点获得“固原市政务服务中心2021年第四季度红旗模范窗口”。

19日，固原市第六例造血干细胞志愿者高志前在陕西省西安市捐献配型成功后返回固原。

21日，固原市以电视电话会方式召开2021年春运暨交通疫情管控工作会。会议传达学习全国、全区、全市疫情防控工作会议精神和全国、全区春运工作会议精神，安排部署全市2021年春运暨交通疫情管控工作。

22日，固原火车站新增固原—天水—兰州T358/5次始发旅客列车，固原市民白天即可直达兰州。

25日，原州区开城镇首次运用《中华人民共和国民法典》第三编中“合同”有关条款成功调处、化解一起民间经济纠纷案件。

26日，固原市委常委会召开2021年度民主生活会，自治区党委常委、市委书记张柱主持会议并作总结讲话，自治区第六督导组到会指导。会议书面通报民主生活会准备情况和征求意见情况，通报市委常委会“不忘初心、牢记使命”主题教育专题民主生活会和“以作风攻坚决战决胜脱贫攻坚”专题民主生活会整改措施落实情况，通报2021年市委常委会贯彻执行中央八项规定精神、持续解决形式主义问题、深化拓展基层减负工作情况。

28日，固原市人民医院召开创建三级甲等医院启动会，安排部署相关创建工作。

是日，固原市天豹网约车服务有限公司开通定制城际快线，包含固原至银川、固原至西安两条往返快线。

29日，自治区人大代表、自治区党委常委、市委书记张柱参加自治区十二届人大四次会议固原市代表团审议。

是日，自治区人大代表、自治区副主席、市委副书记、市长马汉成参加自治区十二届人大四次会议固原市代表团审议。

是日，自治区应急管理厅在原州区开城镇二十里铺小学举办第二届“寒冬送温暖”活动，为38名困难家庭学生捐赠物资。

是月，原州区获得全国第五批率先基本实现主要农作物生产全程机械化示范县（市、区）荣誉称号。

是月，固原市五县（区），65个乡镇（街道）全部设立社区矫正委员会，并明确各成员单位工作职责。

是月，山东萨丁重工有限责任公司为原州区寨科乡中心小学等3所学校捐赠价值10万元的爱心助学物资，600名学生受益。

是月，共青团固原市委员会启动“青暖固原”六项行动，运用“宁夏共青团综合服务平台”载体，开展5场线上宣讲。

是月，原州区启动“互联网+明厨亮灶”智慧监管系统，累计接入82个中、小学（托幼机构）食堂，实现明厨亮灶云端监管。

是月，固原市应对新冠肺炎疫情工作指挥部在固原六盘山机场开展新冠肺炎疫情应急处置模拟演练。

是月，固原市举办“强三农·好年货2021网上年货节”。年货节聚集固原市线上销售平台20家，涉及企业、合作社50家，上线商品270余种，其中特优农副产品62种，产品销往国内50个城市。

2月

1日，由市文联策划推出的固原美食推广宣传曲《固原味道》在网易云音乐发布。

3日，自治区党委常委、政法委书记雷东到原州区头营镇蒋河村、原州区人民法院，实地走访调研基层社会治理、矛盾纠纷排查化解、法治宣传教育、司法为民服务等工作开展情况。

是日，西吉县人民法院顺利通过全国文明单位复审，继续保留“全国文明单位”荣誉称号。

是日，宁夏义工志愿服务联合会固原工作站义工为原州区北塬街道火车站社区居民发放“雷锋饺子”爱心大礼包，“雷锋饺子计划”已在固原连续实施10年。

5日，西吉县兴隆镇志愿者赵海江为一名9岁血液病患者成功捐献造血干细胞。

8日，自治区副主席、市长、市应对新冠肺炎疫情工作指挥部指挥长马汉成主持召开指挥部第20次会议。通报全国疫情形势，传达国务院联防联控机制有关《通知》及自治区应对新冠肺炎疫情工作指挥部办公室有关《通知》精神；传达学习自治区党委书记陈润儿有关疫情防控的批示精神及自治区应对新冠肺炎疫情工作指挥部第16次全体会议精神。听取市应对新冠肺炎疫情工作指挥部办公室近期疫情防控工作汇报，安排部署全市春节期间新冠肺炎疫情防控工作。

9日，自治区副主席、市长马汉成分别到彭阳县古城镇挂马沟林场、原州区东岳山林场黄峁山片区和国家管道集团西气东输公司彭阳站等地调研疫情防控、安全生产、市场保供稳价和森林草原防火工作。

18—19日，固原市委举办全市领导干部专题学习班。学习班深入学习贯彻中共十九届五中全会精神和习近平总书记视察宁夏重要讲话精神。市委常委、政法委书记、宣传部部长吴会军主持开班式。

22日，中共固原市第四届纪律检查委员会召开第六次全体会议。自治区副主席、市委副书记、市长马汉成出席会议并讲话。会议书面传达学习十九届中央纪委五次全会和自治区纪委十二届五次全会精神。市委常委、纪委书记、监委代主任代表市纪委常委会作工作报告。

23日，自治区副主席、市委副书记、市长马汉成会见国家能源集团宁煤公司党委书记、董事长张胜利。

是日，固原市召开宣传思想文化工作会议，会议深入学习贯彻党的十九届五中全会和习近平总书记视察宁夏重要讲话精神，全面落实全国、全区宣传部部长会议精神和市委四届九次全会精神，回顾总结2020年工作，安排部署2021年全市宣传思想文化工作。

24日，固原市委召开农村工作会议，贯彻落实中央农村工作会议、全国巩固拓展脱贫攻坚成果同乡村振兴有效衔接工作会议、全国扶贫开发工作会议和自治区党委农村工作会议精神，总结2020年全市农业农村工作和脱贫攻坚工作，安排部署2021年农业农村工作和巩固拓展脱贫攻坚成果同乡村振兴有效衔接工作。市委常委、市委统战部部长周文贵主持会议，副市长张立君安排部署2021年全市农业农村工作。

26日，固原市召开政法工作暨平安固原建设工作会议，会议深入学习贯彻习近平法治思想、习近平总书记关于政法工作和平安中国建设重要指示、习近平总书记视察宁夏重要讲话精神，贯彻落实中央、自治区党委政法工作会议、平安建设工作会议，雷东生同志在固原市调研座谈会上的讲话精神，回顾总结2020年工作，分析形势，安排部署2021年政法工作暨平安固原建设工作。

是日，固原市召开统战部长会议，传达学习全国、全区统战部长会议精神，安排部署全市马克思主义祖国观、民族观、文化观、历史观、宗教观大宣讲活动和“感恩奋进跟党走、携手开启新征程”教育活动，回顾总结2020年统战工作，安排部署2021年统战工作。

是月，固原交警一大队联合路政部门，在原州区头营镇金昱元化工集团部分道路点段设置流动巡逻小组，开展货运车辆超限超载交通违法行为专项整治行动。

是月，固原市园林管理所联合原州区森林草原消防大队开展2021年城市绿地防火应急演练。

3月

1日，固原市召开党史学习教育启动会暨市委理论学习中心组（扩大）会议。自治区副主席、市委副书记、市长马汉成主持会议并讲话。市领导罗永红、马玉芳等出席会议。市在职厅级领导同志，各部门单位、各县（区）党委主要负责同志参加会议。

4日，固原市召开全市政法队伍教育整顿动员部署会。会议传达学习中央和自治区有关文件会议精神；传达学习《固原市委关于开展全市政法队伍教育整顿实施方案》精神。市委常委、政法委书记、市政法队伍教育整顿领导小组组长吴会军参加会议并作动员讲话。全区政法队伍教育整顿第四驻点指导组组长、自治区党委政策研究室副主任、一级巡视员蔡珺及指导组成员出席会议。副市长、市公安局局长童东以及法检两院负责人参加会议。

是日，2021年固原市志愿服务暨“3·5”学雷锋志愿服务活动在市区博物馆广场举行。市领导吴会军、李志菊、何学虎参加启动仪式。

8日，全国人大代表、自治区副主席、市委副书记、市长马汉成接受人民网“云专访”。

是日，自治区人大常委会副主任董玲带领自治区人大常委会执法检查组，到固原市检查《中华人民共和国水土保持法》和《宁夏回族自治区实施〈中华人民共和国水土保持法〉办法》贯彻落实情况。

是日，固原市召开党史学习教育专题研讨会暨市委理论学习中心组（扩大）学习会，学习习近平总书记关于“学好党史、新中国史、改革开放史、社会主义发展史”的重要讲话精神。

9日，固原市召开消防工作会议暨第一季度消防联席会议。会议全面总结2021年度全市消防工作，安排部署2021年消防工作。市委常委、副市长、市消防委会主任李志达参加会议并讲话。

是日，固原市召开党史学习教育巡回指导工作会议。会议安排部署全市党史学习教育巡回指导工作。市委常委、政法委书记、宣传部部长、市委党史学习教育领导小组副组长吴会军主持会议并讲话。

是日，固原市召开四届市委第十二轮巡察动员部署会。会议正式启动四届市委第十二轮巡察工作。

13日，固原市召开政法队伍教育整顿调度会议。市委常委、政法委书记、宣传部部长吴会军主持会议，全区政法队伍教育整顿第四驻点指导组组长蔡珺到会指导。

14日，固原市召开传达贯彻全国两会精神会议。自治区副主席、市委副书记、市长马汉成主持会议并讲话。

15日，固原市委常委、政法委书记、宣传部部长吴会军主持召开市文明委2021年第一次全体会议。会议传达学习中央文明委第四次全体会议和自治区文明委2021年第一次全体会议精神。审议《固原市精神文明建设指导委员会2021年工作安排》《固原市群众性精神文明创建工作三年行动计划（2021—2023年）》《固原市群众性精神文明创建工作管理办法（2021年版）》等有关事项，安排部署2021年精神文明建设工作。

16日，自治区政协调研组到固原市开展“推进全面依法治区”专题调研并召开座谈会。市领导马煜洲、杨彦文参加。

17日，自治区副主席、市长马汉成到西南新区宁夏宁川置业有限公司20万锭纺纱织布项目、西兰银物流园区、长江医药固原六盘山现代中药大健康产业园项目现场、原州区中河乡潘家庄村兴百业高品蛋鸡产业园调研招商引资和重点项目推进工作。

18日，2021年，自治区举行第一批重大项目集中开工现场推进会，固原市在融侨（丰霖）肉牛产业园设分会场。自治区副主席、市长马汉成出席会议并介绍固原市重大项目有关情况。

19日，固原市委全面深化改革委员会召开第三次会议。会议听取固原市贯彻落实中央及自治区党委部署的重点改革任务情况汇报，审议《固原市委全面深化改革委员会2021年工作要点（送审稿）》，安排部署2021年重点改革工作。

是日，固原市委、市政府领导班子党史学习教育学习研讨会在将台堡红军长征会师纪念园举行。自治区党委党史学习教育第三巡回指导组组长王勇，市人大常委会主任罗永红、市政协主席马玉芳等参加活动。

22日，固原市委召开扶贫开发工作领导小组第一次会议，市委常委周文贵主持会议并讲话，市领导云生元、张立君、杨彦文参加会议。

24日，自治区副主席刘可为到固原市调研国土绿化及森林草原防灭火工作。市委常委、原州区委书记杨文，副市长吴璞陪同调研。

是日，固原市召开政法系统廉政教育专题报告暨警示教育大会。会议贯彻落实全区领导干部廉政警示教育视频大会精神，全面落实党中央决策部署和区市党委工作要求。市委常委、政法委书记、宣传部部长吴会军主持会议并讲话，副市长、市公安局局长童东通报典型案例剖析。

26日，党史学习教育中央宣讲团宣讲报告会在银川举行。中央宣讲团成员、中国人民大学马克思主义学院教授杨凤城作党史学习教育专题宣讲报告。报告会以视频会议形式召开，固原市设分会场。

27日，固原市六盘山林业局挂马沟林场召开清明节期间坟头墓地火源管控工作现场推进会。市领导周文贵、吴璞出席会议并讲话。会议传达学习全国、全区春季森林草原防灭火工作会议及市委第七次常委会会议精神。听取六盘山林业局负责人森林草原防灭火工作体制、机制和主要措施介绍。现场翻阅查看挂马沟林场坟头墓地火源管控台账，安排部署清明节期间森林草原防灭火工作等。

29—30日，自治区政法队伍教育整顿领导小组副组长，自治区检察院党组书记、检察长时侠联到市中级人民法院、原州区公安分局、原州区中河派出所、西吉县偏城司法所、隆德县检察院等政法单位调研固原市政法队伍教育整顿工作。全区政法队伍教育整顿第四驻点指导组组长蔡珺，市领导王学军、杨文、吴会军，市检察院检察长樊百安陪同调研。

30日，固原市委召开领导班子党史学习教育读书班专题辅导讲座暨市委理论学习中心组（扩大）学习会。会议邀请自治区党校公共管理教研部主任李喆作专题辅导。

是日，自治区森林草原防灭火指挥部副指挥长，自治区应急管理厅党委书记、厅长张吉胜带领督导组检查固原市森林草原防灭火工作。

是月，固原市在原州、西吉、隆德、泾源、彭阳五县区同步启动“建好先行区生态作贡献”生态建设大会。市领导罗永红、马玉芳等市在职厅级领导参加。

是月，泾源县兴盛乡新旗村入选第八批“全国民主法治示范村（社区）”名单。

4月

1日，自治区副主席、市委副书记、市长马汉成到原州区人民法院三营法庭、原州区司法局三营司法所、原州区公安分局开城派出所、原州区人民检察院调研固原市政法队伍教育整顿工作取得的成效及存在的短板弱项。

2日，自治区副主席、市委副书记、市长马汉成主持召开市委和政府领导班子党史学习教育读书班研讨交流会。

是日，自治区副主席、市长马汉成主持召开市政府专题会议。会议听取固原市产业发展和招商引资大会筹备情况汇报，研究《固原市重点产业招商引资扶持办法（送审稿）》《固原市纺织服装产业发展政策（送审稿）》，安排部署工作。

3日，自治区副主席、市委副书记、市长马汉成到单南清真寺革命旧址、六盘山红军长征纪念馆、青石嘴战斗纪念碑、小岔沟和乔家渠毛泽东长征宿营地，调研固原市红色资源保护利用工作。

是日，固原市党史学习教育清明祭英烈活动在彭阳县任山河烈士陵园举行。市人大常委会主任罗永红、市政协主席马玉芳等市领导和市直各部门单位干部职工、彭阳县领导干部和群众代表参加活动。

9日，党史学习教育自治区党委宣讲团成员、自治区党委党史研究室副主任饶彦久到固原市作专题宣讲报告。市人大常委会主任罗永红、市政协主席马玉芳等市在职厅级领导参加报告会，市委常委、组织部部长余剑雄主持报告会。

13日，固原市召开政法队伍教育整顿工作第二次推进会。自治区副主席、固原市市长、市政法队伍教育整顿领导小组组长马汉成和自治区政法队伍教育整顿第四驻点指导组组长蔡珺出席并讲话。

14日，固原市召开领导干部大会。自治区党委常委、组织部部长石岱宣布中央和自治区党委干部任职决定：经中共中央批准，马汉成同志任宁夏回族自治区党委常委；经自治区党委研究，马汉成同志兼任固原市委书记。

15日，固原市启动城区40个老旧小区改造工程，共涉及47.8万平方米、132栋楼、4696户居民，概算投资2.5亿元。

16日，文化和旅游部调研宁夏贯彻落实《非物质文化遗产法》座谈会在固原市召开。

18日，自治区党委常委、市委书记马汉成到西吉县、隆德县、泾源县调研生态经济发展及“四权”改革工作。

20—22日，国务院发展研究中心派出调研组到固原市，就认真落实党史学习教育“我为群众办实事”工作要求，开展促进革命老区、民族地区加快发展专题等展开调研，并召开座谈会，听取有关意见建议。

21—23日，国务院安委会第七考核巡查组对固原市2021年度安全生产和消防工作开展考核巡查。

26日，固原市扶贫开发领导小组召开2021年第2次会议。会议传达学习习近平总书记对深化东西部协作和定点帮扶工作作出的重要指示精神、全国东西部协作和中央定点帮扶工作推进会精神。听取全市防返贫致贫工作情况汇报，研究贯彻意见。

27日，2021年庆祝“五一”国际劳动节暨“建功十四五·奋进新征程”主题劳动和技能竞赛动员大会在北京人民大会堂举行。固原市在飞毛腿（福建）电子有限公司务工的陈满库，中国邮政储蓄银行股份有限公司西吉县支行支部书记、支行长马沛祥荣获全国五一劳动奖章，中国电信股份有限公司固原分公司荣获全国五一劳动奖状。

是日，固原市召开城市排水防涝暨重要节庆期间城市安全运行工作部署会，会议安排部署2021年城市排水防涝及重要节庆期间城市安全运行工作。

29日，固原市召开生态环境保护督察反馈问题整改工作推进会。

是月，由《求是》主管主办的综合类新闻刊物《小康》杂志社发布“2021中国最美乡村百佳县市”榜单，隆德县、泾源县分列榜单第46位、第69位。

5月

7日，自治区党委常委、市委书记马汉成主持召开固原市规划委员会第25次会议，审议雁岭名筑项目、碧桂园公园华府项目、金田阳光城项目、固原泰合馨园商住小区、瑞丰豪庭项目、山城文苑项目和原州老街二期项目设计方案变更事宜等。

8日，自治区检察院党组书记、检察长，全区政法队伍教育整顿领导小组副组长时侠联带领专班调研指导固原市政法队伍教育整顿工作。

9日，西安交通大学第一附属医院协作医院揭牌仪式在固原市人民医院举行。自治区党委常委、市委书记马汉成与西安交通大学第一附属医院原院长施秉银为协作医院揭牌。

19日，市委副书记、代市长冼国义在固原会见青岛惟淘悟利公司董事长周朋举，双方就推动纺织产业园项目合作深入交流。

21日，自治区党委常委、市委书记马汉成主持宁夏第二批重大项目集中开工现场推进会固原分会场会议。市委副书记、代市长冼国义汇报项目开工情况。

25日，固原市召开宁夏六盘山红军长征旅游区AAAAA级创建工作推进会。

25—27日，中央第四督导组组长、十三届全国人大监察和司法委员会副主任委员车俊带领督导组到固原市督导政法队伍教育整顿工作。督导组分4个小组分别到原州区开城派出所、市公安局交警分局、原州区人民法院等单位，通过暗访、调阅案卷资料、发放调查问卷、开展个别谈话、听取工作汇报等方式，全面了解固原市政法队伍教育整顿情况。

26日，自治区人大常委会副主任彭友东带领自治区人大执法检查组到固原市，就《中华人民共和国固体废物污染环境防治法》贯彻实施情况开展执法检查并召开座谈会。

是月，宁夏师范学院文学院汉语言文学专业2018级学生许娇娇入选本专科生国家奖学金获奖学生代表名录。

29日，黑龙江省政协副主席、省作协主席迟子建带领调研组到西吉县考察调研基层文化建设和少数民族历史文化资源挖掘、保护和利用工作。

6月

3—4日，固原市第四届人民代表大会第六次会议召开。大会补选冼国义为固原市市长。

6—7日，自治区党委常委、市委书记马汉成带领固原市党政代表团在银川市考察学习。

8—9日，自治区党委政法委副书记、高级人民法院院长、全区政法队伍教育整顿领导小组副组长沙闻麟带领专班督导组督导固原市两级政法单位顽瘴痼疾整治工作，围绕违反防止干预司法“三个规定”专项整治、政法干警涉法涉诉问题线索处置工作开展情况进行调研。

9日，自治区党委常委、市委书记马汉成在原州区头营镇、张易镇调研包抓信访事项。

10日，固原市委、市政府召开固原市上半年先行区建设重点工作观摩暨解放思想、“四权”改革部署推进会。会议认真学习贯彻习近平总书记视察宁夏重要讲话精神，全面贯彻落实自治区建设黄河流域生态保护和高质量发展先行区四次会议精神，总结固原市上半年先行区建设重点工作，分析存在的问题，安排部署下半年解放思想、产业、生态、项目、“四权”改革等重点工作。

是日，由市委和市政府主办的庆祝中国共产党成立100周年“学党史·颂党恩·跟党走”红色经典诗词朗诵会在市会议中心举行。

10—11日，自治区党委副书记、自治区主席咸辉到西吉县、隆德县调研“四大提升行动”实施情况并主持召开座谈会。

16日，自治区党委第三生态环境保护督察组专项督察固原汇报会召开，自治区党委第三生态环境保护督察组组长、自治区生态环境厅监察专员李彬出席会议并讲话。

17日，全国政协委员、自治区政协主席崔波和白尚成、马秀珍等住宁全国政协委员到固原开展党史学习教育，重温党的光辉历史，感悟初心使命，接受思想洗礼。

是日，自治区党委常委、市委书记马汉成，市委副书记、市长冼国义会见河北省张家口雪川农业集团董事长王登社。

是日，以《感党恩 听党话 跟党走》为主题的第九届群众广场舞大赛在市区博物馆广场举行。来自四县一区及市直舞蹈家协会、体育舞蹈协会的12支代表队400余名选手参加比赛。

是日，固原市委老干部局举办“百年变迁——献礼建党100周年”全市离退休干部书画摄影手工作品展。全市离退休干部累计创作出书法、绘画、篆刻、摄影、手工等作品200余幅（件），其中选出110幅（件）精美作品展出。

是日，固原市召开庆祝建党100周年“百名网红”宣禁毒工作部署会，筛选具有正能量的“固原网红”全方位、多角度宣传禁毒工作，扩大宣传覆盖面。

18—19日，中央第四督导组宁夏小组副组长、中央纪委国家监委驻民政部纪检监察组二级巡视员、纪检监察员余士军带队到固原市开展点穴式“回头看”，听取固原市贯彻落实中央第四督导组下沉督导反馈问题整改及近期工作开展情况、自治区政法队伍教育整顿第四驻点指导组工作开展情况及固原市纪委监委关于重点案件办理情况汇报。

21日，固原市依法有效化解矛盾纠纷、西吉县县乡村一体化政务服务智能管理入选全区法治政府建设示范项目。

22日，市委副书记、市长冼国义主持召开市政府专题会议，安排部署固原市安全维稳重点工作。

24日，自治区党委常委、市委书记马汉成主持召开市委党史学习教育“脱贫小康感党恩、振兴共富跟党走”主题座谈会。

是日，自治区党委常委、市委书记马汉成，市委副书记、市长冼国义，市人大常委会主任罗永红，市政协主席马玉芳，市委副书记、西吉县委书记王学军等分别带队走访慰问老党员、部分离休老干部、优秀共产党员、生活困难党员、烈士遗属，为他们送去党的关怀和温暖，并为部分老党员颁发“光荣在党50年”纪念章。

25日，自治区党委常委、市委书记马汉成带领市领导同志到西吉县单家集革命旧址、将台堡红军长征会师纪念园开展主题党日活动，接受“传承党的百年光辉史基因、铸牢中华民族共同体意识”教育，并重温入党誓词。

是日，原州区、隆德县入选全国农民合作社质量提升整县推进试点单位。

29日，市人大常委会党组书记、主任罗永红主持召开市人大常委会党组会议，围绕“增强团结统一”主题进行专题交流研讨。

是日，固原市召开庆祝中国共产党成立100周年“脱贫小康感党恩　振兴共富跟党走”理论研讨会。会议深入学习贯彻习近平新时代中国特色社会主义思想，回顾党的百年光辉历史，安排部署固原市社科理论重点工作。

是日，固原市委副书记、西吉县委书记王学军入选全国优秀县委书记表彰名单。

30日，全市优秀共产党员、优秀党务工作者和先进基层党组织表彰大会在市会议中心举行。

是日，市政府党组书记、市长冼国义主持召开市政府党组党史学习教育第五次专题研讨会暨理论学习中心组(扩大)学习会议，围绕“进一步发扬革命精神，始终保持艰苦奋斗的昂扬姿态”专题进行研讨交流。

7月

3日，自治区党委常委、市委书记马汉成围绕党史学习教育“我为群众办实事”实践活动调研“四大提升行动”推进情况。

4—5日，中共十九届中央候补委员、海南省政协党组书记、主席毛万春，全国政协港澳台侨委员会副主任于迅带领住琼全国政协委员到固原市开展党史学习教育。自治区党委常委、市委书记马汉成，市政协主席马玉芳陪同参观学习。

5日，固原市召开庆祝建党100周年全国“两优一先”、全国优秀县委书记先进事迹报告会。会议宣传先进模范的事迹，营造崇尚先进、学习先进的浓厚氛围。

5—6日，自治区人大常委会副主任姚爱兴带领调研组到固原市，就“互联网+教育”示范区建设工作进行调研。

7—8日，党史学习教育中央第十指导组到固原市调研指导工作。党史学习教育中央第十指导组组长、天津市政协原副主席魏大鹏带队指导。自治区党委常委、市委书记马汉成陪同。

8日，自治区党委常委、市委书记马汉成主持召开固原市实施乡村振兴战略工作领导小组2021年第1次会议。会议传达学习习近平总书记“七一”重要讲话精神和关于实施乡村振兴战略的重要论述及重要指示批示精神；传达学习全国乡村振兴系统建设和工作推进电视电话会议精神。审定有关文件、方案和清单。听取工作汇报，安排部署工作。

12日，自治区党委常委、市委书记马汉成调研党史学习教育红色资源保护和利用工作。

是日，自治区党委常委、市委书记马汉成，市委副书记、市长冼国义会见到固原市考察的西部控股集团董事局主席陈远东。

15日，固原市委副书记、市长冼国义调研包抓联系点彭阳县乡村振兴工作。

21日，自治区党委常委、市委书记、市委全面依法治市委员会主任马汉成主持召开固原市委全面依法治市委员会第三次会议。会议传达学习中央和自治区有关会议精神。审议有关文件。听取有关工作情况汇报。安排部署全面依法治市工作。

22—23日，自治区党委常委、纪委书记、监委主任艾俊涛带领调研组到固原市区及隆德县、彭阳县，深入村组、企业、窗口单位和纪检监察机关，调研巩固脱贫攻坚成果、加强生态建设、优化营商环境、基层党风廉政建设等工作。

27日，固原市举行政法英模、先进典型事迹报告会。自治区政法队伍教育整顿第四驻点指导组组长蔡珺出席并讲话，市委常委、政法委书记、宣传部部长、市政法队伍教育整顿领导小组第一副组长吴会军致辞，市领导余剑雄、童东，市法检两院负责人参加。

是日，固原市召开第六届中国创新挑战赛(宁夏)生态农业及肉牛产业技术需求专场对接会。中国农业科学院、中国农业大学、山东省农业机械科学研究院、上海峰瑜生物科技发展有限公司等专家团队、企业负责人应邀参加。

28日，固原市召开政法队伍教育整顿总结会。会议对全市政法队伍教育整顿进行总结，交流工作经验，安排部署下一步工作。

29日，自治区党委常委、市委书记马汉成到隆德县、西吉县调研“四大提升行动”和产业发展情况。

是月，固原市最美环卫工人苏秉梅荣登2021年5月“中国好人榜”。

8月

1日，自治区党委常委、市委书记、市委应对新冠肺炎疫情工作领导小组组长马汉成主持召开市委常委会(扩大)会议暨应对新冠肺炎疫情工作领导小组会议，安排部署固原市疫情防控重点工作。

1—2日，自治区党委常委、市委书记马汉成先后到彭阳县、泾源县、原州区调研先行区项目建设和产业发展情况。

2日，固原市委副书记、市长、市应对新冠肺炎疫情工作指挥部指挥长冼国义主持召开指挥部会议，贯彻全国疫情防控工作电视电话会议精神，落实区、市党委有关疫情防控工作安排，进一步压实责任，对防控漏洞再排查、防控重点再加强、防控要求再落实，坚决守住外防输入关口。

5日，固原市委副书记、市长冼国义会见中国华电集团宁夏分公司党委书记、执行董事王勇彬，双方就进一步深化新能源产业合作交换意见。

8日，由宁夏文物考古研究所、浙江大学文化遗产研究院和须弥山石窟文物研究所历时8年共同编著的《须弥山石窟考古报告·圆光寺区》出版记在《光明日报》教科文新闻版刊载。

9日，自治区党委常委、市委书记、市委审计委员会主任马汉成主持召开市委审计委员会第五次会议。会议传达中央审计委员会和自治区党委审计委员会有关会议精神。听取市委审计委员会办公室关于2021年度市本级预算执行和其他财政收支情况审计报告。审议《市委审计委员会成员单位工作协调推进工作机制》和《市委审计委员会办公室会议制度》。

10日，固原市委副书记、市长冼国义调研市区重点项目建设情况，主持召开市政府专题会议，听取项目建设要素保障工作汇报，分析项目推进过程中存在的问题，安排部署工作。

11日，自治区党委常委、市委书记马汉成深入西吉县和原州区督导习近平总书记"七一"重要讲话精神学习贯彻情况。

18日，固原市12岁至14岁人群开始接种新冠疫苗，全市范围内12岁至14岁人群应接种58299人，不分校内校外、常驻和流动均实施两剂次新冠疫苗接种。

19日，固原市创建国家生态文明建设示范市通过自治区级预审，并推荐至生态环境部。

20日，第五届中阿博览会项目签约仪式在银川举行。固原市雪川农业固原马铃薯全产业链、长江医药六盘山现代中药大健康产业园、固原市六盘山生态康养城等9个重点产业项目被纳入大会签约，计划投资74.4亿元。

24日，宁夏召开推进黄河流域生态保护和高质量发展先行区建设第五次推进观摩会，自治区政协主席崔波带领南线观摩团到固原市原州区、西吉县、隆德县进行现场观摩，实地感受固原市的绿水青山，交流高质量发展底色的好经验、好做法。

25日，固原市召开扶持发展壮大集体经济联席协调机制2021年第一次会议。会议全面落实中央和区市党委关于加强扶持发展壮大集体经济工作的部署要求，查找不足，明确任务，为巩固拓展脱贫攻坚成果、全面推动乡村振兴奠定坚实基础。

是日，泾源县泾河源镇、隆德县凤岭乡李士村分别入选第一批全国乡村旅游重点镇（乡）和第三批全国乡村旅游重点村名单。

30日，中国共产党固原市第四届委员会第十次全体会议召开。全会审议通过《中国共产党固原市第四届委员会第十次全体会议关于召开中国共产党固原市第五次代表大会的决议（草案）》，市委常委、组织部部长余剑雄就《决议（草案）》向全会作说明。

是月，固原市入选第四批国家公共文化服务体系示范区（项目）名单。

是月，固原市开通自助跨省异地就医备案服务试点，解决全市参保人员跨省异地就医结算备案难问题。

9月

1日，固原市启动以"铸牢中华民族共同体意识　推进新时代民族工作高质量发展"为主题的"民族团结进步月"活动。

3日，全国政协农业和农村委员会副主任杜宇新、陈雷带领调研组到固原市就加强高标准农田建设工作开展专题调研。市领导冼国义、马玉芳等陪同调研。

4—6日，自治区党委书记、人大常委会主任陈润儿到固原市调研"四大提升行动"及乡村振兴工作。

4日，固原市召开产业发展和招商引资大会。自治区党委常委、市委书记马汉成出席会议并讲话，市委副书记、市长冼国义主持会议。马玉芳、白学贵等在职厅级领导及部分重点企业与招商引资项目负责同志参加。

6日，固原市原州区举行第四届人大代表换届选举。自治区党委常委、市委书记马汉成，市人大常委会主任罗永红，市政协主席马玉芳等参加所在选区人大代表投票选举。

是日，自治区人大常委会副主任杨玉经带领调研组到固原市就政府债务管理工作开展专题调研并召开座谈会。市人大常委会主任罗永红参加调研。

是日，固原市委副书记、市长冼国义会见晋州雪洋纺织集团董事长文增春，双方就纺织产业合作展开交流。

是日，原州区头营镇杨郎村、西吉县偏城乡上马村入选第二批全国乡村治理示范村镇名单。

是日，自治区党委第三生态环境保护督察组在固原市召开督察情况反馈会议。自治区党委常委、市委书记马汉成出席，自治区生态环境厅副厅长杨金海反馈督察情况，市委副书记、市长冼国义作表态发言。自治区党委第三生态环境保护督察组组长李彬和督察组成员，市人大常委会主任罗永红、市政协主席马玉芳及市委和政府班子成员出席会议，市委副书记白学贵主持会议。

8日，第37个教师节来临之际，自治区党委常委、市委书记马汉成，市委副书记、市长冼国义，市政协主席马玉芳等分别带队到五县(区)和宁夏师范学院,走访慰问教学一线教师代表,向全市广大教师、教育工作者和离退休教师送上节日祝福和诚挚问候。

是日,固原市土地二级市场交易平台上线运行,为全市建立城乡统一建设用地市场,促进土地要素流通,提高存量土地资源配置效率和节约集约用地水平提供保障。

10日,固原市委副书记、市长冼国义到六盘山林业局调研山林权改革、森林草原防火工作,看望慰问一线护林员。

13日,自治区党委常委、市委书记马汉成在市区调研重点建设项目工作时强调,要抓紧重点工程项目建设,加强统筹、加快进度,力争早日投产达效。

14日,自治区党委常委、市委书记马汉成到隆德县、泾源县调研乡村振兴工作。

是日,固原市委副书记、市长冼国义会见国家电投集团铝电投资有限公司党委书记、董事长冯建清,双方就固原发展清洁能源、推动乡村振兴展开深入交流。

是日,固原市人大常委会主任罗永红到联系点隆德县城关镇红崖社区,就移民致富提升行动推进情况调研督导。

15日,自治区党委常委、市委书记马汉成主持召开专题会议,听取建设现代高效节水灌溉农业情况汇报,安排部署城市排水系统治理工作。

是日,固原市委农村工作领导小组召开2021年第2次会议,安排部署抗旱减灾措施和乡村振兴各项工作。

16日,自治区党委常委、市委书记马汉成会见凤集食品集团有限公司董事长冯斌,双方围绕企业投资规模、新产品精深加工等,深入交流下一步项目发展方向。

22—24日,自治区党委常委、统战部部长白尚成带领自治区党委第四调研组,到固原市专题调研贯彻落实中央民族工作会议精神情况。自治区党委常委、市委书记马汉成参加调研。

27日,固原市委常委会召开"落实中央八项规定精神和自治区'八条禁令',深化作风建设"专题民主生活会。自治区党委常委、市委书记马汉成主持会议并作总结讲话。

是日,固原市政府党组召开"坚持以案促改、深化作风建设"专题民主生活会。

是日,固原市人大常委会党组召开"落实中央八项规定精神和自治区'八条禁令',深化作风建设"专题民主生活会。

28日,固原市委副书记、市长、市应对新冠肺炎疫情工作指挥部指挥长冼国义主持召开指挥部第24次会议,贯彻落实党中央、国务院决策部署及区、市党委和政府工作要求,分析研判疫情防控形势,强调要再提升疫情防控能力,再加固疫情防控防线,持续抓好疫情防控常态化工作,抓实抓细国庆长假及秋冬季疫情防控工作。

是月,宁夏大原古建筑文化艺术有限公司申报的固原传统建筑营造技艺,西吉县文化馆申报的六盘山区春官送福2个项目入选第五批国家级非物质文化遗产代表性项目名录。

是月,隆德县凤岭乡李士村、泾源县泾河源镇入选第三批全国乡村旅游重点村镇。

10月

1日,固原市委副书记、市长冼国义到企业、商超和交警部门,检查节日期间疫情防控、安全生产等工作。

12—13日,自治区党委副书记陈雍到固原市调研实施百万移民致富提升行动和高效节水灌溉农业情况。自治区党委常委、固原市委书记马汉成参加调研。

13—15日,中央依法治国办第八督察组组长、十三届全国人大常委会委员、农业与农村委员会委员刘玉亭带领督察组进驻固原,就法治政府建设开展实地督察。自治区党委常委、市委书记马汉成,自治区副主席、公安厅厅长杨东,副市长童东参加相关活动。

14日,中国科协专职副主席、书记处书记孟庆海到固原市专题调研科普助力产业发展和乡村工作。

是日,固原市委副书记、市长冼国义会见中铝集团副总经理,中铝股份党委书记、董事长刘建平,双方就持续进行合作展开交流。

15日,代号为"铸盾宁防—2021"的固原人民防空实战化演习暨全区人防机动指挥所开设与撤收比武竞赛在固原市举行。

16日,固原市委副书记、市长冼国义在宁夏公共频道讲述固原生态变迁。

是日,固原市委副书记、市长冼国义督导调研西吉县重点工作、重点项目及民生实事等办理落实情况。

20—21日,市人大常委会主任罗永红带领调研组就固原市招商引资工作进行调研。市人大常委会副主任童全成、副市长任立新参加调研。

21日,固原市委应对新冠肺炎疫情工作领导小组和市应对新冠肺炎疫情工作指挥部召开会议。会议传达学习中央政治局委员、国务院副总理孙春兰在中国疾控中心调研讲话精神及自治区党委书记陈润儿在自治区党委常委会暨应对新冠肺炎疫情工作领导小组第19次会议讲话精神。审议市应对新冠肺炎疫情工作指挥部有关紧急通知(送审稿)。通报全市新冠肺炎疫情防控情况,安排部署疫情防控工作。

22日，自治区党委常委、市委书记马汉成调研部分党工委和群团组织。市委常委、组织部部长余剑雄参加调研。

23日，自治区党委常委、市委书记马汉成到西吉县、隆德县调研“四大提升行动”及乡村全面振兴工作。市领导白学贵、周文贵、褚一阳参加。

是日，固原市委副书记、市长、市应对新冠肺炎疫情工作指挥部指挥长冼国义督导检查市区重点场所疫情防控工作。

26日，固原卫生健康系统紧急抽调12名技术强、业务精、政治素质高的医护人员组成第一批核酸样本采集队，奔赴银川市部分核酸样本采集点，协助开展疫情防控工作。

31日，固原市委副书记、市长冼国义到泾源县、彭阳县调研乡村振兴及新能源产业发展情况。

是月，固原市入选第五批国家生态文明建设示范区。

11月

1日，固原市社区矫正管理局挂牌成立，标志着固原市在推动社区矫正机构建设上迈出了新步伐、开启了新征程。

2日，固原市召开委常委会会议暨全面深化改革委员会第四次会议。传达学习习近平总书记在深入推进黄河流域生态保护和高质量发展座谈会上的重要讲话精神，传达学习全区深入实施“四大提升行动”全面促进乡村振兴工作现场会精神，研究贯彻意见。听取市委应对新冠肺炎疫情工作领导小组办公室关于全市疫情防控工作情况汇报，安排部署工作。自治区党委常委、市委书记马汉成主持会议并讲话。

3日，隆德县高台马社火入选2021—2023年度“中国民间文化艺术之乡”名单。

5日，固原市委应对新冠肺炎疫情工作领导小组暨市应对新冠肺炎疫情工作指挥部召开会议，传达自治区党委常委会会议暨应对新冠肺炎疫情工作领导小组第20次会议精神，听取全市疫情防控工作情况汇报，安排部署工作。

是日，第八届全国道德模范座谈会和颁奖仪式在北京举行，固原市六盘山林业局护林员蒙旺平获全国道德模范提名奖。

7—8日，福建省人大常委会党组书记、副主任雷春美带领调研组到固原市调研闽宁协作工作，看望慰问援宁干部并召开座谈会。自治区党委常委、市委书记马汉成，市领导冼国义、罗永红、余剑雄、潘建宁、陈论生、云生元参加相关活动。

8日，固原市委召开常委会会议暨退役军人事务工作领导小组第三次会议。会议传达学习自治区党委做好市级班子换届工作、确保换届工作风清气正电视电话会议精神，研究贯彻意见。传达学习中央和自治区党委有关会议精神。听取全市退役军人事务工作汇报，审议有关《任务清单》。自治区党委常委、市委书记、退役军人事务工作领导小组组长马汉成主持会议并讲话。

10日，自治区党委常委、市委书记马汉成督导调研固原市区疫情防控工作、看望慰问一线防疫人员。

13日，固原市委副书记、市长冼国义到隆德县、西吉县调研重点项目建设及疫情防控工作。

15日，自治区党委常委、市委书记马汉成会见到固原考察的长江医药集团党委书记、董事长罗明，双方就共同推动签约项目尽快落地见效进行深入交流。

22日，固原市委副书记、市长冼国义会见中国电建集团北京勘测设计研究院有限公司西北区域总部副总经理刘杰。

23日，中国共产党固原市第四届委员会第十二次全体会议在市会议中心召开。全会深入学习宣传贯彻党的十九届六中全会精神，传达学习中央民族工作会议和自治区党委十二届十三次全会精神。审议通过《中共固原市委贯彻落实中央民族工作会议精神、自治区党委十二届十三次全会精神工作方案和责任清单》，全会决定中国共产党固原市第五次代表大会于2021年11月28日至30日召开。

26日，固原市直统战系统召开专题学习会。会议传达学习市委四届十二次全会精神，市委常委、统战部部长胡斌主持会议并讲话。

29—30日，中国共产党固原市第五次代表大会在市会议中心召开。市委书记马汉成代表中共固原市第四届委员会向大会作题为《牢记领袖嘱托 铭记真抓实干 奋力谱写建设黄河流域生态保护和高质量发展先行区固原新篇章》的报告。大会选举产生中国共产党固原市第五届委员会委员49名、候补委员10名，中国共产党固原市第五届纪律检查委员会委员29名。大会通过《中国共产党固原市第五次代表大会关于中国共产党固原市第四届委员会报告的决议》《中国共产党固原市第五次代表大会关于中国共产党固原市第四届纪律检查委员会工作报告的决议》。

是月，泾源县为泾河源镇18个行政村25宗集体建设用地颁发农村集体建设用地《不动产权证书》，这是农村集体建设用地《不动产权证书》在该县首证颁发，也是宁夏农村集体建设用地不动产权证书首发。

12月

1日，中国共产党固原市第五届委员会举行第一次全体会议。全会通过《中国共产党固原市第五届委员会第一次全体会议选举办法》。马汉成、冼国义、白学贵、杨继宏、位西北、王栋、胡斌、任立新、何永吉、蒋刚彪、褚一阳当选为中国共产党固原市第五届委员会常务委员会委员。马汉成当选为中国共产党固原市第五届委员会书记,冼国义、白学贵当选为中国共产党固原市第五届委员会副书记。全会通过中国共产党固原市第五届纪律检查委员会第一次全体会议选举结果的报告,审议通过《固原市学习宣传贯彻党的十九届六中全会精神和自治区党委十二届十四次全会精神工作方案》《中共固原市委关于加强领导班子建设的决定》。马汉成代表新一届市委讲话。

是日,中国共产党固原市第五届纪律检查委员会举行第一次全体会议。会议选举产生中国共产党固原市第五届纪律检查委员会常务委员会,选举王栋为中国共产党固原市第五届纪律检查委员会书记,马志彪、张永祯、尹效东为副书记。

2日,固原市在西吉县将台堡红军长征会师纪念园启动2021年"宪法宣传周"暨"八五"法治宣传教育活动,市领导白学贵、位西北、任立新、褚一阳、杨大素、范霞、李志菊、童东出席。

3日,固原市委理论学习中心组召开扩大学习会,会议按照固原市"12·4"国家宪法日暨宪法宣传周活动安排,邀请宁夏法学会党组书记、常务副会长、教授张廉作习近平法治思想专题讲座。市委副书记、市长冼国义,市人大常委会主任罗永红、市政协主席马玉芳等市在职厅级领导参加会议。市委常委、宣传部部长褚一阳主持会议。

是日,固原市生态环境保护领导小组召开学习会,传达学习中共中央、国务院《关于深入打好污染防治攻坚战的意见》,研究部署落实工作。

6—7日,自治区人大常委会副主任沈凡调研固原市贯彻落实中央人大工作会议精神情况。市人大常委会主任罗永红及何永吉、褚一阳、袁秉和、张立君等市领导一同调研。

8日,自治区党委常委、市委书记马汉成到宁夏师范学院宣讲中共十九届六中全会精神。

9日,固原市委党史学习教育领导小组会议暨市委理论学习中心组扩大学习会召开。会议传达学习中央党史学习教育领导小组第五次会议精神;学习贯彻中共十九届六中全会和自治区党委十二届十四次全会精神。自治区党委常委、市委书记马汉成主持会议并讲话。

是日,固原市与中国农业发展银行宁夏分行举行工作座谈会。自治区党委常委、市委书记马汉成,市委副书记、市长冼国义,中国农业发展银行宁夏分行党委书记、行长张艳娟出席。

是日,固原市实施乡村振兴战略领导小组召开第二次会议。会议贯彻全国脱贫攻坚总结表彰大会精神,传达学习全国乡村振兴局长视频会议、自治区《关于支持乡村振兴重点帮扶县的若干意见》等重要会议和文件精神。听取全市巩固拓展脱贫攻坚成果同乡村振兴有效衔接、闽宁协作、"四大提升行动"、五大振兴等工作情况汇报,研究部署有关工作。自治区党委常委、市委书记马汉成主持会议并讲话。

10日,固原市委常委会会议暨应对新冠肺炎疫情工作领导小组会议召开。会议传达学习习近平总书记在全国宗教工作会议上的重要讲话精神;传达学习自治区党委常委会会议暨应对新冠肺炎疫情工作领导小组第21次会议精神,研究贯彻意见。听取全市疫情防控、经济运行、宣传、耕地保护、党风廉政建设和反腐败工作等情况汇报,安排部署有关工作。自治区党委常委、市委书记马汉成主持会议并讲话。

是日,市委副书记、市长冼国义主持召开市政府专题会议,听取2022年全市项目谋划情况汇报,安排部署工作。

是日,固原市人大常委会主任罗永红主持召开《市人大常委会工作报告》征求意见会。

12日,固原市委副书记、市长冼国义督导调研中央环保督察组交办群众信访件办理情况。

是日,固原市委副书记、市长冼国义督办市政协四届五次会议有关加强固原市生态建设工作的提案。市政协主席马玉芳参加督办。

13日,自治区党委常委、市委书记马汉成到基层联系点彭阳县红河镇红河村宣讲中共十九届六中全会精神。

是日,固原胡麻油、彭阳红梅杏2项地理标志被列为国家第一批地理标志运用促进重点联系指导名录。

14日,中国文学艺术界联合会第十一次全国代表大会、中国作家协会第十次全国代表大会在北京人民大会堂开幕。固原代表杨凤军、单永珍、马金莲现场聆听习近平总书记的重要讲话。

15日,中央民族工作会议及自治区党委十二届十三次全会精神自治区宣讲团到固原市开展宣讲报告。宣讲团成员、自治区社科联主席杨占武作"铸牢中华民族共同体意识进新时代宁夏民族工作高质量发展"专题宣讲。冼国义、罗永红、马玉芳等市领导和各部门单位、人民团体、国有企业主要负责人聆听报告。

是日,平安中国建设表彰大会在北京召开,固原市被命名为2017—2021年度"平安中国建设示范市"。

16—17日,自治区党委副书记、自治区主席咸辉到固原市原州区、彭阳县调研脱贫攻坚成果巩固拓展工作。

16—17日，自治区人大常委会副主任、总工会主席沈左权带领调研组到固原市调研防范电信网络诈骗犯罪工作。市领导罗永红、白学贵、李志达、杨大素参加调研。

17日，自治区党委常委、市委书记马汉成督导调研环保反馈问题整改工作。

18日，九三学社固原市第二次代表大会召开。自治区政协副主席、九三学社宁夏区委主委马秀珍，九三学社宁夏区委专职副主委相卫国，市领导马煜洲、胡斌、云生元、王政权等出席会议。

21日，自治区党委党史学习教育第三巡回指导组对固原市党史学习教育开展情况进行评估，并召开座谈会，听取相关工作情况汇报，同步开展访谈、测评和调研。自治区党委党史学习教育第三巡回指导组组长、自治区社科联副主席吴勇出席座谈会并讲话，市委常委、宣传部部长褚一阳主持会议。

21—22日，受固原市委副书记、市长冼国义委托，市领导李志达、任立新分别主持召开《政府工作报告》征求意见座谈会，就即将提交市人大五届一次会议审议的《政府工作报告（征求意见稿）》，听取“两代表一委员”、民主党派及科技、企业、金融等各界代表的意见建议，凝聚智慧力量，共谋发展大业。

22日，固原市委副书记、市长冼国义会见到固原考察的国投电力控股股份有限公司高级顾问郭艺文，双方就推进新能源项目合作深入交流。

是日，固原市举行中共十九届六中全会精神自治区宣讲团宣讲报告会，自治区宣讲团成员、自治区党委政法委副书记张任作专题宣讲。市委副书记、市长冼国义及其他在职厅级领导出席，市委常委、组织部部长杨继宏主持。

是日，原州区、隆德县成功入选2021年度国家水土保持示范名单。

23日，自治区党委常委、市委书记马汉成到原州区、隆德县、西吉县调研脱贫攻坚成果巩固同乡村振兴有效衔接工作。

是日，固原市“12345”热线入选2021年度全国政务热线“优秀支撑保障成果”案例。

24日，固原市召开新任职干部集体谈话会，自治区党委常委、市委书记马汉成对新任职的处级干部提出期望和要求。市委常委、组织部部长杨继宏主持谈话会，市委常委、纪委书记、监委代主任王栋作廉政谈话。

是日，固原市委应对新冠肺炎疫情工作领导小组暨市应对新冠肺炎疫情工作指挥部召开会议，传达学习中央、自治区相关文件精神，分析疫情形势，安排部署全市疫情防控工作。

25日，固原市全面完成“12345”政务服务便民热线整合归并工作。标志着固原市实现了用一个号码服务企业和群众的工作目标。

27日，中国人民政治协商会议固原市第五届委员会第一次会议开幕。自治区党委常委、市委书记马汉成到会祝贺并讲话。

28日，固原市五届人大一次会议开幕。自治区党委常委、市委书记、大会执行主席马汉成主持。固原市委副书记、市长冼国义作政府工作报告。

30日，固原市五届人大一次会议选举冼国义为市长，选举李志达为市人大常委会主任，童全成、吴璞、张立君、袁秉和、李建平、马凤贤、马有芳、安祯、师淑莲为市人大常委会副主任，魏志刚为市人大常委会秘书长，选举出28位市五届人大常委会委员；选举任立新、王新军、童东、张学斌、杨生俊、喜晓林为市人民政府副市长；选举王栋为市监察委员会主任；选举董军为市中级人民法院院长；选举曾宪斌为市人民检察院检察长，报请自治区人民检察院检察长提请，自治区人大常委会批准。

是日，固原市五届人大一次会议举行宪法宣誓仪式。新当选的市人大常委会主任、副主任、秘书长集体宣誓，市人大常委会主任李志达领誓。新当选的市长、副市长、市监察委员会主任、市中级人民法院院长集体宣誓，市长冼国义领誓。

是日，政协固原市第五届委员会第一次会议举行选举大会。余剑雄当选为固原市政协五届委员会主席，马正学、王政权、杨耀峰、张翔宇、虎久强、剡小平、杨银梅当选为固原市政协五届委员会副主席，陈宇青当选为固原市政协五届委员会秘书长，48人当选为固原市政协五届委员会常务委员。

是月，东北林业大学野生动物资源学院与宁夏林业调查规划院开展的历时5年陆生野生动物资源调查发现，六盘山森林覆盖率达64.5%，使其与秦岭之间形成了一条长达300千米的野生动物迁徙通道，有马鹿、鬣羚、豪猪等53种珍稀野生动物从秦岭迁徙到六盘山。

是月，固原市绿宝科技有限公司通过农业农村部农产品质量安全中心审核，获得中国良好农业规范一级认证，成为全区首家通过该认证的肉牛养殖企业。

是月，由固原市地方志编纂委员会组织编纂的《固原扶贫志》被宁夏人民出版社推荐为2021年度十大好书之一。

固原综览

自然概貌

【地理位置】 固原市位于宁夏南部六盘山区，地处北纬35°14′~36°31′，东经105°19′~106°57′之间，东部与甘肃庆阳市、平凉市为邻，南与平凉市相连，西部与甘肃白银市分界，北与宁夏中卫市、吴忠市接壤。总面积1.05万平方千米，市区面积52.33平方千米。固原是陕甘宁革命老区振兴规划中心城市，宁南区域中心城市，政治、经济、文化中心和交通枢纽，是国家179个公路交通枢纽之一。处在中原农耕文化和北方游牧文化的交汇处，是丝绸之路东段北道必经之地，是历史上西北地区的经济重地、交通枢纽和军事重镇。

【地形地貌】 固原市位于中国黄土高原的西北边缘，境内以六盘山为南北脊柱，将固原市分为东西两壁，呈南高北低之势。海拔大部分在1500~2200米之间。由于受河水切割、冲击，形成丘陵起伏，沟壑纵横，梁峁交错，山多川少，塬、梁、峁、壕交错的地理特征。属黄土丘陵沟壑区。有六盘山高山丘陵区，葫芦河西部黄土梁、峁丘陵地区，葫芦河东部黄土梁状丘陵地区，茹河流域黄土梁、塬丘陵地区，清水河中上游洪积—冲积平原区，清水河中游西侧黄土丘陵、盆、垴区，清水河中游东侧黄土丘陵山地区等类型。

【地质土壤】 固原市在地层上处于华北地层和祁连地层区内，两区以龙首~六盘深断裂为界。华北地层区的次级单元为陕甘宁盆缘分区，彭阳县和泾源县、原州区的部分地区位于陕甘宁盆缘分区的平凉小区内，其余大部分地区位于河西走廊~六盘山分区的六盘山小区和北祁连分区的靖远~西吉小区内。平凉小区内地层分布特点是：下元古界、寒武系、奥陶系、石炭系至侏罗系均很发育，但因黄土大面积掩盖，仅零星见于残山或沟谷中；下白垩统广泛分布，厚度较大；新生界较发育，遍布全市。六盘山小区地层发育极不完全，缺失古生界、三叠系、侏罗系、上白垩统和古新统。下元古界零星分布。早白垩世接受了巨厚的河湖相碎屑岩沉积，砂岩中具铜矿化。靖远~西吉小区出露最老地层为下元古界，古生界只有中~下泥盆统；新生界分布最广，缺失古新统。大部分地区为第四系黄土覆盖，构成黄土丘陵。

【气候概况】 固原市地处黄土高原暖温半干旱气候区，属大陆性季风气候，气候特征为冬季漫长寒冷、春季气温多变、夏季短暂凉爽、秋季降温迅速，昼夜温差大，春季和夏初雨量偏少，灾害性天气多，区域降水差异大。2021年，全市年平均气温为6.1℃~8.8℃，与历年同期值相比，各县(区)偏高0.5℃~1.4℃。月平均气温与历年同期值相比，4、10、11月偏低0.8℃~1.0℃，其他各月偏高0.4℃~4.1℃。全市年降水量为393.7~670.2毫米，与历年同期值相比，各县(区)偏多1%~21%。其中，原州区516.7毫米，偏多21%；西吉县393.7毫米，偏多1%；隆德县496.7毫米，偏多1%；泾源县670.2毫米，偏多8%；彭阳县481.0毫米，偏多19%，其中1、2、5~8月份偏少，其他月份偏多。年平均日照时数2358.9小时，年平均气温7.0℃，年平均降水量499.7毫米，年蒸发量1364.4毫米，大于10℃的活动积温2482℃，无霜期155天。

【河流湖泊】 固原市境内主要水系有清水河、葫芦河、泾河和祖厉河四大水系，其中清水河、葫芦河、泾河河源均在固原市境内，为出境河流，祖厉河仅在西吉县境内有2条主要支流。清水河流域面积2575平方公里，干流河长81.2公里(原州区)，多年平均径流量0.55亿立方米；葫芦河流域面积3278平方公里，干流河长120.1公里(西吉县)，多年平均径流量0.73亿立方米；泾河流域面积4183平方公里，干流河长39公里(泾源县)，多年平均径流量1.08亿立方米。祖厉河在西吉县境内，流域面积491平方公里，干流不在宁夏境内。

【主要山脉】 固原市六盘山呈南北走向，主峰美高山(米缸山)海拔2942米，为固原市最大、最高山脉。月亮山海拔2633米，云雾山海拔2148米。还有黄峁山、太白山、九龙山、香炉山、马东山、白马山、米缸山、须弥山、五峰山、峁山尖山、灯盏山等山脉。

【矿产资源】 截至2021年年底，固原市已发现矿种29种：能源矿产有煤、石油、油页岩，金属矿产有铜、铅锌、镁，非金属矿产有石膏、石盐、芒硝、石灰岩、玻璃用长石石英砂岩、铸型用石英砂、玻璃用石英砂、陶瓷黏土、水泥配料黏土、泥炭、建筑用砂、砖瓦用黏土等。此外，还有地下水、矿泉水等水气矿产。现阶段开发利用的矿种主要有9种，为煤炭、岩盐、芒硝、建筑石料用灰岩、建筑用白云岩、建筑用砂、砖瓦用黏土、矿泉水、地下水等。其中，煤炭资源量27.88亿吨，岩盐资源量17.45亿吨，芒硝资源量1.29亿吨，建筑石料用灰岩资源量2.08亿吨，建筑用白云岩资源量2.3亿吨，建筑用砂资源量2248.62万立方米，砖瓦用黏土资源量1199.2万立方米，地下水40000m^3/d，矿泉水14515.84m^3/d。

【动植物资源】 固原市名贵珍稀动物和野生植物有：脊椎动物273种（国家一级保护动物金钱豹、林麝、金雕、黑鹳、胡元鹫、中华秋沙鸭等10种，二级保护动物红复锦鸡、鬣羚、豹猫等49种）、无脊椎动物3554种、高等植物1224种（六盘山特有植物紫穗鹅冠草、四花早熟禾、六盘山棘豆及国家重点保护植物水曲柳、桃儿七、黄芪等25种），被称为“西北种质资源基因库”。

【环境质量】 2021年，未剔除沙尘天气，固原市区优良天数333天，优良比率91.2%，PM_{10}平均浓度66微克/立方米，同比上升26.9%，$PM_{2.5}$平均浓度24微克/立方米，同比下降4%；剔除沙尘天气，PM_{10}平均浓度45微克/立方米，同比持平，$PM_{2.5}$平均浓度20微克/立方米，同比下降16.7%。七条主要河流8个国控断面水质优良比例达到87.5%，除清水河三营国控断面水质为Ⅳ类外，泾河弹筝峡等7个国控断面水质均为Ⅱ类。10个县级以上城市饮用水源地和4个农村千吨万人水源地（除本底值）水质均达到Ⅲ类及以上，达标率100%。土壤环境质量总体保持稳定，无污染和疑似污染地块。全市森林覆盖率达到30.8%、较上年提高0.7个百分点。环境质量持续向好，位居全区第一。

【区域交通】 固原市处于西安、兰州、银川三省会城市构成的“金三角”地带中心（距西安340公里，距兰州335公里，距银川330公里），六盘山机场开通固原—银川，固原—西安，固原—上海，固原—天津，固原—福州，固原—重庆，固原—北京航线。宝（鸡）中（卫）铁路、福（州）银（川）高速公路、344和309国道、203省道贯穿全境，四县一区全部通高速公路，交通便利，通信快捷。

【重大天气气候事件及主要气象灾害】 2021年全市降水偏多、气温偏高。年内出现干旱、冰雹、暴雨等气象灾害，对农业生产、人民生活、交通运输等造成一定影响。

2月气温异常偏高：2021年2月，原州区平均气温1.9℃，泾源平均气温1.0℃，彭阳平均气温0.3℃，三县（区）均创建站以来同期新高；西吉平均气温-1.3℃，隆德平均气温-0.7℃，均为建站以来同期第二高值。

首场透雨出现时间异常偏早：2021年3月31日至4月4日，全市出现连阴雨雪天气，累计降水量在5.2～50.6毫米之间。这是2021年首场透雨，较历年提前26天，为近20年来最早一场透雨。

夏季降水偏少：夏季（6～8月）全市累计降水量88.1～220.4毫米，与历年同期相比偏少36%～59%，其中原州区126.1毫米，为1961年以来第三低值；西吉106.2毫米，为1961年以来第二低值；隆德143.3毫米，为1961年以来第三低值；泾源220.4毫米，为1961年以来第六低值；彭阳88.1毫米，为1988年建站以来第一低值。今年夏季是1961年以来唯一一个连续三个月全市降水均偏少的年份，全市各县（区）无降水日数达53～67天。降水偏少对处在需水旺盛期的玉米、马铃薯等秋作物生长极为不利。

秋季降水异常偏多：秋季（9～11月）全市累计降水量201.9～271.6毫米，与历年同期相比偏多80%～191%，其中原州区271.6毫米（偏多191%），为1961年以来第二高值；西吉201.9毫米（偏多125%），为1961年以来第二高值；隆德240.7毫米（偏多113%），为1961年以来第三高值；泾源269.3毫米（偏多80%），为1961年以来第十高值；彭阳261.7毫米（偏多124%），为1988年建站以来第一高值。

冰雹：2021年5～9月全市共出现9次冰雹天气，给当地农业生产造成一定损失。

【建制沿革】 秦朝时最早的行政建置始于秦惠文王时期（公元前337～前325年）的乌氏县（在今原州区南）。秦昭王三十五年（前272年）秦灭义渠戎，建朝那县，时乌氏、朝那皆属北地郡。

汉初沿秦旧制。西汉元鼎三年（公元前114年），析北地郡置安定郡，郡治高平县（今原州区），共辖21县，属今本地的有高平、朝那、乌氏3县和月氏道（今隆德县境）。东汉永初五年（111年）三月，因羌族起义，安定郡寄理美阳（今陕西省武功县境）。永建四年（129年）四月，还治高平。永和六年（141年）十月，复徙扶风（今陕西省兴平市）。建安十六年

(211年),郡治迁临泾(今镇原县)。

西晋仍属安定郡,郡治临泾。新置都卢县。

东晋,有高平、朝那、乌氏、都卢四县。

南北朝,先后为北魏、西魏、北周属地。

北魏太延二年(436年)置高平镇,正光五年(524年)改高平镇置原州,并置高平郡、高平县,郡治高平。原州领高平、长城2郡,高平、里亭、黄石、白池4县。北周置原州总管府,仍领2郡、4县。

隋朝,开皇二年(582年)废长城郡。开皇三年(583年),废高平郡。大业三年(607年),原州改平凉郡,郡治平高(今固原)。大业六年(610年),废原州总管府,置牧监。

唐朝,武德元年(618年)废平凉郡复置原州。贞观五年(631年)复置原州中都督府,至天宝元年(742年)复改原州为平凉郡。乾元元年(758年),废平凉郡复改原州。安史之乱陷吐蕃。

五代十国时,为吐蕃所据。

宋朝,至道三年(997年)以故原州城设镇戎军(今原州区)。咸平六年(1003年)置彭阳城、笼竿城。庆历元年(1041年),镇戎军改属渭州隶泾源路。庆历三年(1043年)以笼竿城建德顺军(今隆德县)。绍圣四年(1097年)置平夏城。大观二年(1108年)以平夏城置怀德军(今原州区黄铎堡镇)。贞祐四年(1216年),德顺升防御州,十月升节镇名陇安。

金时,升军为州,改镇戎军为镇戎州,德顺军为德顺州,废怀德军和西安州。今泾源县属平凉府安化县。

元朝,至元七年(1270年)镇戎、原州合并置镇原州。至元十年(1273年),安西王废原州,在开元堡建造王宫和官邸,置开成府路。至治三年(1323年)降开成府路为州。

明朝,降开成州为县。正统十年(1445年)置固原巡检司,以"故原州"之名,"讳故而改固"得名。景泰二年(1451年),修古原州废城驻军戍守。景泰三年(1452年)闰九月,设固原守御千户所。成化二年(1466年),开成县迁固原千户所。成化五年(1469年)千户所升固原卫。成化十年(1474年)在固原增设陕西三边总制府。弘治十五年(1502年)复升开成县为固原州,州、卫同治一城。

清顺治初,固原州属陕西省平凉府,后改固原道,连同三边总制府,固原卫均驻固原城。康熙初年,迁镇、设平凉道,治固原。雍正初废固原卫,乾隆初固原设平、庆、泾道,同治年改为平、庆、泾、固、化道,移治平凉。同治十二年(1873年)固原设直隶州,领硝河州判。

民国二年(1913年),废固原州设固原县,属甘肃省泾源道,后属陇东行政公署。

民国二十五年(1936年),中国工农红军自陕北西征入固原县境,在以庙儿掌为中心地带,成立固北县苏维埃政府。1938年,固北县撤销。

1939年,海固事变(固海回民三次起义)被国民党残酷镇压,国民政府于1942年,甘肃省在固原、海原、隆德、静宁、会宁5县边界地区设置西吉县,划固原的硝河、张易等乡村归西吉县。

民国二十九年(1940年),在固原设甘肃省第二区行政督察专员公署。民国三十一年(1942年),迁硝河城,建西吉县,后专员公署撤销。

1949年7月29日,化平县解放;1949年8月2日,固原县解放;1949年8月3日,隆德县解放;1949年8月9日,西吉县解放;1948年8月11日,海原县解放。

1949年10月,固原县、隆德县、海原县、泾源县(原化平县)属甘肃平凉专区,西吉县属定西专区。

1950年9月18日,化平县更名为泾源县。

1953年10月,甘肃省西海固回族自治区(专区级)成立,辖西吉、海原、固原3县。

1955年11月18日,经国务院批准,西海固回族自治区改名为固原回族自治州。

1958年10月25日,宁夏回族自治区成立,撤销固原回族自治州,成立固原专区,辖西吉、海原、固原、隆德、泾源5县。

1970年11月14日,固原专区改为固原地区行政公署,行署驻固原县,辖固原、海原、西吉、隆德、泾源5县。

1983年7月29日,经国务院批准,划固原县东南、东北部共15个公社置彭阳县。当年固原地区置固原、海原、西吉、隆德、泾源、彭阳6个县。

2002年7月,固原撤地设市,改固原地区为固原市,固原县改称原州区。固原市辖海原县、西吉县、隆德县、泾源县、彭阳县和原州区。

2003年12月31日,经国务院批准,中卫市成立,划固原市海原县为中卫市管辖。固原市现辖西吉县、隆德县、泾源县、彭阳县和原州区。

区划人口

【行政区划】 固原市辖西吉县、隆德县、泾源县、彭阳县和原州区四县一区,62个乡镇,3个街道办事处,68个居委会,795个村委会。市人民政府驻原州区。

【人口概况】 2021年年末,全市户籍人口145.76万人。其中汉族人口74.60万人,占51.2%;其他少数民族人口0.13万人,占0.10%。男女性别比106.5。全市常住人口114.8万人。

固原市行政区划一览表

县(区)名称	乡(个)	镇(个)	街道办事处(个)	所辖乡、镇、街道办事处
原州区	4	7	3	三营镇 头营镇 官厅镇 张易镇 开城镇 彭堡镇 黄铎堡镇 寨科乡 炭山乡 中河乡 河川乡 南关街道办事处 古雁街道办事处 北源街道办事处
西吉县	15	4		吉强镇 兴隆镇 平峰镇 将台堡镇 新营乡 红耀乡 田坪乡 马建乡 震湖乡 兴平乡 西滩乡 王民乡 什字乡 马莲乡 硝河乡 偏城乡 沙沟乡 白崖乡 火石寨乡
隆德县	10	3		城关镇 沙塘镇 联财镇 陈靳乡 好水乡 观庄乡 杨河乡 神林乡 张程乡 凤岭乡 山河乡 温堡乡 奠安乡
泾源县	4	3		香水镇 泾河源镇 六盘山镇 黄花乡 大湾乡 兴盛乡 新民乡
彭阳县	8	4		白阳镇 王洼镇 古城镇 红河镇 新集乡 城阳乡 冯庄乡 小岔乡 孟塬乡 罗洼乡 交岔乡 草庙乡

城市地标

【宁夏固原博物馆】 宁夏固原博物馆始建于1983年，位于宁夏南部山区固原市西城路133号，是一座集历史文物征集收藏、科学研究、陈列、宣传、教育于一体的综合性省级博物馆，全国重点馆，国家一级风险单位。1997年被中宣部授予“全国爱国主义教育基地”，2007年被评为4A级景区，2008年被评为国家一级博物馆；2009年被中央精神文明建设指导委员会授予“全国文明单位”称号。宁夏固原博物馆是一座以收藏历史文物为主的综合性省级博物馆。占地面积近4万平方米，建筑面积1万多平方米。馆藏文物近万件，其中国家一级文物123件(组)，二级文物2008件(组)，三级文物3816件(组)，国宝级文物3件，即鎏金银壶、玻璃碗、漆棺画。藏品以春秋战国时期北方系青铜器和北魏、北周、隋唐时期丝路文物最具特色，在国内外有一定影响力。北魏漆棺画、北周鎏金银壶、凸钉玻璃碗为国之瑰宝，镶宝石金戒指、环首铁刀、波斯银币、罗马金币等均为中亚、西亚传入我国的外来品，为中西文化交流的实物依据。馆内展览基本陈列为通史展“千年固原丝路华章”，分五个单元。第一单元文明序曲，重点展示史前时期固原丰富的文化遗存，包括隆德县沙塘页河子遗址、隆德县沙塘北塬遗址、海原县曹洼遗址、海原县菜园遗址和彭阳县打石沟遗址出土的石器、陶器、骨器等；第二单元华戎交响，重点展示先秦时期固原作为中国北方系青铜文化的一个重要组成部分和义渠、乌氏等西戎民族的游牧地，发掘出土的大量青铜器；第三单元萧关纪颂，重点展示秦汉时期固原西北重镇的突出地位；第四单元金石鸿篇，重点展示南北朝至隋唐时期固原作为丝绸之路上重要的国际都市，留下的丰富的历史遗存；第五单元边塞咏叹，重点展示宋元明清时期固原从商贸军镇逐渐沦为军事要塞。专题展《隐形将军韩练成》，分四个单元，以实物和图文并茂的形式，真实再现了一代传奇将军韩练成光辉的一生。《古墓馆》，为“E”字形长廊与方亭构成的仿古建筑，面积1755平方米。按照1:1比例复原了9座从西周到元代的墓葬模型，让人身临其境感受不同历史时期的丧葬习俗，了解各个历史时期墓葬结构形制的异同。《石刻馆》，为回廊式仿古建筑，面积1480平方米。其内陈列有宋代东山寨修城记、清吴大徵三关口筑路碑、董福祥故里碑、豁免派买粮碑等碑刻200余方，是集历史记载、史料价值、书法艺术于一体的综合性艺术石刻馆。

【六盘山红军长征纪念馆】 六盘山红军长征纪念馆位于隆德县境内的六盘山上，是国家AAAA级旅游景区，总面积12平方千米，海拔2832米，距固原市区50千米，距隆德县城14千米，“312”国道、“101”省道、银(川)平(凉)公路从山下通过。2005年9月18日落成，由纪念馆、纪念碑、纪念广场、纪念亭、吟诗台五部分组成。其中，纪念馆由1986年所建的六盘山红军长征纪念亭改扩建而成，占地面积2159平方米，

六盘山红军长征景区成游客“打卡地”

由展厅、纪念碑、红旗造型的影壁墙、青铜雕塑等部分组成；共有四个展厅，“红军不怕远征难”“红旗漫卷西风”“三军过后尽开颜”“不到长城非好汉”4部分组成，展示了红军长征中的上百件遗物、文物、图片资料，仿制了毛主席住过的窑洞等，再现了中国工农红军长征3次经过六盘山区时的斗争历史以及六盘山儿女在长征精神的鼓舞下建设家园的情景。2005年以来，六盘山红军长征纪念馆先后被评为“爱国主义教育示范基地”、全国“青少年教育基地”“国防教育示范基地”和“全国干部教育基地”。

【六盘山国家级森林自然保护区】 六盘山国家级森林自然保护区位于“312”国道以南六盘山脉南段，境内有六盘山主峰——美高山，海拔2942米，自然保护区总面积4.2万公顷。保护区内有高等植物118科、382属、788种，其中，种子植物86科、337属、729科，经济价值较高的植物48科、150种，国家保护植物胡桃、黄芪、桃儿七、水曲柳4种，特有植物紫穗鹅冠草、四花早熟禾、六盘山棘豆3种，党参、贝母、黄芪、窝儿七、红毛七、五味子、六叶三七、六黄、鹿蹄草等贵重药用植物39种。栖居的脊椎动物24目、54科、213种，国家一级保护动物有金钱豹、林麝、红腹锦鸡、勺鸡、金雕等14种，在“中日候鸟协定”中受到保护的鸟类有草鹭、绿翅鸭、青头潜鸭、白尾鹞、大杜鹃、白腰雨燕、金腰燕等34种。昆虫17目、123科、905种，属珍贵的有金蝠蛾、丝带凤蝶、黑凤蝶、波纹水蜡蛾、褐纹十二羽蛾等。还有20科、41种苔藓植物。六盘山林区共有天然林和人工林40920公顷的水源涵养林基地，森林覆盖率由33.8%上升到74.2%，林木总蓄积达218万立方米，价值7.2亿元，随着林木面积的增长，林区形成迥然不同的自然景观，被称为黄土高原上的“绿岛”“湿岛”和“天然植物园”。保护区一次可调蓄降水8700万吨，相当于一个8000多万方的水库，具有为附近地区蓄水、供水，防洪、减少泥沙净化空气、调节气候、防风固沙等作用，有效维持了生态平衡。保护区周边6县、18乡、93个自然村，居住人口20万，林区每年为群众提供价值100万元以上的烧柴4000万公斤，农民从林区采集野草、野果、药材、割箭竹等的收入达130多万元。1988年，经国务院批准六盘山为国家级自然保护区。

【西吉火石寨国家森林公园】 西吉火石寨国家森林公园位于西吉县城以北15千米的火石寨乡，东距六盘山140千米，须弥山景区28千米，总面积98平方千米，是我国北方面积最大的丹霞地貌分布区，也是我国迄今发现的海拔最高的丹霞地貌群。2002年12月，自治区人民政府常务会议原则同意建成自治区级自然保护区。保护区具有生物的多样性，其中天然林面积达0.2万公顷，板石窑是保护区的中心区域，天然林面积达1286.6公顷，植被茂盛，种类繁多，有高等植物54科148属216种，其中蕨类植物5科5属6种，裸子植物1科3属3种，被子植物48科140属207种。这里的天然林面积为西吉之最，覆盖率达80%。同时具有重要的水资源涵养功能和生态旅游功能，其内的云台山石窟人文景观历史悠久。西吉火石寨国家森林公园

六盘山国家森林公园成为游客游玩的好去处

是国家AAAA级旅游景区，被誉为“中国最壮美丹霞地貌”“中国的科罗拉多大峡谷”。

【将台堡中国工农红军长征会师纪念园】 将台堡红军长征会师纪念园位于宁夏固原市西吉县城南30公里处，距固原市60公里，是全国重要爱国主义教育基地型的红色旅游景区。纪念园由红军长征会师纪念碑、会师广场、将军翰墨碑林、三军会师纪念馆和革命旧址公园五部分组成，是“全国爱国主义教育示范基地”“国家国防教育示范基地”“全国重点文物保护单位”和“全国红色旅游景区”，2020被授予国家AAAA级旅游景区。将台堡是一个悠久历史的小镇。101省道穿境而过，“将台堡”据民间传说因穆桂英点将筑台而得名。将台堡中国工农红军长征会师纪念碑是为纪念1936年10月22日红军长征三大主力在将台堡胜利会师，固原市在1996年10月中国工农红军长征胜利60周年之际而修建的。纪念碑坐落于将台堡外东侧，坐西朝东，由基座、碑身、碑顶三部分组成，碑高26.36米。碑的正面镌刻着江泽民同志题写的“中国工农红军长征将台堡会师纪念碑”16个金光闪闪的大字，背面是中共西吉县委、县政府撰写的碑文。碑的顶部雕有三尊红军头像，象征红军三大主力胜利会师，碑身下部浮雕8组代表中国革命胜利的图案。将台堡会师是红军三大主力会师的两个重要组成部分，标志着震惊中外、举世闻名的红军长征胜利结束，在中国革命史上具有同等重要的历史作用。将台堡中国工农红军长征会师纪念碑后建有一明代土堡，东西长70米，南北宽68米，堡城高10米。堡门建在正南面，其上镶嵌着薄一波先生题写的“将台堡”三个大字。为纪念中国工农红军长征胜利暨将台堡会师70周年，2006年固原市对将台堡纪念碑进行了维修，将台古堡建成红军会师纪念馆，堡内建筑分四大部分：将军翰墨碑林、历史岁月、饮水思源、和平年代四部分。其中红军会师纪念馆展厅、现代成就展厅、二方面军指挥部旧址各具特色。

【须弥山石窟】 须弥山石窟位于宁夏固原市原州区黄铎堡镇，坐落在市城北55千米处六盘山支脉的寺口子河北麓的山峰上，海拔1800米。古代须弥山是中原通往河西走廊、大漠南北的交通枢纽和战略要地。“丝绸之路”开通后这里又成为“丝绸之路”东段北道的必经之地，是长安到西域的必经之地。唐代为了加强边疆防卫，在这里设立了石门关”，直接制约着中原与西域的军事与交通，使这里有着“关中咽喉”之称。须弥山，原本是指印度传说中佛教的名山。2004年，被评为宁夏回族自治区文明景点；2005年，被评为宁夏回族自治区风景名胜区；2007年，被评为国家“AAA”级旅游景区；2008年，被宁夏回族自治区文明办、建设厅、旅游局共同命名为文明风景旅游区，同年被评为宁夏回族自治区十佳诚信景区。2014年08月，被授予国家AAAA级旅游景区。须弥山石窟分布在由南往北自然形成的八个区域区。保存较为完好的造像500余躯，汉藏文题刻题记53则，碑刻3方，残碑13块，壁画20余平方米。在保存的500余躯造像和壁画、题记中，都保留着鲜明的时代特征，精工细雕，既有浮雕，又有近似于圆雕的高浮雕，充满了浓厚的生活气息。须弥山博物馆，建筑面积5558平方米，陈展面积4500平方米。须弥山石窟同四大石窟不同，应选择天气比较好的季节去游览。

经济发展

【经济结构】 2021年，实现生产总值375.13亿元，剔除物价因素，实际比上年增长6.1%。其中，第一产业增加值64.21亿元，增长1.6%；第二产业增加值80.65亿元，增长3.5%；第三产业增加值230.27亿元，增长8.4%。经济结构由上年的20.5∶19.6∶59.9，转变为今年的17.1∶21.5∶61.4。

【农业】 2021年，实现农林牧渔业增加值69.24亿元，增长1.7%。全市粮食播种面积311.18万亩，下降

须弥山大佛

1.19%。其中,夏粮面积为44.82万亩,下降35.9%;秋粮面积为266.37万亩,下降8.7%。全市粮食总产量78.23万吨,比上年下降14.3%。其中:夏粮产量7.18万吨,下降42.94%;秋粮产量71.05万吨,下降9.76%。

全市生猪、肉牛、羊存栏分别为17.35万头、63.87万头、86.62万只,分别比上年下降3.18%、增长11.55%和增长10.36%;出栏生猪、肉牛、羊分别为21.27万头、26.95万头、74.27万只,分别增长9.93%、2.29%和下降3.03%;家禽存栏224.21万只,增长45.00%,出栏18.18万只,下降14.54%;肉类总产量7.75万吨,增长1.7%。其中:猪肉产量1.65万吨,增长5.0%;牛肉产量4,36万吨,增长5.3%;羊肉产量1.35万吨,下降5.17%;禽肉产量0.39万吨减少19.96%。

【工业和建筑业】 2021年,完成全部业增加值47亿元,比上年增长1.8%(不变价),工业占地区生产总值比重达到12.5%。其中,规模以上工业同比增长2.7%。2021年实现建筑业总产值38.02亿元,比上年下降10.7%。

【财政】 2021年,实现地方财政收入27.03亿元,比上年增长20.7%,其中:一般公共预算收入15.82亿元,增长9.2%;地方财政支出255.12亿元,下降6.2%,其中一般公共预算支出245.02亿元,下降3.4%。

【金融】 2021年,全市金融机构人民币各项存款余额546.39亿元,比上年增长5.2%,其中,住户存款余额364.29亿元,同比增长7.8%;人民币各项贷款余额485.35亿元,同比增长8.7%,住户贷款余额315.34亿元,同比增长15.4%。

【固定资产投资】 2021年,全市全社会固定资产投资(不含农户)比上年增长8%。其中,房地产开发投资下降29.3%,商品房销售面积97.5万平方米,增长18.4%,销售额49.6亿元,增长21.1%。

社会事业

【科技】 2021年,全市共争取自治区科技专项资金6123.2万元,市、县区安排科技项目资金5606万元(其中市本级1830万元),2021全社会R&D经费投入1.68亿元,投入强度0.48。实施科技型企业梯队培育计划,新增国家高新技术企业家4家(现有11家)、自治区科技型"小巨人"企业2家(现有7家),自治区农高新企业5家,国家级科技型中小企业34家、自治区科技型中小企业达到103家、市级科技型中小企业达到87家。备案组建自治区技术创新中心9个。科技专家库专家达到134名,全市科技特派员达到839名。

【教育】 2021年,全市拥有普通高等院校1所,招生3644人,在校生10414人,毕业生2486人。普通中学70所,招生3.08万人,在校生9.19万人,毕业生3.18万人。中等职业教育学校5所,招生0.40万人,在校生1.10万人,毕业生0.36万人。小学415所,招生1.88万人,在校生11.60万人,毕业生1.92万人特殊教育学校3所,招生73人,在校生363人,毕业23人。幼儿园441所,在园幼儿4.47万人。学龄儿童入学率100%。

【文化】 2021年,全市文化系统共有艺术表演团体59个,博物馆7个。全市共有公共图书馆6个、文化馆6个,档案馆6个。全市有线广播电视在册用户数9.11万户,广播节目综合人口覆盖率为99.66%,电视节目综合人口覆盖率为99.98%。

【卫生】 2021年,全市共有医疗卫生机构1107个,其中二级以上公立医院16个;民营医疗机构182家,其中,民营医院20家,个体诊所159家;基层医疗卫生机构900个,其中,卫生院62个,城市社区卫生服务机构26个,村卫生室812个;专业公共卫生机构12个,其中,疾病预防控制中心6个,卫生监督机构6个。年末全市卫生技术人员9133人,其中执业医师和执业助理医师3324人,注册护士4326人。全市医疗卫生机构实有床位6878张,其中,医院5388张,基层医疗卫生机构1490张。全年全市总诊疗人次391.65万人次,入院人数17.26万人次。

【交通运输和通信】 2021年,全市境内等级公路里程达到10855.03公里。按技术等级分,高速公路326.75公里,一级公路142.57公里,二级公路900.41公里,三级公路1277.90公里,四级公路8207.39公里。按行政等级分:国道863.67公里,省道768.79公里,县道151.19公里,乡道1978.80公里,村道6912.65公里,专用公路179.93公里。年末民用车辆拥有量达到29.17万辆,其中,载客汽车16.40万辆,载货汽车5.31万辆,摩托车1.05万辆,拖拉机5.36万辆,挂车0.67万辆。全市营运车辆3.27万辆,非营运车辆25.89万辆。

全市完成邮政业务总量1.41亿元,增长29.2%,拥有固定电话3.98万部,移动电话121.45万部,固定互联网宽带用户达40.47万户。

【旅游业】 2021年,全市共有旅游景区14个,拥有4A级旅游景区6个,拥有3A级旅游景区6个,2A级旅游景区2个。全市有27个注册旅行社,注册导游25人。全年共接待国内游客708.58万人次,接待国内游客总收入28.67亿元,国内游客人均花费404元。农家乐接待游客

古城墙遗址公园

133.13万人次，农家乐总收入0.43亿元，农家乐人均花费32元。

人民生活

【居民收入与消费】 2021年，固原市全体居民人均可支配收入18178.8元，比上年增长88%。按常住地分，城镇居民人均可支配收入32546.4元，增长8.3%；农村居民人均可支配收入13086.0元，增长9.5%。全年固原市居民人均消费支出14212.6元，比上年增长12.1%。按常住地分，城镇居民人均消费支出23599.3元，增长12.2%；农村居民人均消费支出10885.3元，增长12.2%。

【劳动就业】 2021年，城镇新增就业9089人，比上年减少3人。年末城镇登记失业率为4.17%，比上年增长0.91个百分点。全市共完成劳务输出33.65万人，比上年增长1.54%；实现劳务总收入73.36亿元，比上年增长2.5%。

【社会保障】 2021年，全市参加城镇职工基本养老保险人数10.86万人，比上年末增加0.56万人。参加城乡居民基本养老保险人数68.54万人，增加2.55万人。参加基本医疗保险人数130.35万人，减少3.73万人。其中，参加城镇职工基本医疗保险人数11.54万人，增加0.67万人；参加城乡居民基本医疗保险人数118.81万人，减少4.4万人。参加失业保险人数7.99万人，增加0.52万人。参加工伤保险人数12.32万人，增加1.35万人。参加生育保险人数8.81万人，增加0.55万人。

生态建设

【环境保护】 2021年，全市环境空气有效监测天数365天，其中优良天数333天，占有效监测天数的91.2%(未剔除沙尘天气影响)，固原市城市建成区范围内共有126个区域环境噪声网格。2021年固原市城市区域昼间平均等效声级为47.5dB(A)，城市区域声环境质量总体水平等级为一级(好)。

【城市建设】 2021年，固原市建成区面积77.81平方公里，人均拥有城市道路面积26.45平方米，人均公园绿地面积32.14平方米，建成区绿化覆盖率41.26%，建成区绿地率38.01%。供水普及率98.87%，人均日生活用水量100.22升，燃气普及率77.89%，建成区供水管道密度6.84公里/平方公里，建成区路网密度6.42公里/平方公里，建成区排水管道密度11.93公里/平方公里，污水处理率98.68%，生活垃圾处理率100%。

（薛　强）

中国共产党固原市委员会

综　述

【概况】　2021年，中国共产党固原市委员会坚持以习近平新时代中国特色社会主义思想为根本遵循，以总书记视察宁夏重要讲话精神为行动指南，坚决贯彻党中央和自治区党委决策部署，坚决扛起建设先行区、守好生命线、固原作贡献政治责任，弘扬伟大建党精神，汲取实干奋进力量，各项事业取得新成效，实现“十四五”良好开局。全市地区生产总值增长6.1%，固定资产投资增长8%，社会消费品零售总额增长3.4%，地方一般公共预算收入增长9.2%，经济运行稳中有进。纵向看，主要指标创近三年最快增速；横向比，地区生产总值两年平均增长5.8%，高于全区两年平均增速0.5个百分点，固定资产投资增速高于全区5.8个百分点，社会消费品零售总额增速位居全区五市第一，高于全区0.8个百分点。年度内先后获评国家卫生城市、国家公共文化服务体系示范区、国家生态文明建设示范区、平安中国建设示范市等“国字号”殊荣。

【思想政治建设】　2021年，中国共产党固原市委员会践行习近平总书记“把党的政治建设摆在首位”重要论述，把总书记重要讲话作为“第一议题”，依托理论学习中心组学习制度、干部教育培训机制、学校思政课渠道，抓实党的创新理论“七进”和学校“三进”工作，全年共举行市委中心组学习会27次、专题研讨会16次、专题讲座13次、专题学习班3期，带动全市各级党组织开展学习培训、宣传宣讲16500余场次。认真落实落细总书记2016年7月在固原3个考察点重要指示精神，在将台堡挖掘红色资源、发展红色小镇，在杨岭村发展“旅游+产业”、村民收入5年内翻了一番，姚磨村蔬菜远销粤港澳、村民收入达到18300元。

【党史学习教育】　2021年，中国共产党固原市委员会高质高效开展党史学习教育，围绕“四个伟大”和“四个铭记”，设置8个专题，集中学习研讨习近平总书记“七一”重要讲话精神、党的十九届六中全会和自治区党委十二届十四次全会精神。举办“颂歌献给党”文艺演出等庆祝活动230多场次，唱响“五好”主旋律；扎实推进“我为群众办实事”实践活动，市级领导带队开展基层问题大征集、信访积案大化解、重点课题大调研，制定落实62项民生实事清单，解决4500余件群众“急难愁盼”问题；创新开展“三知三强”实践，推动学习成果转化为思想成果、实践成果，党员干部学史明理、学史增信、学史崇德、学史力行的主动性更加自觉。

【全面从严治党】　2021年，中国共产党固原市委员会坚决贯彻习近平总书记“全面从严治党永远在路上”重要论述，实施党建“铸魂”工程，出台《加强领导班子建设推进全面从严治党的决定》，激发党员干部奋斗精神。把换届工作作为全面从严治党的重要举措，严明换届纪律，把好政治方向，树好用人导向，绘好发展蓝图。坚持以政治标准为首、实干实绩为要、廉洁正派为底，打破年龄、身份、民族、地域界限，配优配强各级领导班子，研究任免干部25批611人次，市县乡领导班子换届圆满完成。树立大抓基层导向，以“基层党建全面提升年”为载体，统筹推进农村“三大三强”、城市“四联四化”、学校医院“双培双带”、非公企业和社会组织“五强五促”党建行动，深化“五型”模范机关创建，深化“一抓两整”示范县乡创建和“两个带头人”工程，各领域基层党建全面提质。弘扬实干作风，推行“项目化管理、清单化推进、常态化督导”机制，倡导“严、真、实、细、快”作风，党员干部精神状态更加昂扬。践行“三严三实”，严格落实中央八项规定精神和自治区“八条禁令”，出台作风建设“十项规定”，持续为基层减负，驰而不息正学风、改文风、转会风、纠“四风”、树新风。推动市县两级党委巡察实现全覆盖，组织开展“回头看”，整改率达到95.3%。“零容忍”惩治腐败，抓实工程建设和政府采购领域、群众身边腐败问题专项整治，从严开展政法队伍教育整顿，全年处置问题线索1488件、立案390件，处分422人，形成强力震慑，风清气正的政治生态持续巩固。

【先行区建设】 2021年，中国共产党固原市委员会牢牢践行总书记赋予的“建设先行区”时代使命，立足新发展阶段，贯彻新发展理念，构建新发展格局，推动高质量发展。坚持走“区域化布局、标准化生产、品牌化经营、融合化发展”路子，下功夫调一产结构、延二产链条、促三产提升，全年全市一产、二产、三产分别增长1.6%、3.5%、8.4%。锚定方向抓特色，对标自治区9大产业，谋划发展“肉牛、绿色食品、文化旅游、生态经济、纺织服装”5个重点产业和“新材料、新能源、中药材、电子信息”4个培育产业，谋划推进全国百万头高端肉牛生产加工、百万亩高产高品马铃薯和冷凉蔬菜、全国绿色食品生产供应、全国避暑养生和红色文化旅游、绿色发展“双碳”“双控”实践“5个基地”建设。完善机制促提升，落实规划引领、专班推进、科研支撑、龙头带动、政策保障“五个一”机制，召开产业发展和招商引资大会，出台7个政策性文件，组建产业技术创新研究院，启动国家全域旅游示范市创建，融侨肉牛养殖加工、黄天鹅高品鸡蛋、丰源纺织一期、长江医药中药产业园等一批重点产业项目建成达产，固原经济开发区跻身自治区高新技术产业开发区，全市限额以上企业新增14家、达到65家，规上企业新增10家、达到70家，规上工业逐季转好、由负转正、增长2.7%。立足优势谋项目，对标政策导向和资金投向，跑部进厅常态争，滚动建好项目库，谋划“十四五”项目511个、总投资3353亿元。专班推进建项目，保障服务自治区“十大工程项目”涉及固原的重点河道治理、生态保护修复、城乡供水、银昆高速4个项目顺利实施；举行三次项目集中开工，全年实施各类项目357个，完成投资207.2亿元。优化服务招项目，出台优化营商环境20条，建立落实服务企业“五项制度”，全年实施招商项目162个，到位资金175.5亿元，增长23.9%。银企融资促项目，加强政银企融资对接，引导资金向优势企业和优质项目聚集，全年新增企业贷款52.1亿元，增长36.6%。坚持市场化方向、运用市场化机制，推进“四权”改革落笔入题、起步开局，用水权改革“节水增效”，签订跨市水权交易；“第一单”土地权改革“盘活增值”，敲响全区农村集体经营性建设用地入市“第一槌”；山林权改革“植绿增绿”，颁发全区林权不动产“第一证”、发放林权抵押贷款“第一笔”；排污权改革“降污增益”，固定污染源排污许可及登记实现全覆盖。

【乡村振兴战略实施】 2021年，中国共产党固原市委员会牢记践行总书记“脱贫摘帽不是终点，而是新生活、新奋斗的起点”重要指示，弘扬脱贫攻坚精神，全力巩固脱贫成果，全面推进乡村振兴，全心为民造福。完善机制守底线，常态化落实督查考评、监测帮扶、“四查四补”机制，全年投入各类财政衔接补助资金23.83亿元，其中，闽宁协作等帮扶资金3.51亿元，累计消除返贫致贫风险监测对象4507户1.84万人，其中2021年消除523户2309人，无一户一人返贫致贫。全力抗旱保增收，坚持“调水、储草、补歉、减损”并举，以牧补农稳收入、以工补农增收入，受灾农户因种植人均减收507元，多措增收948元，净增441元，确保了大旱减产不减收。协调促进“四个衔接”，制定任务清单，分类细化22项75条衔接推进措施，建立落实“领导包抓+专班推进+驻村帮扶”机制，确保了工作不留空档、政策不留空白。统筹推进“五个振兴”，坚持产业振兴“富民”、人才振兴“强农”、文化振兴“塑魂”、生态振兴“塑形”、组织振兴“壮骨”，打造活力、善治、文明乡村。全市行政村集体经济收入均达5万元以上、41个村达100万元以上（2021年新增20个），培育高素质农民2660人，改造卫生厕所1.4万户，打造人居环境整治示范乡镇11个、示范村148个，带动乡村提升“颜值”。把“四大提升行动”作为惠及群众的重大民生工程，逐一制定任务清单，细化97项具体措施，全面发动、示范带动、持续推动。抓移民致富提升行动，“领导干部+责任单位”包抓38个重点移民安置区，培育新型经营主体带动1.35万户移民发展致富，扶持劳务移民稳岗就业3.15万人，建设移民示范村15个，带动移民安置区面貌大为改观，实现了“一年一个样”。抓城乡居民收入提升行动，兴产业增经营性收入、稳就业增工资性收入、促改革增转移性收入、强保障增政策性收入，城乡居民收入分别达到32546元、13086元，增长8.3%、9.5%。抓基础教育质量提升行动，实施“六盘名师名校名校长”培育计划，深化“互联网+教育”融合应用，全年培育市级骨干教师50名，新建改扩建中小学幼儿园36所，普惠性幼儿园覆盖率达到99.5%，教育教学质量和教师队伍素质实现“双提升”。抓全民健康水平提升行动，毫不放松抓常态化疫情防控，层层落实标定网格责任，全市未发生输入性感染病例；开展卫生健康服务“六进”活动，全市居民健康素养水平提高3.49个百分点、达到20.07%；支持市人民医院创三甲、建设省级区域医疗中心、与西安交大第一附属医院协作办医；深化“互联网＋医疗健康”，与区内外33家三甲医院建立互联网诊疗通道，基层医疗机构人工智能辅助诊断系统全覆盖。

【坚守“三条生命线”】 2021年，中国共产党固原市委员会深入贯彻总书记关于总体国家安全观重要论述，坚决守好促进民族团结、维护政治安全、改善生态环境“三条生命线”。以铸牢中华民族共同体意识为主线，践行总书记关于加强和改进民族工作的重要思想，依托3个专题学习研讨中央民族工作会议和自治区党委十二届十三次全会精神，召开市委全会制订贯彻落实方案、清单，提出将“单家集夜话”纪念馆建成全国党的民族政策和铸牢中华民族共同体意识教育基地、创建铸牢中华民族共同体意识示范市。以构筑各民族共有精神家园为载体，纵深推进马克思主义“五观”大宣讲，创新开展“脱贫小康感党恩、振兴共富跟党走”主题实践和感恩、认同、法治“三项教育”，开展主题宣传宣讲1300余场次，“五个认同”更加深入人心。以促进各民族交往交流交融为抓手，巩固全国民族团结进步示范市创建成果，指导隆德县、西吉县创建全国、全区示范县，全市域创建全国示范县，全覆盖推进创建“七进”活动，促进了各族群众共居共学、共建共享、共事共乐。全面贯彻全国宗教工作会议精神，坚持积极“导”，深入推进“五进”宗教场所活动，维护了现有宗教格局稳定。牢牢扛实维护社会稳定主责任，积极防范化解政府债务、金融领域和企业经营风险，全面落实基层治理“1+6”政策措施，深入推进市域治理规范化，持续抓好安全生产工作，常态化开展扫黑除恶专项斗争，成功破获公安部挂牌督办的“3·28”特大跨境电信网络诈骗案，群众安全感满意度显著提升。坚持“建、管、育、护、治”一体，推进山水林田湖草系统保护修复，实施国土绿化61.3万亩，治理水土流失320平方千米，森林覆盖率提高0.7个百分点、达到30.8%，草原综合植被覆盖度达到90.3%。坚持“四禁”“四减”“四保”同向发力，推行林长制，强化网格管理，出台《固原市防火决定》，全年新建防火通道102千米，新组建专业化防灭火队伍4支120人，生态保护防控能力得到提升。坚持“四尘同治”“五水共治”“六废联治”，铁腕整治环保问题，中央第四生态环保督察组转办的112件群众反映问题已办结94件，全年空气质量优良天数比例91.2%，“五河”国控断面水质优良率87.5%，清水河流域水环境综合治理入选全国试点。

重要会议

【中共固原市第四届委员会第九次全体会议】 2021年1月5日在市会议中心召开。全会听取和讨论市委常委会工作报告，审议通过《中共固原市委员会关于制订国民经济和社会发展第十四个五年规划和二〇三五年远景目标的建议》，总结2021年工作，部署2021年任务。自治区党委常委、固原市委书记张柱就《建议（讨论稿）》向全会作了说明，自治区政府副主席、市委副书记、市长马汉成就2021年经济工作作了具体安排。

【中共固原市第四届委员会第十次全体会议】 2021年8月30日在市会议中心召开。全会审议通过《中国共产党固原市第四届委员会第十次全体会议关于召开中国共产党固原市第五次代表大会的决议（草案）》，市委常委、组织部部长余剑雄就《决议（草案）》向全会作了说明。

【中共固原市第四届委员会第十二次全体会议】 2021年11月23日在市会议中心召开。全会坚持以习近平新时代中国特色社会主义思想为指导，认真学习贯彻党的十九届六中全会精神，审议通过《中共固原市委贯彻落实中央民族工作会议精神、自治区党委十二届十三次全会精神工作方案和责任清单》。全会讨论通过《中共固原市第四届委员会报告》《中共固原市第四届纪律检查委员会工作报告》，酝酿讨论《中共固原市第五届委员会委员、候补委员和中共固原市第五届纪律检查委员会委员候选人预备人选建议名单》，将按程序提交中国共产党固原市第五次代表大会审议。自治区党委常委、固原市委书记马汉成代表常委会作了讲话，对学习宣传贯彻党的十九届六中全会精神进行辅导，就《中共固原市第四届委员会报告（讨论稿）》作了说明。

【中共固原市第五次代表大会】 2021年11月29至30日在市会议中心召开。大会以无记名投票方式，选举产生中国共产党固原市第五届委员会委员49名、候补委员10名，中国共产党固原市第五届纪律检查委员会委员29名。大会通过《中国共产党固原市第五次代表大会关于中国共产党固原市第四届委员会报告的决议》《中国共产党固原市第五次代表大会关于中国共产党固原市第四届纪律检查委员会工作报告的决议》。

【中共固原市第五届委员会第一次全体会议】 2021年12月1日在市会议中心召开。全会通过《中国共产党固原市第五届委员会第一次全体会议选举办法》。经无记名投票选举，马汉成、冼国义、白学贵、杨继宏、位西北、王栋、胡斌、任立新、何永吉、蒋刚彪、褚一阳当选为中国共产党固原市第五届委员会常务委员会委员。马汉成当选为中国共产党固原市第五届委员会书记，冼国义、白学贵当选为中国共产党固原市第五届委员会副书记。

12月30日下午，固原市第五届人民代表大会第一次会议圆满完成各项议程后闭幕

【市委常委会会议】 四届市委第一次常委会会议于2021年1月4日在市委常委会会议室召开。会议传达学习习近平总书记在中央政治局民主生活会上的重要讲话和中央经济工作会议、中央农村工作会议精神，研究贯彻意见；传达学习自治区建设黄河流域生态保护和高质量发展先行区第三次推进会和自治区党委经济工作会议精神，听取市政府党组关于2020年经济工作情况和2021年经济工作思路的汇报，研究贯彻意见；传达学习陈润儿同志在贯彻新时代党的组织路线、加强领导班子建设暨培养选拔优秀年轻干部工作座谈会上的讲话精神，研究贯彻意见；传达学习自治区应对新冠肺炎疫情领导小组第16次会议精神，听取市疫情工作指挥部关于做好冬春季疫情防控工作的汇报，研究部署全市疫情防控工作。研究市人大常委会党组《中共固原市委员会关于做好新时代加强和改进人大工作的意见》；研究固原市精神文明建设指导委员会《关于拟命名表彰第五届固原十大道德模范和提名奖人选的报告》；研究关于召开市委四届九次全体会议事宜。

四届市委第二次常委会会议于2021年1月12日在市委常委会会议室召开。会议传达习近平总书记在中共中央政治局常务委员会会议上的重要讲话、《中国共产党地方组织选举工作条例》《中国共产党统一战线工作条例》，研究贯彻意见。听取市总工会、团委、妇联、科协工作汇报，研究贯彻意见。研究市两会有关事宜；研究市政府党组《关于2021年两节慰问工作方案》；研究市委组织部有关事宜。

四届市委第三次常委会会议于2021年2月5日在市委常委会会议室召开。会议传达习近平总书记在省部级主要领导干部学习贯彻党的十九届五中全会精神专题研讨班开班式上的重要讲话，中共中央办公厅《关于加强巡视巡察上下联动的意见》，研究贯彻意见；传达学习中央纪委十九届五次全会和自治区纪委十二届五次全会精神，研究市纪委《关于召开中共固原市第四届纪律检查委员会第六次全体会议的请示》；传达学习全国、全区宣传部部长会议精神，研究贯彻意见；传达学习自治区十二届人大四次会议和自治区政协十一届四次会议精神，陈润儿同志在参加自治区十二届人大四次会议固原代表团审议时的讲话精神，研究贯彻意见。研究市委组织部《关于对黄水木等福建省第十一批在固挂职干部给予行政奖励的请示》；研究市人民政府党组《固原市防灾减灾责任规定（送审稿）》；研究市工程建设政府采购等重点领域突出问题专项治理领导小组《关于开展工程建设政府采购等重点领域突出问题专项治理工作的实施方案（送审稿）》。

四届市委第四次常委会会议于2021年2月18日在市委常委会会议室召开。会议传达学习习近平总书记在河北省阜平县考察扶贫开发工作时的讲话、在2021年春节团拜会上的讲话，研究贯彻意见。

四届市委第五次常委会会议于2021年2月24日在市委常委会会议室召开。会议传达学习中央全面深化改革委员会第十八次会议精神，研究贯彻意见；传达学习习近平总书记在党史学习教育动员大会上的重要讲话和《中共中央关于在全党开展党史学习教育的通知》，研究贯彻意见；传达学习中央政法工作会议和自治区党委政法工作会议精神，研究贯彻意见；传达学习全国、全区组织部部长会议精神，研究贯彻意见；传达学习自治区维护政治安全工作座谈会精神，研究贯彻意见。

四届市委第六次常委会会议于2021年2月27日在市委常委会会议室召开。会议传达学习全国脱贫攻坚总结表彰大会精神，研究贯彻意见；传达学习《中共中央关于开展全国政法队伍教育整顿的意见》，研究《固原市委关于开展全市政法队伍教育整顿的实施方案》。研究《关于在全市开展党史学习教育的实施方案》。

四届市委第七次常委会会议于2021年3月18日在市委常委会会议室召开。会议通报市委常委会会议议定事项落实情况。传达学习习近平总书记在中共中央政治局第二十八次集体学习、在中央党校（国家行政学院）中青年干部培训班开班式上的重要讲话精神，研究贯彻意见；传达学习《自治区党委关于印发〈落实全面从严治党主体责任运用“四种形态”实施办法（试行）〉的通知》，研究贯彻意见；传达学习《自治区党委关于印发〈自治区政治生态分析研判评价办法（试行）〉的通知》，研究贯彻意见；传达学习全国、全区保密工作会议精神，研究贯彻意见；传达学习全国、全区政法队伍教育整顿动员部署会议精神，听取全市政法队伍教育整顿进展情况汇报；传达学习全区市县乡领导班子换届工作会议精神，审议《关于认真做好县乡领导班子换届工作的通知》；传达学习十二届自治区党委第十一轮巡视动员部署会精神，审议市委巡察工作领导小组《2020年市委巡察工作汇报》。听取全市森林草原防火工作汇报，安排部署“清明”期间防火工作。研究市人民政府党组《固原市贯彻落实自治区党委生态环境保护督察反馈意见整改方案（送审稿）》。审议《2021年“全市领导干部廉政警示教育周”活动方案（送审稿）》。

四届市委第八次常委会会议于2021年3月30日在市委常委会会议室召开。会议传达学习中央财经委员会第九次会议精神、习近平总书记在福建考察时的重要讲话精神，研究贯彻意见；传达学习中共中央纪委机关、中共中央组织部、国家监察委员会《关于严肃换届纪律加强换届风气监督的通知》，审议《关于认真做好县乡领导班子换届工作的通知》；传达学习全国县乡两级人大换届选举工作部署会议精神，研究贯彻意见。听取自治区召开建设先行区三次推进会精神贯彻落实情况汇报。

四届市委第九次常委会会议于2021年4月6日在市委常委会会议室召开。会议听取全市党史学习教育进展情况汇报，安排部署工作；听取全市政法队伍教育整顿第一环节进展情况和第二环节工作安排汇报。研究《固原市县党校（行政学院〈校〉）建设意见（送审稿）》。通报2020年度自治区效能目标管理考核结果，听取全市2020年度县（区）、部门（单位）效能目标管理考核结果情况汇报。研究干部事宜。

四届市委第十一次常委会会议于2021年4月14日在市委常委会会议室召开。会议传达学习习近平总书记对深化东西部协作和定点帮扶工作、革命文物工作、打击治理电信网络诈骗犯罪工作作出的重要指示，在参加首都义务植树活动时的重要讲话，给厦门大学建校100周年的贺信，研究贯彻意见。审议市纪委监委《2021年固原市全面从严治党、党风廉政建设和反腐败工作主要任务分工方案》。召开市委党史学习教育领导小组（扩大）会议，传达学习习近平总书记在福建考察期间重要讲话、各省区市党委党史学习教育领导小组负责同志座谈会精神和自治区党委党史学习教育领导小组会议精神，听取党史学习教育进展情况汇报，审议有关文件。

四届市委第十二次常委会会议于2021年4月28日在市委常委会会议室召开。会议传达学习习近平总书记在博鳌亚洲论坛2021年年会开幕式上的视频主旨演讲，在“领导人气候峰会”上的讲话，在清华大学考察时的重要讲话，对职业教育工作作出的重要指示，研究贯彻意见；传达学习全区“传承党的百年光辉史基因 铸牢中华民族共同体意识”主题教育工作部署会议精神，审议《关于在党史学习教育中组织开展“传承党的百年光辉史基因 铸牢中华民族共同体意识”主题教育责任分工清单》；传达学习自治区建设黄河流域生态保护和高质量发展先行区第四次推进会、全区当前经济形势分析通报会精神；听取一季度经济运行情况汇报，分析一季度经济形势，研究部署工作。审议《中共固原市委员会关于废止、宣布失效和修改部分党内规范性文件的决定（送审稿）》；审议《关于全市优秀共产党员、全市优秀党务工作者和全市先进基层党组织评选表彰工作建议方案》，听取《关于2020年度干部选拔任用工作“一报告两评议”结果》汇报。

四届市委第十三次常委会会议于2021年5月18日在市委常委会会议室召开。会议传达学习中共中央政治局会议精神，习近平总书记在中共中央政治局第二十九次集体学习、在广西、河南考察时的重要讲话；传达学习汪洋同志在统一战线深入学习贯彻《中国共产党统一战线工作条例》研讨班开班式上的讲话，研究贯彻意见；传达学习杨晓渡同志在宁夏调研时的讲话精神，研究贯彻意见；传达车俊同志在中央第四督导组听取宁夏政法队伍教育整顿进展情况汇报会上的讲话精神，全区第一批政法队伍教育整顿问题线索核查和案件查处工作专题会精神；听取全市政法队伍教育整顿进展情况汇报，安排部署工作。听取全市党史学习教育进展情况汇报；审议《全市党史学习教育“三知三强”实践活动、“我为群众办实事”实践活动和“感恩、认同、法治教育”任务清单》；听取市应对新冠肺炎疫情工作指挥部关于做好当前疫情防控工作的汇报，研究部署疫情防控工作；听取原州区“3·13”森林草原防火责任落实调查情况汇报。审议《固原市本级巡视员工作规则（送审稿）》。

四届市委第十四次常委会会议于2021年5月24日在市委常委会会议室召开。会议通报市委常委会会议议定事项落实情况。传达学习习近平总书记在中央全面深化改革委员会第十九次会议上的重要讲话精神，研究贯彻意见；传达学习全国、全区双拥模范城（县）命名暨双拥模范单位和个人表彰大会精神，研究贯彻意见；传达学习《宁夏回族自治区保密委员会转发中央保密委员会〈关于2020年全国窃密泄密案件情况的通报〉的通知》；传达学习汪洋同志在宁夏调研时的讲话精神，研究贯彻意见；传达学习《中共中央关于加强对“一把手”和领导班子监督的意见》《关于贯彻落实全国巡视工作会议暨十九届中央第七轮巡视动员部署会精神的通知》；传达学习自治区庆祝建党100周年信访安全保障工作会议、全区庆祝建党100周年安保维稳工作动员部署会议精神，研究贯彻意见。研究市四届人大六次会议有关事宜；研究《关于县处级领导干部2020年度考核等次评定结果建议的请示》。听取关于调整市委议事协调机构组成人员的请示。研究干部事宜。

四届市委第十五次常委会会议于2021年6月2日在市委常委会会议室召开。会议研究《关于设立中国共产党固原市乡村振兴局党组撤销中国共产党固原市扶贫开发办公室党组的请示》；研究干部事宜。

四届市委第十六次常委会会议于2021年6月17日在市委常委会会议室召开。会议传达中共中央政治局会议精神，习近平总书记在中共中央政治局第三十次集体学习、中国科学院第二十次院士大会、中国工程院第十五次院士大会、中国科协第十次全国代表大会和青海考察时的重要讲话精神，研究贯彻意见；传达学习习近平总书记对湖北十堰市张湾区艳湖社区集贸市场燃气爆炸事故作出重要指示精神，听取全市安全生产工作汇报，安排部署工作；传达学习自治区整治形式主义为基层减负专项工作机制办公室《整治形式主义官僚主义为基层减负暗访调研情况通报》，研究贯彻意见；传达学习自治区党委党史学习教育领导小组各市、县（区）党史学习教育工作座谈会精神，听取全市党史学习教育进展情况汇报，安排部署工作；传达学习全区防范化解近期突出风险维护社会稳定视频会议精神，研究贯彻意见。听取庆祝中国共产党100周年活动进展情况汇报，安排部署工作。审议《全市优秀共产党员、全市优秀党务工作者和全市先进基层党组织拟表彰对象名单》《关于“七一”前夕组织开展走访慰问活动及颁发“光荣在党50年”纪念章工作的建议方案》。

四届市委第十七次常委会会议于2021年6月24日在市委常委会会议室召开。会议传达习近平总书记在参观“‘不忘初心、牢记使命’中国共产党历史展览”时的重要讲话精神，研究贯彻意见。审议《关于在全市党史学习教育“三知三强”实践中开展领导干部大调研活动的建议方案》。研究干部事宜。

四届市委第十八次常委会会议于2021年6月20日在市委常委会会议室召开。会议传达学习习近平总书记在十九届中共中央政治局第三十一次集体学习时的重要讲话精神，研究贯彻意见。研究《关于各民主党派市委会换届工作的请示》《关于市工商联（民间商会）换届工作的请示》《关于成立固原市归国华侨联合会的请示》。研究干部事宜。

四届市委第二十一次常委会会议于2021年8月1日在市委常委会会议室召开。会议传达学习中共中央政治局会议精神、习近平总书记在中共中央政治局第三十二次集体学习、在西藏考察时的重要讲话精神，研究贯彻意见；传达学习李克强总理在国务院西部地区开发领导小组第二次会议上的讲话精神，研究贯彻意见；传达学习贯彻习近平新时代中国特色社会主义思想研讨会暨党史学习教育高端论坛精神，研究贯彻意见；传达学习自治区党委常委会会议精神，听取全市疫情防控工作汇报，安排部署疫情防控重点工作；传达学习自治区党委副书记陈雍到固原调研“四大提升行动”实施情况时的讲话精神，研究贯彻意见。审议《2021年度固原市效能目标管理考核方案（送审稿）》；审议《固原市国企改革三年行动实施方案（送审稿）》。听取全市公安工作汇报。

四届市委第二十二次常委会会议于2021年8月9日在市委常委会会议室召开。会议听取关于筹备中国共产党固原市第五次代表大会有关事宜的汇报，审议《关于成立固原市第五次党代表大会筹备工作领导小组和工作小组的请示》。审议《关于深入贯彻落实自治区八条禁令进一步加强领导干部作风建设的有关规定（送审稿）》。召开市总河长第五次会议；召开市委财经委员会第六次会议；召开市委审计委员会第五次会议。研究干部事宜。

四届市委第二十四次常委会会议于2021年8月30日在市委常委会会议室召开。会议传达学习习近平总书记致第五届中阿博览会的贺信和在中央财经委员会第十次会议、河北承德考察时的重要讲话、对档案工作作出的重要批示精神，习近平总书记重要文章《总结党的历史经验，加强党的政治建设》，研究贯彻意见；传达学习习近平总书记在中央民族工作会议上的重要讲话精神，研究贯彻意见；传达学习全区推进黄河流域生态保护和高质量发展先行区建设（重大项目建设）第五次推进会精神，研究贯彻意见。审议《关于固原市第五届人民代表大会代表名额分配的请示》。研究中国共产党固原市第五次代表大会有关事宜。研究干部事宜。

四届市委第二十六次常委会会议于2021年9月7日在市委常委会会议室召开。会议传达学习习近平总书记在中央民族工作会议上的重要讲话精神，围绕“回顾伟大成就增进团结”主题研讨发言；传达学习陈润儿书记来固调研和座谈会精神，研究贯彻意见。听取自治区生态环境保护专项督察反馈问题整改情况汇报；听取党史学习教育“三知三强”实践进展情况汇报。

四届市委第二十八次常委会会议于2021年9月23日在市委常委会会议室召开。会议传达学习习近平总书记在陕西榆林考察时的重要讲话精神，研究贯彻意见；传达学习全国第一次扫黑除恶常态化暨四大行业领域整治推进会精神、全区第一次扫黑除恶常态化暨重点行业领域整治推进视频会议精神，研究贯彻意见；传达学习全区粮食购销领域腐败问题专项整治工作动员部署会议精神，审议《全市粮食购销领域腐败问题专项治理工作实施方案（送审稿）》；传达学习自治区党委书记陈润儿在自治区党委常委会“坚持以案促改、深化作风建设”专题民主生活会上的讲话精神，全区违规吃喝隐形变异问题专项整治动员会议精神，研究贯彻意见。审议《关于五县（区）出席中国共产党固原市第五次代表大会代表候选人预备人选的请示》。研究干部事宜。

四届市委第三十五次常委会会议于2021年10月21日在市委常委会会议室召开。会议传达学习《中共中央、国务院关于加快构建新发展格局的意见》，研究贯彻意见；传达学习《中共中央组织部关于领导干部及时报告个人有关事项的通知》，研究贯彻意见。听取市政府党组前三季度全市经济运行情况汇报，安排部署有关工作。审议《固原市关于自治区宣传思想文化重点工作调研反馈问题整改方案（送审稿）》。召开市委全面深化改革委员会第四次会议，传达学习自治区党委全面深化改革委员会第十四次会议精神，通报固原市贯彻落实中央及自治区党委部署的重点改革任务整改落实情况，听取五县（区）“四权”改革推进情况汇报，审议《关于调整优化改革专项小组设置方案（送审稿）》《固原市委全面深化改革委员会专项小组成员建议名单（送审稿）》《固原市重要改革方案制定工作细则〈试行〉（送审稿）》《固原市重要改革任务推动落实工作细则〈试行〉（送审稿）》《固原市委全面深化改革委员会专项小组工作细则〈试行〉（送审稿）》，安排部署改革工作。研究干部事宜。

四届市委第三十六次常委会会议于2021年11月2日在市委常委会会议室召开。会议传达学习习近平总书记在深入推动黄河流域生态保护和高质量发展座谈会上的重要讲话精神，研究贯彻意见；传达学习中组部加强换届风气监督工作电视电话会议精神，研究贯彻意见；传达学习全区深入实施“四大提升行动”全面促进乡村振兴工作现场会精神，研究贯彻意见；传达学习《关于深入学习贯彻习近平总书记重要指示精神持续深化毒品问题综合治理的通知》，研究贯彻意见。听取市委应对新冠肺炎疫情工作领导小组办公室《关于当前疫情防控工作情况汇报》，安排部署有关工作。召开市委全面深化改革委员会第四次会议，传达学习自治区党委全面深化改革委员会第十四次会议精神，听取固原市贯彻落实中央及自治区党委部署的重点改革任务整改落实情况通报，听取五县（区）“四权”改革推进情况汇报，审议《关于调整优化改革专项小组设置方案（送审稿）》《固原市委全面深化改革委员会专项小组成员建议名单（送审稿）》《固原市重要改革方案制定工作细则〈试行〉（送审稿）》《固原市重要改革任务推动落实工作细则〈试行〉（送审稿）》《固原市委全面深化改革委员会专项小组工作细则〈试行〉（送审稿）》，安排部署有关工作。研究干部事宜。

五届市委第一次常委会会议于2021年12月1日在市委常委会会议室召开。会议传达学习自治区党委十二届十四次全会精神，研究贯彻意见。召开市委理论学习中心组学习会，围绕“铭记百年建党的艰辛历程与辉煌成就，坚决捍卫‘两个确立’做到‘两个维护’”主题研讨发言；召开市实施乡村振兴战略领导小组第二次会议。听取市生态环境保护领导小组办公室关于环保督察反馈问题整改和迎接中央环保督察准备情况汇报。研究《中共固原市委书记、副书记、常委和秘书长工作分工的请示》；研究干部事宜。

全面深化改革

【概况】 2021年，固原市共承担中央、国家部委和自治区确定的改革试点任务15项。其中，中央和国家部委确定的改革试点任务9项，自治区确定的改革试点任务6项。深入贯彻落实自治区建设黄河流域生态保护和高质量发展先行区第四次推进会议精神，坚持把推进“四权”改革作为贯彻落实中共中央关于黄河流域生态保护和高质量发展《规划纲要》的责任所在，市、县（区）两级先后成立专门机构，在深入开展调查研究的基础上，认真对照自治区党委办公厅和人民政府办公厅《关于印发用水权、土地权、排污权、山林权“四权”改革实施意见的通知》精神，制订具体落实方案，建立改革目标、改革任务和改革责任清单，列出时间表、路线图、任务书，并通过召开党委常委会、政府常务会议、政府专题会、全面深化改革委员会、“四权”改革动员会等多种形式，精心安排部署。市、县（区）两级党委和政府主要负责人通过多次调研、亲自研究制订落实方案、亲自安排部署、亲自推动关键环节改革任务落实，形成了党政主要负责人亲自抓、专班专抓、相关业务部门(单位)及县(区)之间联动协同抓的改革推进机制。同时配套建立督查问效机制，创新督查方式，坚持综合运用日常自查、重点督查、全面督查的方法对“四权”改革事项进行督查检查。对督查中发现的问题及时列出清单、明确责任、挂账整改。并把“四权”改革任务落实情况纳入各县(区)、各部门(单位)效能目标管理考核内容。

【用水权改革】 2021年，固原市围绕“节水增效”的目标要求，按照增加总量、优化结构、精准配置、提升效率、改革价格、推进交易的实现路径，加快推进精准确权、初始水权核定等基础性工作。制订《固原市落实水资源“四定”原则深入推进用水权改革实施方案》及工作清单，细化50项具体措施。列出时间表、路线图，实行专职负责、专班落实，改革工作压茬推进。全市取水总量控制指标由“十三五”时期的1.82亿立方米增加到“十四五”时期的2.9亿立方米，同比增加了1.08亿立方米。开展辖区内农业、工业和规模化畜禽养殖业用水量调查摸底，制定《固原市行业用水量调查测算细则》，同步开展水平衡分析，先后完成102万亩农业灌溉耕地、439家工业用水企业和603家规模化畜禽养殖业的水量复核、审核，建立了“三图一台账”。结合现代化生态灌区建设，在完成农业水价综合改革的基础上，建立健全节约集约用水的供水价格体系。原州区完成机井灌区、水库灌区、扬水灌区和扬黄灌区全成本统一水价核算工作，农业水价由分类水价向全成本统一水价转变，其他各县推行使用水量收费，实行定额内优惠水价、超定额累进加价制度。落实城乡居民生活用水阶梯式水价和非居民用水超定额累进加价制度，完善工业超计划用水加价制度。推广农业智能化、自动化、规范化和精准化灌溉流量监测，通过实施清水河、葫芦河、渝河现代化灌区节水改造项目，完善库灌区用水计量设施配套提升改造，全市全年共安装农业计量设施571套，工业企业安装、改造计量设施94套。开展取用水专项整治行动，规范取用水行为，关闭或封填自备井179眼、整治擅自建设取水工程520处、规范取用水户计量设施161家，注销4家工业企业取水许可证。

【土地权改革】 2021年，固原市围绕“盘活增值”的目标要求，按照调整用地结构、做好占补平衡、逐步腾退恢复、提升土地质量的实践路径，加快推进农村承包地确权颁证、农村建设用地入市改革试点和农村宅基地“三权分置”改革“房地一体”确权登记颁证等基础性工作。原州区制定《原州区农村集体经营性建设用地入市管理办法》《原州区农村集体经营性建设用地土地增值收益调节金征收管理使用分配暂行办法》《原州区农村集体经营性建设用地入市流程及决策办法》；完成了集体建设用地基准地价制定；拟确定集体经营性建设用地入市交易4宗。西吉县招标确定了技术承担单位，开展了西吉县集体建设用地基准地价工作、中心城区土地级别与基准地价更新工作，更新基准地价，完善规范城乡基准地价体系。制定《西吉县集体经营性建设用地摸排表》，下发集体经营性建设用地概念解释至各乡镇。隆德县完成3个乡镇29个村庄规划编制招标工作，制定《隆德县集体建设用地定级与基准地价》，调整农村集体土地征收补偿标准，建立全县31049宗宅基地测绘数据库，完成宅基地确权发证27842宗，完成总任务的89.6%。制定《隆德县农村集体经营性建设用地出租出让管理办法》，采取拍卖出让的方式进行入市交易，完成观庄乡大庄村37.57亩集体经营性建设用地入市交易，引入企业建设六盘山马铃薯高新科技示范园，敲响了全区集体经营性建设用地入市交易第一锤。彭阳县制定《彭阳县农村集体经营性建设用地入市实施细则》《彭阳县建设用地调查工作方案》《彭阳县农村集体建设用地使用权和房屋所有权确权登记工作方案》《土地信用机制评价办法》《村集体建设用地统筹利用办法》《农村宅基地有偿退出办法》，正在审查阶段，为下一步盘活土地资源，推进土地要素市场化配置提供制度保障。泾源县制定《泾源县关于吸引社会资本参与生态保护修复激励办法》。分类有序推进土地确权，完成全县生态移民迁出区、工矿废弃地、国有荒地、闲置宅基地底数调查，完成7个乡镇1416宗集体建设用地外业调查测量。优化国土空间布局，初步划定生态保护红线、永久基本农田、城镇开发边界三条控制线，国土空间规划通过自治区第一轮技术审查；编制园子村等12个村庄“多规合一”实用性村庄规划，启动编制县城中心城区控制性详规，为首批25个集体建设用地产权人代表发放全区首批农村集体建设用地《不动产权证书》。

【排污权改革】 2021年，固原市围绕“降污增益”的目标要求，按照建立“谁排污谁付费、谁减排谁受益”的市场化机制和扩量确权、分类施策、规范交易的实现路径，推进固定污染源调查摸底、分类校核并确定各排污单位初始排污权和排污基价等基础性工作。调查和评估摸底全市工业、农业、居民生活产生的二氧化硫、氮氧化物、化学需氧量、氨氮4项主要污染物的排放量以及环境容量。应核尽核全市58家已核发排污许可证的重点管理排污单位，并将全市84家简化管理排污单位纳入确权范围。在142家持证单位中涉及4项污染物排放的共95家，申报确权二氧化硫2231吨、氮氧化物2366.2吨、化学需氧量1482.6吨、氨氮176.2吨。开展新增排污权核定，全市共梳理摸排项目152个，其中，涉及污染物排放的项目6个，核定二氧化硫29.4吨、氮氧化物91.3吨、化学需氧量126吨、氨氮9.54吨。储备政府排污权和可交易权，政府储备权共计申报项目443个，储备二氧化硫2809吨、氮氧化物1409吨、化学需氧量6559吨、氨氮903.5吨。开展污染源排污许可证核发工作，共摸排出排污单位1297家，其中，核发排污许可证134家（重点管理56家，简化管理78家），登记排污管理852家，限期整改32家，不需要或者暂不需要发证分类处置279家，后续增加发证单位8家。开展首单交易，动员新改扩建项目企业3家，按照自治区排污权交易规则进行相关审查，并主动向自治区申请非试点市参与交易。

【山林权改革】 2021年，固原市围绕"植绿增绿"的目标要求，按照"确权、赋能、增绿、护绿"等实现路径，全面推进工作开展。勘界确权方面，全市完成林草地界定确权面积197.84万亩（其中，原州区53.5万亩、西吉县44.79万亩、隆德县7.17万亩、泾源县12万亩、彭阳县80.38万亩），颁发全区首批林权类不动产证书22本。推进"三权分置"，原州区将河川乡寨洼、康沟及上台3个村1.6万亩集体林地经营权流转给宁夏瑞丹苑油用牡丹产业有限公司，以油用牡丹栽植深加工为示范，延伸经果林产业链。西吉县引进水发浩海集团有限公司，采取打包经营方式对移民迁出区林地发展生态林、经济林；培育吉强镇龙王坝村心雨合作社、火石寨乡大庄村及石山村合作社3家经营主体各打造示范点1个。隆德县坚持"12564"改革思路，推行农户经营型、户企合作型、政府投资型、企业经营型、龙头带动型五种经营模式，打造示范点5个。泾源县按照"龙头企业+合作社+基地+农户"的生产经营模式，带动农户种植黑果花楸。彭阳县流转集体林地面积1.1万亩，共发展林下养鸡82万只，养蜂1.3万箱，种植中药材11.3万亩，实现林下经济收入0.94亿元，积极吸引社会资本参与生态项目建设，泾源县编制完成《泾源县闽宁协作碳汇林建设项目初步设计》，计划在泾源县六盘山镇牡丹村建设碳汇林2000亩。彭阳县引进宁夏环保集团有限责任公司县域内实施国家储备林建设项目，计划用3年时间完成国家储备林3.1万亩，培育树种以云杉、元宝枫等大径材树种为主，截至2021年年底，共完成1500亩建设任务；积极启动林业碳汇项目，通过政府采购广州绿石碳科技股份有限公司开展彭阳县碳汇开发服务项目，并与广州绿石碳科技股份有限公司达成《林业碳汇项目合同》。

组织工作

【概况】 2021年，固原市委组织部按照全国、全区组织部部长会议部署，围绕"1855"总体思路，坚持抓基层、强基础、固基本，坚持思想观念、方法手段、体制机制守正创新，全市组织工作呈现新特点、取得新成效，为奋力谱写建设黄河流域生态保护和高质量发展先行区、全面建设社会主义现代化固原新篇章提供了坚强组织保证。

【党员干部教育】 2021年，固原市委组织部以实施干部政治能力和专业能力提升"两大工程"为抓手，深入实施学习贯彻习近平新时代中国特色社会主义思想主题教育培训计划，坚持读原著、学原文、悟原理，通过理论学习中心组、"三会一课"、专题宣讲、分层分类培训等，教育引导广大党员干部提高政治判断力、政治领悟力、政治执行力，增强"四个意识"、坚定"四个自信"、捍卫"两个确立"、做到"两个维护"。全年举办十九届六中全会精神专题培训班71期2885人次。围绕"学习'七一'重要讲话、感悟思想伟力"等主题开展集中交流研讨，带动各级党组织开展专题学习研讨、集中学习1100余场（次）。常态化开展"我来讲"——理论政策业务学习研讨活动2182场（次），干部理论素养和业务水平不断增强。

【公务员管理】 2021年，固原市委组织部坚持在编制限额内应招尽招，统筹疫情防控和公务员招考工作，统筹全市1.4万名考生安全完成笔试，从严把握资格审查、面试、体检等关键环节，全年招录公务员180人、选调生29人，一批"211""985"、"双一流"建设优秀高校毕业生进入全市公务员队伍。畅通国有企事业单位优秀人才进入党政机关渠道，规范有序开展调任工作，全年共调任27人。开展做"人民满意公务员"活动，推选全区"最美公务员"5人，健全公务员工资正常调整机制，落实落细关心关爱措施，激励广大公务员积极担当作为。严格依规做好登记、考核、奖励、退休等日常工作，公务员管理不断规范化科学化。

【五大人才工程】 2021年，固原市人才总量达到11.2万人，人才资源总量占人力资源总量的12.8%。固原市委组织部贯彻中央人才工作会议精神，聚焦"5+4"重点产业发展需求，建立固原"人才智库"，实施重点产业人才工程，引进林草等7个产业技术专家团队，鼓励支持21个企业引进科技创新团队，组建17个产业技术服务组用以实施“三百三千”行动。实施名师名校长培养工程，新建15个“名师工作室”，培育100名“六盘名师”、30名“六盘名校长”，争取福州来固支教教师160名。实行城乡校长教师交流轮岗制度，先后组织千余名校长、教师到乡村学校和薄弱学校任职任教。实施医疗人才“双优”工程，发挥公立医院主体作用，推动15个重点特色科室建设，遴选命名10个“名医工作室”。借助闽宁、京宁协作等平台，与30多家区内外知名三甲医院建立深度合作，引进吴阶平泌尿外科等4个专家团队定期到固原服务，邀请樊代明院士等20余名专家教授和高精尖医疗人才到固原开展技术指导。实施“六盘文化名家”提升工程，推荐评选2名“领军人才”、3名“青年人才托举工程”培养对象，98名培育新闻人才、46名文化艺术人才。建立健全乡村人才培养机制，配备综合文化服务中心专（兼）职文化管理员859人，培养农村文化能人2300名，5名非物质文化遗产传承人被列为自治区非物质文化遗产保护研究工作专家，建成文化名家工作室13个，提升改造农村文化大院22家。实施农村实用人才培养工程，修订完善《固原市农村实用人才培（实）训基地管理办法（试行）》等办法，巩固提升“自治区农村实用人才培训基地”93个、农民“田间学校”70个，组织培训农村“两个带头人”、新型职业农民等9000人次，农村实用人才素质得到提升。制定《固原市人才项目管理办法（试行）》，用好用活500万元人才专项资金，谋划实施人才项目13个，依托固原市产业创新技术研究院，建成人才（专家）公寓10套。开展产业人才盘点工作，建立重点特色产业人才库，争取自治区下派青年专业技术人员10名，组织引进急需高层次人才12名，向4名急需紧缺高层次人才兑现每人20万元一次性补助资金，营造拴心留才的良好环境。

【农村基层党组织工作】 2021年，固原市委组织部建立“领导包抓+专班推进+驻村帮扶”机制，共制定组织振兴、人才振兴20条措施，市、县两级累计投入党建经费2.2亿元，改造提升活动场所281个，村干部年报酬人均增资1.6万元，选派713名第一书记、1185名工作队员结对帮扶，线上线下开展乡村振兴主题培训7100人次，经验做法被《中国组织人事报》、国家乡村振兴简报刊发。扎实推进“一抓两整”创建行动，建立包抓责任制和常态化督查验收机制，对2020年度创建的示范村开展“回头看”，对2021年度创建的示范村进行全覆盖验收，74.6%的村被评定为党建工作示范村，“一村一策”整顿提升软弱涣散和移民村党组织56个。培育培优“两个带头人”，换届后村党组织书记平均年龄下降0.3岁，大专以上文化程度提高8.2%，书记、主任“一肩挑”提高73.1%。支持326名村“两委”负责人提升学历，5名优秀村党组织书记被招录为乡镇公务员，89名“五方面人员”进入乡镇领导班子，累计培育致富带头人7754名，“二合一”带头人占73%，党员带头人占40%，带动23.5万群众发展致富。大力扶持发展壮大村集体经济，出台《关于进一步扶持发展壮大村集体经济的指导意见》，强化“1464”政策支撑，探索形成“支部引领、能人带动、产业支撑、机制保障”“固原模式”，97.6%的村集体经济收入超过10万元，23个村收入超过百万，210个村分红达到1116.55万元，受益群众达到21.67万人。扎实推进2批、4个红色美丽村庄建设试点工作，将红色村纳入六盘山干部学院现场教学点，市级为每个村配套60万元，县级整合撬动项目资金7800余万元，着力打造乡村振兴“样板村”。深化拓展机关党建“三强九严”工程。印发《固原市关于进一步加强模范机关建设任务清单》，大力实施“五型”模范机关建设工程，评选模范机关203个、标兵单位23个，模范机关数达机关总数50%以上。常态化开展“我来讲”——理论政策业务学习研讨活动2182场（次），推动机关党建走在前、作表率。

【城市基层党组织工作】 2021年，固原市委组织部构建“社区党总支—网格（小区）党支部—楼栋党小组”组织体系，共设置社区党总支5个、党支部63个、网格（小区）党支部（党小组）437个、楼栋党小组384个。圆满完成社区“两委”班子换届，全市68个社区党组织书记和居委会主任全部实现“一肩挑”。全覆盖培训新任职社区党组织书记，组织社区党组织书记与吴忠市金花园社区联合主题党日活动。印发《关于进一步加强物业行业党的建设提升城市基层治理水平的实施方案》，构建党建引领、条块联动、各方协同、群众参与、制度保障物业管理新格局。深化“双报到、双报告”机制，市直机关党组织和在职党员为社区群众办实事450余件，不断提升城市基层治理效能。

【学校和医院党组织工作】 2021年，固原市委组织部深化“双培双带”行动和教师医生素质、教育医疗质量“双提升”行动，大力推进党支部规范化建设，落实党委领导下的校长（院长）负责制，创建学校“标准化党支部、示范党支部”69个，举办教育、医疗系统党务干部培训班13期1039人次，学校医院党建质量不断提升。

【国有企业党组织工作】 2021年，固原市委组织部实施“六化六提升”

工程，制定《固原市属国有企业党建工作责任制实施办法（试行）》和《固原市属国有企业党委研究讨论重大经营管理事项清单示范文本》，开展市属国有企业基层党建工作32项重点任务督查“回头看”，对市属国有企业中高层领导干部档案进行全面审核管理，国企党建质量稳步提升。完善“双向进入、交叉任职”领导机制，市属国企党组织书记、董事长全部实现“一肩挑”，党的领导不断增强。

【非公有制经济组织和社会组织党组织工作】 2021年，固原市委组织部修订完善非公经济和社会组织工委工作职责及规则，持续推进“五强五促”行动，实行“非公工委+行业（综合）党委+支部”工作模式，创建自治区党建工作示范点4个。制定《固原市选派非公企业和社会组织党建工作指导员管理办法》，选派党建工作指导员256名，狠抓“两个覆盖”质量提升，全市非公经济组织和社会组织党组织覆盖率达91%。

【党员及党务工作者管理】 2021年，固原市委组织部突出政治标准，严格政治审查制度，全年发展党员2100名。分层分批对各领域党员和党务工作者进行教育培训，举办培训班51期，培训党员7080人次。扎实开展原州区、西吉县、泾源县农村发展党员违规违纪问题排查整顿工作和隆德县排查整顿农村发展党员“回头看”。制定印发《关于加强流动党员管理保证有效参加党史学习教育的通知》，健全党内关怀帮扶制度，修订完善《固原市党内关怀帮扶专项资金使用管理办法》，累计为1225名党员发放专项资金196.6万元，困难党员、老党员、因公殉职和牺牲党员家属感受到了党的关怀和温暖。

【庆祝建党100周年系列活动】 2021年，固原市委组织部积极培树典型，推荐全国“两优一先”3名、优秀县委书记1名、全区“两优一先”72名，举办先进事迹报告会，市、县（区）党委表彰“两优一先”579名（个）。策划开设“寻找‘马得福’式好干部”《听党话感党恩跟党走·百名党员话初心》微视频栏目，挖掘选树50名固原“马得福”式好干部，集中宣传100名优秀党员先进事迹，在全市营造了学先进赶先进的浓厚氛围。加强关心关爱，由市领导分别带队，对生活困难党员、老干部等进行慰问，各县（区）党委和市直各党（工）委对所辖慰问对象全覆盖慰问，对党龄60年以上的老党员进行特别慰问，精准摸排“光荣在党50年”纪念章发放对象。“七一”前夕，全市共走访慰问党员5093人，发放慰问金528.6万元，向3182名老党员颁发“光荣在党50年”纪念章，及时送去党的关怀和温暖。深化党性教育，市领导率先垂范，集体赴单家集革命旧址开展“传承党的百年光辉史基因、铸牢中华民族共同体意识”教育，到将台堡红军长征会师纪念园带领100名新发展党员入党宣誓。以支部为单元，组织开展领导干部讲党课、“四个一”党性锻炼活动2.9万场次，锤炼党性修养，砥砺初心使命。

宣传工作

【概况】 2021年，固原市宣传思想文化工作坚持以习近平新时代中国特色社会主义思想为指导，以庆祝中国共产党成立100周年为主线，以贯彻落实《中国共产党宣传工作条例》为基本遵循，以落实全区宣传思想文化工作“十大工程”为抓手，细化任务，强化措施，狠抓落实，圆满完成宣传思想文化工作任务。市委宣传部2021年被全国“扫黄打非”办公室评为全国“扫黄打非”先进集体；被国家机关事务管理局、中央直属机关事务管理局、国家发改委、国家财政部评为节约型机关；被中国新闻社评为2021年度通联工作先进单位；被新华通讯社新闻信息中心评为新华社内参发行先进单位；被自治区文明委评为全区精神文明建设工作先进集体；被中共固原市委、固原市人民政府评为爱国拥军模范单位。

【宣传阵地管理】 2021年，固原市委宣传部严格落实宣传工作责任制，明确2021年全市宣传工作重点任务。市委同各县区、部门（单位）签订了宣传工作责任书，召开宣传联席会议。检查“正面清单”，追查“负面清单”，加大对宣传领域问题追责、问责力度，开展宣传工作责任制落实情况专项检查，对五县区48个部门、乡镇和7个市直部门（单位）进行了检查，配合市委第十二轮巡察开展了7个单位的宣传专项检查。坚持常态化检查与专项检查相结合，今年以来，检查各类书店170户次，娱乐场所650户次，网吧1369户次，出版经营单位124户次，印刷企业69户次、校园周边食品经营户570户次。

【网络信息监测】 2021年，固原市委宣传部建立完善了全市网络舆情监测、研判、处置、信息报送和监督问责体系，共监测涉固网络舆情信息4.7万余条，举报违规账号20余个，约谈快手主播3批15人，删改错误和有害信息2100余条（次），注销违规账号11个，转办舆情线索380余条次，提升网络安全防护水平显著提升，分6次对属地113家重点涉网单位、互联网企业进行调研督导，及时查补网络安全漏洞5起，处置网络安全事件1起。

2021年9月27日，固原市"我心向党 致敬百年 固原市党史学习教育'微宣讲'竞赛"（固原市第四届"微宣讲"竞赛）在固原市泰合酒店三楼多功能厅成功举办。图为颁奖嘉宾和全体获奖选手合影留念。

【理论学习宣传】 2021年，固原市委宣传部将习近平新时代中国特色社会主义思想列为各级党委（党组）理论学习中心组学习的第一议题和常设议题，市委理论学习中心组开展集中学习24次，举办学习班、读书班3期，带动全市各级党组织开展学习交流4000多场次、专题辅导2270多场次。大力实施习近平新时代中国特色社会主义思想凝心铸魂工程和青年干部理论学习提升工程，扎实开展习近平新时代中国特色社会主义思想"七进"和学校"三进"工作，坚持不懈用党的创新理论武装头脑、指导实践、推动工作。邀请区市专家学者围绕"走好新的长征路""传承党的百年光辉史基因、铸牢中华民族共同体意识"等主题，先后开展辅导2270多场次。组建专题宣讲团、百姓宣讲团、巡回宣讲团3支宣讲队伍，对象化、分众化、互动化全覆盖开展宣传宣讲，集中宣讲32场次、受众19.2万人次。做好"学习强国"学习平台的应用工作，举办第二届"学习强国"达人挑战赛，制定《"学习强国"平台供稿管理办法》，向"学习强国"宁夏编辑部上传稿件3233篇，审核通过发布395篇。

【主流媒体宣传】 2021年，固原市委宣传部一是深入开展全面建成小康社会和"十四五"开局宣传，组织市属媒体开展"同心奔小康、奋进新时代"主题采访报道，在市属媒体开设"谋划十四五""春天里的故事"等专栏，刊发《补短板提质量构建民生幸福圈——关于基本公共服务便利共享的调研报告》等重要稿件、评论员文章。准确及时推送转载本地及新华社、人民日报、人民网等中央权威媒体关于持续做好全面建成小康社会和"十四五"开局宣传报道的相关稿件。统筹疫情防控和经济社会发展宣传，广泛开展先进典型学习宣传、防疫资讯、防疫知识推送等，制作推出《打好疫情防控战 过好平安健康年》《大学生志愿者助力疫情防控 传递温暖力量》等新闻报道和《为什么要接种新冠疫苗》动漫作品，积极引导广大群众注射疫苗，巩固疫情防控取得的成效。加快推进融媒体平台建设，市新闻传媒中心和各县（区）融媒体中心实施移动优先战略，推动资源向移动端倾斜，在微信公众号、抖音号、快手号、新浪微博、新闻网站、APP上搭建新媒体矩阵，制作推出微视频、H5页面等新媒体产品，提升各类媒体信息的阅读量、关注度，不断增强用户黏性，实现"一次采集、多渠道发布、快速度传播、广覆盖受众"的全媒体矩阵传播，为营造持续做好全面建成小康社会和"十四五"开局舆论氛围出力。二是对外宣传改革创新工程扎实推进，中央和自治区媒体刊发固原市稿件4456多篇，其中，中央媒体刊播2062篇（条），人民日报42篇、新华社66篇、学习强国568篇，中国日报68篇，中国新闻社146篇，中央电视台播出13条，其他媒体124篇（条），自治区媒体刊发1035篇，宁夏日报685篇、宁夏电视台203篇（条）、其他媒体刊发147篇（条）。

【机制体制创新】 2021年，固原市委宣传部一是健全完善机制体制，制订《群众性精神文明创建三年（2021—2023）规划》，修订完善了《固原市文明创建工作管理办法》，拟定《固原市文明行为促进条例（草案）》。进一步深化拓展新时代文明实践中心（所、站）建设和提质扩面，以推广乡村治理积分卡"兴盛模式"为抓手，推进全市所有行政村乡村文明实践积分卡制度建设，截至目前，全市共建成新时代文明实践中心5个，所54个，全市注册志愿者6.5万名，注册志愿服务团队186个，组建新时代文明实践志愿服务队970余支。二是加快推进"五大创建"，彭阳县启动全国文明城市创建工作，西吉县启动自治区卫生城市和自治区文明城市创建工作，推荐全区精神文明建设工作先进集体9个，全区精神文明建设工作先进工作者7人，全区移风易俗工作先进县（区）1个，全区移风易俗工作先进村镇6个，全区移风易俗工作先进红白理事会8个，全区移风易俗模范户12户。三是完成2021年年底到届自治区、固原市文明村镇、文明单位、文明校园重新申报复检工作。新命名表彰了17个固原市文明村镇、19个固原市文明单位、14户家庭固原市文明家庭和9所固原市文明校园。重新确认了55个固原市文明村镇、168个固原市文明单位。四是持续深化道德模范等先进典型推荐评选工作，命名表彰了第五届固原十大道德模范，完成第八届全国道德模范暨第七届自治区道德模范和第五届“宁夏好人”候选人推荐工作。推荐全区未成年人思想道德建设工作先进县1个，全区未成年人思想道德建设工作先进单位6个，全区未成年人思想道德建设工作先进工作者8人，2021年度自治区“新时代好少年”候选人4名，完成2020年度固原市新建乡村学校少年宫绩效评价工作。

【文化惠民工程】 2021年，固原市委宣传部一是组织开展建党100周年系列庆祝活动，举办庆祝中国共产党成立100周年文艺晚会、党史知识竞赛、干部职工歌咏比赛、红色经典诗词朗诵会、“唱支山歌给党听”群众红歌合唱比赛等主题文化活动230多场次，组织干部群众收听收看中国共产党成立100周年庆祝大会、“七一勋章”颁授仪式、文艺演出《伟大征程》等，用党的光辉历程润化人心、滋养灵魂。充分发挥红色资源铸魂育人重要作用，修缮保护全市24个爱国主义教育基地和26处革命遗址旧址，迎接社会各界参观学习150多万人次；挖掘利用“单家集夜话”“将台堡胜利会师”“走好新时代的长征路”等红色资源，拍摄“固原红色精品小故事微视频集”12部，制作一首诗词、一次会师、一段夜话、一场战斗、一个号召“五个一”红色故事等文化产品。二是制定《固原市基本公共文化服务目录(2021—2025)》，开工建设固原市长征国家文化公园六盘山红军长征景区5A提升项目、须弥山保护管理及配套服务设施建设项目、六盘山长征精神研学基地项目，探索开展六盘山红军长征景区“六个一”现场教学活动，实现全市红色旅游景区免收门票。积极争取张易镇红军长征特色小镇和须弥山石窟加固抢修项目，加大对青石嘴战斗纪念碑、赫光纪念馆等革命遗址遗存的保护利用。完成西吉县将台堡长征国家文化公园规划和西吉县将台堡(马莲)战国秦长城国家文化公园规划，积极组织非物质文化遗产传承人培训和文化交流展示，扩建陈靳新和村高台马社火传承保护基地，举办了为期15天的三区人才暨秦腔培训班。三是加快推进公共文化服务设施建设，固原市图书馆开始布展建设，开展数字化设施采购，完成图书资源第一标段采购。启动了原州区图书馆和文化馆建设，新建西吉县文化馆、图书馆正式投入使用，完成隆德县图书馆与宁夏回族自治区图书馆、国家图书馆数图推广工程专网的互联互通建设，建设彭阳县图书馆分馆2所、文化馆分馆1所。改造提升9家文化大院，为103个农家书屋制作悬挂了“数字农家书屋”线上扫码海报。开展“全民阅读·书香固原”活动、“我们的中国梦——文化进万家”群众性系列文化活动、“学党史办实事送戏下乡”文艺演出、“戏曲进校园”“2021年宁夏黄河流域非物质文化遗产讲解大赛固原赛区(初赛)”“红歌唱响六盘山”演出活动等184余场次。四是完成宁夏“两晒一促”第二届固原市大型文旅宣传推介活动，市长代言宣传片及固原云上文旅馆、市长访谈等点击量达300万+。成功举办第十七届宁夏六盘山山花节及龙王坝山桃花节、老巷子民俗文化节、须弥山石窟文化旅游节、梯田花儿节等系列活动，西吉龙王坝村、隆德红崖村、泾源杨岭村等12个村入选全国乡村旅游重点村名录，泾源县泾河源镇入选全国旅游重点镇，西吉龙王坝旅游特色村入选100家世界旅游联盟旅游减贫案例。将台堡红军长征胜利会师纪念园入选全国60个红色旅游发展典型案例，被评定为国家4A级景区，彭阳县博物馆、金鸡坪梯田公园、隆德老巷子民俗文化村被评定为国家3A级景区。

统一战线工作

【民族工作】 2021年，固原市委统战部聚焦主线推进，中华民族共同体意识更加牢固，持续深入开展马克思主义“五观”大宣讲。在铸牢中

老巷子承载着深厚的文化底蕴

华民族共同体意识进校园、进课堂主题教育中，我市取得了1个一等奖4个二等奖的优异成绩。全面深入开展民族团结进步创建，不断巩固提升全国民族团结进步示范市创建成果，通过知识测试、讲好民族团结进步课、开展“邻里一家亲”“感恩、认同、法治”三项教育等活动，创新“民族团结进步月”活动，让各族干部群众不断树牢中华民族共同体意识。开展形式多样的普法宣传教育，引导各族干部群众自觉学法尊法守法用法。

【民主党派工作】 2021年，固原市委统战部联合各民主党派共同开展“四史”学习，组织各民主党派骨干成员积极参加党的十九届六中全会精神宣讲会、红色经典诗词朗诵会和“脱贫小康感党恩、振兴共富跟党走”主题座谈会，进一步坚定了民主党派与中国共产党想在一起、站在一起、干在一起的行动自觉。制定下发了《关于协助民主党派开展2021年调查研究的通知》，协助各民主党派围绕市委、市政府中心工作开展调研，积极建言献策，形成高质量调研报告10篇、撰写理论文章6篇。协助民盟、民进、九三学社市委会圆满完成换届，各民主党派市委会班子结构进一步优化，各民主党派市级组织建设得到全面加强，组织活力和会员凝聚力明显增强。

【其他领域统战工作】 2021年，固原市委统战部在固原市职业技术学校挂牌成立固原市首个党外知识分子实践创新基地，完善了统战工作组织网络；定期与党外知识分子和新的社会阶层人士开展谈心谈话活动，引导他们弘扬爱国奋斗精神、围绕中心建言献策、立足岗位创新创业；及时更新完善党外知识分子和新的社会阶层人士数据库。分别与河南省漯河市、焦作市签订友好工商联协议，为两地工商联系统建立长期友好交流合作关系、搭建经贸合作交流服务平台奠定坚实基础；全年协调对接建设银行通过线上办理贷款159笔总计2282万元，以实际行动破解民营企业特别是小微企业贷款难的问题；指导市工商联完成换届工作，协调指导各县（区）工商联有序完成换届工作。成立固原市侨联，选举产生了市侨联第一届委员会。发挥职能优势，争取浙江新华爱心教育基金会资助固原一中建成“珍珠班”2个；福建省侨联捐赠资金60万元用于奖教奖学、基础设施建设、环境整治等项目；协调香港黄土地基金会捐资10万元资助固原五中100名困难学生；将台堡红军长征会师纪念园被中国侨联授予“中国华侨国际文化交流基地”。

政策研究工作

【调查研究】 2021年，固原市委政策研究室起草了《关于在全市开展领导干部大调研活动的通知》，结合实际确定30个重点调研课题，对完成的30篇调研报告汇编成册，供市级领导和各部门参阅。创新部门联合、市县（区）政研联合调研方式，先后围绕生态建设、乡村治理、“四权”改革、绿色食品、基本公共服务等全市重点工作开展调查研究，撰写《生态建设和保护的固原实践与经验》《固原市“积分制”乡村治理的实践与经验》《固原市基本公共服务存在的短板暨对策建议》《关于固原市深化山林权改革的对策建议》《关于固原市深化土地权改革的对策建议》《关于固原市深化排污权改革的对策建议》《关于固原市深化用水权改革的对策建议》等专题调研报告11篇，被《宁夏工作研究》刊发4篇，部分对策建议被吸收到市委、市政府有关文件和领导讲话之中。

【决策服务】 2021年，固原市委政策研究室参与市委四届九次全会有关工作，起草了《中共固原市委员会关于制订国民经济和社会发展第十四个五年规划和二〇三五年远景目标的建议》及其说明。参与市第五次党代会筹备工作，参与起草了党代会报告、报告决议、领导讲话等有关材料，全程参与党代会服务工作。承担市委领导部分理论文章和重要讲话起草任务，完成市委理论学习中心组贯彻自治区党委十二届十二次全会精神、开展党史学习教育等方面理论文章和市委主要领导“四大提升行动”理论文章，起草市委领导在深化改革委员会会议、财经委员会会议和“四权”改革动员会等会议上的讲话，有效发挥以文辅政作用。

【深化改革】 2021年，固原市委政策研究室突出抓好深化改革谋划、协调、督查等工作，制定市委全面深化改革委员会“两规则一细则”和年度工作要点、总结报告等，筹备召开市委全面深化改革委员会会议2次。对中央及自治区党委部署的重点改革任务落实情况进行督查调研，梳理形成固原市贯彻落实自治区党委督查调研通报反映问题整改落实155项任务清单，形成中央及自治区党委部署改革事项涉及固原7665项任务清单，及时下发通报督促整改，目前，自治区通报问题已整改完成150项、中央及自治区党委部署任务已完成7449项，其他跨年度任务正在有序推进。协同相关部门全面推开“四权”改革，牵头制订了用水权、土地权、排污权、山林权“四权”改革方案，列出具体改革任务和责任清单，建立领导主抓、部门包抓、专班专抓、县区齐抓的协同联动推进机制，创新运用日常自查、重点抽查、全面督查相结合的方式，加大“四权”改革督查力度，各项任务扎实推进。原州区签订全区跨市水权交易"第一单",泾源县发放用水权质押贷款"第一笔",隆德县敲响农村集体经营性建设用地入市"第一槌",彭阳县颁发林权不动产"第一证"和林权抵押贷款"第一笔"。

【财经工作】 2021年,固原市委政策研究室制定下发《市委财经委员会2020年工作要点》,筹备召开市委财经委员会会议1次,听取全面清查违规建设楼堂馆所有关工作和市本级政府债务风险防范化解工作情况汇报,协调督促有关单位落实市委财经委员会决定事项,充分发挥党对经济工作的集中统一领导作用。

机构编制工作

【基层整合审批服务执法改革】 2021年,中共固原市委机构编制委员会办公室探索推行"1+4+N"(加强党的领导+构建审批服务一窗口、综合执法一队伍、基层治理一网格、指挥调度一中心便民服务体系+地方特色举措)改革模式,规范全市62个乡镇"五办四中心"和3个街道"四办三中心"设置,编制"属地管理"事项43项,下放职权事项83项,梳理便民服务事项123项,承担执法事项72项,下沉县(区)人员编制757名,健全了三级党建网格体系,优化网格化管理,构建起简约高效的基层治理体系。

【跨领域跨部门综合执法改革】 2021年,中共固原市委机构编制委员会办公室扎实开展调研摸底,认真梳理基层发生频率高、专业技术要求适宜、简便易行的公共管理、城镇管理、社会管理、自然资源、民生事业等领域处罚权事项,结合自治区《跨领域跨部门综合执法事项指导目录》,梳理下放原州区执法事项31项,征求了有关部门意见建议,制订并印发了改革实施方案,已向原州区综合执法局下放编制3名,制定协作配合、司法衔接、执法联动等3个工作机制,各项改革措施稳步推进,确保3月底前完成改革任务。

【市直部门机构职能配置优化】 2021年,中共固原市委机构编制委员会办公室持续优化市直部门机构职能配置,加大"调、控、改、减"落实力度,最大限度盘活机构编制资源。

体制机制调整。将市金融工作局由市国资委挂牌机构调整为政府工作部门,市国资委调整为市财政局挂牌机构;调整公安局戒毒管理、刑侦技术、网络安全等内设机构;在固原市委办公室加挂固原市密码管理局牌子;深化应急管理综合行政执法改革,将"固原市安全生产执法监察支队"更名为"固原市应急管理综合行政执法支队",增核副科级领导职数1名、全额预算事业编制3名;在市委党校(六盘山干部学院、市行政学院)加挂原州区委党校(行政学校)牌子,调整10个内设机构。

重点工作保障。为司法局增设行政执法监督科,增核正科级领导职数1名、司法专项编制2名,进一步加强依法治市、行政复议等工作力量;设立市金融服务中心、宁夏固原经济开发区管理委员会审批服务中心、会计核算中心、审计局计算机技术中心,核定全额预算事业编制38名(增核15名,划转23名);为市基本建设服务中心、工业节能中心、救灾物资储备与粮油质量检测中心等7个单位增加全额预算事业编制9名,为推进市委、市政府重点工作提供机制编制保障。

民生领域改善。将"市社会保险事业管理中心"分设为"市社会保险事业管理中心"和"市医疗保障服务中心",进一步理顺固原医疗保障管理体制,提高医疗保险经办能力;设立市青少年示范性综合实践基地管理中心,促进固原市青少年社会实践、教师培训事业发展。

【中小学教职工编制配置优化】 2021年,中共固原市委机构编制委员会办公室按照"区级统筹、市域调剂、动态调配"工作思路,因地制宜推动市域内中小学教职工编制均衡配置,各县共向市直及原州区连人带编划转179名(市直54名、原州区125名)。同时,积极向自治区党委编办争取政策支持,下达"周转池"编制253名(市本级52名、原州区141名、西吉县60名),有效缓解了市直及原州区中小学"无编可用"与各县超核编制消化核减并存的矛盾。

【第二次机构编制核查】 2021年,中共固原市委机构编制委员会办公室按照中央编办和自治区党委编办关于开展第二次机构编制核查的要求,认真制订核查方案和数据比对方案,编印核查工作手册,成立核查工作领导小组,通过单位自查、群众监督、数据比对、实地核实、数据更新等环节扎实开展机构编制核查工作,对市直59个党政群机关、3个派出机构和121个事业单位的机构设置信息、机构编制台账信息及人员信息等情况进行逐项核实,修改各类信息2100余条,进一步核清了全市机构编制资源的数量、结构、分布等实际情况,确保了实名制数据库信息的准确性、完整性。

机关党建

【思想政治建设】 2021年,固原市直机关工委坚持把学习宣传贯彻党的十九届六中全会精神、习近平总书记最新重要讲话和重要指示批示精神作为重要政治任务、党史学习教育核心内容,督导开展"我来讲"920余场,举办机关党建交流,5名负责人分享经验。抓实宣传宣讲。培训党务干部、新发展对象550余人。督促开展“传承党的百年光辉史基因、铸牢中华民族共同体意识”主题、党的十九届六中全会、中央民族工作会议精神宣讲报告会78场(次)。抓实党性锻炼。扎实开展党性教育，利用红色资源开展主题党日80余场，组织100名预备党员代表、300名党员参加入党宣誓和红色家书家风故事诵读。联合举办“脱贫小康感党恩、振兴共富跟党走”合唱大赛。抓实组织生活。紧扣主题要求，严把组织生活会程序，指导市直机关226个党组织高质量开好专题组织生活会。压紧压实党组(党委)主体责任，纳入党组(党委)班子成员民主生活会和党建工作述职评议考核。

2021年4月14日至4月16日，举办市直机关党组织书记、党务干部、党员发展对象和入党积极分子培训班

【基层组织建设】 2021年，固原市直机关工委科学制定《考评办法》，评选模范机关单位41个、标兵单位8个，完成占机关总数50%以上任务。制定《加强模范机关建设任务清单》，实施政治型、服务型、实干型、文明型、廉洁型“五型”模范机关建设工程。推出“市直机关党组(党委)书记‘我来讲’”电视访谈节目52期。抓严支部规范建设。严格落实党支部工作条例，细化《机关党建纪实簿》等15种台账，下发《机关党建工作实务》400册，指导党组织换届补选49个，发展党员42名，转接组织关系320余名，基层基础巩固提升成效明显。抓严“双评双定”工作。发挥“评”“定”导向作用，评出四星级党组织64个、三星级党组织115个，“亮”黄星党员19名。抓严党风廉政建设。严格落实中央八项规定及实施细则精神、自治区“八条禁令”和市委“十项规定”，坚决纠治学风、文风、会风和“四风”问题，带头践行“严、真、实、细、快”要求，督促制定责任清单，建立廉政档案，扎实开展巡视巡察“回头看”、警示教育、工程建设和政府采购等专项治理。

【纪律和作风建设】 2021年，固原市直机关工委坚持“政治标准为首、实干实绩为要、廉洁正派为底”要求，认真落实党内关怀帮扶制度，帮扶困难党员18名2.7万元，给获得党内功勋荣誉表彰、生活困难党员等89人发放慰问金10万元。工委办理实事8件，向共建社区、帮扶村投入资金3.6万元，支持产业发展、疫情防控。围绕机制强责任。坚持工委抓“三强”，党组(党委、总支、支部)抓“九严”机制，落实党建工作“月清单”制度，开展述职评议，制定整改方案，组织“互学互查互鉴”活动，推进党建重点任务高质量完成。围绕典型强示范。颁发“光荣在党50年纪念章”138枚，推荐表彰“两优一先”个人53名、党组织18个。推荐道德模范、“最美公务员”4名，审核上报区市级文明单位28个，奖励工作上进单位12个，营造了学习先进、争当先进的浓厚氛围。召开市直机关党代表会议，选举产生出席市第五次党代会代表71名。协助古雁街道办完成了县乡人大代表选举工作。

【模范机关创建】 2021年，固原市直机关工委制定《固原市直机关创建“让党中央放心、让人民群众满意的模范机关”考评办法》，采取单位申报、综合评定、征求纪委及相关部门意见等办法，评选模范机关单位41个、标兵单位8个，模范机关占机关总数53.2%。以市委办公室文件印发《固原市关于进一步加强模范机关建设任务清单》，实施政治型、服务型、实干型、文明型、廉洁型“五型”模范机关建设工程。推出《市直机关党组(党委)书记‘我来讲’——创建‘让党中央放心、让人民群众满意的模范机关’》电视访谈节目52期，形成了上下联动、齐心共创的良好氛围。

【党员和党务工作者培训】 2021年，固原市直机关工委围绕习近平新时代中国特色社会主义思想、习近平总书记在党史学习教育动员大会、庆祝中国共产党成立100周年大会重要讲话精神、《中国共产党支部工作条例(试行)》《中国共产党党员教育管理工作条例》、党建业务知识等内容，分二期举办2021年市直机关党组织书记、党务干部、党员发展对象和入党积极分子培训班和“我来讲”——理论政策业务学习研讨机关党建工作专题集中展示交流活动，培训550人，高质量超额完成300人以上考核任务。

【学习实践活动】 2021年，固原市直机关工委紧盯全市中心工作，做实“三知三强”实践、“感恩、认同、法治教育”“我为群众办实事”“双报到、双报告”，办理实事450余件，认领“微心愿”260个。动员1722名党员下沉防控一线，组建突击队14个，让鲜红的党旗飘扬在疫情防控最前线。认真落实党内关怀帮扶制度，帮扶困难党员18名2.7万元，给获得党内功勋荣誉表彰、生活困难党员等89人发放慰问金10万元。工委办理实事8件，向共建社区、帮扶村投入资金3.6万元，支持产业发展、疫情防控。

老干部工作

【政治建设】 2021年，固原市委老干部局紧紧围绕学习贯彻党的十九届四中、五中全会精神，特别是习近平总书记视察宁夏重要讲话精神，通过邀请区、市专家开展专题辅导，召开通报会、宣讲会等形式引导离退休干部做学习领会的带动者；开展“我来讲——理论政策业务学习研讨”活动，通过市委分管领导讲党史、离工委书记讲业务、党支部书记讲党课、老党员忆初心和老年大学微党课“五堂课”，引导离退休干部做宣传宣讲的践行者；组建“六盘金秋”宣讲团，围绕学习习近平总书记重要讲话精神深入基层宣讲80余场次，受众近万人，引导离退休干部做贯彻落实的促进者。

【教育管理】 2021，固原市委老干部局调整充实市离工委委员，督促五县区配齐离工委专职副书记，建立《离工委委员包抓联系点制度》等五项制度。通过合并、撤销、新建、联建等方式，全市离退休干部党支部达到151个、“三缘型”党组织20个。发挥离退休干部党支部主体作用，通过“三会一课”、专题讲座、送学上门等形式，开展多层次、全覆盖的学习教育，确保每一名离退休干部党员都在党组织的教育管理之中。探索“组织部门统一部署，机关工委和离工委联合督导，市直部门（单位）互学互鉴”的责任体系，形成责任明确、部门协同、整体联动抓党建的工作合力。创建10个示范“离退休干部先进党支部”，以点带面，推动全市离退休干部党建工作整体提升。

2021年5月26日至27日，固原市举办离退休干部健身趣味运动会，来自全市各行业领域的430余名离退休干部参加

【作用发挥】 2021，固原市委老干部局将增添正能量作为离退休干部工作落脚点，持续深化“三银”品牌建设，不断拓展离退休干部发挥余热新途径。

“银色先锋”品牌。召开全市离退休干部先进集体和先进个人表彰大会，对在疫情防控中涌现出的积极落实疫情防控要求、主动作为的隆德县西苑社区离退休党支部等10个先进集体和积极捐款捐物、认真开展排查登记、防疫宣传的史春义、张明芳、张兴贵等20名先进个人进行表彰宣传，“银色先锋”示范引领作用不断增强；各级离退休干部党组织积极主动地参与防疫工作，广大离退休干部党员争当宣传员，开展入户排查登记、消毒消杀等工作，为疫情防控捐款12.3万元，贡献力所能及的力量，助力全市打赢疫情防控阻击战。创作诗歌、书法、绘画等作品22幅，“声”援疫情防控，为最美逆行者送去平安祝福。

“银耀六盘”品牌。实施志愿服务“十百千万”系列活动和“三关爱”活动，组织离退休干部党员围绕生态环境保护、扶贫帮困、基层治理、关心下一代、延安精神传承等开展志愿活动100余场次，受益群众近万人；组织实施“留心守爱、相伴成长”困境儿童服务项目、“山窝窝助学圆梦行动”公益项目、“爱起航”项目，累计落实项目资金500余万元；广泛动员开展腾讯9·9公益日募捐活动，全市共募捐89.3万元，为困难儿童健康成长营造良好社会环境；组织开展第四届“关爱明天、普法先行”活动，为培养德智体美劳全面发展的中国特色社会主义事业建设者和接班人贡献余热。2020年11月，固原市关工委被中国关工委、中央文明办评为“全国关心下一代工作先进集体”，范继武等5名同志荣获“全国关心下一代工作先进个人”称号。银耀六盘志愿服务品牌效应不断拓展。

“银霞满天”品牌。积极组织老同志参加全区“牢记初心使命　助力脱贫攻坚”等主题活动，固原市推荐优秀作品90多篇(幅)，13名离退休干部作品获奖，其中，火仲舫同志的《浅岔河不浅了——西吉县硝河乡关庄村扶贫见闻》荣获一等奖；征集优秀文艺作品，建立“银霞满天”优秀文艺作品库，诗朗诵《我们在一起》入选全区“梦圆小康·情暖重阳”诗会现场展演；发挥老年书画协会等老年文艺团体带动作用，开展为广大市民、群众送春联、福字1000余副；文联举办“火仲舫长篇作品研讨会”，解读“宁夏文学火仲舫现象”，挖掘离退休干部传承地域文化、演绎红色经典、讴歌时代进步的正能量。坚持“大型活动主题化、小型活动常态化”工作思路，开展以庆祝建党99周年、尊老敬老等为主题的书画作品展、文艺演出、体育交流等活动，引领全市“文化养老”新时尚。

看望慰问老干部

【服务保障】　2021，固原市委老干部局不断提升信息化工水平。积极推进信息化建设，通过全市离退休干部党支部书记暨党务工作者培训班，对“宁夏离退休干部服务管理信息平台”进行培训，及时更新、录入数据，实现动态管理。开通“六盘金秋”微信公众号，设立《学习平台》《银耀六盘》《银色先锋》等栏目，着力打造固原市离退休干部工作信息化主阵地，逐步形成“一网一号一刊”宣传格局，实现线上交流与线下服务优势互补、信息化宣传与传统工作深度融合。不断提升精准化服务水平。建立干部职工“一对多”联系离退休厅级干部、离休干部遗孀工作制度，每季度因人施策，开展精准化、亲情化联系服务，形成联系工作台账，全年共联系服务400余人次，解决反映困难问题16件，协调督促彭阳县老干部局化解2起离休干部家属遗产纠纷；精心做好厅级干部分赴区、市医院健康体检46人次。开展离休干部医疗保障情况专题调研，我市离休干部医疗保障经验做法，为全区离退休干部医疗保障提供实践参考。主动协调社保、医保等部门，为6位异地居住离休干部通过“绿色通道”及时报销医疗费用，解决了老同志的操心事、烦心事；逐一核查市直36名离休干部档案信息，将其中12名参加过抗美援朝战争的离休干部情况及时报送，使他们真切感受党和政府对抗美援朝老战士的关心、关怀。不断提升规范化工作水平。落实党内关怀机制。逐步建立并落实“支部对党员开展常态化慰问关怀、离工委对困难党员进行党内关怀帮扶、老干部部门对家庭生活困难离休党员扶助帮困”三级党内关怀机制。一年来，各离退休干部党组织共看望慰问党员近2000人次、为市直14名老党员落实党内关怀资金1.5万元、临终关怀离退休干部7人。“两节”期间，走访慰问117名离退休干部、离休干部遗孀，发放慰问金23.4万元。在纪念中国人民抗战胜利75周年之际，看望慰问2名抗战老战士，送去慰问金1.0万元。

【阵地建设】　2021，固原市委老干部局共享老党员驿站。依托维修改造后的老干部活动中心，建成以“党建引领示范、志愿团队管理、组织活动服务”为主要功能的开放式“老党员驿站”，各类组织已开展组织生活、主题党日、重阳敬老等活动10余场次，有效解决全市离退休干部党员活动场所不平衡、不充分、不规范的突出问题，离退休干部对党组织的认同感和归属感进一步增强。建好老年大学。把办好老年大学作为今年工作的重点，做到教学设备、师资力量、疫情防控、制度建设、教学管理“五到位”，确保老年大学如期开学。今年，共开设器乐、舞蹈、美工、摄影等7个专业15个初、中级教学班，聘请11名专业教师授课，招收学员340多名，老年大学逐步走向规范化、规模化办学模式，上老年大学日渐成为老年生活的新时尚。优化老干部活动中心。按照“功能齐全、布局合理、一室多用、节俭集约”

的原则，合理规划活动室功能定位，争取各方支持，盘活资源、调拨设备、筹措资金，购置适合老年人活动的健身、文化、娱乐设备，打造开放、共享老干部活动中心，让老同志在丰富的精神文化活动中，增进身心健康、安享幸福晚年。

【模范创建】 2021，固原市委老干部局提升业务能力。把"担当新使命，展现新作为"学习实践活动融入日常，以"三强化三提升"为抓手，强化岗位培训，提升能力素质，举办全市离退休干部党务工作者培训班，对全市120名老干部工作分管领导、联络员和党务工作者进行集中培训，进一步拓宽工作思路，提高谋划工作能力。召开离工委委员经验交流暨学习研讨会议，为推动离退休干部工作高质量发展总结经验、探讨好做法、好举措。开展"读经典书，做追梦人"读书活动，集中交流研讨6次，干部队伍作风明显转变，整体素质明显提高，工作效率明显提升，工作干劲明显增强。强化作风建设。加强制度建设，修订完善25项制度，形成《中共固原市委老干部局制度汇编》，织紧管人管事制度体系。加强调查研究，对标机构改革后新问题新情况，深入各县(区)、市直部门调研离退休干部党建、活动阵地建设、关心下一代工作、志愿服务开展情况等40余次，撰写调研报告4篇，为破解难题、推动高质量发展探索新方法、新路径。

10月12日至15日，召开固原市2021年网络安全实战应急演练总结会

网络与信息安全

【概况】 2021年，固原市委网信办坚持贯彻习近平新时代中国特色社会主义思想，深入学习习近平总书记视察宁夏时重要讲话和重要指示批示精神，准确把握网信工作新形势、新任务，挂牌成立固原市网络安全应急指挥中心、固原市互联网违法和不良信息举报中心，不断加强网上正面宣传，维护网络安全，协调推进信息化建设，固原市网络安全形势总体实现平稳可控的良好局面。

【网络宣传引导】 2021年，固原市委网信办以庆祝中国共产党成立100周年为主线，推动属地媒体开设《党史100讲》《奋斗百年路 启航新征程》《党的十九届六中全会》等网络专题专栏。依托"固原发布"新媒体账号发布政策解读、疫情防控、舆情回应等信息。协助举办"网络名人宁夏(固原)行"活动。开展直播乱象整治工作，对固原市传播庸俗、低俗、媚俗及暴力色情网络主播依法依规进行处置，扎实开展网络生态综合治理。

【网络普法宣传】 2021年，固原市委网信办充分利用国家安全日、国家网络安全宣传周、12·4国家宪法日等，大力宣传《中华人民共和国网络安全法》《中华人民共和国数据安全法》《中华人民共和国个人信息保护法》等，提升全社会网络安全意识和个人信息保护意识。组织开展网络安全知识竞赛、演讲比赛、作品征集等宣传活动，发放宣传资料、宣传品，推动重视网络安全成为每个人的自觉习惯。

【网络安全维护】 2021年，固原市委网信办加强网络安全风险防范与应急管控，压实属地管理责任和网站平台主体责任。开展"我为企业网络安全护航"专项行动，对属地企业网站、系统、信息化设备进行安全风险提示。

【网络安全应急演练】 2021年，固原市委网信办开展全市网络安全实战应急演练，组建五支技术团队，对市直及各县区111家单位开展渗透测试，提升部门单位应对和有效防范各类网络风险的能力。

党校教育

【概况】 2021年，固原市委党校(市行政学院)坚持以习近平新时代中国特色社会主义思想为指导，深入贯彻落实中央和区、市党委各项决策部署，坚持党校姓党原则，坚持做特做精做大做强六盘山干部学院，努力推动校(院)事业持续高质量发展。全年累计承办区内外各类培训班240期，培训干部17391人次，办学保障、办学质量、办学能力得到了新提升。

【体制改革】 2021年，固原市委党校按照"用新体制机制管理、用新理念思路办学"要求，不断健全自治区、固原市共建共管，组织部门牵头抓总、统筹协调的管理机制，完善干部学院办学运行机制。一是不断创新完善组织化管理、市场化培训和社会化服务运行模式，建立干部学院和党校账户分设的财务管理机制。先后制定《六盘山干部学院　中共固原市委党校（市行政学院）调控线外奖励性绩效工资发放办法（试行）》《六盘山干部学院　中共固原市委党校（市行政学院）教学质量与管理评估实施办法》《六盘山干部学院　中共固原市委党校（市行政学院）科研课题经费管理办法》《六盘山干部学院　中共固原市委党校（市行政学院）科研成果发表管理暂行规定》《六盘山干部学院　中共固原市委党校（市行政学院）学员管理办法》等60余项制度规范，不断完善教学、科研、党建、管理和服务等机制，建立了既符合党校高质量发展，又适应干部学院运行需要的体制机制。二是为适应六盘山干部学院对外办学需要，进行了机构调整。2021年8月，经市委编办同意，将中共固原市委党校原10个内设科室调整压减为7个，即办公室、机关党委、教务部、培训一部、教研部、科研与决策咨询部、图书信息部，并设立职能科室3个，即对外联络部、培训二部、教学保障部，专门承担干部学院办学职能。

【教学培训】 2021年，固原市委党校一是深入挖掘特色资源，按照"一点一题"和"一点多题"思路，深入挖掘红色资源的深刻内涵和时代价值，突出特色，培育品牌。努力构建特色课程体系。坚持"两级三轮"集体备课，把好课程的政治关、学术关和质量关，打磨提升《长征和长征精神》《不忘初心、牢记使命，走好新时代长征路》等课堂教学专题，开发出《中国共产党的百年奋斗历程和基本经验》《红军西征在宁夏》等党史学习教育核心专题。打磨完善现场教学点讲解词，重点提升将台堡红军长征会师纪念园"走好新时代长征路"、六盘山红军长征纪念馆"重走长征路"、单家集革命旧址"回汉兄弟亲如一家"等现场教学专题，努力构建更为科学、更加系统完备的课程体系。二是坚持做精干部学院。实施精准培训，根据不同培训需求，量身定制培训套餐，开展分层分类靶向培训。创新教学方式方法，用好用活"六个一"特色教学模式。坚持把习近平新时代中国特色社会主义思想作为教育培训重点任务，将"四史"教育纳入各类培训班次，提高党史授课比重，加大"四史"课程在菜单选学中的比例，确保党史进教材、进课堂、进学员头脑。今年累计对外举办各类党性教育班次209期，培训干部11142人次。实施精细管理，大幅度提高对外办学管理服务水平。三是坚持做大干部学院。大力推进开门开放办学，加强与外省（区、市）党校、干部学院、高校合作交流。充分发挥好现有挂牌基地平台作用，促成干部学院与宁夏职业技术学院、宁夏开放大学共建"红色文化研究与教育培训基地"、与国家税务总局固原市税务局交流合作签约，开启全面促进开放式办学新局面。加大资源整合力度，统筹利用革命旧址旧居、纪念馆、博物馆及民族团结、脱贫攻坚等方面示范点，更新覆盖全区现场教学点31个，制定管理办法，严把挂牌关口，推进现场教学点标准化规范化建设。四是坚持做强干部学院。配强师资队伍，实施教师素质提升"123"做法，在江西干部学院举办为期一周的师资能力提升培训班，进一步提高教师运用多种教学手段开展党性教育的能力水平。坚持人才强校战略，公开招聘高层次人才1名，招聘编外班主任6名，选聘兼职教师75名，努力建设一支政治合格、素质优良、结构合理、专兼结合的师资队伍。健全办学机制，优化整合机构设置，报经市委编委会研究同意，新设对外联络部、培训二部、教学保障部3个内设机构，专门承担六盘山干部学院办学职能。健全完善符合干部学院运行

2021年9月27日上午，固原市委党校（六盘山干部学院）教师沈思辰在全市第四届"微宣讲"竞赛中作题为《回汉兄弟亲如一家》宣讲，获本次比赛第一名

的办学激励机制，修订完善调控线外奖励性绩效工资发放管理办法，充分调动工作人员积极性。健全完善教学流程、应急预案、质量评估、协作配合、后勤保障等管理制度，细化、量化考核办法，推进管理服务流程化、标准化、协同化。

【教师素质提升】 2021年，固原市委党校围绕学院建设和干部培训任务，加大师资队伍建设，先后选派教师40余人次分别赴江西干部学院、中央党校、自治区党校、成都村政学院等地培训学习，进一步提升了教师的能力素质。坚持开展岗位练兵活动，深入开展下基层调研活动，不断提高教师执教和理论联系实际能力。本年度职称晋级副教授2名、讲师1名，引进高层次人才1名。

【教学成果】 2021年，固原市委党校结合学院课程建设，扎实推进教研咨一体化。校（院）坚持用学术讲政治，坚持科研为教学服务，按照“教学出题目、科研做文章、成果进课堂”思路，紧扣党的理论创新成果及中央和区、市党委重大决策部署，设置校级课题，加大资金保障，项目化促进教学专题开发提升。先后累计开发教学专题18个，教科研人员发表各类理论文章31篇，向市委、市政府呈报《调研咨询专报》5期，编辑刊发《六盘山论坛》4期。党课《一部党章　两代人的守护》荣获全区“微宣讲”大赛一等奖、全区党校系统微党课大赛二等奖；《回汉兄弟亲如一家》荣获全市“微宣讲”一等奖、全区党校系统微党课大赛二等奖。在自治区党委宣传部、党史研究室举办的“庆祝中国共产党成立100周年”理论征文活动中，4篇理论文章获奖；在全区党校（行政学院〈校〉）系统“庆祝中国共产党成立100周年”理论征文研讨活动中，4篇理论文章入会；在全市“脱贫小康感党恩　振兴共富跟党走”理论征文研讨活动中，7篇理论文章入会获奖。理论征文连续4年获全区党校系统优秀组织奖。

固原市人民代表大会常务委员会

综　述

【概况】 2021年，固原市第四届人民代表大会常务委员会始终把政治建设摆在首位，坚持把学习习近平新时代中国特色社会主义思想作为人大工作的首要政治任务，把学习宣传贯彻习近平总书记关于坚持和完善人民代表大会制度的重要思想作为履职的必修课，分专题系统开展了习近平总书记“七一”重要讲话精神、在中央人大工作会议上重要讲话精神等学习研讨，常委会党组开展理论学习25次，专题研讨12次，举办了专题讲座4次。以高度的政治自觉，建设旗帜鲜明、立场坚定的政治机关。坚持把党的全面领导贯穿于人大履职的全过程，不断筑牢理想信念根基，增强“四个意识”、坚定“四个自信”、做到“两个维护”。全面加强党的建设。严格落实从严治党主体责任和“一岗双责”，全面加强机关党组织建设，党支部标准化、规范化建设深入推进。扎实开展党史学习教育，坚持把“三知三强”实践贯穿于党史学习教育全过程，规定动作抓到位，自选动作有特色。精心组织参与开展建党百年系列庆祝活动，把对党的绝对忠诚转化为勇于担当作为的实际行动。持续推进作风建设，严格落实党风廉政建设工作责任制，扎实整改巡视巡察反馈问题。认真贯彻落实中央八项规定及其实施细则精神、自治区“八条禁令”、市委“十项规定”，深入开展违规吃喝隐形变异“四风”问题专项整治、“廉政警示教育周”等活动。认真落实常委会及机关会议“八不准”纪律，从履行法定职责的高度严肃会风会纪，机关效能全面提升。市人大机关被自治区文明委继续确认为“自治区文明单位”。大兴调查研究之风，先后赴外省市考察地方立法、社会建设等工作3次，形成考察调研报告3篇，为市委决策提供参考。全力配合保障全国人大、自治区人大开展执法检查视察调研等。加强对外工作交流，接待外省市人大来固考察工作12批次90余人。注重人大理论研究和宣传工作，发挥好新闻媒体和固原人大网站作用，在《宁夏人大》等报纸杂志刊发稿件5篇，在《固原日报》开设人大工作专版3期。编印《固原市地方性法规汇编》《固原市人大常委会考察调研报告集》。听取和审议了固原市国民经济和社会发展计划执行情况，财政预算执行情况，审查批准市政府财政收支预算调整议案；对全市黄河流域生态保护和高质量发展重点项目建设进行视察，先后对招商引资、生态经济等重点工作进行专题调研，督促政府部门加快经济转型升级，深化财政改革，助推了先行区建设和高质量发展。

2021年固原市第四届人民代表大会第五次会议代表议案一览表

事项	领衔代表	议案名称
议案	李国英	关于加强全市传染病防治能力及核酸检测能力建设的议案
	郭兆虎	关于推进全市城乡公交一体化建设的议案
重点督办建议	马国明	关于增设市区停车场及停车位的建议
	王　勇	关于扶持隆德县道地中药材产业发展的建议
建议	林振华	关于整顿规范固原市二手车交易市场的建议
	李映红	关于出台物业费用收缴管理办法的建议
	郭兆虎	关于在西关十字路口建设人行天桥的建议

续表

事项	领衔代表	议案名称
建议	张　佐	关于成立姚河塬西周遗址管理机构的建议
	别志俊	关于解决城区公办幼儿园师资短缺问题的建议
	李　聪	关于将西吉县月亮山水源涵养林建设项目纳入固原市“十四五”生态保护修复示范项目的建议
	柳国仁	关于支持隆德县“四个一”林草产业发展的建议
	张立君	关于实行差异化生态补偿机制,从政策和资金方面给予泾源县倾斜扶持的建议
	徐　龙	关于出台森林生态补偿及水资源补偿机制的建议
	李光明	关于进一步加大对泾源县国家重点生态功能区转移支付力度的建议
	杨生俊	关于争取建设定西经西吉至固原铁路的建议
	杨生俊	关于实施S45中卫至静宁高速公路(西吉段)的建议
	张建荣	关于建设彭阳县亚高原训练基地的建议
	高继飞	关于出台被划入六盘山自然保护区内的集体土地相关政策的建议
	王克祥	关于支持“四个一”林草产业发展用地的建议

重要会议

【固原市第四届人民代表大会第五次会议】 会议于2021年1月16日至18日在固原市会议中心召开。会议应到代表294人,实到266人,符合法定人数。自治区党委常委、市委书记、大会执行主席张柱主持会议。自治区副主席、市长马汉成代表市政府向大会作工作报告。会议补选袁秉和为市四届人大常委会副主任、李建平为市四届人大常委会秘书长,补选四名同志为市四届人大常委会委员;表决通过关于市人民政府工作报告的决议;表决通过关于市国民经济和社会发展第十四个五年规划和2035年远景目标纲要的决议;表决通过关于市2020年国民经济和社会发展计划执行情况与2021年国民经济和社会发展计划的决议;表决通过关于2020年全市及市本级财政预算执行情况和2021年全市及市本级财政预算草案的决议;表决通过关于市人大常委会工作报告的决议;表决通过关于市中级人民法院工作报告的决议;表决通过关于市人民检察院工作报告的决议。

【固原市第四届人民代表大会第六次会议】 会议于2021年6月3日至5日在固原市会议中心召开。会议深入学习贯彻习近平总书记在党史学习教育动员大会上的重要讲话精神,陈润儿“传承党的百年光辉史基因、铸牢中华民族共同体意识”讲话精神,进一步激励全市广大党员干部从百年党史中汲取奋进力量,在践履知行中奋力开好新局。会议补选冼国义同志为固原市市长。

【市人大常委会会议】 2021年固原市第四届人大常委会召开常委会会议8次(即市第四届人大常委会第三十三次至第四十次会议),召开了固原市第五届人大常委会第一次会议。

2021年2月7日,固原市四届人大常委会第三十三次会议召开。会议传达学习自治区十二届人大四次会议精神,审议相关人事任免议案。市人大常委会主任罗永红及市人大常委会副主任、秘书长参加会议。市政府及市中级人民法院、市人民检察院等部门相关负责人列席会议。

2021年3月24日,固原市四届人大常委会召开第三十四次会议,会议传达学习十三届全国人大四次会议和全国政协十三届四次会议精神,听取和审议《固原市人民政府关于提请审议〈关于禁止野外用火的决定(草案)〉的议案》,表决通过《固原市人大常委会关于森林草原野外防火的决定(草案)》,表决了相关人事免职议案。

2021年5月19日,固原市四届人大常委会第三十五次会议召开。会议传达学习全国、全区和市委关于换届工作有关精神和十三届全国人大四次会议关于修改《全国人民代表大会组织法》《全国人民代表大会议事规则》以及《宁夏回族自治区人大常委会关于提高常委会会议审议质量的若干规定》精神,听取和审议市政府关于《中华人民共和国水法》《中华人民共和国社区矫正法》贯彻实施情况的报告,审议市人大常委会执法检查组关于《中华人民共和国水法》《中华人民共和国社区矫正法》贯彻实施情况的检查报告,作出召开市四届人大六次会议的决定，表决通过冼国义为市人民政府副市长，决定代理市长。

2021年6月1日，固原市四届人大常委会第三十六次会议召开。会议通过关于调整市人大常委会代表资格审查委员会组成人员的决定（草案），听取和审议市人大常委会代表资格审查委员会关于个别代表的代表资格变动和补选代表的代表资格审查报告、市四届人大六次会议相关材料。

2021年7月8日，固原市四届人大常委会第三十七次会议召开。会议听取和审议市人民政府关于全市医疗保障工作情况的报告，审议市人大常委会调研组关于全市医疗保障工作情况的调研报告，表决相关人事任免议案。

2021年9月8日至9日，固原市四届人大常委会第三十八次会议召开。会议听取和审议关于2021年全市国民经济和社会发展计划上半年执行情况、2020年全市和市本级财政决算草案、2021年全市和市本级预算上半年执行情况、2020年度固原市本级财政预算执行和其他财政收支审计工作的报告，听取和审议市政府关于"七五"法治宣传教育决议贯彻落实、全市城乡社区建设工作情况的报告，听取和审议市人大常委会财经委关于2020年度市本级财政决算草案审查结果的报告、市人大常委会调研组关于全市城乡社区建设工作的调研报告，审议《市人大法制委关于提请审议〈固原市城市环境卫生管理条例（修正案）〉的议案》《市人民政府关于提请审议〈关于深入开展第八个五年法治宣传教育的决议（草案）〉的议案》《市人民政府关于提请批准将终止PPP项目清算资金列入财政预算的议案》《关于提请审议固原市第五届人民代表大会代表名额分配的议案》，表决通过相关人事任免议案。

2021年11月9日，固原市四届人大常委会第三十九次会议召开。会议传达学习中央人大工作会议、中央民族工作会议和自治区党委十二届十三次全会精神，听取和审议市政府关于全市重点产业、生态经济、招商引资、市四届人大五次会议代表议案建议办理、生态环境保护、2021年民生实事办理情况的报告，听取和审议市人大常委会关于全市重点产业发展情况的视察报告、生态经济发展和招商引资工作的调研报告、市四届人大五次会议代表议案建议办理情况的检查报告和法工委关于2021年备案审查工作情况报告，听取和审议市监察委员会关于开展廉政教育工作情况的报告、市中级人民法院关于民商事审判工作报告、市人民检察院关于民事检察工作报告，表决相关人事任免议案。

2021年12月21日，固原市四届人大常委会第四十次会议召开。会议听取和审议《市人民政府关于提请批准2021年市本级财政收支预算调整的议案》，听取和审议市人大常委会代表资格审查委员会关于市五届人大代表资格审查情况的报告、市五届人大一次会议相关材料，审议《市人大常委会工作报告（送审稿）》，表决关于召开市五届人大一次会议的决定和相关人事任免议案，补选自治区十二届人大代表，并研究了其他事项。

2021年12月31日，固原市五届人大常委会第一次会议召开。会议传达学习了市第五次党代会、市"两会"精神和市委《关于加强领导班子建设推进全面从严治党的决定》精神，审议通过了《固原市第五届人民代表大会常务委员会关于设立代表资格审查委员会的决定（草案）》，表决了相关人事任免议案。

立法工作

【地方性法规公布实施】 2021年3月24日，固原市第四届人民代表大会常务委员会第三十四次会议审议通过《固原市人民代表大会常务委员会关于森林草原野外防火的决定》，固原市四届人大常委会第十号公告向全市发布，决定详细规定野外防火、禁火的范围，社会各界的防火责任及处罚办法。对保护人民群众生命财产和森林草原资源安全起到了良好的社会效用。

固原市第四届人民代表大会常务委员会第三十八次会议于2021年9月9日通过，2021年11月30日宁夏回族自治区第十二届人民代表大会常务委员会第三十次会议批准，固原市四届人大常委会第十一号公告向全市发布《固原市人民代表大会常务委员会关于修改〈固原市城市环境卫生管理条例〉的决定》。

【推进法律实施和公正司法】 2021年，市人大常委会自觉履行监督宪法实施的职责，开展国家宪法日座谈会，持续开展宪法、民法典等宣传实施，维护宪法权威和尊严。完善执法检查工作机制和方式，对社区矫正法、水法等法律法规的实施情况进行检查。听取审议全市"七五"普法实施情况报告，作出"八五"普法决议。首次听取审议了市监察委员会关于开展廉政教育工作情况的报告。紧扣努力让人民群众在每一个司法案件中感受到公平正义的目标，听取市中级人民法院民事审判工作报告和市人民检察院民事检察工作报告，促进法检"两院"司法为民、公正司法。认真做好群众来信来访工作，坚决维护群众合法权益和社会和谐稳定。

【立法调研】 2021年，市人大常委会对全市市容市貌管理方面的现状和存在的问题进行了专题调研，对《固原市红色文化遗址保护条例》的制定和实施进行深度调研，撰写立法经验，对于立法难度较大的法规，组织立法调研组赴立法先进城市考察学习。围绕市委中心工作和人民群众期待，突出地方特色，“小切口”“小快灵”解决治理难点，以良法推进善治。

【地方立法工作】 2021年，市人大常委会围绕守好改善生态环境生命线，建设黄河流域生态保护和高质量发展先行区需要，坚持“小切口”立法。特别是今年原州区“3·13”火灾发生后，迅速启动立法程序，立项、调研、论证、起草、审议各环节有序衔接，仅用10天时间就制定出台了《固原市人大常委会关于森林草原野外防火的决定》，有效遏制了清明节前后全市各类不文明野外用火行为，最大限度保护人民群众生命财产和森林草原资源安全。2021年7月20日第14期《中国人大》杂志以“固原人大：立法守护六盘山红色基因”为题，对《固原市红色文化遗址保护条例》立法过程进行全方位报道，对我市以立法加强红色文化保护、弘扬爱国主义精神、培育践行社会主义核心价值的做法给予充分肯定。

【地方性法规清理】 2021年，市人大常委会根据自治区和固原市全面依法治区(市)委员会的统一安排部署，对固原市2017年以来制定的10件地方性法规(制定地方性法规6件，作出法规性决议决定4件)进行全面清理，结合全国人大常委会法工委备案审查提出的审查意见，对《固原市城市环境卫生管理条例》进行修改。做好备案审查工作。按照《宁夏回族自治区人大常委会规范性文件备案审查条例》和《固原市人大常委会规范性文件备案审查工作办法》各项规定，对市政府和各县区人大常委会报送备案的规范性文件13件，法工委综合协调服务各专门委员会、工作委员会对报备的规范性文件逐一进行审查。对于审查中发现的问题，及时与制定机关沟通协商，研究处理，确保宪法和法律法规在实施中不打折、不变形、不走样。

立法成果

【概况】 固原市第四届人民代表大会常务委员会坚持针对问题立法，立法解决问题的理念，更好发挥人大在立法工作中的主导作用，在提高精细化、精准度、针对性上下工夫，确保立一件成一件。探索建立法规起草、论证，法规实施后评估等制度，有序扩大社会公众参与立法工作，使之更加符合人民意愿和客观实际。依照立法权限，紧紧围绕“十四五”规划和市委中心工作，开展立法调研、制订立法规划。认真总结交流地方立法经验，加强对法规实施的监督检查，确保制定的地方性法规得到全面贯彻执行。严格按照市委依法治市委员会的要求，扎实细致地开展地方性法规清理工作，对发现的问题和漏洞，进行修正和完善，使地方性法规更加符合党的大政方针，更加符合国家法规规范。

【《固原市人民代表大会常务委员会关于森林草原野外防火的决定》审议通过】 2021年3月24日，固原市第四届人民代表大会常务委员会第三十四次会议审议通过《固原市人民代表大会常务委员会关于森林草原野外防火的决定》。决定规范固原市行政区域内森林、林地、草原、草地及其边缘地带的严格禁止用火行为，明确森林、林地、草原、草地及其边缘地带防火范围，强调了特殊情形确需在防火范围内带火用火的，需依法严格落实审批报备制度，明确市、县(区)人民政府其他有关部门具体职责分工等内容，加强了森林草原野外防火工作，保护了人民群众生命财产和森林草原资源安全。

【《固原市人民代表大会常务委员会关于修改〈固原市城市环境卫生管理条例〉的决定》】 固原市第四届人民代表大会常务委员会第三十八次会议2021年9月9日通过《固原市人民代表大会常务委员会关于修改〈固原市城市环境卫生管理条例〉的决定》，经由宁夏回族自治区第十二届人民代表大会常务委员会第三十次会议于2021年11月30日批准施行。决定将原条例的第十七条第十项修改为“在禁止的区域、时段进行露天烧烤”，删除原条例第三十一条、第三十三条和第三十六条，增加一条，作为第三十四条：“违反本条例规定，法律、法规已有处罚规定的，从其规定。”

监督工作

【财政工作监督审查】 2021年，市人大常委会在市四届人大五次、六会议，市五届人大一次会议和8月份市人大常委会会议上分别对市政府的计划、财政、审计报告和预算调整议案进行审查，提出健全预算体系，加强预算绩效管理；大力培植财源，增强地方财政实力；深化财政改革，强化财政监督管理等审查意见。

【生态文明建设重点监督】 2021年，市人大常委会深入贯彻习近平生态文明思想，支持政府坚持综合治理、系统治理、源头治理，打好蓝天、碧水、净土保卫战，坚决守好改善生态环境生命线。连续5年听取审议环境质量状况和环境保护目标完成情况报告。坚持一年一部法律、一个主题，对环境保护、大气、水、土壤、固废等法律法规实施情况进行了5次执法检查，督促整改生态环境突出问题，守好绿水青山。开展中华环保世纪行活动，普及环保知识，提高环保意识，全市生态环境持续改善，为创建国家生态文明建设示范市作出积极贡献。

【议案督办】 2021年，市人大常委会高效推进代表议案建议办理。完善集中交办、重点督办、跟踪落实的议案建议办理工作机制，并将办理工作纳入全市效能目标管理考核，使代表议案建议办理工作更加规范有效。代表议案建议实行清单管理、常委会负责人领衔督办，重点建议办理实行人大、政府、承办单位会商，常委会每年专项听取政府议案建议办理情况报告。2件议案全部办结，17件建议办理情况全部答复代表，针对检查中个别议案、建议办理不够理想的问题，由代工委牵头督促相关部门对有关议案、建议内容重新进行落实，及时兑现承诺。一批代表关注、群众关心的问题得到有效解决。

【社会建设监督】 2021年，市人大常委会组织对全市城乡社区建设工作开展调研，并针对调研中发现的问题，在常委会会议上开展专题询问，督促政府拿出务实举措，切实改进全市城乡社区建设，为推动基层治理体系和治理能力现代化作出了积极贡献。

【司法监督】 2021年，固原市人大常委会认真落实习近平总书记"努力让人民群众在每一个司法案件中都感受到公平正义"的要求，对"法检"两院的工作和司法部门的工作开展监督，提出切实可行的对策建议，不断促进全市政法领域公正司法，加强"法检"两院专项工作监督。在常委会会议上听取了法院民事审判、检察院民事检察工作专项工作报告。对司法机关工作开展监督，组织对《社区矫正法》贯彻实施情况进行了执法检查。听取了和审议全市"七五"普法实施情况的报告，并依法作出《固原市人大常委会关于深入开展第八个五年法治宣传教育的决议》，积极推进法治固原建设，增强了各领域法治观念。

【全市农业农村工作监督】 根据常委会年度工作安排，组织部分常委会组成人员和人大代表对全市重点产业发展情况进行视察，对水利建设、生态经济发展等工作进行调研，听取政府专项工作报告，向政府及相关职能部门转交人大常委会审议意见11条，并要求对审议意见办理情况于会后三个月向常委会作办理情况书面报告，为全市农业特色产业提质增效及农民稳定增收、自然生态环境持续优化、基础设施建设不断完善等发挥了应有作用。

代表工作

【代表"双联"活动】 2021年，市人大常委会深化常委会组成人员联系代表、代表联系人民群众活动，常态化推进常委会组成人员联系基层代表制度、代表列席人大常委会会议制度。先后邀请180余人次各级人大代表列席常委会会议、开展代表视察、执法检查、专题调研，邀请90余人次市人大代表参加"一府两院"开展的政府开放日、听证会、法院庭审等活动，拓宽了代表工作的广度和深度。实现了全市乡镇"代表之家"全覆盖、重点社区和行政村建有"代表活动室"，使之成为代表密切联系群众的"民意窗""连心桥"。指导5县(区)人大常委会灵活采取新建翻建、多室并用等方式，建立完善"代表工作室""代表之家""代表活动室"等代表活动阵地，为代表活动开展夯实了阵地基础。

【代表培训】 2021年5月，市人大常委会在福建谷文昌干部培训学院和古田干部教育培训学院举办2期代表履职培训班，培训代表、基层人大工作者110人次。培训坚持"温故"与"知新"相结合、课堂教学与现场教学相并重，既安排《代表法》《选举法》《地方组织法》等代表履职基础知识的学习，也加强对习近平新时代中国特色社会主义思想、十九届五中全会、党史学习教育等最新理论知识的学习，实现代表履职能力培训与理想信念教育相融合同提高。

【代表视察】 2021年9月，市人大常委会主任、分管副主任带领部分市人大常委会委员，自治区、市人大代表组成视察组，先后深入5县(区)、固原经济开发区管委会的12个企业、产业园区、种植养殖基地，通过实地察看、听取汇报、座谈交流等方式，对全市重点产业发展情况进行了视察，向常委会会议提交视察报告并形成审议意见，转交政府及有关部门(单位)办理。

【换届工作】 2021年，市人大常委会扎实做好县乡人大换届选举工作。5月，根据自治区换届工作要求，制订《全市县、乡人大换届选举工作实施方案》，并组织召开县乡人大换届选举工作会，安排部署全市县乡人大换届选举工作。8月，由常委会主任、分管副主任带队，深入5县(区)10个乡镇、村，通过听取汇报、查阅档案资料、实地查看等方式，对县乡人大换届选举工作进展情况进行督导。全市共选举产生新一届市县乡三级人大代表4971名。

【医疗保障调研】 2021年，市人大常委会组织部分常委会组成人员和市人大代表深入医疗机构、医保经办机构等对全市医疗保障工作进行专题调研，撰写高质量的调研报告。听取和审议市人民政府关于医疗保障工作的报告，根据常委会审议情况整理下发审议意见交由市人民政府和相关部门办理。按照市委的统一安排部署，深入基层医疗机构、乡镇、村卫生院和农户家中，认真调研全市全民健康提升行动推进情况，组织专班撰写调研报告并提交市委，为市委决策部署提供参考依据。

【专题调研】 2021年，市人大常委会受自治区人大委托，开展《宁夏回族自治区老年人权益保护条例》实施情况和固原市发挥海外侨胞在共建“一带一路”和经济建设中的作用专题调研，并向自治区人大委员会提交了调研报告，汇报了调研情况。8月份，先后2次组织市直相关部门负责人深入5县（区）和有关单位，围绕“统筹推进城乡基础设施一体化建设”和“围绕坚决守好维护政治安全生命线”进行专题调研，并向市委提交调研报告。10月份，组织部分常委会组成人员和人大代表，深入固原市经济开发区及原州区、西吉县、隆德县的10个企业、车间，通过实地察看、听取汇报等方式，对全市招商引资工作情况进行专题调研。听取和审议了市政府《关于招商引资工作情况的报告》，形成了审议意见转交政府及相关部门办理。

【环保世纪行活动】 固原市人大委员会按照全国、自治区人大常委会和“中华环保世纪行——固原组委会”的安排，对《水法》在固原市的贯彻执行情况开展执法检查。执法检查前，认真规划、筛选检查线路和点位，组织检查组成员学习法律法规，熟练掌握执法检查重点，切实增强环保世纪行活动的针对性和实效性；检查时主动邀请市人大代表、新闻媒体记者参与，注重听取人民群众的意见建议，保证执法检查工作效果；检查结束后认真撰写执法检查工作报告，客观公正地评价工作成效，紧扣法律规定提出科学合理、切合实际的意见建议，全力推动政府及相关职能部门进一步加大环境保护力度，落实好生态环境管控红线，切实打好“蓝天、碧水、净土”三大保卫战，积极为全市生态环境保护与建设营造良好的法治环境。

【外出考察农业农村难点工作】 2021年，由常委会分管领导带队组织部分人大代表赴河北省、山西省考察生态环境保护及高质量发展等工作，考察工作结束后考察组向市委提交了专题考察报告，积极建言献策，督促相关部门认真学习、借鉴外地的成功经验与做法，着力破解固原市农业农村工作发展过程中的困境和难题。

【代表履职服务】 2021年固原市人大常委会始终把联系、服务代表作为日常工作的重要内容，广泛邀请代表参与各项活动，配合常委会分管领导做好走访联系代表等工作。全年共邀请30名基层市人大代表参加视察、调研和外出考察活动，认真归纳整理代表的意见建议，听取基层代表的呼声，向代表传达市委、市政府及人大常委会的重点工作，全力为代表执行职务服务。全国、自治区及外省市人大先后多次来固原对生态建设、环境保护、人大代表议案建议办理、农村安全饮水及林权执法、林果产业发展等工作进行视察、考察、调研和执法检查，在接待全国、自治区人大常委会和外省市人大来固开展视察、检查、考察活动期间提前与政府及相关职能部门对接联系，严格按要求对线路安排、点位准备、陪同接待等各个方面进行周到、细致的安排和服务，确保了在固原活动的顺利开展。

固原市人民政府

综　述

【概况】　2021年，固原市实现生产总值352.46亿元，比上年增长5.6%。全市粮食种植面积314.94万亩，比上年增加12.04万亩。全市粮食总产量91.31万吨，比上年增加4万吨，增长4.6%。全市全部工业增加值38.8亿元，比上年增长8.4%，规模以上工业增加值增长8.3%。全市固定资产投资(不含农户)下降9%。全市社会消费品零售总额120.82亿元，比上年下降5.3%。全市实现地方财政收入22.4亿元，比上年增长0.76%。固原市全体居民人均可支配收入16708.4元，比上年增长9.0%。

【经济建设】　2021年，固原市全面落实“六保”任务，出台“六保”23条、服务业升级“16条”、中小企业发展等6个政策文件，减税降费4.24亿元。紧盯经济运行中的薄弱环节和弱项指标，建立1名市级领导包抓1个产业帮扶机制，落实领导干部担任重点企业联络员等制度5项，累计清欠民营企业欠款4.38亿元，为2407家市场主体发放贷款44.71亿元。建立“六个一”机制和“五办”审批模式，实行挂图作战，全市448个建设项目(188个列入自治区)除宝中铁路外全部开工。全市第一产业增加值71.95亿元，增长4.1%；第二产业增加值69.13亿元，增长12.3%；第三产业增加值211.38亿元，增长3.9%。经济结构由上年的18.5∶19.3∶62.2转变为今年的20.4∶19.6∶60，第一产业比重提高1.9个百分点，第二产业比重提高0.3个百分点，第三产业比重下降2.2个百分点。

【城乡建设】　2021年，固原市树立“精明增长”“紧凑城市”理念，出台促进融合政策措施“20条”。坚持城镇绿色集约发展出台加强海绵城市建设的决定，实施海绵化项目25个，改造完成棚户区513套，完成老旧小区改造55个。以争创文明城市为引领，开展群众性精神文明建设，创成国家卫生城市。强化城市管理机制，推动城管执法重心下移和执法事项属地化管理。聚焦提升内涵、衔接城乡、联动工农，打造美丽小城镇12个、美丽村庄19个。开展农村人居环境整治行动，改造危房6200多户，完成农村卫生厕所改造8.8万户。

【支柱产业培育】　2021年，固原市出台建设先行区美丽新固原“36条”，谋划项目262个。聚焦纺织服装、特色农业、生态经济、文化旅游4个重点培育发展产业，全产业链谋划、全要素推进、全方位服务，成功与伊赛等龙头企业签约，招商到位资金144亿元；成立宁夏六盘山生态产业公司，争取国开行、农发行向先行区建设授信200亿元。

【民主法治建设】　2021年，固原市制定出台加强和改进人大、政协工作的意见，支持人大及其常委会立法3件，代表议案建议、政协提案办复率均达到100%。实施县区党政主要负责人年终述法制度，深入开展“七五”普法、法律“八进”。纵深推进扫黑除恶专项斗争，打掉涉黑涉恶组织4个。安全生产形势总体平稳。深化“拥护核心感党恩、同心携手奔小康”主题教育，举办市委理论学习中心组专题研讨促进民族团结进步工作，开展马克思主义民族观宗教观“百场万人”大宣讲。纵深推进民族团结进步创建，制定印发《深入持久开展民族团结进步创建实施方案》，隆德县和15个单位创建成全区民族团结进步示范县(单位)。全面加强党对宣传工作的领导，贯彻落实党的宗教工作基本方针。

【基础设施建设】　2021年，固原市推进交通、水利、能源、信息“四张网”建设。建成黄河水调蓄工程，年新增黄河水4000万方，完成水库联蓄联调21座，首次实现“双水源”保障，彭阳县“互联网+人饮”面向全市域推广，初步构建兴利除害的现代水网，原州区、西吉县被水利部评为“全国节水型社会建设达标县”。加快推进西会高速建成通车，G85固原段和7条国省道改扩建。建设“四好农村路”486千米，六盘山机场加密银川、西安航线，开通北京航线。全面运行“智慧固原”大数据平台，建成5G基站186处。

【生态治理】 2021年，固原市树立绿水青山就是金山银山的理念。建立政府引导、市场运作、全民参与的国土绿化机制，持续实施400毫米降水线造林绿化、"三北防护林"、退耕还林还草、小流域综合治理等重点生态工程，新增造林绿化面积206万亩。全力打好蓝天、碧水、净土保卫战，土壤环境质量总体良好。编制《黄河流域固原市生态保护和高质量发展规划》，统筹推进山水林田湖草综合治理，落实"四禁""四减""四保"要求，面向全市域推广彭阳小流域综合治理模式，建成淤地坝38座，打造生态流域18条，治理水土流失390平方千米。整治修复三关口矿区和六盘山水泥厂。推进"四尘"同治、"五河"共治、"六废"联治，空气优良天数达到97%，PM10、PM2.5浓度分别下降26.8%、3.8%，五河水质全部达标，国控断面水质优良比例提高至80%。

【脱贫攻坚】 2021年，固原市坚持县不漏乡、乡不漏村、村不漏户、户不漏人，组织市直部门、县乡村以及第一书记、驻村工作队和2.3万帮扶责任人，对全市62个乡镇814个行政村逐乡逐村逐户"回头看"，逐条逐项逐个"过筛子"，走访29万户，排查并整改问题3.1万个。整合38.3亿元建设到村到户扶贫项目7060个，建成扶贫车间175个、闽宁示范村35个、金融扶贫示范村410个，发放小额贷款37.1亿元、户均5.3万元。全力推进消费扶贫，召开全区电商发展大会。率先开展"点对点""一站式"包机包车集中输送务工人员10706人。完成5县区脱贫攻坚普查，接受省际交叉、东西部扶贫协作、第三方评估、财政绩效、媒体等各类检查暗访和考核验收。严格落实"四个不摘"要求，建立防返贫监测预警和动态帮扶机制，对边缘户、贫困残疾人实行"一户一档""一户一策"，推广"社会保障+产业扶持""双兜底"模式。编纂《固原扶贫志》，编排《六盘山下花正红》舞台剧，打造扶贫教育基地，总结脱贫攻坚工作中形成的好经验好做法。认真落实闽宁协作第24次联席会议精神，组织到福建省对接，深化闽宁协作。全面摸排县内生态移民"三空"(空房、空棚、空圈)、务工就业、户籍迁转等问题，全面梳理移民政策落实情况，逐户落实"十三五"易地扶贫搬迁县内移民4.4万人的后续产业，开发公益性岗位1434个，为182个"十三五"就近移民安置点落实养殖暖棚或设施蔬菜暖棚4012座，39个"十三五"城区回购安置点依靠21个扶贫车间吸纳就业594人，解决户籍"两头跑"等问题3787户。紧盯西吉1个堡垒县、原州区9个薄弱村和剩余贫困人口7339人，开展"大干200天集中攻坚行动"，实行市县领导、市县部门、联系企业双督战、双帮扶，月分析、月调度。西吉县如期高质量脱贫，固原全域历史性地解决了绝对贫困问题。

【社会治理】 2021年，固原市新增城镇就业9092人，城镇登记失业率3.26%，全市共完成劳务输出33.14万人，比上年增长4.9%；实现劳务总收入71.57亿元，比上年增长5.4%。实施全民参保计划，60岁以上城乡居民全部享受基本养老金，全市参加城镇职工基本养老保险人数10.3万人，比上年末增加0.63万人。持续深化平安固原建设，深入推进扫黑除恶专项斗争，社会乱象治理"五项机制"得到了中央督导组的肯定。食品药品安全监管全面加强。安全生产、应急管理体系和能力建设明显提升。彭阳县被命名为全国双拥模范县，固原市及隆德县、泾源县被命名为全区双拥模范城(县)。

【保稳任务】 2021年，固原市针对性出台"六保"23条、服务业升级16条等政策及措施，全力稳住经济基本盘。实施"返岗增岗稳岗"计划，"点对点、一站式"包车包机输送务工人员1.07万名。在全区率先复工复产复市。为2407家市场主体落实贷款44.71亿元，448个建设项目除宝中铁路外全部开工。开展粮油高产创建行动，粮食产量达到91.3万吨，创历史新高。累计改造老旧小区55个、危房6289户。

【守牢三条生命线】 2021年，固原市持续开展"拥护核心感党恩，同心携手奔小康"教育活动，促进民族团结生命线更加牢固，维护政治安全生命线更加坚实。实施"六大生态系统"建设项目47个，高质量完成三关口矿区、六盘山水泥厂拆除和修复，中央环保督察及"回头看"反馈问题完成年度整改任务，改善生态环境生命线更加优美。

【疫情防控】 2021年，疫情防控期间，固原市迅速成立市级工作机构，启动应急响应，自上而下建立疫情防控工作领导指挥、工作责任等4个体系，细化交通、社区、农村、学校等8个工作流程，形成全市一盘棋、立体式防控的组织体系。成立临时党支部540个，组织2601个基层党组织和38277名党员干部在基层一线冲锋陷阵，外防输入、内防扩散，用时35天实现市内确诊病例、密切接触者"双清零"。统筹推进"战疫情"与"保经济"，以"四促四增"为抓手，落实援企稳岗、减税降费等一揽子政策，推动"八大秩序"有序运转，经济增长率先在全区恢复。全力做好思想引导、物资保障、市场稳定等工作，依法处置哄抬物价、妨碍疫情防控秩序等违法违纪行为25起。健全完善常态化疫情防控机制，提前部署秋冬季和今年疫情防控工作。

向全国全区推荐表彰先进集体27个、先进个人74人。

重要会议

【第四届固原市政府常务会议】 2021年1月6日，四届第五十六次常务会在市会议中心召开。会议审议《固原市国民经济和社会发展第十四个五年规划和二〇三五年远景目标纲要（讨论稿）》。研究《关于对黄水木等福建省第十一批在固挂职干部给予行政奖励的请示》；研究大额资金支出事宜。

2021年1月12日，四届第五十七次常务会在市会议中心召开。会议研究《政府工作报告（讨论稿）》及2021年全市民生实事。审议《关于2020年国民经济和社会发展计划执行情况与2021年国民经济和社会发展计划（草案）的报告（讨论稿）》《关于2020年全市及市本级财政预算执行情况和2021年全市及市本级财政预算（草案）的报告（讨论稿）》，听取2021年全市重点项目谋划情况汇报，安排部署下一步工作；审议《固原市安全生产行政责任规定（送审稿）》《固原市防灾减灾救灾责任规定（送审稿）》《固原市安全生产责任体系（送审稿）》《固原市突发事件总体应急预案（送审稿）》；审议《关于2021年“两节”慰问工作方案（送审稿）》。

2021年2月23日，四届第五十八次常务会在市会议中心召开。会议传达学习中央、自治区党委农村工作会议精神，审议《关于全面推进乡村振兴加快农业农村现代化的实施意见（送审稿）》《关于实现巩固拓展脱贫攻坚成果同乡村振兴有效衔接的实施意见（送审稿）》《2021年固原市“百村示范、千村整治、万户清洁”行动实施方案（送审稿）》《固原市2021年农业农村工作重点任务责任清单（送审稿）》；审议《关于开展城市更新三年行动提升人居品质的实施方案（2021—2023年）（送审稿）》。研究市政府规章和行政规范性文件清理有关事宜。

2021年3月10日，四届第五十九次常务会在市会议中心召开。会议审议《固原市贯彻落实自治区党委生态环境保护督察反馈意见整改方案（送审稿）》。

2021年3月23日，四届第六十次常务会在市会议中心召开。会议审议《关于禁止野外用火的决定（送审稿）》，研究决定了有关事项。

2021年4月15日，四届第六十一次常务会在市会议中心召开。会议听取全市一季度经济运行情况汇报，安排部署下一步工作；听取了市图书馆、文化馆布展工作汇报，安排部署了下一步工作。会议审议《固原市创建双拥模范城规划《2021年—2024年》（送审稿）》；审议《固原市深入推进取用水管理专项整治行动工作方案（送审稿）》《固原市五河岸线利用项目专项整治行动工作方案（送审稿）》；审议了《固原市防止耕地“非粮化”稳定粮食生产实施方案（送审稿）》。研究原州区“3·13”火灾牺牲人员申报评定烈士有关事宜；研究全市庆祝中国共产党成立100周年群众性文化活动经费保障有关事宜。

2021年6月18日，四届第六十二次常务会在市会议中心召开。会议传达学习习近平总书记对湖北十堰市张湾区艳湖社区集贸市场燃气爆炸事故的重要指示和李克强总理的批示精神，陈润儿、咸辉同志批示精神及市委常委会会议精神；传达学习全国乡村振兴系统建设和工作推进电视电话会议精神，听取全市巩固拓展脱贫攻坚成果同乡村振兴有效衔接工作情况汇报，安排部署下一步工作；听取全市10项25件民生实事及党史学习教育“我为群众办实事”活动30件实事办理进展情况汇报，安排部署下一步工作；听取当前全市安全生产工作情况汇报，安排部署下一步工作；传达学习咸辉同志来固调研实施“四大提升行动”情况，研究贯彻意见。听取全市项目建设进展情况汇报，安排部署下一步工作。

2021年6月29日，四届第六十三次常务会在市会议中心召开。会议审议《固原市城乡居民收入提升行动任务清单（送审稿）》《固原市基础教育质量提升行动任务清单（送审稿）》《固原市全民健康水平提升行动任务清单（送审稿）》；审议《固原市产业技术创新研究院建设方案（送审稿）》《固原市产业技术创新研究院有限公司组建运营方案（送审稿）》；审议《固原市“三线一单”生态环境分区管控实施意见（送审稿）》。听取了全市产业发展和招商引资大会筹备情况汇报；审议《固原市重点产业招商引资政策措施（试行）（送审稿）》《固原市加快纺织服装产业发展的实施方案（送审稿）》《固原市工业2025“十强双百”实施方案（送审稿）》《固原市产业发展指导目录（送审稿）》《关于进一步优化营商环境更好服务市场主体的若干措施（送审稿）》《关于建立市级领导包抓重点产业及招商引资项目工作机制的方案（送审稿）》，安排部署了下一步工作；审议《固原市国企改革三年行动实施方案（送审稿）》；审议《第六届全国知名蔬菜销售商走进宁夏暨固原市冷凉蔬菜节工作方案（送审稿）》。听取固原市参与全国有线电视网络整合工作情况汇报，安排部署下一步工作。会议安排部署应急值班工作。

2021年7月21日，四届第六十四次常务会在市会议中心召开。会议传达学习习近平总书记关于防汛救灾工作重要指示精神，研究贯彻落实意见；传达学习全区上半年经济形势分析会精神，听取全市上半年经济运行情况汇报，安排部署下一步工作。审议了《固原市“十四五”现代服务业发展规划（送审稿）》；审议《固原市“十四五”重大基础设施发展规划（送审稿）》；审议《固原市“十四五”中药材产业发展规划（送审稿）》；审议《固原市“十四五”特色农业发展规划（送审稿）》；审议《固原市市辖区近期国土空间规划实施方案（送审稿）》；审议《固原市住宅专项维修资金管理办法（送审稿）》。研究设立原州区第二十三小学有关事宜。会议安排部署政府债务化解和违规建设楼堂馆所清查工作。

2021年8月16日，四届第六十五次常务会在市会议中心召开。会议传达学习自治区工程建设政府采购等重点领域突出问题专项治理工作领导小组会议和工作推进会议精神，听取全市专项治理工作进展情况汇报，安排部署下一步工作。听取全市抗旱减灾工作情况汇报，安排部署下一步工作；听取了迎接国务院第八次大督查准备工作情况汇报，安排部署下一步工作。审议《固原市中小学课后服务工作实施方案（送审稿）》。研究建立健全邮政快递安全监管机制有关事宜；研究固原市2017年社会事业PPP项目政府付费退出政府隐性债务监测平台有关事宜；研究王克刚同志因公牺牲有关事宜；研究大额资金支出事宜。

2021年9月2日，四届第六十六次常务会在市会议中心召开。会议传达学习习近平总书记在中央民族工作会议上的重要讲话精神，研究贯彻意见；传达学习全区推进黄河流域生态保护和高质量发展先行区建设第五次推进会精神，研究贯彻意见；传达学习《宁夏回族自治区人民政府办公厅关于第七次人口普查统计违纪违法案件查处情况的通报》《国家统计局关于2021年上半年13起重大统计违法案件的通报》精神，安排部署有关工作；传达学习全区法治政府建设工作会议精神，听取全市法治政府建设工作情况汇报，安排部署下一步工作。审议《固原市人民政府常务会议工作规则（送审稿）》。听取全市投资完成及项目谋划、储备情况汇报，安排部署下一步工作。集中观看环保警示片《“回头看”与“再出发”》，通报全市推进环保督察反馈问题整改落实和开展生态环保大调研大督查大起底专项行动情况，安排部署下一步工作。研究固原经济开发区基础设施PPP项目政府付费退出政府隐性债务监测平台有关事宜。

2021年9月9日，四届第六十七次常务会在市会议中心召开。会议审议《黄河流域固原市生态保护和高质量发展规划（送审稿）》；审议《固原市“十四五”新型城镇化发展规划（送审稿）》；审议《固原市“十四五”生态经济发展规划（送审稿）》；审议《固原市“十四五”环境保护专项规划（送审稿）》；审议《固原市“十四五”现代纺织和服装加工发展规划（送审稿）》；审议《固原市“十四五”社会事业发展规划（送审稿）》；审议《固原市证明事项告知承诺制目录清单（第一批）（送审稿）》。研究设立固原市原州区第六幼儿园有关事宜。

2021年10月8日，四届第六十八次常务会在市会议中心召开。会议听取全市“双碳”“双控”和遏制“两高”项目盲目发展工作进展情况汇报，安排部署下一步工作；听取中央及自治区环保督察反馈问题整改工作推进情况汇报，审议《固原市贯彻落实自治区党委生态环境保护专项督察反馈意见整改方案（送审稿）》；听取2020年度自治区本级预算执行和其他财政收支及审计事项查处问题整改情况汇报，安排部署有关工作；听取全市耕地保护工作情况汇报，安排部署下一步工作；听取市本级政府债务化解工作情况汇报，安排部署下一步工作。审议《固原市贯彻落实<自治区党委 人民政府关于深化要素市场化配置改革的实施意见>任务措施清单（送审稿）》。传达学习自治区政府党组会议精神，听取全市全面清查违规建设楼堂馆所有关工作情况汇报，安排部署下一步工作。审议《固原市全民所有自然资源资产所有权委托代理机制试点实施方案（送审稿）》；审议《固原市属国有企业投资管理办法（送审稿）》《固原市属国有企业违规经营投资责任追究暂行办法（送审稿）》《关于推进固原市属国有企业混合所有制改革的实施意见（送审稿）》《关于进一步完善市属国有企业法人治理结构的实施方案（送审稿）》。

2021年10月18日，四届第六十九次常务会在市会议中心召开。会议听取全市重点工作完成情况汇报，安排部署下一步工作；听取全市今冬明春能源保供工作情况汇报，安排部署有关工作。审议《固原市海绵城市PPP项目退出政府隐性债务监测系统问题整改工作合规性审查报告（送审稿）》；审议《“数字固原”规划建设方案（送审稿）》《“数字固原”运营公司组建方案（送审稿）》。

2021年11月4日，四届第七十次常务会在市会议中心召开。会议传达学习全区深入实施“四大提升行动”全面促进乡村振兴工作现场会精神，听取了全市实施“四大提升行动”进展情况汇报，安排部署下一步工作；听取当前全市新冠肺炎疫情防控工作情况汇报，安排部署有关工作；听取当前全市安全生产工作情况汇报，审议《固原市深化应急管理综合行政执法改革实施方案（送审稿）》，安排部署下一步工作。审议《固原市巩固拓展脱贫攻坚成果全面推进乡村振兴“十四五”规划（送审稿）》。研究政府购买建设工程消防设计审查验收技术服务有关事宜；研究了增加市“12345”政务服务便民热线话务人员有关事宜。

2021年12月6日，四届第七十一次常务会在市会议中心召开。会议审议《固原市加强乡村生活污水治理推进资源化利用的实施意见(送审稿)》《固原市生态环境损害赔偿制度改革实施方案(送审稿)》。研究增加市社会保险经办服务大厅窗口工作人员有关事宜。

2021年12月14日，四届第七十二次常务会在市会议中心召开。会议传达学习中央经济工作会议精神，自治区党委2021年第47次常委会会议及五届市委第3次常委会(扩大)会议精神，研究贯彻意见。研究《政府工作报告(讨论稿)》及2022年全市民生实事。审议《关于2021年国民经济和社会发展计划执行情况与2022年国民经济和社会发展计划(草案)的报告(讨论稿)》，听取2022年全市重点项目谋划情况汇报，安排部署下一步工作；审议《关于2021年全市及市本级财政预算执行情况和2022年全市及市本级财政预算(草案)的报告(讨论稿)》。

2021年12月17日，四届第七十三次常务会在市会议中心召开。会议传达学习咸辉同志来固调研脱贫攻坚成果巩固拓展工作情况，研究贯彻意见。听取全市巩固拓展脱贫攻坚成果同乡村振兴有效衔接工作情况汇报，安排部署有关工作；听取全市全域创建食品药品安全区工作情况汇报，安排部署有关工作。审议《固原市深化农村公路管理养护体制改革实施方案(送审稿)》。研究山林权改革市本级山林资源回购基金有关事宜；研究市污水处理尾水资源化利用工程及市扬黄工程运行管理有关事宜；研究成立清水河流域城乡供水工程原州区段和固海扩灌扬水更新改造西吉县供水工程市建设协调领导小组有关事宜；研究市区不动产登记中土地历史遗留问题方案政策延期有关事宜；研究大额资金支出有关事宜。

【十件民生实事】 2021年，固原市人民政府全面贯彻落实习近平新时代中国特色社会主义思想，认真践行以人民为中心的发展思想，把民生实事办理作为一项重要政治任务，认真谋划并经市四届人大五次会议审议通过了10个方面25件民生实事项目。截至2021年年底，除1所普通高中学校校舍(西吉一中)改扩建项目受拆迁影响需跨年度实施外，其余24件民生实事全部办结。

1.稳定和扩大社会就业方面。全市共安置公益性岗位5839人，实现城镇新增就业9057人，农村劳动力转移就业33.65万人，分别完成目标任务1800个、8300人、30万人的324%、107%和112%，就业形势保持总体稳定；围绕农民工、高校毕业生、就业困难人员等重点群体，举办职业技能提升培训班618期，培训3.31万人次，完成目标任务2万人的165.5%。

2.保障基本民生方面。全面落实自治区城乡居民养老金每月调增5元的目标任务，原州区、西吉县在此基础上分别调增10元，隆德县调增5元。目前，全市城乡居民月人均基础养老金达到187元，较上年度增加12元，惠及14.4万名群众。

3.改善和提升办学条件方面。2021年，新建幼儿园5所，新增园位2700个；新改扩建义务教育学校6所，新增校舍面积7.2万平方米、新增学位10800个；新改扩建普通高中学校1所，已投入使用；政府购买公办幼儿园幼儿保育教育服务岗位500名，已全部到岗服务；建成城乡在线互动课堂330间，实现了各级各类学校在线课堂全覆盖。

4.提高妇幼医疗保障水平方面。免费为固原户籍农村适龄妇女开展宫颈癌筛查42341人、乳腺癌筛查42508人，分别完成目标任务42270人的100.2%和100.6%，并向符合救助条件的76名妇女各发放救助金1万元；完成孕妇产前筛查9334人，筛查率为84.65%；完成新生儿遗传代谢疾病筛查11466人、听力筛查11458人，筛查率均为98.9%。

5.加强残疾人社会保障方面。从2021年1月1日起，将固原市困难残疾人生活补贴由每人每月100元增加到110元、护理补贴每人每月80元增加到120元，惠及6.9万多人次；依托县(区)定点康复机构，免费为300名0~6岁听力、言语、肢体、智力等残疾儿童提供康复救助服务；实施困难残疾人家庭无障碍改造2103户，完成目标任务800户的263%；扶持440户农村残疾人家庭发展特色产业，每户补贴2000元，极大地改善了困难残疾群众出行环境和生活条件。

6.优化城乡人居环境方面。实施市区老旧小区改造项目，开工改造老旧小区40个47.8万平方米，惠及4696户居民；实施农村无害化卫生厕所改造项目，改造卫生厕所14132户，完成年度目标任务10750户的131.46%；新建城市公厕8座(含1座移动公厕)，进一步完善了城乡公共服务设施。

7.打造安全畅通的交通环境方面。新建农村公路288公里，实施隆德县公路安全生命防护工程113.6公里，分别完成目标任务200公里、100公里的144%和113.6%，改造农村公路危桥2座；采购新能源公交车10辆，并于10月1日上线运营；改扩建东关路公交首末站、东岳山公交站，投资395万元实施公交站亭建设和站牌亮化工程，新建公交站亭14个，改移、粉刷亮化公交站牌(亭)170个，统筹改善公交基础设施，延长了1路、3路、8路等公交末班时间，优化了公交线路，切实提升了公交服务质量和水平。

8.提升城乡供水保障能力。实施“互联网+城乡供水”工程，全市共完成预制井11178座，新建、改造维修联户井7991座，安装水表29476块，完成投资2.7亿元，实现了自来水入户率稳定达98%以上，供水保证率稳定达95%以上，水质稳定达到国家生活饮用水卫生标准。

9.丰富群众文体生活。全市共组织开展“送戏下乡”惠民演出335场次，组织广场文艺演出298场次，分别完成目标任务300场、200场的111.6%和149%；改造提升文化大院20家；开工建设市体育馆维修改造提升项目，建成多功能运动场3个、健身步道10公里，进一步丰富了群众文化体育生活。

10.实施法律援助工程。办理各类法律援助案件2436件，完成目标任务2000件的121.8%，为3150余名群众挽回或避免经济损失2638.34万元。

固原市2021年10个方面25件民生实事办理情况一览表

主要任务		牵头单位	办理情况	完成状态
稳定和扩大社会就业（2项）	1.购买政府公益性岗位1800个左右，实现城镇新增就业8300人、农村劳动力转移就业稳定在30万人以上，零就业家庭动态清零。	市人力资源社会保障局	全市共安置城镇公益性岗位1315人，乡村公益性岗位4524人，超额完成目标任务；全市实现城镇新增就业9057人，完成目标任务8300人的109%；农村劳动力转移就业33.65万人，完成目标任务30万人的112.16%，实现工资性收入73.36亿元。实施就业援助计划，实现城镇零就业家庭动态清零，就业形势保持总体稳定。	已完成
	2.实施职业技能提升行动，开展职业技能提升培训2万人次。	市人力资源社会保障局	围绕农民工、高校毕业生、就业困难人员、残疾人等重点群体，举办职业技能提升培训班618期，培训3.31万人次，完成目标任务2万人的165.5%。	已完成
保障基本民生（1项）	3.城乡居民基础养老金每月调增3元。	市社保中心	完成自治区城乡居民基础养老金每月调增5元的目标要求，原州区、西吉县在此基础上分别调增10元，隆德县调增5元。目前，全市城乡居民月人均基础养老金达到187元，较上年度增加12元，惠及14.4万名群众。	已完成
改善和提升办学条件（5项）	4.新建幼儿园5所，新增园位2700个，学前教育毛入园率达86%以上。	市教育体育局	5所幼儿园新建项目已全部完工，新增园位2700个。	已完成
改善和提升办学条件（5项）	5.新改扩建义务教育学校校舍7.2万平方米，新增学位10800个。	市教育体育局	6所7.2万平方米义务教育学校校舍新改扩建已全部完工，新增学位10800个。	已完成
	6.新改扩建普通高中学校校舍2.2万平方米。	市教育体育局	新改扩建高中学校校舍1所并投入使用，1所完成招投标。	正在落实

续表一

主要任务		牵头单位	办理情况	完成状态
改善和提升办学条件（5项）	7.完成政府购买公办幼儿园幼儿保育教育服务岗位500名。	市教育体育局	印发了《2021年政府购买公办幼儿园保育教育服务（民生实事）工作方案》，市本级和各县（区）均已完成购买任务，500名购买服务岗位人员已全部上岗服务。	已完成
	8.建成城乡在线互动课堂330间，实现全市各级各类学校在线课堂全覆盖。	市教育体育局	330间在线互动课堂已全部建成并通过验收，实现了全市各级各类学校在线课堂全覆盖。	已完成
提高妇幼医疗保障水平（3项）	9.分别为4.5万名和2.3万名固原户籍农村适龄妇女免费检查“两癌”，并为符合救助条件的城乡“两癌”患病妇女每人补助1万元。	市卫生健康委 市妇联	全市共免费开展宫颈癌筛查42341人、乳腺癌筛查42508人，分别完成目标任务42270人的100.2%和100.6%。向76名符合救助条件的“两癌”妇女各发放救助金1万元。	已完成
	10.为固原户籍孕妇进行产前筛查，筛查率达80%以上。	市卫生健康委	完成孕妇产前筛查9334人，筛查率为84.65%。其中：免费筛查5928人，免费筛查率为53.76%。筛查出异常者748人，转诊402人、接受产前干预诊断309人。	已完成
提高妇幼医疗保障水平（3项）	11.为在固原出生的新生儿筛查遗传代谢性疾病，筛查率达98%以上；为农村困难家庭新生儿筛查耳聋基因，筛查率达90%以上。	市卫生健康委	完成新生儿遗传代谢疾病筛查11466人，筛查率为98.97%；完成新生儿听力筛查11458人，筛查率为98.90%。其中：筛查脱贫户新生儿耳聋基因2663人，筛查率为98.78%。	已完成
加强残疾人社会保障（4项）	12.将困难残疾人生活补贴由每月100元提高到110元，重度残疾人护理补贴由每月80元提高到120元，惠及5万多人次。	市民政局	自2021年1月1日起，将固原市困难残疾人生活补贴由每人每月100元增加到110元、护理补贴每人每月80元增加到120元，惠及6.9万多人次。	已完成
	13.为符合救助条件的300名0~6岁残疾儿童全面提供康复救助服务。	市残联	依托县（区）定点康复机构，免费为300名0~6岁听力、言语、肢体、智力和孤独症等残疾儿童提供康复救助服务，康复训练成效明显。	已完成
	14.为800户困难残疾人家庭实施出行环境、生活环境等无障碍改造。	市残联	完成残疾人家庭无障碍改造2103户，完成目标任务800户的263%。其中：原州区350户、西吉县380、隆德县820户、泾源县377户、彭阳县176户。	已完成
	15.扶持440户农村残疾人家庭发展特色产业。	市残联	扶持440户农村残疾人家庭发展特色产业，每户补助2000元。其中：原州区100户、西吉县100户、隆德县100户、泾源县100户、彭阳县40户。	已完成
优化城乡人居环境（3项）	16.改造市区老旧小区40个47.8万平方米，惠及居民4696户。	原州区政府	市区老旧小区改造任务共涉及132栋楼4700余户。项目于8月中旬开工，已完成室外供热管网等基础设施配套工程和道路、停车场垫层部分，计划2022年春季全面完成。	已完成

续表二

主要任务		牵头单位	办理情况	完成状态
优化城乡人居环境（3项）	17.实施农村无害化卫生厕所改造10750户，其中：原州区2500户、西吉县3000户、隆德县1000户、泾源县2250户、彭阳县2000户。	市农业农村局	全市共完成农村无害化卫生厕所改造14132户，完成年度目标任务10750户的131.46%。其中：三格化粪池改造9089户，接入城市污水管网5043户。	已完成
	18.在市区新建城市公厕5座（含1座移动公厕）。	市城管局原州区政府	结合海绵城市丝路公园建设项目新建城市公厕5座；碧桂园小区、金田阳光小区配建城市公厕2座；原州区安装移动公厕1座，已投入使用。	已完成
打造安全畅通的交通环境（3项）	19.实施公路安全生命防护工程100公里，改造农村公路危桥2座，新建农村公路200公里。	市交通运输局	新建农村公路288公里，完成目标任务200公里的144%。其中：原州区46公里、西吉县147公里、隆德县34公里、泾源县9公里、彭阳县52公里。建成隆德县公路安全生命防护工程113.6公里，完成目标任务100公里的113.6%；改造农村公路危桥2座，已完工并投入使用。	已完成
	20.为六盘山公交集团采购10辆新能源公交车。	市交通运输局	10辆新能源公交车辆已采购到位，并于10月1日上线运营。	已完成
	21.新建北环、南环2处公交首末站；改造市区部分公交站亭；延长部分繁华商圈、主要街道的公交服务时间。	市交通运输局	改（扩）建公交首末站2处（东关路公交首末站改建、东岳山公交站扩建），目前均已投入使用。投资395万元统筹改善公交基础设施，实施公交站亭建设和站牌亮化工程，新建公交站亭14个、改移公交站牌（亭）20个、粉刷亮化公交站牌（亭）150个。将1路、3路、8路等公交末班时间由原来的19:00延长至19:30，进一步优化了公交服务时间。	已完成
提升城乡供水保障能力（1项）	22.建设覆盖全市38个乡镇487个村3.9万户群众的“互联网+城乡供水”工程网、信息网、服务网，实现自来水入户率稳定达98%以上，供水保证率稳定达95%以上，水质稳定达到国家生活饮用水卫生标准。	市水务局	“互联网+城乡供水”工程示范项目完成投资2.7亿元，共完成预制井11178座，新建、改造维修联户井7991座，安装水表29476块，实现了自来水入户率稳定达98%以上，供水保证率稳定达到95%以上，水质稳定达到国家生活饮用水卫生标准。	已完成
丰富群众文体生活（2项）	23.开展“送戏下乡”惠民演出300场，组织广场文艺演出200场；改造提升文化大院20家。	市文化旅游广电局	全市共组织开展“送戏下乡”惠民演出335场次，组织广场文艺演出298场次，分别完成目标任务300场、200场的111.6%和149%。完成20家文化大院改造提升。	已完成
	24.改造提升市体育馆；建设多功能运动场3个（西吉县、隆德县、泾源县各1个）、健身步道10公里（市区3公里、隆德县2公里、泾源县5公里）。	市教育体育局	开工建设市体育馆维修改造提升项目，已基本完成水、电、气及一期修补工程；3个多功能运动场建设项目已建设完成；10公里健身步道项目已完成。	已完成
实施法律援助工程（1项）	25.为困难群众免费办理法律援助案2000件以上。	市司法局	全市共办理各类法律援助案件2436件，完成2000件任务的121.8%，为3150余名受援人挽回或避免经济损失2638.34万元。	已完成

【固原市第四届人民代表大会第五次会议代表建议办理】 2021年，固原市人民政府系统共承办四届人大五次会议代表议案2件、建议17件。截至2021年年底，19件议案建议已全部办结并答复代表。其中，已经解决或基本解决的（A类）12件，占63.16%；正在解决或列入规划逐步解决的（B类）4件，占21.05%；因条件限制一时无法解决的（C类）3件，占15.79%。

建议人	建议类型	具体建议	完成情况
李国英	A	关于加强全市传染病防治能力及核酸检测能力建设的议案	改造提升了市疾控中心实验室大楼、市中医医院、妇幼保健院、疾控中心核酸实验室，新建西吉县、彭阳县疾控中心综合楼，新购置核酸检测设备5套，推进6家综合医院规范化感染性疾病科建设，并在94所基层卫生院（服务机构）设置预检分诊点、发热诊室，进一步完善了传染病防治设施，全面提高了新冠肺炎等传染病防治和核酸检测能力，各县（区）核酸检测实现了应检尽检。
郭兆虎	A	关于推进全市城乡公交一体化建设的议案	新建西南新区调度中心、东岳山等公交首末站4处，2021年投资1000余万元采购新能源公交车10辆，投资395万元统筹改善公交基础设施，新建公交站亭14个，改移、粉刷亮化公交站牌（亭）170个，并优化了部分线路运行时间，全面提升了城市公交服务能力。在做好乡镇和建制村通客车的基础上，对部分农村线路进行运营补贴，2021年安排150万元支持原州区农村客运发展，确保乡村客运班线“开得通、留得住、通得畅、服务好”。
马国明	A	关于增设市区停车场及停车位的建议	在金城路南侧、警民路与上海路交叉口等地新建停车场6个，有效缓解了市民停车难的问题。同时，组织开展了停车场专项整治行动，进一步规范了停车场运行秩序。
王　勇		关于扶持隆德县道地中药材产业发展的建议	编制了《固原市中药材产业“十四五”发展规划》，争取资金345万元扶持隆德县中药材企业实施科技创新项目8项，培育科技型中药材企业8家。指导企业提升加工能力，建成规模型加工企业2家，进一步延伸了中药材产业链条。支持隆德县中药材产业加强创新平台建设，建成自治区级技术研究（创新）中心4家。
别志俊		关于解决城区公办幼儿园师资短缺问题的建议	2019年，在全区率先实施政府购买公办幼儿园保育教育服务，计划5年内解决公办幼儿园师资不足的问题，3年来累计购买公办幼儿园保育服务岗位1500个。
李　聪	A	关于将西吉县月亮山水源涵养林建设项目纳入固原市“十四五”生态保护修复示范项目的建议	自然资源部门编制了《六盘山生态功能区（宁夏段）山水林田湖草沙一体化保护和修复工程项目实施方案》，其中包括月亮山（西吉县）水源涵养林建设项目，计划投资57394.02万元。项目将于2022年上半年参加全国竞争性评审，待通过后组织实施。其余7条建议已按照代表提出的建议办结，代表对办理结果均表示满意。
杨生俊	B	关于争取建设定西经西吉至固原铁路的建议	该项目已列入国家“十四五”铁路建设项目并完成了固原过境段线路方案专项研究，目前正在积极沟通对接，争取早日开工建设。
杨生俊	B	关于实施S45中卫至静宁高速公路（西吉段）的建议	该项目已列为“固原市‘十四五’重大基础设施发展规划”前期研究项目。下一步，将加大与自治区交通运输厅的沟通对接，争取早日开工建设。

建议人	建议类型	具体建议	完成情况
张立君	B	关于实行差异化生态补偿机制，从政策和资金方面给予泾源县倾斜扶持的建议	因全区实行省直管县的财政管理体制和“分灶吃饭、分级承担”的市县财政管理体制，市级层面无法加大对泾源县的转移支付力度，市政府正在积极争取中央、自治区政策和项目资金支持。
李光明	B	关于进一步加大对泾源县国家重点生态功能区转移支付力度的建议	因全区实行省直管县的财政管理体制和“分灶吃饭、分级承担”的市县财政管理体制，市级层面无法加大对泾源县的转移支付力度，市政府正在积极争取中央、自治区政策和项目资金支持。
高继飞	C	关于出台被划入六盘山自然保护区内的集体土地相关政策的建议	经多次与自治区自然资源厅沟通对接，泾源县被划入六盘山自然保护区内的集体土地(2100余亩群众承包耕地)属于林地范围，按照现行政策规定，无法申请享受退耕还林政策。
郭兆虎	C	关于在西关十字路口建设人行天桥的建议	经实地论证，该路段西侧为文化西路与西关街交叉口，东侧280米已建人行天桥1处，若在此建天桥，两座天桥距离太近，空间规划布局不合理，缺乏建设必要性。
王克祥	C	“四个一”林草产业发展用地的建议	按照《土地管理法》《土地管理法实施条例》相关规定和国家、自治区坚决遏制耕地“非农化”防止“非粮化”有关要求，代表提出的在土地供应上预留指标发展林草产业、在移民迁出区基本农田内发展木本粮油作物均不符合法律法规和政策要求。

说明：A为已经解决或基本解决的建议；B为正在解决或列入规划逐步解决的建议；C为因条件限制一时无法解决的建议。

【政协固原市第四届委员会第五次会议代表提案办理】 2021年，固原市政府系统共承办市政协四届五次会议委员提案112件(重点提案10件)。固原市政府强化责任担当，完善工作机制，增强办理实效，圆满完成提案办理工作，办复率100%。其中，已经解决或被采纳的(A类)71件，占63.4%；部分解决或列入规划逐步解决的(B类)38件，占33.9%；因条件限制或其他原因一时难以解决的(C类)3件，占2.7%。委员反馈满意度为100%。

建议人	建议类型	具体建议	完成情况
马天英	A	关于推进巩固拓展脱贫攻坚成果同乡村振兴有效衔接的建议	将原州区、西吉县列为国家乡村振兴重点帮扶县区，隆德县、泾源县、彭阳县列为自治区乡村振兴重点帮扶县，保持现有帮扶政策、资金项目、帮扶力量总体稳定。建立“领导包抓+专班推进+驻村帮扶”机制，制定印发《关于巩固脱贫攻坚成果全面推进乡村振兴加快农业农村现代化的实施意见》《固原市巩固拓展脱贫攻坚成果全面推进乡村振兴工作清单》。健全防止返贫动态帮扶和监测机制，深入实施“四大提升行动”，持续深化闽宁协作，乡村振兴迈出了新步伐。

建议人	建议类型	具体建议	完成情况
毛巧玲	A	关于老城区合理规划、布局建设公厕的建议	坚持将城市公厕建设纳入为民办实事项目，2019年以来，市区累计新建公厕37座，并将城市公厕建设纳入《固原市“十四五”社会事业发展规划》，“十四五”期间将新建公厕59座、维修改造老旧公厕50座，彻底解决市民如厕难的问题。
民进固原市委会	A	关于严防学生家庭作业变家长作业的建议	认真贯彻落实中央、自治区有关减负精神，自2021年秋季学期全面实施课后服务，推行义务教育阶段学校课后服务“5+2”模式、普通高中学校课后服务“6+2”模式，确保学生在校完成作业、不留家庭作业，切实减轻了家长负担。同时，进一步加强中小学生作业管理，实行作业校内审查公示制度，严控作业总量，不给家长布置或变相布置作业检查任务。
黑晓明	A	关于提高固原市老旧小区改造质量的建议	2019年以来，全市累计改造老旧小区105个，惠及10000余户居民。为确保改造质量，聘请专业技术团队严把质量关、技术关，将质量和安全要求贯穿于项目建设全过程。2022年，将继续争取项目资金改造老旧小区26个，努力改善老旧小区居民居住条件。
马仲尧	A	关于加强做好农村道路建设管护工作，夯实乡村振兴基础设施的建议	各县（区）全面推行农村公路“路长制”，按照“县道县管、乡村道乡村管”的原则，明确县、乡（镇）、村职责，对农村公路实施标准化管护。同时，坚持建管结合，通过开展农村公路治超、道路安全隐患排查等措施，全面提升农村道路管理养护水平。
宋兆吉	A	关于加大固原市生态建设和项目资金支持力度的建议	结合推进黄河流域生态保护和高质量发展先行区战略实施，市自然资源部门组织编制了《六盘山生态功能区（宁夏段）山水林田湖草沙一体化保护和修复工程项目实施方案》，提出6大类工程35个子项目，项目总投资58.1亿元，正在积极争取列入国家投资计划。
陈彦杰	A	关于建设中山街西1巷至文化巷道路的建议	该项目已批复立项并完成初步设计，正在控制价编制审核中，待相关拆迁完成后将组织施工。
何　亮	A	关于助推固原市国家生态文明建设示范市创建工作的建议	固原市坚持“生态优先、绿色发展”定位，深入推进生态制度、生态环境、生态空间、生态经济、生态生活、生态文化六大体系建设，36项创建指标全部达标。2021年10月，被生态环境部命名为第五批国家生态文明建设示范区。
胡秀德	A	关于加快固原市肉牛良种繁育体系建设的建议	建立“市、县、乡、村”四级肉牛良种繁育体系，按照“两纯一优”肉牛品种改良技术路线，推动肉牛产业实现优质化高端化。目前，全市共有肉牛冷配改良站（点）287个，年冷配改良母牛18万头以上，良种化率达90%以上。

建议人	建议类型	具体建议	完成情况
景　俊	A	关于加大固原市医疗救治体系建设的建议	坚持把医疗救治体系建设作为推进国家治理体系和治理能力现代化的重要组成部分，改造提升市疾控中心实验室，规划建设市人民医院传染病院区，在全市10所医疗机构设立发热门诊，建设乡镇卫生院发热门诊5个，建成发热哨点诊所54个。立项建设市公共卫生应急物资储备库，全市应急医疗防护物资储备和保障能力得到进一步加强。
马生礼	A	关于市区增设停车场和取消小区前公共场所收费不合理的建议	2021年，市政府将新建停车场列入党史学习教育"我为群众办实事"内容，在金城路南侧等地新建停车场6个，进一步增加了车位供给、缓解了停车难题。同时，组织开展了停车场专项整治行动，规范了停车场运行秩序。下一步，将加快出台《固原市停车场建设管理办法》，进一步规范停车场管理。
固原市工商联	B	关于建设宁夏师范学院附属小学的建议	该项目已列入《固原市国民经济和社会发展十四个五年规划和2035年远景目标纲要》，固原市将积极争取国家和自治区项目资金支持，力争早日开工建设。
王　敬	B	关于推进固原市秦长城及长征国家级文化公园建设的建议	该项目已列入自治区"十四五"文化保护传承利用工程，其中长征国家文化公园六盘山红军长征旅游区红色旅游提升项目已开工，固原市将进一步加大沟通对接争取力度，积极争取分期分批实施。
刘小萍	B	关于解决固原银平公路杨郎超限超载检测站畅通的建议	杨郎治超站检测车道改造已纳入自治区交通运输厅G344线改（扩）建项目,将在2022年组织实施。
拜春霞	B	关于改造长城预制厂（张易路南段）至长城村居民点路段的建议	该项目已列入城市道路建设规划，资金已到位，待原道路占用林地、耕地问题协调解决后开工建设。
石明义	C	关于原州区东峡村打造3日游度假村的建议	原州区东峡村3日游度假村项目属原州区2019年招商引资项目，2020年以来受新冠肺炎疫情及招商引资企业资金链断裂等因素影响，企业终止合作、暂时无法实施。
王文清	C	关于解决固原市非物质文化遗产传承人生活补助费的建议	因固原市财力困难，暂不具备向非物质文化遗产传承人发放生活补助的条件，我们将持续关注、适时予以解决。
马生礼	C	关于在东关北路北海段修建拱桥的建议	按照城市建设规划，兼顾经济适用性，计划通过在该路段实施雨污分流改造项目改善该片区环境问题，因此修建拱桥缺乏必要性。

说明：A为已经解决或基本解决的建议；B为正在解决或列入规划逐步解决的建议；C为因条件限制一时无法解决的建议。

政务公开

【政府信息主动公开】 2021年,固原市充分运用政府网站和新媒体平台,主动公开固原市"十四五"专项规划信息,推进部门预算、部门决算和"三公"经费预决算按规定公开。继续深化重大建设项目批准和实施、公共资源配置、涉农补贴、养老服务、食品药品监管和公共文化服务等领域信息公开。2021年,全市通过政府门户网站和政务新媒体以及其他方式主动公开政府信息33000余条。其中,针对群众关切的文件政策,发布政策解读信息177条,回应民生热点问题84条,公开政民互动周报35期。

【政府信息依申请公开】 2021年,固原市按照《宁夏回族自治区政府信息公开申请办理规范》要求,严格遵守办理流程,全年共收到政府信息公开申请129件,其中,予以公开62件,部分公开10件,不予公开1件,无法提供44件,不予处理9件,其他处理3件。

【政府信息管理】 2021年,固原市加强政府信息公开日常工作管控,建立健全信息发布保密审查机制,严格进行保密审查,除涉密和依法受到保护的信息外,其他信息及时公开。依托网站和政务新媒体监测平台,对全市政府网站和政务新媒体信息更新、互动交流、不当表述等情况进行动态检查,及时督促整改。定期汇总通报在检查中发现的共性问题、整改不彻底单位和各单位政府信息公开情况。全年通报"不合格"政府网站17次,"不合格"政务新媒体144个,关停"不合格"政府网站3个,清理僵尸政务新媒体44个。

【信息平台建设】 2021年,固原市按照自治区政务公开工作统一部署,对固原政府网"就业创业""食品药品安全"等14个栏目进行规范命名,分类归总法定主动公开专栏中的19项重点领域政府信息,不断提升政府网站信息公开的服务能力。增设"政策"文件库,对规章、规范性文件、废止文件等政府信息进行集中公开。

【信息监督保障】 2021年,固原市召开政务公开工作推进会,进一步压实主体责任,及时有效修正问题短板。建立政务公开工作台账,对标上一年度政务公开工作要点开展回头看,逐项核查落实情况。将全市政务公开工作与政府门户网站、政务新媒体监督检查相结合,定期对栏目更新是否及时、信息是否准确等方面进行检查,并将有关情况纳入部门绩效成绩。全年未出现因政府信息公开问题展开的责任追究事件。

【政民互动】 2021年,固原市有效整合政务热线,及时优化涉农惠农331监管平台,政务平台服务企业群众能力不断提升。政府网站互动交流共收到留言1905条,办结1891条,办结率达到99.27%,"固原阳光政务"手机App收到咨询投诉2709条,回复处置2700条,办结率达到99.67%。固原市12345政务服务便民热线共接到各类群众诉求20.75万件,办结20.65万件,办结率达到99.53%。跟踪办理国务院"互联网+督查"留言174件,"自治区主席信箱"留言117件。

信访工作

【概况】 2021年,固原市信访局共接待来访群众344批、3116人次,同比批次人次分别上升8.9%和7.4%。收到群众来信24件,全市网上投诉平台接到投诉件440件,共办理人民网网友留言238件,其中,办理给自治区党委书记留言86件,自治区主席留言20件,固原市委书记留言81件,固原市市长留言51件,所有留言事项全部办结,办理回复率达到100%。

【重复信访、信访积案集中治理和化解】 2021年,固原市信访局严格办理中央信联办交办的治理重复信访、化解信访积案(第一批)116件;第二批国家交办的41件案件中,办结30件,办结率达到73%。

【信访事项办理】 2021年,固原市信访局认真贯彻自治区信访局《关于做好信访事项办理提速提质工作的通知》精神,不断强化"马上办、简易办、就地办"的服务理念,严格落实"重要事项限时办、简明事项简易办、普通事项缩时办"和信访事项办理"日接收、周落地、月办结"的工作要求,进一步压缩信访事项登记、受理、办理工作时间,切实提高了初信初访办理效率和质量。

【信访服务保障】 2021年,在庆祝中国共产党成立100周年纪念大会期间,固原市信访保障工作得到了各级部门的认可,自治区信联办专门发出《表扬信》通报表扬。在全国两会、十九届六中全会及全市重大活动期间,固原市信联办及时印发信访保障工作通知,全力做好重点人员教育稳控和重点信访事项化解工作,实行信访信息"零报告"制度,实现了重点时期全市零进京赴银上访工作目标。

【信访突出问题解决】 2021年,固原市信访局制定印发《固原市信访工作联席会议关于落实部门和地区责任解决当前信访突出问题的工作方案》,安排、部署全市部门及县(区)信访突出问题工作,深入排查梳理房地产、金融、劳动社保等8个重点领域信访突出问题,进一步明确部门和属地责任,强化措施,扎实推进全市信访突出问题有效解决。

审批服务管理

【概况】 2021年,固原市审批服务管理局深化拓展延伸"163"政务服务模式市县一体化，创新开展“四项提升行动”，各项工作取得明显成效，市县（区）政务服务事项实体大厅进驻率达85%以上，80%以上事项可网上申报，70%以上事项可不见面办理，32%以上事项实现即时办理，政务服务中心及各分中心共受理各类办件782671件，办结782626件，办结率达到99.99%。

【政务服务标准化建设】 2021年，固原市审批服务管理局推行全市政务实体大厅全时办、预约办、就近办、上门办、跨域办、绿色通道办、服务专员办等多项便民服务措施，市本级开发建成了企业档案易查询系统，方便企业查询。推动“诚信化”审批服务，试点以“诚信”审批为基础的工程建设项目“模拟审批”，审批部门在事项申报要素齐全，但审批要件暂缺的情况下，依据建设单位申请和承诺进行受理，发放模拟批复文件或许可证书。实体大厅设置“找茬”窗口和“办不成事反馈”窗口，收集群众服务诉求，所有受理窗口设置评价器，依托宁夏政务服务“好差评”系统，对评价数据进行综合分析，通过不断整改倒逼审批服务人员优化提升服务方式。搭建了统一的电子监察平台，实现宁夏行政审批和公共服务系统办件的全流程“跟踪”，通过数据接口对接，实现对不动产、无线电等行业专用系统办件的流程跟踪监管。市本级90个政务服务事项实施告知承诺诚信审批，逾期办件率控制在1%以下，群众投诉率逐年下降、满意度评价达99%以上。

【政务服务便利化建设】 2021年，固原市审批服务管理局推动“一门、一窗、一网”通办，以“一枚印章管审批”为突破，深化拓展延伸“163”政务服务模式市县一体化，推动政务服务事项向实体大厅集中，分批分次取消32项行政许可事项，市级1127项依申请办理事项进驻实体大厅办理，县级123项便民服务事项进驻乡镇民生服务大厅办理，48个事项进驻村（社区）民生服务代办点办理，实现了进政务服务实体大厅一扇门办一揽子事。

【审批项目智能化建设】 2021年，固原市审批服务管理局以“六多合一并联审批”为突破，对企业开办全流程涉及的设立登记、印章刻制、发票申领、用工登记、公积金缴存等推行多环节一体化办理，将企业注销涉及的审批、税务、商务、人社等部门多项业务纳入全区“一网通”系统，取消备案清算程序，免去不涉税无债企业的清税证明；依法实施证照分离改革。探索实施“一照多址”“一址多照”“承诺+视频勘验”审批，面向全国征集图审机构12家，在全区率先开展施工图网上审查，并对8类不涉及公共安全的小型工程项目施工图设计文件免审，连续5次面向社会征集中介服务机构，建立“中介超市”。对规划内总投资5000万元以上政府投资项目，合并审批项目建议书与可研报告，围绕一般房地产开发、既有建筑改造等工程建设项目，实行“分类定制审批”。

【重大项目“极简”审批行动】 2021年，固原市审批服务管理局对进驻政务大厅的149项中高频政务服务事项，通过直接取消、网络核验、内部核实等途径压减不必要的申请材料98件，与法定时限相比，审批时限压减78%；推行重点建设项目审批绿色通道服务机制，推行工程费用400万元及以下政府投资项目简化审批程序，对标全市重大项目和招商引资项目，企业设立登记开设专班，实施“一对一”“点对点”服务。同时，坚持特事特办、急事急办，对进入绿色通道的企业实行优先受理、优先核准，特殊情况可上门服务；坚持无偿代理服务和“容缺受理”服务，今年容缺事项总共办理127件。

【企业开办“110”行动】 2021年，固原市审批服务管理局全面优化办事流程，简化办事环节，持续“减环节、减时间、减费用、减材料”，将涉及企业开办各环节压减并优化压缩为1个环节，申请人只需填写一张表格、提交一份资料，即可完成企业设立登记申请工作；依托“宁夏企业开办一网通办服务平台”，推行企业开办线上“一表填报”，后台“一网审批”，窗口“一次领取”结果或免费“一次寄递”结果，实现企业开办1个工作日办结；由政府出资免费为首次开办企业提供全套印章（企业公章、法定代表人专用章、财务专用章、合同专用章和发票专用章），由办理

市政务服务中心办事大厅工作人员忙碌的身影

企业注册登记的同级政府财政部门全额保障，免费领取税控系统专用设备，对企业开办各环节实行零费用免费办，让企业开办真正实现“零成本”，有效激发了市场主体发展活力，降低市场准入门槛。全市累计在册市场主体96064户，同期相比增长7%；其中市辖区47943户，同比增长8.9%；2021年全市新登记市场主体14287户，同比增长11.8%，其中市辖区新登记8031户，同比增长14.6%。

【优秀企业家“便民利企”行动】 2021年，固原市审批服务管理局固原市审批服务管理局开通“一次提交，当场办理”的优秀企业家绿色通道，建设企业档案“易查询”系统，将历史纸质存量档案16786户42876卷1010450份全部电子化，实现档案“自助查询、自助选择、自助打印”一次性完成；建立完善首办责任制、限时办结制、一次性告知制、窗口服务承诺制、预约服务制、延时服务制、投诉处理制等各项服务制度，推动“便民利企”行动常态化开展。截至目前，我局已为17家优秀企业办理相关业务112件。

（李兴民）

机关事务服务

【公共机构节能】 2021年，固原市机关事务管理局深入贯彻落实国家和自治区公共机构能源资源节约工作要求，着力推动“十四五”时期公共机构能源资源节约工作责任落实。向行政中心外围单位配送二分类垃圾箱333组，引导干部职工树牢节约意识、养成节约习惯，通过二维码扫码的方式实现数据化、信息化、精细化。完成市行政中心节能节水分户计量节能改造项目，顺利通过国管局、国家发展改革委、水利部考核验收，获得全国公共机构水效领跑者示范单位。完成全市公共机构申请创建节约型机关119家，其中111家达到验收标准，全市累计占比70%，市本级和县（区）分别完成节约型机关创建目标任务的122.4%和137.8%，市本级和县（区）均提前完成节约型机关创建任务。

【行政中心安全管理】 2021年，固原市机关事务管理局通过“四优服务”，把握“四个突破”，积极创建文明规范、服务至上、态度和蔼的安全保卫文明示范窗口，加强外来人员出入登记管理及安全保卫巡逻工作，规范行政中心及公寓楼门禁系统管理，加强行政中心车辆进出和停放管理，确保了大院秩序。对行政中心大院监控系统进行了更换升级，实现了技防人防有机结合，协助信访部门理性疏导和指引个体上访600余人次、群体上访80余批次3500余人次，有效维护了行政中心正常的办公秩序，确保行政中心区域内无安全事故发生。培养了一支政治坚定、作风优良、纪律严明、业务精通的高素质保障服务队伍。

【公务接待活动】 2021年，固原市机关事务管理局共接待各级领导、宾客304批2916人（次），其中二级接待1批17人（次）。重点保障了中央、中纪委领导，福建党政代表团、国务院第八次大督查、全国政法队伍教育整顿第四督导组、中央依法治国办督查组等公务接待活动，确保重大接待零失误。

【办公用房管理】 2021年，固原市机关事务管理局深入贯彻实施《宁夏回族自治区党政机关办公用房管理办法》，及时跟进国家和自治区办公用房管理有关要求，适时举办党政机关办公用房管理培训，按期完成全市办公用房数据汇总上报及管理网络平台建设等工作。定期开展办公用房督查，确保党政机关合规使用办公用房，杜绝超标准情况出现反弹。重新调整办公场所5家单位，零星调剂15家单位40间1697平方米，排查登记填报市本级党政机关办公用房50处24.2万平方米，业务技术用房21处10.8万平方米，在建项目6处3852平方米。完成了党政机关办公用房体系20项内容，实现办公用房统一权属管理、统一规划建设、统一调配使用、统一资产处置的目标。全年共清理腾退办公用房21间764平方米，调剂办公用房51间2055平方米。依托自治区公共房产管理系统，采取分办公区、分时间段集中填报市本级办公用房50处3262间4166人250683.93平方米(其中：办公用房175191.16平方米，办公区内业务技术用房75492.8平方米)，办公区外业务技术用房44处153927.14平方米；在建办公用房项目6处，建筑面积约3852平方米。指导督促各县（区）机关事务中心制定贯彻实施意见或办法，落实管理责任、健全管理机制，推动长效管理。加强市级机关办公用房日常管理，持续开展办公用房清理，科学调配办公用房使用，不断提高办公用房集约使用效率和实现标准化管理水平。

【公务用车管理】 2021年，固原市机关事务管理局深入贯彻实施《宁夏回族自治区党政机关公务用车管理办法》，完成了党政机关公务用车标准体系建设20项内容，进一步规范公务用车申报、审核、派出程序，严格车辆加油登记和里程登记核对、定点维修申报、审核、监督程序，紧盯车辆集中停放、出车登记管理，严禁公车私用。通过“全区一张网”平台，加强市级党政机关公务用车日常管理，完成机构改革涉改单位公务用车编制核定、车辆调配，推进各县（区）级党政机关公务用车集中管理体制机制建设，不断提升公务出行保障绩效，2021年为服务对象提供高效便捷的安全公务用车2500余次。

中国人民政治协商会议固原市委员会

综　述

【概况】　2021年，固原市政协坚持党的领导，始终把牢正确履职方向。常委会旗帜鲜明讲政治，把坚持党的领导作为政协工作的根本政治原则，确保政协事业沿着正确政治方向前进。坚持重大事项向市委请示报告制度，先后就召开六盘山片区精准扶贫推进会等事项请示32次，提交各类报告53份。构建“政协党组+机关党组+机关党支部+专委会功能型党支部”的组织架构，设立7个专委会功能型党支部，在政协全会、委员培训等会议和活动中设立临时党支部和党小组，实现了党的工作对政协委员的“两个全覆盖”。加强全市政协系统党的建设，召开3次党建工作推进会，促进基层政协党建工作创新发展，隆德县政协参加全国政协系统党的建设工作经验交流会，作了题为“创办委员红色讲堂，广泛凝聚共识传播共识”的交流发言。

【履职服务】　2021年，固原市政协紧扣党政决策部署集中建言。组织委员参加“十四五”规划编制、党代会工作报告等征求意见座谈会32场次，建言固原发展。围绕“一府两院”工作报告开展集中协商议政，提交《深入推进我市精准脱贫的对策》《创新企业融资担保模式，助推小微企业健康发展》等高质量大会发言102篇，以专报形式提交委员分组、联组讨论的意见建议887条，为党政决策提供参考。市委点题，市政协班子成员领题，围绕“四大提升行动”“四权”改革等课题开展调研活动，提交《固原市深化改革开放专题研究》等报告27份。

【巩固脱贫成果】　2021年，固原市政协围绕稳定可持续脱贫、巩固拓展脱贫攻坚成果同乡村振兴有效衔接等7项课题，全方位、多层次建言资政，其中《关于固原市实现稳定可持续脱贫的调研报告》以党办通报印发各县（区）参考。市政协代表宁夏市级政协参加全国地方政协工作经验交流会，作了题为《建言资政、凝聚共识，为打好脱贫攻坚战贡献政协力量》的会议发言。协助自治区政协在固原承办六盘山片区政协精准扶贫第五次交流推进会，代表西北五省区市级政协交流经验。在帮扶西吉县红耀乡井湾村脱贫奔小康过程中“井湾扶贫”模式被人民政协报、宁夏电视台等媒体多次宣传报道。举办中蜂养殖、林草种植等实用技术培训16场次，政协委员资助贫困大学生90人次，捐资捐物1000余万元。市政协驻村工作队荣获自治区脱贫攻坚先进集体称号。

【疫情防控】　2021年，市政协积极响应抗击疫情决策部署，及时发出倡议书，组织动员全市政协力量共克时艰。市县（区）两级政协班子成员深入基层，督察指导疫情防控措施落实，全市政协系统党员干部和政协委员投身抗疫一线、踊跃捐款捐物489万元，5名委员被评为全区抗疫先进个人。疫情防控转入常态化后，及时号召22家委员企业带头复工复产，协调接送近200名固原籍员工赴银返岗，围绕公共卫生疾控体系建设和“六稳”“六保”政策落实开展调研视察，为夺取疫情防控和经济社会发展“双胜利”汇智聚力。

【社会服务】　2021年，针对学前教育规范发展、创新素养教育等课题深入调研，为办好人民满意教育积极建言献策。围绕推进健康固原建设开展常委会专题协商，就实施综合医改、社区卫生机构建设专题调研，协调落实500万元专项经费改善市精神康复医院基础设施建设等问题。专题视察考察养老服务和社会保险工作，健全完善社会保障体系建设。紧扣推进文化惠民外出考察学习，为创建全国公共文化服务体系示范市建言献策。组织文化、卫生等界别委员开展送医送药送文化等活动12场次，编报《关于提高城乡居民住院实际报销比例的建议》等社情民意信息292期，有效提升群众获得感、幸福感。西吉县政协积极争取“兴华爱心基金重特大疾病救助”资金114万元，用于开展困难群众医疗救助。

【民主监督】　2021年，市政协班子

成员扎实开展督战脱贫攻坚，督导卫生城市创建，包抓乡村振兴和移民安置等工作，协调解决“两不愁三保障”和环境整治等问题25个；高质量完成县（区）领导班子换届考察、整顿农村软弱涣散党组织、指导党史学习教育等任务，向市委报送相关报告23份；落实联系重点企业职责，帮助企业争取资金200多万元，包案化解信访案件20余件。创新建立民主监督小组工作机制，选派43名政协委员组成8个民主监督小组，委派至27个市直部门开展协商式监督。共报送监督报告40份，提出意见建议500余条，向市场监管、公安等部门反映销售假药等问题18个，协商解决市区部分土地不动产登记难等问题15个。选派委员300余人次参加政府开放日、听证会、行风评议等活动78场次，有效扩大监督覆盖面，助推党政决策部署落地见效。

【提案督办】 2021年，市政协创新建立提案办理“131”机制、党政领导领衔督办重点提案机制，推动提案质量和办理成效实现“双提升”，其中《关于修建文化街天桥的建议》《关于加强农村公路养护的建议》等59件重点提案的督办落实，有效解决了一批群众急难愁盼的问题。马汉成书记领衔督办《关于清水河上游河道综合治理的建议》，有力推动清水河旧貌换新颜；冼国义市长现场督办《关于加大固原市生态建设和项目资金支持力度的建议》，有效促进生态优先、绿色发展。征集的提案件和立案件办复率100%，对市工商联、市住建局等15个优秀提案单位和提案承办先进单位给予了表彰奖励。组织住固自治区政协委员提交《关于支持建设六盘山生态经济区的建议》《关于把固原各县（区）列为乡村振兴重点帮扶县的建议》等提案264件，在更高层面为固原市经济社会发展鼓与呼。

【专项监督】 2021年，市政协围绕全市水利水保重点工作开展调研视察，为加快推进黄河水调蓄工程、“互联网+城乡供水”等重点工作建净言、献良策。聚焦加强社区建设开展市外考察学习、市内调研协商，与相关部门达成社区减负增效等17条协商共识，并就落实情况跟踪问效，促使解决社区工作阵地、人员、服务、保障等短板。紧盯停车难问题，通过专题协商、视察等形式力促适量增加市区停车泊位，规范停车收费标准等措施落实。围绕乡村治理和网络宣传阵地建设、“七五”普法、扫黑除恶专项斗争等课题开展考察视察，提出意见建议50余条，为提升基层治理效能，创建平安中国建设示范市提供参考。

【创新协商议事模式】 2021年，市政协搭建“大家来商量”平台，围绕“规范物业管理”“老年活动中心加装电梯”等6项课题开展协商，促进一批民生实事得到解决，陈润儿书记在自治区党委政协工作会议上对“大家来商量”协商模式给予了充分肯定。优化提案办理协商流程，形成“提交–审查–办理–评议–公开”五步闭环模式，被自治区政协列为2021年向全区政协系统重点推广的“十大创新”工作之一，并在全区政协系统工作经验交流会上，作了《“五步闭环”提升全流程提案办理协商实效》的经验交流。原州区政协代表全区基层政协，参加全国地方政协工作经验交流会，提案“3322”工作法被全国政协列为改进市县政协。

【创新委员履职载体】 2021年，市政协创建7个“委员会客室”，充分利用委员影响力和号召力，广泛开展学习交流、联系群众、团结联谊等活动，起到了“一个委员”影响“一众人群”的乘数效应，把更多的人团结凝聚在党的周围。创办“大家来听讲”大讲堂，先后围绕《民法典》和慢性病防治等8个主题，通过“专家讲、委员听、集体议”的方式帮助委员知情明政、面向社会传播共识。创建6个“书香政协”委员读书群，推送《总结党的历史经验，加强党的政治建设》等重要文章百余篇，引导委员学史明理、学史增信、学史崇德、学史力行。

【创新调研方式方法】 2021年，市政协落实区、市、县政协“三级联动”协商议政机制和“不学习就不调研、不调研就不协商”规则，围绕全面推进依法治市等课题，探索采取“1+N”模式开展调研协商，“拧成一股绳”帮助解决社会共同关注的全局性重要问题。创建三级政协委员联络小组，聚焦老旧小区改造、农村人居环境整治等热点和难点问题开展调研视察活动，将委员联络优势转化为助推基层治理工作的实际成效。

【政协委员和干部队伍建设】 2021年，市政协修订出台《专门委员会通则》《界别工作办法》等，确保各项工作规范运行。健全专委会与市直部门、民主党派对口联系制度，召开全市政协系统专委会工作会议，密切沟通、加强互动。优化专委会设置，选优配强工作力量，增设农业和农村委员会。实施“全员入委”，将289名委员按专业特长、界别编入7个专委会，使专委会“专”出特色、“专”出水平、“专”出质量。综合运用“请进来”与“走出去”的方式强化委员培训，围绕“政协委员履职能力建设”等主题，邀请专家学者举办专题讲座21期；选择在哈尔滨工业大学、厦门大学等高校举办三期履职能力提升培训班；选派85名委员参加全国和全区委员培训班，实现委员集中培训全覆盖。组织开展“进基层、话改革、建诤言、促发展”系列活动，走访联系委员、听取呼声建议，并积极帮助部分企业解决贷款、用工等问题。创建委员履职“五个一”考核办法，表彰优秀委员126名，优秀提案委员29名，依章依规撤销3人市政协委员资格，新增农业和农村委员会。梳理完善《常务委员会工作规则》《党组议事规则》等制度26项，推动政协工作制度化、程序化运行。扎实开展“三知三强”实践，有效提升机关干部综合素质，24名优秀干部得到提拔晋升。以实施“三强九严”工程为抓手，加强机关效能建设，创成全市“让党中央放心、让群众满意”的模范机关。

2021年固原市政协四届五次会议部分提案一览表

提案者	案由
宋兆吉　宋亚俊	关于加大“四个一”林草产业项目和资金支持力度的建议
王　升　任小红	关于解决村集体经济经营者报酬的建议
马天英	关于推进巩固拓展脱贫攻坚成果同乡村振兴有效衔接的建议
马　启	关于夯实蔬菜产业基础，拓宽高质量发展之路的建议
张红霞	关于发挥地方优势，做精小杂粮产业的建议
杜　鑫　张国坪　何　亮	关于加大土壤污染防治的建议
郭　锐	关于持续开展农村垃圾分类及资源化利用的建议
张　勇	关于改善农村人居生态环境的建议
杨生慧	加快农业农村经济发展
鲜碧玉	加强农村环境卫生综合整治的建议
九三学社	关于彭阳县大力发展林下中药材仿野生种植的建议
常志福	关于固原市“大力发展农产品电商，推动农村经济发展”的建议
马仲尧	关于加强做好农村道路建设管护工作，夯实乡村振兴基础设施的建议
张国坪　李雅娟　何学良	关于加快固原黄牛地方品种资源保护与培育的建议
李廷枢	关于在彭阳县、原州区、西吉县等适宜区域大力推广种植张杂谷的建议
胡秀德　马　怀	关于加快固原市肉牛良种繁育体系建设的建议
童　彤	关于高质量发展六盘山肉牛产业的建议
李维成	关于促进固原市农村畜牧业持续健康发展的建议
九三学社	关于推进农村科学养殖的建议
海　鹏	关于引进山核桃、山杏、柠条收购加工企业的建议
周德科	关于加强农村地区基础设施建设和维护的建议
何　亮	关于全面推进乡村振兴，加快农业农村现代化的建议
赵宝成	关于提升农村产业现代化水平，助力乡村振兴的建议
师淑莲　毛巧玲	关于有效发挥农村文化资源的建议
邵建海　刘　裕　陈　婷	关于在“四个一”林草产业中构建稳定植物群落的建议

重要会议

【政协固原市第四届委员会第五次会议】 2021年1月15日至18日，在固原市会议中心召开。市政协副主席马莲主持会议，市政协主席马玉芳代表政协固原市第四届委员会常务委员会向大会报告工作，受政协固原市第四届委员会常务委员会委托，政协固原市第四届委员会副主席呼延俊杰向大会报告四届四次会议以来的提案工作情况。会议通过政协固原市第四届委员会第五次会议政治决议；通过政协固原市第四届委员会第五次会议关于常务委员会工作报告的决议；通过政协固原市第四届委员会政协提案委员会关于四届五次会议提案审查情况的报告；通过政协固原市委员会2021年度协商工作计划。

【市政协常务委员会会议】 2021年1月12日，四届第二十一次常委会在华祺伯爵饭店会议室召开。会议传达学习自治区党委第十二届第十二次全会和市委第四届第九次全会精神。听取市政府关于市政协四届四次会议以来提案办理情况的通报。审议通过关于召开政协固原市第四届委员会第五次会议的决定（草案）。审议市政协常委会工作报告（审议稿）、提案工作情况的报告（审议稿）；审议市政协2021年协商工作计划（草案）；审议增补政协固原市第四届委员会委员事宜。

2021年3月22日，四届第二十四次常委会在市会议中心召开。会议传达学习习近平总书记在党史学习教育动员大会上的重要讲话精神；传达学习2021年全国两会精神。会议举办党史学习教育专题讲座（市文化旅游广电局副局长、市委党史学习教育宣讲团成员杜彦荣宣讲固原红色历史）。

2021年7月9日，四届第二十五次常委会在市会议中心召开。会议传达学习习近平总书记在庆祝中国共产党成立100周年大会上的重要讲话精神。会议邀请市中级人民法院、市人民检察院通报重点工作开展情况；邀请市委依法治市领导小组办公室通报全面依法治市工作开展情况。会议开展委员廉政警示教育，传达学习市纪委监委、市委组织部《关于严肃换届纪律的公告》，观看警示教育片《警钟——辽宁拉票贿选案警示录》。

2021年10月19日，四届第二十六次常委会在市会议中心召开。会议传达学习中央民族工作会议精神；传达学习习近平总书记在纪念辛亥革命110周年大会上的重要讲话精神；传达学习全国政协系统党的建设工作经验交流会议精神；传达学习自治区党委十二届十三次全会精神。会议邀请市政府通报全市经济运行情况；邀请市纪委监委通报全市党风廉政建设和反腐败工作情况。会议通报《关于赴贵州、四川考察学习巩固拓展脱贫攻坚成果同乡村振兴有效衔接工作的报告》。

2021年12月22日，四届第二十七次常委会在市会议中心召开。会议传达学习党的十九届六中全会精神；传达学习市委四届十二次全会精神；传达学习市第五次党代会精神。听取市人民政府关于市政协四届五次会议提案办理情况的通报。协商通过政协固原市第五届委员会委员名单（草案）。审议通过关于召开政协固原市第五届委员会第一次会议的决定（草案）；审议通过政协固原市第五届委员会第一次会议有关事宜（草案）；审议通过四届市政协常委会工作报告（审议稿）和提案工作情况的报告（审议稿），政协固原市委员会2022年协商工作计划（草案）。

建言献策

【调查研究】 2021年，市政协围绕助推脱贫产业提质增效和增加农民收入、整合五河流域优势资源推进优先发展战略实施、非公经济提升计划实施、加快固原国家农业科技示范园区、电子商务与物流配送服务体系、实施稳定可持续脱贫、林草产业发展、疫情发生以来全市优化营商环境支持民营经济各项政策落实情况、推进健康固原建设维护全生命周期健康、农业产业化龙头企业发展及特色农产品深加工、强化快递行业的引导和规范发展、推进全面依法治区“严格执法”子课题、持续优化营商环境以及助推民营经济高质量发展等课题进行了专题调研；围绕工业园区改造升级、降低工业实体经济企业成本贯彻落实情况、互联网+城乡供水等课题进行了视察；围绕农村土地“三权分置”改革、小微企业发展情况和中蜂产业发展先后赴山东、安徽、浙江、江苏、云南、甘肃、河南、山东等省市考察学习。

【提案工作】 2021年，固原市政协始终围绕市委、市政府中心工作，通过举办提案知识培训班、召开情况通报会、组织委员调研视察、订阅报刊等形式，拓宽委员知情明政渠道，提高委员的履职能力和水平。按照《政协固原市委员会委员提案工作规定》，规范审查程序，对收到委员提案进行初审、复审和召开政协提案委员会会议审查，严格把关筛选立案。市政协四届五次会议共收到提案213件，经审查，立案的提案115件，立案率54%；并案提案32件，转为意见和建议提案46件，转为社情民意提案10件，撤案提案10件。在立案的提案中，委员个人或联名提出提案94件，占81.7%；各民主党派、工商联、人民团体和政协各专门委员会提出集体提案21件，占18.3%。在立案的提案中，经济建设类6件，占5.2%；农业农村类12件，占10.4%；教科文卫体类22件，占19.1%；社会保障管理类34件，占29.6%；生态旅游类15件，占13%；城乡建设类18件，占15.7%；法规政策类8件，占7%。联合市委办、政府办，联合发文，转交政府系统提案112件，其中重点提案10件，转交市委部门单位提案3件，其中重点提案1件。截至2021年年底，政府系统提案答复83件，办复率74%。市委部门单位答复3件，办复率100%。2021年10月中旬，市政协民主评议工作领导小组利用前往市城管局、农业农村局、自然资源局、原州区政府等8个提案承办单位，通过查阅资料、听取汇报、互动发表意见建议等方式开展提案及提案办理质量"双向评议"，完成测评赋分工作。

【重点提案协商督办】 2021年，政协提案委员会拓展协商方式，认真开展重点提案协商督办。在市政协四届五次会议上确定领导领衔督办11件重点提案，由政协各专委会分头与市委办、政府办对接，积极配合，制订督办方案、内容和时间，督促各领导亲临现场督办重点提案。

【社情民意】 2021年，市政协组织开展民主监督小组"互观互学互促"界别活动，加强市政协各民主监督小组之间的交流沟通，促进全市民主监督工作水平不断提升。100余名民主监督员主动参与政务开放日、司法公开日等各项事务性监督工作，累计提出意见建议40余条，反映社情民意50余期，围绕人民群众关心、关注的热点难点问题，协商解决问题8个，其中僵尸牛肉、不法商人出售假药、市区土地历史遗留问题不动产登记等问题，受到广泛好评。

【民主监督】 2021年，固原市政协坚持把开展民主监督、推动工作落实作为履行职能的着力点，不断加强和改进民主监督工作。成立8个民主监督小组，选派40名履职能力强的政协委员，派驻27个部门（单位），围绕重点工作开展民主监督。制定《民主监督小组重点工作安排》，市政协分管副主席带队，深入部分被监督单位通过实地察看、听取汇报、交流座谈等形式，进一步促进了民主监督工作顺利开展。

委员履职

【社会治理调研】 2021年，社会法制和资源环境委员会先后围绕加强社区建设、行政执法及行政诉讼、生态环境建设、乡村环境整治、健康产业发展等课题组织开展专题调研9次，围绕社会养老服务体系建设、社会保险工作、巩固拓展脱贫攻坚成果与乡村振兴有机衔接等课题外出考察3次，围绕全市食品安全、七五普法、扫黑除恶专项斗争、司法体制改革等开展专题视察5次，围绕社会养老服务体系建设、加强社区建设开展专题协商2次，围绕市区广场公园管护和亮化工作开展大家来商量1次。共计形成调研、视察、协商报告等18篇，提出有针对性的意见建议80余条，部分报告得到市委主要领导的批示肯定，意见建议被相关部门重视和采纳，市区广场公园管护和亮化工作经过"大家来商量"平台协商后，相关部门认真办理落实，群众反响良好。配合自治区政协调研水十条、农村面源污染防治、律师法贯彻落实、公民健康状况等方面调研7次，接待外省政协调研5次。

【全域旅游专题调研】 2021年，政协文化文史和学习委员会按照市政协年度工作统一部署，就全域旅游发展情况进行了专题调研。撰写的《关于对固原全域旅游工作情况的调研报告》，经主席会议、常委会议审议通过后上报市委、市政府，为加快发展全域旅游事业提供决策服务。全市共建820所新时代农民讲习所，实现了全市行政村全覆盖。指导市、县（区）以新时代农民（市民）讲习所为载体，激发群众脱贫致富的内生动力。围绕全力推进健康固原建设主题，就维护全生命周期健康进行专题调研，完成《关于维护全生命周期健康调研报告（草案）》，经市政协主席会议审议，向有关部门从妇幼健康、青少年健康、老年健康、职业健康等方面提出建议。参与完成《关于政务服务平台建设及常态化疫情防控情况下推动文旅产业发展的考察报告》考察工作，深入西吉、隆德、泾源3县、7个全域旅游建设示范点，采取实地查看、听取汇报等形式，就全域旅游发展情况进行专题调研。撰写的《关于对固原全域旅游工作情况的调研报告》，经主席会议、常委会议审议通过后上报市委、市政府，赴泾源县实地调研了推进全面依法治市严格执法情况，并在市政协四届二十五次常委会会议上进行交流发言。完成了赴江苏、浙江考察学习文史资料编纂工作考察报告，提出了对策建议，赴隆德县沙塘镇清泉村、神林乡杨野河村就移风易俗相关情况进行调研，深入推进移风易俗、助力乡村振兴"大家来商量"调研活动，并撰写调研报告。

【民族团结调研】 2021年，民族宗教和港澳台侨联络委员会按照市政协2021年重点工作安排，组织市政协民族宗教和港澳台侨联络委员会与部分政协委员，先后深入原州区中河乡上店清真寺和红崖清真寺、南坊清真寺、小川子社区，通过实地调研、查阅资料等形式围绕进一步巩固提高创建全国民族团结进步示范市开展调研。

【经济工作调研】 2021年，市政协围绕心系群众结对帮扶助力精准脱贫攻坚、百家规上企业突破、建档立卡户扶贫贷款资金使用情况开展界别活动。组织农业界委员围绕中蜂养殖培训、肉牛特色产业发展举办“大家来听讲”界别活动，每年针对不同界别安排一次活动，使委员在参与界别活动中知情明政，开阔视野，调动委员履职积极性和主动性。邀请提案委员深入一线参与提案督办活动，使提、办、督三个方面对面协商，有效回应提案委员的关心关切，推动相关意见建议采纳落实。按照《固原市政协建设“书香政协”工作实施方案》和《固原市政协创建“委员会客室”工作实施方案》要求，筹备组建“书香政协”经济委读书群，将党史学习教育内容、红色固原史料等分享，督促委员加强学习。成立“委员会客室”，并编发上报社情民意信息6期，提交提案3件，撰写大会发言1篇，办实事好事3件。

【委员下基层】 2021年，组织医疗卫生科技界部分市政协委员，赴彭阳县王洼镇开展送医、送药、送科技服务咨询宣传活动，协调市人民医院、市中医院、市疾控中心等三家医疗单位安排10名医疗卫生专家，组成义诊专家组参与活动，免费为王洼镇群众义诊。协调市科协安排科普大篷车向群众发放科普宣传册和相关书籍500余份，协调段军章委员爱心捐助药品价值1万余元。组织部分文艺界政协委员、知名艺术家等到西吉县红耀乡，开展“送戏”下乡活动。协调市医药有限责任公司和宁夏德立信老百姓医药公司医护工作者，市群艺馆各位演职人员等一行50多人，到西吉县红耀乡井湾村，开展了“送政策、送医疗、送文化、党建互联助脱贫”为主题的下基层活动。

【对外交流】 2021年，先后接待全国政协教科卫体委员会到固原市就改进校园餐食管理工作进行专题调研、香港福建希望工程基金会到固原市开展捐资助学活动、莆田市政协书画院到固原市就进一步加强与宁夏的交流与合作、互搭平台、实现共赢、开展文化交流及采风活动，自治区政协到固原调研中小学(幼儿园)创新素养教育工作情况、贫困地区公共文化设施建设情况。

【增强民族共同体意识】 2021年，固原市政协结合建党100周年举办系列庆祝活动。全市举办各级各类宣传教育活动3780场次，受众人群80余万人次。市县“三馆一中心”、乡镇综合文化站、村级文化服务中心全覆盖，建成文化大院256家，增进全市“五个认同”的思想基础，使全市中华民族共同体意识内化于心，外化于行，引导广大干部群众听党话、感党恩、跟党走。

【民族宗教事务】 2021年，固原市政协始终牢固树立法治思维，严格执行民族宗教法律法规。在全市范围内开展法治宣传800余场次，发放宣传资料15.8万份，受众群众40万余人次，各族群众学法尊法守法用法自觉性增强。持续开展民族团结进步创建“七进”活动和“八大工程”，不断加强少数民族流动人口管理服务，构建大杂居、小聚居嵌入式居住环境，逐步形成各民族深度融合局面，全市创成国家级示范单位8个、自治区级示范单位134个、市级示范单位189个，20个单位和27人(次)被授予全国民族团结进步模范集体和模范个人荣誉称号，125个单位和276人(次)被授予全区民族团结进步模范集体和模范个人荣誉称号。

【《固原市政协志》编纂】 2021年，完成《固原市政协志》编纂工作，志书篇目设置为编、章、节三个层次，志首设图片、概述、大事记，志尾设附录，后记，主体分设组织机构、协商议政、凝聚共识、建言资政、委员风采，党的建设、自身建设7编36章136节，共计130万余字，志书以事实为依据，客观记述固原政协组织在中国共产党的坚强领导下，高举社会主义、爱国主义两面旗帜，坚持民主、团结两大主题。志书在增进凝聚共识，建言献策，维护稳定，巩固和发展爱国统一战线、促进社会和谐进步方面作出的重要贡献，详细记述围绕固原经济建设、社会发展中的重大问题和人民群众关心、关注的热点问题，真实记述固原市政协组织的历史和现状、发展与过程的全部史实，总结政协取得的成绩，体现了政协的特点，为各界人士认识和了解政协性质、地位和作用提供了参考。

【《固原文史资料》(第五辑)出版发行】 2021年，市政协内部出版发行《固原文史资料》(第五辑)，全书围绕闽宁协作、生态建设等大事要事，突出史料价值，展现固原人文底蕴，发挥“存史、资政、团结、育人”作用，共分为6个板块，收录各类文章62篇，全书19万余字。

中国共产党固原市纪律检查委员会 固原市监察委员会

综　述

【概况】 2021年，固原市纪委常委会坚持把党史学习教育作为贯穿全年的重大政治任务，一体贯通学习领会习近平总书记在党史学习教育动员大会、总结大会、建党100周年庆祝大会上的重要讲话精神以及党的十九届六中全会精神，强化担当学党史、融会贯通悟思想，结合纪检监察工作实际全面落实《中共中央关于党的百年奋斗重大成就和历史经验的决议》关于推进党的自我革命实践要求，累计开展理论中心组学习14次，专题研讨37人次，《从伟大长征精神中汲取前行力量》等3篇理论文章、《一根粉条里的军民情》等4部小微视频、《一面锦幛："回汉兄弟亲如一家"》等6个图文故事在中央纪委国家监委网站、报纸和杂志刊登刊发。扎实开展"我为群众办实事"实践活动和"传承党的百年光辉史基因、铸牢中华民族共同体意识"主题教育，深入开展"三知三强"实践，传承伟大建党精神，赓续红色基因血脉，全市纪检监察机关和纪检监察干部接受了一次生动的政治教育、深刻的思想淬炼、全面的精神洗礼，忠诚核心、信赖核心、紧跟核心、维护核心的政治自觉更加坚定。

【作风建设】 2021年，中共固原市纪检监察机关坚持把监督中央八项规定精神落实作为长期任务，深入学习贯彻习近平总书记关于加强作风建设重要论述和中央纪委国家监委领导同志在部分省区调研讲话精神，出台"十项规定"，增强作风建设首先从政治上看的自觉。坚持全面从严、一严到底，以正风反腐高压态势支持作风建设，纵深推进违规吃喝隐形变异问题专项整治，查处违反中央八项规定精神问题31起52人，其中违规吃喝问题6起10人，严防由风变腐、成风成势。坚决治理贯彻党中央和区市党委决策部署只表态不落实、维护群众利益不担当不作为以及搞"包装式""洒水式"落实等形式主义官僚主义问题，严肃查处泾源县统计数据造假、原州区"3·13"火灾中干部失职失责、隆德县法检两院违规使用办公用房等问题，推动形成求真务实、真抓实干的鲜明导向。深入推进作风建设常态长效，围绕反复、普遍、共性问题，督促职能部门剖析根源、完善制度、强化执行。加强新风正气宣传教育，深化廉洁文化和家风建设，提升领导干部政治素养和为政之德。

【"331"监管平台建设】 2021年，中共固原市纪检监察机关着力打造"331"监管平台，将扶贫政策落实、项目实施、资金兑付及政策依据、申请条件、补贴标准等公开公示、精准推送，有效解决优亲厚友、不公平公正等问题。目前，"331"监管平台覆盖了全市794个行政村的所有农户、覆盖了所有到户的涉农惠农项目资金，成为全区访问量较高的政务类APP。

重要会议

【市纪委四届六次全体会议】 2021年2月22日，市纪委四届六次全体在市会议中心召开。全会以习近平新时代中国特色社会主义思想为指导，深入贯彻中共十九大和十九届四中、五中全会，十九届中央纪委五次全会，自治区党委十二届十一次、十二次全会，自治区纪委十二届五次全会及市委四届八次、九次全会精神，回顾2020年纪检监察工作，部署2021年任务，审议通过了固原市纪委常委会所作的《忠诚履职尽责　勇于担当作为　为开启现代化建设新征程而接续奋斗》工作报告。

【市纪委五届一次全体会议】 2021年12月1日，市纪委五届一次全体会议在市会议中心召开。全会以无记名投票方式选举产生了中国共产党固原市第五届纪律检查委员会常务委员会，选举王栋为中国共产党固原市第五届纪律检查委员会书记，马志彪、张永祯、尹效东为副书记，选举结果经中国共产党固原市

固原市纪委五届一次全体会议

第五届委员会第一次全体会议通过。新当选的市纪委书记王栋代表新一届市纪委领导班子对全市干部群众的信任表示诚挚的谢意，并对第四届市纪律检查委员会的辛勤付出表示崇高的敬意。

【全市工程建设政府采购等重点领域突出问题专项整治工作动员会】 2021年2月20日，全市工程建设政府采购等重点领域突出问题专项整治工作动员会在市会议中心召开。会议围绕理顺公共资源管理体制、集中治理行业乱象、查处一批重点案件、提升数字监管能力、建立联合惩戒体系、推动完善法规制度6个方面、18项重点内容对工程建设政府采购等重点领域突出问题开展专项治理。

【四届市委第十二轮巡察启动会】 2021年3月9日，四届市委第十二轮巡察启动会在市会议中心召开。会议按照市委统一部署，四届市委第十二轮巡察成立4个巡察组，分别对市委办公室（延伸市档案馆）、市政府办公室（延伸市地方志研究室）、市委政法委、市中级人民法院、市林业草原发展服务中心、市社会保险事业管理中心、市红十字会等7个党组织开展常规巡察；对市人民检察院、市自然资源局、市生态环境局等3个党组织开展巡察“回头看”。

党风廉政建设

【廉政教育】 2021年，中共固原市纪检监察机关保持反腐败高压态势不动摇，打虎、拍蝇、猎狐一体发力，强力推进工程建设政府采购等重点领域突出问题专项治理，严厉查处房某某、陈某某等政治蜕变、目无法纪的“两面人”，严肃惩治苏某某、王某等营商宰商、靠企吃企的不法行为，铁腕清除张某、夏某某、杨某某等政法队伍中的“害群之马”，反腐败斗争取得重大战果。全市纪检监察机关共受理信访举报2983件，处置问题线索1488件，立案390件468人，处分422人，采取留置措施16人、移送检察机关审查起诉15人。深化运用“三会两书两报告”，做实审查调查“后半篇文章”，共发出纪检监察建议书43份，督促职能部门完善全流程监管制度49项、发案单位制定廉政风险防控措施126项，有力压减权力任性空间，在有力震慑和政策的感召下，44名有问题干部主动交代问题，携款潜逃21年的职务犯罪嫌疑人张某投案自首。构建“四必谈”“1+X”等廉政教育四维模式，制度化开展领导干部警示教育周，做实领导讲廉、宣传倡廉、教育警廉、家庭助廉，引导党员干部筑牢防线、守住底线、不碰红线。彭阳县挖掘本地资源，发挥红色廉政文化资政育人作用的有效做法得到自治区纪委监委的充分肯定。

【规范监督】 2021年，中共固原市纪检监察机关坚持和加强党对纪检监察工作的绝对领导、全面领导，全年提请市委常委会研究审议党风廉政建设重大事项、重要案件12次。建立政治生态评价体系，定期向市委报告党风政风、执纪执法、信访举报分析情况，为市委主体作用发挥提供有效载体、当好参谋助手，推动“两个责任”贯通协同、一体落实。全面加强“一把手”监督，协助市委开展述责述廉和评议工作，约谈提醒党政主要负责人26人次，开展任前廉政谈话182人次，督促“关键少数”正确履职。严把党风廉政建设意见“回复关”，针对评先选优、选人用人回复意见7240人次，提出暂缓或否决性意见58人次；深化运用监督执纪“四种形态”教育帮助和处理干部1784人次，第一、第二、第三、第四种形态分别占比75.4%、17%、3.9%、3.7%；认真落实“三个区分开来”要求，对33名受到不实举报对象予以澄清正名，对416名受处分干部开展教育回访，充分调动和激发干部干事创业积极性。

【反腐败工作】 2021年，中共固原市纪检监察机关以巩固拓展脱贫攻坚成果同乡村振兴有效衔接专项监督为主抓手，分层分类对2个国家级重点帮扶县项目建设、资金使用等关键环节实施靶向监督，对3个自治区重点帮扶县各项政策的延续、优化、调整及时跟进监督，对教育、医疗、住房、饮水、交通等民生保障普惠性政策落实情况开展重点监督，确保党的各项惠民富民政策落地见效，共查处乡村振兴领域问题55起80人，通报曝光28起49人次。紧盯食品药品、养老社保等重点领域，不断深化民生领域腐败和作风问题专项治理，严肃查处侵害群众利益问题37起53人。常态化开展扫黑除恶“打伞破网”，深度衔接政法队伍教育整顿，班子成员包抓督办、专案组专班推进、委机关全员参与，出重拳、下重手、用重力，共处置问题线索228件，立案63件79人，处分54人，特别是“名门会”案件取得实质性突破，得到中央督导组的充分肯定，形成强大社会效应，委机关主办部门荣获“全区扫黑除恶先进集体”。

监督执纪

【问题线索管理】 2021年，中共固原市纪检监察机关依据规则、规定，对问题线索实行集中管理、精准分办、动态更新、定期清理、全程督办。分类建立台账。聚焦重点工作、重点领域、重点案件，分门别类，纪实管理，确保件件有着落、事事有结果。定期分析研判。根据工作需要，每周召开一次执纪监督和审查调查专题会，案管室全年共组织召开30次执纪监督专题会和41次审查调查专题会；每月核对市本级问题线索处置和办理情况，做到数字准、底数清；每季度对全市纪检监察机关监督检查审查调查各项数据进行梳理汇总，形成综合分析报告8份，为领导决策提供依据。做好党风廉政意见回复。认真落实中央纪委办公厅《关于进一步规范纪检监察机关党风廉政意见回复工作的通知》，规范办理市管干部任职、奖励等廉政意见回复工作，严把党员干部政治关、品行关、作风关、廉洁关。

【工作机制完善】 2021年，一是中共固原市纪检监察机关健全完善执纪执法工作机制。制定《固原市纪委监委机关执纪监督和审查调查专题会议研究讨论案件程序规范（试行）》，提高专题会议质效；制定《谈话函询、初步核实、立案审查调查模拟案卷》，提高文书制作和卷宗装订标准化水平。二是规范审查调查措施使用。编印了《固原市纪委监委机关文书使用审批权限一览表》《监督检查审查调查措施使用审批权限一览表》，加强对措施使用的条件、范围、审批权限、办理程序、文书等方面的合规性审核和监管。三是强化“走读式”谈话全程管控。制定《固原市纪委监委“走读式”谈话管理办法》，进一步明确了谈话对象、谈话前准备、谈话中注意事项和谈话后妥善交接等工作。

【政法队伍教育整顿】 2021年，中共固原市纪检监察机关坚决落实党中央决策部署和自治区党委、市委工作要求，按照自治区纪委监委统一安排，立足职责，主动担当，积极作为。一是建立1+3工作推进机制。及时成立配合政法队伍教育整顿工作领导小组、问题线索核查工作组、领导班子成员包抓县（区）工作组，聚焦“四项任务”，紧扣“三个环节”，推动政法队伍教育整顿走深走实。建立三项线索核查机制。线索前期研判，对属于纪检监察机关受理范围的应收尽收、一件不落，对不属于受理范围的做好解释说明工作；成立工作专班，根据线索性质、情节，区分重点线索和一般线索，定领导、定人员、定期限，压实核查责任，形成工作合力；交叉复查复核，对重复或多次反复举报，已经查否了结或查实处理的，更换办案部门复查复核，做到核查、处理、反馈“三到位”。实行日报告、周总结、定期通报制度，建立8类工作台账，查结一个，销号一个。

审查调查

【监督管理】 2021年，中共固原市纪检监察机关提请市委常委会研究审议党风廉政建设重大事项、重要案件12次。建立政治生态评价体系，定期向市委报告党风政风、执纪执法、信访举报分析情况，为市委主体作用发挥提供有效载体、推动“两个责任”贯通协同、一体落实。全面加强“一把手”监督，协助市委开展述责述廉和评议工作，约谈提醒党政主要负责人26人次，开展任前廉政谈话182人次，督促“关键少数”正确履职。严把党风廉政建设意见“回复关”，针对评先选优、选人用人回复意见7240人次，提出暂缓或否决性意见58人次；深化运用监督执纪“四种形态”教育帮助和处理干部1784人次，第一、第二、第三、第四种形态分别占比75.4%、17%、3.9%、3.7%；认真落实“三个区分开来”要求，对33名受到不实举报对象予以澄清正名，对416名受处分干部开展教育回访，充分调动和激发干部干事创业积极性。

【案件办理】 2021年，中共固原市纪检监察机关实行对账销号机制，建立各室、各组线索处置和案件查办清单，每周更新，采取电话督办、问询督办、书面督办等，做到全程跟踪督办。一是对全市2019年、2020年积案下发清零督办通知，列出核查责任清单，做到“三个尽快”。二是结合自治区督导组反馈问题整改，通报全市26个涉黑涉恶犯罪团伙腐败和“保护伞”查处情况，督促县（区）纪委监委全面开展“回头看”，循线深挖，目前有4个涉恶犯罪团伙未挖出腐败和“保护伞”。三是加大对2021年问题线索办理的督办，定期发出情况通报，除立案办结率未达标外，线索处置、函询、初核均达到全区考核要求。

巡察工作

【政治监督】 2021年，中共固原市纪检监察机关建立“1+5+N”联动督查机制，跟进监督习近平总书记视察宁夏重要讲话精神和三条生命线、先行区建设、“四大提升行动”等重大决策部署贯彻落实情况，紧盯责任保落实，紧盯问题纠偏差，查处违反政治纪律问题5人，发现并推动解决一些地方和单位在落实中一以贯之不够、持续深化不够等问题15个，高质量答好政治监督必答题。全程跟进市县乡三级换届，发出“十严禁”纪律要求，开展巡回督导、驻点监督12轮次，查处拉票贿选等问题5人，确保换届全过程各环节正气充盈。面对银川、西安等新一轮疫情大考，迅速启动监督应急响应机制，因时因势精准跟进监督，第一时间推动全市各级党组织紧起来、严起来，督促整改问题70个、处理党员干部17人。

【政治巡察】 2021年，中共固原市纪检监察机关全面贯彻巡视巡察工作方针，按照“四个对照”要求，对7个市直部门（单位）党组织开展常规巡察，指导县区开展巡察11轮次，市县两级实现巡察全覆盖。按照自治区党委统一部署，对中卫市开展涉粮问题专项交叉巡察，对市委政法委、市中级人民法院党组织开展上下联动巡视巡察，发现并移交问题24个。严格落实巡察“双反馈”“双报告”“双公开”，扎实推进边巡边改、立行立改，四届市委前12轮巡察反馈的1026个问题已整改978个，整改率95.3%。建立巡察+组织、巡察+审计、巡察+信访等协作配合机制，促进各类监督信息共享、成果共用，凝聚监督合力。以接受中央巡视指导督导为契机，修订出台巡前准备、巡中指导、巡后评估制度38项，巡察档案资料全部整理归档，巡察工作规范化水平进一步提升。

7年23日，市纪委对供销社巡察反馈整改落实情况“回头看”

民主党派

中国民主同盟固原市委员会

【概况】 2021年，中国民主同盟固原市委员会充分利用集中学习、专题辅导、座谈交流、个人自学等形式，组织领导班子成员及广大盟员认真学习习近平新时代中国特色社会主义思想、十九大和十九届历次全会精神、习近平总书记视察宁夏重要讲话精神及中共中央和区市党委的重大战略部署，扎实学习了中共中央统战理论政策、党史、盟史及《中国民主同盟章程》。邀请全国政协委员、民盟中央常委、宁夏区委会主委冀永强来固传达学习全国"两会"精神和盟中央有关会议精神。将平时的政治学习并入市委统战部的每周集中学习，增进学习的时效性、主动性。通过学习教育，牢牢把握正确政治方向，进一步凝聚思想政治共识，引导盟员自觉接受中国共产党的领导，切实增强"四个意识"、坚定"四个自信"、做到"两个维护"，提高政治判断力、政治领悟力、政治执行力，在思想上政治上行动上同以习近平同志为核心的党中央保持高度一致。

【参政议政】 2021年，中国民主同盟固原市委员会充分发动各级盟组织和广大盟员，积极撰写、提交会议发言、提案、社情民意等。在区政协第十一届四次、五次会议上，2名盟员委员共提交14件提案，参与联合提交提案5件。在市政协四届五次会议上，共提交大会材料4篇，其中《加强智慧社区　提升基层治理能力》被选为大会发言、2篇被选为书面交流材料，共提交提案32篇，其中《关于老城区合理规划、布局建设公厕的建议》《关于提高固原市老旧小区改造质量的建议》和《关于加强快递和外卖配送车辆交通安全管理的建议》被列为重点提案，有关社区建设的提案被选为2021年政协协商议题。在市政协五届一次会议上，共提交大会材料4篇，其中《推动"互联网+基层社会治理"，不断提升基层治理能力》被选为大会发言，《发展一个小产业，带动一方增长点》被选为书面交流材料，共提交提案39篇。

【民意调研】 2021年，中国民主同盟固原市委员会紧紧围绕区市党委、政府的中心工作，组织盟员深入实际、深入基层开展调研。组织盟员成立专题调研组，到西吉、隆德等四县区开展了基层社会治理、节水型农业的专题调研；盟员政协委员多次参与区、市政协组织的调研活动。积极组织宁夏师范学院支部开展《统战成员服务黄河流域高质量发展》理论课题调研。参与协办了民盟宁夏区委会在固原举办的第六届经济研讨会暨乡村振兴议政建言会。市委会向民盟宁夏区委会、市委统战部提交了2篇调研报告和1篇理论调研文章。

【社会服务】 2021年，中国民主同

9月19日，民盟固原市委会在六盘珍坊"盟员之家"举办"民盟书画名家走进盟员之家"活动

盟固原市委员会一是积极开展疫情防控工作。盟员宁夏解忧电子商务有限公司负责人李萍带领团队，先后前往彭阳、泾源县多个疫情防控点和防控应急中心，慰问在抗疫一线执勤的工作人员和公安民警，并捐赠价值8600余元的食品物资；盟员张梦帆深情创作歌曲《无眠的守护》，为奋战在一线的防控工作人员鼓舞士气；盟员王永晟倾心创作的抗击疫情绘画作品集《最美天使》，引起社会的强烈反响，被人民网、新华网、新华外媒网、宁夏日报、固原电视台等多家媒体报道。市委会被民盟中央表彰为“民盟脱贫攻坚先进集体”，盟员王固平被民盟中央表彰为“民盟中央脱贫攻坚先进个人”。盟员夏奕、张立、程耀东、王永晟、张梦帆等16人因积极参与疫情防控工作，受到民盟区委会通报表扬。二是持续做好沪宁民盟合作。充分发挥沪宁民盟合作优势，做好社会帮扶工作。与民盟上海交大委员会和民盟交大医学院委员会联合行动，帮助固原市西吉县一名6岁儿童马小虎，到上海新华医院及时治愈了双眼重症，避免了双目失明的危险。民盟上海交大委员会还无偿解决了往返机票和食宿费用共计5000元。现任和前任主委对其进行慰问并捐助了3000余元，新华医院也免去了他们的特需门诊费和CT检查等费用。

【盟员培训】 2021年，中国民主同盟固原市委员会积极选派盟员参加各类培训活动，先后选派50多名盟员参加了民盟区委会在广西百色举办的反映社情民意信息员培训班、在南开大学举办的思想政治建设暨宣传骨干培训班、上海社院线上骨干盟员、新盟员培训班和2021年参政议政业务骨干培训班学习。多次组织盟员参加区市政协、市委组织部、统战部举办的中共十九届五中、六中全会精神培训班、党史学习教育和党外干部专题培训学习。

【宣传工作】 2021年，中国民主同盟固原市委员会向区委会、市委统战部报送民盟工作简报37篇，固原民盟工作和盟员事迹先后多次被宁夏电视台、固原电视台、华兴时报、固原日报、人民政协网、宁夏民盟网站、固原市新闻网等各类媒体宣传报道。

中国民主促进会固原市委员会

【组织建设】 2021年，中国民主促进会固原市委员会按照市委和区委会工作部署要求，召开民进固原第四次代表大会和市委会，四个支部在规定时限内圆满完成换届工作。换届后，各级班子知识、年龄结构进一步优化，组织活力和会员凝聚力明显增强，组织建设得到全面加强。11名会员新任政协固原市五届委员，7名会员当选县区政协常委，8名会员新任县区政协委员。

【思想建设】 2021年，中国民主促进会固原市委员会扎实开展党史学习教育，思想政治引领取得实效。教育引导会员知史爱国、知史爱党，努力从党走过的风云激荡的历史中、从党开创和不断推进的伟大事业中、从党全心全意为人民服务的根本宗旨和长期实践中，深化对党的信赖，坚定对党的领导的信念，夯实多党合作的共同思想政治基础，铸牢坚持党的领导的思想政治行动自觉，使全体会员做到“明理、增信、崇德、力行”要求。为确保学教活动顺利开展并取得实效，市委会精心制订学教方案，编印学习资料，开设学教专栏，创新学习方式，扎实推进中共党史学习教育，累计开展专题学习研讨10次，固原民进微信平台刊发学习辅导资料18期。会员撰写学习心得16篇。精心组织庆祝中国共产党成立100周年系列书画联展、中共党史、民进会史知识网络答题活动，参与配合自治区统一战线庆祝中国共产党成立100周年书展活动，协助完成庆祝民进宁夏区委会成立40周年书画展、文艺演出等活动。推荐20多名新进市委会、支部班子成员和骨干会员参加区委会、市委、统战部举办的各类党史学习教育培训班、专题讲座等。

【参政议政】 2021年，中国民主促进会固原市委员会在自治区政协十一届四次全会上报送的2篇大会发言材料和3件提案素材被选作政协会议发言和党派提案，其中《网络学习平台不应成为家校负担》被选为民进区委会党派口头发言；1件提案荣获自治区政协优秀提案。会员景俊报送的2篇发言材料被选为自治区政协第20次常委会书面发言。在市政协四届五次全会上，市委会和委员个人提案立案14件，占立案总数的11%，其中重点提案2件。1件建议被列入市政协2021年协商工作计划。

【民主监督】 2021年，中国民主促进会固原市委员会配合区委会赴西吉县开展脱贫攻坚民主监督调研活动，深入西吉县将台堡镇西坪村、火家沟村，什字乡北台村、杨庄村及兴隆镇等地，调研脱贫增收支柱产业，村集体经济，特色种植养殖，农村基础设施建设，危房改造，“四查四补”落实等情况，认真收集资料、听取群众意见、呼吁反映解决实际问题，为西吉县顺利脱贫摘帽发挥了积极作用。组织2名会员担任市政协民主监督小组组长，1名会员担任自治区公安厅党风警风政风监督员积极参加监督活动，发挥民主监督作用。

【民意调研】 2021年，中国民主促进会固原市委员会坚持以中央、自治区和市委重大决策部署落实为监督重点，将民主监督贯穿于调研、协商、提案与社情民意信息工作全过程。年初制订了年度重点调研计划和参政议政工作计划，年内组织开展了肉牛产业、污水处理尾水资源化利用、农村环境整治等调研，与民进中央妇女儿童委员会调研组、中国社科院农村研究所调研组分别就农村职业教育、国家级自然保护区管理体制课题开展联合调研。配合民进宁夏区委会完成了对口西吉县脱贫攻坚民主监督工作，市委会和会员张守宗分别荣获民进中央脱贫攻坚民主监督工作先进集体和先进个人；1名会员受邀担任市政协民主监督小组组长和自治区公安厅党风政风警风监督员。

【社会服务】 2021年，中国民主促进会固原市委员会持续打造民进宁夏开明画院固原分院书法公益培训服务品牌，赢得社会的高度评价和广泛认可。周建设、马振文等会内书法家利用周末坚持开展青少年书法公益讲座，累计1000多人次书法爱好者参与培训。组织开展“春联万家·奋进新征程”活动，免费为群众书写春联1000多副；邀请固原爱尔眼科医院和固原舒康口腔医院专家赴原州区北塬街道和平门社区开展了“学党史、办实事”义诊送健康活动。会员张炜主创和编辑的广播消息《郭建雄种植“黑金刚”成“网红”》荣获第31届中国新闻奖三等奖；会员张守宗退休后仍然坚持参加全区科技专家助力乡村振兴集中服务活动，荣获“民进全国社会服务暨脱贫攻坚工作先进个人”，会员牛发科创作的国画作品《南山隐翠微》入选“第11届全国工笔画作品展”；徐爱琴参加了2021“一带一路多彩非遗壮美长城文化艺术节”演出。

【社情民意信息主题年活动】 2021年，中国民主促进会固原市委员会制定活动方案，召开座谈会，邀请专家就如何撰写提案和社情民意信息进行专题培训。全年累计报送社情民意信息12条，其中《制定出台“宁夏回族自治区电动助力车管理条例”的建议》被自治区政协采用。《加强农村公路及客运基础设施管理》被自治区政协评为优秀社情民意信息。市委会荣获“民进中央反映社情民意信息工作先进集体”，虎久强荣获“民进中央反映社情民意信息工作先进个人”。

九三学社固原市委员会

【概况】 2021年是固原九三学社市级组织以及基层组织换届之年。一年来，社市委团结带领广大社员以习近平新时代中国特色社会主义思想为指导，以“四新三好”要求为目标要求，围绕‘五种能力’提升，查找存在的差距不足”主题，领导班子成员开展谈心、听取意见，逐一对照检查、查摆问题。民主生活会邀请社区委分管领导、市委统战部分管党派工作副部长到会指导，社市委监督委员会的同志列席会议履职监督，达到了预期目标。开展了“五史”学习教育，抓好组织换届工作，不断加强自身建设；凝心聚力，聚焦“十四五”规划开局，扎实议政建言，积极履行参政党职能，各项工作取得了一定成绩。

【组织建设】 严格贯彻执行组织发展流程，规范社员发展，把牢社员入口关，做好组织发展工作。年初制订组织发展计划，确定拟发展对象。及时汇报社区委培养情况，走访所在单位考察了解个人工作生活情况，筛选确定入社申请人进行组织谈话。通过严格的组织发展程序，确保新社员不仅在身份上入社，更要在思想上入社。2021年发展社员2名，平均年龄40岁；其中，主界别1人、科级职务1人。

【换届工作】 社市委成立基层组织换届工作领导小组，按照工作要求指导支社在上半年全部完成换届工作。六个基层支社中，新任主委3

2021年7月9日，九三学社向隆德县福利院捐赠物资（前排右一为九三学社宁夏区委专职副主委相卫国）

人、副主委6人，一批本职工作业绩突出、有一定组织协调能力的青年社员进入支社班子，以往社务工作中有突出表现的中年社员继续留任。既保障了社务工作的延续性，又为社务骨干队伍输送了新鲜血液。同时，以组织换届为契机，密集走访社员所在单位及中共党组织，了解、考察社员平时的工作表现，介绍、宣传民主党派职能和作用，进一步密切了与社员所在单位的联系沟通，保障学社的各项工作顺利开展。社市委精心筹备，于12月18日成功召开社固原市第二次社员大会。大会选举产生了九三学社固原市第四届委员会。王敬、田霞、刘春雨、刘媚、吴红红、张新学、赫丽娟当选委员。在随后召开的四届一次全会上，选举赫丽娟为主任委员（驻会）、刘媚、吴红红为副主任委员。社固原市委监督委员会同步完成换届，刘媚任主任，姚国龙、刘春雨为副主任，刘红霞、王亚丽为委员。推荐7名社员担任新一届市政协委员，其中，社市委委员4人、支社委员2人、普通社员1人；7人分属九三学社界别6人、农业界别1人。

【建言献策】 在年初的市政协四届五次会议上，提交提案21件，立案14件，还有2件上年未办结提案今年继续立案办理。《关于推进巩固拓展脱贫攻坚成果同乡村振兴有效衔接的提案》被确定为重点提案。在年底的市政协五届一次会议上，《坚持生态优先　秉持绿色发展　推动固原高质量发展》被确定为大会头口发言，《加快文化旅游产业数字化进程》被确定为书面交流发言。

【课题调研】 按照社区委的安排和固原工作实际，承担了“红色文化的传承和发展”“推进肉牛产业高质量发展”2项社区委重点参政议政课题。组织动员社员申报“文化旅游产业数字化”“冷量蔬菜产业高质量发展”“饲料中全面禁止抗生素后企业及农户解决方案”3个参政议政课题。课题立项后，社市委高度重视，举办参政议政课题开题会，群策群力选准课题切口；召集参政议政骨干，推进课题调研走深走实。完成调研报告5篇，其中，《红色文化的传承和发展探析》被社区委采用，作为统战理论成果报送自治区党委统战部，并在《宁夏统一战线》登载。

【人才培养】 持续将组织资源向参政议政工作以及骨干社员倾斜，培养坚实的参政议政人才队伍。一是指导2名青年社员立足本职工作，以“西部大开发，助力新发展格局”为题，撰写发言材料。其中1篇被社区委采用作为备选发言，参选九三学社西部部分省区市青年大会，选派1名青年社员参加了在广西南宁举办西部青年大会。二是鼓励社员岗位建功，2名35岁以下青年社员被公示为第六批“自治区青年科技人才托举工程”培养对象。

【服务乡村振兴】 协助社区委做好对口隆德县脱贫攻坚民主监督工作。全力以赴做好工作对接和调研考察，协助社区委完成“九三学社农村幸福院建设项目”，向隆德县沙塘社会福利院的孤寡老人捐赠了价值5万元的生活电器和保暖衣物。社市委被社中央评为“九三学社脱贫攻坚民主监督先进集体”。

【基层科普活动】 2021年，向社区委推荐报送了10名社内医疗、科技、教育专家学者，入选科普专家库。举办了首期“关爱女性健康”科普讲座，普及健康知识。承办九三学社中央专家科普固原行活动，在宁夏师范学院、固原市人民医院以及固原市直部门举办了三场高水平的科学讲座，受到当地师生、医护和干部群众的欢迎。

【救灾活动】 2021年7月，在得知河南遭受特大暴雨灾害。社市委第一时间汇聚社员爱心，向“九三王选关怀基金”河南暴雨灾后重建善款专项基金捐款11700元，展现九三人的拳拳爱国之心。

【社务工作】 修订和完善了规章制度，制定《九三学社固原市委领导班子民主生活会实施细则》《九三学社固原市委监督委员会工作规则》《九三学社固原市委社内监督工作办法》三项制度。密切工作交流，与社中卫总支研讨机关能力建设和规范化交叉检查工作。及时更新组织管理系统，收集社员动态，建册立档，服务组织工作。做好疫情防控、会务筹办、考核上报等机关日常行政工作。机关专职干部被社中央评为2016—2021年全国机关工作先进个人。

固原市工商业联合会

【组织建设】 2021年，固原市工商业联合会于12月23日召开固原市工商联第五次（民间商会第四次）会员代表大会，选举产生了固原市工商联第五届执行委员会主席、副主席、秘书长、常务委员、执行委员和固原民间商会第四届会长、副会长。同时，积极指导督促县（区）工商联有序开展换届工作。深入推进工商联改革发展，以克服“机关化、行政化、贵族化、娱乐化”，扩大工商联组织和工作有效覆盖，原州区、西吉县、隆德县、彭阳县工商联被评为全国“五好”县级工商联，全市“五好”县级工商联覆盖面达80%。深入开展“四好”商会建设，积极推进商（协）会规范化建设。新组建成立固原市河南商会，固原市浙江企业家协会被评全国“四好”商会。充分发挥市工商联直属商协会综合党委政治引领作用，分别向7个商（协）会党支部划拨党建专项工作经费，支持基层党支部党建活动阵地标准化建设。

固原市工商业联合会第五次（民间商会第四次）会员代表大会在市会议中心召开

【思想建设】 2021年，固原市工商业联合会采取网络培训与集中专题培训、自我提升相结合的模式，大力实施民营经济人士素质提升工程，着力推动理想信念教育主题实践活动常态化、制度化，民营经济人士的综合素质提到显著提升。分批次选派17名民营企业家参加了自治区工商联举办的四川大学民营企业家创新培训班、重庆大学理想信念教育专题培训班、湖南大学民营企业法律服务培训班等多个专题培训班，组织举办全市民营经济人士党史学习教育报告会。组织开展宁夏百强民营企业评选活动，固原市宁夏吉兴建筑工程有限责任公司、宁夏第四建筑工程有限公司2家民营企业入围2021宁夏民营企业100强榜单。联合建设银行固原分行、市司法局共同开展了“感党恩送服务，助推民企发展”主题党日活动，围绕固原民营企业发展中遇到的困难和存在的问题，进行有针对性的法律知识宣讲，帮民营企业进行法律问诊和把脉，并由建设银行现场为民营企业办理了金融贷款业务，活动开展以来，共通过线上办理贷款159笔总计2282万元，以实际行动破解民营企业特别是小微企业贷款难问题。

【参政议政】 2021年，固原市工商业联合会始终坚持把调查研究工作作为服务“两个健康”和参政议政、当好参谋助手的一项基础性工作来抓，紧紧围绕市委和市政府中心工作，聚焦民营经济发展中的融资难、创新难、维权难、用工难、信息难等问题，从解决民营企业反映强烈的操心事、揪心事、烦心事入手，深入基层和民营企业开展了集中专题调研，摸底数、查实情、理思路，形成《固原市工商联事业改革与发展史研究》等调研报告2篇。定期或不定期组织工商联界非公经济人大代表、政协委员开展视察和调查研究工作，反映社情民意，向市政协和自治区工商联提交提案19件。配合全国工商联和自治区工商联完成上规模企业、民营企业社会责任等专项调研任务3次。

【政策制度保障】 2021年，固原市工商业联合会持续开展“送政策·进民企”活动，编印发放政策读本，汇集习近平总书记有关重要讲话精神和中央、区、市党委和政府重要会议精神及执委会议有关事项，及时把中央、区、市党委和政府的各项政策给传达到企业。与市国税局建立助力小微企业发展“春雨润苗”专项行动联络机制，开展助力小微企业“春雨润苗”专项行动暨“送政策进民企”活动。邀请自治区工商联组织相关专家在隆德县、泾源县开展“送政策进民企”活动，进行相关政策解读，120人参加活动。组织举办全市民营经济人士培训班，全面对党的十九届五中全会、中央经济工作会议、全国“两会”精神和《关于支持民营企业加快改革发展与转型升级的实施方案》等进行培训，120余人参加培训。

【经济联络服务】 2021年，固原市工商业联合会围绕市委“五大”重点产业，积极开展招商引资，先后赴上海、四川、河南等地开展经贸洽谈考察交流活动，分别与河南省漯河市、焦作市签订友好工商联协议，为两地工商联系统建立长期友好交流合作关系、搭建经贸合作交流服务平台奠定坚实基础。健全法律沟通机制，联合市司法局协商搭建了沟通联系机制，建立律师事务所与商会联系合作机制，组织12家律师事务所结对联系10家商会，提供法律服务，积极打造法治化营商环境，促进民营经济健康发展。构建和谐劳动关系，邀请自治区工商联、自治区人社厅相关领导、处室负责同志和北京大成（银川）律师事务所来固原市开展“援企稳岗政策进民企、促和谐、助发展”暨“法律三进”宣讲活动。联合市人社局、总工会、市企协印发《固原市2021—2022劳动关系“和谐同行”企业培育行动实施方案》，开展“和谐同行”千户企业培育共同行动，动员引导企业积极构建和谐劳动关系。

群众团体

固原市总工会

【概况】 2021年,固原市总工会持续巩固市、县两级工会改革举措,加强基层工会基础建设,继续将工会经费向基层倾斜,全面实施“基层工会组织建设全面提升年”专项行动。全市全年新组建工会组织112家,发展会员6630人,已打造模范职工之家示范点12个、“会站家”一体化示范培育点8个,有力带动提升了基层工会组织规范化建设水平。继续深化货运司机等“八大群体”新业态从业者建会入会专项行动,主动协调帮助基层企业化解疫情带来的不利影响,最大限度将农民工、流动职工、灵活就业职工组织到工会组织中来。通过新就业形态劳动者集中入会行动,吸纳1500余新就业形态劳动者加入工会组织,并筹措10余万元规范打造建设“司机之家”“快递员之家”,为维护新就业形态劳动者合法权益提供了保证,也为全区新就业形态集中入会起到了示范引领作用。

【组织建设】 2021年,固原市总工会组织开展全市工会工作“互学互促”观摩活动,相互学、相互比、相互促,共同提升全市工会工作整体水平。首次在厦门大学举办全市工会干部能力提升专题培训班,全区加强基层工会组织建设与工会社会工作实务固原培训班也在固原市圆满举办,培训全市工会干部160余名。启动并完成《固原市工会志》初稿。

【职工协商制度落实】 2021年,固原市总工会以助力推进基层治理体系建设为抓手。在建会国有企业及其控股企业、事业单位厂务公开、职代会制度实现全覆盖,100人以上非公企业厂务公开、职代会动态建制率100%。努力构建和谐劳动关系,工资集体合同及女职工专项合同签订均在90%以上。深化“遵法守法 携手筑梦”服务农民工公益法律服务行动,已建成工会户外劳动者(法律援助)服务站点15个。举办全市厂务公开、劳动争议调解员培训班和劳动争议调解岗位业务技能竞赛,培训合格97人,不断筑牢职工权益保护防线。探索开展“职工说事”制度。在全市工业园区、重点企业打造“职工说事”室4个,树立固原天豹运输公司工会为全市“职工说事”制度示范工会,成功探索出新形势下加强职工权益保护的新路径。

【职工服务阵地建设】 2021年,固原市总工会进一步断完善职工帮扶救助体系建设,通过生活救助、“两节”送温暖、金秋助学与大病救助连续两年实现在档符合条件困难职工救助全覆盖。通过调研走访,动态更新管理,截至2021年年底,全市脱困职工1331户,符合条件在档的深度、相对困难职工450户。市本级第六期职工医疗互助活动启动开展,通过与市委组织部、市人社局三家联合下文推动,市本级参与互助职工人数首次突破1万人,2021年累计为358名住院职工减轻住院费用82余万元。联合宁夏工人疗养院为我市400余名送餐员、快递员进行免费体检,免除体检费用16万。投入资金50余万元开展疫情防控慰问工作,此外,建成了市级“爱心妈咪小屋”5家和“爱心托管班”5家。固原市工人文化宫无门槛免费向全市职工开放,平均每天到中心活动近200人次,已累计接待各类活动60场,服务职工60000余人次。

【职工就业保障】 2021年,固原市总工会协同市人社局、就业局等相关部门,积极搭建就业创业供需平台,以落实就业再就业新政策为主线,以再就业援助重心,狠抓“零就业”家庭成员和农民工群体的就业再就业工作,通过举办就业招聘会、发布用工信息、技能培训等措施,多渠道“送政策、送法律、送信息、送岗位”有效缓解了本地就业压力。积极开展稳岗保就业行动。联合联动人社、就业等政府部门,推动就业信息互联互通。依托网上职工之家平台、职工服务中心(站、点)发布企业用工信息,举办线上线下招聘会,开展就业援助。组织全市320多家企业举办线上线下招聘会16场次,提供就业岗位1500多个,通过双向选择，与800多人达成了就业意向；为跨地区组织劳务输出1000多人提供工会法律维权保障，发布各类信息、政策宣传40条；为80名求职者提供维权及法律援助。大力推进免费学技能行动。深入实施劳动力素质提升工程，通过菜单式培训和订单式培训相结合的方式将工会培训送到企业一线。共举办砌筑工、刺绣、烹饪、家政等培训5期，为规上企业或工业园区输送各类技能人才200多人次。

共青团固原市委员会

【概况】 2021年，共青团固原市委员会在习近平新时代中国特色社会主义思想的科学指引下，在市委和自治区团委的坚强领导下，聚焦主责主业，忠诚履职尽责，深化改革创新，夯实基层基础，切实增强政治性、先进性、群众性，不断提升组织力、引领力、服务力和大局贡献度，各项工作较好完成，团市委荣获自治区文明单位、自治区民族团结进步示范机关。

【组织建设】 2021年，共青团固原市委员会成立4个专门委员会，实现团代表联络站和中学团校建设全覆盖。新建青年之家2个，完成乡镇团委和村（社区）团支部换届，新成立团组织28家、发展团员3220人，学社衔接率99.5%。召开市青年联席会议第二次全体会议。开展"红领巾心向党·争做新时代好队员"主题队日活动，建立校外少工委10个，红领巾争章和中学推优入团有序推进。

【思想建设】 2021年，共青团固原市委员会以"青年大学习·一起学党史"行动为统揽，深化"三知三强"实践活动，举办"学党史、强信念、跟党走"党史学习教育启动会暨百场万人宣讲，扎实开展"我为青年办实事"实践活动。举办"青春向党·礼赞百年"红诗会、"传承党的百年光辉史基因、铸牢中华民族共同体意识""请党放心、强国有我"等主题活动38场次，开展示范宣讲155场次，覆盖青少年24万人次。制作红色故事小短片、"青春喜迎党代会"等视频文化产品，发布原创文章246期，媒体宣传报道90期，形成思想引领立体化格局。

【青年志愿服务】 2021年，共青团固原市委员会召开"凝聚青春力量、投身乡村振兴"产业招商观摩推介会，开展青字号品牌建功新固原实践活动，举办青年创新创业大赛，选树产业发展带头人25名，争取368名西部计划志愿者和大学生来固实践。奖励优秀学子1252名，实施困境儿童"快乐小屋"30个，组织200名青少年开展红色体验营，结对帮扶移民家庭儿童1200名。成立青年突击队11个，1797名志愿者投身一线防疫，全力打赢疫情防控持久战。

【青少年服务】 2021年，共青团固原市委员会筹集349.5万元，实施12件青少年民生实事。成立"六盘青声"网络文化工作室，设立青年自习室6家。组织50名青年电商人才赴杭州学习，为100名青年提供创业培训，帮助500名青年成功就业。参与"双零"社区创建，开展"阳光照心间·健康伴成长"心理健康和法治宣传活动55场次，覆盖青少年5000人。帮扶慰问困难青少年1792名，建设"青春志愿驿站"50个。举办青年交友活动6场次、专题讲座4场次，帮助青年解决婚恋难题。

2021年7月23日，团市委举行"传承红色基因·担当强国使命"红色体验营活动，全市200名农村青少年参加活动

固原市妇女联合会

【概况】 2021年，固原市妇女联合会坚持以习近平新时代中国特色社会主义思想为指导，全面贯彻习近平总书记关于妇女和妇女工作重要讲话精神、视察宁夏重要讲话精神，按照全国妇联、自治区妇联和市委部署要求，围绕立足新发展阶段、贯彻新发展理念、构建新发展格局、推动高质量发展，以更强的思想自觉、更实的工作举措服务大局、服务妇女、服务家庭，奋力开创固原妇联工作高质量发展新局面。

【妇女组织建设】 2021年，固原市妇女联合会实施强基固本巾帼行动，紧紧抓住村（社区）“两委”换届有利契机，积极推进女性进村（社区）“两委”班子，全市村“两委”中女性成员1555人，村委会成员中女性成员比例为31.8%，女性当选村委会主任80人，占10.1%，女性当选村支部书记25人，占3.1%，女村书记、村主任一肩挑16人，占2%；社区“两委”女性成员434人，女性当选社区主任33人，占43.25%，女性当选社区党组织书记33人，占43.25%。选出新一届村（社区）妇联主席861人（村793人、社区68人），村（社区）妇联主席进入“两委”班子占比分别为99.5%、96%；村妇联主席中485人享受财政补贴，占61%。为进一步加强基层妇联组织建设，增强妇联的政治性、先进性、群众性，夯实妇联工作基础，按照自治区党委组织部、自治区妇联《关于全区乡镇（街道）妇联组织换届工作的通知》要求，固原市妇联坚持“党建带妇建”原则，按照“高标准筹备、高水平开展、高效率推进、高质量完成”的工作目标，全面完成了65个乡镇（街道）妇联换届选举工作，选配执委1515名，其中，主席65名、专职副主席65名、兼职副主席183名，换届完成率100%。将妇联组织“破难行动”纳入党建带妇建工作内容，重点抓好县级妇联改革、组织覆盖、基层执委作用发挥、妇联组织作风建设等工作，积极推进在机关、企事业单位和“两新”组织中灵活建立妇联组织。在村民小组、社区网格建立“妇女微家”，密织组织“覆盖网”，激活基层妇联工作“神经末梢”。截至2021年年底，全市共组建妇女小组4759个，其中村小组组长4181人，社区楼栋（网格）长578人；组建妇女组织85个（妇委会49个，妇女小组36个）。

“三八”妇女节期间，深入各县（区）开展“慰问暖人心、送奖鼓舞人”关爱活动

【妇女思想建设】 2021年，固原市妇女联合会实施“巾帼心向党”行动，助推思想引领再深入。结合党史学习教育，成立了妇联系统37人的巾帼宣讲队，分别深入乡镇（街道）、村（社区）开展宣讲60余场次，覆盖人群5500余人。组织市县妇联干部和各行各业先进妇女代表赴将台堡红军长征会师纪念园拍摄了“巾帼心向党，奋斗新征程”庆祝建党百年暨“党的女儿”大型融媒体活动视频，激励、引导妇女群众知史爱党、知史爱国；联合饮河社区开展了“中华民族一家亲 同心共筑中国梦”民族团结月专题宣讲活动；利用“固原妇联”微信公众号开设《六盘女儿学党史》《巾帼心向党 奋斗新征程》《脱贫路上的巾帼故事展播》三个专栏，通过读故事的方式引导党员干部学党史、悟思想；利用报纸、广播、电视等媒介集中宣传报道了12位荣获自治区级、国家级荣誉的集体、个人或家庭，引导广大妇女及家庭学习先进、争当先进。组织全市各界妇女召开了“巾帼心向党 奋斗新征程”学习习近平在“七一勋章”颁授仪式上的讲话、在庆祝中国共产党成立100周年大会上的重要讲话精神座谈会，引领妇女矢志不渝跟党走；组织全市妇联系统党员干部分别赴六盘山红军长征纪念馆、同心红军西征纪念馆、陕甘宁省豫海县回民自治政府成立大会旧址开展了“传承红色基因 弘扬革命精神”“永远跟党走 奋进新时代”主题教育活

动，通过主题教育以提高大家“办实事、开新局”的责任感和使命感；举办全市妇联系统“永远跟党走 奋进新时代——微党课我来讲”活动，通过宣讲教育引导大家以“听懂”为基础，在“悟思想”上下工夫，在“办实事”上谋举措，以积极探索妇联工作的新路径、新办法。

【妇女就业创业】 2021年，固原市妇女联合会实施“乡村振兴巾帼行动”，助推高质量发展再增效。开展闽宁妇联协作“姐妹携手·相约直播”活动，争取项目资金6万元支持中国商飞固原马兰刺绣和瑾礼巾帼扶贫车间2个直播间发展；用活用好闽宁手工扶持资金9.96万元扶持5个基层妇女手工室发展，通过工作室发挥辐射、带动、示范、引领作用；争取自治区妇联“双培双带”项目资金65万元，培育13名村妇联主席成为村级组织带头人和农村致富带头人，以带动基层妇女创业发展增收致富；为进一步解决妇女创业路上的“急难愁盼”问题，1~9月，发放农村妇女创业担保贷款2258人2.7亿元。为切实提升农村女性的经营管理能力和水平，联合市农业广播电视学校举办了2021年高素质女农民新型经营主体骨干现代农业经营管理培训班，全市50名农业企业、农民专业合作社等新型经营主体中的妇女骨干参与培训；为积极促进家政服务提质扩容，为妇女技能培训、创业就业搭建广阔平台，争取自治区妇联2021年度家政服务职业技能培训名额300人（育婴员150人、养老护理员50人、保洁员100人），通过培训让广大妇女在实现自我价值中获得更大的幸福感；为进一步激发广大妇女创新创造活力，争取自治区妇联创新创业培训项目10万元开展妇女手工刺绣培训班1期50人。围绕提升妇女发展水平，拓展脱贫攻坚成效，在培育优势特色产业、帮助妇女增收上下功夫。2021年申报“全国巾帼现代农业科技示范基地”1个，创建自治区“巾帼直播间”2个，推荐4名创业妇女评选全国“巾帼新农人”，推荐8家企业的37个产品入住“宁夏巾帼优品馆”。

【妇女儿童服务】 2021年，固原市妇女联合会实施“巾帼暖心”行动，助推关爱服务再延伸。3月底，高质量完成自治区“两规划”评估验收组对固原市实施宁夏妇女儿童发展规划（2011—2020年）终期评估工作，评估对固原市妇女儿童发展规划实施取得的成绩给予充分肯定。争取中国儿基会项目“春蕾计划——佑未来 护成长”女童关爱行动共覆盖原州区、西吉县、隆德县1500名女童，派送1500个爱心礼包、线上线下课堂及赴北京夏令营活动；争取武警“春蕾计划”助学款24万元、闽宁合作资助贫困女大学生助学款15万元，资助西吉县500名女学生成长成才。积极开展“把爱带回家”暑期儿童关爱“四送”服务活动，寒、暑两个假期共组织2717名志愿者开展丰富多彩的儿童关爱服务活动，结对帮扶留守、困境儿童2438名，开展各类活动253场次，受益家长儿童16349人次，发放“家家幸福安康”知识书包240个。着力构建妇女宫颈癌、乳腺癌“筛查+救助+保险+关爱”四位一体的健康保障体系，2021年救助“两癌”妇女76名，发放救助金76万元；实施“两癌”患病及特殊、困难妇女关爱服务项目，以社会购买服务的方式对70名“两癌”患病及特殊、困难妇女开展面对面抚慰、心理咨询、就业技能或兴趣爱好培训等关爱服务活动；“爱妮保”1~9月，全市参保妇女3047人，10人共理赔32.5万元。结合党史学习教育“我为群众办实事”活动，市妇联共慰问困境妇女20名，慰问资金1万元；7月，拨付五县（区）慰问资金2万开展慰问；深入帮扶村开展“学党史 践初心 我为群众办实事”系列活动，举办妇女创业就业技能培训班1期，培训妇女26名；河南灾情发生后，市妇联发出倡议呼吁社会各界妇女及组织捐款共计10.3万余元。

【妇女儿童合法权益维护】 2021年，固原市妇女联合会实施“巾帼维权”行动，助推维权服务再提升。邀请自治区宣讲团成员深入乡镇（街道）、村（社区)开展和谐婚姻家庭、民法典、宁夏妇女权益保障条例等主题宣讲活动30场次；市妇联系统“巾帼宣讲队”深入乡镇（街道）、村（社区)向留守妇女、贫困单亲母亲、残疾妇女等群体开展红色主题、禁毒等知识宣讲；“6·26”国际禁毒日期间联合市直有关部门（单位）在市区博物馆广场围绕禁毒主题开展了系列宣传教育活动。按照“有组织、有阵地、有制度、有经费”的工作目标在村和社区建设“妇女之家”，积极搭建妇女维权网络体系，全市共建“妇女之家”866个、婚调委6个、妇女法律援助中心6个、家事法庭11个、妇女维权合议庭6个、村级妇女议事会395个，在律师事务所挂牌成立区、市、县三级妇女儿童维权工作站12个，配备各类专兼职维权人员1400多名；组织各级妇联广泛开展“零家庭暴力社区”和“平安家庭”创建活动，对家庭暴力投诉及时接访处置并给予法律咨询、心理疏导和紧急庇护；发挥市、县、乡、村四级妇联婚调组织、妇女维权站、12338维权热线等作用，开展婚姻家庭矛盾纠纷排查调解工作，2021年，固原市、县两级妇联共接待妇女群众来信来访来电106件，其中来访67件、来电（12338维权热线）39件。

固原市科学技术协会

【概况】 2021年，固原市科学技术协会坚持以习近平新时代中国特色社会主义思想为指导，坚决贯彻习近平总书记在庆祝中国共产党成立100周年大会上的重要讲话、视察宁夏重要讲话精神和在两院院士大会、中国科协第十次全国代表大会上的重要讲话精神，自觉站位新发展阶段、坚定贯彻新发展理念、积极融入新发展格局。按照守好“三条生命线”、走出一条高质量发展新路子的总要求，围绕“强三性”持续深化改革，提升服务能力，团结引领全市科技工作者，锐意进取、扎实工作，为建党100周年贡献了科协力量。全面推进基层科协组织力“3+1”试点工作，吸纳“三长”进入市、县(区)、乡(镇)科协领导机构，共吸纳兼职挂职主席、副主席、常委总计272名，其中，学校校长74名，医院院长69名，农技站站长70名，其他59名。

【品牌科普活动】 2021年，固原市科学技术协会组织各成员单位和县(区)科协开展全国科技活动周、科普日、科技工作者日、科普论坛、科普讲座、科普“七进”、科普剧展演等各类主题科普活动40余场，助力乡村振兴和“双减”等，不断扩大科普活动的影响力。疫情期间，面向社会、深入基层，开展科普活动21场次，受益群众4万余人次，播放疫情防控宣传音频150小时，发放各类科普宣传资料3000余册。科普大篷车累计开展活动85天、85场次，累计行程1.2万余千米，受益群众8万余人次。

【科普志愿活动】 2021年，固原市科学技术协会围绕乡村振兴、青少年科学教育、疫情防控、城镇居民科普等，开展送政策、送科技、送健康、送信息等活动50余场(次)。弘扬科学家精神，开展了福建院士专家宁夏行固原站系列活动，院士专家深入企业、高校、田间地头开展科技服务活动，指导解决问题13件，达成长期性合作框架协议1项。

【公共科普服务】 2021年，固原市科学技术协会实施了“新媒体+固原科普”媒体矩阵项目，与市内9家以官方媒体为主的新媒体签订协议，累计向全市公民推送各类科普信息646期，点击量达23万人次以上，进一步促进“科普中国”APP落地应用，注册量达到1.6万余人。建成农村中学科技馆45所，龙王坝科普小镇等16个科普教育基地、65个科普示范学校和科普示范社区、科普示范村，争取中国科协科技馆免费开放补助资金109万元，整合教育资源，继续完善固原市科技馆布展工作，争取中国科协流动科技馆项目。

【全民科学素质提升】 2021年，固原市科学技术协会履行全民科学素质纲要，全面落实《全民科学素质行动计划纲要》和《宁夏回族自治区全民科学素质行动规划纲要实施方案(2021年—2025年)》，制订《固原市全民科学素质行动规划纲要实施方案(2021年—2025年)》，圆满完成了“十三五”目标任务。2020年固原市公民具备科学素质的比例为5.2%，提升幅度173.7%，提升幅度位居全区第2位，公民具备科学素质的比例得到大幅度提升。

固原市文学艺术界联合会

【文学创作】 2021年，固原市文学艺术界联合会充分发挥固原文学群众基础好、作家情怀深、创作氛围浓的优势，以高质量办好《六盘山》文学期刊为抓手，竭力打造固原文学高地和“文学固原”品牌新高度。在发现本土人才上下功夫，坚持自由来稿和约稿相结合，本地来稿和外地来稿相结合，作家来稿和文学爱好者来稿相结合，不断扩大文学期刊投稿覆盖面，最大限度发掘本土文学创作人才。配合自治区文学期刊《朔方》在第8期推出固原作家作品专号，刊发固原市41名作家文学作品43篇(首)。在培育编辑素质上下功夫，坚守文学期刊出人才出作品的理想和情怀，认真负责地对待每一篇来稿，关注每一个有潜质有希望的作者，给本土文学新人更多的鼓励和信心。《六盘山》第5期编发了“乡村振兴:我们需要怎样的文学”主题座谈会上区、市评论家、固原市骨干作家、乡土作家的发言摘要，为固原市重大现实题材文学作品创作指明了方向。在推出文学作品上下功夫，加强与国内、区内知名文学期刊的交流和合作，全力推出本地优秀作品，扩大固原文学的影响力。《海滩机器人》《面孔》《最后一辩》等6篇原发《六盘山》的作品被《小说选刊》《散文选刊》等多家全国重点文学期刊选载。在激发作家创作劲头上下功夫，启动第三届《六盘山》文学奖评奖工作，对原发《六盘山》上的优秀作品及本土作家予以表彰，表彰奖励了国家级奖项及省级以上期刊奖获奖作品作者3人。在提升本土文学影响力上下功夫，2021年，马金莲、高丽君等6名作家出版《孤独树》《沉默的黑板》等个人作品11部，30余名作家在各类报纸期刊发表作品200多篇(首)。

【艺术创作】 2021年，固原市文学艺术界联合会紧紧围绕中国共产党成立100周年群众性宣传教育活动，举办各类展演活动，搭建艺术作品交流展示平台，催生优秀艺术作品。

庆祝中国共产党成立100周年

群众性主题宣传教育活动。举办“学党史 颂党恩 跟党走”红色经典诗词朗诵、“百年变迁—献礼建党100周年”大型书法绘画摄影展、“礼赞百年”征文评奖活动等一批群众性主题宣传教育活动。“学党史 颂党恩 跟党走”红色经典诗词朗诵会通过诵读红色经典诗词、英烈家书，重温中国共产党同人民风雨同舟、生死与共，从胜利走向胜利的伟大历程，弘扬了革命精神，传播了红色基因，鼓舞了在场观众的士气和斗志。“百年变迁——献礼建党100周年”书法绘画摄影展全面展示在以习近平同志为核心的党中央的坚强领导下，固原市发生的翻天覆地的变化，脱贫攻坚、生态建设、民生福祉等方面取得的丰硕成果。“礼赞百年”征文评奖活动推出优秀作品23篇，描述了脱贫攻坚前后乡村发生的巨大变化。

红色主题展演活动。举办“木艺书韵”大原古建红色主题展、柴培科白描人物展、稽古揆今六人书法展等各类展出活动7场次，展出大量红色主题文艺作品，弘扬固原市红色资源的精神内涵，传承红色文化。

艺术交流活动。联合国家级中文类核心期刊《星星》诗刊举办了“学党史”重走长征路、公益捐赠暨著名诗人写固原活动，举办诗歌公益讲座2场次，“学党史：《星星》诗刊——固原作者见面会”座谈交流1场次。牵头制作固原美食宣传主题曲《固原味道》，被学习强国等平台推荐。市摄协牛红旗选送的摄影作品《疼水·我的西海固》作为宁夏唯一一件作品入展第28届全国摄影艺术展。市民协创作的民间工艺作品在第十七届中国（深圳）国际文化产业博览交易会中获1金1银，12件文创产品入围全国红色旅游创意产品。《大河上下》《红旗漫卷六盘山》成功入选宁夏重大文学题材创作扶持项目。长篇小说《数星星的孩子》入选全区重点文艺作品奖励项目，《六盘春官送福来》等7个作品入选全区重点文艺扶持项目。

2021年固原市文艺界抗击疫情主题作品选摘

【主题文化活动】 2021年，固原市文学艺术界联合会开展“深入生活、扎根人民”主题实践和文艺志愿活动，打通了文艺服务群众的“最后一公里”，凝聚广大人民群众共同致力乡村振兴的凝聚力、向心力和创造力。“两节”期间开展了“强三农·好年货2021固原网上年货节”“网络中国节——迎新春·送春联”等送春联送祝福活动，累计向坚守抗击疫情一线白衣天使、广大干部职工和网民送春联“福”字2000多幅。先后深入原州区北塬街道北海社区、西吉县兴平乡马沟村等10个社区村组，为当地群众赠送书籍300余册，文艺作品100余件，演出节目10余场（次），义务书写春联1000多副。举办了“风雨同舟情暖人间”——固原市文艺界支援郑州书画义卖募捐活动，募捐资金13460元。创作抗疫题材文艺作品1000余件，筹集御寒大衣、米面等抗疫物资。在西吉县木兰书院举办了“乡村振兴：我们需要怎样的文学”主题座谈会1场次。市美协在原州区黄铎堡老庄小学等3所学校完成了“新农村少儿舞蹈美育工程”志愿服务活动，市书协在固原二中、西吉中学等学校开展了“书法进校园”志愿服务活动20余场次。市剧协举办了为期3天的社区文艺工作者广场舞培训班。市书协、美协开展了“庆祝八一建军节文化艺术进军营”活动2场次。市民协组织“巧手铸党魂 花儿颂党恩”——民间文艺进校园活动2场次。

【文艺人才培养】 2021年，固原市文学艺术界联合会举办了《朔方》固原市专号作家作品改稿班，依托宁夏文学艺术院邀请的强大师资力量，培训固原市作家50名，其中有41人的作品在《朔方》第8期作家作品专号推出，对于破解固原市文学面临的困境，推动文学发展具有重要意义。争取自治区人才项目资金15万元，定于8月份在南京大学举办宁夏骨干（散文）作家培训班，因疫情影响延期。评选“六盘文化文艺人才工作室”13家，启动第三届《六盘山》文学奖评奖工作，推荐26人38件作品参加自治区第十届文学艺术奖评奖、5个项目申报自治区文艺作品扶持。市文联杨风军、单永珍、马金莲参加了中国文联第十一次、中国作协第十次全国代表大会，马金莲当选中国作协第十届全国委员会委员。

【第三届《六盘山》文学奖作品】

小说

《花开香秀》作者：殷高
《古渡》作者：尹晓燕
《百年心语》作者：蛮稀
《龙舌兰》作者：李继林
《名誉》作者：李义
《花瓶姑娘》作者：尚元

散文随笔

《边墙》作者：程耀东
《哺乳记》作者：高丽君
《不舍昼夜》作者：林混
《河西走廊复调》作者：阿贝尔
《鲁迅四题》作者：白草
《历史深处的泾川》作者：杨海蒂

诗歌

《短歌行》(组诗)作者：叶舟
《落日与星空》(组诗)作者：蓝野
《小于一》(组诗)作者：梦也
《倾斜的花园》(组诗)作者：林一木
《去势》(组诗)作者：王怀凌
《蒹葭》(组诗)作者：泾河

文学新人

《面孔》(散文)作者：田鑫
《老事物》(组诗)作者：马生智

【第三届《六盘山》文学奖评委会人员】

郎　伟　宁夏大学副校长　著名评论家
王岩森　宁夏大学人文学院原副院长　著名评论家
杨　梓　宁夏文学艺术院院长、《朔方》主编　著名诗人
火会亮　《朔方》执行主编　著名作家
闻玉霞　《黄河文学》主编　著名编辑

固原市残疾人联合会

【组织建设】　2021年，固原市残疾人联合会以推进基层整合审批服务执法力量改革为契机，市残工委印发了《关于加强和改进乡镇(街道)残疾人工作的通知》(固残工委发〔2021〕1号)，明确乡镇(街道)党委和政府管理辖区内残疾人工作职责，将残疾人工作纳入乡镇(街道)公共服务体系和行政服务平台能力建设，配齐配强乡镇(街道)残联领导班子，明确了办事机构和专职委员，实现了基层残疾人工作有制度、有场地、有人管。目前，全市65个乡镇(街道)全部组建残联，863个村(社区)全部建立残疾人协会。全市基本形成横向到边、纵向到底的残疾人组织网络。

2021年残疾人工作者手语培训班

【公共服务】　2021年，固原市残疾人联合会实施残疾人家庭无障碍改造行动。一是落实《无障碍环境建设管理办法》，进一步健全无障碍环境建设推进工作机制。结合城镇老旧小区改造、智慧城市、乡村建设行动等，协调相关部门同步推进无障碍环境建设。实施残疾人家庭无障碍改造项目2079户，超额完成民生计划任务1279户。二是实施精准康复服务行动。将符合条件的372名0~6岁听力、言语、肢体、智力残疾儿童和孤独症儿童通过转介到定点康复服务机构进行机构内基本康复训练，全面完成确定的目标任务；开展7~14岁残疾儿童家庭康复训练指导140人。开展辅助器具供应、贫困精神残疾人救助服务，完成假肢矫形器装配133例、辅助器具借用7212件，建设“爱心接力、循环使用”辅具免费借用回收维修服务站5个，精神病人免费医疗救助1098人，较好地满足了残疾人康复服务需求。全面推进残疾人家庭医生签约服务工作，推动基层残联对残疾人基础服务包自付部分与残疾人精准康复服务包进行补助，不断完善签约服务内容。三是实施特殊教育提升行动。配合教育部门做好义务教育阶段适龄儿童控辍保学工作，做好国家通用手语和通用盲文推广工作。认真落实贫困残疾学生、贫困残疾人家庭学生补助政策，扎实做好2021年高校残疾人大学新生救助工作，全市共完成救助申请登记122人。

【残健融合发展】　2021年，固原市残疾人联合会以全国助残日、国际残疾人日等各类残疾人节日为载体，扎实开展残疾人文化进社区“五个一”活动、残疾儿童社会实践活动、“传承党的百年光辉史基因铸牢中华民族共同体意识”主题教育，积极宣传残疾人政策法规、惠残政策，走访慰问困难残疾人家庭40户，组织吸引残疾人参与到活动中，倡导全社会关爱关注残疾人事业，营造扶残助残良好氛围。开展关爱残疾人公益活动，引进北京长照公益基金会“长照·健康”衣物捐赠暨动听计划—人工耳蜗筛查义诊活动，无

偿捐赠衣物8632件价值72万元，邀请宁夏医科大学附属医院专家开展听力障碍知识讲座和义诊咨询活动，为104名听障人士进行了术前筛查；争取安徽任丘市亿驰照明有限公司在固原市开展"点亮乡村·光彩惠民"关爱残疾人捐赠活动，为1744户贫困残疾人家庭免费安装了太阳能庭院路灯。

【残疾人民生活保障】 2021年，固原市残疾人联合会配合市扶贫办建立残疾人脱贫攻坚动态监测工作机制，开展残疾人脱贫不稳定户和易致贫边缘户信息数据比对。支持帮扶村群众大力发展种草养畜产业，建成西吉县汇英制香扶贫车间（闽宁残联协作扶贫车间），解决60名残疾人或重度残疾人家属、脱贫不稳定户、边缘易致贫户就近就业增收。实施"阳光助残小康计划"，扶持各县（区）455户农村残疾人家庭发展特色产业。健全完善残疾人社会保障制度。不断完善托养服务，完成居家托养705人、日间照料100人，机构托养349人、机构提供服务240人。设立固原市静安托养中心，为20名无人监管、需要长期照料的精神残疾人免费开展生活照料和护理、技能训练等多方面的服务。开展"迎着困难问题上，围着服务残疾人转"主题实践活动，在全市深入开展残疾人"两项补贴"大宣传大排查大调研活动，建立残疾人"两项补贴"提标和动态调整机制，残疾人困难生活补贴提标至110元/人/月，重度残疾人护理补贴提标至120元/人/月。在西吉县开展贫困重度残疾人照护服务试点，探索贫困重度残疾人居家或邻里照护服务新模式。联合民政部门完善残疾人低保认定标准，推进低收入家庭重度残疾人单独纳入低保政策全面落地。推动落实医疗、养老、住房等惠残政策和低收入残疾人家庭生活用水、电、气、暖优惠政策。

【残疾人就业创业】 2021年，固原市残疾人联合人社部门落实不少于10%的公益性岗位安排残疾人（残疾人亲属）就业政策，重点向乡镇、村（社区）残联专职委员和服务残疾人岗位倾斜。将残疾人技能培训纳入农民素质提升行动和高素质农民培育工程，举办盲人保健按摩技能提升、残疾人刺绣等各类技能培训班培训残疾人及残疾人家属1067人次，实用技术培训750人次。与市劳动就业服务局联合开展"就业帮扶、真情相助"为主题的"就业援助月"专项活动，走访登记失业残疾人家庭45户40人，实名制纳入年度培训计划残疾人80人，帮助登记残疾人失业人员实现就业10人，帮助残疾人享受专项同扶持政策20人，组织残疾人专场招聘会3场次。帮助残疾人新增就业113人、自主创业21人、灵活就业107人。畅通高校残疾人就业渠道，对摸底排查出103名有就业意愿未就业的高校残疾人毕业生建立"一人一档、一人一策"个性化服务档案。通过"三支一扶、公益性岗位、实习岗、灵活就业"等多种方式解决了63名残疾人毕业生就业问题，残疾人毕业生就业率达到83%。

【残疾人公益宣传】 2021年，固原市残疾人联合会组织开展主题为"我为群众办实事、学史力行开新局"的"媒体走基层"活动，邀请中央驻宁媒体和自治区级媒体记者来固调研采访。多角度宣传了固原市残疾人在巩固拓展脱贫攻坚成果同乡村振兴有效衔接、产业扶持、就业创业、康复托养等方面的亮点工作，充分展示"十四五"开局之年残疾人事业新亮点新成效，引导广大残疾人自尊、自信、自强、自立，积极融入社会，感恩回报社会，唱响自强不息正能量，弘扬扶弱助困主旋律。三抓环境建设，共建共享。优化文体环境，组织全市24名残疾人参加了全国第十一届残疾人运动会暨第八届特殊奥林匹克运动会。西吉县重度残疾人贾建东在男子200米T51级轮椅竞速决赛中获得银牌，固原市特殊教育学校五人制女子足球队取得了第十名的好成绩。优化残疾人权益保护环境，与市检察院联合开展无障碍环境建设检察公益诉讼专项监督行动，保障残疾人出行权益。加快推进"跨省通办""区内通办"服务，强化服务供给，优化服务流程，提升服务效能，为残疾人等特殊群体提供高效便利的服务。

固原市红十字会

【概况】 2021年，固原市红十字会共召开党组会议27次，研究"三重一大"事项12项。扎实开展党史学习教育，成立党史学习教育领导小组，印发了《中共固原市红十字会党组党史学习教育实施方案》，保证党史学习教育扎实推进。切实为民办事，印发了《固原市红十字会学史历行"我为群众办实事"实施方案》，开展"学史力行·关爱透析病人"等活动，共发放慰问金5.4万元，发放物资价值9.4万元。

【组织建设】 2021年，固原市红十字会全力推进红十字会理顺管理体制，截至目前，各县（区）均已出台了红十字会改革方案，同时，各县（区）党委将红十字会党的建设也纳入了当地党建工作总体布局，先后成立党支部，不断加强党对红十字会工作的全面领导。全力加强基层组织建设，动员社会力量广泛参与红十字会工作，5月份，市人民政府办公室印发了《固原市进一步加强红十字会基层组织建设实施方案》，方案中明确了各级组织成立红十字会时间表，路线图。截至目前，全市已设

红十字会应急救援培训

立基层红十字会369个。年初，市本级印发了《关于加强红十字会员单位登记管理工作的通知》，在全市范围内发布了《固原市红十字会关于发展会员和招募志愿者倡议书》，目前全市已经注册会员单位346家，发展个人会员613名，收缴会费66840元。积极发展志愿服务队伍，共组建了11支志愿服务队伍，志愿者共计483人，开展志愿服务活动144次，涉及志愿者1191人次。为提高队伍的服务能力，共开展减灾培训18次，参训人员共计2830人。

【人道救助】 2021年，固原市红十字会全力推动应急救护培训上新台阶，积极争取政府支持，将救护员培训和公益性应急救护培训列入同级财政预算。2021年度，市本级8万元培训经费已拨付到位，各县（区）红十字会也积极争取将应急救护培训经费列入财政预算。不断扩大培训覆盖率，分别与卫健、教育等部门联合印发通知，落实应急救护培训“五进”要求，对市直71家机关单位进行应急救护培训，对市直12所学校已完成初级救护员培训。截至目前，全市共完成持证培训8114人，完成普及性培训8410人，分别完成全年任务数的104%、417%。扎实开展人道救助工作，元旦春节期间开展“红十字博爱送万家”活动，累计发放慰问物资价值50余万元，受益人覆盖5县（区）84个乡镇429村3753户13686人。精准救助困难群体，市本级共发放救助款5.6万元，救助、慰问了尿毒症患者、退役军人、贫困大学生67人。帮助16名家庭困难的白血病、先天性心脏病患儿向中国红十字基金会小天使基金、天使阳光基金申请了大病救助。

【三大捐献】 2021年，固原市红十字会联合自治区红十字会开展“三献”业务服务培训2次，为各县（区）培训业务工作人员、“三献”工作志愿服务人员50名，组织开展“生命的乐章”清明节缅怀、“献血，让世界继续跳动!”主题宣传等系列活动，有力推动了“三献”工作开展。圆满完成造血干细胞捐献志愿者招募任务并实现捐献的2名。新增遗体和器官捐献志愿登记605人（累计达1714人），实现眼角膜捐献1例，救治3名患者。6·14“世界献血者日”主题活动期间，成功动员845人捐献血量28.84万毫升。

【赈灾募捐】 2021年，固原市红十字会为助力河南人民战胜水灾、重建家园，发起抗洪募捐活动，共筹集捐款453431元，物资价值36214元，帮助河南渡过难关；积极借助腾讯公益平台，开展“9·9公益日”活动，共筹集捐款112721.48元，将定向用于救助困难学生、困难儿童和困难退伍军人等困难群体。为坚决打赢疫情阻击战，助力疫情防控，红十字会多方动员、积极倡导，疫情期间全市红十字会系统共接收疫情防控专项捐赠物资共计81.5427万元，其中，物资价值60.0027万元，现金21.54万元。为爱心企业搭建平台，接收定向捐赠共计11笔49.3680万元。

【主题宣传】 2021年，固原市红十字会在充分发挥自有传播平台（微信公众号）主渠道的同时，全面加强与固原市主流媒体的沟通合作，并建立信息推送机制。联合固原日报客户端，分别在1月20日、2月7日对固原市第6例、第7例造血干细胞捐献志愿者的事迹进行报道，获得广泛的社会关注，取得了良好的宣传效果。在“红十字博爱周”期间，全市红十字系统在各地开展了形式多样的主题宣传活动，原州区红十字会向市民发送以红十字运动和防灾减灾知识为主的短信20万条，辖区所有电子屏滚动播放红十字相关内容的宣传片；西吉县红十字会在县商业广场以“关爱生命　救在身边”为主题，举办应急救护培训、“三救三献”、志愿者服务等系列活动；泾源县红十字会在新民中心校开展“六个百系列活动”；隆德县红十字会和彭阳县红十字会分别在六盘山红军长征景区和金鸡坪景区开展主题宣传活动。积极拓宽宣传渠道，在市区新华百货固原店、帝豪广场等人员密集的商业区，滚动播放由中国红十字会总会制作的造血干细胞捐献、人体器官与遗体捐献相关知识视频达两周。

法 治

法治政府建设

【概况】 2021年，固原市委全面依法治市委员会建立领导干部会前学法、任前考法、年终述法制度，将法治建设纳入目标效能管理考核体系，制定责任落实、出庭应诉等考核指标16项，实行半年考核通报，年终兑现奖惩激励机制。在干部选拔任用过程中注重考察干部遵纪守法、依法办事情况，不断强化领导干部带头尊崇法治、敬畏法律、遵纪守法的自觉性，引导广大党员干部树立遵法意识，凝聚遵法共识，从根本上筑牢法治根基。市县媒体开设专栏，播出“以案释法”普法专题12期，刊发、转发相关报道1100余篇（条），发放宣传资料12.5万余份，以判例的形式将法治精神融入人们的日常生活，形成遵法崇法的社会环境。推进各级领导班子及成员“述法”，原州区、隆德县完成全区述法试点，市直45个部门单位现场述法。市政府坚持重大事项向市委请示报告、向人大报告、向政协通报，认真执行市人大及其常委会的决议、决定，多次向市各民主党派、工商联和无党派人士征求对政府工作报告、民生实事等工作的意见建议，吸纳委员意见建议29条，办结人大议案2件、建议17件，办理政协提案112件。坚持培育法治文化，全市累计建设法治文化公园13座，村（社区）法治文化阵地675个，培育农村法律明白人3125人，泾源县兴盛乡新旗村被命名为第8批“全国民主法治示范村”。

【普法教育】 2021年，固原市委全面依法治市委员会把学习贯彻习近平法治思想和学习贯彻党的十九届历次全会精神、党史学习教育、政法队伍教育整顿有机结合，纳入各级党委（党组）理论学习中心组、党校（行政学院）、干部学院的重点学习内容，融入国民教育、干部教育、社会教育、家庭教育。开展习近平法治思想专题辅导讲座2次，开展“百名律师基层法治大宣讲”活动，集中宣讲100余场次，带动各级党委（党组）学习研讨890多场次。通过群众喜闻乐见的形式，运用鲜活生动的语言，将习近平法治思想的学习宣传延伸到机关、单位、企业、乡村、社区、校园以及社会组织和宗教场所等每个角落。将习近平法治思想纳入领导干部任前法律知识考试和公务员学法用法考试，组织40名领导干部任前“考法”，全市32736名干部参加了无纸化学法用法考法。推动全市各级领导干部自觉运用习近平法治思想武装头脑、指导实践、推动工作。广泛开展“12·4”宪法日、宪法宣传周主题宣传活动，组织宪法宣讲、宪法宣誓、学习交流等活动900余场次；全面推进民法典学习宣传，市委理论学习中心组召开民法典学习扩大会，邀请知名教授专题辅导民法典，制定深入学习贯彻习近平视察宁夏重要讲话精神扎实推动民法典实施的实施方案，采取举办专题法治讲座、开展法律咨询、以案释法、创作法治作品等形式，全市共开展各类线下宣传宣讲活动共计155余场，受众人数21000余人，共计发放宣传资料和宣传品65000余件。通过深学细悟，不断培养广大干部法治思维，提升法律素养和依法决策、依法管理的能力和水平。

【制度完善】 2021年，固原市委全面依法治市委员会严格对照中央“一规划两纲要”和自治区“一规划两方案”，将法治建设纳入“十四五”规划建议、纲要和2035年远景目标。制订《法治固原建设规划（2021—2025年）》《固原市法治社会建设任务清单（2021—2025年）》《固原市法治建设任务清单（2021—2025年）》《固原市法治文化建设任务清单》，列出清单、建立台账，逐项推进，逐项落实。政府工作报告中专门部署法治建设，召开法治建设推进会，市政府常务会议定期听取法治建设和普法等工作汇报，研究解决重大问题，协调重大事项。先后组织开展专项督察2次，制订了《固原市法治建设补短板抓整改促提升实施方案》，有力推动法治建设各项目标任务落到实处。

【公共治安防控】 2021年，固原市委全面依法治市委员会大力推进公共视频监控、居民住宅小区技防设施、校(园)“视频联网监控一键式报警系统”建设,基本实现了重点单位、要害部位、易发案地段、人员密集场所的视频全覆盖。积极探索使用“互联网+”的模式,利用12345服务热线、政民互动网络平台、短信、微信等信息平台,开辟服务群众的新渠道,全市社会治安防范、预警、发现和打击能力不断提升。“雪亮工程”建设不断推进,“政法云”建设初具规模。固原市群众安全感调查连续9年位居全区第一,连续3年平均有2—3个县(区)荣获全区年度平安县(区)称号。

【行政执法改革】 2021年,固原市委全面依法治市委员会按照“精简统一、统筹优化”的原则,组建乡镇“五办四中心”和街道“三办四中心”。采取“减县补乡”的办法,推动编制资源向基层一线下沉,乡镇街道人员编制平均增长32%。完成了乡镇综合执法机构组建挂牌、人员转隶和执法职责、流程、执法事项清单等编制工作。组织开展市、县(区)行政执法主体资格、行政执法和监督人员资格审查、学习培训、信息录入等工作,对全市各级各类行政执法主体单位和行政执法人员进行认真清理。按年度开展行政执法人员资格考试和行政执法证件年检工作,实现了行政执法证件管理规范化、制度化。目前,市本级共有行政执法单位36个,行政执法人员1250人。按年度开展行政执法人员资格考试和行政执法证件年检工作,2021年全市1315人参加了考试,通过889人,通过率67.6%。全市917名行政执法人员申报配发制式服装和标志。

【法治示范创建】 2021年,固原市委全面依法治市委员会通过建立以信息公示平台、门户网站公示专栏为主的多渠道执法信息公示载体,提高了执法的“能见度”和“透明度”,更好地保障了人民群众的知情权和监督权。特别是在容易发生争议的执法环节、执法场所实施全过程音像记录,使得重大执法决定合法,行政复议、行政诉讼被纠错率下降。“固原市依法有效化解矛盾纠纷”“西吉县县乡村一体化政务服务智能管理”荣获自治区法治建设示范创建项目。泾源县兴盛乡新旗村被命名为第8批“全国民主法治示范村”,全市共涌现“全国法治县(市、区)创建活动先进单位”3个、“全区法治县(市、区)创建活动先进单位”3个、“全国民主法治示范村(社区)”7个,初步形成多层次多领域法治创建格局。

【行政复议及行政应诉】 2021年,固原市委全面依法治市委员会深化行政复议体制机制改革,市、县政府统一行使行政复议职责,统一管辖行政复议案件,并以本级政府名义作出行政复议决定。全面加强行政应诉工作,行政机关负责人出庭应诉率逐步提高。市政府共办理行政复议案件57件,其中,撤销具体行政行为5件,责令履行6件,对违法或者不当行政行为的纠错力度持续加大。市政府行政应诉28件。

【矛盾纠纷化解】 2021年,固原市委全面依法治市委员会加强对村(社区)普法宣传教育,选派167名律师担任863个村(社区)法律顾问,提高基层党员、干部法治思维和依法办事能力,引导村民依法反映诉求、解决矛盾纠纷。组织开展律师参与社区人民调解试点工作,加强人民调解“四张网”建设。市、县两级挂牌成立矛盾纠纷调解中心,开展“为民服务·矛盾纠纷大排查大调解”专项行动,共调处化解各类矛盾纠纷5182件,调解成功4883件,调解成功率94.2%,因矛盾纠纷激化引发的命案同比下降27%。

(张筱淳)

公 安

【概况】 2021年,全市公安机关坚持以习近平新时代中国特色社会主义思想为指导,深入学习习近平法治思想,践行新发展理念,紧紧围绕做好建党100周年安保维稳工作“一条主线”,努力实现政治更安全、社会更安定、人民更安宁、网上更安静“四个目标”,突出抓好派出所改革、新冠肺炎疫情防控、执法规范化建设、服务经济社会发展“四个重点”,不断强化公安队伍建设“一个保障”,通过“提升九个能力、打好九个主动仗”,推动经济社会高质量发展和高水平安全的动态平衡和良性互动,取得了重大安保警卫任务万无一失、规模以上群体性事件零发生、公共安全形势全区最稳、命案发案创历史新低的良好成效。

【维护社会稳定】 2021年,固原市公安局立足全市是维护政治安全重点地区实际,以建党100周年安保维稳为主线,建立了情报信息会商研判等机制,以维护重大活动和特殊节点期间政治安全为重点,搜集上报各类情报信息1232条,坚持每月分析研判政治安全形势,做到预知预警预防。组织开展了系列打击整治专项行动,严厉打击各类违法犯罪,8起现行命案全破,攻克了2起命案积案,破获了部督320号毒品目标案件等一批有影响的案件。组织开展“无诈创建”活动,印发致各县区委书记和县区长一封信,推动形成了全民反诈工作格局,全市电信网络诈骗发案数和财产损失数上升幅度在宁夏五市最低。按照全域覆盖的要求,开展立体化治安防控，全市未发生有影响的治安事件。全面排查化解矛盾纠纷和不稳定因素，严格落实重点人员教育稳控措施，圆满完成了两节、两会、第五届中阿博览会、建党100周年庆祝安保维稳、、中共十九届六中全会和中央领导杨晓渡到固原视察等安保警卫任务，实现了“大事不出、小事也不出”的最佳目标。

【扫黑除恶专项工作】 2021年，固原市公安局认真贯彻落实《全市常态化开展扫黑除恶专项斗争巩固专项斗争成果实施方案》《关于全面落实〈重点行业领域突出问题专项整治任务清单〉并建立月报制度的通知》《宁夏公安厅关于常态化开展扫黑除恶专项斗争的实施意见》，制定固原市公安局贯彻落实的意见和《全市公安机关开展重点行业领域突出问题专项整治任务工作方案》，深入研究全区以及固原市黑恶违法犯罪组织形态、方式、手段呈现出的新变化、新特点，坚持打早打小、以打促防、以案促治，不断巩固扫黑除恶专项斗争成果。全年共移送起诉涉黑案件1起，破获九类涉恶犯罪案件75起、抓获271人，移送起诉145人。共受理涉黑涉恶线索72条，办结59条，办结率达到81.9%。

【刑事案件侦办】 2021年，全市共立案各类现行刑事案件5664起，破各类现行刑事案件2531起，破案率为44.7%；其中八类案件和命案破案率100%，多发性侵财类案件破案率32.7%，电信诈骗案件破案率20.9%。共抓获各类刑事作案成员2113人，上升40.6%。持续做好命案防控和命案积案攻坚工作，积极指导完善推广矛盾纠纷排查三色预警机制，排查化解容易引发命案的各类矛盾纠纷，全市现发命案同比下降27.3%，组织侦破2起命案积案，抓获命案积案逃犯2人。深入开展电信诈骗打击宣传工作，要求全市公安机关及联席会议成员单位全面开展电信诈骗防范宣传活动，实现全民反诈。全市共破电信诈骗案件437起，同比增加81起，抓获犯罪嫌疑人224人；挽回财产损失3011.14万元。加大多发性侵财犯罪打击力度，紧盯涉及民生的盗抢骗犯罪，深挖线索，串并侦查，分析研判，调查取证，打团伙作案。全市共侦破多发性侵财案件1458起，抓获侵财犯罪嫌疑人892人，起诉判决478人。

【经济案件办理】 2021年，全市共受理各类经济犯罪案件178起，其中立案112起，破案84起，抓获犯罪嫌疑人97人，移送起诉39案66人，共挽损9686.9万元。严厉打击非法集资犯罪，提升追赃挽损率。移送起诉非法集资案件22起，起诉率88%，追赃挽损8285万元，挽损率大幅提升，以严打控发案、保稳定，尽最大努力最大限度减少群众损失；打击虚开骗税犯罪和开展“净企”专项行动。侦破涉税案件6起，移送起诉3起，成功发起全国集群战役1起，梳理疑似“空壳”企业1120家，清理508家，有效维护了企业经营秩序；打击涉企犯罪和开展“护航”专项行动。聚焦重点产业发展，主动对6家重点企业开展背景审查，侦破涉企犯罪案件39起，追赃挽损1401万元，为企业创造优良的发展环境；打击传销和实施清零工程。开展基础摸排和线索经营研判，健全传销人员管控机制，利用大数据优势对涉传人员动态感知预警，开展4次打击整治聚集型传销集中行动，涉传报警大幅度下降；严厉打击工程建设和政府采购领域串通投标违法犯罪。核查线索84条，侦破串通投标案件23起。其中，原州区分局侦办的一起串通投标案被评为优秀典型案例，并在全区进行推广。

【禁毒缉毒】 2021年，全市禁毒工作以“控增量、减存量、防肇祸”为目标，以“净边2021”专项行动、“清源断流”专项行动、禁毒百日攻坚行动为抓手，积极开展涉毒线索分析研判，强化破案打击和查处收戒，推动缉毒执法工作稳步推进。全市共查处吸毒人员15人，收戒吸毒人员4人。破获毒品犯罪案件5起，抓获犯罪嫌疑人20人，批准逮捕13人，缴获毒品大麻26.849千克，未经灭活大麻种子680千克，鸦片14.7克，合成大麻素11.27克，罂粟2.29克，海洛因0.1克,抓获钉子逃犯1名，圆满完成了“拔钉追逃”任务。成功破获了部督“2021-320”号毒品目标案件，共抓获犯罪嫌疑人12人，缴获毒品大麻26.849千克，批捕6人，有力震慑了毒品违法犯罪。精心组织开展新型毒品预防宣传教育，率先实现了禁毒教育基地的全覆盖，在全市65个乡镇（街道）全部建成社区戒毒社区康复示范点。全市278所中小学全部完成了宁夏青少年毒品预防教育数字化平台注册，注册率100%，注册学生128492人。2021年，固原市推送各类禁毒短信200万条，制作了禁毒宣传展板、横幅5000余块/条。开展各类禁毒宣传2000余场，直接受教育群众百万余人，群众对毒品知识的知晓率和对禁毒工作的满意度进一步提升。

【户籍管理】 2021年，固原市公安局结合政法队伍教育整顿“为民办实事”活动，固原市公安局在认真调研和征求市直各部门意见的基础上，结合固原市户籍管理工作实际，研究制定了《固原市公安机关全面放开户口落户限制的八条措施》，以放宽户口迁移政策，积极稳妥促进人口合理有序流动，引导非农产业和农村人口向城镇转移，不断提高固原市城镇化率，促进有能力在城镇稳定就业和生活的常住人口有序实现市民化，2021年，全市城镇人口390231人，户籍人口城镇化率26.77%，比2020年增加了0.12个百分点。

【道路交通安全管理】 2021年，全市交管部门常态化、拉网式开展道路隐患排查治理、分级管控、挂牌督办，治理销号市级道路交通安全隐患26处，提级督办4处。建立重点车辆、驾驶人及运输企业动态监管机制，集中约谈问题企业74家，下发隐患整改通知书90余份，清缴报废机动车7845辆，最大限度消除安全隐患。持续推进“风雷行动”“周末夜查”“异地用警”等整治行动，建立严重交通违法常态治理机制，严查严管酒驾醉驾、涉牌涉证、超限超载等突出违法行为。全年共开展道路交通安全专项整治480余次，查处交通违法行为26.6万余起，其中无证驾驶3717起、酒驾1218起（饮酒驾驶642起，醉酒驾驶576起）、超速2.1万余起、货车超载3408起、行政拘留808人、吊销驾驶证587本。全市道路交通事故起数、死亡人数、受伤人数分别同比下降4.9%、0.79%、5.1%，全年未发生3人以上较大道路交通事故。充分发挥道交委平台作用，推动构建“党委领导、部门共管、社会协同”的治理格局，联合卫健委、消防救援、银保监部门及保险企业，确定了重大伤者快速救援绿色通道，建立健全快速发现、及时救援、有效救治、妥善救助“四位一体”联动工作机制。深化农村平交路口“千灯万带”示范工程建设，进一步夯实道路交通安全基础。全市共建成警保合作劝导站62个，录入App工作日志20万余条，在国省道和农村公路交叉路口、急转弯等路段累计安装信号灯48套、爆闪灯256个、交通标志507个，安装减速带559条，312国道隆德段被公安部交管局评为全国第一批文明示范路段。加强宣传阵地建设，持续加大警示曝光力度，多部门协同推进文明交通行动和交通安全宣传“七进”工作，全年共开展各类宣传警示曝光活动400余场次，曝光交通违法案例11.6万条次，建成“一村一栏一标语”固定宣传阵地273个，张贴印发宣传资料29万余份，刊发新闻报道600余篇，告知提示320万人次，有效提升全民安全守法出行意识。创新管理能力。持续深化“放管服”改革，深入开展“我为群众办实事”实践活动，精准对标群众所需所盼，陆续推出机动车和驾驶人管理“2类7项”便民利民措施，应放尽放机动车登记、驾驶证换领等11项车驾管业务，全力兑现群众“就近办、一次办、多点办、自助办”服务承诺。新增、优化信号灯267处，增设临时停车泊位1.7万个，施划彩色立体斑马线1.8万平方米，完善标识标牌186处，成功治理11处交通拥堵节点。

【基层治安管理】 2021年，全市公安机关圆满完成了建党100周年等重大节点安保工作，全市未发生影响社会稳定的重大案事件，未发生50人以上群体性事件，未发生重特大安全事故。全市社会大局整体持续平稳有序。固原市公安局建立派出所排查矛盾纠纷责任制，全市共排查化解共排查矛盾纠纷14232起、化解13598起，环比（12607起、12201起）分别上升13%、11.4%。制定出台了《固原市公安机关改革和加强派出所工作实施方案》等系列文件，确定了69项重点改革任务，以10项机制为抓手，细化、实化改革任务分工，以工作项目化，项目清单化，清单图表化，图表责任化方式组织实施，69项重点改革任务按时序持续推进。在全市865个社区、行政村，建成655个警务室，采取中心警务室辐射周边的方式，实现警务工作全覆盖。全市派出所民警达到517名，占县级公安机关民警总数的48.64%；城乡社区民警280名，占派出所民警总数的54.16%。全市派出所辅警达到706名，占县级公安机关辅警总数的63.66%。在全市城区8个15人以上派出所推行综合指挥室、社区警务队、治安案件办案队的“一室两队”运行模式。在59个农村派出所实行“一警多能”，一人多岗，有效解决了工作职能职责缺位问题，实现了接处警、案件办理和基础工作统筹兼顾。贯彻落实区、市疫情防控工作部署要求，完善修订了《全市公安机关常态化应对新冠肺炎疫情防控工作实施方案》《流调溯源工作专班运行机制》和《公安机关疫情防控社区农村网格化管理工作方案》等文件，有效地推进了公安疫情防控工作，全市共设39个疫情防控查验点，出动车辆8395辆次，出动警力98239人次，检查车辆1679291辆次，检查人员2140103人次，核查重点地区来返固人员1573人，巩固了疫情防控成果。

【干部素质培养】 2021年，固原市公安局将党史学习教育和队伍教育整顿作为重大政治任务，全年筹办党委会议34场次、研究“三重一大”事项255项、组织中心组学习19场次、讲授党课24场次、开展专题辅导10场次、举办研讨交流12场次、开展专题调研30余次。完成9个党支部换届补选，发展新党员12名。推荐政法英模29名，选树先进典型15名。整改中央督导组反馈的20个方面57条问题、自治区驻点指导组和社会各界征集的113条问题建议。召开提振反思和警示教育会23场次，清理流毒余毒信息224条，完善制度机制10类36项。全警捍卫“两个确立”更加坚定、做到“两个维护”更加自觉。推动改革和加强派出所措施落地见效，圆满完成森林公安改制和44名民警职务职级转任，增设网安机构并规范设置食药环部门。落实党委决议，协助提拔任用、轮岗交流干部89人、晋升职级327人，招录考察54名新警（事业编警务人员），划转273名警务辅助人员充实到基层一线。提出派出建“一建”和推进交警“一路”措施，在公安窗口单位推行“365天×24小时”全天候不打烊便民服务，累计为群众提供便捷服务6.1万余人次。围绕交通安全管理推出了“5类22项”便民柔性温情执法措施，擦亮了“六盘交警”品牌，累计为群众提供便捷服务6.1万余人次。始终坚持正确舆论导向，大力弘扬正气，先后在中央级媒体发稿140余条，在区级媒体发稿260余条，在市级媒体发稿400余条。利用市县78个新媒体平台，发布图文信息0.76万条，发布短视频600余条，点击量达300万余次。邀请新华社、央广总台等主流媒体召开“3·28”特大跨境电信网络诈骗案件新闻发布会，全面掀起案件宣传高潮。通过讲好警察故事，不断提升公安宣传的传播力、影响力、公信力。聚焦担当作为，抓实从优待警。积极落实因公牺牲民警优待抚恤政策，先后慰问基层所队和疫情查验点42个，慰问民警及其家属283人次，发放慰问金和慰问品22.1万元。为全市8名民警申报大病救助，报销医疗费17.5万元。组织申报先进典型21个、推荐评选全国、全区先进集体7个、优秀个人38名。发放“光荣在党50年”纪念章19枚，为退休老党员送上党委关怀关爱。

（戴小维）

法　院

【概况】 2021年，全市法院系统认真履行宪法法律赋予的神圣职责，在受理案件数量逐年增加，案多人少矛盾不断显现的背景下，持之以恒抓紧抓好执法办案。全市法院系统共受理各类案件49724件，结案44771件，其中，市中院受理各类案件2907件，结案2693件，审判职能得到有效发挥。

3月7日，民一庭法官助理杨静在西吉县震湖乡街道为群众讲解网上立案流程，宣传民法典

【刑事审判】 2021年，全市法院审结刑事案件1486件。坚持“宽严相济”，依法审理杀人、故意伤害、“两抢一盗”和涉枪涉毒等犯罪案件469件，职务犯罪案件13件21人。累计判处10年以上有期徒刑刑罚19人，无期徒刑、死刑6人，重拳打击犯罪。对未成年人和具有自首等法定从轻、减轻处罚情节、具有认罪认罚从宽情形的514名被告人依法适用缓刑或免予刑罚，最大限度扩大教育面、缩小打击面、减少对立面。

【行政审判】 2021年，全市法院监督行政机关依法行使职权，审结各类行政案件606件，撤销、变更行政行为175件，确认行政行为违法或无效279件，判决责令履行法定职责174件。支持行政机关依法履职，判决驳回行政行为相对人诉讼请求144件，有力维护政府公信。促进司法与行政执法良性互动，推动行政争议实质化解决，以调解、撤诉方式化解行政纠纷53件。为促进法治固原、法治政府、法治社会一体建设贡献司法智慧和力量。

【民商事审判】 2021年，全市法院审结民商事案件28546件。坚持“调解优先”方针，法、理、情融合并重解决矛盾纠纷，基层法院一审民事案件调解率在70%以上。坚持平等保护原则，妥善审理买卖、借款合同纠纷案件11261件，维护交易秩序。引领良好家风、民风，化解婚姻家庭和邻里关系纠纷4609件，促进家庭和睦，引导移风易俗。开辟“绿色通道”，快速立案、优先审理涉民生案件，累计为老、弱、病、残等弱势群体追索赡养费、扶养费、抚育费190万元，为身体受到伤害的被害人判付医疗费等赔偿4735万元，为农民工讨回拖欠工资348万元，维护社会公正。依法审理物权、土地承包经营纠纷等案件，及时确权，规范土地流转。

【诉讼权益保障】 2021年，全市法院巩固深化“基本解决执行难”工作成果，执结案件13682件，到位标的8.11亿元。开展“执行大会战”，以涉金融案件“攻坚”、涉民生案件“暖心”等专项行动为重点，推动执行案件总体质效取得突破提升；以终本案件“清查”、执行案款“清底”等专项行动为抓手，执行不作为、乱作为问题得到有效整治。协同全市21个执行联动单位打好“执行大会战协同战”，全市纳入失信被执行人名单3568人次，发布限制消费令6586人次，联合惩戒失信被执行人机制进一步强化。“执行会战”在教育整顿中形成品牌效应，得到中央督导组的肯定。

【便民服务】 2021年，全市法院顺应人民群众对司法的新要求新期待，全面推进一站式多元解纷和诉讼服务中心建设，为公平正义提速。深化“分调裁审”改革，推动繁简分流、轻重分离、快慢分道，诉前调解案件11286件；引入司法行政、仲裁人员、律师等进驻诉讼服务中心开展调解工作，速裁快审案件3811件。集约办理文书送达、卷宗查阅等诉讼事务，全面推行“当场立、自助立、网上立、就近立”，推行跨域立案、网上立案。推动全民共享“智慧法院”建设成果，市中院在全区率先搭建“互联网法庭”，原州区建立“24小时自助法院”，彭阳县法院开通智能法官留言系统，实现立案服务“随时办”，纠纷化解“就地办”。转变执法理念，对婚姻家庭、人身损害赔偿、相邻纠纷及当事人行动不便的946件案件，由法官深入农家小院、田间地头开庭审理。通过“法官多跑路，群众少跑腿”，实现执法办案法律效果与社会效果相统一。在各级党委、政府的大力支持下，有序开展司法救助。累计减免缓诉讼费37.74万元，为242人发放救助资金372万元。保证经济确有困难群众打得起官司，及时实现胜诉权益，彰显了党和政府的关怀。针对群众“急难愁盼”问题，开展“我为群众办实事”活动。走好“诉前、诉中、诉后”三公里，立案诉讼收费开通“码上付”，诉中审理实现“云庭审”“微调解”，案后回访推动“常态化”，全年为民办实事489件，有效提高人民群众满意度。固原法院系统在全市政法机关群众满意度测评得分从第五位跃居第二位。

【智慧法院】 2021年，全市法院坚持“科技强院”，进一步推动智慧法院建设，强化诉讼服务中心、数字化法庭软、硬件设备建设，推动“云庭”审理常态化，提高了审判效率，节约了司法成本。组建应急分队，加强法警支队实战化演练，顺利通过高院考核。开展技能比武，规范执法行为，圆满完成值庭押解等保障任务，实现安全保卫“零差错”，受到高院通报表扬。隆德县法院沙塘法庭获“全国法院优秀法庭”，西吉县法院将台堡法庭、泾源县法院六盘山法庭被评为“塞上枫桥人民法庭”。原州区法院开城法庭、彭阳县法院王洼法庭办公场所已经建成，预计将于2022年年初搬迁新址办公。

（孙有平）

检　察

【概况】 2021年，固原市人民检察院认真贯彻总体国家安全观，依法履行刑事检察职能，全力维护社会稳定。全市检察机关共受理审查提请批准逮捕各类案件353件531人，批准逮捕382人；受理移送审查起诉各类案件1295件1892人，起诉1388人。坚决捍卫以政权安全制度安全为核心的政治安全，审查起诉利用邪教破坏法律实施犯罪1件2人。严惩危害人民群众生命财产安全的犯罪，审查起诉危害公共安全犯罪案件435人、起诉故意杀人、抢劫等严重暴力犯罪28人、毒品犯罪6人。受理审查起诉涉黑案件1件83人（案件公诉环节移交吴忠市检察院审查），受理二审上诉（抗诉）涉黑案件2件42人，检察机关在办涉黑涉恶案件已全部清结。坚持“打伞破网”“深挖根治”、做实“六清行动”。持续深化社会乱象整治，健全行业监管长效机制23项，坚决依法推进扫黑除恶专项斗争常态化。

【刑事检察】 2021年，固原市人民检察院秉持客观公正的检察立场，充分发挥“捕诉一体”办案优势，共监督公安机关立案11件，监督撤案57件，依法追捕13人、追诉16人，纠正遗漏罪行49人，提出刑事抗诉14件。书面纠正侦查和审判活动违法情形55件，建议行政执法向公安机关移送涉嫌犯罪案件16件21人。监督纠正减刑、假释、暂予监外执行不当21人，开展财产刑执行监督10件。充分发挥反腐倡廉职能作用，受理司法工作人员职务犯罪相关线索13条，立案侦查2件2人，移送审查起诉1件1人，法院作有罪判决1件1人。办理监察委移送审查起诉职务犯罪案件16件22人，持续巩固反腐败斗争压倒性胜利成果。

【民事行政检察监督】 2021年，固原市人民检察院牢固树立“在办案中监督，在监督中办案”理念，通过健全完善提请抗诉、再审检察建议、检察建议等多元化监督方式，与审判机关形成良性监督制约关系，共同维护司法公正。共受理审查民事行政诉讼检察案件385件。树立精准监督理念，强化典型案件监督质效，对审判程序和执行活动中的违法情形提出检察建议198件，审查提请、提出抗诉23件，发出再审检察建议45件。办理行政争议实质性化解案件5件，支持起诉案件106件，办理虚假诉讼监督案件26件，提出检察建议10件。坚持“应听尽

2021年10月14日，固原市人民检察院送达检察建议书

听”，组织案件公开听证56场，提升司法公信力和群众满意度。

【公益诉讼检察监督】 2021年，固原市人民检察院牢固树立“双赢多赢共赢”理念，切实担负起检察机关作为公共利益代表的重大责任，认真贯彻市委《关于支持检察机关全面开展提起公益诉讼工作，进一步推动法治固原建设的意见》及将公益诉讼检察工作纳入市直部门效能目标管理考核的决策部署。以开展“公益诉讼守护美好生活”“建设碧水蓝天美丽固原”等专项行动为载体，共立案办理公益诉讼案件250件。发出诉前检察建议178份、诉前公告8件，提起刑事附带民事公益诉讼案件2件，集中办理了一批食品药品环境、飞车充电、窨井盖治理等保障人民群众切身利益最密切的“舌尖上”“脚底下”安全公益诉讼案件。

【社会治理检察】 2021年，固原市人民检察院坚持标本兼治推动综合治理，结合检察办案发出社会治理类检察建议638份，充分发挥检察建议“堵漏建制”作用，推动相关行业、领域源头治理。对363件461人(次)群众来信来访均100%做到了件件有回复，向50名因案致贫当事人发放司法救助金96.7万元。提请市“两办”印发了保护未成年工作责任清单，全面落实未成年人特殊司法保护制度。大规模多层次开展“断卡”“反电信诈骗人民战争”宣传活动和专项行动，批准逮捕涉电话卡、银行卡帮助网络信息犯罪25件97人。积极探索农民工薪酬支付案件快速办理机制，帮助27名农民工讨薪约56.75万元。坚持“应用尽用”认罪认罚从宽制度，加强羁押必要性审查，积极推进刑事和解，消除社会对抗、修复社会关系。完善落实“河长+检察长+警长”联动机制，起诉破坏生态环境资源犯罪10件14人，加强六盘山、清水河等“三山五河”生态保护，与邻省八市检察机关建立跨区域公益诉讼协作机制，守好改善生态环境生命线，为区域生态修复治理提供了检察方案。

【从严治检】 2021年，固原市人民检察院认真贯彻落实《中国共产党组织工作条例》《中国共产党党组工作条例》《中国共产党党内监督条例》，落实党组主体责任和党组书记第一责任人责任，全面加强机关党的建设，严格落实理论学习中心组制度，严格遵守党的民主集中制原则，严格执行“三重一大”集体研究决策制度，积极探索建立“三不”治理机制。严守党的政治纪律和政治规矩，严格执行中央八项规定及其实施细则精神，自治区“八条禁令”和我市“十项规定”，以上率下纠“四风”，记录过问或干预、插手检察办案“三个规定”相关事项260件，形成良好党内政治生活生态。

（马小龙）

司法行政

【概况】 2021年，固原市司法行政系统坚持把党的领导贯彻落实到法治建设的全过程各方面，提请市委将全面依法治市和法治固原建设等写进党代会和全委会工作报告，将法治政府建设纳入国民经济和社会发展“十四五”规划建议和纲要。全年共召开3次全面依法治市委员会会议和三次全面依法治市办全体(扩大)会议，分别描述研究出台《法治固原建设规划(2021—2025年)》《固原市法治社会建设任务清单(2021—2025年)》《固原市法治政府建设任务清单(2021—2025年)》《固原市法治文化建设任务清单》《关于切实加强党政机关法律顾问工作充分发挥党政机关法律顾问作用的实施意见》《党政主要负责人履行推进法治建设第一责任人职责情况列入年终述职内容工作方案》。提请市委常委会会议每年听取法治政府建设工作汇报，分析存在问题，研究提出对策。坚决支持加快推进司法行政责任体系改革和建设，全面完成政法领域改革任务23项。提请市委统筹规划平安建设、法治建设与经济社会发展，做到同部署、同推进、同督促、同考核、同奖惩。将法治政府建设纳入效能目标管理考核体系，制定责任落实、出庭应诉等指标10项，2021年法治建设考核分值从1.5分增加至3分。

【公共法律服务】 2021年，固原市

12月2日，固原市2021年“宪法宣传周”暨“八五”法治宣传教育启动仪式在西吉县将台堡红军会师纪念园广场举行

司法行政系统从政法干部、院校专家、律师队伍中选聘20人组建市政府法律咨询委员会，2家律师事务所的5名律师担任固原市政府法律顾问，带动各级党政机关全面落实法律顾问制度。2021年，全市县级以上党政机关聘请法律顾问的150个，占总数的70%；乡镇党委和政府聘请法律顾问的59个，占总数的91%。组织法律顾问参与重大决策、重要规范性文件的起草和论证，审核各类文件86件、合同协议63件，出具合法性审核意见书52份，重大行政决策合法性审核实现全覆盖。深化行政复议体制机制改革，2021年7月1日起，市、县政府统一行使行政复议职责。全面加强行政应诉工作，行政机关负责人出庭应诉率逐步提高。2021年，市本级办理行政复议案件57件，行政应诉案件28件。整合律师、公证、司法鉴定、仲裁、人民调解等法律服务资源，完善覆盖全业务、全时空的公共法律服务体系，建成市、县、乡、村四级公共法律服务平台，建立妇女、儿童、残疾人等法律援助维权工作站110个。法律援助案件办理连续5年列为固原市10件民生实事之一，刑事法律援助案件值班律师提供法律帮助覆盖率和法律援助机构指派律师提供辩护的比例均达到100%。共办理各类司法鉴定案件1486件，办理公证案件数3167件；办理各类法律援助案件3311件，为6078余名受援人挽回或避免经济损失3799万元。

【基层法律服务】 2021年，固原市司法行政系统开展“百名律师基层法治大宣讲”，组织司法行政干部、律师，深入机关、单位、企业、乡村、社区、校园、社会组织、宗教场所开展宪法、民法典宣讲活动。2021年，全市共开展各类线下宣传宣讲活动155场，受众人数21000余人，共计发放宣传资料和宣传品65000余件，取得了良好的宣传效果和法治效果。坚持和发展新时代“枫桥经验”，组织开展律师参与社区人民调解试点工作。

【法治营商环境优化】 2021年，固原市司法行政系统制定出台司法行政系统便企利企惠企8条措施，为企业提供法律服务和法律保障，不断激发市场活力，持续优化法治营商环境。发布证明事项告知承诺事项90项，持续推进“减证便民”行动，提高政务服务能力。组织12家律师事务所和11家商会签订了“一对一”服务协议，组织为企业开展“法治体检”，促进企业依法决策、依法经营、依法管理。全面落实涉企执法“双随机、一公开”制度，制定《固原市涉企行政执法检查登记备案制度》。全面推行行政执法“三项制度”，全市共106个行政执法单位使用系统平台办理执法案件。组织开展全市行政执法人员执法证考试，向889名行政执法人员换发国家统一行政执法证。完成了生态环境保护、交通运输、农业、文化市场、应急管理、市场监管等6个部门917人制式服装和标志申领初审工作。开展行政执法案件评查评议活动，固原市5件案卷入选宁夏行政执法优秀案卷。

【人民调解】 2021年，固原市司法行政系统加强人民调解“四张网”建设。成立固原市矛盾纠纷调解中心，开展了“为民服务·矛盾纠纷大排查大调解”专项行动，全市各类人民调解组织共排查调解矛盾纠纷6649件，调解成功6256件，成功率达94%，全市命案比去年下降27%，有效预防了民转刑、刑转命案件发生，发挥了人民调解维护社会稳定“第一道防线”作用。

【社区矫正】 2021年，固原市积极宣传《社区矫正法》，扎实开展社区矫正“执法规范年”活动。成立了固原市社区矫正委员会并召开社区矫正委员会第一次会议，市、县（区）、乡（镇、街道）三级社区矫正委员会实现全覆盖，市、县（区）社区矫正机构全部挂牌。加强社区矫正对象心理健康教育，在各县（区）举办了“从心矫正”社区矫正对象心理专题讲座10场次。

【司法宣传】 2021年，固原市司法行政系统以习近平法治思想为引领，开展宪法和民法典主题宣传，举办专题辅导讲座2次，举办培训班9期，带动各级党委（党组）学习研讨890多场次。市、县（区）媒体开设专栏，播出“以案释法”普法专题12期，刊发、转发相关报道1100多篇（条），发放宣传资料12.5万余份，建设法治主题公园13座。组织40名领导干部任前“考法”，全市32736名干部参加了无纸化学法用法考法。切实加强农村基层民主法治建设，培育农村“法律明白人”3125人，泾源县兴盛乡新旗村被命名为第8批“全国民主法治示范村”。“八五”法治宣传教育高开高进，有序进行。

【制度建设】 2021年，固原市司法行政系统持用制度管权管事管人，教整期间，出台《固原市社区矫正安全隐患预警研判制度（试行）》《固原市司法局法官检察官离任后从事律师职业管理制度》等17项制度。注重堵漏洞补短板，制定出台了《关于进一步规范律师事务所管理和律师执业行为的意见》和《进一步加强社区矫正工作的意见》，推动行业管理法治化、规范化运行。

分析案情

军 事

中国人民解放军固原军分区

【概况】 2021年，固原军分区认真贯彻落实上级指示精神，突出举旗铸魂，聚焦主责主业，坚持依法从严，着力夯实基础，振奋精神状态，提升工作标准，持续推进军分区全面建设创新发展。始终坚持用习近平新时代中国特色社会主义思想和习近平强军思想武装官兵，以迎接建党100周年为统揽，以党史学习教育为重点，以“坚决听党话、永远跟党走”主题实践活动为牵引，军分区党委组织专题学习7次，班子成员轮流授课5场，中校以上干部集中研讨3轮，有效提升了思想认识和理论水平。以备战标准落实战备工作，全年高标准完成基干民兵和普通民兵编建任务，累计出动890人次，配合地方圆满完成扑救山火、疫情防控等重点任务。以向战胜战推动军事训练，全年首长机关落实训练时间70小时，组织各类演训演练6次，覆盖式开展市、县两级民兵应急分队基地化轮训，扎实组织专武干部集训，练兵备战实效显著提升。以主业主抓深化动员准备，扎实开展国防动员潜力统计调查，建立完善动员需求与潜力资源“点对点”对接机制，为作战任务和应急动员提供了有力支撑。着眼“首次实施一年两征”目标任务，瞄准征集高素质兵员，严抓各个工作环节，通过广播、媒体、微信终端等多种渠道，全方位宣传发动，全年圆满完成自治区下达的征集任务，其中大学生比例达到79.2%，比上年度提升6个百分点，位列全区第二。以依法抓建夯实发展基础，认真贯彻落实军区“四个秩序”试点建设观摩暨任务推进会精神，全面抓好军分区机关和5县（区）人武部“四个秩序”建设。以精细服务优化保障质效，逐个单位、逐项内容组织财务检查和资产清查，投入160余万元，对军分区民兵装备器材库、机关办公楼和外墙节能保温、民武库警管人员宿舍等进行了整治，进一步改善办公、生活环境。坚持常态化疫情防控，根据疫情形势波动，及时修订完善防控预案，发布疫情防控倡议书，协调市疾控中心先后5次为军分区所有人员进行核酸检测，累计对9名出差人员进行返营隔离观察，补充防疫物资5000余件。以为民情怀拓展双拥共建，投入80万元持续推动军分区机关和5个人武部6村对口帮扶落地落实，进一步巩固拓展脱贫攻坚成果同乡村振兴有效衔接。以严实标准全面加强党的建设，安排5名班子成员分工对口挂钩帮建5个县（区）人武部，全年人均蹲点调研超过30天。召开军分区党员大会，总结近年来军分区建设的主要成绩和基本经验，研究部署军分区今后五年奋斗目标和主要任务，选举产生新一届军分区党委、纪委，党组织的凝聚力战斗力感召力进一步加强。

【思想政治建设】 2021年，固原军分区以迎接建党100周年为引领，突出习近平主席“七一”重要讲话和党的十九届六中全会精神学习，集中观看颁授“七一勋章”和建党百年庆祝大会、十九届六中全会现场直播，迅速掀起学习贯彻热潮，领悟百年大党丰功伟业、激发创业使命责任。扎实开展党史学习教育，严密组织“坚决听党话、永远跟党走”主题实践活动，6月份，先后组织机关人员及民兵分队赴将台堡红军长征会师地、六盘山红军长征纪念馆等红色遗址，现地体验红军长征生活，感受革命前辈的不易，悟到党的英明伟大；6月10日，组织军分区机关及各人武部全体党员到彭阳县任山河烈士陵园开展“学党史寻根固魂、听党话血脉永续”主题党日；7月，以庆祝建党100周年为契机，组织党史知识竞赛、开设干部职工大讲堂，现役干部、文职人员、职工和民兵纷纷登台开讲，政治热情空前高涨。利用党日活动时间，先后组织全体官兵、文职人员、职工和军属，集体观看《守岛人》《长津湖》等7部红色经典影片和《我们的身后是祖国》《做“四有”新时代革命军人》等5部专题片，以党小组为单位紧密联系工作实际组织讨论交流，收效明显。10月25日，解放军报要闻版以《征程万里闻凯歌》为题对军分区组织官兵重走长征路的做法进行报道。扎实开展“飓风-2021”反间谍专项行动和“翻墙”核心涉密人员、社招人员政治考核，邀请固原市公安局心理专家，为军分区机关人员集中开展心理辅导和心理测试，加强军地联防联控，确保军分区系统纯洁巩固。

【民兵组织】 2021年，固原军分区认真贯彻上级关于民兵组织整顿工作总体要求，先后深入138个编兵单位开展潜力调查，高标准完成全市民兵编建，并认真研究制订本级民兵工作方案，细致筹划民兵整组点验、基地化训练以及比武竞赛等重点内容。

5月下旬至6月，迎接了宁夏军区对市本级和西吉县、原州区年度民兵整组工作检查验收，并按照上级检查标准组织对未接受军区检查的泾源县、隆德县和彭阳县3个人武部民兵整组工作落实情况进行全面检查，梳理汇总存在的问题，盯着问题抓整改、瞄准漏洞抓完善、针对弱项抓强化，力求问题见底清零。在军区机关的指导下，先后4次审核市、县两级基干民兵信息数据，确保信息真实可靠，扎实做好了迎接军委国防动员部检查考评相关准备。

【兵员征集】 2021年，固原军分区认真贯彻自治区关于"首次实施一年两征"的各项指示要求，着眼征集高素质兵员，早谋划、早准备、早发动，压实各级征兵责任，严抓各个工作环节，确保年度征兵工作有序推进。

1月21日，7月7日，先后两次协调召开固原市征兵工作领导小组会议，全年4次召开征兵工作例会、推进会、任务部署会，有力有效推进工作落实。

7月，联合市委宣传部拟制下发了《固原市2021年征兵宣传方案》，制作推出固原市征兵宣传片《好汉去当兵》，并在中国民兵、腾讯视频等App平台进行推广播放，协调开通固原市征兵公众号"宁夏固原征兵"，通过广播、媒体、微信终端等多种渠道，全方位宣传发动，收效显著。

【部队正规化建设】 2021年，固原军分区认真贯彻落实宁夏军区"四个秩序"试点建设观摩暨任务推进会精神，8次召开专题会议研究部署，采取军地结合、划分时段、定期通报、检查督导等方式，先后投入616万元推进军分区机关和5县（区）人武部"四个秩序"建设。

7月，组织全市部分基层武装部部长在彭阳县新集乡武装部参观见学，采取"以点带面、全面推进"的方式，协调军地共同推进65个基层乡镇（街道）武装部"三室、一库、一部、一家"规范化建设，军分区先后3次对全市基层武装部进行检查督导，实现软件、硬件全部达优。上下同步开展"学法规、用法规、守法规"活动，制定《经常性工作清单》，特别是《军分区党委常委会议事一览表》《人武部党委会议事一览表》《军分区、人武部机关党支部议事规则一览表》等工作性规范，形成了依法指导和规范建设的良好局面。

【后勤装备保障】 2021年，固原军分区严格落实财务管理规定，坚持党委理财和经费开支先立项后核销制度，落实每季度财务分析形势、大项经费开支提交党委会研究审定的规定要求，确保经费使用向练兵备战、全面建设和官兵生活聚焦。财务管理更加规范，经费投向、投量更加科学，为民兵组织整顿、基地化集中轮训、党史军史文化氛围营造、乡村振兴等重点工作提供了有力保障。

坚持每周制定食谱、定期公布伙食费账目，及时健全补充经济民主组成员，加强伙食费管理监督，杜绝跑冒滴漏。针对固原距离军队体系医院远、官兵就医不便的实际，协调固原市中医院为军分区官兵进行定点医疗服务，为机关人员建立健康信息档案，定期进行健康检查。先后2次组织各单位财务人员在军分区机关集中办公，逐个单位、逐项内容过，全面开展财务检查和资产清查，共清查盘点固定资产68627件涉及资金1218.2万元。

【助力乡村振兴】 2021年，固原军分区积极响应党中央、习近平总书记号召，倾注真情巩固拓展脱贫攻坚成果同乡村振兴有效衔接，按照宁夏军区深化帮扶30条、参与乡村振兴20条措施，严格"四个不摘"要求，积极对接衔接市县乡村振兴战略，按照人武部投入不少于10万元，军分区投入不少于30万元整体规划，持续抓了军分区机关和5个人武部6村对口帮扶，先后两次赴对口帮扶的原州区中河乡中河村调研情况，协调村书记赴浙江嘉兴缪家乡村振兴学院学习培训，听党建、看项目、学网营，走开助力乡村振兴新路。认真贯彻习近平总书记视察宁夏重要讲话精神，积极参与民族团结示范创建和"四进一升"军寺共建促和谐活动，动员驻固部队积极投身驻地疫情防控、经济建设、生态建设、助学兴教、医疗扶持等工作，协助地方政府守好促进民族团结、维护政治安全、改善生态环境"三条生命线"。坚持把国防双拥宣传教育作为凝聚军心民心的基础性工程，依托驻固红色资源优势，实现国防教育和双拥宣传常态化制度化，双拥意识、国防意识深入人心。

中国人民武装警察部队固原支队

【概况】 2021年，中国人民武装警察部队宁夏回族自治区总队固原支队（武警固原支队）坚决贯彻习近平强军思想，按照总队党委部署，紧紧围绕"固基础、扬优势，补短板、强弱项，鼓干劲、争先进"的工作思路，举旗铸魂抓引领，练兵备战谋打赢，按纲抓建固根本，创安保稳兜底线，全面从严强组织，实现了重整旗鼓、稳进奋起、破冰突围。被总队表彰为“抓建基层先进支队”和安全工作“六无”支队。

【思想政治建设】 2021年，武警固原支队坚持习近平强军思想首位首抓，深入学习贯彻党的十九届六中全会和习近平总书记“七一”重要讲话精神，持之以恒地用好《习近平谈治国理政》(第三卷)等7本必读书目，严格落实党委中心组带机关理论学习和基层理论灌输，官兵信仰信念更加坚定。坚持把经常性思想教育与开展教育、党史学习教育、主题教育统筹起来抓，大力开展向“新时代卫国戍边英雄群体”和新疆“反恐尖刀中队”学习活动，严密组织“重温入党誓词、叩问入党初心”“学党史、悟初心、践使命”主题实践活动，集体参观“红色中国”展览馆和六盘山长征纪念馆，精心制作《清澈的爱只为中国》《身边党史我来讲》《感恩新时代 歌声献给党》微视频，着力构建体现部队传统、驻地历史、时代特点的文化环境，强力打造“一队一品”特色文化队伍，铸魂育人氛围更加浓厚，官兵精神面貌焕然一新。《开放式教学、交互式授课、体会式笔记》教育经验被《人民武警报》刊发，支队被总队表彰为“新闻报道先进单位”，授予“强军风采文化活动优秀组织奖”。

【基层建设】 2021年，武警固原支队科学制订《抓建基层计划》，深化巩固《纲要》培训成果，严密组织“双争”评选、“双向讲评”和党组织考评鉴定，累计安排3批次党委常委带机关干部蹲点帮建，基层建设质量稳步提升，整体发展平衡，连续4年未进入先进行列的西吉中队实现“脱贫”。开展安全领域系列整治活动深入扎实，先后9次组织重点领域专题授课和录像辅导，开展3次季度安全综合检查、营区和目标周界安防设施检查，以及营房建筑物安全专项检查，“依法规范、精细落实、确保安全”常态运行模式逐步形成，及时清退有现实危险的士兵，排雷除患，部队安全基座更加坚实。大力推动“我为基层办实事”实践活动，精心打造“四心”工程，全面落实新的福利政策待遇，妥善解决“三后”问题，评选表彰“两优一先”，慰问救助困难官兵，给成绩突出的11个集体和167名个人记功嘉奖，官兵安心本职、勤奋敬业，热爱基层、扎根基层，荣誉感、幸福感和归属感倍增。

【重要会议】 2021年1月26日，武警固原支队召开党委一届六次全体(扩大)会议。会议传达学习武警部队、总队两级党委全会精神，总结分析2020年部队建设形势，研究部署2021年工作任务。会上，党委书记常效杰同志代表党委常委会作题为《凝聚五种力量，厚实发展底蕴，勠力同心为争创四铁先进支队不懈奋斗》的工作报告，党委副书记马云涛围绕“牢记职责使命，聚力备战打仗，以四铁先进支队优异成绩向建党百年献礼”主题作出讲话。

2021年7月29日，武警固原支队召开党委一届七次全体(扩大)会议。会议分析上半年部队建设形势，研究部署下半年支队总体工作和主要任务。党委副书记马云涛同志代表党委围绕“深入学习贯彻习近平主席‘七一’重要讲话精神，以作表率重实干的实际行动实现年度工作目标”主题作了讲话，党委书记李新同志围绕“坚定信心谋发展，勠力同心抓落实，为锻造全面过硬‘铁’四”支队接续奋斗”对党支部班子和干部队伍履职情况进行讲评。

【后勤装备保障】 2021年，武警固原支队坚持后装保障向备战打仗聚焦，紧抓应急保障模块训练，修订完善应急保障预案，与地方单位签订社会化应急保障协议，建立健全卫勤保障体系，专攻精练后勤专业兵，及时补充升级后勤指挥器材、单兵防护装备、防疫专用物资，有力促进保障打赢能力整体提升。持续深化行业领域整肃治理，家底经费、公务借款、住房资金等清查整治成效明显。扎实开展伙食管理专项整治活动，严格落实伙食供应保障标准，官兵满意率达 98%以上。坚持用心用情、上门服务，强力推动营房综合整治和营区绿化养护，严密组织官兵健康体检、官兵评残和全员新冠疫苗接种，为官兵申报慢性病医药生活补助，官兵生活工作环境持续改善。常态开设医学隔离病房，落实在外人员返回接站接机、核酸检测、隔离观察，守住了疫情“不输入、零感染”的防控底线。

人民防空

【人防工程审批服务】 2021年，固原市人民防空办公室根据《宁夏回族自治区人民防空工程建设管理规定》，严格落实审管联动工作机制，将人防工程建设项目从立项到竣工验收全部纳入到宁夏回族自治区工程建设项目审批管理平台中，共办理人防行政审批事项42项，其中收缴人防易地建设费28项，批建人防工程14项。

【人防监管】 2021年，固原市人民防空办公室对新开工项目涉及的“五方”责任主体进行交底培训。举办6期人防工程建设质量管理培训班，联合自治区人防办检查1次，现场跟踪检查50余次。对政府街早期人防工程(地道)每月定期和不定期巡检12次，以确保安全。坚持每季度对已建成投入使用的11项人防工程进行安全检查。

【人防应急保障】 2021年，固原市人民防空办公室完成人民防空专业队的整组调整，人防专业队由9支增加到11支，业队伍人数由270人增加到320人（含人防志愿者队）。完善了《固原市人防基本指挥所管理制度》等制度。完成人民防空动员潜力数据调查核对与结论总结上报。对所有室外固定安装的警报设施进行室内全面系统测试与室外现场检查，确保覆盖率、统控率、鸣响率达 100%。按时开展日常卫星、视频和短波电台联通训练工作。举办了“铸盾宁防—2021”固原人民防空实战化演习。

【人防宣传教育】 2021年，固原市人民防空办公室在市区建设人防社区（小区）工作站2个，在2个学校设置人防宣传设施。结合“5·12”防灾减灾日和“9·15”警报试鸣日，开展了近2万多人次疏散演练活动，在阳光佳苑小区开展以“坚持人民防空为人民铸就坚不可摧的护民之盾”为主题的人防宣传活动，现场播放人防知识视频，摆放宣传展板15块，悬挂横幅6条，散发宣传资料1000余份。

退役军人事务管理

【概况】 2021年，全市各级退役军人服务保障机构和广大退役军人工作者勠力同心、积极进取，不断夯实基层基础，扎实推进科学规范管理，持续提升服务保障水平，关心关爱退役军人和其他优抚对象，推动新时代退役军人工作高质量发展，各项工作成效明显。

1月，固原市被命名为“自治区双拥模范城”。11月，固原市退役军人服务中心被退役军人事务部中央军委政治工作部联合授予“全国退役军人服务保障先进单位”称号。

【阳光安置】 2021年，固原市、县（区）党委、县政府高度重视退役军人接收安置工作，自治区下达固原市安置军转干部6人，随调家属1人，退役士官31人、复员军转干部1人任务，我局积极沟通协调市、县（区）各部门能及时量体裁衣推出岗位，做到阳光安置、透明安置。安置任务全部完成，安置率100%，退役军人满意度高。市军干所接收病退士官1名，积极与市财政局、市医保中心进行对接，落实医疗保险等相关待遇。依托军干所综合楼，积极筹集固原市军休老年大学，严格落实军休干部政治待遇和生活待遇，不断提高军休人员精神文化生活质量，坚持开展“四个必访”活动，努力为军休干部办实事办好事。

【就业创业】 2021年，全市共组织332名退役军人参加职业技能培训和创业培训，发布招聘信息38次，举办现场招聘会2次，新增退役军人就业207人，拨付县（区）自主就业退役士兵培训费95万元，2020年度退役士兵自主就业一次性经济补助金132.4万元。抢抓东西部协作契机，组织市、县（区）退役军人事务局负责同志赴福建考察学习，与泉州海洋职业学院签订《闽宁协作退役军人定向就业培训合作协议》，探索推进固原市退役军人赴闽定向培训就业。举办全市第二届退役军人创业创新大赛，推荐4家企业代表固原市参加自治区退役军人创业创新复赛，其中，2家企业获得自治区复赛第一名，被推荐代表自治区参加全国创业创新大赛。完成了“部分退役士兵基本养老保险补缴工作攻坚清零月”活动。进一步规范退役军人就业创业承训机构资质和培训管理，发布“关于开展退役军人培训承训机构申报评定工作的公告”，筛选出26家培训机构进入黄页供退役军人选择。修订完善《固原市退役军人创业孵化评定管理办法（试行）》，挂牌成立固原市退役军人创业孵化基地，引导创建固原市本级和自治区级退役军人创业孵化（基地）园区1家，积极争取市本级奖补资金20万元，自治区级奖补资金50万元。

【双拥工作】 2021年，固原市军人事务局全流程做到领导小组谋划部署到位、双拥办统筹协调到位、成员单位职责落实到位、驻固部队主动配合到位、社会各界积极参与到位。市双拥工作领导小组各成员单位全部与驻固部队连以上单位签订了共建协议。双拥工作经费列入财政预算，2021年，市本级财政核拨双拥工作经费30万元。制订下发《固原市创建全国双拥模范城规划（2021年—2024年）》《固原市2021年度双拥工作要点》和《固原市双拥工作领导小组成员单位职责》，对固原市双拥创建工作全面安排部署。严格落实《退役军人保障法》，高标准落实军人子女教育优待政策，军人“三后”问题得以有效保障。2021年，专题研究解决1名转业干部家属和4名现役军人家属工作随调，为45名现役军人子女解决就近就便入学问题。发挥红色革命老区资源优势，持续开展以爱国主义教育为核心的国防教育“六进”活动，各单位、各社会组织共开展各类进军营活动22场（次）。

【权益维护】 2021年，固原市军人事务局学习推广新时代“枫桥经验”，制定领导接访和包案化解等3项制度。认真落实市委、市政府主要领导批示精神，督导原州区对10名历史遗留符合政府安置条件的退役士兵进行妥善安置，7名退役军人社区工作者提高待遇。指导西吉县召开退役军人信访听证会，为三级终结信访事项作出探索。全市退役军人群体信访27件，办结26件，办结率96.3%。组织自主择业军队转业干部培训座谈会，听心声、解疑惑。注重发挥“老首长、老班长”作用，选聘两名“老兵调解员”，面向社会公开选聘3名专业心理咨询师，在市退役军人服务中心设立退役军人法律援助工作站，进一步完善退役军人矛盾化解机制，严格落实属地责任、领导接访和包案化解制度，妥善处理重点矛盾问题。建立“12345”常态化联系退役军人机制，搭建服务退役军人的桥梁，丰富退役军人服务保障功能内容。

【党史学习教育】 2021年，市军人事务局利用各种时机和平台宣传我市参战老兵、优秀退役军人先进事迹。开展“老兵讲党课”“重温长征路、徒步登六盘”“感党恩、跟党走”等系列主题教育。充分利用各类媒介营造社会氛围，着力宣传工作有效性和覆盖面，持续增强红色基因对退役军人思想政治引领作用。

2021年制作双拥专版1期，制作双拥广场宣传展板12块，发放宣传彩页10000余份，制作宣传横幅、路灯广告100余份，印制《固原市双拥工作简记（2020年度）》85本，“固原市退役军人事务局”“固原双拥”微信公众号发布各类宣传信息700余条，制作微视频2部。大张旗鼓开展“爱心献功臣”“情系边海防”、专场文艺晚会、新兵入伍欢送、老兵退伍欢迎、送喜报上门、悬挂光荣牌以及走访慰问、帮扶解困等活动，提升社会对退役军人工作的关注度。

【缅怀英烈】 2021年，市军人事务局组织“守护·2021清明祭英烈”、烈士纪念日敬献花篮等活动，共接待现场祭扫群众2.5万余人，群众性祭扫活动205场（次），其中全国爱国拥军模范单位固原市弘文中学坚持26年组织师生徒步任山河烈士陵园祭奠先烈活动在全国反响强烈，相关视频网络观看量达16亿次，打响了固原市红色国防教育品牌。充分发挥各级烈士纪念设施国防教育阵地作用，着力提升烈士纪念设施维护管理水平。2021年，固原市长城梁烈士纪念设施建设项目列入社会服务设施兜底线工程并获国家发改委800万资金支持，泾源县老龙潭烈士纪念亭维修提升改造项目获中央财政补助资金232万元支持，彭阳县任山河烈士陵园提升改造项目获自治区退役军人事务厅394万元资金支持，各县（区）零散葬烈士墓整修工作获中央财政补助资金48.7万元支持，目前，各类项目正有序推进中。聚焦尊崇优待，大力提升优抚褒扬水平。

【慰问优抚】 2021年，市军人事务局在元旦、春节和“八一”期间共走访慰问部队29支，军人军属、各类退役军人2992人（次），发放慰问金213.69余万元，慰问4名困难退役军人共7000元，在“八一”期间，代表市委、市政府对部分参战、立功退役军人，军休干部及遗属，军转干部，生活困难退役军人和重点优抚对象进行走访慰问469人，共发放慰问金39.6万元。为立功受奖现役军人家庭送喜报174人（次），悬挂光荣牌601块。对全市优抚对象信息进行全面核查，2021年完成3200人。为312名伤残人员换发了新式残疾证件，市本级建立全市“两参”人员和伤残优抚对象台账。组织固原市82名优抚对象参加短期疗养，配合区厅对350名听力障碍优抚对象进行了听力筛查。

【功勋军人建档】 2021年，固原市军人事务局大力开展功勋模范军人的资料整理和建档工作，共收集整理了全市294名参战退役军人、荣立二等功以上和获得省部级以上表彰的退役军人事迹，进行《榜样—固原市退役军人功臣模范集》编撰工作，并积极与地方志办公室对接，争取纳入地方志。全市选树35个双拥模范单位和退役军人工作先进单位，52名双拥模范、优秀退役军人和退役军人工作先进个人。

【保障体系建设】 2021年，固原市在上年完成县级以上和57个乡级退役军人服务中心（站）全国示范型创建的基础上，对全市剩余的西吉县将台堡镇、平峰镇等4个和隆德县联财镇、山河乡等8个乡级和1个服务对象在西吉县吉强镇中街社区退役军人服务站开展全国示范型退役军人服务站创建工作，经过市级初审全部达到标准，通过了江西省退役军人事务厅验收组的省际交叉复核验收；原州区退役军人服务中心和西吉县将台堡镇退役军人服务站开展全国样板式退役军人服务中心（站）创建工作，通过自治区退役军人事务厅的调研验收；原州区张易镇、开城镇，西吉县将台堡镇、兴隆镇单南村和彭阳县孟塬乡5个红色文化深厚的退役军人服务站成功创建全区十大红色精品型退役军人服务站。

【管理服务】 2021年，退役军人事务局会同组织部门对部分退役军人党员组织关系进行规范接转，指导县(区)完善退役军人信息，排查退役军人“口袋”党员、“流动”党员，召开培训座谈会，聆听退役军人心声、解答退役军人疑惑，做好退役军人党员教育管理工作。制定“固原市退役军人就业创业及技能培训需求电子调查问卷”，根据问卷统计结果，准确翔实掌握固原市退役军人就业创业及技能培训需求，量身定制培训方案，并于4月9日和6月1日举办了两期94的市级职业技能培训。组建退役军人志愿服务队，践行志愿精神。指导全市四级退役军人服务中心(站)牵头组建本级退役军人志愿服务团队，组织辖区内退役军人开展“公益有我志愿服务”活动，目前，全市共有64支退役军人志愿服务队。开展“送法律送政策”进军营活动，为部队官兵开展退役安置、就业创业、学历提升等政策法律宣讲，赠送政策法律书籍。全市共慰问生活困难退役军人和其他优抚对象1535人，发放慰问金76.09万元，发放慰问信110封；2021年5月，联系1家退役军人创办企业向隆德县凤岭乡、温堡乡困难群众捐赠化肥。为2名困难退役军人申请中国教育发展基金会退役军人子女助学金各1万元，为15名困难退役军人申请退役军人关爱基金和老龄事业发展基金各2000元。

【疫情防控】 2021年，固原市四级退役军人服务中心(站)牵头组建本级退役军人志愿服务团队，组织辖区内退役军人开展“公益有我　志愿服务”活动，号召全市广大退役军人积极行动，踊跃参与志愿服务。全市共有58支退役军人志愿服务队、685名退役军人主动报名，协助属地村(社区)做好疫情防控工作。

经济管理

宏观经济管理

【概况】 2021年,固原市深入贯彻习近平总书记来宁视察重要讲话精神,坚决落实区、市党委、市政府的决策部署,以建设黄河流域生态保护和高质量发展先行区为统揽,坚持稳中求进工作总基调,完整准确全面贯彻新发展理念,积极融入服务新发展格局,扎实做好"六稳"工作,全面落实"六保"任务,统筹疫情防控与经济发展,统筹发展与安全,全市经济保持了稳中有进、稳中向好的发展态势,"十四五"总体起步有力、开局良好。全市实现地区生产总值375.13亿元,同比增长6.1%,两年平均增长5.8%,高于全区两年平均增速0.5个百分点。固定资产投资同比增长8%,高于全区5.8个百分点,两年平均下降0.9%。地方一般公共预算收入15.82亿元,同比增长9.2%,两年平均下降1.2%。社会消费品零售总额124.92亿元,同比增长3.4%,两年平均下降1.1%。城乡居民人均可支配收入分别为32546.4元、13086.0元,分别增长8.3%和9.5%,两年分别平均增长6.4%和10.8%。

【规划研究】 2021年,经固原市第四届人大第五次会议审议通过,固原市印发《固原市国民经济和社会发展第十四个五年规划和2035年远景目标纲要》。纲要提出,到2035年基本实现社会主义现代化远景目标,经济总量、人均GDP比2020年均实现翻一番半以上,城乡居民人均收入翻一番半。"十四五"时期经济社会发展主要目标:

经济实力实现新突破。力争全市地区生产总值突破500亿元大关、年均增长7.3%以上,人均地区生产总值接近4万元,研发经费投入强度1%以上,财政自给率达到10%。

生态建设实现新突破。全市优良天数比例保持在90%以上,PM2.5浓度控制在32微克/立方米以内,8个国控断面水质优良比例保持在80%以上,森林覆盖率达到33.6%,固原的天更蓝、水更清、山更绿。

改革开放实现新突破。"放管服"改革纵深推进,"163"政务服务模式全市域贯通,实现全领域、全流程一网通办,政务服务更加高效便捷,市场活力社会活力充分激发。闽宁协作典范作用进一步发挥,深度融入黄河流域一体化发展大格局,生态保护区域联调联动、毗邻地区合作等跨区域协作机制深入推进。

社会文明实现新突破。社会主义核心价值观深入人心,"不到长城非好汉"的革命精神广受推崇,社会文明程度显著提升,全国文明城市创建取得阶段性成果。

民生水平实现新突破。居民人均可支配收入达到3万元以上,城乡居民收入比逐步缩小。城镇调查失业率控制在5.5%以内。劳动年龄人口平均受教育年限提高到11.3年。居民主要健康指标达到全区平均水平。脱贫攻坚成果不断巩固拓展,乡村振兴战略全面推进。高质量建设宁夏副中心城市,初步建成智慧城市,常住人口城镇化率达60%左右。

治理效能实现新突破。社会主义民主法治实践更加广泛深入,乡村、社区、校园、企业、社团等重点领域治理能力和治理水平明显提升。重大风险防范、突发事件应对、公共事件处置、自然灾害防御能力明显增强。西吉县、隆德县创成全国民族团结进步示范县,中华民族共同体意识全面增强,宗教中国化方向深入推进,民族团结、宗教和顺、社会和谐的良好局面更加稳固。

【重点项目建设】 2021年,固原市全市357个建设项目年度计划投资267亿元,当年累计完成207.2亿元,投资完成率77.6%;全市80个市级重点建设项目年度计划投资191.22亿元,当年累计完成139.3亿元,投资完成率72.8%;全市145个在建中央预算内项目全部开工,总投资14.26亿元,年度计划下达中央预算内资金7.26亿元,实际到位资金7.21亿元,完成投资6.08亿元,投资完成率83.7%。

【产业体系构建】 2021年,固原市发展和改革委员会坚持以供给侧结构性改革为主线，集中要素资源育龙头、延链条、创品牌，全面推进五大重点产业延链补链。召开全市产业发展和招商引资大会，出台7个政策性文件，建立市级领导包抓产业发展和重点招商引资项目工作机制，建设产业技术创新研究院，肉牛等8个研发中心挂牌，培育“专精特新”企业76家，国家高新技术企业10家，固原经开区升格为自治区高新技术产业开发区。引进江苏天楹、陕西海升、山东水发、河北雪川、湖北长江医药等龙头企业落户固原，王洼煤矿600万吨改扩建、金昱元盐化工循环产业链、黄天鹅高品质蛋鸡等项目建成投产。农业结构调整步伐加快，特色优势产业占比达到85%，新建高标准农田198万亩，粮食产量稳中有增，固原胡麻油、彭阳红梅杏入选全国第一批地理标志运用促进重点联系指导名录。工业质量效益双提，新增规上企业10家，产值亿元以上企业12家，规上工业增加值年均增长16.8%。文化旅游业蓬勃发展，年均接待游客500万人次以上。西吉县将台堡纪念园被评为全国爱国主义教育示范基地和首批中央文物保护单位。

【营商环境优化】 2021年，固原市发展和改革委员会全面贯彻落实党中央、国务院优化营商环境决策部署，坚持把优化营商环境作为推动固原高质量发展的重要举措，印发《固原市2020年度优化营商环境18项测评指标存在问题及整改措施清单》《固原市持续优化营商环境更好服务黄河流域生态保护和高质量发展先行区建设若干措施责任清单》，出台《固原市优化营商环境“十必须十不准”》，强力推进短板弱项及问题整改工作，全市市场环境、政务环境、监管环境、法治环境和创新环境持续优化，政务服务便利化水平持续提高，“办事难、办事慢”“多头跑、来回跑”等问题得到有效解决。已实现企业开办全程网办，企业开办时间压缩至3小时以内，个体工商户注册登记实行“口述办”即办模式。全流程电子化“不见面”交易系统投入使用，率先在全区实行政府采购、工程建设项目全流程电子化“不见面”交易，为西北首创、全国领先。深化“一门一网一窗”改革，乡镇全面推行163政务服务模式。部门联合“双随机、一公开”监管常态化全面推进，对轻微违法企业实施包容审慎监管。大力推行企业注销网上办，企业注销便利度进一步提升。

国有资产监督管理

【概况】 2021年，因机构改革调整，固原市国资委挂靠于市财政局。固原市国资委监管国有企业11家，其中，集团公司4家(九龙集团、交通集团、旅游集团、扶贫集团)，开发区投资发展公司和固原市产业研究院公司2家，其他监管企业5家(国资公司、保安公司、水利勘测设计院、白马山陵园公司、宁夏六盘山生态产业有限公司)。截至2021年年底，市属国有企业从业人员共2068人，其中，企业党委2个、党支部19个、党员243人。

固原市市属国有企业情况一览表

单位：亿元

序号	公司名称	成立时间	主营业务	主要下属企业	2021年资产总额	2021年营业收入
1	固原市九龙城市建设集团有限公司	2013年	城市集中供热、供热管网建设；房地产开发；市政基础设施建设；城市道路建设；园林绿化；物业管理；本市范围内保障住房租赁、管理；铝钢加工制作、建筑材料、室内门、防盗门销售；医废处置；EPS模块生产；市场管理等	惠民供热公司等11家企业	129.48	3.06
2	宁夏六盘山交通集团有限公司	2016年	公路工程土建安装，市政公用工程施工，公路养护工程施工；公共客运，客运站(配客点)经营，仓储服务，交通物流，汽车维修、租赁，广告传媒，机动车驾驶员培训，在职职工、农民工培训；公路工程试验检测、工程咨询、勘察、设计及管理	4家子公司	9.28	2.05

续表

序号	公司名称	成立时间	主营业务	主要下属企业	2021年资产总额	2021年营业收入
3	宁夏六盘山旅游集团有限公司	2016年	固原市政府授权范围内的国有资产投资经营、旅游景区开发及管理运营、乡村旅游开发与经营;旅行社与旅游饭店经营、旅游商品开发与经营;旅游市场开发与产品营销;旅游交通客运、旅游节庆会展、电子商务、旅游演艺及影视传媒等业务;旅游投资咨询服务、旅游产业基金运作管理、股权投资、债券发行、融资担保等投融资业务。	6家子公司	2.58	0.7
4	宁夏六盘山产业扶贫开发投融资集团有限责任公司	2017年	承接和管理国家、自治区及社会各类产业引导基金,支持农业产业化发展和扶贫开发;承接和开展各类金融机构扶贫项目投资及扶贫贷款业务咨询服务;承担全市农业产业化项目、扶贫开发项目和固原国家农业科技园区的投资开发建设,提供扶贫开发和农业产业化技术咨询服务;承担农业优良品种繁育推广、技术培训指导、质量管理、信息服务和良种繁育技术试验、示范。企业作为政府性融资担保机构,通过开展各类金融机构扶贫项目投资及扶贫贷款发放等业务。	5家子公司	12.69	0.24
5	固原经济技术开发区投资发展有限责任公司	2018年	主要承接开发区基础设施建设和维护;投资融资;资产运营;园区物业管理;企业服务;招商引资等多业态经营活动。	3家子公司	16.54	0.05
6	宁夏中百正管理有限公司	2004年	保安服务、培训;安防工程设计、安装;印章刻章、民用爆炸物品经销,物业管理;劳务派遣;消防、安防、警用、警戒、保安服装销售等。	4家子公司	0.79	1.02
7	固原市水利勘测设计院有限公司	1972年	水利行业工程勘察设计;农林行业(农业综合开发生态工程)工程设计、地质灾害治理工程设计乙级;建设项目水资源论证乙级;生产建设项目水土保持方案编制单位水平评价;工程测绘;水利工程咨询等。	无	0.84	0.58
8	固原白马山陵园有限公司	2007年	墓穴销售、殡葬用品加工、销售。	无	0.08	0.04
9	宁夏六盘山生态产业有限责任公司	2020年	主营生态产业投融资,林草育种、管护,基础设施建设,技术咨询,生态产业体系建设及山水林田湖草路综合治理,林草产品及林下经济开发、加工、销售等,林权流转和碳汇交易。	无		
10	宁夏六盘山产业研究院有限公司	2021年	主要开展应用型技术研发引进推广、科技成果转移转化、产业技术人才柔性引进及本地人才培养等服务工作,重点服务于草畜产业、绿色食品、文化旅游、生态经济、纺织服装、新能源、新材料、电子信息、现代服务业等重点产业,	无		

【国有资本投资】 2021年，固原市资产总额175.55亿元，净资产47.68亿元，负债总额127.87亿元，资产负债率72.8%，累计营业收入7.38亿元，净利润亏损1.81亿元。固原市国有企业大多是以服务业和公益类为主的传统行业，资产总额为130.7亿元，总资产占比达到74.45%；有房地产开发企业一家，主要承担政府安置房开发等，资产总额35.48亿元，总资产占比为20.21%；建筑工程、检测、工程设计行业企业资产总额6.79亿元，总资产占比为3.87%；旅游业企业资产总额2.58亿元，总资产占比为1.47%。

【国有资产监管机制】 2021年，固原市国资委按照"1+N"制度体系建设总体要求，制定《固原市属国有企业投资管理办法》《固原市属国有企业违规经营投资责任追究暂行办法》，规范企业投资行为；严格落实《固原市属国有企业负责人经营业绩考核暂行办法》，完成2020年度企业经营业绩考核；推进监管职能转变，出台国资委10方面35项"权责清单"。

【国有企业改革】 2021年，固原市国资委以国企改革三年行动为推手，持续深化国企改革。一是编制了国资国企"十四五"规划，起草市属国有企业战略重组改革方案，优化国有资本布局与结构调整。二是印发《固原市国资国企改革三年行动方案》，明确了6方面49项具体措施，积极推进企业内部机构改革、亏损子企业治理、"三项制度"改革和稳妥推进混合所有制改革等工作。

【国有企业风险防范】 2021年，固原市国资委始终把防范风险作为国有企业监管的重中之重，纳入年度考核内容，并将"建立风险防控预警机制"作为国企改革三年行动重点任务。对经营风险凸显的九龙集团、扶贫集团实行风险化解进度周双报告制度（国资委、纪检组），强化日常监管。同时，成立工作专班，联合市纪委监委派驻第五纪检组、财政局、审计局、法院、检察院、公安局等单位进驻扶贫集团开展工作，帮助企业解决实际问题。

公共资源监督管理

【概况】 2021年，固原市公共资源交易中心完成各类进场交易1034个、项目2310个标段，预算金额88.39亿元、中标金额84.16亿元、节约资金4.23亿元、资金节约率4.78%、参与评标专家8495人次。其中，工程建设交易518个项目1448个标段，预算金额67.40亿元，中标金额63.86亿元，节约资金3.54亿元，资金节约率5.25%，抽取专家5559人次；政府采购516个项目862个标段、预算金额20.99亿元、中标金额20.31亿元、节约资金0.68亿元、节约率为3.26%、抽取专家2936人次。

【远程异地评标】 2021年，固原市公共资源交易中心率先在全区实行所有房建市政、水利水电、交通工程项目区内远程异地评标。远程异地评标场所分为主场和副场，主场设在当地即固原市公共资源交易中心，到场设在自治区公共资源交易服务中心和区内其他市公共资源交易中心，副场数量不少于2个，副场由招标人在全区统一系统中符合条件的交易中心随机抽取产生，由招标人及其代理机构登录远程异地评标管理系统自主预约场地和机位，到场专家人数不得少于专家总数的三分之二。固原市隆德县中药材国家农村产业融合发展示范园基础设施建设项目在闽宁两省公共资源交易中心远程异地评标启动仪式上作为示范项目进行了跨省远程异地评标，实现了全区首例工程建设项目跨省远程异地评标。全年完成远程异地评标交易项目368个838个标段、预算金额45.98亿元、中标金额43.52亿元、节约资金2.46亿元、资金节约率5.34%、参与评标专家3665人次，其中，区内各交易中心副场评标专家2476人次，占评标专家总数的67.74%，其中，采用"1-N"模式的远程异地评标项目24个。远程异地评标项目占同期所有工程建设项目518个的71.04%。自治区交易中心、银川、中卫、吴忠、石嘴山市公共资源交易中心在固原设副场176场次，抽取专家361人次。

【"不见面"交易成效】 2021年，固原市公共资源交易中心联合新点公司研发上线了"古雁不见面"交易系统软件，率先在全区一次性实行所有工程建设、政府采购项目全流程电子化"不见面"交易，实现了交易项目"无范本"全流程电子化"不见面"交易，同时研发的移动端投标人"标证通"App，首次实现了"指尖上的交易"。走出了一条欠发达地区创新交易手段的新路子，属西北首创、在全国领先。先后被人民网、中国新闻网、宁夏日报等多家新闻媒体相继报道。2020年，被自治区公共资源交易局授予创新示范先进单位。经测算：实行全流程电子化"不见面"交易后，每年将为投标企业节省标书印刷费、差旅费等各种费用约450万元。

【评标专家抽取方式创新】 2021年，固原市公共资源交易中心率先采用交易中心工作人员现场协助指导、招标(采购)人自主操作专家抽取系统，在专家库中随机抽取评标专家组成评标委员会的"招标人自助式随机抽取评标专家"办法，进一步增强了招标(采购)人的责任感，打破了外界对专家抽取的神秘感，公开专家抽取全过程，强化了对评标专家抽取工作的监督，有力推进了公共资源交易“放管服”改革，全面提升固原市公共资源全流程电子化“不见面”交易工作质量。“招标人自助式随机抽取评标专家”办法写入了《宁夏回族自治区综合评标专家库和评标专家管理暂行办法》，在全区公共资源交易系统推广。

【交易服务平台示范点建设】 2021年，按照自治区公共资源交易管理局的要求，精心规划，科学合理设计交易场所改造方案和标准化配置设备，争取财政资金607万元，将民生大厦附楼改建为集全流程电子化“不见面”开标、电子化评标、招标（采购）人自助式随机抽取专家、视频见证、开评标现场视频公开监督、评标专家就地食宿、交易主体与评标专家通道分离为一体的功能相对齐全、设备配置标准、规范化交易的服务平台，实现了“文件无纸化、标书在线传、开标不见面、结果快递送、过程全留痕”的改革目标。探索出了市级规范化交易平台建设“布局合理、功能齐全、设施完善、便捷高效、公开透明”的规范标准。

【公共资源交易见证与监督】 2021年，固原市公共资源交易中心实行公共资源交易见证与监督相互分离办法，开标区设置全彩监督显示大屏，将公共资源交易开标、评标、专家抽取等所有流程置于行业主管部门、招标人、投标人和社会公众的监督之下，倡导“公开监督、现场举报”，拓展公共资源交易公开监督范围，进一步提升公共资源交易工作的透明度。拓宽投标保证金以电子保函方式提缴渠道，通过第三方担保机构开具电子保函114笔，释放保证金729.12万元。其中，2021年开具电子保函41笔，释放保证金168万元，降低企业的交易成本。

【重点领域突出问题专项治理】 2021年，固原市公共资源交易中心一是创新方式、细化措施，确保数据录入工作顺利完成。制定了工程建设和政府采购项目数据录入管理办法，细化了录入流程、质量控制措施，采取聘用第三方录入与交易中心组织工作人员抽检办法，先后投入计算机等设备106台，人员3488人次，对2017年至2020年工程建设政府采购实际录入5785个标段(工程建设项目2856个标段、政府采购项目2929个标段)做到“应录尽录”，按时完成数据录入任务。二是以“以录促治”完善招标交易档案管理。积极配合西安朗智网络科技有限公司研发电子化档案管理软件，实行档案电子化管理。三是积极配合做好违法违规线索调查取证工作。成立档案资料查询组，做好向违法违规线索调查部门提供档案资料工作。全年共提供档案资料105个项目199份档案。其中工程建设34个项目51份档案，政府采购66个项目148份档案，联系自治区交易平台取证IP地址5个项目。

财　政

【概况】 2021年，固原市强化财税部门沟通协调，深入分析研判经济形势，精准预判增收空间，全方位、多角度挖掘增收潜力。加强对重点税源、税种的预测分析，依法依规组织各项收入，做到应收尽收，坚决遏制通过“虚收空转”等各种形式虚增财政收入，不断提高财政收入质量。2021年市本级地方一般公共预算收入6.42亿元，同比下降2.8%，其中，税收收入3.91亿元，同比增长8.32%；非税收入2.51亿元，同比下降16.2%。支出完成32.91亿元，同比下降17.44%。

【财政项目保障】 2021年，固原市落实落细国家减税降费政策，新增减税降费预计减税降费3.79亿元，其中税收减免3.25亿元，社保降费及非税减免0.54亿元，实现“放水养鱼”，努力培植地方财源，促进经济持续稳中向好，推动财政可持续发展。统筹整合强财力。准确把握中央、自治区政策导向和支持重点，千方百计向上争取项目和资金支持，全市共争取各类转移支付资金232亿元，其中市本级33亿元;加大盘活政府存量资产，回笼资金10.2亿元，统筹用于经济社会亟需领域。

【财政民生保障】 2021年，固原市统筹资金0.8亿元，保障市幼儿园、实验幼儿园和第十七幼儿园建设，推进“互联网+教育”远程互助课堂，扩大优质教育资源覆盖面，推动职业教育产教融合升级创新发展。支持全民健康水平提升行动，整合资金16.32亿元，筑牢新冠肺炎疫情防控安全屏障，完善公共卫生应急管理体系，深化医疗医保医药联动改革，推进“互联网+医疗服务”远程诊疗体系建设，为人民提供全方位、全周期健康服务。支持城乡居民收入提升行动，整合资金0.2亿元，落实就业优先政策，兑现高校毕业生就业见习补贴和公益性岗位补贴，加大农民工技能培训力度，推进创业孵化园建设。支持社会保障提升行动。整合资金22.24亿元，夯实政策兜底作用，落实医疗养老、职业年金等社会保障待遇，不断完善社会保障体系建设。支持文化旅游事业发展。安排资金0.6亿元，巩固创建公共文化示范市成果，实施文化惠民工程，启动固原市文化馆、图书馆运营，开展文化“三下乡”活动，助力六盘山长征景区创成国家5A级景区，做活文化旅游。

【财政政策落实】 2021年，固原市一是整合涉农资金30.3亿元，做好巩固拓展脱贫攻坚成果同乡村振兴有效衔接。筹措资金0.2亿元，推进乡村治理，兜牢贫困患者医疗保障，守住不发生规模性返贫的底线。二是支持重点特色产业发展。聚焦市委、市政府决策部署，提出财政落实重点特色产业发展和招商引资政策九条措施，支持重点产业招商引资政策落地落实，实现产业、经济和财政收入之间良性互动发展。三是持续加大科技研发投入。统筹资金0.32亿元，引导企业加大科技研发投入，加快企业转型升级，推动经济高质量发展。四是引导金融支持经济发展。择优存放10.73亿元财政性资金，调动金融机构支持地方经济发展积极性。

【财政事权改革】 2021年，固原市推进全面预算绩效管理改革，对2020年重点项目采取自评和抽评相结合的方式，压实部门绩效管理主体责任，树立“花钱必问效，无效必问责”理念。推进预算管理一体化改革。完善政府预算体系，加强财政资源统筹，规范财政支出标准化，强化预算约束、执行监控和绩效管理，不断提升财政资源配置效率。推进国资国企改革。按照国企改革三年行动工作要求，结合固原实际，制定出台《固原市国资国企改革三年行动方案》，明确了6个方面49项具体改革任务，截至目前已完成39项，完成目标任务80%。推进“三项制度”改革，建立与企业功能定位相符合、与业绩考核结果紧密挂钩的差异化薪酬分配机制。推进国企“1+N”制度体系建设，从企业决策、运营、财务监管、资本收益、风险防控和战略引领等方面，厘清权责边界。

【财政收支监督】 2021年，固原市财政局自觉扛起防范系统性风险政治责任，紧盯“借、用、管、还”关键环节，控增量、减存量，积极防范和化解政府隐性债务风险，实现政府法定债务不超自治区限额、隐性债务“只减不增、逐年化解”目标。常态监管直达资金。从分配、下达、支付等环节进行全过程跟踪，动态掌握直达资金分配使用情况，充分发挥直达资金直接惠企利民作用。2021年共争取中央直达资金6.66亿元，截至2021年年底，累计支出6.48亿元，支付进度97.3%。有效发挥监管职能。开展“五项”经费和内控制度及会计信息质量监督检查，督促157个部门（单位）依法公开预决算信息，确保资金安全透明高效使用，接受社会各界监督。开展政府投资项目事前、事中、事后全过程评审，综合审减率达到7.25%，节约财政资金2.52亿元。完善政府采购监管机制，开展政府采购领域专项治理，规范政府采购活动，优化营商环境，市财政局被第16届全国政府采购监管峰会组委会、政府采购信息报、政府采购信息网授予2020—2021年政府采购先进监管机构。

税　务

【概况】 2021年，国家税务总局固原市税务局以“不忘初心、走好新的长征路，奋力推进固原税收事业高质量发展”为主题，铆足干劲、奋发进取，较好完成“十四五”开局之年各项税收工作任务。全年先后获得“全区先进基层党组织”“全区七五普法先进集体”“全国青年文明号”等6项省部级荣誉称号和16项地厅级以上荣誉称号。

【税费收入】 2021年，固原市税务局认真贯彻落实中办、国办印发的《关于进一步深化税收征管改革的意见》，逐级成立领导小组和工作组，制发全市工作方案，对113项改革任务，实施台账式管理，挂图式推进，29项年度改革任务全部完成。紧盯重点行业、企业和工程项目，以实地督导、定期分析、加强税种管理等9项硬举措抓收入，形成“天保旬、旬保月、月保季、季保年”组织收入机制，确保税收收入协调增长。全年组织税费收入58.7亿元。其中，税收收入25.1亿元，地方级收入13.4亿元。入库社会保险费和非税收入33.6亿元。自治区党委常委、固原市委书记马汉成、市长冼国义等领导先后作出17次批示表扬，自治区总工会对代收工会经费工作在全区通报表扬。

【税收征管】 2021年，固原市税务局严格落实《自治区税费保障办法》，顺利划转水土保持补偿费、防空地下室易地建设费等费款。稳步推进增值税专用发票电子化改革，电子专票核定率和开具率排在全区第一。深化重点领域风险防控和监管，持续加大税务稽查力度，查办案件43起，开展行业专项整治47户，入库税款3203万元。深入开展打虚打骗两年专项行动，向公安机关移送虚开案件7户，采取强制措施16人，有力规范税收秩序。牵头召开联席会议，建立协税护税机制，构建“政府主导、财税主责、部门合作、社会协同、公众参与”的税费共治格局。

【减税降费】 2021年，固原市税务局坚持该减的减到位、该免的免到位、该退的退到位、该缓的缓到位“四个到位”原则，全面梳理减税降费政策清单，与市工信、人行等7个部门签订合作共建协议，深化部门协同共治，确保各项减税降费政策落实落地落细，累计新增减税降费2.1亿元。

【税收营商环境优化】 2021年，固原市税务局深入落实“便民办税春风行动”31项100条措施和“春雨润苗”专项行动13项22条任务清单，开展实地走访、问需解难，解决纳税人难题21类497条。大力实施办税缴费便利化改革，上线运行不动产智能办税系统，完成增值税消费税与附加税费申报表整合，财产和行为税10税种合并申报，办税时间压缩40%。政务服务系统评价满意率为100%，位居全区第一。深入推进智慧税务建设，建成原州区、西吉县2个“纳税人之家”智慧办税服务厅，分流传统办税服务厅人流45%左右，办税时长缩短40%以上，有效缓解窗口压力，提高服务质效，赢得了纳税人缴费人和社会各界的广泛好评，全国纳税人满意度调查位列全区税务系统第二名。

【依法治税】 2021年，固原市税务局深化落实“三项制度”，开展风险应对和执法督察，整改疑点数据3284条，有力提升精确执法水平。推广非强制性执法方式，对107户纳税人实施“首违不罚”，使税务执法既有力度，又显温度。市局和原州区局同获“全区七五普法先进集体”，2名干部被评为“全区七五普法先进个人”。

审　计

【概况】 2021年，固原市审计局安排28个审计项目，实际完成44个，其中重大政策措施跟踪审计1个、民生项目审计4个、财政审计项目5个、专项审计调查6个、领导干部经济责任审计26个，自然资源资产离任审计项目2个。审计查出问题资金21.06亿元，其中违规金额16.08亿元、管理不规范资金4.98亿元。审计查出应收缴财政4.5亿元；应归还原渠道资金16.32亿元。

【财政审计】 2021年，固原市审计局对2020年68家一级预算单位及39家二级预算单位(延伸二级单位占二级单位总数的43.8%)财政预算执行及其他财政收支情况、市场监管检验检测中心2015年1月至2019年8月财政财务收支情况、固原市公共安全视频监控建设联网应用项目—“雪亮工程”项目财务收支情况进行了审计。审计发现市本级财政预算执行中仍然存在挪用财政资金支付银行贷款本息、国有产权转让收入未上缴财政，预算部门单位存量资金较大、债权债务资金未及时清算等问题。

【经济责任审计】 2021年，固原市推动领导干部秉公用权，聚焦权力集中、资金密集、资源富集、资产聚集的领域、环节、岗位和“关键少数”，加大对法律法规贯彻执行监督检查力度，揭示和纠正有法不依、执法不严等行为。安排党政领导干部经济责任审计27个。重点关注贯彻执行中央和自治区、市重大决策部署、重大改革任务推进、预算执行和财政财务管理，关注网络安全、机构编制、正版软件使用、三公经费、科技专项经费使用等情况，揭示国家财政政策执行、公共财政管理、项目建设和民生保障等政策执行方面存在的突出问题。审计发现部分单位存在财务管理不规范、成本核算不规范等问题。

【重大政策措施落实跟踪审计】 2021年，固原市审计局对固原市就业创业服务中心2020年度市本级创业担保贷款及贴息资金管理使用情况进行了审计，审计发现存在超额贴息、履行职责不到位、担保贷款业务不规范等问题。审计督促固原市就业创业服务中心贯彻落实创业担保贷款惠民政策、有效提升贷款风险防控能力，在扩大就业、促进创业、改善民生方面发挥了重要作用。

【民生审计】 2021年，固原市审计局紧盯与群众利益密切相关的养老、就业、住房、社会保障等民生资金和民生项目，推动巩固拓展脱贫攻坚成果，推动民生项目资金安全使用，推动惠民利民富民政策落地见效受益，完善共建共治共享治理体系。安排固原市2020年基本养老保险基金审计、固原市2020年基本养老保险基金、隆德县易地扶贫搬迁、西吉县扶贫车间建设运营情况专项审计调查。审计发现财政补助资金未足额拨付到位、超范围发放用工补贴、挪用易地扶贫搬迁资金等问题。

【国有资产审计】 2021年，固原市审计局安排固原市林业产业发展中心、湿地保护管理中心、林业技术推广服务中心、草原工作站、湿地林场管理站(原固原市古雁岭生态示范园管理站)清产核资审计，重点关注实物、货币资金、结算往来款项的清查，单位机构、人员编制情况，单位实施重点项目情况等，关注重点任务是否落实、财务收支真实性、重大投资决策合规性以及风险防控、国有资产保值增值情况。审计发现固定资产管理不规范、往来款项长期挂账等问题。

统　计

国家统计

【概况】　2021年，国家统计局固原调查队先后承担对城乡居民收支、农民工监测、贫困监测、居民消费价格（CPI）、工业品价格（PPI）、农作物播种面积和粮食产量、主要畜禽监测、农产品价格、农业中间消耗、采购经理（PMI）、小微企业跟踪、劳动力等国家调查项目。先后承担对乡镇收入调查、移风易俗调查、文明城市创建等地方统计调查项目。

【国家统计法治建设】　2021年，固原调查队将深入学习重要统计改革文件作为强基固本的重点学习教材，先后在党组理论学习中心组、全体干部职工会议、国家宪法日等多次组织集体学习。印发《国家统计局固原调查队关于进一步加强防范和惩治统计造假弄虚作假工作的通知》，组织各业务科室开展数据质量自查自纠，压紧压实统计法治责任。开展2021年统计执法检查工作。8月份组织对66家养殖户开展主要畜禽调查项目统计执法检查，依据检查结果对1家养殖企业下发《责令改正通知书》。将统计法律法规宣传教育列入各类统计调查业务培训课程，开展统计法治专题讲座3次。充分利用入户、下点、走访企业等，开展普法宣传。9月11日，以原州区2021年“全国科普日”为平台，在固原市博物馆广场开展“为民调查守初心，崇法唯实担使命”普法宣传活动。

【统计服务】　2021年，固原调查队强化统计调查数据分析解读，畅通调查数据发布渠道。对核定公开的统计数据，及时择优向固原市委办、市政府办、市政府门户网站等公开公布。2021年市政府网站共采编信息86篇，原州区网站采编信息15篇，固原市两办采用15篇。2021年度固原调查队共撰写信息123篇，分析200篇，专题调研63期。其中分析被国家统计局内网采用9篇。同时，固原调查队积极动员单位写作爱好者积极创作，2021年有5篇文章被《中国信息报》采用，国家统计局内网统计文化栏目采用4篇文章。

【统计调查】　2021年，固原调查队将《报表制度》《操作规程》《评估办法》等制度方案学习贯穿始终。针对科室人员优化调整后存在的短板弱项，队务会议多次责成分管领导和科室负责人强化业务人员教育引导和培训，通过面对面指导、一对一培训，以强带弱，竭力将业务能力的问题消化在第一时间，不遗余力组织开展业务人员和辅助调查员业务集中培训。细化基础工作，调查源头数据有本有源。建立健全工作台账、记录，规范工作流程，确保“数据生产”有据可循。在原有《固原调查队电话访问记录》《固原调查队下点核查记录》的基础上，各科室结合业务特点，进一步完善台账记录。强化基层基础工作自查，补短板、补漏洞、强弱项。优化调查方式，探索开展现代化统计调查。住户类工作在季报年报中全面推行调查，调查率达100%。尝试通过微信等平台直接向调查对象推送问卷，试行网上填报。强化数据评估，确保调查数据有理有据。严格落实数据“三级联审”制度，做到即报即审、应核尽核、不留死角，筑牢源头数据“防护墙”。强化数据指标分析评估能力，坚持实事求是原则，防范和惩治统计造假、弄虚作假，科学合理评估数据。建立跨部门会商机制，实现资源整合共享。主动出击开展旱情调研，与市农业农村局等部门建立调研协同机制，通过交流座谈，强化信息共享，形成全面准确的粮食生产形势分析材料，为地方政府提供科学决策参考。

地方统计

【概况】　2021年，固原市统计系统坚持围绕中心，服务大局不动摇，坚持开拓创新不松劲，紧紧牵住“数据质量”这个核心，不断加强统计基础工作、不断强化统计分析监测能力，不断提高统计人员综合素质，不断提升统计服务质量，常规工作扎实推进，专项监测科学推进，数据核查稳步推进，能力建设高点推进，整体工作创新推进，圆满完成了各项工作任务。

【统计普查】　2021年，固原市统计系统在总结以往经验的基础上进一步创新工作方式，坚持“全、准、实”目标，严格执行国家人口普查方案和操作规程，圆满完成第七次全国人口普查工作。按照自治区统计局数据发布要求，统一汇总口径、统一专业对接，积极发布固原市第七次全国人口普查公报（1-6号）；发布《固原市2020年国民经济和社会发展统计公报》、编印《2020年度固原市情数据手册》《固原统计月报》，整理编写《2006—2020年固原统计年鉴》。

【统计服务】　2021年，固原市统计系统以“三报一册”为抓手，优化信息服务，即：《固原统计专报》《固原市统计公报》《固原统计月报》和《固原市情数据手册》。《固原统计专报》主要编发重大情况分析，直报市委书记、市长及分管领导；《固原市统计公报》和《固原统计月报》刊登全市社会经济主要指标的及专业最新数据，报送市委、市政府有关领导及市直有关部门，编印《固原市情数据手册》刊登全市各个领域经济发展情况，及时满足党政领导决策需要，为社会公众了解社会发展提供依据，并已成为统计信息直通车。

【经济预警分析】 2021年，固原市统计局系统健全重点企业经常联系和重点行业定点观察制度，开展好地区生产总值核算、工业、投资等月度、季度、年度各项统计调查；加强对重要经济发展指标的监测评价，做好重点行业基础指标及协调匹配指标的监测分析；重点是紧盯追赶超越目标地市及毗邻地市发展动态，密切关注各县（区）经济发展指标，坚持每月20日前、每季度结束后22日前完成数据发布及统计监测分析研判。发布统计数据11期，撰写统计分析信息103期，统计专报8期，获市委、市政府主要领导批示4次，人大主要领导批示1次，市委、市政府分管领导批示9次。强化统计调研分析。加强宏观经济形势、重大政策问题和趋势性研究，真实反映数据背后的问题，切实用好用实统计数据资源。重点围绕全市高质量发展、黄河流域生态保护、统计改革、大型普查、统计制度建设等深入开展调查研究，撰写有理论观点、有数据分析、有可行价值的《固原市统计基层基础建设情况简析》《固原市经济发展不平衡不充分问题及建议》《欠发达地区工业发展存在的问题及建议》《固原市农村统计调查基础工作调研报告》等调研报告6期，党办约稿7期。

【统计监测机制】 2021年，固原市统计局深入贯彻市委、市政府决策部署，印发《固原市统计监测预警机制实施方案》，建立了全市季度经济形势分析机制，进一步强化预测预报制度、即审日清制度、进度分析制度、分类监测制度、综合研判制度，及时对GDP核算支撑指标进行监测预警，准确把握经济运行特点，及时发现经济运行中存在的倾向性、苗头性问题，尤其对短板指标，精准监测、精准研判，为市委、市政府决策提供精准服务。

【统计数据质量审核】 2021年，固原市统计局严格落实自治区统计局出台的统计法治各项规定和办法，深入开展统计普查“五进”活动。加大业务审核力度。建立健全数据质量追溯机制，强化企业在线逻辑审核、分层级人工平行审核、分指标综合比对审核和分专业关联趋势审核的“四分审核法”，提高能源统计源头数据质量。以严控入库关、规范采集关、严格审核关为抓手，夯实固定资产投资、社会消费品零售总额、重点工业企业、限下抽样调查统计工作基础；加大基本单位名录库管理工作力度。建立“准四上”企业备用信息库。加强部门协作配合和信息共享，完善部门统计联系会议制度做好业务指导、答疑解惑、进度调度、审核把关、分析跟踪，提高“四上”企业入库率。对达不到“四上”标准的在库“僵尸企业”及时出清。

【地方统计法治建设】 2021年，固原市统计局紧扣“系统学习”环，多次学习习近平总书记关于统计工作重要讲话重要指示批示精神、中央《意见》《办法》《规定》和统计法律法规，进一步压实防范和惩治统计造假责任。深入基层、相关部门和企事业单位，对主要负责人、分管负责人以及统计员进行“点对点”统计法律法规宣传解读。紧扣“业务培训”环，积极推进统计法进党校。由局领导在党校各类班次上将统计法律法规与统计业务知识进行讲授，进一步提升依法治统能力和水平。紧扣“普法宣传”环，结合固原市党史学习教育“三知三强”实践，积极开展线下“送法入企”；线上借力新媒体扩大宣传面，在“固原统计”微信公众号，对《统计法》《统计法实施条例》及国家统计局颁布的统计法规政令，进行系统性宣传。紧扣“执法监督”环，坚持专业常态化数据核查和统计“双随机”执法检查相结合，执法与普法相结合，增强统计调查对象依法统计自觉性，确保源头数据质量。今年以来，各专业共核查企业260余家。

市场监督管理

【概况】 2021年，固原市市场监督管理局以“质量强市”为统领，以监督抽检为重点，强化标准引领、质量提升、检验检测等职能作用，积极开展质量提升行动，监管服务并重提升产品质量和服务质量。今年以来，召开了质量强市建设工作例会，开展了农资打假、塑料污染防治、电线电缆质量安全“联查联打联治”、儿童和学生用品安全守护、口罩质量提升等行动，对化肥、服装、电器产品、儿童学生和老年用品、建材、食品相关产品、塑料制品、消防产品、安全防护产品、电动自行车等产品开展了重点检查和质量抽检，检查相关企业341家次，排查整改质量隐患11起，抽检产品293批次，办理质量及欺诈消费案件5件。完成食品抽检6768批次，完成率104.1%。结合百年大庆，对超视距飞行能力的航空模型、轻小型无人机等关键零配件产品等线下实体店、线上网店进行拉网式检查。开展了借庆祝名义从事商业谋利活动、违法销售纪念章的专项检查，共检查各类实体店312家、平台网店76家，未发现违法违规行为。

【消费维权】 2021年，固原市市场监督管理局开展民生领域案件查办“铁拳”行动，共查办各类案件257件，2件入选全区民生领域典型违法案件、1件入选全区消费维权十

2021年10月13日，宁夏总队消费价格处处长郎玲同志带队在固原新百超市调研食品价格

大典型案例，长江禁渔行为宣传工作被国家市场监管总局通报表扬。依托全国12315互联网平台和固原市12345便民服务热线，受理各类投诉举报咨询2965件，同比降低38.4%。按来源分，12315平台共接收1958件，同比降低57.74%，12345便民服务热线966件，同比上升137.34%。按类型分，投诉2268件，同比上升48.91%，占比76.49%；举报486件，同比上升7.76%，占比16.4%；咨询212件，同比降低91.63%，占比7.05%；为消费者挽回经济损失247.46万元，立案24件，罚没款4.94万元。

【创新监管方式】 2021年，固原市市场监督管理局探索创新工作方式，融监管、服务于一体，在全区率先推行以“4D”“色标”管理标准为核心的大中型餐饮精细化管理模式，创新建立了以风险评估为基础、以风险预警为重点、以“双随机、一公开”为抓手、以风险防控为目的的市场风险监管机制，制定出台了服务企业高质量发展“十项措施”，助推先行区建设。

【食品安全监管】 2021年，固原市市场监督管理局向自治区食安办提交“国家食品安全示范城市”创建申请，深入推进全域创建“食品药品安全区”工作，紧扣25项创建指标强化日常监管、监督抽检、专项整治和宣传引导。召开全市食品安全委员会全体会议暨全域创建工作推进会，开展全域创建集中攻坚行动和县区交叉检查活动，针对节日人流量大、外来人口增多、冷链食品销售量大等特点，坚持疫情防控工作不放松。聚焦旅游景区、高速公路服务区、机场、车站、农家乐、大型旅游餐饮单位等重点领域，抓住学校、建筑工地、养老机构、儿童救助站等重点行业食堂，借助元旦、春节、“3·15”“五一”、开斋节、古尔邦节、端午节、中秋节、“十一”等节日时段，以网格化监管为依托，规范餐饮经营行为。建成学校（幼儿园）食堂“互联网+明厨亮灶”智慧监管系统661家，完成率100%。发布安全消费提示13条。检查冷链食品经营单位34家，冷库6家；检查发现安全隐患问题431条，约谈责任人8人次；下达责令改正通知书572份，受理消费投诉491件；曝光餐饮经营单位10家，停业整顿4户，取缔无证无照生产经营主体8家；收缴假冒伪劣食品数量361袋（桶），查处假冒伪劣食品货值223.00元；没收问题食品597.9千克，排查整改风险隐患206处，责令整改65家，立案查处112起。

【药械安全监管】 2021年，固原市市场监督管理局共完成自治区药监局下达的医疗器械监督抽检任务8批次，完成率达到100%，立案查处1批次不合格医疗器械。检查各类食品药品生产经营主体1.5万余家次，创建“阳光药店”417家，创建率达到79.6%。全面监督、检查新冠病毒检测试剂、一次性使用病毒采样管（咽拭子）和新冠病毒疫苗一次性使用注射器，共检查10家公立医院，69家乡镇卫生院、24家社区卫生服务站。重点监督、检查医用口罩、红外线体温计、防护服等产品质量，共检查经营企业294家。深入监督、检查个体诊所、农村地区经营企业、乡镇卫生院、村卫生室的无菌医疗器械经营使用情况，共检查个体诊所103家、乡镇卫生院69家、个体诊所172家。

【化妆品安全监管】 2021年，固原市市场监督管理局共完成化妆品抽检88批次（国抽11类产品75批次，省抽2类产品10批次，日常监督检查3批次），完成率达到100%。全年共检查儿童化妆品经营使用单位682家（次），检查出动执法人1370人（次），责令整改49家。对5个批次婴幼儿护肤类产品进行了抽检，经检验全部合格。集中开展网络销售化妆品安全专项检查，全市共出动执法人员228人次，检查网络销售化妆品经营连锁公司1家，未发现违法行为。全市各级监管部门采取企业自查和监管部门现场检查的形式，以大型商场、超市、化妆品专卖店、化妆品批发市场和美容院等重要场所为重点，共对国家局通告的263批次假冒化妆品进行核查。共出动执法人员610人(次)，检查化妆品经营使用单位1200余家(次)，全市未发现国家局通告的假冒化妆品。

【餐饮服务安全监管】 2021年，固原市市场监督管理局坚持"源头严防、过程严管、风险严控"总体要求，紧扣《餐饮服务食品安全操作规范》"全域创建'食品药品安全区'评价表"要求，突出重点抓常态，强化督导抓落实。重点以进货查验、后厨环境、餐饮具洗消为抓手，督促落实"色标""4D"管理，着力解决落实食品安全制度执行、食品安全责任追溯、主体责任不落实等问题。截至目前，餐饮食品快检4407批次，不合格286批次，合格率93.5%；其中现场ATP快检2824批次(不合格242批次)，合格率91.4%；完成ATP快检任务的141.2%。监督抽检304批次(不合格4批次)，合格率98.7%；约谈责任人5人次。共出动执法人员16695人次，检查餐饮单位14399家次。下达责令改正通知书723份；没收问题食品1092.9公斤；行政处罚立案数33起，罚没金额10.3766万元。全力推进学校(幼儿园)"互联网+明厨亮灶"智慧监管系统建设。截至2021年年底，全市持证学校食堂共661家，其中高等院校食堂(大、中专、高职)8家、初高中食堂75家、小学食堂429家、托幼机构食堂149家，完成"互联网+明厨亮灶"智慧监管建设513家，完成率达到77.6%。

【特种装备安全监管】 2021年，固原市市场监督管理局全年共办理特种设备开工安装告知手续693台(部)，新注册登记设备501台(部)，检查特种设备相关单位510家次，抽查各类设备1003台(部)，下达《特种设备安全监察指令书》201份，排查整治安全隐患25起，立案查处8起，全市25家气瓶充装企业100%完成追溯系统建设。联合市城管局对全市燃气管道进行了检查，对市辖区餐饮服务单位等燃气用户进行专项培训。

【消费市场环境整治】 2021年，固原市市场监督管理局共办理现场核查案件1020件，办理食品摊贩备案件139家。积极主动服务长江医药宁夏六盘山现代中药大健康产业园项目建设，带领企业负责人与自治区药监局全面对接，确保药品生产许可前的GMP现场检查各项工作顺利进行。聚焦公平竞争环境，突出主动服务职责，加大公平竞争审查和反不正当竞争工作力度，强化知识产权保护与促进，突出价格及各类面向市场主体收费行为的监管，深化"双随机、一公开"特别是跨部门"双随机、一公开"监管。今年以来，首次在食品安全领域查办不正当竞争案件1件；全市新增注册商标884件，新增授权专利67件(实用新型、外观设计、发明专利)，万人发明专利达到0.65件，新增地标产品专用标志1件(固原黄牛)；开展了明码标价专项整治行动，对全市行业协会商会收费情况进行了检查；召开了"双随机、一公开"监管部门联席会议，进一步完善了"一单两库一细则"，印发了《固原市市场监管领域部门联合抽查事项清单(第一版)》和《固原市市场监管领域相关部门随机抽查事项清单(2021版)》，完成跨部门联合抽查13项、部门内双随机抽查50项。联合市直相关部门开展烟花爆竹、散煤、殡葬、早市、机动车检测机构、校外培训机构等市场检查。

【居民消费价格指数】 2021年，固原市发展和改革委员会全市居民消费价格(CPI)总指数累计上涨1.6%。八大类商品及服务价格呈"六涨二降"态势，其中食品烟酒、居住、生活用品及服务、交通和通信、教育文化和娱乐、医疗保健价格分别上涨1.9%、0.8%、0.3%、4.1%、1.0% 和3.2%；衣着、其他用品和服务价格分别下降1.7%和1.0%

自然资源管理

【概况】 2021年，固原市自然资源局统筹国土绿化、造林绿化示范点、森林质量精准提升工程，一体推进建管育护，全市森林面积达486.95万亩，森林覆盖率达到30.8%。全年完成国土绿化面积61.30万亩，完成自治区下达任务的101.12%，总投资5.38亿元。其中，南部水源涵养建设工程55.26万亩(人工造林18.89万亩、未成林抚育提升及退化林改造36.37万亩)、村庄绿化和庭院经济林建设2.35万亩、生态经济林3.69万亩。全年新建3000亩以上集中连片造林绿化示范点11个，面积4.56万亩，完成年初下达任务的152%。组织实施森林质量精准提升工程，共完成2.65万亩，完成年初下达任务的53%。其中，原州区完成0.6万亩；西吉县完成0.14万亩；泾源县完成0.41万亩；隆德县完成1.5万亩。组织开展全民义务植树造林活动，3月5日启动以"建设先行区、生态做贡献"为主题的全市生态建设大会战，市直部门(单位)参加干部职工共2704人，参与群众13759人次，栽植各类经果林1932.23亩296751棵，村道绿化苗木1590棵。启动编制《六盘山生态功能区(宁夏段)山水林田湖草一体化保护和修复工程项目实施方案(2022—2024年)》，共谋划6大类工程67个子项目，建设规模14.82万公顷，概算投资51.1亿元。

【执法检查】 2021年,固原市自然资源执法监察支队制订了《2021年度自然资源执法巡查工作实施方案》,成立两个巡察组,重点对城市规划区内开展动态巡察,明确了工作任务分工和巡察责任片区。全年共开展动态巡察645次,发现并制止违法行为72起,下发责令停止违法行为通知书65份。其中,支队动态巡查138次,发现并制止违法行为27起,下发责令停止违法行为通知书27份。全市共立案查处各类违法案件82宗,已结案64宗,拆除建筑物面积11476.65平方米,没收建筑物面积27590.4平方米,行政罚款368.4160万元。其中,支队查处案件3宗,结案2宗,行政罚款65.82万元。制定印发《固原市自然资源局关于开展全市2021年卫片执法工作的通知》,采取"月清""季核"的方式严格核查2021年自然资源部每月下发的土地、矿产卫片图斑、2021年土地变更调查补充卫片图斑以及宁夏自然资源执法动态监测监管系统监测下发的疑似违法占用耕地图斑。现场核实各县(区)疑似农村乱占耕地建房新增问题,并实地核实验收各县(区)图斑新增图斑整改工作23个。其中,原州区7个,西吉县7个,彭阳县1个,隆德县8个。

【测绘问题整改】 2021年,固原市自然资源局从技术人员、设备仪器、测绘成果、保密制度执行情况等方面,对全市11家测绘从业单位进行检查,并通过"宁夏回族自治区测绘地理信息市场服务与监管平台"备案。排查无测绘资质非法测绘及超越资质等级许可范围从事测绘活动等违法违规测绘行为,发现并整改广州南方测绘科技股份有限公司在实施西吉县村庄规划测绘技术服务(十四标段)项目先测绘后备案问题。及时维护各县(区)现有的184个测量标志开展保护和巡查,责成相关县(区),三级、四级测量标志。对"问题地图"开展排查和自查。

【确权登记】 2021年,固原市自然资源局加快推进"互联网+不动产登记"工作,积极推进银行、企业外网申请办理,在中国工商银行固原支行设置了"不动产登记便民服务窗口",实现了与中国工商银行固原支行"政银直通"抵押业务,同时开发企业依托政务外网进行业务办理,实现"不见面"不动产登记服务。全年共受理不动产登记申请32538件。其中,首次登记115件、抵押登记7360件、转移登记10210件、更正登记153件;变更登记3404件、预告登记4732件、查解封登记1431件、注销登记4780件、其他登记353件。全年共出具查询证明23415件,其中,司法查询4148件、房补查询2469件、其他查询23415件。落实"十三五"移民安置住房登记,开通"绿色通道",设立易地扶贫专办窗口。对手续完善的,尽快完成登记发证;对短期内难以完善手续的,由相关责任单位制订工作方案,作出承诺后采取"容缺受理"工作机制办理不动产登记94户,完成原州区新增"十三五"易地扶贫搬迁移民安置房确权登记3094本证,完成目标任务100%。全面完成"房地一体"确权登记工作,原州区农村宅基地使用权证和房屋所有权证"房地一体"确权颁证项目需完成确权发证65124宗,实际应确权发证44567宗。其中,完成"房地一体"项目宅基地权籍调查65124宗,已确定登记发证42348宗,完成目标任务95.02%;完成档案资料合并65124宗,包括扫描录入数据库42348宗,并电子化命名、装订、装盒、归档;完成剩余22776宗的档案资料梳理、信息完善工作;移交档案管理科档案资料15624份。积极化解土地历史遗留问题,全年对119个小区的土地、77个小区的房屋进行了测量,测量土地面积515316平方米,房屋面积428709.98平方米。分八批次向外公布可缴纳土地出让金的小区,共计113个小区、292幢房屋,并对上述139幢房屋办理不动产转移登记、变更登记等6000余户。

【重大项目审批】 2021年,固原市自然资源局认真执行市区内重大项目选址、规划设计方案"三级审批"制度。全年共组织召开规划委员会办公室项目审查会、规划专家委员会等各类会议8次,审议各类规划建设项目108个;办理《建设用地规划许可证》22本,《建设工程规划许可证》184本,市政类建设工程规划许可证43本;制发规划设计条件56宗;完成市政道路、燃气、供热、供水、排水、强弱电路由设计43个;制发放线图45个;审核规划验收报告22件。起草完成《固原市规划委员会议事规则》《固原市容积率管理办法》《固原市容积率计算规则》等规范性文件,从体制机制、技术规范等方面,推进规划管理制度建设。配合市住建局推进海绵城市试点城市建设,完成清水河综合治理项目、古城墙遗址公园、城市道路海绵化改造项目扫尾工作,缓解了固原城区建筑密度过大、公共活动空间不足等问题。配合市城管局推进老旧小区改造,年内改造完成老旧小区50个;批准建设城市公共停车场4处。

农业

综 述

【概况】 2021年，全市农业农村系统认真贯彻落实党中央和区市党委农村工作会议精神，对标市委和市政府2021年重点工作任务责任清单，扎实推进巩固拓展脱贫攻坚同乡村振兴有效衔接，狠抓农业产业结构调整和特色产业提质增效，推动农业高质量发展。固原市立足肉牛、马铃薯、冷凉蔬菜三大主导产业和地方特色种养业，编制《固原市“十四五”特色农业发展规划（2021—2025）》《固原市绿色食品产业高质量发展规划（2021—2025）》《固原市肉牛产业高质量发展规划（2021—2025年）》，并制订肉牛、绿色食品产业高质量发展等实施方案，增强发展引领力。全年全市粮食总产量78.23万吨，比上年减产13.08万吨，下降14.33%。其中，夏粮产量7.18万吨，下降42.94%；秋粮产量71.05万吨，下降9.76%。全年全市小麦产量6.58万吨，下降43.24%；玉米产量41.51万吨，下降4.35%；马铃薯产量27.12万吨，下降15.08%。全年全市蔬菜及食用菌产量181.82万吨，比上年下降7.23%；油料产量2.16万吨，下降22.73%。固原市生猪存栏17.35万头，下降3.18%；生猪出栏21.27万头，增长9.93%；肉牛存栏63.87万头，增长11.55%；牛出栏26.95万头，增长2.29%；羊存栏86.62万只，增长10.36%；羊出栏74.27万只，下降3.03%；家禽存栏224.21万只，增长45.00%；家禽出栏188.18万只，下降14.54%。全年全市肉类总产量7.75万吨，比上年增长1.7%。其中，猪肉产量1.65万吨，增长5.0%；牛肉产量4.36万吨，增长5.3%；羊肉产量1.35万吨，下降5.17%；禽肉产量0.39万吨，下降19.96%；禽蛋产量2.09万吨，增长66.16%。

【耕地保护】 2021年，固原市农业农村局坚决贯彻落实中央和自治区关于耕地“非农化”“非粮化”部署要求，制定印发《关于深入贯彻自治区部署要求坚决制止耕地“非农化”行为的通知》《固原市耕地“非粮化”稳定粮食生产实施方案》和《关于统筹做好农村撂荒耕地利用的通知》3个文件，组织开展耕地“非农化”“非粮化”和撂荒地利用3个专项整治，坚决守住耕地红线，确保全市耕地面积稳定在495万亩、永久性基本农田面积稳定在395万亩、粮食功能区面积在151万亩。共排查撂荒地9.4万亩，复耕利用98%。全年实现农业增加值和农村居民人均可支配收入分别增长4%和10.5%。

【产业结构调整】 2021，固原市农业农村局坚持“调减过剩、低效作物种植，扩大短缺、高效作物种植”原则。根据《固原市农业产业结构优化调整指导意见（2020—2022）》，在确保粮食安全生产的前提下，全年全市共压减小麦种植面积22.25万亩，增加玉米种植面积16.21万亩，推广优质张杂谷10万亩。净增肉牛2万头，其中，基础母牛5000头、育肥牛1.5万头，肉牛良种化率达90%以上。

【农业企业发展】 2021年，固原市培育发展市级以上农业产业化龙头企业130家，其中，国家级2家、自治区级67家、市级61家。按行业类别分为：加工业82家，养殖业23家，种植业19家，流通业4家，其他2家。2020年，龙头企业固定资产净值274525.62万元，比去年同期254539.08万元，增长7.8%；当年新增固定资产投资31125.24万元，比去年同期29118.24万元增长6.8%；营业收入（只包含涉农营业收入）253992.42万元，比去年同期243093.53万元增长了4.4%，其中，通过电子商务实现的销售收入13250.66万元，比去年同期11820.87万元增长12%；净利润32251.1万元，比去年同期30101.7万元增长7.1%。龙头企业从业人数9532人，带动农户数25.98万户；农户从事产业化经营增收总额65236.25万元，其中，农户从龙头企业获得收入总额51910.92万元，农民（户籍在乡村的劳动者）从业人员的工资福利总额13325.33万元。

【休闲农业发展】 2021年，全市休闲农业经营主体达330家，从业人员3400人（其中农民从业人数2800人），带动农户4800户，接待人次

260.6万人次，营业收入16168.6万元，农副产品销售收入5981.5万元。全市现有国家级休闲农业示范县2个（彭阳县、隆德县），中国美丽休闲乡村8个（原州区张易镇宋洼村、西吉县吉强镇龙王坝村、隆德县沙塘镇清泉村、神林乡辛平村、城关镇杨店村、红崖村、陈靳乡新和村、清凉村、彭阳县城阳乡杨坪村），中国最美丽田园1个（隆德县麦田景观），国家五星级休闲农业示范点3个（隆德县神林山庄、盘龙山庄、西吉县龙王坝），自治区级休闲农业示范点52个，全国四星级休闲农业与乡村旅游企业1个（原州区黄土塬牡丹山庄）。

【农村环境整治】 2021年，固原市开展“百村示范、千村整治、万户清洁”行动，筹措资金9327万元、参与群众108.79万人次，拆除维修房屋院落5.74万处、清理垃圾140.44万吨，完成村庄造林绿化326.72万株，污水处理项目31个，打造农村环境整治示范乡镇11个，示范村148个。全市完成农村改厕14132户（任务10750座），完成率131%。全市九家残膜加工企业、369个回收网点共回收残膜2.68万吨（完成今年计划任务2.33万吨的115.28%）、按各县（区）覆膜面积折算，全市农田残膜回收率达到92.44%，加工颗粒5655吨。

【农村改革】 2021年，固原市推广“租金保底+盈余分红+打工收入”模式，规范提升土地租赁、托管、股份合作等经营模式，土地流转面积73.9万亩；推动农村集体经营性建设用地入市，隆德县敲响了宁夏集体经营性建设用地入市交易第一锤，观庄乡大庄村以每亩4.4万元的单价拍卖成交土地37.57万亩，实现土地收益金166.31万元，作为发展壮大村集体经济资金。实施发展壮大村集体经济扶持项目160个1.6亿元，打造发展壮大村集体经济示范点15个，95%的行政村收入达10万元以上，其中，50万元以上124个、100万元以上9个，分别占7.6%、76.3%、11.1%、5.67%，预计村集体经济组织股份分红达到1000万元，改革红利惠及千家万户。

【农村居民收入】 2021年，固原市针对干旱造成农村经营性收入减少的问题，认真落实以工补农、以牧补农和农业产业保险理赔应对措施，全市组织受灾农户就地就近就业4159人、外出务工1954人，新增公益性岗位2385个；抢墒播种燕麦草7.4万亩、小黑麦2万亩，外购甘草30万吨；已兑现农业保险理赔款5170.6万元，评估赔付农作物保险理赔款1.7亿元，评估赔付保险面积214.6万亩，受益保险农户80625户。全市共输出农村剩余劳动力33.58万人（次），同比增长2.9%，创收56.3亿元，同比增长7%。围绕草畜、马铃薯、冷凉蔬菜、特色种养，开展农民素质提升培训175期9058人次，完成计划任务的113.2%，其中高素质农民培育后续跟踪服务37期1930人、高素质农民培育53期2660人、农村实用人才培训85期4468人。全市农村居民人均工资性、经营性、财产性、转移性收入分别达到3293.4元、3343.0元、8.6元、1464元。

【农民培训】 2021年，固原市充分发挥公益机构+新型经营主体+基地+农民”农业农村人才培养优势，采取专题授课、实训实操和观摩交流相结合的培训模式，开展草畜、马铃薯、冷凉蔬菜、特色种养等特色农业农民素质提升培训175期9058人次，完成计划任务的113.2%，其中，高素质农民培育后续跟踪服务37期1930人、高素质农民培育53期2660人、农村实用人才培训85期4468人。

【2021年度中国农民丰收节】 2021年9月23日，由固原市农业农村局、西吉县人民政府、西吉县农业农村局、吉强镇人民政府联合在西吉县吉强镇龙王坝村举办了2021年中国农民丰收节活动。对巩固拓展脱贫攻坚成果同乡村振兴有效衔接，加快乡村产业发展，激发群众内生动力，营造全面推进乡村振兴、加快农业农村现代化的浓厚氛围具有重要意义。

【农业龙头企业】 2021年，固原宝发农牧有限责任公司（简称宝发农牧）实现年加工各种植物蛋白饲料12万余吨，年产值达到2.3亿元，实现利润1840万元。产品除满足周边市场外，部分产品远销西藏、福建、云南、贵州、广东和四川等地。公司先后获得“国家高新技术企业”“国家农业产业化重点龙头企业”“宁夏中小企业50强”“自治区专精特新示范企业”“宁夏质量百强企业”“自治区科技型中小企业”“自治区扶贫龙头企业”“自治区成长标杆企业”等荣誉称号。

肉牛产业

【概况】 2021年，固原市新增农业农村部直达项目资金5000万元，主要支持固原市肉牛产业发展，六盘山肉牛信息化平台建设项目进入招投标阶段。河北雪川农业马铃薯全产业链项目完成1.2万亩优质灌区土地流转和高产马铃薯种植，40万吨马铃薯主食化加工项目开工建设；山东水发集团现代农业高科技示范园速冻干冻脱水蔬菜加工项目、福建融侨固原（丰霖）肉牛养殖生态园二期10万头肉牛屠宰加工厂项目建成投产；启动实施长江医药大健康产业园项目，亚麻籽产业融合、高品蛋鸡产业园、水发现代农业一二三产业融合发展等续建项目有序推进。高标准农田建设项目全年任务57.82万亩(其中高效节水3.05万亩),截至目前,完成高标准农田建设任务50.9万亩(其中高效节水灌溉1.78亩),完成全年目标任务的88%,完成投资60946万元。

【肉牛养殖示范点建设】 2021年,固原市草畜产业示范点建设在全市共建立31个示范点,其中新培育存栏千头以上肉牛养殖示范村10个、新培育存栏万头以上肉牛养殖示范乡镇1个、现代化肉牛育肥场7个,大型现代化肉牛屠宰加工企业1个,青贮玉米种植示范点6个,高产优质苜蓿种植示范点3个、高产优质苜蓿制种基地1个,固原黄牛新品种(系)培育示范场2个。

【高端牛肉加工基地建设工程】 2021年,固原市以农牧交错带产业结构调整、草畜产业、肉牛品种改良"三大示范区"建设为抓手,出台《固原市肉牛产业标准化建设实施方案》,西吉县什字乡产业强镇获农业农村部批准建设,新培育千头肉牛养殖示范养殖村10个、万头肉牛养殖示范乡镇1个、现代化肉牛育肥场7个,建成固原黄牛育种核心群500头,完成肉牛改良20万头,建设"出户入园"标准化养殖场18个。

【黄牛冷配改良】 2021年,固原市289个冷配改良点共完成黄牛冷配改良23.08万头。其中,原州区64个点,共冷配母牛5.2万头;西吉县82个点,共冷配母牛7万头;隆德县54个点,共冷配母牛3万头;泾源县34个点,共冷配母牛2.69万头;彭阳县55个点,共冷配母牛5.19万头。分发液氮68100立升(其中原州区13436立升,西吉县18625立升,隆德县15000立升,泾源县10039立升,彭阳县11000立升)。

【养殖结构调整】 2021年,固原市

摆世虎创办的现代化肉牛养殖基地

实施高端牛肉加工基地建设工程,加快推进农牧交错带产业结构调整、草畜产业、肉牛品种改良"三大示范区"建设,实施好宁夏六盘山肉牛优势特色产业集群项目,投产融侨肉牛加工项目,积极推进"户繁企育"养殖方式,依托融侨龙头企业建成10万吨饲料加工生产线、10万头肉牛屠宰及1万吨肉制品深加工生产线,引领带动打造肉牛良种繁育基地2个、规模养殖场20个、养殖示范户5000户,打响"固原黄牛"品牌,新增基础母牛0.5万头、育肥牛1.5万头。

【饲养配套管理】 2021年,固原市共种植"粮改饲"青贮玉米78.6万亩(其中原州区21万亩;西吉县30.8万亩;隆德县8.8万亩;泾源县8万亩;彭阳县10万亩),种植优质高产苜蓿8.6万亩(其中原州区1.5万亩;西吉县2.1万亩;隆德县2.5万亩;泾源县1.3万亩;彭阳县1.2万亩)。重点推广全株玉米青贮和苜蓿包膜青贮(窖贮)技术,今年由于受干旱低温影响,苜蓿生长较慢,产草量同去年相比明显减少。

【畜禽粪污综合利用】 2021年,固原市畜禽养殖粪污资源化综合利用总体情况为:大型规模养殖场粪污资源化利用主要以机械设备(如铲车等)进行干清粪,集中在堆粪棚堆积,添加菌剂,好氧发酵腐熟生产有机肥。对有机肥的生产,加工,销售,实行种养结合一体化、全产业链的畜禽粪污资源化利用为主。而中、小养殖户特别是小型、散户养殖户主要以田间地头粪污堆积覆土厌氧发酵还田利用为主。全市畜禽粪污综合排放量达到703.19万吨,综合利用量693.44万吨,综合利用率为98.61%。

【苜蓿饲草栽培技术推广】 2021年5月25日,固原市畜牧中心协助自治区畜牧工作站在固原市举办高产优质苜蓿栽培技术与建设管理培训班(第四期)。培训班邀请了宁夏大学、宁夏农科院牧草专家,以及自治区优质牧草专家团队、自治区饲草料良种繁育基地建设专家团队专家、良种繁育基地示范企业负责人,专题讲授高产优质苜蓿示范建设项目管理、苜蓿品种选择、苜蓿栽培管理技术、病虫草害防控技术等内容,同时,针对自治区高产优质苜蓿示范建设项目实施过程存在的问题,进行系统解读。参加培训的学员有2019、2020年实施《高产优质苜蓿示范建设》项目种植户、企业、合作社技术负责人,2021年计划实施《高产优质苜蓿示范建设》项目种植户、企业、合作社技术负责人,固原

市各县(区)畜牧中心(站)技术骨干及《高产优质苜蓿示范建设》项目负责人,共计80余人参加培训。通过培训,提高了种植户的高产优质苜蓿种植和病虫害防治技术,项目期内优质苜蓿管护及规范档案资料管理等工作。

【规模化养殖与合作社建设】 2021年,固原市建设50头以上肉牛规模养殖场124个,肉牛养殖合作社223个;100只以上肉羊规模养殖场20个,肉羊养殖合作社64个;100头以上生猪规模养殖场14个,生猪养殖合作社65个;500只以上家禽规模养殖场22个,家禽养殖合作社66个。

【青贮玉米示范园区建设】 2021年,原州区彭堡镇彭堡村建成占地150亩,种植青贮玉米品种21个展示示范园区,分别为先玉698、种星618、科河699、宁单36、新农008、玉研1807、种星青贮178、富友968、迪卡159、昊玉22号、垦玉101、种星619、宁单40号、丰田1609、宏搏701、宁单33号、正大12号、东单1331、丰田1681、华亦1204、银玉6118。采用全膜双垄沟播大区种植,每品种5~8亩。种植密度设5000株/亩、6000株/亩两种处理,基施玉米专用控释肥50%(30-15-5)70千克/亩,尿素10千克/亩,有机肥80千克/亩。

【畜禽遗传资源普查技术培训】 2021年,固原市农业农村局举办固原市畜禽遗传资源普查培训班。参加培训班的人员有来自固原市所辖四县一区系统管理人员(包括62个乡镇、3个街道办事处、5个县区级)、各县(区)农业农村局分管副局长、畜牧中心具体负责实施普查工作的负责人,共计90余人参加,做到全市乡镇全覆盖。培训班邀请自治区畜牧站技术人员厉龙同志,对《宁夏第三次畜禽遗传资源普查实施方案及操作手册》,从目的意义、主要目标、重点任务、实施期限与范围、进度安排、工作措施6个方面进行详细解读,并解答许多学员们提出的现实问题;固原市养蜂水产中心主任李勇同志,以固原市蜂品种普查技术要点为题,从固原市蜂种概况、品种的鉴别及怎么填表三个方面就蜜蜂遗传资源普查方面的知识进行了讲解。此次培训班的成功举办,为切实做好固原市第三次畜禽遗传资源普查工作起到很好的技术支撑作用。

【养殖户技术培训】 2021年,固原市组织50家肉牛规模养殖场、养殖合作社、家庭农场及养殖大户等新型经营主体致富带头人开展为期20天的培训。理论课主要讲解《青贮饲草的制作方法与技术要点》《肉牛常发病诊断与防治技术》《肉牛产业发展概况与母牛高效繁育技术》《宁夏低成本饲草料开发与利用技术》《母牛繁殖障碍疾病与营养代谢病防治技术》《养殖场环境控制及育肥牛高效育肥技术》《肉牛口蹄疫及人畜共患病防控技术》。现场教学赴中卫市迎水桥镇何滩村(新农村建设网红村)、中卫市万齐农业发展集团苹果基地、中卫长盛牧业、宁夏中卫国家农业科技园区、宁夏夏华畜牧产业集团、中卫康盛牧业、吴忠市红山河辣椒示范园、吴忠市牛家坊生态园、永宁犇旺肉牛养殖基地、宁夏大北农科技饲料研发中心、百瑞源枸杞博物馆、银川市新牛实业有限公司农民教育培训示范基地参观学习。

【动物检疫】 2021年,固原市农业农村局对养殖重点村、养殖密集区养殖场户动物防疫意识开展宣传教育和监督检查,落实动物防疫措施,做到安全养殖。全年指导各县(区)对运输畜禽车辆进行登记备案,开展生猪运输车辆微信备案审核及关联出证,强化后续监管。全市73个检疫申报点严格执行新修订产地检疫规程、屠宰检疫规程、跨省调运乳用种用动物产地检疫规程及农业农村部第119号公告,严格执行非洲猪瘟防控"八项禁令"。2021年产地检疫猪61803头、检疫牛90023头、检疫羊39425只、检疫禽134536羽、检疫其他3815头。全市9个检疫申报点(9个畜禽屠宰场每场1个),2021年,共检疫牛10983头、检疫羊6128只、检疫猪12255头、检疫禽2194133只。

【屠宰监管】 2021年,固原市农业农村局牵头组织市直相关部门人员对彭阳县、原州区融桥丰霖(宁夏)公司新建牛羊屠宰厂选址进行现场勘查,向市行政审批局、市政府和自治区农业农村厅提交建厂请示,2个新建牛羊屠宰场已得到市人民政府批复,正在建设中。督查屠宰场4次。对全市现有9家畜禽屠宰场实地检查。指导各屠宰场严把入场关、检疫检验关和肉品出场关,协调提供消毒药,印发宣传《畜禽屠宰企业新冠肺炎防控指南》,指导做好新冠疫情常态化防控措施落实。配合打击私屠滥宰。联合原州区农业综合行政执法大队,排查、取缔了原州区中河乡硝口村、头营镇活畜市场内的肉牛私屠点。兑付生猪屠宰环节无害化处理补助。上半年兑付隆德县生猪定点屠宰场摘除的"三腺"及病变组织无害化处理补助费(折为6头)5180元(该场2~6月停产)。下半年预计兑付补助费18000元。报送屠宰信息和动物卫生监督信息。落实屠宰企业日报、周报、月报制度,及时统计汇总向自治区动物卫生监督所、畜禽屠宰工作站报送相关信息。

【动物疫病防控】 口蹄疫疫情防控。2021年,固原市农业农村局配合自治区农业农村厅督察组对各县（区）进行了督查调研，督促县（区）落实了临时关闭活畜交易市场15天、动物产地检疫暂停出证（A证）15天、20天内所有牛羊全部完成口蹄疫免疫注射的防控措施。

牛结节性皮肤病防控。2021年，为防止该病传入固原市，督促各县（区）对因怀孕没有免疫的肉牛、今年调入的肉牛进行免疫补针，继续开展环境消毒、排查、宣传等工作，固原市境内没有出现牛结节性皮肤病病例。

非洲猪瘟防控。2021年，固原市农业农村局继续对现有的7个非洲猪瘟公路检查站防控工作进行督查（彭阳县草庙、红河、泾源县蒿店、隆德县高速入口、毛家沟、西吉县玉桥、田坪），督促指导各县（区）建立辖区贩运经纪人电子信息档案，宣传防控政策，告知疫病发生风险，指导县（区）以明白纸、告知书、责任书、承诺书等形式，督促落实外调审批、出栏报检、日常消毒、疫情报告、车辆备案、无害化处理等防控责任，辖区内没有发生非洲猪瘟病例。

炭疽疫情防控。2021年，原州区炭山乡确诊2例人皮肤炭疽病例。通过疫情溯源分析：该疫情为私自宰杀病牛引发。通过督促指导炭山乡石湾村、三营镇开展炭疽疫情畜间排查监测、流行病学调查、宣传、消毒、对患者丁成涛所在地三营镇火车站附近及炭山乡其他行政村易感动物紧急免疫接种，对三营活畜交易市场每集市结束后清理消毒一次、炭山乡所有易感动物暂停出栏交易（15天）、炭山乡畜牧兽医站的检疫申报点暂停易感动物检疫出证（15天）等措施，固原市人、畜再未出现新发病例。

【养殖区域监管】 2021年，固原市开展了对养殖重点村、养殖密集区养殖场户动物防疫意识的宣传教育和监督检查，落实动物防疫措施，做到安全养殖。加强畜禽贩运户监管。加强了畜禽贩运户的管理和教育，禁止贩运患病和病死畜禽，贩运畜禽前必须向动物检疫点申报，到场（户）后必须隔离观察，期满健康方可混群饲养。加强对春秋两季防疫的监督检查。指导备案载畜车辆。指导各县（区）对运输畜禽车辆进行登记备案，开展生猪运输车辆微信备案审核及关联出证，强化后续监管。

【“瘦肉精”专项整治】 2021年，固原市农业农村局起草印发《关于开展打击“瘦肉精”专项整治行动的通知》（固农发〔2021〕17号），对“瘦肉精”专项整治行动进行了安排部署。全年共印制“瘦肉精”宣传标语300条、横幅5条、宣传材料1万份、展板2块，与县（区）人员一道，在原州区三营镇、张易镇，隆德县杨河乡，彭阳县新集乡，西吉县单家集等重点乡镇畜牧兽医站、兽药饲料经销店、活畜交易市场、集市上进行宣传，营造氛围。还组织人员在原州区博物馆门前广场、原州区东海社区、小川子社区、海堡社区，西吉县什字乡北台村（扶贫联系点）进行了宣传；并通过微信发送“瘦肉精”宣传信息4万条，同时向社会公布了举报电话，受理群众举报，但没有收集到问题线索。督促泾源、隆德、彭阳、原州区4个县（区）对规模养殖场户进行养殖环节“瘦肉精”抽样监测，累计检测排查肉牛养殖场户29503个262342头、累计排查肉羊养殖场户16694个194286只，检测结果均为阴性。全市现有5个屠宰场在自检基础上，由驻场官方兽医使用“瘦肉精”试纸条检测排查，折算为牛肉465854公斤、羊肉36280公斤，结果也均为阴性。配合第三方检测机构，对屠宰场抽检了30个肝脏样品进行了排查，结果也为阴性。对各县（区）“瘦肉精”专项整治行动开展情况专项督导2次，要求各产地检疫报检点严把检疫关，严格检疫程序、规范出证；督促指导屠宰场落实“瘦肉精”自检制度和官方兽医抽检制度，严把动物入场关、待宰关、检疫检验关、出场关，杜绝无证、无标和无兽药休药期证明的动物进场屠宰，对检疫不合格的肉品和检测含有“瘦肉精”等有毒有害物质的肉品进行无害化处理；督促指导县（区）与养殖场户、饲料兽药经营户、贩运经纪人通过发放告知书、明白纸、承诺书等方式，建立健全饲料购进索证索票、兽药使用记录、免疫记录等饲养管理台账。

马铃薯产业

【马铃薯种植】 2021年，固原市马铃薯种植面积100万亩，其中，原州区15.5万亩、西吉县65.0万亩、隆德县10.0万亩、泾源县1.5万亩、彭阳县8.0万亩。按照“优化种薯生产，稳定淀粉加工，拓展主食化开发”思路，引进宁夏六盘峰绿色农业发展有限公司，建成隆德县观庄马铃薯脱毒种薯生产中心并投入生产，实现固原市马铃薯主产县全部具备“马铃薯三级种薯”繁育生产机构，全市马铃薯原原种生产能力稳定在2亿粒以上，擦亮了“中国马铃薯种薯之乡”金字招牌。引进河北省张家口市雪川农业发展股份有限公司，在原州区建立1.23万亩主食化开发原料生产基地，真正意义上实现了固原市马铃薯主食化开发新纪元。企业在固原市已开工建设马铃薯休闲食品加工厂，明年正式投产运行，打造从种子到餐桌的马铃薯全产业链。全市繁殖马铃薯原原种1.1亿粒，建立马铃薯种薯繁育基地17个，建设原种生产基地3.09万亩，一级种生产基地19.6万亩；落实马铃薯淀粉优质原料生产基地38.65万亩，菜用薯基地37.36万亩，主食化基地1.3万亩；主推品种青薯9号、

马铃薯粉丝热销市场

陇薯7号、青薯10号、冀张薯12号、宁薯16号等，其中青薯9号占全市播种面积的70%左右，主要布局在西吉县、原州区、隆德县、彭阳县；主推技术为马铃薯黑膜穴播覆膜覆土、有机肥应用、病虫害绿色综合防治、全程机械化种植等优新技术。马铃薯平均亩产在1500千克，高产田达到3000千克。

【马铃薯规模化生产】 2021年，固原市马铃薯种植面积达到104万亩，创建马铃薯标准化示范基地20个。现有马铃薯科研机构2家，万吨以上淀粉加工企业19家，年加工鲜薯90万吨以上，全市马铃薯加工率为45%。引进了河北雪川农业发展有限公司实施马铃薯全产业链项目，15万吨马铃薯主食化加工项目开工建设。

冷凉蔬菜产业

【冷凉蔬菜种植】 2021年，固原市冷凉蔬菜种植面积达到50.24万亩，其中原州区24.02万亩、西吉县14.0万亩、隆德县5.02万亩、泾源县0.5万亩、彭阳县6.7万亩，共生产鲜菜226万吨，总产值45亿元。形成了以原州区为主的供港蔬菜生产区，西吉县为主的高原芹菜区，隆德县为主的高原喜凉露地蔬菜区，彭阳县为主的越夏辣椒区。建成了标准化蔬菜生产基地60个、永久性蔬菜生产基地63个、粤港澳大湾区蔬菜直供基地10个、规模化冷库30座。建立冷凉蔬菜新品种新技术试验示范园区10个300余亩，引进辣椒、芹菜、西兰花、紫笋、甘蓝、西瓜等蔬菜42种338个新品种，开展工厂化育苗、绿色高产栽培、水肥一体化技术、秸秆生物反应堆技术、蚯蚓生物技术、病虫害绿色防控、富硒产品试验研究20多项。冷链体系不断完善，无公害、绿色、有机“六盘山”冷凉蔬菜品牌日益显现。构建了“冬菜北上、夏菜南下”营销格局，形成以批发市场为载体，收购营销点为基础，营销合作社为龙头，运销大户为骨干的市场营销体系。

【粤港澳大湾区有机(绿色)蔬菜直供基地工程】 2021年，固原市成功举办第六届全国知名销售商走进宁夏暨固原冷凉蔬菜节活动，签订协议46项5.6亿元；打造冷凉蔬菜示范(直供)基地40个8.2万亩，其中，标准化生产示范基地30个5.7万亩、供港蔬菜基地10个2.5万亩，完成蔬菜种植50万亩(含复种)，实现销售收入30亿元。

【第六届全国知名销售商走进宁夏暨固原冷凉蔬菜节活动】 2021年7月13日至15日，由宁夏回族自治区农业农村厅、固原市人民政府共同举办的第六届全国知名销售商走进宁夏暨固原冷凉蔬菜节活动。邀请农业农村部种植业管理司和全国农业技术推广服务中心、中国蔬菜协会、中国农产品市场协会、中国蔬菜流通协会、全国高山高原蔬菜优质生态栽培技术协作组为固原市冷凉蔬菜发展建言献策。

【冷凉蔬菜基地发展】 2021年，固

蔬菜分拣

原市蔬菜产业坚持设施与露地并重、内供与外销协调、品种与季节适应,突出抓好冷凉蔬菜新品种、新技术、新装备的引进示范、综合集成技术示范园区(点)建设,优化区域布局,提升聚集度,培育冷凉蔬菜产业大县,推广订单种植"净菜入超"模式,构建全产业链条,逐步实现冷凉蔬菜产业的优化升级和提质增效。加快推进粤港澳大湾区有机蔬菜直供基地工程建设,打造冷凉蔬菜示范(直供)基地40个,完成蔬菜种植50.24万亩。目前,全市蔬菜加工主要以分拣、预冷、包装等初级加工为主,共有规模化大型蔬菜预冷库36处,贮藏能力近30万吨,分拣预冷配送中心2个,冷链物流企业2家。引进了山东水发集团,在西吉将台堡镇牟荣村建成了10万吨蔬菜速冻脱水加工厂和冻干加工厂,以保护价收购全市周边蔬菜,通过速冻脱水加工销售香港和出口国外,年蔬菜加工能力达到4.8万吨。

9月27日,经过压榨、精练、灌装、封箱,又一批冷榨高端亚麻籽油在宁夏六盘珍坊生态农业科技有限公司的灌装线上生产完毕

小杂粮(油料)产业

【概况】 2021年,全市粮食种植面积311.18万亩,比上年减少3.76万亩,下降1.19%。其中,小麦种植面积38.07万亩,减少22.25万亩;玉米种植面积141.22万亩,增加16.21万亩;马铃薯种植面积97.27万亩,增加2.40万亩。油料种植面积20.78万亩,减少4.86万亩。蔬菜及食用菌种植面积43.02万亩,减少1.83万亩。瓜果种植面积1.71万亩,增加0.38万亩。

【富硒农产品开发】 2021年,固原市建成富硒农产品种植基地3200亩,其中,西吉县吉强镇芦子沟村种植富硒小红谷1200亩,富硒胡麻1000亩,由宁夏兴鲜杂粮种植加工有限公司承建。原州区彭堡镇彭堡村建立富硒张杂谷生产基地1000亩,开展高产优质谷子新品种引进展示示范22个品种50余亩,张杂谷密度试验、水肥一体化、富硒有机肥、谷子专用控释肥试验4组,由固原市原州区新星土地股份专业合作社承建。谷子收获前,经专家测产,小红谷平均亩产158千克,硒检测值0.446毫克/千克;张杂谷平均亩产266千克,硒检测值0.497毫克/千克;均达到富硒农产品质量标准。胡麻平均亩产122千克。

【特色种养产业】 2021年,固原市坚持以市场需求为导向的发展思路,因地制宜,因户施策,发挥好群众自愿发展特色种养业的传统优势,在种子种苗等方面进行扶持,采取"龙头企业+合作社+基地+贫困户"订单产销模式,小杂粮(油料)、中药材种植面积分别达到75.3万亩、15.2万亩,中蜂养殖达到9.85万群。小杂粮主要以初加工包装销售为主,全市现有小杂粮加工企业11家,年生产各类小杂粮产品0.73万吨,年产值3000万元。油料作物以油用亚麻加工为主,蜂产业加工企业共有6家,引进了宁夏众天蜂业生物科技有限公司,建成5000吨蜂蜜生产线。全市现具有加工能力的中药材企业共16家,以中药饮片炮制、药食同源食品加工为主年加工能力达2万吨,年产值4.24亿元。

【农作物新品种试验示范园区建设】 2021年,固原市通过区域试验和生产试验,选择并审定适合宁夏南部山区推广种植作物新品种,为山区农业生产提供技术支撑。新建园区地点在固原市原州区彭堡镇别庄村,园区规模100亩,共承担国家、自治区、本单位农作物试验20组791个品种(系)。其中,冬小麦新品种选育。承担西北旱地国家冬小麦区域试验1组8个品种,宁南山区冬小麦区域试验1组9个品种,冬小麦品系比较试验1组46份,株系1组483份。玉米(青贮)新品种选育。承担国家级早熟玉米1组19个品种,生产试验1组6个品种,国家北方早熟春玉米区域试验1组17个品种,生产试验1组5个品种,国家中早熟春玉米生产试验1组5个品种;宁南山区早熟玉米区域试验2组24个品种;宁南山区晚熟玉米区域试验2组19个品种,生产试验1组6个品种,宁南山区青贮玉米区域试验1组16个品种,生产试验1组4个品种;宁南山区青贮玉米扩区试验2组41个品种;本单位玉米晚熟组引种试验1组42个品种，极早熟组引种试验1组36个品种。马铃薯新品种选育。承担国家西北晚熟组马铃薯新品种区域试验1组9个品种。选育出各类农作物新品种16个，其中，冬小麦品种3个，分别为晋麦101号，宁冬19号和宁冬20号，后两者为我们选育的自主品种。玉米（青贮）品种13个，分别为种星618、种星619、宁单40号、科河699、华亦1204、中玉33、钧凯198、先玉1419、红禾922、JK306、银玉6118、宁康青846、宁垦30。

中药材产业

【概况】 2021年，固原市地处欧亚大陆暖温带湿润森林草原—半湿润草甸草原—半干旱典型草原—干旱半干旱黄土丘陵的过渡带，自然资源分布地带性特征显著，海拔高、昼夜温差大，气候类型多样、生态适宜幅度宽，境内蕴藏着药用植物90科，618种，其中常用药材370多种，种质资源丰富，中药材种植历史悠久，由此形成了固原最具特色的道地药材，其中，黄芪、黄芩、党参、红花、苦杏仁、板蓝根、柴胡、秦艽、盘贝、七叶一枝花十味药材，品质更优，统称为“固十味”。且地处黄土高原西北缘，干旱少雨，气候冷凉干燥，贮存中药材不易霉变虫蛀，拥有发展中药材仓储物流业的得天独厚气候优势。

【中药材种植】 2021年，固原市坚持以科技创新为基础，以打造中药材规范化种植示范基地为抓手，半阴湿土石山地、半干旱黄土丘陵、河谷川道节水补灌三个中药材生产区域布局渐趋合理，以六盘山道地中药材黄芪、黄芩、柴胡等为主导品种的产品结构逐步形，规模种植势头强劲，构建了企业+合作社+基地+农户+市场的运行模式创建中药材千亩种植基地6个、育苗基地2个，中药材产业技术示范基地7处。2021年全市种植各类中药材总面积15.2万亩，经测算总产量达到26317.6吨，实现产值10.2亿元。全市林下种植中药材36.7万亩，其中隆德县24万亩，彭阳县12.5万亩，原州区0.2万亩。中药材产业已形成农民增收的重要途径之一。

【中药材加工】 2021年，固原市以中药材产地初加工、饮片加工、药食同源产品加工为主业的企业达到9家，总资产5.47亿元，初步构成以中药材产地加工为基础、以中药饮片加工为主体、药食同源产品加工为补充的中药材加工体系。5家中药饮片加工企业通过（GMP）认证，2家企业被认定为国家高新技术企业，1家企业被认定为国家科技型中小企业，6家企业被认定为自治区科技型中小企业，1家企业被认定为自治区科技“小巨人”企业，12家企业被认定为固原市科技型中小企业。2021年，全市加工中药材27540吨，实现产值7.16亿元。中药产品走固原，面向全区，打向全国。原州黄芪、六盘山红花在全国的知名度不断提高，已经引起各大药市和中药制药企业的高度关注。

【中药材营销】 2021年，固原市注册成立的中药材栽培营销公司、合作社组织192家（公司、合作社129家，种植大户63家），中药材流通企业各有特点，销售范围遍及陇西、安国、亳州等专业市场。推动网站建设，引导企业主动融入互联网营销体系，开通微店。加强品牌建设，注册“文德”等商标8个，其中“文德”“隆珍杰”“塞上六盘”获宁夏著名商标；明德牌中药饮片被评为宁夏名牌产品；黄芪、秦艽获得农业农村部地理标志认定。

【中药材技术创新】 2021年，固原市编制印发《固原市中药材产业发展“十四五”规划》。依托龙头企业创建了2个自治区级中药材工程技术研究中心、中药材产业国家级星创天地1个，产业技术创新战略联盟1个、自治区级技术创新中心6个，宁夏西北药材科技有限公司、宁夏明德中药饮片有限公司等分别与西北农林科技大学、南京中医药大学、宁夏医科大医学药学院、宁夏师范学院化工学院等高校和科研机构建立了技术合作关系，充分利用“产学研用”合作机制，邀请段金廒、梁宗锁等知名专家与当地中药材专家为六盘山中药材产业“问诊把脉”，确定

地道中药材深受消费者青睐

主打品种，制订规划。“十三五”期间实施中药材产业技术开发研究、科技成果转化项目264项，申请并获得实用新型专利18项，取得一批科技成果，解决了一批关键技术问题，为中药材产业发展提供了一定的技术支撑，创新驱动发展成效显著。

农业生产管理

【绿色食品全产业链提升工程】 2021年，固原市申报认定四星级绿色食品加工企业3家。创建马铃薯标准化示范基地40个、小杂粮（油料）标准化生产示范基地20个、自治区区域绿色食品标准化原料基地33个，带动全市马铃薯、小杂粮（油料）、中药材种植面积分别达到100万亩、69.7万亩和15万亩。新建“蜂旅融合、林蜂结合”和“渔农综合种养”示范基地（点）13个。

【化肥农药减量增效行动】 2021年，固原市依托自治区农业产业政策，鼓励就近就地利用好畜禽粪便、农作物秸秆等有机肥资源，构建种养结合、农牧循环的可持续发展新格局；以主要粮食作物和经济作物为重点，集成推广堆肥还田、商品有机肥施用、沼渣沼液还田等技术模式，开展有机肥部分替代化肥行动，全面推进有机肥资源还田利用。强化农作物病虫害预测预报，加大病虫害绿色防控技术推广应用，促进全市农业绿色高质量发展。全市全年农业行业统计化肥施用量17.16万吨，比2020年同期减少360吨，有机肥施用量6200多吨；全市农药使用量168.83吨，比2020年同期减少4.09吨。

【植保工作】 2021年，固原市上报重大病虫系统观测调查信息55期，《蔬菜病虫害普查表》19期，开展各种病虫害普查共78次。发送《植保情报》15期，发送《马铃薯晚疫病周报表》18期，发送病虫图片30张。建立农作物病虫害统防统治与绿色防控示范区共6个，面积6040亩。其中建立设施黄瓜主要病虫害化学防治农药减量示范50亩，示范基地设在原州区头营镇马园设施蔬菜基地；迁飞性害虫专用杀虫灯防治示范200亩，示范基地设在彭堡镇彭堡村；玉米除草剂统防统治示范1000亩，示范基地设在西吉县什字乡北台村；冷凉蔬菜害虫杀虫灯绿色防控示范基地2个，面积320亩，示范基地设在西吉县将台乡牟荣村和硝河乡隆堡村。开展新农药新技术试验示范，开展AIM智能虫情测报仪玉米田诱捕草地贪夜蛾效果试验、迁飞性害虫专用杀虫灯诱捕草地贪夜蛾效果试验、冷凉蔬菜害虫杀虫灯绿色防控示范。及早开展草地贪夜蛾监测工作，利用2020年农业生产救灾结余资金，开展AIM智能虫情测报仪的安装调试性诱捕器的布设等工作，做好监测工作，确保玉米安全生产。

【植检工作】 2021年，固原市开展重大植物疫情监测与防控，分别在原州区黄铎堡镇农科村和彭堡镇申庄村、头营镇马园村、南河滩水果批发市场和新百超市设立苹果蠹蛾、黄瓜绿斑驳花叶病毒、甜瓜果斑病、黄瓜黑星病和菜豆象等重大农业植物检疫性有害生物疫情监测点5个，共开展系统调查监测45次，黄瓜黑星病普查26次。对全市瓜类种子种苗黄瓜绿斑驳花叶病毒病、瓜类果斑病抽样检测进行监管。对检测出的种子及时采取行动，避免了黄瓜绿斑驳花叶病毒病在固原市传播。加强和规范专项执法检查。固原市农业农村局联合市公安局、市场监督管理局、供销合作社在全市范围内开展了为期三天的“农资打假保春耕行动”，检疫人员执法检查农资经销企业的玉米种子、农药、化肥及育苗大棚等52家，实地查看了种子、化肥、农膜等春耕农用物资的销售及库存情况；定期对固原市区的粮油批发市场、大中型超市、个体粮油经销店等进行“菜豆象”专项检查。共检查从事粮油批发和豆类经营的个体和大中型超市6家；开展黄瓜黑星病农药减量防治示范。自去年查到黄瓜黑星病以来，持续对该病进行监测调查，发放氟硅唑、苯甲嘧菌酯、农药减量降残激健助剂等农药，积极指导菜农进行黄瓜黑星病等病害农药减量化学防治，有效地控制了病害的蔓延。开展植物检疫、科学安全用药技术等知识现场培训，培训菜农380余人次，发放宣传册及宣传品200余份。

【农药管理】 2021年，固原市结合农业安全生产专项整治三年行动，制订《固原市2021年农药包装废弃物回收处置监管方案》，成立农药管理领导小组，对全市农药安全进行监管，1~10月份，检查农药经销店82家，重点查验农药经营许可证、“两票两账”（进货发票、销售发票、进货台账、销售台账），检查国家明令禁止销售的高剧毒、高残留农药，检查农药包装废弃物回收等情况，通过问题列单、对照销号，排除了过期农药、农资摆放混乱等一般隐患，初步建立农药包装废弃物回收处置模式和运行机制，有效地维护农药经营秩序，为固原市农业生产提供了安全保障；举办《科学安全用药大讲堂》培训班2期培训农民120人次，发放宣传资料300份。

工 业

综 述

【概况】 2021年，固原市工业和信息化局认真贯彻落实区、市党委、市政府各项决策部署，聚焦落实“六稳”“六保”任务，紧盯年初确定的重点工作任务清单，全力推进工业2025“十强双百”行动。全市实现工业增加值47亿元，比上年增长1.8%。其中规模以上工业增加值增长2.7%。在规模以上工业中，分轻重工业看，轻工业增加值增长5.9%，重工业增长2.4%;分经济类型看，国有控股企业增加值增长9.3%，股份制企业下降1.9%，国有企业增长10.6%，外商及港澳台商投资企业下降32.9%，非公有制工业下降4.6%;分门类看，采矿业增加值增长13.4%，制造业下降7.8%，电力、热力、燃气及水生产和供应业增长4.1%。全年全市规模以上工业中，化学原料和化学制品制造业下降9.8%、医药制造业下降0.1%、农副制品加工制造业下降0.5%、水的生产和供应业增长19.4%、煤炭开采和洗选业制造增长12.6%、非金属矿采选业增长23.6%、食品制造业下降45.5%、纺织制造业增长14.4%、文教工美体育制品制造业增长16.7%、橡胶和塑料制品制造业下降7.3%、非金属矿物质制造业增长0.3%、电力热力生产和供应业增长3.8%、燃气生产和供应业下降32.9%。工业产品销售率为98.9%。全年全市规模以上工业企业实现利润18.1亿元，比上年增长119%。分经济类型看，国有控股企业实现利润11.8亿元，增长273.5%;股份制企业17.8亿元，增长122.3%，外商及港澳台商投资企业0.3亿元，下降18.1%。分门类看，采矿业实现利润11.2亿元，增长294.1%;制造业4.8亿元，增长36%;电力、热力、燃气及水生产和供应业2.2亿元，增长13.1%。

【服务企业发展】 2021年，固原市工业和信息化局研究制订《固原市工业2025“十强双百”行动实施方案》等政策，兑现落实入规奖励、贷款贴息等涉企扶持资金4000余万元。聚焦全市62家规上企业，108家规下样本企业及36家入规目标企业，组建专班专题调研，协调解决王洼煤矿联合试运转延期、金昱元用水权许可、7家新能源企业补贴不纳入产值、疫情期间重点企业原料产品运输保畅等事宜，促进工业经济恢复增长。积极应对经济下行、疫情影响对民营经济和中小企业双重压力，落实专项资金6616.6万元支持中小微企业发展，其中创新驱动科技研发资金4673.6万元，中小企业发展专项和技术改造专项资金2439万元，商贸服务业发展资金1255万元，服务业引导资金668万元。全年清理涉企欠款320万元，累计清理涉民营企业、小微企业欠款19.3亿元。申报金昱元等优势产业电价补贴企业44家，降低重点用电企业电力成本2000万元以上。新认定“专精特新”(示范)企业12家，总数量达到突破100家。

【工业技术改造】 2021年，固原市工业和信息化局聚焦纳入自治区“3个100”项目库的15个重点产业项目，建立包抓机制、宣讲优惠政策、争取项目资金、解决困难问题，推动重点项目加快建设、达产达效。1~12月，重点项目开工率100%，完成投资8.48亿元，占全年投资任务93%。其中，宁夏建材100万吨绿色建材产品、双文绒业高档羊绒制品项目、华人礼服服装产业园一期等10个重点项目建成投产。修订完善技改综合奖补资金管理办法并兑现资金600万元，鼓励引导小微企业大力开展技术改造，推动项目入库、投资入统。2021年全年，全市实施重点技术改造项目35项，全年完成工业技术改造投资5.8亿元，同比增长10.2%，占全部工业投资28%。

【工业园区建设】 2021年，固原市工业和信息化局谋划实施总投资3.3亿元的工业园区标准化提升工程项目10项，全年开工建设项目8项，完成投资9700万元，占年度任务76%。其中，总投资1700万元的经开区智慧园区、总投资3600万元的隆德园区集中供能项目投产试产。新谋划园区基础设施建设项目

5个，争取自治区配套资金5000余万元，正在加快推进前期工作。选址安排2200余亩土地规划建设纺织服装专业园区，完成园区规划编制。截至目前，全市“一区四园”新招引落地投资5000万元以上项目14个，新入园企业13家。2021年全年，全市“一区四园”（经济开发区及西吉、隆德、泾源、彭阳工业园区）实现工业产值110亿元以上，同比增长5%以上，占全市工业70%以上。

【工业招商引资】 2021年，固原市工业和信息化局研究制定肉牛、纺织服装、绿色食品、电子信息、新能源等产业规划（实施方案），出台产业招商引资政策措施（试行），细化产业链条、落实优惠政策，吸引产业项目落地。长江医药中药产业园（投资12亿元）正式运营；华人礼服服装产业园（投资4.8亿元）一期试产；雪川农业40万吨马铃薯综合加工全产业链项目（投资20亿元）启动建设；中祁新材20万吨新材料绿色循环经济一体化项目（投资10亿元）签约落地。北京秋实生物肠衣、水发浩海肉牛屠宰、三峡集团抽水蓄能、福州“东数西算”、罗普特军民融合高端制造等一批重大项目正在联系对接。

【能耗监测预警】 2021年，固原市工业和信息化局围绕贯彻落实“双碳”目标，全面核算全市能耗情况，预测到2030年，全市碳汇资源可达1000万吨，正在进一步论证完善“双控”“双碳”对策措施。紧盯金昱元、六盘山热电厂7家重点用能企业，加强能耗监测预警，督促企业采取提高换热效率等措施挖潜增效、降低能耗，预计全年可节约标准煤4万吨以上。关闭淘汰机砖等落后产能企业25家，预计可实现节约标准煤1万吨。2021年全年，全市规上工业能耗为152万吨标准煤，同比上升5.55%，单位工业增加值能耗下降0.5%，剔除金昱元化工5家企业，全市规上工业能耗同比下降4%。

【信息化建设】 2021年，固原市工业和信息化局加强顶层设计，编制完成《固原市信息化建设“十四五”规划》《固原市电子信息产业实施方案》，完成“数字固原”合资运营公司组建。实施总投资4589万元的电信普遍服务项目，建成4G通信基站89个，5G通信基站1224个，实现城区及部分重点工业园区、旅游景区5G信号连续覆盖。推进两化融合，64家规上企业全部完成智能制造等“三项评估”，25家企业已在宁夏中小企业管理平台申请云资源。创建数字化车间1个、机器人推广应用示范项目2个、大数据试点示范企业1家。新认定自治区优秀软件1个，软件和信息技术梯队企业1家，工业互联网发展应用示范企业1家。

【小微企业发展】 2021年，固原市首次设立总规模1亿元的产业基金，支持招商项目、小微企业融资贷款，正在选定专业化基金管理机构。认定金昱元、明德中药、丰源纺织3家市区高质量发展工业企业，对其水价降低0.3元/立方米~0.8元/立方米，全年减轻企业用水成本650万元。申报金昱元广拓能源等电力直接交易、优势产业电价补贴企业44家，全年可降低企业用电成本2000万元以上。新认定“专精特新”（示范）企业12家，总数量达到98家。

（王路路）

煤电工业

【电力概况】 2021年，国网固原供电公司完成固定资产投资5.94亿元，其中电网基建3.67亿元。完成售电量42.03亿千瓦时，同比增长5.83%。综合线损率3.74%，同比降低0.19个百分点。电费回收率100%。营业收入净额16.12亿元，同比增长4.46%。连续累计安全生产2701天。

【安全生产监管】 2021年，国网固原供电公司严格落实“六个四”工作要求，建立基于“四种形态”的安全生产监督问责体系，各级人员安全职责进一步压实压紧。以“1234”工作法为抓手，扎实开展“二下二上”安全生产专项整治，排查问题隐患443条，整改率97.14%。加大现场管控力度，督查现场6952个，奖励447.85万元。有序开展春秋检工作，消除各类隐患1.2万余处，配电网百公里故障跳闸同比减少1.022次。不断提升网络安全运行保障和应急处置能力，在固原市2021年网络安全实战应急演练中荣获第一名。深化“两制两军事”，开展班组“四个一”活动，全面提升运检管理水平。高质效承办完成国网宁夏电力2021年雨雪冰冻应急演练，快速处置覆冰、山火等突发事件，圆满完成驰援河南救灾抢险、支援陕西抗疫保电任务，零差错完成建党100周年、全国及固原市两会、高中考等大型保电任务24次。

【电网项目建设】 2021年，国网固原供电公司优化完善“十四五”配电网规划，滚动修订配电网高质量发展行动计划实施方案。履行属地职责，配合完成云雾山330千伏输变电工程前期工作，推进110千伏凤凰、坪乐等项目前期。扎实开展“坚守底线、夯实基础、创新提升”安全主题活动，电网基建安全管控水平进一步提升。温堡35千伏输变电工程、固原惠泽供热35千伏外部供电工程竣工投运。张易110千伏输变电工程、将台—静宁改接玉桥35千伏线路工程、沙塘—静宁改接恒光35千伏线路工程按计划稳步实施。坚持“三融三化三落实”，全面完成

2.87亿元57项配电网工程当年建设任务，圆满完成2020年配电网工程整体验收。彭阳县小岔乡低压配变台区改造等3项工程被国网宁夏电力命名为2021年配电网优质示范工程；35千伏恒光变10千伏配出工程被国家电网评为2021年农网百佳工程。高标准开展4项小型基建项目建设，其中西吉公司生产综合用房项目被固原市评为“安全、质量标准化示范工地”。

【供电服务】 2021年，国网固原供电公司建立政企联动工作机制，阶段性错避峰生产计划执行到位，全力以赴保安全、保民生、保重点供电。积极助力乡村振兴，接入农村动力用电2万余户，投资75万元实施4个定点扶贫村5个帮扶项目，支付光伏扶贫电站上网电费2637.08万元、转付补贴3974.31万元。因地制宜开展姚磨村、杨岭村乡村电气化示范项目建设，提升农业自动化养殖水平。全面推行“阳光业扩”服务品牌，高压客户供电企业责任环节平均办电时长同比压减3.67天。严格落实各项降价减费政策，降低企业用电成本2829.64万元。试点“刷脸办电”和“零证办电”，线上办电率达到99.74%。主动服务地方政府80个重点建设项目，实现业扩报装容量、户数同比增长19.93%和6.85%。扎实开展“三指定”问题整治，推行“专业+服务”协同管控机制，推广“供电+村委会”服务模式，23个供电所实现全年零投诉，公司投诉总量同比下降70%。

【产业审查】 2021年，国网固原供电公司构建全面全员全过程安全风险内控机制，扎实开展“聚一线、盯现场、防事故”安全专项活动，全年发放安全奖励108万元。以深化产业单位改革和升级发展为目标，开展“内控合规管理‘回头看’”专项工作，完成自查和交叉互查68项问题整改。以近五年巡视巡察、各类审计发现问题为切入点，扎实推进专项整治工作，产业管理持续规范。完成产业单位财务清查所涉及应收款项、工程项目等十三个大类的清查核实、证据收集、审计鉴证等工作。开展产业单位施工企业能力标准化建设，获评国家电网施工类达标企业。按期完成检测中心建设任务，具备19类物资C级检测、15类设备B级检测能力。进一步理顺社会化用工管理机制，畅通专家及专业人员引进渠道，大力培育核心队伍建设。全年精准对接用户工程161项，签订合同金额1.03亿元。累计回收应收账款3.88亿元，综合回收率96.55%。实现营业收入5.45亿元，完成年计划指标的117%，创历年最好效益。实现利润726.83万元，完成年计划指标的121.14%。

1月25日，国网固原供电公司输电线路运检三班工作人员来到原州区中河乡小沟村，对110千伏固西线铁塔线路基础、塔脚螺栓、铁塔金具进行全面巡检，及时发现并消除隐患，确保迎峰度冬期间电网各类设备运行安全

【经营管理】 2021年，国网固原供电公司围绕打造提质增效“升级版”，确定补短板强弱项重点事项清单4项，细化分解清单50项，制定效能清单13项。替代电量4503万千瓦时，完成年度目标的128.66%。累计治理高损台区467个，查处窃电及违约用电286户，追补电量114.7万千瓦时，追补电费及违约金241万元，台区综合线损率3.27%。连续10年实现电费回收月结月清。全年完成18座充电站、20个充电桩建设任务，全量接入“e充电”车联网服务平台。积极推广“电e金服”，协助完成“电e贷”业务办理。扎实开展清仓利库，完成年度利库174.28万元。推进废旧物资管理，处置废旧物资6批418.94万元。开展数字化持续审计监督，下发数字化审计疑点核实工单21个。推进供电所管理提升专项行动，实现“一流供电所”创建全覆盖。实施“合规管理深化年”专项行动，开展不稳定因素排查化解，扎实做好保密信访工作，企业保持和谐稳定。

【改革创新】 2021年，国网固原供电公司开展网上交易54户，完成市场化电量代理9202.6万千瓦时，同比增长116%，增量配电业务稳步运营。积极推进电价市场化改革，率先实现宣传走访、协议签订、计量装置适应性改造、入市审核100%。精准落实“战略+运营”管控模式优化实施方案及第三批“放管服”事项清单。深化“三项制度”改革，开展空缺岗位竞聘、优秀员工双向挂职(岗)锻炼，制订《公司推行经理层成员任期制和契约化管理工作方案》，充分激发职工干事创业的积极性和主动性。建立创新管理组织体系及科研创新专家柔性团队，形成推动“双创新”重点攻关实施方案和课题清单。1项成果获全国QC成果示范奖，2项成果分获中国水电质协QC成果特等、二等奖，2项成果荣获宁夏企业管理现代化创新成果二等奖，2项成果分获国网宁夏电力职工技术创新二三等奖，2项成果分获国网宁夏电力管理创新二三等奖，获得专利授权21项、软件著作权3项、自治区科技进步奖1项、国网宁夏电力科技进步奖5项。

【煤业概况】 2021年，宁夏王洼煤业有限公司围绕集团公司“破难题、还欠账、打基础、保盈利”工作主线，求真务实，综合施策，狠抓落实，全年安全生产、经营发展、改革创新、重点项目亮点纷呈。全年完成原煤产量719.5万吨，掘进进尺14037米，巷道返修12530米，原煤入洗585.85万吨，呈现稳中有进、进中向好、好中显优的高质量发展态势。

【安全环保】 2021年，宁夏王洼煤业有限公司严守“安全红线”，树牢“一切风险皆可控制、一切事故皆可预防”的安全理念，认真组织开展“三敬畏、反三违”、事故警示教育、习惯性违章专项整治等活动，加强人的安全管理，提升全员安全素质。全年共查处“三违”814起，847人次。杜绝人身伤亡事故，轻伤以上事故同比大幅下降。不断加强安全管理体系建设，健全安全技术管理机构，配齐各专业副总工程师和技术员；不断完善岗位操作标准化作业流程，修编466项作业活动的标准化作业流程及风险防控措施；积极对标先进，加大“四化”建设投入，在王洼二矿进行智慧矿山和智能工作面试点建设，完成各矿人员精确定位系统升级改造，王洼二矿、王洼煤矿分别实现井下4G、3G无线通信全覆盖。王洼二矿顺利通过煤矿安全生产标准化二级矿井验收，王洼煤矿、银洞沟煤矿安全生产标准化水平得到持续提升，王洼选煤厂二期项目按照设计要求建设完成，各生产系统高效平稳运行，其他附属工程均已投入使用。

【生产组织】 2021年，宁夏王洼煤业有限公司推进矿井合规安全复产，银洞沟煤矿110201工作面、110208工作面先后于5月16日、7月16日恢复生产；8月1日王洼煤矿复产，10月20日王洼煤矿、王洼二矿取得采矿许可证；12月7日王洼煤矿600万吨/年改扩建项目完成竣工验收，12月30日顺利通过安全设施验收，2022年1月18日取得安全生产许可证。王洼煤矿在110502工作面煤层变薄、矿井复产、生产、基建收尾等多种因素交织的复杂情况下，取得单面每月持续稳定生产27万吨以上的成绩；王洼二矿创造建矿以来新的高产纪录；银洞沟煤矿克服大倾角和巷道变形严重的困难，后四个月产量持续稳定在25万吨以上，全年盈利2亿元，实现建矿以来首次阶段性达产和首次盈利。王洼煤业持续抓好机电设备管理，开展机电设备靶向式标准化检查，加大机电设备隐患治理力度；淘汰老旧设备，引进矿用液压挖掘机、掘锚护一体机等先进装备，提高起底、返修、掘进工效，降低职工劳动强度；投入了3600余万元购置5部带式输送机，优化王洼煤矿主原煤输运系统；投入500余万元引进柴油单轨吊机车运输系统，提高提升环节的安全管控能力，减少人工起底和轨道敷设的工程量。以王洼二矿智慧矿山总设计为主线，完成王洼二矿人员精确定位及一体化融合通信系统升级改造、矿井4G无线网络全覆盖等项目的实施，智慧矿山建设迈出坚实一步。

【营销管理】 2021年，宁夏王洼煤业有限公司全年累计调整销售价格19次，外部电厂货款全部清零；取缔了“中间商”销售环节，实现厂矿直供全覆盖。通过优化设计方案，引进高强度左旋无纵筋螺纹钢锚杆，提升巷道支护质量，降低了巷道返修率和巷修成本；通过对生产系统的治理和优化，提高运行效率和可靠性，降低系统性问题对生产的影响；通过岗位竞聘、人员分流、部门改制等多项措施，解决各生产岗位缺人的问题，替换部分业务外包，优化劳动用工结构，降低业务外包费用；通过现场管控、修旧利废，压降库存、盘活呆滞物资等多项措施，节约材料成本；通过防范安全事故，规避了无形成本投入。

【深化改革】 2021年，宁夏王洼煤业有限公司按照对标先进、压减“两非”人员、优化劳动用工的工作部署和要求，对生产服务部194人进行了分流安置，其中经济民警、环卫工等岗位人员由128人精简到83人，分流到一线生产岗位6人，分流到二线生产岗位21人，替换业务外包39人。协商解除长期不在岗及自愿离职45人，解除违规违纪人员39人。全面优化绩效考核体系，按照“价值创造决定薪酬分配”原则，实行工资总额和效益紧密挂钩，实现了个人工资增长与全员劳动生产率提高同向联动。逐步完善差异化薪酬分配考核机制，使薪酬分配向劳动强度大、安全风险高的骨干岗位倾斜。全年工资总额增长2%，人均收入同比增长7.5%，其中生产一线同比增长15%；生产二线同比增长8.7%；生产辅助及综合管理同比增长5.1%。体现了薪酬向生产一线人员倾斜、确保二线收入与劳动强度相适应、其他岗位人员收入逐步向市场对标的分配导向，合理拉开收入分配差距。不断加强人才队伍建设，完善了以总工程师为首的技术管理体系，增配了6名副总工程师和46名技术员，增强公司技术力量；通过培养，11名“领航人才”和14名“青蓝人才”后备干部，已有3人晋升到副矿级领导岗位，1人晋升到业务副主管级岗位；择优划转劳务派遣工636名，补充了自有采掘队伍力量，确保生产队伍稳定；全年组织特种作业培训10个工种155人次，分期派送安全生产管理人员外出培训17期192人次，组织100余人参加注册安全工程师考前密训，其中5人取得“注册安全工程师”资格证，累计取证21人。

新材料产业

【概况】 2021年，固原市工业和信息化局对标自治区九大产业，制订印发《市级领导包抓产业工作机制工作方案》《市级领导包抓产业发展工作专班方案》，建立市级分管领导牵头，市发改、工信、园区管委会等部门协调包抓机制，成立新材料产业推进专班，实施“十四五”新材料产业重点任务清单，推进新材料产业高质量发展。

【发展谋划】 2021年，固原市工业和信息化局利用岩盐和煤炭两大矿产资源，在聘请专业机构、召集本土企业认真分析论证的基础上，按照绿色低碳发展的要求，全面落实“双控”措施、加快实施“双碳”目标，通过延长产业链、提高附加值，重点发展以盐化工下游为主的化工新材料和以建筑建材为主的新型建材项目，编制完成了《固原市加快新材料产业发展的实施方案》（讨论稿），着力打造原盐—氯碱—PVC—多元醇精细化工产业链、原盐—氯碱—氢能源—耗氯精细化工产业链、原盐—纯碱—日用玻璃及洗涤化学品产业链，大力发展盐化工新材料，推进产业高质量发展。

【项目建设】 2021年，固原市工总投资1.2亿元的羽欣华耀6万吨PVC环保热稳定剂及5万吨水滑石生产项目完成投资5500万元，预计年内投产；总投资1.9亿元宁夏建材100万吨绿色建材产品暨50万吨建筑废弃物综合利用项目，完成投资1.27亿元，预计年内投产；宁夏金昱元广拓能源有限公司和宁夏金昱元高新材料有限公司2家高分子材料企业完成产值32.27亿元，同比增长23.6%。

【项目招商】 2021年，固原市工业和信息化局紧盯全市新材料产业发展的重点和方向开展招商引商，着力引进符合固原市产业发展定位的优势项目和优质企业。固原经济开发区新材料产业园引进6.6亿元的华生管道盐化工循环经济新材料产业项目、总投资6700万元的宁夏新汇德工贸有限公司年产30万立方节能蒸压粉煤灰加气混凝土砌块及板材生产线项目，彭阳王洼产业园内总投资1.1亿元的彭阳县鑫卓能源煤矸石分选加工循环利用项目(二期)将于2022年开工建设。

纺织产业

【概况】 固原市全市纺织服装产业重点发展纺纱、织布、植物印染、服装加工四大产业链，先后建成丰源20万锭纺纱一期、双文绒业高档羊绒制品、华人礼服服装加工产业园一期等重点项目，现有纺织服装类企业26家（规上企业2家，丰源纺织、爱丽娜地毯），服装产能250万套/年，纱线产能3.5万锭，织布产能1000万米，2021年实现产值近6亿

宁夏丰源纺织厂车间里一派忙碌景象，工人在现代化纺纱设备前纺纱

元，增加值占全部工业的4%。

【经营效益】 2021年，宁夏丰源纺织公司共带动就业203人，实现工业总产值4116万元，产品主要销往长三角、珠三角等地区，并在一年内将产品出口到国际市场，出口创汇138.26万美元，成为固原经济开发区首家生产型出口企业，先后获自治区“专精特新”示范企业、自治区数字化车间、自治区工业企业对标工作标杆奖。

【企业经营】 宁夏天之涯服饰有限公司。2021年，公司共建成生产线8条，拥有电脑平缝机、高频热压机、双针机、锁边机、坎车等现代化的生产设备300余台(套)。公司共实现工业总产值1950万元，发放职工工资31万元，共解决就业人员79人，其中，建档立卡户28人。

宁夏双文科技集团有限公司。公司成立于2018年，注册资本10000万元，坐落于宁夏固原市经济开发区轻工业产业园，主要从事山羊绒生产加工、纺纱、制衣及养殖等。公司高档羊绒制品项目占地55653平方米，建筑面积约48630.1平方米，分两期建设，一期建设分梳车间、分选车间、纺纱车间；二期建设制衣车间，购置相关设备1794台。目前，该项目已完成投资7300万元，预计将于2021年投产。投产后年可实现产值1亿元，解决就业500人以上。

天菲(宁夏)服饰有限公司。公司成立于2019年，是西吉县政府招商引资重点企业，位于宁夏西吉县工业园区闽宁产业园，公司注册资金2000万元，一期投入607万元，利用宁夏西吉县工业园区标准化厂房，安装各类现代化服装加工设备168台，其中，裁床3张，缝纫机120台，特种设备45台，开设生产线4条。公司主要生产经营各种规格服装、运动球衣等产品，与鸿星尔克、东方骆驼等国际知名品牌建立长期稳定的合作关系，产品主要出口欧洲，及美国、法国、阿联酋、沙特等国家。月产量1.5~3万件。

化工产业

【概况】 宁夏金昱元化工集团按照循环经济绿色发展和废物资源化综合利用的发展模式，入驻固原经济开发区新材料产业园，开始建设盐化工循环经济产业链项目。截至目前，累计完成固定资产投资43亿元，先后建成了年产100万吨真空制盐、32万吨烧碱、40万吨电石、40万吨PVC树脂、100万吨电石渣水泥等项目，形成了资源—产品—废弃物—再生资源—产品的循环经济产业链。

【经营效益】 2021年，宁夏金昱元化工集团固原片区下辖6个独立法人生产性子公司，分别为金昱元广拓能源、金昱元高新材料、金昱元炔烃节能、金昱元资源循环、金昱元岩盐开发、兴昊永胜盐业科技公司，全部为规上企业。片区现有从业人员2500余人。2020年完成工业总产值42.7亿元，实现利税3.8亿元。2021年预计完成工业总产值58亿元，实现利税4.5亿元左右。

商贸服务业

综　述

【概况】　2021年，固原市商务投资促进局全力推动批发零售行业发展，组织各大商超开展消费促进月、“爱尚宁夏、惠享生活”购物季、“缤纷塞上、惠民乐购”、36小时不打烊、绿色智能家电下乡、汽车展销等系列活动，通过直降让利、购物抽奖、发放消费券、满减满赠、实折实扣等形式提高居民消费热情，提升“吃住行”消费体验，释放“游购娱”消费活力。全市实现社会消费品零售总额124.92亿元，比上年增长3.4%，按经营地统计，城镇消费品零售额增长4.9%；乡村消费品零售额下降1.6%。按行业类型统计，批发业增长5.5%，零售业增长1.5%，住宿业增长9.4%，餐饮业增长6.8%。在限额以上单位商品零售额中，粮油、食品类零售额比上年增长5.4%，饮料类增长20.4%，烟酒类下降4.6%，服装、鞋帽、针纺织品类增长11.9%，化妆品类增长26.1%，金银珠宝类增长98.5%，日用品类增长13.3%，家用电器和音像器材类增长58.9%，中西药品类增长13.0%，文化办公用品类增长3.3%，石油及制品类增长48.2%，汽车类增长16.8%。

【消费市场拓展】　2021年，固原市大力推进消费扩容升级和现代流通体系建设行动，加强市场运行监测，全面开展促销活动，积极培育消费热点，全市消费品市场人气持续回升，实现社会消费品零售总额124.9亿元，同比增长3.4%，高于自治区0.8个百分点。按销售单位所在地统计，城镇实现消费品零售额96.7亿元，同比增长4.9%；乡村实现消费品零售额28.2亿元，同比下降1.6%。按规模统计，限额以上企业实现零售额30.4亿元，同比增长23.1%；限额以下企业实现零售额94.5亿元，同比下降1.7%。按县区统计，原州区实现社会消费品零售总额70.89亿元，同比增长3.6%，占全市比重56.7%；西吉县实现20.19亿元，同比增长3.4%，占全市比重16.2%；隆德县实现10.64亿元，同比增长3.5%，占全市比重8.5%；泾源县实现8.19亿元，同比增长2.9%，占全市比重6.6%；彭阳县实现15.02亿元，同比增长2.7%，占全市比重12.0%。按消费形态统计，餐饮收入实现营业额17.1亿元，同比增长6.9%；商品零售实现销售额107.8亿元，同比增长2.8%。

【外贸市场拓展】　固原市共备案外贸企业88家（其中，原州区48家，西吉县17家，隆德县8家，泾源县9家，彭阳县6家），从事出口业务的有宁夏隆德人造花工艺有限公司、固原江南慧力工贸有限责任公司、宁夏亚斯进出口贸易有限公司、天菲（宁夏）服饰有限公司等4家企业。1~12月，全市进出口总额实现2591万元，同比增长74.8%，增速排名全区第二。其中出口额实现2176万元，同比增长74.8%；进口额实现415万元，实现了零的突破。利用外资完成345万美元，超额完成245万美元。2021年新增备案企业21家（其中原州区6家，西吉县9家，泾源县5家，彭阳县1家）。固原市主动对接商务厅“宁贸通”平台，为市外贸企业出口工作提供指导服务。指导20家有外贸业务预期的企业完成对外贸易经营者备案和银川海关备案。协调结汇较快的建设银行固原分行进一步提高结汇速度并安排业务经理上门为企业开展结汇指导。通过召开专题会、座谈会、调研走访等形式，开展送政策上门服务，宣传中央、自治区外经贸发展政策，使所有符合条件的外贸出口企业都能享受到政策扶持。为福建籍企业亲亲食品、天菲服饰等企业兑现外经贸资金补助88.17万元。指导成立固原市外经贸协会，提请市委、市政府安排闽宁协作资金支持福建籍企业外贸出口。

【商贸流通体系建设】　2021年，固原市支持企业冷链物流建设，农贸市场改造升级，建设品牌化连锁化便利店4家、城乡社区便民服务中心1个，培育绿色超市1家、绿色饭店2家，家政龙头企业2家。建设优质产品特产馆和冷凉蔬菜外销窗口8个。挖掘外经贸增长潜力。深入外贸型企业开展调研，送政策、送服务，兑现外经贸支持资金，帮助企业外贸备案登记18家，培育出口企业2家。活跃线上线下消费市场。举办“圆梦六盘”2021固原电商大赛暨“阅宁夏鉴优品”全民电商节活动，推动网络销售健康快速发展。规范市场秩序。加强二手车和成品油市场治理，编制成品油零售经营体系“十四五”规划。

【重点产业精准招商】 2021年，固原市先后组织开展“重点产业精准招商专项行动”“推进招商签约项目落地建设百日行动”，实现签约招商引进项目104个，达成意向项目113个。签约项目落地建设85个，落地率81.7%。重点产业集聚效应显现。围绕产业链关键项目招大引强，融侨丰霖肉牛生态产业园、雪川农业马铃薯全产业链、华人礼服服装加工项目等一批重大产业项目成功落地建设。

【市场供应保障】 2021年，固原市制订应对新冠肺炎疫情应急保供方案，在全市重点商超、农产品批发市场等进行蹲点值守。支持市场主体拓展进货渠道和货源地，本地市场生活必需品供应充裕。农贸市场、商超蔬菜类储备量由7天增加到10天，米面油由15天增加到30天。河南发生重灾之后，第一时间筹备特色优质农产品137吨进行援助。

粮油物资流通

【概况】 2021年，固原市粮食和物资储备局密切跟踪粮食供求变化和价格动态，加强对全市及周边粮油市场供求形势的监测研判，按周、月、季、年开展粮食价格监测预警分析研判，共上报价格监测周报表52期，上报价格信息、市场行情（分析）12期。

【粮油应急储备】 2021年，固原市粮食和物资储备局按照“缺什么补什么”的原则，提请市财政拨付资金170万元，补充采购大衣、棉被、棉褥等应急物资9类、1万余件。与市区救灾物资经营户签订了应急物资企业社会责任储备协议，涉及救灾物资15个品种2万余件，价值近30万元，进一步增强全市防灾减灾救灾物资保障能力。组织市救灾物资管理站、军粮供应有限公司及应急商品代储企业参加全市2021年地震应急拉动演练，切实提升应急救援人员应急救援能力和水平。

【粮食流通统计】 2021年，一是固原市粮食和物资储备局按要求做好商品粮油收支平衡月报、地方政策性粮油收支及产业经济季报等流通统计，完成年度粮食流通、粮食基础设施投资、粮食产业经济统计等各类统计年报并撰写分析报告，真实反映固原市粮食流通产业发展情况。二是开展社会粮食供需平衡调查。指导、协调原州区、泾源县粮食和物资储备局抽取35户乡村居民、40户城镇居民开展社会粮食供需平衡调查，汇总、分析调查数据，全面掌握固原市粮油供需总量、库存和消费情况，向政府提出有针对性的意见和建议。三是开展农户存粮专项调查。深入县（区）督导落实农户存粮专项调查工作，全面完成调查数据推导、汇总、审核、评估、分析，切实摸清年度全市乡村居民粮食生产、出售、存粮及结构情况，研判区域粮食供需形势，为粮食宏观调控提供可靠依据。

【粮食流通监管】 2021年，固原市粮食和物资储备局制定印发《2021年粮油质量安全重点工作安排》《2021年全市收获粮食质量安全、质量调查和品质测报监测工作方案》《2021年库存储备、放心粮油质量安全监测工作方案》，共扦样新收获小麦、玉米质量安全、质量调查、品质测报监测样品112份（小麦40份，玉米72份），扦样库存政策性储备、放心粮油质量安全监测样品22份，杜绝不符合标准的粮油进入口粮市场，确保人民群众“舌尖上的安全”。

【粮食安全省长责任制考核】 2021年，固原市粮食和物资储备局积极发挥粮食和物资储备部门粮食安全

临时检查原粮储备情况

省长责任制考核牵头抓总作用，会同市农业农村、自然资源、统计等部门，按照自治区粮考办考核细则要求，逐条进行责任制落实情况考核并搜集、整理、汇总相关佐证资料，保质、保量完成了2020年度考核任务，并取得全区第二名的好成绩。协调各成员单位分析上年度考核经验及存在的不足，有针对性地对县（区）粮食安全省长责任制落实情况进行了全面督查，督促县（区）查漏补缺，提前谋划，为确保2021年粮考工作扎实推进打下坚实基础。

【粮食安全生产】 2021年，固原市粮食和物资储备局制定印发《2021年全市粮食和物资储备行业安全储粮和安全生产工作要点》《“安全百日会战 喜迎百年华诞”安全生产和灾害防御百日专项整治行动方案》《2021年全市粮食和物资储备行业“安全生产月”活动方案》，明确工作重点、主要措施和工作要求。以开展春、秋季粮油安全普查、粮食库存检查、安全生产月及安全生产百日行动等为载体，通过现场宣传、网络答题竞赛、观看《生命重于泰山》专题片等，督促企业严格落实安全生产主体责任，扎实开展安全生产隐患排查及整治，确保安全生产和安全储粮问题隐患按期整改落实到位。

【粮油流通环境】 2021年，固原市粮食和物资储备局开展2021年“粮食科技活动周”“食品安全宣传周”“世界粮食日”等活动，通过搭建拱门、悬挂横幅、摆放展板、发放资料、现场答疑、展示优质好粮油等多种形式，大力宣传《食品安全法》《粮食流通管理条例》《粮食质量安全监管办法》等法律法规及制度标准，向市民普及粮食安全、节粮减损、科技兴粮、科学储粮、膳食营养等知识，深入宣传习近平总书记关于粮食安全和制止餐饮浪费行为的重要指示批示精神，大力营造“爱惜粮食光荣、浪费粮食可耻”的浓厚氛围。扎实开展粮食安全“五进”宣传。深入机关、学校、农村、企业、社区，通过制作摆放粮食安全宣传展板、发放爱粮节粮、科学储粮、粮油质量安全等相关资料，讲解营养膳食、甄别大米、面粉、食用油优劣的常规知识，以及家庭成品粮油日常保管和健康食用小知识，指导消费者正确选择优质好粮油产品，让放心粮油产品惠及全市人民，努力营造良好的粮食流通环境。

【粮食安全专项整治】 2021年，固原市粮食和物资储备局制订印发《粮食购销领域腐败问题专项整治工作实施方案》《粮食购销领域腐败问题专项整治自查自纠工作方案》《国有粮食企业大清查工作方案》《关于做好粮食购销领域腐败问题专项整治自查自纠工作的通知》《粮食购销领域腐败问题专项整治自查发现问题整改工作方案》等文件，先后7次在党组（扩大）会议上研究安排专项整治工作。积极对接市审计局，协调专业人员帮助市军粮供应有限公司开展自查。配合涉粮问题专项巡视巡察工作，认真细致做好后勤服务保障，如实汇报工作情况，真实准确提供有关材料，为巡视巡察掌握情况、有序高效开展工作创造了便利条件。紧紧围绕行业监管职责和“五个自查”要求，扎实开展自查自纠，深入摸排粮食购销情况，清查国有粮食企业，共自查发现9个问题，坚持边查边改边治，整改完成4个。

供销合作

【概况】 2021年，固原市供销社系统对标中央、自治区和市委关于综合改革的决定意见方案，全面开展综合改革“回头看”工作，督促指导县（区）进一步查漏补缺，加快推进未落实或落实不到位的重点工作完成。巩固提升37个乡镇供销社，成立西吉县吉强镇龙王坝村供销合作社。加大社有企业整合改造提升力度，市社争取项目资金15万，对社属企业现代农业综合服务中心进行改造提升，彭阳县供销集团原6家子公司整合为4家。固原市六盘山生态农产品联盟完成换届工作，农业产业化服务功能进一步加强。

【社有企业经营】 2021年，固原市供销合作社克服化肥价格上涨的不利影响，开通网上农资商城，开展网上预约销售和配送服务，创新线上农产品市场拓展模式，助推春耕生产、农产品进城和农民增收。全系统完成营业总收入11339万元。其中，农资销售收入完成1731万元，农副产品销售收入完成1084万元。市社直属企业全年共完成销售收入895万元，其中，化肥销售完成546万元，废旧物资收购完成349万元。

【安全生产工作】 2021年，固原市供销合作社落实安全生产责任制，强化春节、自治区两会、“五一”、全国两会、“七一”“十一”期间社属企业安全生产监管，强化应急值班和领导干部带班制度，开展冬春季火灾防控工作专项整治、“安全生产月”等活动，连续多年无各类安全事故发生的良好态势。

【综合合作试点】 2021年，固原市供销合作社新建饲料烘干晾晒加工厂1处，基础建设总投资300万元，现已实施阶段中，建筑面积668平方米，年收储料烘饲料玉米7000余吨。联合彭阳县城阳供销合作社实施区社一二三产业融合发展项目，采取“基层社+公司+专业合作社”的发展模式，建成占地12266.70平方米。联合城阳供销合作社在白阳镇白岔村、中庄村、城阳乡邓湾村建设黄芪、黄芩等中药材基地3050亩，订单带动当地50户建档立卡户种植黄芪、党参等中药材300多亩，亩均收入2600元，以综合服务中心为平台，年收购加工黄芪、黄芩等中药材2550吨。

【春耕生产农资供应】 2021年，固原市供销合作社按照自治区供销社和市委、市政府领导的指示要求，供销合作社就全市春耕备耕农资储备供应情况早调研早安排早调运，有力保障农资市场供应充足、价格稳定，农资供应主渠道作用明显。全市供销社系统社有企业和农资经营户储备各类化肥6.82万吨，农膜300吨、种子340吨、农药36.58吨。完成化肥淡储1.9万吨任务。

【"风险防控年"活动】 2021年，固原市供销合作社根据区供销社《关于开展"风险防控年"活动的通知》精神，重点围绕社有企业开展"风险防控年"活动。完善目标经营管理制度，进一步明确工作职责；落实重大事项汇报制度，凡单位经营、建设、安全等重大事项及时向主管单位和分管领导汇报；规范单位财务管理制度，按照现代企业管理制度要求规范单位财务管理，及时准确上报财务报表，确保资金运行安全，确保社有资产安全完整。加强安全生产制度建设，对职工按规定上缴工伤保险，对外聘装卸人员及时购买人身意外保险，单位安全生产经营每天实行巡查制度并与承租户签订安全生产目标管理责任书。加强廉洁纪律建设，在经营、管理中严格执行有关廉洁纪律规定，确保企业经营在阳光下运行。

【"数字供销"建设】 2021年，固原市供销合作社印发《固原市建设全国"数字供销"示范区实施方案（2021年—2025年）》，有效推进"数字供销"建设各项工作，建成市级运营中心1个并运行。各县（区）"数字供销"示范区建设有序推进。

（张莉红）

电子商务

【概况】 2021年，固原市采取多种电商交易类型全面促进电商发展。采取企业与合作社、村搭档；由合作社、农户负责种植供货，企业负责收购农货、加工、包装、销售，企业保障稳定货源，并带动周边合作社村民就业。采取电商销售运营外包模式；生产企业将电商运营方面承包给专业运营团队。采取自产自销或代销模式；企业自产自销，通过自身优势带动村民致富。借助网红直播带货模式；依托专业网红公司、网红个人搭建的带货平台拓宽农产品销售渠道。采取村级电商和企业合作模式；村电商服务站联合电商企业合作，销售本村村民农产品。截至2021年年底，固原市网络交易额为56.41亿元，占全区网络交易总额的3.92%；网络零售额为13.81亿元，占全区网络零售总额的5.45%；实物型网络零售额为2.95亿元，占全区实物型网络零售总额的1.39%；服务型网络零售额为10.86亿元，占全区服务型网络零售总额的25.86%，位居全区第二。

【农村电商发展】 2021年，固原市以"服务进场"形式，重点围绕固原黄牛肉、红梅杏、西吉土豆、彭阳月子鸡等重点农特产品做大单品，构建"双线融合、内外联动"的农产品全渠道产销对接体系，建立以大单品为核心的商品体系，全年打造2款扶贫万单产品；全年共开展83场主题直播活动（包括联动省内外邮政分公司、第三方企业开展直播活动），累计上线产品300款+；邮乐优鲜上线当地农特产品58款，"邮政农品"品牌效应进一步提升。固原"黄牛肉"营销项目获得全区邮政2021年度营销类优秀营销项目奖，西吉电子商务进农村三级物流体系（升级版）投标中标项目获得全区邮政2021年度创新类优秀创新奖。

【农村电商活动】 2021年，固原市制订《固原市农村电商提升工作实施方案》《固原市农村电商公用品牌建设暨"红绿六盘"电商节活动实施方案》，配合自治区商务厅举办好"鉴优品 悦宁夏"飞跃20·21全民电商节，启动固原市农村电商公用品牌建设暨"红绿六盘"电商节系列活动，完成"十大网货""十大网红"

5月28日上午，"奋进的固原"固原农村电商推介会暨"圆梦六盘"2021固原电商大赛颁奖典礼在固原市原州区顺利举行

固原电商十大优秀个人

"固原十大民间文旅小吃名菜"评选活动,打造固原特色产品名片。举办固原市"推进网络扶贫、助力脱贫攻坚"农村电商人才培训班,培训电商技能人才和电商带头人100人。配合自治区商务厅在彭阳县召开全区电商现场会,全年实现网络零售额10亿元。

【"圆梦六盘"2021 固原电商大赛】 2021年5月25日,由自治区商务厅、固原市政府主办,固原市委宣传部、网信办、共青团、妇女联合会、宁夏师范学院联合协办"圆梦六盘"2021固原电商大赛颁奖典礼在原州区举行。来自固原四县一区的137个村和123个团队参与,覆盖村民共计37万人,团队报名人数627人。在"圆梦冲鸭"固原电商团队助力乡村振兴人气赛期间,带动本地农产品线上销售总额达750万元,总订单数为111085单,活动全网宣传量超过1000万次。在大赛的辐射带动下,固原的农村电商市场被"唤醒",越来越多的返乡青年和村民参与其中,走上了依靠网络销售农产品脱贫致富的路子。大赛开启以来,中国电信翼支付电商平台为参赛企业提供了全国销售渠道,给予一定平台优惠政策和活动补贴,截至活动结束,累计销售订单7338单。

专项经营

【烟草专卖】 2021年,固原市烟草专卖局(公司)真履行卷烟市场监管职能,与固原市检察院、公安等部门构建联合机制,拓宽协作领域,延伸卷烟打假触角,开展"雷霆""守护成长""利剑1号"系列专项治理行动,查处各类涉烟违法案件443起,上缴罚没款19.36万元,破获国标网络案件1起。积极履行党领导下的国有企业责任,全年缴纳各类税金1.81亿元,同比增长1.6%,助力地方经济社会发展;积极搭建就业创业平台,卷烟持证户达到5849户,为社会提供近1.2万个就业岗位,为零售客户协调办理经营贷款3400余万元,客户毛利率14.87%,同比增长15.09%。

【盐业专卖】 2021年,固原市依法开展食盐专营工作,全年盐产品销售量达到5204吨,其中,食用盐销售量达到3201吨,畜牧盐销售量达到1146吨,工业盐销售量达到857吨。

【成品油销售】 2021年,中国石油宁夏固原销售分公司实现利润4100万元,成品油销售总量19万吨,为银昆高速、固会高速、基本农田等重点建设项目用油提供了有力保障;液化天然气销售2.86万吨、压缩天然气销售180万立方米,缓解了天然气需求压力,为清洁能源"落户"固原作出了应有的贡献;缴纳各种税费同比增长47.54%。

邮政通信

【概况】 2021年,固原市全市邮政业业务总量累计完成1.41亿元,同比增长29.19%;业务收入累计完成(不含邮储业务收入)1.76亿元,同比增长12.54%。全市邮政寄递服务量累计1263.35万件,同比下降7.75%;快递业务量累计432.88万件,同比增长21.07%。全市邮政寄递服务业务收入累计完成0.12亿元,同比增长15.83%;快递业务收入累计完成1亿元,同比增长25.68%。全行业从业人员763多人。全市邮政快递业持续健康发展,为做好"六稳"工作和落实"六保"任务作出了积极贡献。

【创新发展】 2021年,固原市邮政管理局持续开展"三不"专项治理,强化环保考评,督促企业加大可循环中转袋、绿色包装推广使用,促进胶带、包装物减量化,引导企业设置包装废弃物回收箱。全市快递企业"瘦身胶带"封装率达90.3%、电商快件不再二次包装率达96%、循环中转袋使用率达91.5%、新增包装废弃回收装置16个。

【民生服务】 2021年,固原市邮政管理局推广"寄递+电商+农特产品+农户"脱贫模式,让各县区农特产品搭乘电商快递快车,扩大农特产品输出消费,有效解决了农特产品销售难和物流运输难的问题,让广大农村群众享受到安全、便捷的快递服务。全年邮政快递业寄递农特产品输出快递包裹64.4万件，占快递量的17%，带动农特产品销售量1587吨，实现交易额约7381万元。推动建立邮政“县乡村”三级电商服务站点总体布局，建成“邮乐购”站点272处，在农特产品网上销售和农民创收方面发挥了独特作用。聚焦全市四大产业工程，积极引导邮政、快递企业拓展产业链，开发牛羊肉、特色农产品等专业供应链配送模式，深度融入生鲜冷链配送等领域。进一步推广“网上办事+线下寄递”模式，大力推进警邮、政邮合作等“邮寄办”服务，市、县服务覆盖率100%。全年警邮寄递量18226件，代征税款约55.6万元，税邮寄递量1003件。

2021年6月30日，乡村服务站暨百万农民培训启动仪式

【寄递安全】 2021年，固原市邮政管理局强化邮政普遍服务网点分级监管，开展普遍服务达标检查和乡镇局所专项整治行动。加大机要通信监管力度，机要通信营业场所检查实现每季度全覆盖。加强邮票发行销售监管，做好纪特邮票发行销售监督。全年检查邮政营业场所75处，出检163人次。进一步做好邮政特邀社会监督员的指导工作，开展监督369人次，查看网点369个，走访用户811人次。加强行业法律法规宣传，结合消费者权益保护日、禁毒日等开展线上线下普法宣传活动。继续开展打击违法招揽加盟商及规范清理快递企业经营范围检查，严厉查处“无证无照”、超范围经营等违法行为。严格落实疫情和安全生产情况报告制度，安排值守人员346人次，从业人员零感染。联合相关部门召开寄递渠道疫情防控工作专题会1次；联合督导寄递渠道疫情防控工作4次，配合疫情防控部门对邮政快递企业疫情防控重点部位进行抽检3次；召开疫情专题部署“云会议”1次；开展节前节后和“两会”、建党100周年、业务旺季期间疫情防控专项检查15次。扎实推进寄递安全“三项制度”落实，开展收派员自寄件和实名收寄信息异常检查和监测，加大通报、抽查频次和执法检查力度，确保实名收寄率稳步提升。

（杨代军）

中国邮政集团有限公司固原市分公司

【概况】 2021年，中国邮政集团有限公司固原市分公司实现业务收入8413.4万元，同比增长16.4%，收入增幅创近年来新高。金融业务实现收入5217万元，累计增幅达18.8%。寄递业务实现收入1276万元，增幅37%，泾源、彭阳增幅超过100%。报刊业务持续增长，收入726.6万元，增幅达29.4%，排名全区第一，实现近年来最好增长。原州区分公司进入全区县（区）分公司2021年经营发展“8强”。

【基础设施改善】 2021年，固原市邮政投资重点向核心竞争能力提升方面聚焦，系统布局网点、揽投部基础设施建设。全年更新改造6处金融网点，完成36处中邮驿站、5处揽投部装修改造建设；加大自提点建设，使全市城市自提点达到159个；加大网点基础硬件设施设备的购置和更新，有效改善企业形象，支撑重点业务发展。

【普遍服务】 2021年，固原市乡镇局所覆盖率、建制村直接通邮率、县以上《人民日报》等党报党刊当日见报率、申诉和理赔处理满意率均达到100%。客户体验提升扎实推进，客户派揽时限提升到1小时之内；全市客户有责投诉率完成万分之2.24，保持在万分之3以内；全年无行政处罚案件。加快“网点+站点”模式落地，分类推进站点业务叠加，实现272处站点全面激活。合理优化县乡邮路组织，提高农村网运效率，普服水平实现新提升。

【惠农服务】 2021年，中国邮政集团有限公司固原市分公司全市邮政“六大重点”协同项目累计实现收入794.51万元，增长56.5%。其中，惠农合作项目以“惠农专班+网点”和“网点+合作社+农户”发展模式为主，进一步深化政企联合推动机制，全市“融资E”贷款达到2675.1万元；完成惠农服务平台推广，全市4446户农民合作社走访覆盖率达100%，发展个体农户会员1.8万余户；农产品交易额累计完成190万元；中邮保险惠农简易险累计完成4.6万元；

协同开发电商客户形成寄递收入累计实现53.9万元，同比增长6.6%。落实行业生态环保“2582”工程，强化绿色包装治理，电商快件不再二次包装率达90%以上；扎实推进绿色运输，持续加大投放力度，全市新能源车辆保有量达100辆；加快发展绿色金融，绿色邮政建设步伐加快。全力服务乡村振兴战略，在延伸惠农合作项目服务链的基础上，与市农业农村局、市邮储分行深化合作，建立了服务乡村振兴工作机制；落实集团公司《关于进一步加快县乡村三级物流体系建设的实施意见》，主动对接政府相关部门，强化交邮联运和邮快合作，已完成覆盖95个建制村；因地制宜制订发展规划方案，向市商务局上报《关于推动农村电商快递物流网服务体系建设的方案》，在全市分三期推进农村物流体系建设，更好服务城乡经济发展双循环，满足人民美好用邮需求。2021年第一期示范点西吉火石寨乡、隆德联财镇建设完成试运营。

【寄递业务】 2021年，中国邮政集团有限公司固原市分公司对标竞品，扩部拆段，打造轻型揽投部。全年新增揽投部2个，增加段道37个；优化网络运行，压缩内部处理时间，网运中心至各县提前1小时发车；拆分固泾邮路，使各县邮路均直达，提升泾源邮件时限近2小时；统筹安排重点区域布局和建设，以加盟制为核心、综合便民服务站、邮乐购站点为载体稳步推进乡镇级加盟体系建设，按照“一乡一策”的发展思路，打造县乡(镇)村三级物流体系，进一步搞活揽投两端，激发经营活力。

【“平安邮政”建设】 2021年，中国邮政集团有限公司固原市分公司纵深推进“平安邮政”建设，健全全业务、全流程、全员安全管理机制，扎实做好建党百年庆祝活动期间寄递安全和服务保障工作，全市未发生重特大安全生产事故和金融安保类案件。贯彻落实国家“扫黄打非”要求，依法依规查堵各类涉黄涉非问题邮件通过邮政渠道传播。慎终如始抓好疫情防控，全市未出现因疫情而使生产经营受到较大影响的情况；积极响应市直机关工委号召，下沉社区开展疫情防控志愿服务，为全市防疫大局贡献邮政力量；疫情防控措施得力到位，得到市委、市政府高度认可。

【企业改革创新】 2021年，中国邮政集团有限公司固原市分公司聚焦主责主业，在城市核心区域推行“众创众享”准加盟制”，在非核心区域推行“加盟制”，扎实推进揽投部销售化转型，提升揽投队伍能力。原州区分公司新区揽投部、泾源县分公司揽投部荣获全区邮政“寄递发展20强”称号。

中国电信股份有限公司固原分公司

【概况】 2021年，中国电信股份有限公司固原分公司加快5G建设，实现县(区)主城区的连续覆盖和重点乡镇、重点市场的覆盖；持续加强光网络覆盖能力，加快千兆光网建设，城市光网覆盖率稳定在99%以上，行政村光网覆盖率达99.63%，贫困村光网覆盖率达99.51%；全年扩容核心网出口带宽40G，全网出口带宽到达460G，有效支撑5G网络建设，满足各类信息化需求。

【信息化建设】 2021年，中国电信股份有限公司固原分公司建成“云网安+通导遥”云网融合+北斗能力的底座。建成北斗运营平台，为固原工业、农业、水利、交通、环保和气象、位置、救灾、通信等应用场景提供服务。完成固原“雪亮工程”建设，助力固原市社会综合治理迈上新台阶。依托信息化手段助力疫情防控，开发“固原市疫情排查系统”和“疫情防控行程查询综合平台”为各级地方政府、卫生系统和客户提供云会议视频系统；为定点医院和隔离宾馆提供专线保障；为居家隔离人员提供视频监控；为学生提供了灵活多样的“空中课堂”；为建档立卡户和困难家庭提供免费上网服务。依托云、网、安、北斗数据运营等资源，建成“牧业畜牧云平台”大数据监管平台。通过互联网+的畜牧业服务模式，数字化赋能传统畜牧业管理，做到了全过程的高效性、可管控性的精准管理服务。建成“数字化乡村智能平台”，抢抓闽宁乡村振兴示范村机遇，打造数字乡村治理新模式。建成集电脑端、手机端、电视端、广播端“四位一体”的乡村管理智能化平台，线上开设智慧党建、农村人居环境整治、网格化管理、积分超市等功能模块，在线动态监管，森林草原防火、社会治安巡逻等监管，受理办理群众利益诉求等，平台在西吉县西滩乡林家沟村、原州区河川乡明川村等村实现规模应用。

【服务能力】 2021年，中国电信股份有限公司固原分公司打造优质4G、5G网络，提升移动网络质量和用户感知。巩固宽带网络优势，实现千兆宽带网络接入，提升端到端运营能力。打造融合优势，通过核心应用实现生态圈(智能连接、互联网金融、智慧家庭、物联网、新型ICT等)之间的有效关联，带动相关业务互相促进，提供更好的服务。改进企业工作作风，抓问题，抓关键，抓细节，抓结果。精心组织，积极开展各种服务质量提升活动。开展了“两深入两服务”、实体渠道服务质量提升、“满意服务，十分信赖”服务主题传播等活动。

【通信保障】 2021年，中国电信股份有限公司固原分公司不断提升应急通信保障能力。组织员工参加市应急局应急演练3次，圆满完成红庄林场二林沟火灾现场、全区重大项目开工固原分会场、彭阳山花节、六盘山森林公园开园庆典、建党百年庆祝活动及党代会、人民代表大会等应急通信保障16次。

【网络与信息安全】 2021年，中国电信股份有限公司固原分公司加强IP地址报备和网站备案等基础管理工作，新增备案2家，备案完成率达到100%。注销网站13家，注销主题15家，21家单位因网站主体负责人或网站负责人变更导致备案信息发生变更。全年共开展内部员工网络安全398人次。开展全民网信安全宣传，共推送短信320万条次，悬挂横幅12条、制作展板、展架10块、印制发放彩页20000份。开展电信诈骗警示教育2次，发送电信诈骗知识宣传、疫情防控知识等公益短信1500余万条。

中国移动通信集团宁夏有限公司固原分公司

【通信基础建设】 2021年，中国移动通信集团宁夏有限公司固原分公司共建设开通5G基站322处，已完成主城区及县区的全覆盖，700兆基站已初步覆盖至全市所有主要乡镇，深入推进农村4G网络覆盖，加快推动低频5G网络向乡镇和农村地区延伸，建成农村地区广覆盖托底网络，构建4G与5G网络协同的农村移动宽带网络。骨干传输网累计建设光缆规模598公里，进一步提升了固原市所有节点机房千兆传输能力；推动2G/3G物联网业务迁移转网，建立NB-IoT、4G和5G协同发展的移动物联网综合生态体系，优化256处点位NB信号，NB覆盖率达95%，提供物联网卡25000张。

【信息化建设】 2021年，中国移动通信集团宁夏有限公司固原分公司共服务交通、教育、农业等重点领域信息化提升服务信息化建设项目。利用云视讯召开疫情调度会、脱贫攻坚调度会等助力基层政府减负。在医疗领域，推动医疗机构上云，在隆德县医院等开展了5G远程超声、5G远程手术指导、5G远程多学科会诊、远程影像会诊等5G+智慧医疗的试点应用。在教育领域，固原移动通过自身网络优势，完成学校1000兆网络的提速工作，完成超过40所学校的宽带接入能力建设，实现了全市中小学光纤网络全覆盖。

【通信项目建设】 2021年，中国移动通信集团宁夏有限公司固原分公司承建“雪亮工程”视频云购买服务项目、“雪亮工程”公安分平台存储系统项目，在固原移动公司3楼IDC机房（智慧固原数据中心）C1、D1冷仓，共使用10台机柜，安装各类服务器、存储设备、网络设备75台，存储总容量约为18.1PB。搭建形成了全市统一的视频云基础架构，完成了与雪亮工程公安分平台、雪亮工程视频云共享总平台的对接，形成全市统一的视频云平台，目前已接入视频2208路。

【提速降费】 2021年，中国移动通信集团宁夏有限公司固原分公司持续推进提速降费，提升光纤网络接入能力，完成了中小企业宽带、专线业务平均资费下降15%的目标。积极推进助残工作，对残疾人移动电话通话费、上网流量、有线宽带、短信四类出账费用或用户所选套餐给予不低于8.5折的优惠。通过资费扶贫给予建档立卡户优惠资费。

【网络与信息安全】 持续推进超级基站和防灾应急基础设施安全防护建设，完善公用应急通信保障网络。2021年圆满完成“建党100周年”“防汛抗旱”“疫情保障”等专项保障以及26次节假日和各类活动保障工作。在2021年3月14日原州区张易红庄林场山火灾害保障中，是唯一一家将应急保障站点开通到山火救灾前线的通信运营商。开展打击伪基站专项行动，提高定位发现、信息溯源的能力，打击信息诈骗的源头，2021年，协助公安机关破获伪基站和电信诈骗案件1起，获公安机关来信感谢。2021年的工作得到宁夏通信管理局的肯定，获得全国市场质量信用等级2A级企业荣誉称号。

中国联通固原市分公司

【经营效益】 2021年，中国联通固原市分公司累计完成主营收入7687.46万元，完成年预算的81.07%。累计完成利润-1785.38万元，利润序时完成率54.55%，同比增亏9.72PP。其中，政企收入完成2510.2万元，完成年预算的89.7%，超序时进度6.4PP，地市排名第二，收入占大网比32.7%，同比增长5.4PP。

【政企创新转型】 2021年，中国联通固原市分公司加快校园市场规模发展，结合往年校园秋季营销经验，提前做好客情维系，实现20所学校业务发展，共发展用户4220户，实现年收入55万元；结合教育信息化业务需求，成功挖掘业务商机并实现转化，中标泾源县教育体育局2021年“互联网+教育”建设项目、隆德教育局广播系统建设（一标段）等大项目，累计中标金额504.91万元。政务外网实现新突破，依托近几年政务外网良好的客情关系，通过提供优质的网络服务和保障工作，获得固原市政府、原州区政府、西吉县政府和彭阳县政府的高度认可，每年收入176.77万元。云业务方面，结合云存储、骨干云、党建云、小程序等业务优势，发展政府、医疗等行业客户及中小企业客户，实现业务57单，收入72.79万元。大数据方面，通过数睿广告及舆情通业务优势，助力政府疫情防控工作及中小企业信息化宣传需求，共发展业务27单，实现收入39.2万元。物联网方面，重点做好中国铁塔有限公司固原市分公司、固原市公共交通公司物联网用户维系及新增收入计收工作，共实现收入12.1万元。加大集成业务项目的拓展，跟进政府“十四五”信息化建设目标单位，成功挖掘固原经济开发区园区智能化管理项目、固原市审计局无纸化会议系统采购项目、中共固原市委组织部网上展馆集成项目等项目，并按进度做好原州区民政局、泾源县民政局智慧社区交付工作，最终实现集成业务收入1058万元。

【数字化转型】 2021年，中国联通固原市分公司围绕“横向触点协同交叉引流，纵向生态合作流量变现”的运营理念，实现线上渠道突破、线下渠道稳盘提产，做好行业平台型商业模式渠道转型。结合数厅建设14个维度，细化执行要点，不断优化线上线下的运营能力，截至2021年年底，营业厅出账收入完成1074.82万元，同比增长9.21%；新发展9851户，同比增长20.06%，新建代理点79家，亮化11家核心区域。以联通App的数据优势与商家建立有效对赌机制，通过商户整体转网和新建商户触点实现引流拉新，饭票商户新建24家。开展营业、交付、渠道、维系专业线企业微信聚粉，线上活动拉新，企业微信聚粉33077个。按照全量客户运营思路，聚焦场景，以单宽转融、单移转融、政企单宽、新融合为重点，精准营销、数据赋能、上下协同，快速提升全网用户融合化，全年累计办理融合业务17793户。

【营销模式创新】 2021年，中国联通固原市分公司以5G为引领，构建增存一体的产品体系。重点场景分区分策运营，实现入网即5G，结合终端拉动、靓号匹配、金融包装、渠道激励、重点场景等策略，全触点落实5G“四个必推”。截至10月，5G套餐发展5.31万户。聚焦数字乡村，围绕加快推进数字乡村建设的目标要求，确定“插旗行动”目标乡镇5个，按照客情、资源覆盖情况选定83个重点攻坚目标村，通过样板村打造、复制、推广，实现数村业务规模发展。截至10月，签约“数字乡镇”2个，“数字乡村”72个，发展数字辅导员32个，发展用户3343户。聚焦智慧社区，千兆小区实行“一区一策”定点攻坚，百兆小区以“平台+网+X”为抓手，提升业务发展。将荣华景园及绿洲豪庭小区打造为千兆及智慧社区示范点，不断总结、优化，并在其他小区复制推广。聚焦广电、BOT、自建区域，针对广电、BOT、自建区域，张贴引流码，用户可直接扫码下单，实现用户增长。截至10月，发展BOT769户，智联万家智享宽带521户。聚焦青少年市场，结合疫情动态，分区域精准划分，以上门交付的方式开展生源地前置营销。招募校园直销员，通过晒单PK、扫楼、扫宿舍等方式开展高等院校秋开迎新工作。共计发展用户1590户。

【网络共建共享】 2021年，中国联通固原市分公司一是全年开通5G基站96个，完成202个5G网络升级，优化问题点32处；5G数据质差小区比例压降至2%，解决率≥85%；二是网络优化方面，持续对基础传输承载网络进行专项优化，通过设备利旧、环路调整、隐患整治，消除网络安全隐患；三是共建共享方面，开通共享小区302个，涉及物理站址162个，调整低速率小区58个、越区覆盖小区30个、无主服小区10个、重叠覆盖12个、投诉调整65个、高负荷小区14个；四是降本增效方面，通过铁塔优化、网络瘦身、能耗压降、市政赔补等方式完成降本增效197万元，完成目标任务的110.06%；五是持续进行宽带建设，全年累计新建宽带端口2.4万个。

中国铁塔股份有限公司固原市分公司

【概况】 2021年，固原市共有铁塔运营站址总量(含室分)1942个，塔类租户3217户，站均租户从1.59提升至1.72，塔类站址共享率达55.81%，较2020年增长2.1%。2021年向运营商交付站址560处，4G需求128个(移动68个，电信40个，联通20个)，5G需求432个(移动286个，电信146个)。

【降本增效】 2021年，中国铁塔股份有限公司固原市分公司深化共享，拓展合作积累社会资源。全年共获取来自5县(区)的11095个灯杆、1159个监控杆的资源统筹使用权，获取了38个重点小区598栋楼宇资源的使用权。提请固原市政府印发《关于加强公共资源向5G网络站点建设免费开放的通知》《固原市5G通信网络建设实施方案》《关于进一步做好疫情防控信息通信网络保障应急工作的通知》《关于免去网络铁塔占用场地租赁费用的通知》等文件，助力5G建设、场租减免。全年共减免场租7处，压降场租14处，场租降本19.67万元。严格落实国家支持5G基站发展、电费减免等相关文件，压降转供电站址电费单价、落实电价分级审批流程，严控新增或需求用电站址单价涨幅、启用基站空调智能管控，减少站点能耗等措施。实施“转供电”改“直供电”13处，压降电费19处，转供电站点平均单价由1.0347元/度压降至0.9305元/度，全年节省电费7.4万元，直供电比例达97%。2021年，全力协同各运营商做好普遍服务基站建设，共承接运营商普遍服务20处，积极选址建设，至少保障32个自然村的网络覆盖。

【网络运行质量维护】 2021年，中国铁塔股份有限公司固原市分公司共维护铁塔1809处，维护室分44处，室分面积达114万平方米，微站89处。进一步强化监控中心指挥调度和数据分析能力，维护质量提升明显，平均站址断电退服时长0.26分钟，较上年提升7.7%；平均站址断电退服率达到0.38%。

【通信保障】 2021年，中国铁塔股份有限公司固原市分公司针对暴雪、汛期等极端天气、建党百年庆祝活动、十九届六中全会等重大活动、春节等重大节日期间积极开展应急通信保障工作，共出动应急人员135人次，保障车辆65车次，出动油机45台次。在防汛应急保障期间，累计停电站址716次，发电保障649次。停电站址中重保站址710个，已发电649个，发电保障完成率91.41%，报送汛期应急保障信息12次。

【通信塔转型】 2021年，中国铁塔股份有限公司固原市分公司充分发挥通信铁塔“塔、电、房、维”的核心优势，以“大共享”方式实现“通信塔”向“社会塔”的转变。利用17座铁塔资源对隆德县境内林区全覆盖，利用17座铁塔对原州区工业园区高空监控，利用6座铁塔对彭阳县水务局河道及水库全景监控，利用60座铁塔完成四县大气网格监测网建设，利用44座铁塔挂载公安350M集群项目，利用17座铁塔挂载无委会监测点位，利用7座铁塔放置卫星定位设备，利用71座铁塔安装地震监测设备等，完成8路视联产品业务推广。从原先单纯用于传送通信信号的“通信塔”，升级转变为“社会塔”和“数字塔”，为数字经济发展赋能，助力社会治理现代化。

【通信塔应用项目】 2021年，中国铁塔股份有限公司固原市分公司以疫情防控、提升医疗设施服务能力为契机，落地城市卫生服务中心备电项目，签署完成原州区3个卫生服务中心及1个疫苗集中接种点不间断电源保障合同，成功实现原州区卫生系统备电全覆盖；按照原州区卫生院模式向各县卫健委和学校等企事业单位推广，完成彭阳、泾源、隆德卫健委的备电方案输出。实施充电惠民工程，在居民小区推动部署集中规范低速电动车充电桩，提供低速电动车智能充电便民服务，全市全年共建设运营充电端口3779个，覆盖原州区、彭阳县、西吉县各个小区、医院、学校、商超等地。

无线电管理

【概况】 2021年，自治区无线电委员会办公室固原市管理处（简称固原市管理处）以强化重要行业监管为契机，稳步提升无线电精细化管理能力水平。积极参与《宁夏回族自治区无线电管理行政许可手册》编制。通过固原市163政务服务平台依法实施行政许可48件。完成民航、铁路部门频率台站核查及检查工作。全年共核查全市民航、铁路系统台站97个、频率22个，配合自治区无委办开展全区民航、铁路系统频率台站“双随机、一公开”检查工作。全力支持5G网络建设，妥善处理5G基站干扰协调和已改造卫星地球站抽验工作，排查5G干扰申诉8起，抽检广电、气象等部门卫星地球站5个，改造效果较好，无干扰情况发生。为新设5G基站核发电子执照538份。加大重要行业监测力度，开展日常监测31104小时、专项监测13176小时、重要时段及重要业务保护性监测4512小时。依法全额收缴12家设台单位频占费51460元，收缴率100%。加大业余无线电管理，依法核发业余电台执照23本、换发6本。成功举办固原市线上业余无线电技术培训暨业务研讨会。

【电波秩序维护】 2021年，固原市管理处开展打“黑”、除“伪”专项治理及“净化电磁环境　献礼建党百年”专项行动，全年发现并成功查处无人值守“黑广播”1部。持续加大非法设台及干扰查处力度。全年累计查明包括某军事部门电台信号在内的不明信号12起、排查各类无线电干扰24起、开展行政执法4起、协调电信运营企业通过技术手段为偏远山区群众解决手机信号覆盖不佳问题3起。不断强化销售市场监管。全年开展无线电发射设备市场检查工作3次，检查销售商30家、设备320台（套），撤销备案2家，现有备案9家，无违规销售行为发生。全年共开展各类考试保障工作18次，派出技术人员88人次、工作时长311小时，未发现作弊信号，有效维护了考试的公平公正。圆满完成第五届中阿博览会无线电安全保障工作。加强“反诈”及无线电科普宣传。开展“全民反诈”宣传月“无线电管理宣传月”“2·13世界无线电日”宣传，联合通信协会开展“5·17世界电信日”宣传，联合驻村干部开展进农村宣传等工作。全年共开展户外宣传6次、“五进”宣传8次、发放宣传材料2000余份；《今日头条》自媒体账号发布信息30篇，累计阅读量42万人次。联合宁夏师范学院成功举办“固原市第四届大学生无线电测向比赛”，2个年级共计50名参赛队员代表10个学院参赛。

【无线电服务】 2021年，固原市管理处大力推进部门协作。全国两会期间，联合固原机场开展机场无线电干扰处置应急演练；七一前夕，联合六盘山调频电视转播台、固原中波台、固原市广播电视台等部门，开展建党100周年固原市广播电视频率恶意干扰应急处置演练；牵头组织固原市三大电信运营商共同组成应急通信保障分队，出动应急救援车辆6辆、救援人员40名，圆满完成固原市2021年地震应急拉动演练；联合公安、网信部门组建信息防护专业队并参加“铸盾宁防—2021”防空实战演习，有效推进部门协作，大力提升队伍无线电应急保障和干扰处置能力。同时，积极配合开展卫星电视接收设备销售市场和卫星地球站检查、国防动员潜力排查等工作。积极服务军民融合发展。多次为中国飞行试验研究院固原六盘山机场试飞基地设置使用的二次雷达开展电磁环境测试与技术论证，充分分析论证拟建台站与机场现有台站的兼容性，为其解决技术难题，有效保障军航和民航飞行安全。同时，积极向自治区无委办咨询政策，请示办理意见，为其设台办理了登记备案手续。目前，该雷达站已投入运行，试飞任务正常开展。我处对其定期回访并开展保护性监测，未发现干扰情况。试飞院送来锦旗以示感谢。主动服务设台单位。开展民航、广电、铁路等单位调研12次。根据调研情况，不断深化与固原机场合作，常态化开展机场沿线GPS频段保护性监测3次。同时，联合中卫市管理处为固原监狱设置使用的无人机反制系统开展技术测试2次。

【基础设施建设】 2021年，固原市管理处大力提升无线电管理技术手段。配合做好中心站、外围站、监测车升级改造等项目建设，有效提升现有监测能力水平。加强技术设施设备管理。开展“设施设备清查月”活动，全面摸清技术设施设备底数，建立各类技术设施设备完整台账及影像资料库。切实加强内部建设。参加各类技术培训6次，并及时组织开展内部培训、技术演练、课题研究等工作，不断提升工作能力和水平。制作党建业务文化宣传长廊，提升单位文化形象。同时，进一步加强单位安全管理，常态化开展疫情防控等工作。

居民生活服务业

【概况】 2021年，固原市围绕市场急需紧缺家政工种，鼓励和吸引更多的劳动者从事家政服务行业，提高家政从业人员素质，满足人民群众对家政服务的更高需求。2021年，全市培训家政服务从业人员290人（新脱贫人口130名），其中，母婴护理50人、家电维修50人、家政服务员50人、养老护理员50人、烩小吃40名、林家沟村村民50人。

【家政培训】 2021年，固原市以母婴服务、家电服务、养老服务、家政服务、特色小吃等领域为重点开展家政培训。开展培训的培训机构按照“谁办学、谁负责”的原则，作为第一责任主体，对培训的真实性和培训质量承担责任。家政培训机构加大宣传力度，及时总结培训工作经验和典型事例，充分利用电视、报刊、网络、宣传栏等媒体开展广泛宣传，进一步促进家政培训提质扩容。全面推行培训信息实名制管理，实现承担补贴性培训任务的培训机构全覆盖。培训实施过程中各培训机构落实教学计划、实行学员签到点名和教案备课制度，加强培训质量监管，全面、准确、及时掌握培训情况。建立社会公开监督机制，将培训情况和补贴政策落实情况纳入家政服务业信用体系，向社会公开，自觉接受监督。培训对象对培训满意度达95%以上，培训结业合格率达100%，家政就业率达80%以上。

【家政品牌创建】 2021年，固原市鼓励培育地方家政服务品牌企业，并结合当地特色扶持一批家政服务品牌，带动家政服务行业发展。坚持按照就业需求导向培训，建立与市场的联动机制，培训机构定期收集了解市场需求和服务机构意见，适时调整完善培训内容。

【住宿业收益】 2021年，固原市商务投资促进局在做好疫情防控常态化前提下，引导住宿企业开展消费促进活动。全市住宿业实现社会消费品零售总额0.9亿元，同比增长9.4%。其中，限额以上住宿企业成为主导力量，实现营业额0.6亿元，增速10.4%；限额以下住宿企业实现营业额0.3亿元，增速7%。

【餐饮业收益】 2021年，固原市商务投资促进局举办美食节、餐饮技能大赛。培育绿色饭店2家，支持大中型餐饮企业在旅游旺季开展平价促销，拉动消费市场升级。固原市餐饮业实现营业额16.2亿元，同比增长6.8%。其中，限额以上餐饮企业实现营业额0.8亿元，增速21.5%；限额以下餐饮企业实现营业额15.4亿元，增速6.1%。

文化旅游

【概况】 2021年，固原市文化系统共有艺术表演团体557个，博物馆7个，公共图书馆6个，文化馆6个，档案馆6个。全市有线广播电视在册用户数9.11万户，广播节目综合人口覆盖率为99.66%，电视节目综合人口覆盖率为99.98%。

【文化惠民】 2021年，固原市图书馆、文化馆建成投入使用，全市6个公共文化馆成功晋级二级文化馆。改造提升文化大院20家，累计建成各类文化大院256家，原州区官厅镇文化站、西吉县硝河乡综合文化站、隆德县凤岭乡文化站等10家单位被评为全区乡村文化示范点。隆德县正观花灯工艺有限公司等3家公司被命名为2021年自治区级文化产业示范基地。完成送戏下乡335场次，开展广场文艺演出298场次。

【文化保护】 2021年，彭阳姚河塬再次被评为中国十大考古重大发现，第五次国家级非物质文化遗产代表性项目固原2项入选，宁夏固原博物馆入选全国爱国主义教育示范基地。先后举办陶器制作、剪纸、秦腔、戏曲等培训班20场次，不断加大非物质文化遗产保护传承力度。

【文艺活动】 2021年，固原市开展“过年在固原”春节系列文化活动，组织市（县、区）公共文化机构、民营院团组织开展戏曲舞蹈、小品相声、声乐器乐等优秀文艺作品线上演播。全市共举办“金牛送福迎新来 六盘大地满世春”过年在固原暨2021年网络春晚、“过年在固原”固原市精品秦腔剧目线上展演活动、春官祝福、元宵节社火等非物质文化遗产项目线上展示活动等文化活动114场次。开展送戏下乡、广场文化活动，印发《关于认真组织开展2021年送戏下乡和广场文艺演出的通知》，将全年300场送戏下乡和200场广场文艺演出目标任务分配至市文化馆以及各县（区）文化旅游广电局，以市直各单位、中央、区属驻固各有关单位联合举办的形式组织开展，带动了全市广场文化活动和其他群众性文化活动的蓬勃开展，极大地丰富了群众精神文化生活，全市全年共开展送戏下乡227场次，组织广场文艺演出110场次。

新建成的固原市图书馆

举办了庆祝中国共产党成立100周年系列文化活动，活动采取全市联动、群众参与、县(区)分别举办的形式进行，固原市5县(区)共有20余支群众队伍参加。举办固原市庆祝中国共产党成立100周年文艺晚会，多角度呈现全市各族人民在共产党领导下，从站起来、富起来到强起来的奋进历程。2021年，固原市积极向自治区文化厅申报国家艺术基金扶持项目，歌舞剧《六盘山下花正红》和眉户剧《上门财礼》顺利通过申报，两个扶持项目的剧本完成打磨提升。

【文化服务创新】 2021年，固原市以文旅融合为契机，进一步推进政府购买公共文化服务的水平，切实增强服务活力。采取政府+社会组织的形式，购买社会服务，从优秀的演艺集团和民营个人院团选拔竞聘优秀节目，参加每年的固原市春节电视联欢晚会等大型文艺演出，购买民营文艺团队开展送戏下乡和文化惠民演出，取得了良好的社会效果。投资400余万元创排的大型原创音舞诗剧《红旗漫卷六盘山》，作为宁夏回族自治区成立60周年献礼节目隆重演出，受到了中央代表团、区市领导和广大群众的广泛好评。反映脱贫攻坚工作的现代眉户剧《丁香花开》被自治区安排在全区巡演。原创声乐作品《再出发》气势磅礴，被"学习强国"平台推介。开展文化志愿者招募工作，截至2021年年底，共登记文化志愿者4500余人。

【新时代文明实践】 2021年，固原市在精神文明建设过程中，实施"移风易俗除陋习""文明创建树新风""民主法治促和谐""环境整治美家园""文化惠民助脱贫"等民风建设五大行动，使农村人居环境明显改善，乡风民风大为改观。泾源县兴盛乡新旗村探索乡村群众参与文明实践的方式，创新乡村文明实践积分卡制度，激发农民群众新动力，激发农村发展新活力。

【数字文化服务】 2021年，固原市西吉县全面实施智慧乡村"六朵云"("云+党建、党风廉政、统战、综治、文化、扶贫")服务工程。先后在县会议中心、县委、县政府、人大、政协等单位，19个乡镇政府和295个行政村全面开通了"智慧乡村六朵云"服务工程，建立了县、乡、村三级网络服务平台，实现资源共享和视频会议等服务功能，让"数据跑腿"，打破传统远程教育、办公开会、干群交流、信息应用模式，打通服务群众最后一公里。疫情防控期间，西吉县充分发挥"智慧乡村六朵云"平台视频会议功能，有效解决了基层干部参会道阻路长、信息不畅的问题，实现县级防控政策一步安排到村，实现全县防控"一盘棋"的整体部署。

【广播电视宣传】 2021年，固原市弘扬主旋律，打好主动仗，围绕奥运会、全国两会、中共二十大、自治区第十三次党代会等重要时间节点，加强广播电视宣传和行业监管，落实广播电视安全播出责任，做好全年宣传报道和安全播出工作。

公共文化

【公共文化投入】 2021年，固原市逐步确立了政府主体、社会参与、多方投入公共文化服务供给体系。按照《宁夏回族自治区"百县万村"文化扶贫广场建设实施方案》要求，建设了以"七个一"(一个文化活动广场、一个文化活动室、一个乡村大舞台、一个图书(电子)阅览室、一套文化器材、一套广播影视器材、一套体育健身器材)为标准的村级综合文化服务中心。开展389个村级综合文化服务中心建设工程，对剩余425个已具备综合文化服务中心的行政村进行"补短板"。实现了全市814个行政村综合文化服务中心全覆盖，数字宽带村村通，广播电视户户通。市委、市政府大力支持文化专项经费投入，5县(区)财政共投入4亿元建设县(区)文化馆、图书馆、博物馆；投入1亿元支持乡镇综合文化站建设；投入3.98亿元支持固原市村级综合文化服务中心建设；投入1000多万支持文化大院建设；每年安排资金组织实施"送戏下乡"、广场文化演出等文化惠民工程，开展节庆文化宣传营销活动等。

【公共文化服务】 2021年，固原市以各类群众文化活动、公益惠民演出、节庆活动、主题纪念为载体，吸引广大干部群众积极参与，营造良好的文化氛围。疫情防控期间，积极利用现代信息技术开展线上"文旅抗疫"系列活动，发动全市文化文艺骨干创作了文化艺术作品600多篇幅，其中13个(件)作品受到自治区文化和旅游厅的表彰奖励，在《文化固原》微信公众号上编辑发布抗疫宣传20期，为打赢疫情防控阻击战提供了精神鼓励。

【公共文化创新】 2021年，固原市西吉县全面实施智慧乡村"六朵云"("云+党建、党风廉政、统战、综治、文化、扶贫")服务工程。先后在县会议中心、县委、县政府、人大、政协等单位，19个乡镇政府和295个行政村全面开通了"智慧乡村六朵云"服务工程，建立了县、乡、村三级网络服务平台，实现资源共享和视频会议等服务功能，让"数据跑腿"，打破传统远程教育、办公开会、干群交流、信息应用模式，打通服务群众最后一公里。疫情防控期间，西吉县充分发挥"智慧乡村六朵云"平台视频会议功能，有效解决基层干部参会道阻路长、信息不畅的问题，实现县级防控政策一步安排到村，实现了全县防控“一盘棋”的整体部署。

【公共文化活动】 2021年，固原市着力打造春天六盘山花节、夏天梯田花儿节、秋天原野丰收节、冬天六盘冰雪节四大文化旅游节会营销活动。举办梯田花儿节，引起了宣传轰动效应，被新华社、网易新闻等多家平台进行了现场直播，光明网、中新网等155家国内知名网站推出系列报道700余篇，全国各类媒体累计阅读量达到2000万次。探索文化搭台旅游唱戏模式，在“学习强国”上推荐的“非物质文化遗产”传承项目花儿被列入自治区党校文化旅游融合精品案例。

【农村文化大院】 2021年，固原市总结创新基层文化活动方式，将文化大院创建打造成宁夏文化工作的亮点，在全区率先出台《固原市文化大院创建实施意见》。先后建设和发展秦腔大院、非物质文化遗产大院、旅游大院等各类文化大院256家（其中市级文化大院66家），拥有骨干成员3000多人，每年演出节目逾1800场次，受益群众超过20万人次。2016年来，通过大院申请、政府采购方式为其配备价值1000多万元的文化活动器材设备，市政府每年将文化大院打造提升列为政府十大民生实事之一，投入100万元长期培育打造成弥补基层公共文化服务的重要阵地。

【公共文化服务进移民新村】 2021年，固原市以创建国家“公共文化服务进移民新村”示范项目为抓手，紧紧围绕构建和完善基层公共文化服务体系，以首批24个移民新村为重点，通过建设文化阵地，贯彻全市“1+21+X”精准扶贫规划精神，促进公共文化服务标准化、均等化，圆满完成各项创建任务，创建规划落实率达100%，群众满意度达95%。

博物馆

【文物研究】 2021年，固原市博物馆组织召开学术会议，重新修订学术委员会章程，调整学术委员会成员。主持完成《中国灵武窑》初稿编撰校对工作。基本完成《宁夏西海固地区西夏遗址调查研究》课题资料收集工作，正在进行初稿撰写。开展2019—2021年（合刊）《宁夏固原博物馆馆刊》校稿工作。完成《文物天地》杂志职工文章的撰写发表工作，累计发表文章9篇。在文化月刊第十一期发表一篇名为《探索与实践——宁夏固原博物馆社会教育活动侧记》的文章。组织举办《回鹘与丝绸之路》《博物馆里的丝绸之路》等讲座5次。

【文博活动】 2021年，固原市博物馆开展线上活动，在官网和微信平台发布“闭馆不闭展　线上游固博”音频讲解馆藏文物7期，在快手、抖音平台直播展览5次。组织5·18国际博物馆日及6月13日文化和自然遗产日线上线下宣传活动。开展“瑞鼠福到·新年挂饰DIY”等教育活动11项。开展“暑期小小讲解员”活动。开展“五进”活动11次。参加“国宝讲述人（云讲国宝）——全国文博在线讲解直播推介活动”，“追寻先烈足迹”网络短视频征集活动，录制《隐形将军韩练成》短视频，参与《博物馆说》网络短视频推广活动，录制《北周鎏金银壶》短视频。抽派讲解员协助完成固原市扶贫展览讲解工作。针对青少年开展主题为“复华夏霓裳　扬民族之魂”的汉服研学活动。

【文化展览】 2021年，固原市博物馆引进《白石丹青—齐白石画展》等展览5个，联办《迎新春2021宁夏师范学院美术学院教师作品展》等展览7。推出《青铜之路—宁夏固原春秋战国时期北方青铜文化特展》赴上海嘉定博物馆、浙江嘉兴博物馆和广东鸦片战争博物馆等地展出。

【文创成果】 2021年，固原市博物馆完成改扩建前期调研课题报告的评审工作。召开宁夏固原博物馆数字化保护项目启动会，开展文物三维扫描和展厅虚拟展馆文物数据点的信息统计工作。设计具有固原博物馆文物元素的文创产品10余种。宁夏固原博物馆在第七届中原（鹤壁）文化产业博览交易会上获得最佳展览展示奖，其中，杯垫入围全国文化创意产品推介终评名单。

【馆藏文物保护】 2021年，固原市博物馆完成2019年征集文物的登记上账和卡片制作，整理文物档案共计281件组。完成《勒石遗墨—固原历代碑刻展》展前准备工作。组织征集抗疫实物资料。完成2021年文物征集工作，累计征集文物657件/组。组织两件一级文物参加苏州博物馆《黄金为尚：历史·工艺·交流》展，组织三件文物参加长沙铜官窑博物馆《驼铃·远帆——丝路遗珍特展》。参与宁夏黄河文化遗产调查，负责收集整理固原境内相关文化遗产资料。完成《青铜之路——宁夏固原春秋战国时期北方青铜文化特展》展出文物的调整，为其中锈蚀严重的77件青铜器做养护，完成修复相关的200余张病变图的绘制及修复档案的整理编写。重新梳理“隋史射勿墓壁画保护修复项目”壁画表面失效材料的清洗及后续工作，提出新的方向和计划。定期对库区及展出文物开展常规巡查，填写日常养护记录，定期维护实验室设备。协助宁

博物馆汉服展演

夏文物考古研究所完成库房文物搬移、拍照、绘图等工作。协助拍摄鎏金银壶、田弘墓五枚拜占庭金币、玻璃碗、陶尖底瓶、动物纹金扣饰等。

【安全保障】 2021年，固原市博物馆加强安全检查，强化巡查督导。更换外围周界160米对射线，红外对射报警2只、库房室外监控控制箱、监控室部分灭火器等。闭馆期间，24小时轮岗，对展厅两天全面巡查1次，确保展厅文物安全。开馆前，进行两次消防安全演练和一次疫情防控演练，组织相关部室开展消防逃生演练。开展三年安全生产隐患整治和能力提升工作。成立宁夏固原博物馆安全专项整治三年行动领导小组，确保博物馆安全生产三年专项整治行动有序推进，取得实效。邀请固原市公安、消防、特设、卫生四部门专家督导检查安全生产工作，全面查清安全领域存在的突出问题和重大隐患。针对检查出的隐患问题及整改落实情况进行认真梳理归档。

【文化扶贫】 2021年，固原市博物馆为定点帮扶村寨科乡北垴村农户送去价值6万余元的种子和化肥，帮助农户做好春耕工作。针对未脱贫的5户，每户补助价值2000元的羊只。帮扶责任人不定期下乡入户。完成下半年扶贫手册的填写，制定填写2021年明白卡，完善所有建档户归档资料。接受海原县的交叉检查考核验收。

非物质文化遗产传承与保护

【概况】 2021年，固原市积极开展非物质文化遗产自查、调研工作，对全市传承人、传承项目、传承基地开展保护传承情况进行核实。通过举办固原市非物质文化遗产项目剪纸传承人培训班、刺绣传承人培训班等，推动非物质文化遗产传承与保护开发。截至2021年年底，固原市非物质文化遗产传承与保护存续状况完整的项目有225项，项目传承人554名。现有国家级代表性项目6个（杨氏家族泥塑、高台马社火、固原砖雕、泾源民间故事，六盘山区春官送福、固原传统民间建筑营造技艺2项已经公示）、自治区级代表性项目32个、市级代表性项目55个、县级代表性项目132个；国家级代表性传承人3人、自治区级代表性传承人63人、市级代表性传承人152人、县级代表性传承人336人；国家级非物质文化遗产生产性保护示范基地1个，自治区级保护传承基地23个，自治区级扶贫就业工坊5个。

【非物质文化遗产传承与保护开发】 2021年，固原市开展非物质文化遗产自查、调研工作，对全市传承人、传承项目、传承基地开展保护传承情况进行核实，形成较为完善的非物质文化遗产档案资料库；国家、自治区、市、县（区）四级非遗代表性项目和代表性传承人名录体系建立健全；采取多种措施支持传承人开展传承、传播活动，非遗传承人恪尽职守，积极履行传承人义务。

【非物质文化遗产传承与保护传承】 2021年，固原市通过推动非物质文化遗产传承与保护产品产业化开发，打造成文化旅游产品，助力脱贫攻坚、乡村振兴工作。积极探索"非遗＋扶贫""非遗＋旅游"模式，支持建立特色鲜明、示范带头作用明显的非遗扶贫就业工坊，被自治区文旅厅命名的扶贫工坊有5家，较好地发挥了非物质文化遗产传承与保护在助力脱贫攻坚和推动乡村振兴中的作用。通过非物质文化遗产传承与保护带动，解决稳定就业1000余人，零时用工2000余人，辐射带动1000余户。非物质文化遗产传承与保护传承项目固原砖雕（魏氏砖雕）在产业开发中发展壮大，培养非遗传承人10名，吸纳本地35名劳动力就业，人均年收入近3万元。非物质文化遗产传承与保护传承项目杨氏家族泥塑在传承保护和交流创新中发扬光大，共培养非物质文化遗产传承与保护传承人16名，收徒传艺60多人，吸纳工艺、工程从业人员100多人，在银川、固原、石嘴山、吴忠、宝鸡、平凉等周边地市累计完成传统泥彩塑、现代园林雕塑等270余尊，完成彩绘逾1000平方米。泾源县不断整理、充实非物质文化遗产传承与保护传承项目泾源民间故事，拉网式走访，普查登记、搜集整理全县4乡、3镇、96个行政村，走访260余位老人，现场录音、摄像超过200GB，保存照片4000余张，搜集民间故事600余篇。非物质文化遗产传承与保护传承项目高台马社火保护传承呈现良性发展态势，随着民众对传统文化和民俗文化的高度重视，高台社火展演成为了固原春节期间民俗表演的特色项目，高台马社火已走进景区，为发展乡村文化旅游助力，并且传承展示地域在不断扩大。

【非物质文化遗产保护机构建立】 2021年，固原市依照《中华人民共和国非物质文化遗产法》中关于非遗保护管理机制的有关要求，分别在市、县（区）两级的文化馆中设立非遗保护中心，各级文化馆馆长兼任非遗保护中心主任，并由部分馆员兼职非遗中心工作，全市从事非遗保护的专（兼）职工作人员有12名。

【非物质文化遗产传承与保护法律宣传】 2021年，固原市各级文化馆均布置非物质文化遗产传承与保护展示厅，将辖区内代表性项目集中展示，免费对外开放，将其建成宣传《非物质文化遗产法》、展示非物质文化遗产传承与保护成果的重要阵地。市、县（区）结合实际举办非物质文化遗产传承与保护项目剪纸传承人培训班、刺绣传承人培训班、花儿传承人培训班等，在培训班上专门安排《非物质文化遗产法》课程，进行讲解普法。充分利用6月份"文化遗产日"和12月份"国家宪法日"，面向城乡群众及非遗传承人群，利用电视、广播、报刊、网络等媒体宣传，通过专题展板、悬挂张贴宣传横幅和标语、发放宣传资料等方式，推动《非物质文化遗产法》宣传普及，推动非遗保护开发。

固原市市级以上非物质文化遗产代表性项目名录

级别	批次	项目名称
国家级（5批共6项）	第一批（2项）	杨氏家族泥塑、高台马社火
	第二批（无）	
	第三批（1项）	泾源民间故事
	第四批（1项）	砖雕（固原砖雕）
	第五批（2项）	固原传统建筑营造技艺、春节（六盘山区春官送福）
自治区级（6批共53项）	第一批（13项）	器乐（口弦）、泾源踏脚、民间绘画（隆德）、杨氏家族泥塑、剪纸（隆德）、刺绣（隆德）、草编、高马台社火、六盘山九龙莲花池祭祀民俗、砖雕（隆德）、民间篆刻、泾源方棋（扩展项目）、皮影（扩展项目）
	第二批（11项）	泾源民间故事、西吉社火春官词、泾源赶牛、砖雕（隆德魏氏家族砖雕）、砖雕（西吉民间砖雕）、木雕（西吉民间木雕）、隆德民间社火脸谱、六盘山抟土瓦塑制作技艺、纸织画、隆德民间祭山、山花儿（扩展项目）
	第三批（9项）	隆德县许川地摊戏、秦腔、吆逐、打毛蛋（打鞄牛）、阿文书法、赵氏木板雕花技艺、隆德县高跷、西吉民间动力歌、民间社火（扩展项目）

续表

级别	批次	项目名称
自治区级（6批共53项）	第四批（7项）	地摊戏、打毛蛋（打鞄牛）、吆逐、阿文书法、赵氏木板雕花技艺、固原传统建筑营造技艺、刺绣（扩展项目）
	第五批（3项）	泾源素陶烧制技艺、固原针灸（固原李氏针灸）、剪纸（泾源）
	第六批（10项）	马氏活血祛瘀膏（复元散）制作技艺、宋氏截治疗法、“南味居”传统糕点、崔氏醪糟制作技艺、原州区古城硬花活、金糜子酒酿造技艺、九碗十三花制作技艺、隆德花灯制作技艺（扩展项目）、麦芽糖制作技艺（扩展项目）、秦腔（扩展项目）
市级（4批共56项）	第一批（25项）	泾源民间故事、泾源踏脚、泾源方棋、泾源赶牛、山花儿、器乐（口弦）、民间绘画、民间篆刻、杨氏家族泥塑、砖雕（固原砖雕）、木雕（西吉民间木雕）、六盘山抟土瓦塑制作技艺、泥塑彩绘脸谱、原州区古城硬化活、剪纸、刺绣、纸织画、草编、西吉民间劝力歌、西吉社火春官词、高马台社火、皮影、戏曲脸谱、六盘山九龙莲花池祭祀民俗、隆德民间祭山
	第二批（5项）	山花儿、彭阳鼓乐、赵氏武术、固原针灸（固原李氏针灸）、民间社火
	第三批（12项）	打毛蛋（打鞄牛）、泾源素陶烧制技艺、隆德许川眉户剧、吆逐、苏家连接棍、阿文书法、玻璃画制作、赵氏木板雕花技艺、固原传统建筑营造技艺、纺线、剪纸、刺绣
	第四批（14项）	打胡墼、泾源小曲戏、麦芽糖制作技艺、泾源蒸鸡、九碗十三花制作技艺、木雕（西吉民间木雕）、宋氏截治疗法、民间知识中医药、金糜子酒酿造技艺、崔氏醪糟制作技艺、隆德花灯制作技艺、德馨楼—传统菜系、“南味居”传统糕点、秦腔（扩展项目）

固原市市级以上非物质文化遗产代表性传承人名单

级别	批次	传承人	
		姓名	传承项目
国家级（6人）	第一批（2人）	张明星	山花儿
		杨栖鹤	杨氏家族泥塑
	第五批（4人）	卜文俊	砖雕（固原砖雕）
		杨佳年	杨氏家族泥塑
		马凤章	砖雕（固原砖雕）
		梁尔敦	高台马社火
自治区级（5批74人）	第一批（10人）	杨栖鹤、杨佳年	杨氏家族泥塑
		吴丽霞	草编
		张明星、李凤莲	山花儿
		靳守恭	民间绘画
		虎凤英、冯琴花	刺绣
		马荣堂	泾源踏脚
		张　炜	剪纸
	第二批（19人）	温生科	民间器乐制作
		吕秀峰、马成福、马占昌、马少云、赵福朝	山花儿
		李光辉	泾源踏脚
		安维善、谢科选、	皮影
		王玉秀	民间绘画
		姚占桂	刺绣
		杨贤龙	杨氏家族泥塑
		梁尔敦、党国智	高台马社火
		陈连科	六盘山九龙莲花池祭祀民俗
		杨志忠	木雕（西吉民间木雕）
		魏世祥	砖雕（隆德魏氏家族砖雕）
		苏维童	隆德民间社火脸谱
		张忠智	隆德民间祭山

续表 1

级别	批次	传承人	
		姓名	传承项目
自治区级（5批74人）	第三批（21人）	马志学、马得荣、张　滢	山花儿
		辛昌盛	隆德县高跷
		杜学明	秦腔
		马军文	泾源踏脚
		于明付	泾源赶牛
		马金玉	泾源方棋
		张淑芳、兰元宝、王生贵、于淑琴、张金霞	剪纸
		刘成香、卜喜兰	刺绣
		卜文俊	砖雕（隆德魏氏家族砖雕）
		马凤章	砖雕（西吉民间砖雕）
		吕具生	民间绘画
		朱小平	六盘山抟土瓦塑制作技艺
		张国勤	高台马社火
		王汉军	西吉社火春官词
	第四批（7人）	于清海	泾源民间故事
		禹明江、苏正合	山花儿
		杨贤雄	杨氏家族泥塑
		赵荣	赵氏木板雕花技艺
		崔仁	原州民间古建筑技艺
		梁鸽飞	高台马社火
	第五批（17人）	施满义、叶秀丽	刺绣
		魏凤萍	砖雕（固原砖雕）
		马振仁	原州民间古建筑技艺
		杨志仓	剪纸
		杨彩兰、漆效文、姚治富	泾源民间故事
		李治明	泾源素陶制作技艺
		杜安吉	秦腔
		马凤山	山花儿
		李　征	固原针灸（固原李氏针灸）
		胥劲军	西吉社火春官词
		吴　勇、马文付	泾源踏脚
		于全明	泾源方棋
		曹志勤	皮影
市级（3批155人）	第一批（5人）	吕秀峰	山花儿
		雷红霞	纸织画
		卜文俊	砖雕（隆德魏氏家族砖雕）
		张淑芳、于淑琴	剪纸
	第二批（共98人）	马宣祖、李玉强	阿文书法
		马成福、马志学、马凤山、丁成彪、徐爱琴、马得荣、张　滢、马占昌、禹明江、孙双玲、苏振和、李凤莲、马少云、李淑霞、吕　砾、	山花儿
		马振仁、崔　仁	原州民间古建筑技艺
		刘成香、叶秀丽、姚占桂、马　兰、白月英、马女子、安周玲、柳秀梅、卜喜兰	刺绣
		赵　荣	赵氏木板雕花

续表2

级别	批次	传承人	
		姓名	传承项目
市级(3批155人)	第二批(共98人)	朱小平	六盘山抟土瓦塑制作技艺
		唐永祥	原州区古城硬化活
		田再茂	玻璃画制作
		李　征	固原针灸(固原李氏针灸)
		梁　云、张国银、谢科选、李　岐、安维汉、曹志新	皮影
		赵　谦	纸织画
		袁金梅、刘克斌、张金霞、姚治富、王生贵、兰元宝、张丽娟、马彦莲、李银德、杨志仓、虎凤英	剪纸
		吴丽霞	草编
		于清海、李元发、马兴民	泾源民间故事
		温生科	民族器乐制作
		马金玉、于全明	泾源方棋
		于明付、王文清	泾源赶牛
		马荣堂、李光辉、马军文、吴　勇、马文福	泾源踏脚
		辛昌盛	隆德县高跷
		梁尔敦、梁鸽飞、党国智、张国勤	高台马社火
		杜学明、杜安吉	秦腔
		赵世荣	隆德打台戏
		陈　鳌	许川眉户剧
		赵世雄	赵氏武术
		李建功	吆逐
		吕　剑	叭喇鞭
		杨栖鹤、杨佳年、杨贤龙、杨贤雄	杨氏家族泥塑
		靳守恭、吕具生、李彦虎、赵志英	民间绘画
		张　玉、张喆生	民间篆刻
		苏维童	苏氏脸谱
		马凤章	砖雕(西吉民间砖雕)
		陈连科	六盘山九龙莲花池祭祀民俗
		魏凤萍	砖雕(魏氏家族砖雕)
		王常明、张忠智	隆德民间祭山
		司效堂、王汉军、胥劲军、张福荣	西吉社火春官词
		杨志忠	木雕(西吉民间木雕)
	第三批(52人)	李治俊、罗玲娜、郭霞、张岁英、柳小娟	秦腔
		张志勇、谢强军	木雕(西吉民间木雕)
		拓淑容、杨国权、李转能	剪纸
		吕　亮、杨　雪、马而利、于凤梅	山花儿
		别建军	“南味居”传统糕点
		崔振民	崔氏醪糟制作技艺
		高玉亮	德馨楼—传统菜系
		胡伟容	固原传统建筑营造技艺
		田晓宾	古建彩绘

续表3

级别	批次	传承人	
		姓名	传承项目
市级(3批155人)	第三批(52人)	曹佰渊	金糜子酒酿造技艺
		宋　和	宋氏截治疗法
		马凌晓	民间中医知识
		姚治富、漆效文、杨彩兰、刘成才	泾源民间故事
		马发勤、田慧君、施满义、褚广兰	刺绣
		冶德玉	泾源蒸鸡
		马玉良	麦芽糖制作技艺
		马凤有	泾源踏脚
		童福成	泾源赶牛
		王小林	打毛蛋(打牠牛)
		者喜红	泾源方棋
		李　华	泾源小曲戏
		计永平	九碗十三花制作技艺
		翟士刚、张金虎	西吉社火春官词
		杨贤麒、程建平	杨氏家族泥塑
		高银燕、魏亚龙、马覆平	砖雕(隆德魏氏家族砖雕)
		曹思鸿	泥塑
		张宏益	皮影
		陈慧敏、赵永龙	高台马社火
		苏红章、杨雪峰	隆德花灯制作技艺
		李治明	泾源素陶烧制技艺

固原市历史建筑保护名录

编号	城市名称	建筑名称	所在位置(门牌号)	建筑面积(平方米)	建筑年代	历史建筑简介
1	固原市	无量殿	东岳山	30	1903年	无量殿地处东岳山绝顶“铁绳岭”,相传1522年蒙古国进攻中原时,时任总兵刘义在东岳山顶修建了一个墩,起名叫“镇虏墩”,意思是镇住蒙古人的入侵。这个墩自下而上的36级台阶,呈60度斜角,两侧有铁链扶手,人扶着铁链才能上去,故而民间称为“铁绳岭”。1903年,武卫后军统领、甘肃提督董福祥回归故里后,捐银600两在墩上修建了无量殿,成为东岳山上的瞭望台。
2	固原市	固原剧场	南关路304号	780	1965年	固原剧场建于20世纪60年代,极具时代特色,作为固原市硕果仅存的老建筑,在老一辈居民心中有一定地位,剧场吸收古城墙设计元素,建筑风格独特。

续表1

编号	城市名称	建筑名称	所在位置（门牌号）	建筑面积（平方米）	建筑年代	历史建筑简介
3	固原市	玉皇阁	东岳山	120	1982年	从唐代起，东岳山上就开始兴建佛教与道教寺院。明代又进行了大规模的重建和修葺，使东岳山形成了“九台十八院，七十二座大殿”的宏大建筑群，成为远近闻名的一座文化名山。1982年以后，随着党的宗教政策的进一步落实，东岳山玉皇阁得以在原址重建，玉皇阁作为固原少有的道教建筑，具有一定的代表性。
4	固原市	西湖公司八角塔	西湖公园内	8	1944年	西湖公园八角塔于1944年由国民党陆军中将高桂滋驻防固原时修建。该建筑为实心砖砌塔，建在固原古城墙内城墙遗址上，2013年固原市住建部门对塔进行了修葺。
5	固原市	固原博物馆	西城路西侧	11256.03	1988年	固原博物馆建成于1988年，隶属自治区文化厅，位于固原市城区中心，是一座历史文物征集收藏、科学研究、陈列、宣传、教育于一体的综合性省级博物馆，是全国重点博物馆，占地面积4万多平方米，建筑面积11256.03平方米，由陈列区、办公区和生活服务区三部分组成，整个建筑古朴典雅、色泽庄重、风格鲜明，已成为固原市的一个亮点，也是展示固原古代历史文化和进行爱国主义教育的重要阵地。

揭秘彭阳姚河塬商周遗址

3月26日，“中国社会科学院考古学论坛·2020年中国考古新发现”公布，宁夏文物考古研究所主持发掘的彭阳姚河塬西周遗址入选。这是姚河塬遗址继荣获“全国十大考古新发现”“田野考古二等奖”之后，第三次获得学术奖项的考古项目。

姚河塬遗址位置及发掘经过

彭阳县历史悠久，文物遗存丰富，通过考古发现早在3万年左右的旧石器时代，先民们就在红河、茹河流域繁衍生息，新石器时代的文化遗存更加丰富多彩。隋唐考古出土波斯萨珊银币，印证了该区域是古代丝绸之路的一个重要通道。

20世纪80年代，固原孙家庄西周早期墓葬的发掘，以及在彭阳新集一带出土的零星文物，初步揭示周人约在西周早期可能已涉足陇山，姚河塬遗址的发掘则进一步证明周王朝对这一地区实施了有效的统治和管理。

姚河塬遗址位于彭阳县新集乡，地处李儿河和小河、大河切割形成的黄土台塬区的东部，整体呈西北高东南低的缓降地势。2017年4月，宁夏文物考古研究所组织陕西省考古研究院、甘肃省考古研究所、西北大学、北京科技大学等8家单位在彭阳县红河流域开展区域系统考古调查过程中发现了该遗址，面积约92万平方米。

2017年4月开始，宁夏文物考古研究所对该遗址进行了全覆盖式钻探和有针对性地发掘。大致厘清了遗存分布状况。发掘面积近6000平方米。发现墓葬区、作坊区、壕沟、墙体、路网、渠池系统等。现已发掘

航拍发掘现场

墓葬、马坑、车马坑、祭祀坑及其他。出土青铜车马器有軏、衡末饰、轴饰等。另有玉璧、柄形器、鱼、蝉、螳螂等玉器，骨器有象牙梳、象牙杯、骨簪等，另发现数量丰富的蚌器等。

姚河塬遗址考古工作理念

因在姚河塬遗址发现有被盗的古墓葬，宁夏文物考古研究所遂报请国家文物局批准，开始组建考古队进行抢救性清理发掘。为了获取更科学的考古资料，考古队自觉运用课题意识指导发掘工作，不只为了抢救一些墓葬的文物，而是针对墓葬与居址、聚落与区域文化的关系、人地关系而展开，故在对墓地进行勘探发掘的同时，又组织调查队对遗址及小流域进行了细致的区域系统调查，并按大遗址聚落（采邑）考古的方法对遗址内的重要功能区进行了有计划地钻探和了解。

邀请国内外商周考古领域著名的专家常驻考古工地，指导考古发掘工作，并在工地开展《周王朝西土的考古学观察》《宁夏南部的夏商周遗存》等与遗址相关的讲座10余场，对考古人员认识该区域和姚河塬遗址的文化内涵等具有指导意义。

发掘过程中，宁夏文物考古研究所还邀请了国内环境、动植物、冶金、测年、文保、三维扫描等方面的专家，开展多学科合作。特别是商周考古专家张天恩先生长期住在工地指导发掘工作，保证了发掘的科学性。

姚河塬考古队近年持续对铸铜作坊区进行了发掘，鉴于商周考古发现中铸铜遗存较为罕见且具有极高的学术价值，2020年年初，即着手准备相关资料，并将2017—2018年铸铜作坊区的发掘成果发表于《考古》学术期刊2020年第10期。11月，接到中国社会科学院考古研究所“中国社会科学院考古学论坛·2020年度中国考古新发现”评选活动的通知之后，宁夏文物考古研究所高度重视，积极准备、完善汇报材料。经中国社会科学院考古专家组成员投票遴选，姚河塬遗址从14个项目中脱颖而出，荣获“2020年中国考古新发现”殊荣。

姚河塬遗址考古工作重要收获

发现一座西周文化早期城址，大致厘清了城内布局。在遗址区西侧发现一段夯土墙，其性质应为城墙。紧邻夯土墙外侧，发现有壕沟，应为护城河。经钻探、调查可知，遗址东北部为墓葬区。墓葬区南边为铸铜作坊区和制陶作坊区。在遗址东南部，发现3条道路和水网。除周原遗址外，以往在西周文化聚落中，基本不见如此规模的水网系统。姚河塬遗址道路网和水网系统的发现，将有助于该遗址聚落结构的深入研究。

发现并发掘了诸侯级带墓道大墓。墓葬分为大、中、小型三类。大墓包括两座带墓道的“甲”字形大墓。墓内有殉人和殉牲，出土完整的牛，或是牛、马、羊等。墓室存有拆卸的车辆。墓主应是西周诸侯级别。这是在西北地区，首次发现的西周诸侯国国君级别的带墓道大墓。已发掘大墓的形制奇特，或在墓室口部，或在墓道两侧，发现一条通道，与大墓侧旁的中型墓葬相连。这是以往在西周文化墓葬中从未发现过的独特葬俗。

出土文物种类丰富。姚河塬遗址虽遭盗掘，但出土文物种类丰富，涵盖了各个方面。姚河塬遗址也是目前所知最西北的原始瓷器出土地，有瓿、罐等器类，应当来自东南沿海地区，是远距离长途贸易的结果。还出土了一些青铜器。出土的玉器与中原地区差别不大。但值得说明的是，还出土了费昂斯珠、玛瑙珠等可能与更西边有关系的遗物。出

工作中的考古队员

土的象牙制品做工非常精美。

发现并发掘了一处铸铜作坊。经钻探和发掘，发现的遗迹有水池、储泥池、烘范窑、道路、灰坑等遗迹。灰坑中出土大量陶范，可分为容器范、车马器范、工具范。与铸铜有关的遗物，主要有炼渣、炉壁、范泥、鼓风嘴（管）、铸铜工具等。从发掘结果可以肯定，这是一处西周文化的铸铜作坊。以往发掘的西周文化的铸铜作坊较少，主要集中在周原、洛阳成周等王畿之地，全国总计不超过5处，其他地区虽见陶范，但没有发掘到铸铜作坊。姚河塬遗址铸铜作坊，是目前所知西周早期位置最西北的一处。该作坊的发掘将有助于西周铸铜技术体系及铸铜业的深入研究，更是目前西周铸铜业中心与边缘对比研究中难得的资料。

发现了西周甲骨文。在一块卜骨和一块卜甲上，发现了西周甲骨文56字。特别指出的是，刻辞均系微雕，刻辞20多字。姚河塬西周甲骨文发现的意义在于：是继周原凤雏遗址之后，全国第二处微雕甲骨文发现地；是目前西北地区唯一发现西周甲骨文之地；甲骨文完整刻辞35字，是继周公庙单片刻辞37字之后目前所发现的第二块刻辞甲骨；卜骨、卜甲两块加起来大约55字以上，并且出现了多个原来不曾

出土过的单字，增加了西周甲骨文的单字数量；墨书、涂朱的特征有殷墟甲骨文的遗风。

专家评委们认为，姚河塬遗址内涵丰富，包含仰韶时期、常山下层、晚商、刘家、先周、西周和战国秦汉等多时代遗存和文化类型。特别是商周时期的文化遗存更具代表性。商代晚期遗存含有刘家、中原、寺洼等地文化因素，说明晚商时期这里已经是一处具有多文化杂居的中心性遗址，而不是一处单纯的土著遗存，该遗址与中原商文化有直接或间接的联系。西周早中期这里显然已经成为一处西北边陲的都邑性遗址。不仅发现了数座带墓道的诸侯级墓葬，而且发现了铸铜手工业作坊，还发现了甲骨文，这些发现不仅说明这里是一处政治中心，更重要的是，这一发现为研究晚商到西周时期中原王朝与西北边陲的关系提供了全新的重要资料。

2020年度发掘铸铜作坊区，出土陶模、陶范、泥芯、鼓风嘴、坩埚、炉壁、熔铜渣、骨器、石器等一系列铸铜相关遗物，整个铸铜遗址操作链基本完整。该作坊是目前已知最西北的铸铜作坊，也是西北地区首次发现的铸铜作坊遗址，必将有助于西周铸铜技术体系及铸铜业的深入研究，更是目前西周铸铜业中心与边缘对比研究中不可或缺的珍贵资料。

姚河塬遗址的学术价值

姚河塬是宁夏南部及泾水上游地区首次发现的一处大型西周遗址，功能结构复杂的聚落形态、带墓道的高等级墓葬、掌握高技能工艺的铸铜作坊，出土的青铜器、玉器、瓷器、象牙器等珍贵文物，以甲骨文为代表的特殊文化产品，都显示其绝非普通居址，而可能与关中的周公庙、孔头沟，北京房山董家林等遗址一样，属于西周大臣的采邑或分封诸侯国所在，即为一个西周封国的都邑遗址。虽不见于史书的记载，但并不影响这一发现的重要性，反而弥补了文献不足，提供了西周王朝对西部疆域的管理与东方地区一样，采用的也是“分封诸侯，藩屏王室”模式。

遗址内发现的较多刘家文化类遗存，以及先周文化、殷商文化、寺洼文化因素等遗物，反映了商周之际宁夏南部地区出现过复杂的人群转换及文化变迁，成为研究陇山地区与相关区域考古学文化交流和联系的重要线索。

另外，遗址发现的费昂斯珠、玛瑙珠、玉器、瓷器等可能通过赏赐、贸易、交换等方式传播到该区域，乃至后来北周隋唐时期的波斯萨珊金银币，都印证了该区域是古代丝绸之路交流的孔道，这种远早于丝绸的贸易品在欧亚大陆的广泛传播为带动欧亚贸易交流作出了贡献。

因此，姚河塬遗址的考古发现，必将成为近年商周考古的重大发现之一。

在此基础上，后续的考古工作继续保持明确的课题意识，科学规划，多省区联动，多学科合作，深化既定的“一处大型遗址发掘、一片区域考古调查、一组序列遗址试掘”的田野考古工作技术路线，突出商周边缘文化区形成、社会复杂化历程及区域文明起源模式的探索，开创商周区域考古研究的新局面。

该遗址的考古发掘对了解西周国家的政治格局、周王朝与西北边陲地区的关系提供了珍贵的新资料。这一研究课题的实施，将会极大拓展中国早期文明的综合研究，同时对深化中国早期文明形成的过程与格局，推动中华文明探源工程走向深入具有深远意义。

工作中的考古队员

姚河塬遗址发现的青铜器

固原市委党史研究室

【党史书刊汇编】 2021年，固原市委党史研究室以建党百年为契机，以党史学习教育为动力，市委党史研究室努力推进地方党史正本编研工作。一是推进《中国共产党固原历史第三卷(1978—2012)》编撰工作。目前已经编撰形成《固原改革开放史专题汇编》(第一、二、三辑))3本党史基础资料书稿约80万字，编撰形成《中国共产党固原历史第三卷(1978—2012)》书稿近50万字。二是推进改革开放史研究，编辑出版《宁夏固原人大工作改革与发展史研究》《宁夏固原政协工作改革与发展史研究》两本党史专题。三是记好“红色家谱”，编辑出版《中国共产党固原历史大事记(2020年)》，同时收集记录2021年市委重大决策部署、重要活动和重大工作进展情况，留存地方党的历史新篇章。四是配合宁夏党史重大课题调研组对“单家集夜话”“将台堡胜利会师”“红军长征翻越六盘山”等固原红色资源深度挖掘整理，目前编撰形成了《将台堡会师——标志着红军长征胜利结束》《西征红军在固原——固北、固原、静宁三个县委的建立》两篇文稿。五是及时跟进，搜集整理固原抗击新冠肺炎疫情资料，系统梳理和记录地方疫情防控的重要活动、重大事件，记录好党中央疫情防控的重大决策部署在固原的具体实践，编写固原抗疫工作综述。六是按照中共中央党史和文献研究院、自治区党委党史研究室的安排部署，立足新时代党史和文献工作新阶段新任务，结合固原党史和文献工作实际，起草编制《固原党史和文献工作规划(2021—2025年)》，为下一个五年的党史和文献工作提供指导。

【党史学习教育】 2021年，固原市委党史研究室深入挖掘地方党史资源，依托各类平台，讲好固原经典红色故事。一是根据市委党史学习教育领导小组办公室要求，在全市范围内命名了16家固原党史学习教育基地；积极配合全区党史学习教育基地命名与挂牌工作，推荐泾源县杨岭村史馆为第二批宁夏党史学习教育基地，充分发挥革命遗址和纪念场馆在党史宣传方面的重要作用。二是积极主动接受新华社(网)、人民网、《解放军报》《经济日报》《科技日报》《中国妇女报》《共产党人》及宁夏广电新闻中心、固原市新闻传媒中心等媒体采访，梳理线索，提供红色史料，现场讲解，扩大固原红色历史宣传覆盖面。三是以地方党史读本和固原党史网为载体，面向全市机关单位、农村、中小学校及各媒体报社记者和各界党史爱好者提供了最接地气的地方党史读本，更新党史网站12期，推送党史知识，宣传党的光辉历史。四是积极参加各级各类征文活动，其中5篇在《宁夏党史研究》《宁夏史志》《宁夏工作研究》《固原日报》刊发，有1篇获自治区“庆祝中国共产党成立100周年”理论征文二等奖，有3篇分别获得宁夏延安精神研究会理论征文一等、三等和优秀奖，有3篇分别获得宁夏老年大学理论征文二等和三等奖。

【党史队伍建设】 2021年，固原市委党史研究室一是按照“政治坚定、业务精湛、能写能讲、形象良好”的标准，抓好班子，带好队伍。坚持把学习贯彻习近平新时代中国特色社会主义思想主题教育作为首要政治任务，强化理论武装，严格落实集体学习制度，用好“学习强国”“宁夏党员干部教育学院网”等学习教育平台，进一步增强“四个意识”、坚定“四个自信”、做到“两个维护”，推动固原党史和文献工作高质量发展。二是学用结合，认真开展党史研究室党史学习教育。把开展党史学习教育作为贯穿全年的重大政治任务，深入学习贯彻习近平总书记在党史学习教育动员大会上的重要讲话精神，按照中央和区、市党委安排部署，扎实开展党史学习教育。开展集体学习60次，专题研讨12次，开展主题党日12次，讲党课5次，“我来讲”10次，举办读书周活动2次。三是坚持从严治室，始终把全面从严治党政治责任扛在肩上、抓在手中，进一步制定完善《市委党史研究室网络安全责任制考核管理办法》等管理制度，强化内部管理，严格制度执行，营造风清气正、团结和谐的政治生态，推进全面从严治党融入党史工作各个环节和全过程。四是积极参加结对帮扶村和结对共建社区活动。讲党课3次，送党史书籍2次，志愿服务活动6次。

【服务全市党史学习教育干部培训】 2021年，固原市委党史研究室党史学习教育开展以来，市委党史研究室认真履行全市党史学习教育成员单位职责，积极配合做好全市党史学习教育。一是组织编辑《中国共产党固原历史知识100问》《固原红色故事读本》《中国共产党固原百年历史大事记》等3本党史学习教育读本，形成送审样书提交党史学习教育办公室；编辑出版了《中国共产党固原历史上的100个第一》。积极协调联络，申请中共党史出版社委托印刷公司重印《中国共产党固原历史》(第一卷、第二卷)2000套，为党史学习教育提供地方党史学习教育资料。二是室班子成员作为市委党史学习教育、习近平总书记“七一”重要讲话精神等宣讲团成员，备好《学党史、知党情、感党恩、跟党走》《铭记革命历史传承红色基因》等10堂专题党课，应邀为各县(区)、宁夏六盘山干部学院主体班、市直机关单位、农村和社区等宣讲55场(次)。成立固原市党史故事宣讲团，组织党史特邀研究员和各县(区)党史工作人员精心备课，分别在各县(区)、六盘山红色景区宣讲160场(次)，提升了党员干部学党史、悟思想的党性自觉和办实事、开新局的实践自觉。三是联合市委宣传部、市委组织部、市新闻传媒中心举办全市“学党史·感党恩·跟党走”党史知识竞赛活动，通过初赛、复赛、决赛三个环节，评选出集体奖和个人奖，检验了党史学习教育成果，达到了以赛促学的效果。组织力量，为全市党员领导干部命制党史知识测试卷，检验党员干部学习成效。四是与市属主流媒体合作开设宣传专栏，推介固原“红色故事”。由市委党史研究室提供历史素材、媒体整理编辑，在《固原日报》开设了《星火六盘》专版，分《固原党史大事记》《红色故事》《英雄烈士谱》三个专栏，共发行18期。在固原电视台开设《奋斗百年路 启航新征程 六盘红色记忆》专题报道，以鲜活生动的形式宣传固原红色历史，增强了党史学习教育的吸引力和感染力。五是修订完善《固原市地方党史作品审读办法》，进一步明确审读责任和程序，认真做好地方党史审读工作。

【固原党史学习教育基地】

原州区(3处)

红军长征青石嘴战斗纪念碑

赫光纪念馆

彭堡镇姚磨村

西吉县(3处)

将台堡红军长征会师纪念园

单家集革命旧址

将台堡镇明台村

隆德县(2处)

六盘山红军长征纪念馆

城关镇杨店村

泾源县(2处)

老龙潭革命烈士陵园

大湾乡杨岭村

彭阳县(6处)

小岔沟毛泽东长征宿营地旧址

乔家渠毛泽东长征宿营地旧址

任山河烈士陵园

中共固原县委旧址

小岔乡党史教育馆

彭阳县博物馆

固原市地方志研究室

【概况】 2021年，固原市地方志研究室紧紧围绕“三书一鉴一刊一馆”重点业务工作，全面推动地方志工作高质量发展。强化服务职能，积极开展地方志文化宣传周活动，组织开展“学党史 感党恩 跟党走——方志文化宣传周”活动。制作播放影像片《水墨六盘 魅力固原》。积极挖掘固原地方志资源，拍摄制作《水墨六盘 魅力固原——固原地方志：一条奔腾不息的文明之河》影像片。影像片通过《今日固原》客户端播放后，得到了地方志系统和广大干部群众的好评，浏览量超过2万次。5月18日，开展以“奋斗百年 志鉴固原”为主题的“5·18地方志宣传日”活动，发放方志宣传袋500个、《地方志工作条例》彩页2000多份，循环播放地方志宣传片音频。推送宣传短信3万余条；向广大市民赠送志书和党史书籍2000余册。提供业务咨询50余人(次)。开展地方志进机关、进社区、进校园、进农村、进企业“五进”活动。向市直各部门(单位)、中小学校和社区、村组，发放《固原史志》《固原年鉴》等志、鉴书籍8000册，手提袋2000个，固原地图500份。

【《固原扶贫志》出版】 2021年，在中国地方志领导小组、自治区地方志办公室和固原市委、市政府的部署安排下，《固原扶贫志》于10月出

版发行。《固原扶贫志》同时被中国地方志指导小组确定为“中国扶贫志编纂试点，为全国各地扶贫志的编纂探索路子、积累经验、提供借鉴”，并在2021年全区地方志考评中荣获创新奖。

【《固原年鉴2021》出版】 2021年12月，由固原市地方志研究室组织编纂的《固原年鉴(2021)》出版发行。全书共设特载、专载、大事记等类目35个、分目157个、条目1159个。全书以马克思列宁主义、毛泽东思想、邓小平理论、“三个代表”重要思想、科学发展观、习近平新时代中国特色社会主义思想为指导，坚持辩证唯物主义和历史唯物主义的立场、观点和方法，求真务实，与时俱进，全面、系统、翔实地记载固原市2020年各项事业发展状况、重大事件和各行业各领域最新成就，为社会各界了解固原提供基本资料。卷首图片设政治建设、经济建设、文化建设、社会建设、生态文明建设专辑及脱贫攻坚、疫情防控、国家卫生城市创建集锦，对全市重要会议、重要成就、重大活动等社会各领域的年度亮点工作加以反映。年鉴配有总目、目录检索系统，共计79.4万字。

【地情资源开发】 2021年，固原市

地方志研究室启动编纂《固原通史》，参照“四史”，按照“专家参与、领导带头”的原则，邀请宁夏大学、宁夏师范学院有关专家、教授和自治区文史研究员参与编写，预计于2022年出版发行。全面收集、整理固原撤地设市20年以来经济建设、政治建设、文化建设、社会建设、生态文明建设等方面史料，编纂《翻天覆地——固原建市二十年》，预计于2022年出版发行。创办社科类综合期刊《固原史志》，全年共发行4期，第二期设置为“庆祝中国共产党成立100周年”专刊，《固原史志》刊发以来，被自治区社科联确定为全区社科普及活动项目。

【方志馆建设】 2021年，固原方志馆依托宁夏社会科学普及教育基地、全市爱国主义教育基地、干部教育基地等资源优势，提升方志馆公共服务职能。全年接待中指组、清华大学法学院、自治区党委党史学习教育第三巡回指导组，市政府办公室第一、第二、第三党支部、市委第一巡察组临时党支部，固原师范学院以及平凉市方志办、三营镇东塬村等21个部门（单位）2000余人（次）到方志馆考察学习交流。提供党史和地方史讲解服务20余场（次）。固原市地方志研究室全面启动方志馆数字化建设，将图书资料、影像、音频、实物等资源纳入馆藏范围，借助现代信息技术手段开展电子文档整理工作，为公众提供传统纸质版书籍和资料的同时，提供高效、便捷的数字在线查阅服务。固原方志馆工作被刊载在中指组办公室刊物《方志中国》（2021年第三期）内页中，内含2个专稿、4000多字、5个页面。

【县（区）地方志】 2021年，原州区委党史和地方志研究室出版发行《原州年鉴2021》、《蒋口村志》《蒋河村志》3部书召开了首发仪式。西吉县党史和地方志研究室编纂的《西吉扶贫志》出版发行。隆德县委党史方志研究室出版发行《隆德年鉴2021》；启动《隆德扶贫志》编纂工作。泾源县委党史方志研究室出版发行《泾源年鉴2021》；数字化收录了《民国化平县志》《泾源县志》、年鉴及地情书籍，健全了数据资料库。彭阳县委党史方志研究室出版发行《彭阳年鉴2021》，刊发《彭阳史志》（季刊）2021年第1~4期（总第56~59期），编纂《宁夏村志丛书·杨坪村志》《彭阳扶贫志》出版发行。

【扶贫成果】 2021年，固原市地方志研究室干部职工持续帮扶七年的原州区三营镇东塬村221户建档立卡贫困户（1583人）在国务院脱贫考核组“两不愁三保障”验收中顺利过关，实现了整村脱贫。6月18日，驻村工作队组织了78人的东塬村脱贫群众代表队参加原州区建党100周年大合唱比赛，获得文明风尚奖。全村群众收获了团结致富奔小康的喜悦，民族团结的石榴树在东塬村生根开花，地方志研究室选派的第一书记薛强同志连续六年被党组织评为优秀第一书记、优秀公务员、荣立三等功两次，被自治区党委、政府授予“全区脱贫攻坚先进个人”的荣誉称号。

档案管理

【思想政治建设】 2021年，固原市档案局始终牢记“档案工作姓党”的政治属性，突出政治引领、政治标准、政治能力，加强党对档案工作的领导，聚焦建党100周年和开展党史学习教育，深入学习贯彻习近平新时代中国特色社会主义思想、习近平总书记“七一”重要讲话和视察宁夏重要讲话精神及关于做好新时代档案工作的重要指示批示精神，深化对档案工作重要性的认识，把四个“好”、两个“服务”的目标要求转化为政治自觉、思想自觉、行动自觉，不断增强“四个意识”、坚定“四个自信”、做到“两个维护”。认真落实自治区党委常委、秘书长雷东生在全区档案干部培训班开班式上的讲话精神，更进一步深化“为党管档、为国守史、为民服务”的历史担当，不断增强做好档案工作的神圣感、使命感、光荣感。加强局馆协同和深度融合，牢固树立“一盘棋”思想，充分发挥局、馆“两个优势”，在工作上推行一体化运行，协同推动全市档案工作的顺利开展。

【档案征集接收】 2021年，固原市档案局紧扣四个“好”目标任务，加大征集接收力度，在市级层面开展档案接收年活动，编印《固原市档案工作手册》，安排专业人员全覆盖对市直部门（单位）到期档案指导整理，共接收市直7个单位200个年度369卷1948盒35818件文书档案进馆，同期接收电子档案移动硬盘4个、光盘14张，照片751张，纸质目录18册、电子目录U盘1个，馆藏档案总量比上年末增加4%。县（区）按照“到期档案全部接收进馆”要求，扩大征集收集范围，共接收文书档案和业务档案11208卷8017盒49062件。特别是加大对脱贫攻坚、疫情防控等档案资料的归集，召开全市档案工作推进会，举办全市脱贫攻坚档案规范整理培训班，对5县（区）脱贫攻坚档案归集整理移交工作进行专项检查指导，市县（区）已完成脱贫攻坚档案目录移交进馆工作，其中市直共接收文书档案1948盒35818件，多媒体6TB；跟踪指导市疫情防控指挥部档案的归集整理移交工作，广泛征集社会疫情防控档案，其中市直共接收文书档案97盒2955件、实物8件，收集实物269件。进一步丰富了馆藏档案资源，优化了馆藏档案结构。

【档案保管利用】 2021年，固原市档案局坚持两个“服务”目标要求，注重把“档案库”变成“思想库”“死档案”变成“活信息”，更好发挥档案作用、彰显档案价值。年内，市县（区）档案馆共接待查阅利用者5673人次，翻阅档案16879卷（件），提供复印件1837份6358张，其中电话查询41人次，馆际共享查询167人次。加大对红色、扶贫、文艺等特色档案资料的编研开发利用，编发《固原档案资政参考》，编辑出版《他乡·故乡—福建援固工作队履职印记》《水浒人物壹佰零捌图》等书籍。市县（区）结合党史学习教育，积极开展“我为群众办实事”实践活动，举办档案宣传开放日活动8次，解决群众疑难问题300余件。

【档案信息化建设】 2021年，固原市档案局顺应档案工作发展新趋势，把档案信息化建设作为推动档案由封闭转向开放的重要抓手，争取市委、市政府支持，启动实施固原市档案馆数字档案馆建设项目，并把项目纳入全市2021年重点建设项目，总投资289万元，年内，已完成软件系统开发。市县（区）脱贫攻坚档案基本实现数字化。同时，有序推进馆藏档案数字化。市档案馆利用业务资金对馆藏重点档案进行数字化加工，对市人社局、市委办、市政府办全宗档案进行目录著录、全文扫描及整理，已完成目录著录52975条、全文扫描5294卷72万页。原州区档案馆完成馆藏10个全宗14万条电子目录著录工作，全文扫描加工人社局全宗12万页。其他县因地制宜开展了档案加工扫描。

【档案安全】 2021年，固原市档案局严格落实档案安全工作责任，建立健全档案安全应急处置协调机制和档案安全应急管理制度，确保档案安全受到危害时优先得到抢救和妥善处置。严格落实档案出入库登记制度、数字化外包安全管理制度、档案保护与修复制度，确保档案安全万无一失。常态化开展安全意识教育，加强馆库内部安全管理，筑牢人防、物防、技防的档案安全防范体系，严格落实库房每天首入末出制度，扎实开展档案安全风险排查并及时处理安全隐患。年内，市县（区）档案馆开展消防安全集中排查12次、节假日前安全集中检查14次。全市没有发生档案安全事故。

新闻传媒

【概况】 2021年1月10日，固原市报社和电视台合并，固原市新闻传媒中心正式组建挂牌。固原市新闻传媒中心起草印发32项新制度，融合业务制度占70%以上。制订重点宣传工作报道方案，高质量策划组织“脱贫攻坚”“推动黄河流域生态保护和高质量发展”“创建全国文明城市”“创建国家卫生城市”“扫黑除恶专项斗争”“闽宁协作”等主题宣传报道，安排报纸、电视、广播、新媒体等多媒体平台刊播，形成浓厚的舆论宣传氛围。完成“中央厨房”建设项目招标，将新媒体人才培训纳入全市人才培训计划，结合“中央厨房”建设工作推进全媒体人才培训。

【新闻宣传】 2021年，固原市新闻传媒中心开展学习贯彻党的十九届四中、五中全会精神、自治区党委十二届七次全会精神、市委四届七次、八次全会精神等重要会议的宣传。在重要版面、重要时段，统一开设栏目，有点有面开展全面从严治党、国家治理能力治理体系现代化、推动高质量发展等主题宣传报道，及时传达中央、区、市党委的决策部署。报台网共刊发新闻稿11000余篇（条、期）。

【主题宣传】 2021年，固原市新闻传媒中心围绕“六大任务”开展主题宣传，开设《牢记嘱托　奋力谱写建设先行区和继续建设美丽新宁夏的固原篇章》栏目。在推动高质量发展方面，大力宣传建设全域旅游示范市、现代农业等特色产业发展、冷凉蔬菜生产经营体系。在深化改革开放方面，大力宣传市委、市政府出台的一系列落实中央要求、符合群众期盼的政策措施。在打赢脱贫攻坚战方面，面向基层一线，以小分队形式，蹲点调研采访，拍摄脱贫攻坚短视频，陆续推送，开设《决战决胜脱贫攻坚》《走向小康》等栏目，讲好脱贫故事。在生态环境保护方面，大力宣传在六盘山自然保护区建设、“四个一”工程、五河流域治理。在改善民生和社会治理方面，大力宣传促进下岗失业人员、高校毕业生、农民工、退役军人等重点群体就业。在激发广大党员干部奋斗精神方面，以红色教育基地为平台，大力宣传留存红色记忆、传承红色基因。《固原“四个一”描绘山绿民富新图景》等稿件被新华社、光明日报等中央、区级媒体采用刊发。

【创新宣传】 2021年，固原市新闻传媒中心统筹各个平台，创新宣传形式，利用多媒体手段，融合改革重点项目建设、招商引资、生态建设、“守好三条生命线”、放管服改革等报道，呈现全新宣传效果。《今日固原》客户端装机用户1.8万人，《固原日报》微信粉丝9.6万人，固原电视台微信粉丝4.6万人，抖音号用户2.8万人。

【广播电视安全播出管理】 2021年，固原市新闻传媒中心落实领导带班值班制度，建设覆盖云雾山等四个高山发射站和中心机房连接的视频监控系统，确保春节、两会及“十一”等重要保障期间的广播电视安全播出工作，实现全年安全播出零事故，完成中央广播电视节目无线数字化覆盖工程。

【外宣渠道拓展】 2021年，固原市新闻传媒中心加强新闻策划，畅通外宣渠道，实现精准推送和精准刊播。坚持每日向学习强国平台、宁夏广播电视台通联部上传短视频、图文和《固原新闻联播》稿签以供选择，增强在宁夏电视台播发力度。宁台累计采纳刊播新闻报道120条（次），央视刊播新闻报道9条。

【全媒体直播活动】 2021年，固原市新闻传媒中心成功举办全市“两会”直播、自治区建设黄河流域生态保护和高质量发展先行区第二次推进会车载移动直播活动、最美风景在固原暨“四个一”林草产业试验示范工程现场直播、元宵节直播活动、全市金融系统助力脱贫攻坚服务“三农”直播活动。协助完成新华网、人民网等中央和区属媒体栏目组在固原市各地开展的现场直播和节目回传工作。

旅游综述

【概况】 2021年，固原市文化旅游广电局深入贯彻落实习近平总书记视察宁夏重要讲话精神，以黄河流域生态保护和高质量发展先行区建设为统领，紧盯公共文化服务体系示范区、旅游标准化、全域旅游示范市、5A级景区四个创建，聚焦“红色固原·绿色发展”定位和“天高云淡六盘山”文化旅游品牌，成功创建第四批国家公共文化服务体系示范区、第四批国家旅游标准化示范市，六盘山红军长征旅游区也顺利进入创建国家5A级景区质量景观评审创建名单。全市共有旅游景区14个，拥有4A级旅游景区6个，拥有3A级旅游景区6个，2A级旅游景区2个。全市有27个注册旅行社，注册导游25人。全年共接待国内游客708.58万人次，接待国内游客总收入28.67亿元，国内游客人均花费404元。农家乐接待游客133.13万人次，农家乐总收入0.43亿元，农家乐人均花费32元。

【旅游项目规划】 2021年，固原市文化旅游广电局编制完成《固原市“十四五”文化旅游产业发展规划》《固原市红色旅游专项规划》编制工作，积极争取中央预算内资金、自治区统筹资金、旅游专项资金7300余万元开工建设固原市各项旅游项目。新建5个长征国家文化公园项目：六盘山红军长征旅游区红色旅游提升项目、六盘山长征精神研学基地项目、隆德红二十五军革命遗址保护利用项目、彭阳县小岔沟红军长征毛泽东宿营地旧址保护项目、彭阳县乔家渠长征驿站项目。新建3个长城国家公园项目：须弥山保护管理及配套服务设施项目、原州区战国秦长城保护及旅游基础设施项目（完成项目批复未开工）、西吉县将台堡（马莲）战国秦长城国家文化公园建设项目。

【旅游品牌建设】 2021年，固原市文化旅游广电局成功举办第十七届宁夏六盘山山花节及龙王坝山桃花节、老巷子民俗文化节、须弥山石窟文化旅游节、梯田花儿节、冰雪文化旅游节等系列活动。进一步提升了固原旅游知名度和“天高云淡六盘山”品牌。创新手段，提升影响力。全区“两晒一促”大型文旅活动冼国义市长宣传推介，云上文旅馆、市长访谈、炫彩固原各级媒体点击率达到400多万人次，各类媒体推介报道传播量已突破5000多万（次），中央电视台播出固原文旅宣传相关报道8篇。开展六盘山山花节等系列节庆活动，“抖音带你游固原”系列活动，外出推介5场次，全方位、多角度开展“天高云淡六盘山”宣传营销。做好周边客源重点城市、交通要道、出租车和客运班车广告宣传，营造旅游城市氛围。考察学习崆峒山、麦积山等周边景区经营管理模式，加强旅游合作，互荐客源，加快与周边客源市场形成区域发展联盟。

【旅游市场调控】 2021年，固原市文化旅游广电局加强行业规范化建设，开展文明行业“三创一争”创建活动，4个单位被评为自治区文明行业单位。开展导游（讲解员）、饭店服务员技能大比武，推广精细化、品牌化服务，自治区“心中的旗帜”百名讲解员讲百年党史·红色故事讲解员大赛活动固原市文化旅游广电局获优秀组织单位，3家单位获得优秀活动单位，3人获得专业组金牌讲解员先进个人，1人获得志愿者组优秀讲解员先进个人。推动六盘山红军长征景区、须弥山景区创建国家级和自治区级文明旅游示范单位，在全市3A级以上景区设置旅游志愿服务岗，进一步提升行业整体水平和服务质量。

【旅游市场监管】 2021年，固原市文化旅游广电局加强日常和节假日安全生产监督检查、开展常态化疫情防控工作、推行处级领导包抓主要景区机制等措施，确保文化旅游市场安全、有序、稳定。有效治理行业乱象，坚持日常巡查、专项检查和“双随机”抽查相结合，采用错时执法、联合执法、突击检查等手段，深入开展文化旅游行业专项整治工作。全年共检查各类文化旅游场所1966家次，出动执法人员7334人次，下发《责令整改通知书》180份，坚持即知即改，确保存在问题整改到位。

旅游业态

【概况】 2021年，固原市泾源县被认定为自治区级全域旅游示范区，泾源县泾河源镇入选第一批全国乡村旅游重点镇名单，隆德县凤岭乡李士村入选第三批全国乡村旅游重点村名单，原州区头营镇杨郎村等22个村被评定为宁夏特色旅游村镇，泾源县大湾乡杨岭村等3个村旅游扶贫案例入选中华人民共和国文化和旅游部“体验脱贫成就·助力乡村振兴，全国乡村旅游扶贫示范案例”专题100个典型案例。“红旗漫卷六盘山”精品线路入选“百年红色旅游百条精品线路”，3条线路入选黄河主题国家级旅游线路，8条线路入选宁夏红色旅游精品线路。泾源县已成功创建成为自治区级全域旅游示范县，原州区、隆德县正压茬推进，新评定四星级宾馆饭店1家、三星级宾馆饭店3家。

【红色旅游】 2021年，固原市结合党史学习教育，丰富红色旅游活动载体，发布红色旅游线路和攻略，形成红色旅游新高潮。将台堡红军长征纪念园被评为全国红色旅游发展典型案例，3条红色路线入选文化和旅游部黄河主题国家级旅游线路，“红旗漫卷六盘山”入选建党百年红色百条精品教育线路，6个红色景区、景点被评为第一批党史学习教育参观点。开通两条“固原市红色旅游直通车”专线，打通了市区连接景区的便民通道。2021年，全市红色旅游接待人数预计为268.43万人次，收入1212.8万元，同比分别增长44.44和28.78%。与2019年相比，分别增长40.37%和0.71%。

【乡村旅游】 2021年，固原市6家乡村旅游示范点晋升四星级名录，泾源县泾河源镇入选第一批全国乡村旅游重点镇(乡)名单，隆德县凤岭乡李士村入选第三批全国乡村旅游重点村名单，全市累计13个村(镇)入选全国乡村旅游重点村镇，占全区数量的35%。原州区头营镇杨郎村等22个村被评定为宁夏特色旅游村镇。泾源县大湾乡杨岭村、西吉县吉强镇龙王坝村、隆德县陈靳乡新和村入选全国乡村旅游扶贫示范案例，3条线路入选国家“体验脱贫成就·助力乡村振兴”乡村旅游学习体验线路。2021年，全市乡村旅游接待人数预计为133.1万人次，经营总收入4292.8万元，分别同比恢复至2019年的75.3%和62.9%。

泾河源镇省级旅游度假区

【民宿建设】 2021年，固原市文化旅游广电局按照自治区指示和要求，认真谋划全市民宿产业发展的思路和举措，年内完成全市民宿现状和资源摸底调查工作，启动乡村民宿发展规划，起草完成乡村民宿发展实施方案，论证出台政策措施、行业标准和管理办法等。

【宣传营销】 2021年，固原市依托自治区“两晒一促”大型文旅活动、云上文旅馆、市长访谈、炫彩固原等各级媒体，全方位展示固原全貌，各级媒体渠道观众点击率共达到400万人次，各类媒体推介报道传播量突破5000多万(次)，中央电视台播出固原文旅宣传相关报道8篇。先后开展冰雪文化旅游节、六盘山山花节等系列节庆活动，“抖音带你游固原”系列活动、冬季文化旅游惠民活动暨双12文旅优品秒杀线上直播推介活动，外出推介5场次，全方位多角度开展“天高云淡六盘山”宣传营销。

旅游管理

【旅游接待】 2021年，宁夏六盘山旅游集团各景区共接待游客58.62万人次，同比增长10.8%；实现税后营业收入3069万元，创历史新高，同比增长22.76%，超额完成宁夏旅游投资集团下达指标(2700万元)的13.67%。实现归母净利润-1251

掩映在油菜花海中的隆德县观庄乡前庄村，成为固原乡村旅游“打卡地”

万元，如剔除源丰酒店前期投入257万元，2021年实际亏损994万元，较宁夏旅投下达的净利润指标超额完成566万元。其中，六盘山国家森林公园接待游客20.52万人次，同比减少20.3%；实现营业收入1572万元，同比增长2.14%。六盘山红军长征旅游区(含周沟滑雪场)接待游客31.11万人次，同比增长59.42%；实现收入1101万元，同比增长了65.81%。人数和收入均创历史新高。须弥山旅游区接待游客6.98万人次，同比减少8.6%；实现收入394万元，同比增长了49.81%。源峰酒店实现收入10.71万元，六盘山旅行社实现收入23万元，六盘山客运公司实现收入45万元，红培公司实现收入10万元。

【项目建设】 2021年，宁夏六盘山旅游集团配合宁旅开发公司完善研学基地项目前期手续；完成了原人民会堂、须弥山景区和六盘山国家森林公园的智慧化停车场改造工程，其中会堂停车场半年创收近10万元；完成5A创建整改任务46项，5A创建八大项基础资料整理已初步完成。围绕长征和长城文化公园建设和景区提升改造内容，向文旅厅和发改委高质量谋划申报入库项目10个。其中，六盘山国家森林公园景区智慧化及基础服务设施建设项目、六盘山生态博物馆改造提升项目入选“十四五”文化传承保护利用项目库，有望争取2022年专项资金支持。

【旅游经营管理】 2021年，宁夏六盘山旅游集团对全年经营管理工作进行了全面部署，制订了增收提效计划、品牌塑造计划、精益管理、工程项目等30项重点任务，实行单位任务月度办结报告制，目前均已基本完成。同时，配合宁夏旅游研究院高质量编制完成了《固原市“十四五”文化旅游产业发展规划》，认真编制完成了《六盘山旅游集团“十四五”发展规划》。

【旅游市场安全保障】 2021年，宁夏六盘山旅游集团制定完善了《安全管理办法》等8个基本制度；修订了《突发公共卫生事件专项应急预案》等6个专项应急预案；细化了《车辆伤害事故现场处置方案》等10个现场处置方案。常态化召开年度、季度、月度安全生产会，集中开展安全生产培训5次，各景区达到8次，完成应急救援演练不少于10次。指导各权属公司组建专门的应急救援队伍，按照经营收入的1.5%提取安全生产专项经费，积极购置安全生产应急救援物资，提升应急救援能力，为景区安全有序运营提供人力、物力保障。

【经营举措拓展】 2021年，宁夏六盘山旅游集团树立“经营方为王道、盈利第一目标”的理念，首次召开经营分析会，创新建立资金平衡会机制，停止旅行社、客运公司等亏损业务，重新梳理项目资金体系，向宁夏旅投借款1500万元纾困，提前归还租赁高息融资1149万元。充分利用新华网、央视新闻网、华人头条等国内及周边媒体，邀请国内网红以直播方式参与“万人惠游六盘山”活动，构建强大“织网”，形成全国—宁夏—固原、PC端+手机端“一网相联、机机相通”受众上千万人的宣传推广体系。人民日报、中国旅游报、宁夏日报、固原日报等区内外多家报纸客户端进行了报道。先后在银川、西安成立红色旅游营销办事处和六盘山旅游陕西市场营销中心；成功举办了须弥山石窟艺术文化旅游节、陕甘宁知名旅行社走进“天高云淡六盘山”踩线活动、新疆旅游专列走进六盘山国家森林公园等重大活动；配合央广开展了《沿着高速看中国》活动，国庆期间成功举办的“胜利之山迎日出·红旗飘扬六盘山”被央视报道，在全区业内引起较大反响。六旅集团市场营销中心邓彩润在自治区文旅厅举办的“百年答卷与宁同行”庆祝建党100周年百名讲解员大赛中名列前茅、荣获“金牌讲解员”称号。整合宁夏旅游投资集团旗下的贺兰山国家森林公园、稻渔空间等景区开展“两山一园”互免门票联动优惠；联合六旅集团源峰酒店开展“景区+酒店”买一赠一促销；积极开展与周边景区太白山、崆峒山、鸣翠湖、水洞沟等旅游景区友好合作，置换广告牌，互推旅游线路，有效激活了区内及周边旅游市场，提升了固原市旅游的影响力和市场转化率。

金融业

综　述

【概况】　2021年，固原市银行业金融机构存款余额552.39亿元（国开行4.9亿元），同比增长5.53%，当年新增28.93亿元，增长5.53%；贷款余额553.43亿元（国开行68.08亿元），同比增长7.2%，当年新增37.15亿元，增长7.2%。

【金融风险防控】　2021年，固原市金融工作局对“六类公司”的风险排查，通过核查基本信息、经营情况审计检查、僵尸公司整顿清理，及时消除隐患。加强案件查处，严打违法犯罪。建立非法集资线索案件登记台账，销号督办，加大重点案件查处；建立职业放贷人名录，规范民间借贷诉讼行为，加大对虚假诉讼、高利转贷的惩治力度。利用广播电视报纸、金融信息网、移动客户端、银行电子屏、案例展板和发放宣传资料、调查问卷、播放《守住钱袋子　护好幸福家——致广大人民群众的一封信》，发送警示信息等形式，开展线上线下宣传，教育广大群众和在校学生提高风险防范意识和识别能力，树立正确的投资观和消费观、自觉抵制高利诱惑，远离非法集资、非法网贷和套路贷；利用固原日报、固原电视台、固原金融网等媒体，向社会发布关于举报非法集资、非法放贷款、高利放贷等线索公告和打击“套路贷”通告，发动群众积极提供线索。签订承诺书，提高自律能力。通过与“六类公司”签订抵制非法集资承诺书和开展净化金融环境倡议书，在经营场所张贴“不得非法集资”提示和集体约谈、督促检查等方式，提高行业自我约束力。

电信诈骗宣传

【金融服务实体经济先行区建设】　2021年，固原市金融工作局全力支持企业发展，认真落实“稳企业保就业”金融政策，全面做好“六稳”“六保”工作，开展“百行进万企”和“贷动小生意，服务大民生”金融服务提升工程，灵活应用“延期还本付息和信用贷款支持”货币工具，通过购买普惠小微信用贷款计划、开展银担合作、银税互动、加强银企对接，提高信用贷款和中长期贷款比例、推广无还本续贷、查处抽贷压贷行为，实行财政资金存放与银行贷款规模支持企业户数挂钩等措施，支持中小微企业健康发展。企业贷款余额194.41亿元，占贷款总额35.13%，当年新增52.1亿元，增长36.61%，高于各项贷款增速29.41个百分点，获贷小微企业2.53万户，当年新增0.43万户，实现小微企业贷款增速户数“两增”目标。小微企业中长期贷款余额85.1亿元，信用贷款余额15.1亿元，占小微企业贷款的60%和10.7%，实现中长期贷款比例提升、信用贷款“零”突破目标。

【地方金融组织】　2021年，固原市共有融资性担保机构7家（原州区3家、西吉县1家、隆德县1家、泾源县1家、彭阳县1家），注册资本10.5亿元，担保余额26.6亿元，保费收入362.87万元；小额贷款公司21家(原州区15家、西吉县2家、隆德县1家、彭阳县3家)，注册资本金3.94亿元，贷款余额3.64亿元；典当行10家(原州区8家、隆德县1家、彭阳县1家)，注册资本金1.16亿元；融资租赁公司1家，注册资本金1.7亿元。

【金融助力乡村振兴】 2021年，固原市金融工作局持续巩固拓展脱贫攻坚成果，认真落实巩固拓展脱贫攻坚成果同乡村振兴有效衔接政策，严格按照“四个不摘”要求，保持现有再贷款政策、小额信贷政策、财政贴息政策、保险保障政策过渡期内稳定不变。截至12月末，现有贷款余额34亿元，获贷脱贫户6.3万户，户均5.3万元，贷款覆盖面52.04%；当年新增4.62万户24.45亿元，完成目标任务16.9亿元的145%；向有需求的“边缘户”发放小额信用贷款778户0.37亿元，实现了“应续尽续、应展尽展、愿贷尽贷”目标。

【小微企业金融服务】 2021年，固原市召开金融服务民营及小微企业面对面座谈会，共谋民营及小微企业纾困工作。全面总结第二批帮扶困难民营企业“一企一策”工作成效，启动第三批帮扶工作，引导银行机构对困难民营企业进行精准支持。充分发挥与地方政府部门的监管合力，持续推动《固原市民营企业融资纾困帮扶工作实施方案》落地见效，金融助力小微企业发展卓有成果。截至12月末，辖区银行机构累计对接困难企业65户，完成帮扶58户，发放贷款59笔、98131.6万元。辖区银行业机构小微企业贷款余额140.12亿元，较年初增加6.86亿元，增长5.15%，贷款平均利率6.84%，较年初下降0.42个百分点，减费让利0.96亿元。

银行业保险业监管

【概况】 2021年，固原市共有银行业金融机构21家，其中政策性银行1家、大型银行9家、农村中小银行机构9家、城市商业银行2家。保险市级分公司(中心支公司)10家，其中财产险公司7家、人身险公司3家；县级支公司23家，其中财产险公司18家、人身险公司5家。保险专业代理分支机构13家。固原辖区银行保险机构门类基本齐全，能较好服务全市经济发展和社会生活。截至2021年年底，全市金融机构总资产689.96亿元，较年初增加35.22亿元，增长5.38%；其中各项贷款余额485.35亿元，较年初增加38.64亿元，增长8.65%，增速高于全区平均水平2.5个百分点，居全区五市各项贷款增速第2位；总负债642.24亿元，较年初增加33.04亿元，增长5.42%；其中各项存款余额530.31亿元，较年初增加28.83亿元，增长5.75%。全市各类保险保费收入14.04亿元，比上年增长0.85%，其中，财产险收入7.05亿元，增长5.29%，人寿险收入6.99亿元，下降3.26%；保险赔付支出8.18亿元，增长15.5%，其中，财产险赔付支出6.18亿元，增长87.49%，人寿险赔付支出2亿元，增长8.8%；保险赔付率为58.26%，其中，财产险赔付率87.7%，人寿险赔付率28.58%。

【行业金融监管】 2021年，固原市银保监分局紧盯重点行业信用风险，扎实做好信用风险管控，预防新增、化解存量，严防信用风险反弹。截至12月末，固原银行业金融机构不良贷款余额94276.73万元，不良贷款率1.94%，信用风险整体可控。房地产金融风险方面。坚持“稳字当头、稳中求进”工作总基调，坚守“房住不炒”定位，加强房地产政策预期引导，精准满足合理融资需求，截至2021年年末，房产开发贷款下滑趋势得到明显缓解，降幅比9月末收窄1.09个百分点。

内控合规建设管控方面。以非现场监管、现场检查、市场准入和行政处罚为抓手，着力提升辖区银行保险机构合规经营水平，深化“内控合规管理建设年”活动质效。针对严重违法违规行为开展行政处罚5起，罚款合计205万元，对5名机构高管给予警告。有力打击金融违法行为，有效遏制金融违法苗头，持续巩固金融市场秩序。

金融消费者权益保护方面。坚持依法合规，便捷高效、标本兼治和多元化解的工作原则，严格落实举报、投诉事项操作规程，依法依规、实事求是处置金融消费者举报、投诉事项。扎实开展3·15消费者权益保护教育宣传周等活动，在全社会形成防范金融风险、普及金融知识、抑制网络金融谣言和金融负能量的宣传浪潮，全力遏制电信网络诈骗案件高发多发态势。

【不良贷款处置】 2021年，固原市银行业金融机构不良贷款余额94276.73万元，较年初增加54561.09万元，增长137.38%；全年共处置不良贷款5.98亿元，比上年多处置0.94亿元，不良贷款率1.94%，较年初增加1.05个百分点。低于全区平均水平1.25个百分点，风险整体可控。辖区无高风险机构。

【保险机构赔付】 2021年，固原市累计实现原保险保费收入140414.76万元，同比上升0.85%，占全区原保险保费总收入的6.65%，较上年同比上升0.04个百分点。各项赔款和给付总计82099.23万元，同比增长58.72%，简单赔付率为58.47%。

【金融改革发展】 2021年，固原市银保监分局批复隆德农村商业银行开业申请，辖区农信社改制农商行工作全面完成；推动辖区农小机构股权托管工作，8家法人机构完成托管，法人机构公司治理水平上台阶。督导银行保险机构持续下沉网点，优化配置。年内工商银行固原西吉支行、隆德六盘山村镇银行龙城支行、西吉汇发村镇银行将台支行、邮储银行六盘金街营业所等四家银行分支机构顺利开业；建信财险固原中心支公司和中国人寿财产保险四家县级支公司顺利完成筹建开业。

【金融助农】 2021年，固原市银保监分局召开金融支持经济高质量发展座谈会、接续支持乡村振兴暨风险防控座谈会，加强政策解读，明确“四个不摘”要求的同时，鼓励“整村授信”“肉牛养殖”“金融夜校”“信用重建”“金融驻村官”等创新模式，支持保险机构开展新型农业保险试点工作，有效激发银行保险机构主动性。截至12月末，固原银行业机构涉农贷款余额308.44亿元，占辖内各项贷款的63.55%，较年初增加29.31亿元，增长10.50%，增速高于各项贷款（不含贴现）增速3.99个百分点。保险业机构累计办理农业保险11.34万户，提供风险保障79.20亿元。推动抗旱理赔获实效。2021年入夏以来，宁夏平均气温创1961年以来新高，固原辖区农作物受旱面积250.5万亩，因旱绝收面积超30万亩。分局督导辖内保险机构扩大农业承保覆盖面，按照“快查勘、快定损、快理赔”的原则，帮助受灾农户尽快恢复生产经营。截至2021年年末，固原市各保险公司抗旱理赔工作成果显著，累计向6.58万户受灾农户支付赔款1.70亿元，赔付面积占受灾面积的95.98%，受灾农户户均受益2582元。

银行

中国人民银行固原市中心支行

【概况】 2021年，中国人民银行固原市中心支行落实央行三次降准政策，累计释放地方法人银行长期资金3.3亿元。深入推进贷款市场报价利率（LPR）改革，辖区新增贷款全部采用LPR定价，存量浮动利率贷款定价基准转换完成91%。截至11月末，全市各项存款余额543.2亿元，同比增长3.8%；各项贷款余额454.9亿元，同比增长14%；存贷比为83.8%，同比提高7.5个百分点。其中，涉农贷款余额282.0亿元，同比增长13.58%，较年初增加37.1亿元；普惠小微企业贷款余额69亿元，较年初增加13.5亿元，增长24.4%。

【金融支持实体经济】 2021年，中国人民银行固原市中心支行制定《2021年货币信贷、金融市场、宏观审慎管理及跨境人民币业务工作要点》《固原市2021年金融服务乡村振兴工作方案》等“提纲性”文件，发挥信贷政策和专项活动的联动协同作用。召开金融运行暨金融扶贫分析例会和信贷政策支持再贷款政策落实督导会，开展“贷动小生意　服务大民生”“奋战百天”行动、“进民企查实情解难题”“一企一策”等民营小微企业金融服务能力提升工程。引导银行业金融机构单列中小微企业专项信贷计划，推动发起“首贷培植行动”，显著提升普惠小微和首贷占比。组织地方法人银行业金融机构开展2021年度宁夏金融领域企业标准“领跑者”活动，有效提升营业网点服务标准和网上银行服务规范。截至11月末，固原市各项存款余额546.39亿元，同比增长5022%；各项贷款余额485.35亿元，同比增长8.85%。

【货币政策落实】 2021年，中国人民银行固原市中心支行严格落实“四不摘”要求，对存量扶贫再贷款在5年过渡期能展尽展，宁夏首笔以村镇银行发起行提供第三方债券质押发放的再贷款成功落地。共办理村镇银行第三方质押方式展期扶贫再贷款7笔8280.8万元。建立目标责任清单，实行“一把手”负责制，加大延期还本付息和普惠小微信用贷款政策落实考核力度，对符合条件的地方法人机构，按照20%的全国平均线下达信用贷款预期增长目标，信用贷款投放占比显著提升。加强农业银行县级三农金融事业部差别化存款准备金率考核，落实地方法人定向降准政策，引导银行加大对“三农”和民营小微企业的信贷支持。联合印发《关于做好明示贷款年化利率保障消费者合法权益的通知》，针对30余家小额贷款公司等逐一督导检查。督导落实停办不规范存款创新产品和异地存款业务，引导地方法人加强存款定价能力建设。成功上线二代利率监测报备系统，建立地方法人机构业务人员实时联系机制，实现系统上线数据报送零差错。指导金融机构将LPR内嵌至内部资金转移定价体系，LPR改革政策红利持续释放。按季开展小微民营企业信贷政策导向效果评估、金融机构服务乡村振兴考核评估、中小微企业融资环境评价等工作，切实发挥考核评价“指挥棒”作用。落实房地产贷款集中度管理政策，合理控制地方法人房地产贷款（个人住房贷款）增速和新增房地产贷款（个人住房贷款）占比。截至12月末，固原市6家开展房地产信贷业务的地方法人金融机构集中度两项监管指标均低于监管上限。建立完善地方法人机构全国银行间债券市场、同业拆借市场相关信息变动监测台账，辅导原州津汇村镇银行等机构做好加入全国同业债券市场业务准备工作。

【信贷产品创新】 2021年，中国人民银行固原市中心支行聚焦建设黄河流域生态保护和高质量发展先行区，主动对标自治区九大重点产业发展规划和市委、市政府“5+4”富民产业，创新“再贷款＋产业贷+牛保险”融资模式，形成再贷款支持肉牛产业发展的“固原经验”。截至12月末，西吉县8个重点乡镇肉牛产业贷款29.42亿元，同比增长27.30%。引导银行业金融机构运用大数据、云计算等信息技术赋能金融服务，稳妥推进农村承包土地经营权抵押贷款、订单质押、企业应收账款融资等供应链金融模式，升级信贷业务流程和信用评价模型，持续完善无还本续贷、随借随还等信贷产品，提升用款便利度。督促银行业金融机构拓宽贷款线上渠道，推广使用“石银贷”“唰唰贷”“宁税贷”“小微易贷”等免抵押担保、纯信用类线上产品，将“线下”业务向“线上”迁徙，24小时满足中小微企业、个体工商户用款需要，实现金融服务“不断档、不打烊”。扎实推进用水权、土地权、排污权、山林权“四权”改革，引导金融赋能“四权”，宁夏山林权不动产“第一证”，用水权交易“第一单”，农村集体经营性建设用地入市“第一槌”花落固原。指导宁夏银行泾源县支行以“用水权证”为质押，向泾源县兴盛乡肉牛养殖专业合作社发放全区首笔用水权质押贷款110万元。彭阳县应收账款质押融资交易实现“零”突破。固原市首笔山林权抵押贷款成功发放。创新推出“民宿贷”乡村振兴专属信贷产品，着力解决县域内休闲农业、民俗文化类等中小微企业、个体工商户及新型农业经营主体融资需求，促进文化旅游产业融合发展。截至12月末，泾源县冶家村“民宿贷”突破1900万元。持续推进政府采购合同信用融资，引导银行业金融机构成功发放“政采贷”1030万元。联合固原市退役军人事务局制定《固原市“六盘山拥军贷”管理暂行办法》，固原市首笔“拥军贷”计划年内发放完成。

【金融服务】 2021年，中国人民银行固原市中心支行入推进农村支付环境建设。聚焦解决宁南山区农民群众金融服务需求的“急难愁盼”，深度推进村级金融综合服务“固原模式”示范区创建，打通数字支付金融服务到村到户“最后一公里”。成功承办宁夏金融支持乡村振兴暨村级金融服务“固原模式”推广观摩会。持续打造“金融夜校”“农村青年志愿者宣讲队”“驻村金融官”等服务项目，切实发挥金融服务站、“3+1”工作站农村金融知识宣传和普及的主阵地作用。截至12月末，固原市共建成助农取款服务点1737个，其中，村级金融综合服务站533个，占行政村66.8%。2021年新建服务站123个，其中在建40个。村级金融服务站交易业务笔数累计17.1万笔，累计交易额15045万元，日均交易812笔，日均交易额70.1万元。发放乡村振兴主题卡、丰年卡等共计33294张，累计授信21069.8万元。指导六盘山村镇银行通过农信银节点加入TIPS系统，辖内村镇银行TIPS实现全覆盖。全面优化流程，合理统筹退库，对个人所得税汇算清缴退税业务“即来”“即审”“即办”，提升惠民资金的到账速度，让纳税人充分享受政策红利。对防疫资金特事特办，随到随办。2021年，固原市共办理个人所得税汇算清缴退税27277笔2628.24万元。辖内各级国库共拨付防疫资金153笔4851.39万元。

【外汇业务渠道拓宽】 2021年，中国人民银行固原市中心支行引导银行业金融机构为企业办理“关银一KEY通”入网业务，制发单一窗口共享盾，已实现线上购汇操作并办理报关报检缴税等进口业务。推行外汇行政服务网上办理，简化企业名录登记相关申请材料，并针对辖内多家涉外企业贸易信贷报告网上自主填报困难的情况，以微信视频的方式，远程指导企业进行浏览器设置和预付货款、延期收款等报告的网上填报，并制作网上操作指南以加深企业对贸易信贷报告网上填报步骤的了解。2021年，共为12家进出口企业办理名录登记。

【金融风险化解】 2021年，中国人民银行固原市中心支行加强地方法人金融机构风险监测。依托地方法人金融机构风险监测系统，及时开展金融风险分析评估，定期召开地方法人金融机构风险评估会议。督促地方法人金融机构加大存量不良资产处置力度，全年共核销处置不良贷款0.55亿元，现金收回方式处置不良贷款1.31亿元。积极化解央行评级等级为7级的边缘问题机构。持续开展偿付能力和流动性压力测试，对西吉汇发村镇银行提出流动性补充要求，预计该行将于年底前完成资本补充。2021年，地方法人金融机构不良贷款率为1.32%，较年初上升0.31个百分点，较全市不良贷款率低0.62个百分点。加强非法金融活动监测，对带有苗头性、系统性风险事件，早发现、早预警、早协调、早处置。联合固原市金融局注销取缔涉嫌从事非法金融活动的投资公司、典当行、咨询公司、网贷等类金融公司422家，较整治前下降85.6%。非法集资金额由2017年以来年均2.6亿元下降到0.3亿元，下降88.5%，参与人数下降78.4%。固原市现存小贷公司22家，担保公司7家，投资公司33家，典当行10

家，民间借贷登记中心1家，助贷公司1家。依托中支行政处罚委员会组织架构和法律资源，成立查审分离案件审议委员会，制定试点工作实施方案并完善相关操作流程。严格执行非现场与现场监管、日常监管与定期核查的事后管理机制，完成对个人、地下钱庄、货物贸易、服务贸易、国际收支几个条线外汇数据的非现场核查，实现精细化管理。

【金融纠纷化解】 2021年，中国人民银行固原市中心支行联合固原市中级人民法院、固原市银保监分局出台《关于建立金融纠纷多元化解机制工作方案》，建立金融纠纷调解中心，对金融交易和金融服务中发生的民事财产权益纠纷组织开展调解工作。2021年，固原市金融纠纷调解中心与"四县一区"调解中心同步挂牌，在全区首次实现辖区全覆盖，调解中心化解案件4件，案件标的9000余万元。

中国农业发展银行固原市分行

【概况】 2021年，中国农业发展银行固原市分行各项存款余额4.30亿元，各项存款日均余额5.59亿元。以2020年年末时点存款余额5.18亿元作为期初日均余额考核基数，完成区分行下达全年存款日均增量0.05亿元任务的820%。

【贷款投放】 2021年，中国农业发展银行固原市分行全年累计投放各类贷款4.91亿元，完成全年投放计划11.43亿元的42.96%。截至12月末，各项贷款余额65.30亿元，较年初减少2.83亿元，距离完成全年非购销储贷款净增5.43亿元还差8.26亿元。各项贷款日均余额67.59亿元。乡村振兴有效衔接贷款累计投放4.91亿元，完成全年投放任务4.7亿元的104.47%；黄河流域生态保护贷款累计投放3.95亿元，完成投放任务2.8亿元的141.07%；农业产业贷款累计投放0.72亿元，完成投放任务2.21亿元的32.58%；普惠小微企业贷款累计投放0.29亿元，净增0.06亿元，完成全年净增任务0.05亿元的124.08%；易地扶贫搬迁后续扶持贷款累计投放0.3亿元，支持800人以上安置小区4个，任务完成率114.29%。

【风险防控】 2021年，中国农业发展银行固原市分行全年共收回逾期农发重点建设基金本金及收益1206.12亿元，风险基金项目由8个下降至4个。累计上划投资收益1020.61亿元，到位上划率达100%。切实用好基金延期政策，对受疫情影响的8个基金项目，根据被投主体的申请依据政策对到期股权收购款进行了延期，实行分期还款计划，延期金额1130万元。多措并举，推进基金逾期股权收购款的风险化解工作。积极与市、县党政部门汇报沟通，与财政局及被投主体对接协调，累计清收预期逾期股权收购款1206.12万元、逾期投资收益15.37万元并全额上划。积极推进改家道物流公司不良贷款清收工作。成立清收领导小组，制订清收方案，落实清收措施及任务目标。2021年，清收家道贷款本金103.83万元，利息89.39万元。聘请中介公司对家道公司财务报表、押品进行审计、评估，配合上级行完成不良贷款调查、评估工作，制订不良贷款处置预案，为下一步清收工作打下基础。

【服务实体经济】 2021年，中国农业发展银行固原市分行聚焦固原肉牛、绿色食品、文化旅游、生态经济、纺织服装5大重点产业和新能源、新材料、中药材、电子信息4大培育产业，调结构、延链条、抓提升，支持产业化龙头企业3家，累计发放0.72亿元产业帮扶贷款，切实提升实体经济。积极推动雪川六盘山食品（宁夏）有限公司优质马铃薯项目银团贷款进程，全力推动固原市马铃薯产业发展。

【服务国家粮油储备】 2021年，中国农业发展银行固原市分行按期完成自治区、市级应急成品粮油储备计划。截至12末，固原市级应急储备粮贷款余额520万元，对应市级应急储备小麦库存数量400万斤。如期完成地方储备粮油贷款库存监管工作，代理监管类客户库存数量12391.34万斤。累计发放地方调控粮油贷款0.25亿元，确保固原市、西吉县、隆德县、泾源县、彭阳县临储粮收购按时完成。

【小微企业融资】 2021年，中国农业发展银行固原市分行加快推进小微企业贷款办理进度，累计向5家民营小微企业投放普惠型小微企业贷款0.29亿元，净增0.06亿元，完成全年净增任务0.05亿元的124.08%。同时，2021年与四县粮食购销企业全面建立信贷合作关系，有效支持当地民营小微企业发展。深挖一区四县担保资源，完成隆德县担保公司准入工作，上报固原市原州金祥担保有限责任公司准入申请，主动与泾源县担保公司、彭阳县担保公司对接，争取尽快准入，建立风险补偿机制，解决民营小微企业担保难问题。累计为受疫情影响暂时经营困难的2家企业申请办理再融资业务，延期归还贷款本金2475万元。减免服务收费，执行优惠利率定价政策，最大程度降低民营小微企业的融资成本，支持实体经济发展。

【助力乡村振兴】 2021年，中国农业发展银行固原市分行聚焦固原市乡村振兴重点建设项目，重点支持原州区、西吉县等2个国家乡村振兴重点帮扶县和隆德县、泾源县、彭阳县等3个国定脱贫县的产业发展、基础设施建设等，累计投放乡村振兴有效衔接贷款4.91亿元，有力推动乡村振兴战略实施。聚焦固原市重点建设项目，着眼县域经济发展，重点支持农村生活基础设施、公共服务设施建设、改善农村人居环境整治等领域，累计发放农村基础设施贷款3.95亿元，助力补齐农业农村基础设施短板。

【服务先行区建设】 2021年，中国农业发展银行固原市分行围绕《中共宁夏回族自治区委员会关于建设黄河流域生态保护和高质量发展发型去的实施意见》，精准对接先行区建设项目融资需求，累计发放黄河流域生态保护贷款3.95亿元，全力支持黄河流域生态保护和高质量发展先行区建设。

【服务生态文明建设】 2021年，中国农业发展银行固原市分行聚焦“建设宁南水源涵养区”目标，重点向环境综合治理、山水林田湖草保护修复、林业资源开发与保护等方面提供金融支持，累计发放生态环境建设与保护贷款2.15亿元，对接林业资源开发项目，融资需求3.68亿元，助力固原市实现从生态项目到生态资源、生态资产、生态价值的市场化转化。

中国建设银行股份有限公司固原分行

【概况】 2021年，中国建设银行股份有限公司固原分行一般性存款余额72.53亿元，其中对公时点存款余额22.96亿元，当地四行占比36.61%，排名第二；个人存款余额49.58亿元，当地四行占比38.47%，排名第二；较年初新增4.44亿元，当地四行占比50.84%，排名第一；各项贷款

建行固原分行全心全意为客户提供优质服务

余额为326950.42万元，其中公司类贷款余额为117088.38万元，个人类贷款余额为209862.04万元，较年初增加13672.92万元，贷款不良率为7%；营业收入18260.05万元，营业支出6707.11万元，营业利润11552.94万元，利润总额11545.36万元。

【核心业务】 2021年，中国建设银行股份有限公司固原分行个人全量客户47.6万户，规模系统第一；新增1.32万户，系统第三。有资产客户37.4万户，系统第一；新增1.26万户，系统第二。个人有效客户11.1万户，系统第三。全面关系客户1.31万户，系统第四，新增688户。私行客户16户，新增7户，计划完成率300%，系统第一。个人存款余额49.58亿元，当地四行占比38.47%，排名第二；较年初新增4.44亿元，当地四行占比50.84%，排名第一。“裕农通”业务总量823户，全区占比35.31%，签约农户1.16万户，排名全区第一，结构调整激活村委服务点429户，占全区46.63%，计划完成率121.5%，全区第二。

【贷款业务】 2021年，中国建设银行股份有限公司固原分行个人住房贷款余额11.66亿元，本年发放770笔、2.67亿元，贷款新增7914万元。较2020年全年发放272笔、7463万元有了大幅提升，个人住房贷款发放与新增实现同业第二。普惠金融贷款余额2.66亿元，其中小微快贷414户1.16亿元，较年初分别增加58户2457万元，客户及支用全区排名第四；塞上养殖贷系统率先破零及县域支行全覆盖，移民贷在彭阳县成功落地，塞上贷款发放23笔335万元。

【风险管控】 2021年，中国建设银行股份有限公司固原分行全年累计处置不良贷款2.53亿元，其中现金回收1270.49万元，核销10户2.4亿元，资产证券化3户、金额90.61万元；盘活1户、金额6万元。已核销贷款现金回收951.45万元。通过以赛代练、邀请专家授课、经验交流等方式提升全行数字化经营能力，助力客户及商户拓展、稳存增存等业务的快速发展。

中国农业银行股份有限公司固原分行

【概况】 2021年，中国农业银行股份有限公司固原分行人民币各项存款余额39.27亿元，各项贷款余额28.01亿元，较年初增加1.21亿元，其中个人贷款余额21.66亿元，占比达77.32%，提升3.13个百分点；实现拨备前利润1.16亿元。

【服务实体经济】 2021年，中国农业银行股份有限公司固原分行突出服务新发展格局，围绕建设黄河流域生态保护和高质量发展先行区等战略，锁定“九大重点产业”、富民产业，持续加大重点领域信贷支持，全面提升服务实体经济质效。全年投放各类贷款16.54亿元，其中发放个人贷款14.55亿元，农户贷款6.32亿元。坚持房地产民生属性，满足首套房、刚需改善房、二手房金融需求，全年投放个人住房贷款2.25亿元。践行“金融为民”，做大线上消费规模，个人消费贷款增加4576万元。

【金融产品创新】 2021年，中国农业银行股份有限公司固原分行落实数字经营，创新推出“纳税e贷”“集团e贷”“抵押e贷”“首户e贷”“账户e贷”“烟草e贷”“政采e贷”“链捷e贷”等新产品，为小微企业注入“金融活水”，全年为小微企业投放贷款1.99亿元。由国家乡村振兴局和中国农业银行升级创设“富民贷”产品，该产品具有免抵押、免担保、额度最高20万元的特点，让农户在干事创业的道路上“轻装而行”，帮助实现“富民”目标。

【金融助农】 2021年，中国农业银行股份有限公司固原分行聚焦粮食安全、种业振兴和农产品稳产保供，以冷凉蔬菜、肉牛、小杂粮、中药材等特色产业和地方优势产业，做实产业链金融服务，涉农贷款余额9.5亿元，比重34.09%，较上年同期增加0.97亿元。强化“惠农通”资源保障和全覆盖，提升惠农通机具使用效率，真正实现为农户打通金融服务最后一公里。

【助力乡村振兴】 2021年，中国农业银行股份有限公司固原分行坚决贯彻落实党中央、国务院和各级党委政府乡村振兴战略部署，对标落实服务乡村振兴领军银行、服务实体经济主力银行“两大定位”，优化服务格局，服务“三农”网点增加至7个，充实网点一线岗位35人，信贷投放覆盖原州区153个行政村，提高服务“三农”水平，全年发放农户贷款6.32亿元，占比38.42%。深入实施整村推进、整村授信，持续加大产业信贷投放，推动农户建档向规模化、集约化发展，全年创建“信用村”11个，农户信息建档3094户，农户贷款较年初净增1.05亿元，其中惠农e贷较年初净增1.82亿元。

中国工商银行股份有限公司固原支行

【概况】 2021年，固原地区四行存款余额105.41亿元，工行占比18.30%，存款余额同业排名第三，但余额占比较年初的15.4%提升2.86个百分点，提升率在系统内21家兄弟行中排名第一；四行各项存款增量0.1亿元，工行占比2726%，存款增量同业排名第一，较农行多增0.51亿元，较建行多增8.59亿元，增量市场占比在系统内21家兄弟行排名第一。四行各项贷款余额85.49亿元，工行占比28.26%，贷款余额同业排名第三，但余额占比较年初的24.36%提升3.9个百分点；四行各项贷款增量4.67亿元，工行占比95.72%，贷款增量同业排名第一，较农行多增3.11亿元，较建行多增6.22亿元。2021年以来，虽受主客观因素影响，利润及存款规模未能保持2020年度快速增长的势头，但支行机构、公司及个人客户规模、储蓄存款及代发业务客户等基础业务较上年度仍有明显提升，截至2021年三季度末，各项存款日均及中间业务收入四行增量排名第二，存款日均余额同业占比提升至17%，较上年度提升0.72个百分比；中间业务收入占比提升至21.28%，较上年度提升0.45个百分比，固原支行在当地的口碑形象、品牌影响力及市场竞争力均得到了极大幅度的提升。

【经营管理水平提升】 2021年，针对存在的内部管理水平未能跟上整体经营发展步伐及部分中层管理人员履职能力仍有待提升，个别管理人员不作为、慢作为的情况，支行党委及时调整工作重心，一方面通过发布运行、内控、服务等考核细则，通过科学细化的管理办法，使内部管理工作有了具体的抓手；另一方面从加强中层管理人员履职能力入手，在全行范围对现有中层干部的“七个能力”进行调研测评，并应用测评结果果断对支行部分中层干部进行了调整，建立了干部能上能下的考评机制，确保将支行中层干部打造成政治上靠得住、业务上拿得起、作风上过得硬、廉政上真干净的合格干部。通过以上举措，支行经营发展迸发出蓬勃动力并步入了正轨。

【创新管理】 2021年，固原支行新一届党委班子着力规范人才选拔制度，畅通职务晋升渠道。打造中层干部、运营主管、客户经理三个后备人才库，同时为避免经理(三级)职务职数仅用于照顾老员工和即将退休员工群体的情况，开创性地通过公开竞聘方式选聘经理(三级)，选聘工作向基层一线、重点业务条线、业务骨干、绩优员工倾斜，进一步构建了以岗位价值为核心的岗位职级体系，为24名符合条件的员工进行工资提档，重新梳理并对"未聘任"或级别低于应聘任级别的41名员工进行岗位聘任，做到人岗匹配，完善业务类人员晋升发展机制，充分激发员工创新、创造活力，为支行培养人才，为员工筑建信心。

【企业文化建设】 2021年，固原支行注重文体活动，加强企业凝聚力。根据员工兴趣爱好积极完善篮球场、乒乓球室、阅览室等场地设施，积极组织同固原市各单位的文体联谊活动，组织开展多场篮球、乒乓球、气排球等比赛，加深了与重点单位、重点客户的沟通联谊，更是在与金融同业的篮球比赛中保持不败的战绩，在宁夏分行2021年职工运动会中取得篮球第三、气排球第六的历史最佳成绩，同时在宁夏分行"永远跟党走——辉煌100年，歌声献给党"红歌会中荣获三等奖，通过丰富员工文体活动，进一步加强了员工的凝聚力，提振了员工士气。在注重企业文化建设的同时解决员工在工作生活中"急难愁盼"的问题，大力改善工作生活环境，提升归属感。针对员工多次反映的因原州区供热热源不足及支行办公楼外墙保温老化功能下降导致秋冬季办公区温度过低的问题，积极向分行争取，为支行全部办公室配备了空调，同时完成院落绿化，为员工打造清新舒适的上班环境；持续加强职工食堂管理水平，提升饮食和服务质量，积极落实打造"员工之家"，将员工生活福利放在重点工作当中，切实解决员工生活问题，为员工谋幸福，为发展留人才。支行党委坚持做员工的贴心人，以及实实在在的关心关爱，员工对干部、对组织的认同感、对集体的归属感以及对未来发展的信心持续提升，让员工"心"有所属，拥有家的感觉。

【金融助力脱贫】 2021年，固原支行积极响应党中央精准脱贫重大决策部署，进一步开展消费扶贫，为贫困地区农副产品打通销售渠道。支行在做好定点扶贫工作的同时，积极协助定点帮扶村拓宽增收渠道。疫情初期，支行协助八岔村农户通过电商平台出售因疫情滞销土豆3.02万余斤，创收4.53万元；秋季认购土豆、粉条等20万斤共33万多元，为帮扶村的滞销农产品销售打通了线上渠道并解决了燃眉之急。支行职工食堂采购及发动员工采购贫困地区农副产品28.49万元，完成8万元"直接买"任务的356.4%；协调业务合作单位"帮忙卖"贫困地区农副产品152.4万元。发动员工购买八岔村土豆5450斤、粉条600斤；通过融e购平台购买盐池牛羊肉6.63万元。

宁夏固原农村商业银行股份有限公司

【概况】 2021年，宁夏固原农村商业银行各项存款时点余额826517.51万元，较年初增加63595.84万元；各项存款日均余额817209.84万元，较年初增加48122.99万元。其中，个人存款时点余额511379.36万元，较年初增加36901.24万元；个人存款日均余额497888.35万元，较年初增加52969.49万元；对公存款时点余额315138.15万元，较年初增加26683.04万元。

【贷款投放】 2021年，宁夏固原农村商业银行各项贷款(含贴现、信用卡)720585.04万元，较年初增长77907.94万元，增长12.12%。其中，贷款(不含贴现、信用卡)586622.79万元，较年初增长77698.47万元，增幅15.27%，占各项贷款的81.41%；涉农贷款余额495056.85万元，较年初增长67013.46万元；小微企业贷款余额153997.81万元，较年初增长19202.81万元，农户贷款余额322512.1万元，较年初增长60304.67万元，贷款户数共计46899户，较年初增长351户，其中农户贷款较年初增长597户；贴现125490.12万元，较年初下降2403.49万元，占各项贷款的17.41%。信用卡消费用信8472.12万元，较年初增长2612.97万元，增速44.6%，占信贷规模的1.18%。

【经济效益】 2021年，宁夏固原农村商业银行实现各项经营收入45752万元，较去年同期增加761万元，增幅1.69%。其中：贷款利息收入38535万元，同比增加4122万元，增幅11.98%，占各项收入的82.36%；金融机构往来收入5548万元，同比减少1980万元，降幅26.3%；手续费及佣金收入961万元，同比减少77万元，降幅7.42%。各项支出32832万元，同比增加755万元，增幅2.35%。其中，存款利息支出12713万元，同比增加1927万元，增幅17.87%；金融机构往来支出921万元，同比增加37万元，主要为央行支农及扶贫再贷款利息支出；手续费及佣金支出564万元，同比增加329万元，增幅达140.36%；业务及管理费用支出11814万元，同比减少203万元，降幅1.69%；营业税金及附件支出329万元，同比减少12万元。实现经营利润19374万元，同比减少1548万元，降幅7.4%。实现净利润9973万元，同比减少3530万元，降幅26.14%。

【监管指标】 2021年，宁夏固原农村商业银行资本充足率24.57%，比年初减少0.39个百分点，优于监管指标14.07个百分点；成本收入比37.88%，比年初增加0.47个百分点，优于监管指标2.12个百分点；流动性比率

固原农商行“驻村金融官”深入田间地头调研农户金融需求

44.63%，比年初减少9.31个百分点，优于监管指标19.63个百分点，各项监管指标均达到法定监管值。

【存款结构优化】 2021年，宁夏固原农村商业银行通过开展“赢在春天 存款有礼”“9元洗车”“9元观影”“云闪付拉新”等营销活动，培养客户习惯，提高客户黏性，推动个人存款增长；积极对接到期理财和非标准期限定期存款，确保资金到期后不外流。对公存款稳增稳存。加强与市区两级财政部门沟通，落实新收缴资金及时划转；以对公户营销专项奖励为抓手，利用统一收单营销盘活小微、个体商户等对公户，促进对公存款稳步增长。截至年末，本行社保类客户存款较年初增长3.52亿元，占存款增长的55.35%；营销行政事业（企业）单位对公开户23户，吸纳存款2，900余万元，余额775.58万元。针对对公存款下滑，分别于今年6月底和10月底下达对公存款阶段性任务并加强每日督导，对公存款分别逆势增加2.67亿元和1.29亿元。存款转型成效明显。本行在加强存款营销工作的同时，注重对存款成本的控制和结构优化；停止非标高利率个人存款产品、对接理财产品，使个人定期存款向低利息标准化定期优化。

【服务实体经济】 2021年，宁夏固原农村商业银行认真落实“两项货币政策工具”措施，成立工作领导小组，对接政府相关部门，对辖内重点小微企业进行走访对接，深入调查企业经营及资金需求情况，对符合条件的企业要做到应贷尽贷，全年共为小微企业发放信用贷款670户、1.31亿元。对受疫情影响经营困难的小微企业，承诺不盲目抽贷、断贷、压贷，通过贷款展期、续贷等方式，给予一定期限的延期还本付息安排；对确因疫情影响发生的逾期贷款及时进行有效化解处置。全年共办理延期还本贷款127笔、1.7亿元。

【风险防控】 2021年，宁夏固原农村商业银行合理配置信贷资源，突出信贷支农重点。做小做散信贷结构，严控大额贷款，坚守战略定位。按照黄河银行信贷“一体化”管理要求，通过明确行业限额管理、客户限额管理、产品限额管理等措施，确保信贷资金投向重点支持领域和重点行业。严控大额贷款，针对防控信贷业务操作风险，开展集中培训工作，同时进一步明确岗位职责，细化信贷操作中各管理层次、管理部门责任。对贷前调查、贷中审查、放款审核、贷后管理等进行规范。专注服务本地经济发展，本行积极引导信贷资源投向市场前景较好、产业政策积极支持的行业，合理控制潜在风险行业贷款总量，及时退出高风险行业及客户，按照“有扶有控”的原则，引导信贷资金向“三农”领域倾斜，加强对积极进入类行业客户的开拓和营销力度。

【助力乡村振兴】 2021年，宁夏固原农村商业银行继续稳妥扩大“农村住房”抵押贷款试点，强化“农商行＋龙头企业＋农户”“农商行＋农业合作社＋农户”等利益联结机制，有效满足新型农业经营主体适度扩大经营规模的资金需求，确保农户贷款和新型农业经营主体贷款较快增速。全面深化小微金融服务，加大对单户授信总额500万元（含）以下小微客户的信贷支持力度，对符合信贷准入条件的小微企业贷款，实行“授信优先、审批优先、利率优惠、条件放宽”等优惠政策，重点满足农业种养企业、能耗和环保达标的绿色行业类中小微企业的信贷需求。持续推进整村授信，巩固脱贫成果同乡村振兴有效衔接。继续加大对未授信村农户的建档评级授信工作，做到应评尽评，应授尽授，确保完成农户评级授信计划100%的既定任务。截至年末，已完成有效农户信息采集26，730户，完成评级24，061户，授信金额13.31亿，已用信11，051户，用信金额7.49亿元。在做好“整村授信”新增客户营销拓展的同时，认真分析研究“整村授信”存量未签约客户未用信的深层原因，积极引导客户下载APP签约，争取做到“授信一户、签约一户、用信一户”。持续跟进脱贫人口小额贷款服务，对扶贫部门认定的已脱贫享受政策和边缘易致贫户“两类人群”做到应贷尽贷。

宁夏银行固原分行

【概况】 2021年，宁夏银行固原分行宁夏银行固原分行践行服务地方经济、服务小微企业的金融服务职责，相继推出了如意金扶贷、如意循环贷、如意宁科贷、如意税意贷、如意SMILL贷、如意宁商贷等特色产品，重点支持淀粉加工、蔬菜种植、批发零售、食品加工、民族民贸等民生类行业的中小微企业，大力推动服务支持“乡村”“三农”发展，助力乡村振兴。宁夏银行固原分行作为地方性商业银行主动做好信贷服务工作，加大贷款投放力度，扩大信贷支持稳企业保就业覆盖面。截至年末，各项贷款余额19.43亿元，为固原市的经济发展起到了推动作用。

【服务实体经济】 2021年，宁夏银行固原分行大力支持小微企业和实体经济发展，连续多年完成了监管部门的“两增两控”目标。积极支持市、县重大项目建设，我行积极与当地政府对接，对政府重点项目清单逐个对接，给予企业资金支持，对当地较大企业固原福苑实业有限公司、宁夏德立信医药有限责任公司及当地众多淀粉行业企业持续多年给予资金支持，贷款的及时发放有效解决了企业的困难。

【小微企业融资】 2021年，宁夏银行固原分行落实宁夏银行总行注重解决企业“融资难”问题，针对固原市小微企业财务不健全、不规范，无抵押担保的实际困难，新开发“宁税贷、宁商贷、刷刷贷”等信用贷款，积极开展与担保公司的业务合作，有效解决小微企业“融资难”。着力解决小微企业“融资贵”问题，认真落实宁夏银行总行相关政策，通过降低利率、减免收费、提高效率等办法，有效解决了企业融资贵问题。积极推广宁夏银行新开发的“唰唰贷、信e贷、微联贷”等线上融资产品，丰富了融资渠道。

【助力乡村振兴】 2021年，宁夏银行固原分行常态化进行“进社区、进市场、进乡村”工作，对三县一区社区和农贸市场进行定期回访，既进行“金融知识”“消费者权益保护”等宣传工作，又上门办理业务，为客户提供便利。持续进行“乡村金融服务站”建设，固原分行现管辖三县一区，共有行政村698个（不含隆德县），固原分行已签约186个乡村服务站，配套乡村振兴卡，真正解决金融服务农户最后一公里的问题。

中国邮政储蓄银行固原市分行

【经营指标完成】 2021年，中国邮政储蓄银行固原市分行固原市分行各项贷款余额320358.49万元，较2021年年初，增加77095.16万元，增幅32%，其中，个人经营性贷款238450.84万元，较2021年年初增加69743.95万元，个人消费贷款81907.65万元，较2021年年初增加7351.21万元。案件防控及安全保卫：2021年全年安全运营无事故。固原市分行各支行、机构设置情况：市分行下辖西吉县支行、隆德县支行、泾源县支行、彭阳县支行4家一级支行，原州区支行、人民街支行2家二级支行，拥有22台自助设备。

【信贷服务】 2021年，中国邮政储蓄银行固原市分行围绕地方政府各项工作部署，坚持“服务社区、服务小微、服务三农”战略定位不动摇，扎根农村市场，助力决战决胜脱贫攻坚，积极调整信贷产品，实现信贷产品与客户发展需求的高度匹配，加快推进科技赋能，引进移动展业，引导客户经理走出去，现场办公。

【金融宣传】 2021年，中国邮政储蓄银行固原市分行加大金融知识宣传，开展了“金融知识普及月 金融知识进万家 争做理性投资者 争做金融好网民”系列宣传活动，聚焦“一老一少”重点人群，向金融消费者普及了“新版人民币防伪知识”“树立理性消费观念”“远离高息诱惑”“防范电信诈骗”等金融产品及服务的相关知识。介绍了常见的个人理财工具和理财风险防范等金融知识，引导金融消费者理性选择风险收益与自身风险偏好相匹配的金融产品。并针对资金周转频繁等消费群体，树立量入为出的理性消费观念。号召金融消费者自觉抵制网络谣言和金融负能量，共建清朗金融网络环境。增强了公众风险防范意识，提高了金融消费者风险防范的能力。

【助力乡村振兴】 2021年，中国邮政储蓄银行固原市分行严格落实“四个不摘”要求，加大乡村振兴金融支持力度，认真贯彻落实金融支持经济持续恢复和高质量发展相关要求。年度累计发放肉牛养殖贷款22480户21.14亿元，占全部发放贷款的51.5%，通过减免抵押评估费、降低贷款利率等方式让利于民。在“蔡川模式”推广升级“智·惠信用村”建设的基础上，推进整村授信，切实提高客户体验，树立良好的品牌形象。

石嘴山银行固原分行

【概况】 2021年，石嘴山银行固原分行各项贷款余额16.18亿元，较年初增加2.72亿元，增长20.21%。其中：信贷资产余额8.13亿元，较年初增加2.53亿元，增长45.18%。负债总额16.20亿元，较年初增加2.5亿元，增长18.25%。

【贷款投放】 2021年，石嘴山银行固原分行信贷资源倾斜，加大信贷资金的投放。2021年，固原辖区内累计投放各项贷款7亿元，贷款余额较2020年年末增长3.5亿元，支持了210户中小微企业的发展需求，有效履行政治担当，强化主业主责，重点支持了九龙集团热源厂项目5400万元、马铃薯淀粉企业贷款11220万元、六盘山旅游集团红色旅游项目2000万元等。

【小微企业信贷】 2021年，石嘴山银行固原分行加强对中小微企业的资金支持。将信贷资金倾斜支持在固原市产业升级中发挥重要作用的中小企业，发放中小企业贷款210户，余额5.89亿元，主要涉及制造业、肉牛繁育与草畜种植、马铃薯淀粉等行业，其中金昱元化工5000万元，宝发农牧2000万元等。通过人行支小再贷款政策，下降贷款利率，平均利率为5.6%，较2020年下降1.3个百分点。

【金融产品创新】 2021年，石嘴山银行固原分行创新信用贷款产品，根据企业的订单、信用评级等情况，为企业提供无抵押无担保的信用贷款，创新了“企业尊信贷”“订单贷”“税信贷”“小本贷”等产品，最高授信额度1000万元，2021年发放企业信用贷款62户1.17亿元。例如，在疫情防控期间，宁夏德立信医药有限责任公司储备防疫物资资金紧张，我行了解后3个工作日为其办理了800万元纯信用贷款，利率仅为5.5%；进入供暖季节，煤炭价格上涨，我行及时为固原市惠泽集中供热有限公司办理了1000万元信用贷款，利率为5%。

【服务实体经济】 2021年，石嘴山银行固原分行创新担保方式解决企业融资问题，根据企业的经营特点创新推出了“订单贷”“政采贷”“存货质押贷”“排污权等权利质押贷款”等。例如，宁夏六盘山旅游集团有限公司因红色旅游资源开发需要资金周转，我行通过质押门票收费权方式为其办理了2000万元5年期贷款；宁夏金曜塑业有限公司因采购原料资金紧张，我行通过“订单贷”和存货质押的方式为其办理了1000万元流动资金贷款。通过“降低利率、延期还本付息、减免费用”等举措，支持企业复工复产，累计为22户企业延期还本4271万元；通过减费让利为企业节约各项成本658万元。

【公益服务】 2021年，石嘴山银行固原分行主动承担社会责任，扎实推进金融扶贫工作。自2015年成立以来，我行开展了“百村万户”金融扶贫工程，努力支持建档立卡农户脱贫致富，累计办理金融扶贫贷款4.2亿元；与原州区曹洼村、西吉县兴隆镇、马建乡等地区进行定向帮扶，累计捐赠各类资金、实物120万元；发起设立的石嘴山银行“爱心”基金会，围绕“助残、助学、助困帮扶”等持续向固原市民政局、五原中学等各类机构和乡村开展慈善救助，累计捐赠款项和实物达40余万元，资助“希望工程”大学生、孤残儿童老人等20人，对固原市两个县区累计捐赠价值130万元环卫清洁车辆150余辆，得到了社会各界的认可和好评；深入推进社区银行建设，打造“社区共建公益平台”，联合社区居委会、物业等各类社会服务机构，形成“社区百姓讲堂、社区党建联建、社区义工联盟”等社区服务共建联建机制，将暖心金融服务融入社区治理，宣传维护社会信用体系建设，做好客户关怀和暖心活动。

【助力乡村振兴】 2021年，石嘴山银行固原分行加强产业扶贫，支持乡村振兴。分行自成立以来，积极开展了金融扶贫贷款，助力固原市脱贫攻坚事业，随着进入乡村振兴阶段，我行主动研究产业政策和信贷政策，通过“整村授信”支持西吉县富民产业肉牛养殖，累计发放“石银富民贷”1797户、1.3亿元，通过无抵押无担保的信用方式，为农户缓解资金压力，支持西吉县单家集全村196户养殖户扩大养殖规模，助力产业致富和乡村振兴。

保　险

中国人民财产保险股份有限公司固原分公司

【概况】 2021年，中国人民财产保险股份有限公司固原分公司全险种实现保费收入4.54亿元，增速5.9%，累计份额53.3%，同比下降0.5个百分点；其中，车险2.39亿元，增速3.6%，累计份额45.4%，同比提升1.5个百分点；农险9887万元，增速-2.04%，累计份额73.3%，同比下降12.9个百分点；商业非车险5199万元，增速25%，累计份额50%，同比提升1.9个百分点；社保6759.39万元，增速2.55%；车险、商业非车险对标市场。

【服务实体经济】 2021年，中国人民财产保险股份有限公司固原分公司帮助企业降低发展掣肘，推进产业转型升级。公司结合固原四县一区实际，精准扶持龙头企业，支持一二三产业深度融合和协同互补，在有效防范金融风险的前提下，重点支持具有核心竞争力和发展潜力的企业。累计22家涉农企业发放支农融资共计14760万元，向固原市辖区内肉牛养殖农户发放支农融资68笔，169户共计1446万元。

【农村保险提质】 2021年，中国人民财产保险股份有限公司固原分公司积极做好农业保险理赔工作。自2021年5月份开始，固原全辖区出现了60年不遇的极端干旱天气，我们承保的玉米、马铃薯、小杂粮、中药材、油料等作物受损较严重，针对大面积旱情，公司领导高度重视，第一时间向各级政府、部门做专题汇报，并聘请自治区农牧、气象专家实地查勘。区分公司主要领导和分管领导也深入一线实地查勘，并提出了查勘理赔的明确要求。固原银保监分局的领导也深入各县区查勘灾情，提出“快速、准确、合理”的理赔原则，在固原银保监分局和区分公司的坚强领导和指导下，快速推进赔付工作。

【服务生态环境建设】 2021年，中国人民财产保险股份有限公司固原分公司根据《宁夏回族自治区财政厅关于开展政策性森林保险有关事项的通知》(宁财(农)发〔2021〕1号)文件精神，公司经理室高度重视，努力在固原市四县一区构建绿色保险服务体系，积极推进政策性森林保险，积极向市、县两级林业、自然资源、财政部门进行汇报，细化承保方案，积极参与招标。截至12月底，全辖共承保政策性森林保险204.78万亩，提供风险保障20.46亿元。因旱灾原州区防护林树木干枯情况，赔款207万元。

【助力乡村振兴】 2021年，中国人民财产保险股份有限公司固原分公司积极推广农村外出务工人员“铁杆庄稼保”人身意外伤害保险，更好地关注农村特殊人群生产生活风险保障，推出农村小额意外伤害保险，预防造成返贫，配合政府履行救助责任，为县政府排忧解难，促进农村社会的和谐稳定，助力全市乡村振兴，为全面完成“十四五”目标保驾护航。截至12月底，为全市261131名外出务工人员承保“铁杆庄稼保”，提供风险保障678.94亿元。

中国人寿保险股份有限公司固原分公司

【经营效益】 2021年，中国人寿保险股份有限公司固原分公司实现总保费完成17770万元，上年同期完成19661万元，同比下降9.6%。其中，首年期交预算目标3600万元，完成2589万元，达成率71.9%；十年期及以上预算目标1269万元，完成786万元，达成率62%；标准保费预算目标1220万元，完成849万元，达成率69.6%；短险预算目标2246万元，完成976万元，达成率43.5%；续期保费完成14106万元。

【风险防控】 2021年，中国人寿保险股份有限公司固原分公司开展“人身保险市场乱象治理工作”“重点风险排查整治工作”“虚假承保、虚挂保费、虚假退保、虚假理赔和虚假数据”问题专项整治工作”“涉嫌非法集资风险专项排查整治工作”“洗钱风险专项排查整治工作”等系列排查工作，核查出公司存在的问题，积极整改，快速响应监管要求，全面提升公司风险管理水平，坚守住不发生系统性、区域性风险底线。同时，对反洗钱、防范非法集资、扫黑除恶等工作开展了宣传、风险排查等工作。向全司上下推行诚信与正直的职业操守，遵循“风险即生命，合规创价值”的风险文化核心价值观，将合规文化作为企业文化建设的重要内容。

【助力乡村振兴】 2021年，中国人寿保险股份有限公司固原分公司以“涉农惠民，保险扶贫”为指引，针对农村保险制度不健全、农民生产生活抗风险能力不强、基层政府救助压力持续加大的现状，先后推出了小额借贷保险、农村小额全家福保险、爱妮保和防贫保等政保类惠民保险。

经贸合作

招商引资

【概况】 2021年,固原市投资促进服务中心对标《宁夏回族自治区九大产业高质量发展实施方案》和《固原市国民经济和社会发展第十四个五年规划和2035年远景目标纲要》,紧扣“5+4”产业建链延链补链,组织论证编制招商项目152个782亿元,均达到预可研深度。对应储备项目,储备招商目标企业100多家。精心制作招商宣传片、投资指南、招商电子杂志等宣传推介资料。制订《关于建立市级领导包抓重点招商引资项目工作机制方案》《关于建立市级领导包抓产业发展工作专班方案》等政策性文件,推动构建起职能明晰、分工明确、政策保障、落实有力的产业发展和招商工作新机制。

【精准招商】 2021年,固原市投资促进服务中心凝聚市、县招商部门、产业部门、园区和要素保障服务部门工作合力,扎实开展产业精准招商百日行动、签约项目落地百日行动,“走出去、请进来”精准招商、科学招商。一是扎实开展“走出去”精准对接。先后组织小分队外出招商15批次,召开专场推介会3场次,拜访企业100多家,达成中泽惠农智慧农超中心、瑞和分布式光伏发电、燕赵资本产业基金等意向项目26个。二是主动“请进来”实地考察洽谈。邀请来固考察企业和商协会30多批次,召开项目专场对接会20多场次,成功促成雪川固原马铃薯产业绿色高质量综合开发、长江医药现代中药、华人礼服制衣、泉州芳廷服装加工生产基地等15个项目落地建设。

【招商项目保障】 2021年,固原市投资促进服务中心落实产业重大项目专班服务机制,牵头成立雪川农业、长江医药、华人礼服等项目服务工作专班,指定专人进驻项目现场贴身服务,先后组织召开协调会10多场次,推动解决企业困难问题40多项,对保障和推动项目建设起到了至关重要作用。落实重点签约项目包抓服务机制,专人包抓芳廷服装、罗普特军民融合制造、锐捷网络西部运营中心等8个签约项目,协助办理项目注册登记、规划选址、土地供给、备案报批、环境评价、施工许可、用工招聘等事项20多项,成功促成落地项目6个,落地率75%。开展“送政策、听建议、解难题、帮发展”走访调研活动。结合“三知三强”实践活动的开展,先后深入丰源纺织、华人礼服、融侨肉牛、双文绒业等60多家企业,开展“送政策、听建议、解难题、帮发展”走访调研活动5次,梳理企业在项目建设、融资、税费、政策解疑等方面“急难愁盼”问题台账43项,已全部协调解决。聚焦产业发展和项目落地融资难融资贵共性卡脖子问题,主动寻求破题之策,与燕赵资本、北京丰图投资、深圳健和投资、江苏安立丰等实力雄厚的资本金融企业对接,推动设立产业引导基金和各产业专项引导子基金。已初步与燕赵资本达成设立重点产业股权投资引导基金,与顺鑫控股、丰图资本、健和资本等企业达成肉牛、绿色食品等产业子基金项目意向。积极与金融机构对接,协调企业融资15亿元。

固原经济开发区

【概况】 2021年,固原市经济开发区获批全区高新技术产业开发区,全年实现工业总产值70.44亿元,同比增长33.3%;固定资产投资7.93亿元,同比下降20.7%;招商引资到位资金29.98亿元,同比增长25%;地方税收收入1.27亿元,同比增长6.9%。

【开发区项目建设】 2021年,固原市开发区实施重点项目22个,其中续建11个,新建9个,拟建2个,完成固定资产投资7.93亿元。丰源20万锭纺纱纺织(二期)、天楹垃圾焚烧发电、羽欣华耀PVC、雪川农业马铃薯全产业链等18个项目加快建设,双文绒业高档羊绒制品等项目建成投产,污水处理厂再生水循环利用等项目正在开展前期工作,中山华人礼服智能服装产业园项目正在进行设备调试和工人培训,长江医药宁夏六盘山现代中药大健康产业园项目正在生产厂房装修。另外,新材料产业园固废填埋场、雨污分流、轻工产业园“七通一平”基础配套、标准化厂房改造项目移交原州区相关部门通过地方政府债券资金建设,主体工程基本完工。

【开发区招商引资】 2021年,固原市经济开发区管委会紧盯京津冀、长三角、珠三角及毗邻地区,围绕主导产业补链、延链、强链,开发区主要领导、分管领导带领“小分队”外出招商10次,考察企业35家。对有意向企业“请进来”对接洽谈30次,开发区主要领导、分管领导全程陪同,全力支持项目考察洽谈。制订落实责任分工方案、领导包抓产业发展工作专班方案,建立6个产业发展工作专班,产业精准招商和转型升级步伐加快。华生管道盐化工循环经济新材料加工等15个项目签约,计划总投资29.4亿元,其中,开发区三大主导产业项目8个,总投资15.7亿元。正在洽谈推进招商引资项目共24个,即将签约项目4个。实际完成到位资金29.98亿元。推进上海东方龙公司第三方招商,成功签约落地雪川农业马铃薯全产业链项目。深化与漳州市金峰开发区、晋江开发区战略合作,推动共建纺织服装产业园。加强市、县(区)园区共建,帮助原州区引进的高品质蛋鸡饲料加工项目落地开发区。

【服务企业发展】 2021年,固原市经济开发区管委会组织辖区企业申报项目54个,争取项目资金3000多万元;申报17家企业贷款资金需求,联合市金融工作局举办政银企对接会,争取贷款资金2950万元。申报认定“专精特新”企业5家、科技型“小巨人”企业2家、技术中心3家、服务型制造示范企业1家,申报农业高新技术企业2家,入规企业4家;制订“双创”行动方案和“双创”基地宣传视频短片,组织辖区金凯信、新荣基、浙商国际公司与宁夏师范学院、固原职业技术学校对接,推进“双创”活动;组织企业参加相关培训,提高生产经营管理能力。推行“园长制”管理,按片区设立6个园长,为企业和项目协调解决土地、规划、供电、供水、供暖、道路、手续办理等事项100余件。

【园区安全生产】 2021年,固原市经济开发区管委会一是统筹推进安全生产专项整治三年行动,每季度召开企业安全生产例会,举办“安全生产进企业”专项宣传活动,聘请中介公司开展常见安全事故预防和应急处理专题培训,组织开展地震应急避险疏散、消防灭火和危险化学品泄漏应急救援演练,对20家企业安全生产标准化创建验收,加强安全生产检查和执法督查,开展专家“问诊”,排查整治企业安全隐患。二是环保方面,认真做好中央第四生态环境保护督察组督察迎检工作,开展中央和自治区环保督察整改“回头看”,确保问题不反弹。配合市生态环境局加强督查检查,做好项目环评审批、环保验收。三是节能减排方面,严格落实“双控”要求,严控“两高”项目引入,对辖区重点耗能企业加强督促节能降耗措施落实,确保完成能耗“双控”任务。四是矛盾纠纷化解方面,全力做好市信访局转办、现场来访、“12345”平台反馈事项,共受理62件,办结率98%。做好保障农民工工资发放,落实农民工工资保证金制度,配合人社部门开展专项检查。制定历史遗留问题化解实施方案和清单,推动历史遗留问题化解。

宁夏固原国家农业科技园区

【概况】 2021年,宁夏固原国家农业科技园区共注册商标数16个,通过认定的三品一标数5个,园区当年授权专利总数71个,其中,园区当年授权发明专利数26个;园区2021年全社会R&D(科学研究与试验发展资金)投入68603万元,其中,各级政府本级财政投入R&D投入26311万元,企业R&D投入42292万元。园区拥有研发机构8所,全年推广新品种、新技术和新设施数39个。

【基础设施建设】 2021年,宁夏固原国家农业科技园区在核心区姚磨村新建智能联栋温室1座面积5300平方米,自动化育苗联栋温室现有4座,面积2.0万平方米,年育苗能力达到10000万株以上;新建蔬菜分拣精包装加工厂1座面积1200平方米,年生产能力达7200吨以上;在杨郎村新建成冷库及制冰车间1座面积2000平方米,预冷库现有7座面积1.4万平方米,年预冷保鲜10万吨;硬化场地4100平方米;在示范区大林棚推行无土栽植、南果北种、鱼菜共生、设施果树等栽培技术。招商引进融侨集团成立宁夏固原融侨(丰霖)公司,计划投资10亿元,在固原市原州区流转土地12000亩,种植青贮玉米10000亩,调制饲草3.7万吨,规划建设肉牛养殖生态示范园和一期5万头肉牛屠宰加工场。

【马铃薯产业链建设】 2021年,宁夏固原国家农业科技园区建成三级脱毒种薯繁育体系,脱毒核心种苗、原原种、原种、一级种薯繁育规模分别达到100万株、2亿粒、1.5万亩、12万亩,脱毒种薯覆盖率达到100%;青薯9号等淀粉加工品种、宁薯16号等鲜薯外销品种、夏波蒂等主食化品种、费乌瑞它等早熟菜用品种,品种结构合理;“种薯繁育、鲜薯外销、淀粉加工、主食开发”的产业化格局稳定。淀粉及其制品产量12万吨,外销种薯鲜薯70万吨左右;建成马铃薯批发市场和乡镇农贸市场近40个，电商销售平台2个，标准化贮藏窖2万余座，标准化贮藏容量约70万吨；“中国马铃薯种薯之乡”“六盘山马铃薯”“西吉马铃薯”等商标、名牌获准注册，产品市场占有率逐年增长。

【蔬菜市场建设】 2021年，宁夏固原国家农业科技园区培育蔬菜合作社169家，产品远销上海、西安、武汉等大中城市和港澳台地区。其中，原州区种植以黄瓜、西红柿、辣椒和西兰花、大白菜、芹菜、娃娃菜、广东菜心等为主的蔬菜20万亩，拥有南河滩、火车站等5个蔬菜批发市场、20处集镇农产品销售市场、7处蔬菜预冷库，西吉县种植以芹菜、蒜苗、胡萝卜、大白菜（娃娃菜）、甘蓝等为主的特色蔬菜17万亩，组建100多家蔬菜合作社，培育贩运大户及经纪人50多个，培育营销人员500余人，拥有9处集镇农产品销售市场、9处蔬菜预冷库，开拓了21省43个大型农产品批发市场。隆德县种植以西红柿、辣椒、娃娃菜、芥蓝、菜心为主蔬菜4万亩，建成6处蔬菜预冷库，拥有供应周边的沿隆静公路营销市场6处。彭阳县种植以辣椒为主的冷凉蔬菜8.4万亩，建成辣椒批发市场5处，配套预冷贮藏库14座，引进龙头企业4家，组建辣椒专业合作组织20多家，培养营销大户50多家，90%以上的辣椒实现区外销售。

【肉牛良种培育】 2021年，宁夏固原国家农业科技园区肉牛产业技术核心区位于泾源县香水镇。2021年，苜蓿留床1.24万亩、种植青饲料1.77万亩，肉牛出栏1.47万头、存栏1.53万头；示范区位于泾源县大湾乡、西吉县兴隆镇、隆德县杨河乡、彭阳县古城镇，当年苜蓿留床21.81万亩、种植青饲料31.11万亩，肉牛出栏19.34万头、存栏33.47万头；肉牛产业辐射区地处固原市肉牛产业带，当年苜蓿留床18.59万亩、种植青饲料26.51万亩，肉牛出栏16.60万头、存栏28.40万头。优质肉牛品种西门塔尔覆盖率达70%以上。肉牛冷配改良站（点）334个，年冷配改良母牛16万头以上，良种化率达85%以上，黄牛冷配改良实现全覆盖。基础设施显著改善——累计建成暖棚牛舍9.43万栋（695万平方米）、青贮池2.8万座（83万立方米），投放铡草机8.96万台，分别覆盖养牛户53.8%、16.2%和51.9%。

【中药材产业发展】 2021年，宁夏固原国家农业科技园区中药材产业核心区位于隆德县沙塘镇，当年种植中药材0.52万亩；示范区位于隆德县联财镇、神林乡、陈靳乡、观庄乡，西吉县新营乡、彭阳县城阳乡，当年种植中药材6.80万亩；中药材产业辐射区地处固原市中药材产业带，当年种植中药材8.40万亩。

【农业科技帮扶】 2021年，宁夏固原国家农业科技园区结合新型职业农民培育、新型农民培训及劳动力素质提升等培训项目，采取集中培训与实操实训、观摩交流学习相结合的形式，重点对农业新型经营主体带头人、产业带头人等实施精准培训，完成农民培训6642人（次），带动当地农户（人）48607。

西吉工业园区

【概况】 2021年，宁夏西吉工业园区实现工业总产值4.34亿元，同比增长30.4%；工业销售产值3.84亿元，同比增长44.9%；主营业务收入3.83亿元，同比增长34.2%；带动就业1000余人。共对接洽谈招商引资项目16个，其中落地开工项目6个，招商引资到位资金1.15亿元。实施产业和基础设施项目8个，完成固定资产投资1.35亿元。

【项目建设】 2021年，宁夏西吉工业园区实施重点项目8个，其中产业类项目4个，基础设施项目4个，全年完成固定资产投资13473万元。完成政府投资项目固定资产投资5746万元，企业项目固定资产投资7727万元。

【园区招商引资】 2021年，宁夏西吉工业园区共外出广东、福建、山东等地招商6次，接待来访客商40批次，对接洽谈项目16个。其中，落地开工项目6个，招商引资到位资金1.15亿元。共发放固原市产业发展和招商引资文件汇编500余本、《宁夏西吉工业园区入园企业优惠政策（试行）》宣传册700余本、园区宣传折页500余份、税收优惠政策汇编300余本。通过宣传推介园区，邀请企业实地考察，西吉县废旧汽车拆解项目落地建设，年产10万吨蒸汽压片玉米项目达成投资意向。依托闽宁对口帮扶机遇，联合莆田市委、市政府对莆田市国有资产投资有限公司下属的经营不善、连年亏损的宁夏国圣食品有限公司予以收购，双方合作引进宁夏金蛋蛋农业食品有限公司、宁夏亲亲食品科技有限公司和宁夏绿康农业有限公司入驻宁夏国圣食品厂区，有效盘活国圣资产。发挥福清市挂职干部的招商优势，通过挂职干部一线招商，引进了福州福星鞋业有限公司鞋类生产项目和福建润霖农业集团有限公司蔬菜加工项目。发挥已落地入园企业的信息、资源优势，通过以商招商，引进的宁夏荣吉科技有限公司、宁夏溢森源纺织科技有限公司完成入园投产，引进的深圳市泰尔达净水科技有限公司净水机生产项目达成投资意向。

【服务企业发展】 2021年，宁夏西吉工业园区共帮助企业腾退厂房2间、7860平方米，帮助企业办理用电入户3家，接通临时用电1家，抢修供电10余次，抢修供暖、供水设施50余次，为8家企业协调缓交、少交暖气费40万元、2.8万元。积极对接人民银行和各商业银行，组织召开银政企对接会，为企业融资3960万元（金曜3600万元，泽爱堂290万元，绿康70万元）。组织开展企业招工和职工培训，在微信公众号、西吉大城小事等平台先后发布招聘信息20余条，发放宣传资料6000余份，先后举办16场次园区企业专场招聘会，参与招聘企业21家，提供就业岗位600多个，参加应聘农民工累计3000余人，签订用工意向协议700余人，已入职并稳定就业3个月以上463人，月人均工资约2200元。为企业职工开展各类培训8场次，基本涵盖园区所有员工，培训效果良好，用工知识得到普及。严格按照要求兑现各类扶持资金1502.38万元。其中，配合县劳动就业部门兑现2021年用工补贴133人26.6万元；兑现培训补贴资金44.2万元；落实2020年研发后补助资金92万元。

【园区营商环境优化】 2021年，宁夏西吉工业园区设立园区审批服务专区，建立代办服务制度，确定专人提供“保姆式”全程跟踪代办服务。与物业公司签订协议，派专人负责对园区给排水、消防管道进行检修，严格执行24小时管道抢修制度，有效保障园区企业的正常生产运营。制定印发《宁夏西吉工业园区入园企业管理办法（试行）》，严格落实企业进驻和退出程序，规范入园企业及项目的准入、运营、管理。从严落实企业经济发展考核及落后企业清退机制，对长期无法正常经营运转、产能低、用工人数少的企业实施强制清退措施。深化闽宁协作，联合福州新区福清功能区管委会签订“对口帮扶合作框架协议”，建立友好帮扶合作关系。

【安全环保】 2021年，宁夏西吉工业园区按照“管生产就必须管安全”的原则，围绕2021年安全、环保重要指标、重点任务，与各企业签订企业安全、环保目标责任书，制订了《宁夏西吉工业园区2021年环境保护工作计划》。开展“安全生产月”活动和安全生产专项整治三年行动。制订印发《2021年园区“安全生产月”活动方案》，以“落实安全责任，推动安全发展”为主题，制作宣传横幅20余条；邀请应急管理部门工作人员在园区组织开展了安全生产知识培训和专项消防培训。认真扎实开展安全生产专项整治三年行动，全面落实隐患问题集中排查整改，全年共上报问题6条，整改5条，剩余1条需跨年完成整改。

隆德县六盘山工业园区

【概况】 2021年，隆德县六盘山工业园区完成工业总产值54000万元，同比增加8362万元，同比增长18.32%，土地出让面积为1346亩，产出强度达到40.12万元/亩。完成税金600万元，同比增加36.13万元，同比增长6.4%。完成工业投资39546万元，同比增加74.36%。全年园区建设用地面积1346亩，完成固定资产投资39546万元。全年技术合同交易额为112万元。其中，上药（宁夏）中药资源有限公司100万元、宁夏隆德浩德纸业包装有限公司4万元和宁夏爱丽纳地毯有限公司8万元。

【基础设施建设】 2021年，隆德县六盘山工业园区完善基础设施，提升园区承载力。投资4462万元实施以园区集中供能为主要内容的低成本化改造项目，获850万元自治区开发区低成本化改造资金支持，减轻县级财政投资压力。积极争取中央预算内资金2000万元，实施中药材产业融合发展示范园基础设施建设项目（工业用水管网铺设工程），夯实园区基础配套，补齐园区高质量发展短板。

【园区招商引资】 2021年，隆德县六盘山通过政府招商、以商招商等方式延链、建链、补链，引进产业带动强、发展潜力优、投资规模大、附加值高的企业入驻园区，持续推进医药制造业（中药材加工）、农副产品精深加工和特色轻工等主导产业集群化发展，为园区发展注入活力，全年共招商引资12家企业落地园区，落地资金为29124万元，主导产业项目12个。2021年先后与山东凤凰生物科技、淄博文熙包装制品有限公司等13家企业对接，其中与宁夏源杞健康产业有限公司对接的益生菌多菌共生发酵中药项目已达成合作协议，预计总投资1.12亿元，投产达效后预计年上缴税金450万元。

【科技创新】 2021年，隆德县六盘山工业园区引导企业加大与国内知名院校、科研机构合作，加速实现科技成果转化，不断提升产品科技含量和市场竞争力，为企业发展注入动力。其中，隆德县葆易圣药业有限公司与西北农业科技大学建立的“西农科技+杨凌农高会”模式被人民日报、新华网等多家媒体转载。全年园区企业共投入科研资金1869万元，人造花被评为国家级高新技术企业，宁夏隆德人造花工艺有限公司、宁夏爱丽纳地毯有限公司、宁夏黄土地农业食品有限公司、上药（宁夏）中药资源有限公司和宁夏兴宇绿色粗粮加工有限公司5家企业被评为国家级科技型中小企业，宁夏隆德浩德纸业包装有限公司、隆德县良田食品有限公司、宁夏隆德县方圆建材有限公司、隆德县正观花灯工艺有限公司和宁夏千峰兔业科技有限公司5家企业被评为自治区级科技型中小企业；企业22项专利获得授权，其中发明专利5项。积极争取闽宁资金860万元，企业转型升级资金400万元，支持企业扩大产能，增加设备技术提升，增加就业岗位。

【服务企业发展】 2021年，隆德县六盘山工业园区严格落实"一企一人"联系服务制度和领办代办制度，紧盯11项重点工业项目，确保按期投产达效。推进项目从洽谈到签约、落地、建设、运营全过程"保姆式"服务机制，坚持创建"成本最低、服务最好、办事最快"的营商环境。主动与电视台、新型传媒等平台对接，及时发布招工信息，与县退役军人事务管理局、县职业中学对接，组织退役军人、学生到企业观摩，推荐优先就业。其中，发放稳岗补贴资金62万元，为宁夏黄土地农业食品有限公司、宁夏隆德浩德纸业包装有限公司等企业增加稳定就业172人，解决企业用工难问题；帮助宁夏隆德浩德纸业包装有限公司开拓固原等周边地区纸箱、纸板销售市场；与宁夏大地循环发展投资有限公司多次对接，帮助宁夏金誉生物科技有限公司融资400万元购置活性炭活化旋转窑1套，解决企业资金短缺、产品品质提升等问题；为宁夏金誉生物科技有限公司、宁夏桐君堂地道药材有限公司、宁夏杞茗食品科技有限公司等企业建设蒸汽管网，解决企业用气需求；先后召开政银企对接会2次，为隆德县葆易圣药业有限公司、宁夏盘隆果业有限公司和宁夏闽强塑业有限公司等企业协调金融扶持贷款3861万元。

【安全环保】 2021年，隆德县六盘山工业园区严格落实"安全专项整治三年行动目标任务"工作，全年园区未发生安全生产事故。园区企业用电共674.64万千瓦时，折合成标准吨煤0.057万吨，万元工业产值能耗0.0106标准吨煤。截至2021年11月，园区企业用水48902立方米，全年预计用水52306万立方米，万元工业产值用水0.97立方米。停用拆除2台有污染风险的大型热水锅炉。

【助力乡村振兴】 2021年，隆德县六盘山工业园区引导宁夏隆德人造花工艺有限公司和宁夏隆德浩德纸业包装有限公司发挥劳动密集型企业辐射带动作用，在城关镇红崖社区、观庄乡前庄村、陈靳乡陈靳村等村（社区）建设宁夏隆德人造花工艺有限公司扶贫车间8个、纸箱扶贫车间2个，就地就近吸纳就业400多人，既解决企业用工困难问题，又帮助群众在家门口就业增收。其中，宁夏黄土地食品有限公司被评为2021年度全国脱贫攻坚先进集体。

泾源县轻工业产业园区

【概况】 2021年，泾源县轻工产业园区入园企业15家，其中工业企业7家，商贸及其他类企业8家，2021年园区工业总产值11516.4万元，同比增长118%，营业收入4786.3万元，利润总额328.7万元，税金总额804.88万元。园区企业成功申请专利3项，与大学或有关科研院所签订合作协议9份。区建设用地面积137.93公顷，已开发工业仓储用地44公顷，累计亩均投资200.2万元，亩均投资较上年减少174.85万元；亩均产出强度为15.15万元，较上年增加3.38万元。园区规划控制面积160.42公顷，共一个区块，建设用地规模137.93公顷，目前已开发工业仓储用地39.17公顷，亩均投资强度为190万元，亩均产出14.33万元。

【招商引资】 2021年，泾源县轻工产业园区引进源牛（宁夏）农牧科技有限公司注册入驻园区，新建年屠宰1万头以上肉牛精深加工基地，现已签约完成厂区土地招拍挂进场施工，完成厂区平整、办公区、厂房基础建设，厂房钢结构安装；招引宁夏众天蜂业生物科技有限公司新建年产1500吨蜂蜜醋、100吨蜂王浆生产线，现已完成洁净化厂房建设、生产线设备安装，投资5500万元收购蜂蜜原料1300吨；与西安众和实业集团洽谈"泾源黄牛肉"食材加工生产线投资项目，已签约进场施工；与陕西福青山茶文化有限公司洽谈建设黑果花楸、沙棘特色茶叶生产线建设项目，已进入签约洽谈阶段；在纺织、康养、中药材加工等方面正在进行意向性洽谈。全年招商引资项目共11个，意向投资近3.8亿元，落地项目8个，落地资金达2.6亿元。

【项目建设】 2021年，泾源县轻工产业园区实施项目12个，项目总投资8363万元。新建项目6个：园区产业孵化车间产品研发展示服务中心配套设施项目、园区产业孵化车间蜂蜜醋洁净化厂房建设项目、园区污水处理设备设施采购项目、污水处理设备设施项目附属工程及室外管网建设项目、园区卧龙山防洪渠护坡建设项目、泾源黄牛肉切片加工项目。续建项目6个：园区产业孵化车间建设项目、园区产业孵化车间厂区附属及室外管网项目、园区一般工业固废处置场项目、园区产业孵化车间十万级洁净厂房项目、园区产业孵化车间（黑果花楸）十万级洁净厂房项目、园区产品研发展示服务中心项目。

【园区改革创新】 2021年,泾源县轻工产业园区积极推进"管委会+公司"运行模式,园区于6月中旬与县文旅集团签订协议,将产品研发展示中心托管运营,该项目将作为园区探索"管委会+公司"模式的重要尝试。投入运行"一站式"审批服务代办点和泾源县轻工产业园区企业服务工作站。园区通过"一站式"服务代办点,通过帮代办等办理方式已办理服务事项12件,办理审批事项4件,最大限度实现了企业的事园区办,园区的事园内办。积极探索公共服务新模式,采取市场化运营方式对园区市政设施、环卫保洁物业等公共服务进行管理。

【园区企业管理】 2021年,泾源县轻工产业园区深化商事制度改革,建设了园区"一站式"服务代办点,最大限度减环节、优流程、压时限、提效率,全力打造方便快捷的政务环境。出台了泾源县轻工产业园区惠企政策汇编,及时兑现各项招商引资优惠政策。通过试点购买社会服务,引进宁夏民生物业服务公司承担园区物业服务和市政设施管护,提升园区物业服务水平;引进娱伽传媒有限公司承担园区产品研发展示服务中心直播工作,聘用法律顾问、招商专员,不断提升园区公共服务能力。

【安全环保】 2021年,泾源县轻工产业园区管委会与各企业签订了安全生产责任书,明确了企业安全生产工作目标任务。全面开展安全生产监督检查。园区管委会对企业的生产装置、生产工艺,设备管线、消防设施、值班值守等开展督查检查,2021年共计开展安全生产督查检查12次,累计下发安全隐患排查整改单28份,整改问题53条。全面压实企业隐患排查治理主体责任,督促企业对厂区、车间、工艺设备、消防设施等全面开展安全生产隐患自检自查,督促企业建立安全隐患排查治理台账,督促企业对风险点进行辨识,累计辨识风险点10处。开展通报约谈。对隐患整改落实不到位的企业在园区安全生产工作会上进行通报。组织开展了安全生产月、"5·12防灾减灾"、《新安全生产法》等宣传活动,共计制作展板5块,悬挂标语3幅,发放宣传资料800余份。召集企业负责人和安全员参加园区安全生产工作会议,对其进行《新安全生产法》宣讲,督促企业根据《新安全生产法》进一步完善安全生产各项管理制度。

彭阳县轻工产业园区

【概况】 2021年,彭阳县轻工产业园区加强企业运行监测,确保经济运行在合理区间,实现工业总产值32.52亿元,其中,规上工业产值31.1亿元,同比增长44%,煤炭产业实现产值30.6亿元,煤炭增加值年均超过50%,农副产品加工及轻工制造产业实现产值1.6亿元,实现工业增加值14.63亿元。园区就业总人数为4833人,其中,王洼煤业有限公司就业4314人,其他非煤矿业生产企业从业人数为519人。园区三区块固定资产投资强度85万元/亩,工业用地产出强度41万元/亩,地均税收4万元/亩。实现园区经济质的稳步提升和量的合理增长。培育自治区级"专精特新"示范企业3家,培育入规企业1家。

【项目建设】 2021年,彭阳县轻工产业园区实施王洼独立工矿区居民避险搬迁工程和集中供热改造提升2个政府投资项目,完成投资4271.5万元。彭阳县鑫卓能源科技发展有限公司、宁夏佳利源薯业有限公司等5家企业技术改造项目通过验收,完成投资1815.4万元。招商引进宁夏东昂农业科技发展有限公司、宁夏六盘山纺织有限公司、宁夏合业制衣有限公司和宁夏金秋农业科技有限公司等8家企业落户园区,入园企业达到49家。东昂冷链物流及农副产品贸易中心、1万吨全自动化农膜生产、1000万米织布3个项目落地投产。

【服务企业发展】 2021年,彭阳县轻工产业园区梳理园区改革赋权事项,承接企业投资项目核准、备案、规划选址、施工许可等20项审批事项,累计为园区20家企业办理审批事项35件,初步实现"企业的事园区办、园区的事园内办"。完成"区域评"改革要求的"安全预评价""地质灾害危险性评估""压覆矿产资源评估"等8项评估,供入园企业免费共享使用。成立中小企业服务中心,建立会计、律师、电商销售、经济运行、企业服务5个平台,帮助企业纾解融资困难,给园区企业协调贷款3365万元。重新修订《中小微企业孵化园管理办法》,设置"周六周天"小课堂,进一步提高园区服务企业能力。

【安全环保】 2021年,彭阳县轻工产业园区扎实推进安全生产三年专项整治任务落实,对标园区发展实际,建立问题、整改、验收"三个清单",逐项推进落实。对杜家沟存在重大安全隐患的7家企业整体进行拆除,消除了安全隐患。整改销号中央生态环境保护督察"回头看"反馈的3个问题,严格落实"河长制"和节能减排要求,耗水耗能均控制在自治区下达的指标内。

交 通

综 述

【交通基础设施建设】 2021年，固原市交通项目累计投资39.36亿元，其中，5个区直项目年度计划投资29.4亿元（高速公路25.00亿元，国省道4.40亿元），7个地方项目年度计划投资9.96亿元（省道6.74亿元，经干线0.76亿元，农村公路2.46亿元）。截至11月底，累计完成固定资产投资47.37亿元，占年度计划的120.4%。其中区直项目完成35.1亿元，占年度计划的119.4%；地方项目完成12.27亿元，占年度计划的123.2%。

【交通项目建设】 2021年，固原市提前规划、设计、招标、征迁等工作，健全土地、林评、环评等手续。全年实施交通重点项目12个587公里（高速公路1条104公里，普通国省道改造提升8条237公里，地方经济干线公路2条46公里，农村公路200公里）。截至11月底，所有项目全部开工，部分已完工。其中，G85银昆高速公路进入路基、桥涵施工。S203线官厅至原州区公路正在铺设沥青路面，预计年底完工；S312线将台经西滩至平峰公路二标、三标段全部完工，一、四标段进行基础及桥涵施工；S313线沿川子（宁甘界）至泾源段公路正在铺设沥青路面，预计年底可完工。农村公路开工建设365公里，超出计划165公里。完成农村公路安全生命防护工程113.6公里，农村公路危桥改造2座。

【自然村通硬化路摸底】 2021年，固原市组织开展自然村通硬化路核查，目前全市尚未通三级公路的乡镇共4个（隆德县奠安乡和凤岭乡，彭阳县孟塬乡和新集乡），占全市乡镇0.5%，未通硬化路自然村组为101个（原州区25个、西吉县12个、彭阳县64个），占全市自然村组2.5%，具备通硬化路条件90个（原州区21个、西吉县12个、彭阳县57个），其中常住人口20户及以上的为53个。

【村组道建设】 2021年，固原市开工建设农村公路365公里，完成投资6亿元。其中，原州区开工11条67公里，完工9条46.3公里；西吉县17条147公里全部完工；隆德县3条34公里全部完工；泾源县2条9公里全部开工；彭阳县开工24条108公里，9条42公里已完成主体，15条66公里正在路面施工。隆德县完成安全生命防护工程113.6公里（安装钢波形护栏51.8公里），危桥改造2座。开展工程质量安全监督检查28次，涉及项目（标段）77个、项目部12处、试验室15处、监理办11处。

【农村客运稳定】 2021年，固原市落实燃油补贴和政府购买服务机制，稳定农村客运班线，积极延伸城市公交，探索“以大换小”“随客出行”“就地经营”“梯次转运”等模式，确保建制村通客车率基本稳定在100%（通公交率为16.7%，通班车率为83.3%）。

【安全生产专项整治三年行动】 2021年，固原市交通运输局及时召开专题会议安排部署，自查自纠问题15项，召开座谈会5场次、谈心谈话13人、发放调查问卷33份、征求意见建议7条，文书案卷电话回访12人。制订印发《2021年“双随机、一公开”检查工作计划》，组织开展“双随机、一公开”内部检查8次，联合抽查2次。在全区“互联网+监管”认领主项总数17项，已覆盖主项数12项，行政检查145项，行政处罚206项，行政强制为零，其他为零，行为覆盖率70.59%，执法人员完善率100%。57名执法人员取得了行政执法资格证。开展案卷评查3次，在“宁夏十公示”平台公示已办理案件1093件，其中行政许可679件，行政处罚案件414件，适用一般程序的案件261件，适用简易程序的案件153件。实施行政强制187件，其中暂扣车辆187件。主动撤销不当错误案件1件，实施轻微免罚67次，减轻处罚11次，罚款金额11.2万元。

【工程建设政府采购等领域突出问题专项整治】 2021年，固原市交通运输局对市本级涉及5个工程建

建设中的银昆高速

设、1个政府采购项目及115个行政审批项目(初步设计批复10个、施工图批复105个)逐一进行自查,全面开展排查2017年以来民生领域工程项目。

【交通运输污染治理】 2021年,固原市交通运输局加强废旧材料再循环利用,全市交通建设项目废旧材料再循环利用12万立方米,折合资金1285万元。督促指导47家维修企业全部建立了维修旧件储存间,在辖区内建设M站4个。开展"绿色出行宣传月和公交出行宣传周""绿色低碳交通伴我行"等宣传活动。

【疫情防控】 2021年,固原市交通运输局紧盯客运站和班线客车、公交车、出租车等重点部位,加强人、车、站管理,落实《客运场站和交通运输工具新冠肺炎疫情分区分级防控指南(第四版)》,做好从业人员疫苗接种,目前运输企业疫苗接种人员7555人。

道路运输管理

【概况】 2021年,固原市共有道路运输经营业户7295家。其中,客运经营业户38家(其中班线经营业户16家,公交公司5家,出租公司13家,旅游公司4家),货运经营业户6465家(其中普通货运企业为325户,危货运输企业4户,大件企业106家,其余均为个体业户),机动车维修经营业户770家(其中二类60家,三类710家),机动车综合性能检测站11家(其中原州区6家,西吉2家、彭阳1家、泾源2家),驾校11家(其中,原州区5家,西吉县2家,泾源2家,隆德、彭阳各1家)。共有客运车辆4743辆,其中班线客车887辆,公交客车456辆(其中新能源公交车151辆),出租汽车3361辆,旅游客车39辆。现有货运汽车15515辆,标记总吨位227487吨。其中,普通货物运输车辆15457辆(含牵引车6306辆),危货运输车辆58辆(含牵引车15辆)。全市各驾校共有教练车522辆。现有等级客运站59个,其中一级站1个、二级站4个、三级站1个、四级站53个(52个未使用),农村客运招呼站634个。现有班车客运线路485条,其中省际55条,市际87条,县际42条,县内301条(包括村村通167条)。全市共有道路运输从业人员39601余人。

【客运服务创新】 2021年,固原市交通运输综合执法支队进一步厘清定制客运发展思路,明确定制客运发展目标,同符合条件的客运企业召开专题协商会5次,培育发展定制客运"新业态"。明晰定制客运发展的目的及原则,打好转型发展、降本增效"组合拳"。树立企业开拓市场意识,突破因循守旧思想,创新发展政务定制、医疗定制、旅游定制等新兴发展模式。组织交通主管部门主动与企业对接,帮助指导企业谋思路、想办法,帮助企业赢得市场"主动权",做好定制客运备案工作。加强定制客运与传统班线融合发展,维护行业稳定。年内共受理班车客运定制服务备案线路8条,现有运营车辆74辆。开通定制客运服务以来,其中固原—银川、固原—西安两条最红火的定制班线运行4578班次,运送旅客28647人次,平均实载率分别达到83%和73.8%。

【道路运输服务改革】 2021年,固原市交通运输综合执法支队积极落实放管服改革各项举措,全年以告知承诺制审批农村客运线路40条,极大地方便了农民群众出行。将机动车维修经营由"许可审批制"改为"备案制",申请机动车维修经营的业户,只要备案材料齐全,一次性可获取"机动车维修经营备案表",实现"最多跑一次"。全年共办理机动车维修经营备案459件。组织召开《机动车安全技术检验项目和方法》(GB38900-2020)和《道路达标车辆核查工作规范(试行)》宣贯会,与6家机动车检测机构签订委托书。指导检测企业积极做好普货车辆异地审验、"一站式"审验。全年共完成车辆技术等级评定检测8234辆次,完成道路达标车辆核查复核942辆次。

【道路运输安全保障】 2021年,固原市交通运输综合执法支队深入开展道路运输安全专项整治三年行动，制订印发《固原市交通运输综合执法支队关于推进交通运输安全生产管理和执法监督责任体系建设实施方案》《安全生产风险管控和隐患排查治理双重预防机制建设实施方案》《安全生产专项整治三年行动2021年“集中攻坚年”任务清单》等文件。指导各部门、企业利用显示屏，横幅、张贴标语等形式对道路运输安全生产专项整治三年行动进行宣传。严格监督“两客一危”企业及出租、公交安全生产风险管控和隐患排查治理情况，各企业及时梳理自身存在的问题隐患，每月按时上报问题清单和整改落实清单，并在年底对安全生产专项整治三年行动推进落实情况进行了汇报。各企业全年共排查出事故隐患136项，全部完成整改，整改率达到100%。定时深入企业开展各类检查108次，下发整改通知书7份，排查隐患16项，全部完成整改，整改率达到100%。督促各危货运输企业按照相关要求，认真开展自查自纠。深入辖区4家企业进行全面排查，重点对企业的专用车辆、停车场地、从业人员、安全生产管理制度等经营条件进行重点检查。经过排查，未发现全市危货运输企业存在车辆挂靠经营行为。积极引导4家企业对43辆危货专用运输车辆，安装了智能视频监控设备，有力提升了企业安全管理科技化水平。全面摸排辖区的常压罐车，指导中石油宁夏运输分公司固原配送中心将17辆常压罐车基本信息录入危险货物道路运输车辆技术管理系统。1至8月，企业排查隐患48项，已整改48项，整改率100%。支队查处违法拉载成品油运输车辆4辆，罚款6万元。

【运输企业质量监管】 2021年，固原市交通运输综合执法支队结合行业实际，将考核与强化事中事后监管相结合，在考核过程中对企业的车辆技术档案、从业人员档案、安全教育培训等安全管理资料进行了监督检查，对查出的问题现场反馈企业，要求做好整改落实。组织人员对辖区内41家二类维修企业，6家机动车综合性能检测站，5家机动车驾驶员培训学校进行了2020年度质量信誉考核。考核组通过现场核查评分，结合日常监督检查情况，经过集体研究讨论，评选出维修企业“AAA级”13家，“AA级”19家，“A级”9家；机动车检测站“AAA级”2家，“AA级”4家；机动车驾驶员培训机构“AAA级”2家，“AA级”3家。

【公路工程质量监管】 2021年，固原市交通运输综合执法支队每月至少组织一次农村公路工程质量安全检查，结合《重点领域突出问题专项整治》《安全提升三年行动方案》《宁夏农村公路工程质量联合监管指导意见》等文件要求，采取“双随机、一公开”监管模式，开展质量安全监督检查。全年累计质量安全监督检查28次，涉及项目（标段）77个、项目部12处、试验室15处、监理办11处，发放监督检查记录表61次。

【“互联网+交通执法”】 2021年，固原市交通运输综合执法支队规范执法案卷制作，实现执法案卷信息化管理，全年共组织开展案卷评查3次，在“宁夏十公示”平台公示办理案件1093件，其中行政许可679件，行政处罚案件414件，适用一般程序的案件261件，适用简易程序的案件153件。实施行政强制187件，其中暂扣车辆187件。主动撤销不当错误案件1件，实施轻微免罚67次，减轻处罚11次，罚款金额11.2万元。

【交通强国试点建设】 2021年，固原市交通运输综合执法支队根据《固原市“十四五”重大基础设施发展规划》，大力推进智慧交通项目建设，全年共投入1000万元，用于交通运输非现场执法。深入加强科技治超水平，投入1900万元在全市10处重点农村公路进出口、重点道路节点及固定治超站、卸料场部署信息化超限、超载检测设备。开展移动执法、非现场执法等装备智能化建设，尝试将执法装备纳入新型基础设施统筹规划，按标准足额配备车载及单兵执法装备。建设执法车辆电子围栏系统，实现执法轨迹留痕、实时位置定位、超速出栏报警、执法里程记录等功能，做到执法车辆统筹调度。探索执法装备的“人、车、物”协同，实现执法装备协同应用。

【交通执法】 2021年，固原市交通运输综合执法支队全力做好客运、货运、维修、驾培、汽车检测等市场监管工作，做到规范、文明执法，推动行业健康、和谐发展。严厉打击道路运输非法经营行为，净化客运市场环境。全年共组织40名执法人员，参加全区交通运输综合执法队伍素质能力提升三年行动能力建设考核，全部顺利通过了体能和理论测试。进一步规范执法程序和自由裁量权行使，坚决杜绝乱罚款、滥收费、以罚代管。

公路运输与管理

【公路养护指标】 2021年，固原市普通国道优良路率97.43%，公路技术状况指数为90.67，公路路面使用性能指数为90.99；普通省道优良路率45.42%，公路技术状况指数为77.27，公路路面使用性能指数为73.61。

【公路项目建设】 2021年，固原市共完成续建项目5项、项目投资1652万元，支付率为100%。新建养护工程8项、项目投资1868万元，除两项桥梁工程计划于2022年6月完工外，其他项目全部完成建设，支付率为100%。新建房建项目3项、项目投资1745万元，除中河公路养护站建设项目计划于2022年7月完工外，其他项目均完成建设，支付率为100%。宁夏公路管理中心固原分中心选配3名协调人员，积极配合规划处对接原州区自然资源局开展G344线头营至李旺段改建项目土地预审工作，配合建设处、协调处完成S103线、G344线等改建项目的征地拆迁等工作。及时完成2022年项目库的编报工作，截至2021年年底，固原市共有7类、26项、项目投资2.09亿元的养护工程项目通过交通厅审批。全年共核查辖区62个乡（镇）、3756个自然村道硬化情况，为“四好农村”公路建设提供了基础数据保障。

【公路路况改善】 2021年，固原市共投入3644.19万元实施各类日常养护项目。全年累计实施路面灌缝16.25万延米、疏通边沟及排（截）水沟2833公里、涵洞清淤2642道、修剪路侧树木18555株、清洗护栏板669536块等。分两期对辖区所有公路的路面修补、路基防排水设施维修、桥涵维修、隧道电力维护和水毁抢修五类日常养护维修项目进行公开招标，第一期投入733.76万元、第二期投入942.75万元，截至2021年年底，全部完成完工，支付率为100%。宁夏公路管理中心固原分中心配合宁夏公路管理中心完成2021年度国家干线公路网重点桥隧检测组对G312线六盘山隧道、路况检测组对G309线的外业监测和内业检查。

【公路养护】 2021年，固原市共投入1868万元实施8项养护工程。其中，3项生命防护工程、2项路基路面养护工程及1项桥梁定检项目全部完工并完成费用支付；2项桥梁工程完成本年度计划内容（T梁的安装）。全年投入1745万元实施3项房建项目建设。其中，什字公路养护站、中河作业站采暖设施改造项目全部完工，支付率为100%，中河公路养护站建设项目完成各建筑物地面以下施工。

【公路环境保护】 2021年，固原市全年共投入专项资金162万元，实施煤改电项目2项、为16个作业站安装石墨烯电暖气480片，彻底淘汰了燃煤炉，从根本上解决了燃煤炉取暖的安全隐患和对环境造成的污染。积极转变养管方式，全年回收沥青废旧材料129立方米、实施路基植生防护9600平方米，推行机械化路面保洁及设施清洁，及时采取覆盖、洒水等有效措施，杜绝日常保洁过程和项目施工现场的扬尘现象，推动行业生态文明建设绿色发展。

【公路安全保障】 2021年，固原市累计投入170余万元，组建应急队伍、储备防滑材料、维护机械设备，加强重点路段的除冰防滑工作，累计清除路面冰雪1770千平方米、储备融雪剂400吨、防滑砂1300立方，有效应对了九次冰雪低温天气。累计投入17万元，储备砂石料、水泥等应急物资26项，确保辖区公路安全度汛。圆满完成了春运、全国两会、五一、国庆等重要节点的保通保畅任务。全年累计投入21万元，用于整改落实厅督办辖线安全隐患6处，消除办公区域、应急基地和道路安全隐患50余处；投入50万元，为重点场所和关键路段配备消防器材及安全设施；投入15万元，采购无人机一台，用于开展自然灾害普查，按时完成了初查302处自然灾害风险点的复核和系统录入。集中开展桥梁病害整治，累计清理桥梁伸缩缝1712道，疏通桥面泄水孔1.9万个，完成了174座桥梁和4座隧道的外业检查和技术状况评定和系统数据的更新；投入47万元，完成了23座桥梁的定期检查和9座桥梁抗震能力提升项目。计划12月底联合属地相关部门开展隧道消防应急演练活动。

【公路运营服务】 2021年，宁夏公路管理中心固原分中心组织专人专职负责涉路许可和涉路赔（补）偿工作，逐步规范和精简业务流程，切实做到保护路产、维护路权。全年共受理涉路许可16起，收取占（利）用费46.44万元；办结涉路赔（补）偿案件84起，收取赔偿费用26.6万元。

【公路运营环境优化】 2021年，宁夏公路管理中心固原分中心调整组织机构，印发工作要点，安排部署年度6个方面15项重点工作，通过4次专题会议对各项工作再动员、再安排、再部署，确保“长效常治”之年各项工作落到实处。坚持把线索摸排贯穿始终，公开群众举报线索渠道，认真落实扫黑除恶“零报告”签字背书制度。开展公路管养领域专项整治行动，以“行业清源”行动为契机，精准实施乱象整治工作，累计投入8.7万元，整治城镇过境段“脏乱差”。投入2.4万元专门用于开展宣传发动工作，营造长效长治之年的氛围。

铁路运输与管理

【概况】 2021年，固原车务段管辖铁路线路营运里程410.933千米，其中西平线甘肃平凉南车站至长庆桥车站91.111千米，宝中线北起宁夏宣和车站、南至甘肃崇信车站319.822千米；管辖车站32个，其中宝中线28个、西平线4个。

【运输安全保障】 2021年，固原车务段组织修订《固原车务段安全生产责任制》《固原车务段安全监督检查管理办法》等13项管理制度。抓实双重预防机制落实，将双重预防机制运行质量纳入安全管理评估、专业评价等范围，定期开展检查评价。制订完善段铁路沿线环境安全专项整治实施方案，开展“5·26”“6·16”等爱路护路宣传教育活动，落实“双段长”机制，全面排查整治铁路沿线路外安全隐患，提升路外安全环境质量；聚焦现场作业实际，梳理我段自建段以来产生的安全事故、近十年来典型安全信息，制作警示教育口袋书下发各站。借助交班会、学习会常态化抓实警示教育，对规对标吸取教训，确保铁路运输安全持续稳定。全年连续实现行车安全2017天、人身安全4249天。

【客货运营】 2021年，固原车务段制定出台《固原车务段运输组织管理办法》，从优化运输组织方案，提升调车作业效率等方面制定刚性措施，对装、卸、排等6项作业效率进行考核，全段中、停时分别较计划压缩了8%、7%，为货运增运上量挖潜运输效能，提供运输效率保障。自9月份“两坚守两实现”攻坚战以来，班子成员分头同周边厂矿企业对接货源，深入王洼煤矿、平凉南电厂等企业调研，动态掌握应急煤炭运输需求，细化分解19项“五优先”措施，为电煤运输提供重点保障。段客、货和运输总收入分别实现9.6%、5%、3%稳步增长；客运收入9月份增长48.7%，排名全局第一；电煤保供运输超额完成集团公司下达日均装车任务的125.3%。全年旅客发送量61.5万人，完成年计划63万人的98%；客运收入5020.26万元，完成年计划5119万元的98%；货物发送量400.3万吨，完成年计划459万吨的87%；货运收入53158.66万元，完成年计划53750万元的99%。

【疫情防控】 2021年，固原车务段聚焦疫情防控三大目标任务，坚持外防输入、内防反弹，严把进站、上车、出站三道关口，慎终如始做好常态化疫情防控。设立专人24小时值班，负责对铁路从业人员（及职工家属）涉疫疫情、车站突发疫情、管内突发疫情、重大铁路涉疫舆情，以及属地重大防控政策调整等信息收集上报。共下发工作简报87期，每周动态对全段疫情防控要求落实、物资管理、干部履职等13项重点工作进行公布，确保疫情防控迅速、安全、有序推进。加强属地管理，实行联防联控，由段党政主要负责人带头，主动向固原、平凉市政府和有关县区领导汇报，协调解决留观室设置、发热旅客移交及防控物资、测温人员配备等问题，管内各站全部与周边地方防疫部门建立了24小时疫情防控信息互通机制。两省区督导组和各市区有关领导先后来段管内检查疫情防控40余次。积极应对10月份国内多地，包括甘宁两省区相继发生聚集性疫情的严峻复杂形势，通过实施重要管理岗位和主要行车工种人员封闭管理、疫情防控24小时值班、组建86人现场作业“应急梯队”、争取地方防疫部门每周为客运职工进行2至3次核酸检测等措施，全力确保干部职工“零感染”。坚持“日碰头、日通报”，动态发布重要通知和重要提示39条，依规排查重点区域和境外来甘来宁旅客151万人次，向市政府提供53万余条旅客行程信息，免费为旅客办理退票5430张26.58万元。

【职工教育】 2021年，固原车务段开展“敬畏规章、执行标准、夯实基础”专项教育培训，加大专业技术规章和应急处置知识培训力度，不断提升职工专业技能和应急处置能力。真落实段主要领导为新职人员上安全首课制度，完成16名“2+1”定向培养生的培训管理工作。全年共举办“三新”人员段长“安全首课”、三级劳动安全等各类资格性培训8期81人次，举办“四新”知识、季节性安全等各类适应性培训28期12016人次，参加“三新”人员理论、技能人才培训等委外脱产培训共计26期143人次。

铁路从咱门前过

航空运输与管理

【经营效益】 2021年，固原六盘山机场结合固原航空运输实际情况，持续提升与地方政府关系，紧贴地方政府需求，从航线规划、配套服务

9月8日，固原分公司开通固原—武汉—广州航线航班

等方面主动出击，全年完成运输起降2473架次，旅客吞吐量18.28万人次，货邮吞吐量12.6吨，受疫情影响，同比分别增长-24.81%、-28.71%和-64.62%。

【航班时刻优化】 2021年，固原六盘山机场调结构优时刻，按照市委四届九次全会关于“优化航线航班结构，畅联固原至京津冀、长三角、珠三角、成渝城市群”的要求，积极协调航空公司完善航线网络，优化北京时刻，新开固原至武汉、广州2个城市的航线航班，成为辖区内第一个实现北、上、广均已通航的支线机场。

【营销方式创新】 2021年，固原六盘山机场结合固原特色资源，联合航空公司推出“双城有约”和“固原—银川包月随心飞”优惠产品，积极开展线上航线营销16期，有效满足了百姓多样化的航空出行需求。

【服务品质提升】 2021年，固原六盘山机场结合固原地区大众出行人均乘机比相对较低的实际，扎实开展“为首次乘机旅客送温暖保畅通”主题活动，提供“专人引导、专属柜台、专用通道”全程服务。

【安全保障】 2021年，固原六盘山机场按照国家与民航局安全生产三年专项整治行动方案，严格落实风险隐患双重预防机制，强化“两项清单”动态管理，完成天润风机超高、土面区顺坡治理等隐患治理，持续有效管控安全风险。

城市交通运输与管理

【公交运营】 2021年，固原六盘山交通集团有限公司实现营业收入19325.48万元，净利润约1206万元。其中，公路工程施工完成营业收入16341.75万元，净利润1062.97万元；公路工程勘测设计完成营业收入760万元，净利润271万元；公路工程试验检测完成营业收入215万元，净利润-90万元；公交运行完成营业收入1505.5万元，净利润101万元；公车租赁完成营业收入275.07万元，净利润-56万元；冷链物流完成营业收入27.43万元，净利润14万元；集团本部净利润-96.97万元。

【项目建设】 2021年，固原六盘山交通集团有限公司全部完成承揽的全区项目建设目标。完成施工工程合同额16897万元，总里程272千米，公路咨询、勘察、设计任务850万元，长度共300千米。

【群众出行保障】 2021年，固原六盘山交通集团有限公司新购10辆新能源电动公交车并投入使用，有效缓解了线路运力不足、高峰期乘车拥堵等问题，也缩减了乘客等待时间问题。东环路公交首末站完成土方回填、混凝土院坪和围墙、排水等附属工程，于11月底整体交工投入使用。东关路公交公司场站改造提升项目全面完工，已投入使用。

【安全保障】 2021年，固原六盘山交通集团有限公司实行运营车安全例检和驾驶员自检相结合的方式，达到无病车上线运营标准。与驾驶员签订安全目标责任书284份，春运驾驶员安全目标责任书259份。严格执行工程施工安全各项制度、规程，严禁违章指挥、违规操作、违反劳动纪律，严格落实建筑施工机械、脚手架、土方管理、野外作业等各项安全措施，全面推行桥梁隧道施工安全风险评估，继续开展防坍塌和防高空坠落专项整治行动。扎实开展隐患排查治理活动，对办公区域的火源、水源、电源、电气设备、复印装订设备等进行检查，对库存物资保持畅通、干爽，加强防火、防盗、防潮、防腐等工作。截至2021年年底，各类安全生产检查累计45余次。排查发现安全隐患12处，均已完成整改。利用公交车播放“安全生产月”活动标语，在公司大厅及院墙等张贴安全生产标语，积极营造“安全生产月”活动氛围。组织员工参加了全区建筑施工企业“安管人员”安全生产继续教育培训，截至12月底，安全教育培训学习累计2000多人次，安全教育培训学习率99%。

水利

综 述

【概况】 2021年,固原市黄河水调蓄工程何家沟水库通过下闸蓄水暨通水阶段验收。原州区、西吉县获评水利部第三批节水型社会建设达标县,隆德县渝河示范河湖建设顺利通过水利部验收,治理经验被水利部向全国推广。2021年4月,国务院对2020年落实有关重大政策措施真抓实干成效明显的地方予以督查激励通报,彭阳县河湖长制工作推进力度大、河湖管理保护成效明显名列其中,隆德县河长制办公室荣获全国全面推行河长制湖长制先进集体,泾河泾源段县级河长荣获全国优秀河湖长。

【水资源保障】 2021年,固原市新建隆德县余家峡水库和彭阳县石家峡水库工程,年新增供水量613.5万立方米。固原市污水处理尾水资源化利用工程建成运行,年可利用城市尾水220万立方米。彭阳县茹河流域水系库坝连通等4项水库联蓄联调工程开工建设,年新增供水量143万立方米。

【"互联网+城乡供水"项目建设】 2021年,固原市全面推广"互联网+城乡供水"示范项目,全年共开工建设"互联网+城乡供水"示范项目5项。采用"特许经营"+"EPC"方式,全面开展城乡供水工程从水厂到用户水表进行全程自动化改造,确保实现安全饮水工程专业化管理、高效化运行。全年共完成联户井改造8318座,安装智能远传水表33655块,建成西吉、泾源和彭阳3个县级控制中心,5个分控中心,累计完成投资3.56亿元,占总投资的55.8%。形成以中南部城乡饮水安全水源工程、清水河流域城乡供水工程、固海扩灌扬水工程和何家沟黄河水调蓄工程为主干,以中庄水库、何家沟水库、马也堡水库、店洼水库、黄家峡水库、西峡水库等为基础,以贺家湾水库、铁家窑水库、石家峡水库、清凉水库、先进水库等为节点的城乡输配水工程和灌溉渠系为通道的多水源互联互调、安全可靠的城乡区域用水保障体系,使得供水能力达到1.61亿立方米。

【水利工程管理】 2021年,固原市水务局对黄河水调蓄工程、隆德县余家峡水库等7项水利工程建设实体质量和质量行为实施全过程质量监督管理,全年共下发整改通知单6份,涉及各类质量问题24条,复核落实整改24条。围绕水利安全生产专项整治三年集中攻坚行动,积极开展行业安全生产监督检查,整改完成各类安全生产问题和事故隐患46条;坚持开展农村安全饮水动态监测排查和高效节水灌溉工程运行管理检查,对供水不正常、水质不达标、需要重新入户等15项问题落实整改,12项高效节水灌溉项目存在的问题全部整改到位。农村安全饮水普及率达到100%,自来水入户率达95%以上,2021年,固原市遭受60年一遇大旱,城乡供水保证率稳定达到95%。

【水资源管理】 2021年,固原市水务局严格落实水资源论证和取水许可管理。编制完成《2021年固原市水量分配计划和调度方案》和《固原市节水型社会建设"十四五"规划》,2021年,全市取用水总量控制在25430万立方米以内、万元GDP用水量下降率达到2.7%、灌溉水有效利用系数达到0.733、城市(县城)公共供水管网漏损率控制在10%以内、城市生活污水再上回用率达到25%、规模以上工业用水重复利用率达到87%、新增高效节水灌溉面积3.05万亩。编制完成《固原市初始水权调整方案》,全市取水总量控制指标由"十三五"的1.82亿立方米增加到"十四五"的2.9亿立方米,相比增加1.08亿立方米,新增水权为全市经济社会发展提供了水资源保障。全市共完成审查水资源论证报告19个,完成水资源论证表610个,新办电子取水许可证78本。扎实推进用水权改革工作。开展全市农业、工业和规模化畜禽养殖业用水量调查摸底,先后完成了107.65万亩农业灌溉耕地、391家工业用水企业和575家规模化畜禽养殖业的水量复核、审核,建立了"三图一台账"。

全市颁发用水权证490本，其中，颁发农业用水权证97本，工业用水权证93本，规模化畜禽养殖用水权证300本。安装农业计量设施571套，工业企业安装、改造计量设施94套，清理黑户企业34家，关闭或封填自备井207眼。

【河湖管理】 2021年，固原市水务局统筹推进“四水同治”，编制完成54条河湖岸线保护利用规划。开展五河岸线利用项目专项整治行动，摸排岸线利用项目1192个，整改规范1167个，拆除取缔66个；复核划界河流长度2266公里，埋设界桩9781个，完成93条河流管理范围划定工作，划界河流长度645公里。排查河湖“四乱”问题94个，整改销号93个，整改率98.94%。清理非法占用河道岸线3.62公里，清理非法采砂点1个，清理建筑和生活垃圾2.5万吨，拆除违法建筑2万平方米，河湖“四乱”问题蔓延的势头得到有效控制。美丽河湖建设亮点纷呈。原州区开工建设清水河综合治理第三批防洪工程，砌护河道3.88公里，铺设管道0.8公里；泾源县建设完成水系连通及农村水系综合整治工程项目，治理河道12条总长40.75公里，小流域综合治理9处40.76平方公里，生态林建设总面积34813亩，建设乡村滨水生态景观节点12处。泾源县什字河县级美丽河湖建设治理河道4.198公里，清淤河道0.25公里，生态修复面积6.45公顷；隆德县实施清流河(县城段)水生态综合治理工程，新建生态护岸1处89.6米，清淤及修整河道1375米，维修河道岸坡及护岸346.5米，修整滑坡2处5202平方米，拆除河道废旧排污管道1500米、旧排污井4座，维修河道零星工程5处，新建挡水堰7座、柳谷坊2座；彭阳县利用河湖长制激励资金1100万元，补充完善了现有河长制工作平台功能，新建视频监控系统57处，清理整修河道水域岸线34.50公里，维修茹河巡河道路24.10公里，清理水草面积总计140037平方米，安装河长制公示牌共27块。

【水土保持】 2021年，固原市水务局加强水土保持监管，对银川至昆明公路(G85)太阳山开发区至彭阳(宁甘界)段项目、固原市官厅至原州区公路工程和湾掌至三营公路工程水土保持情况依法进行监管，监督检查信息录入全国水土保持监督管理系统。对全市20个生产建设项目开展水土保持补偿费征收，全年征收补偿费733.5万元。开展水土保持小流域治理26条，新建淤地坝7座，全年完成水土流失治理面积382.54平方公里，占计划任务的119.5%，其中，原州区完成治理面积98.84平方公里、西吉县完成治理面积113.36平方公里、隆德县完成治理面积21.95平方公里、泾源县完成治理面积42.99平方公里、彭阳县完成治理面积105.4平方公里，完成投资5.2亿元。

【水利科技】 2021年，固原市水务局依托宁夏“水利云”，通过建设智能门户、人饮一张图、移动App三大信息化管理系统，实现了对固原市“互联网+城乡供水”工程示范省(区)建设项目从水厂、泵站、蓄水池、管网、联户阀井和水表实行全过程自动化改造。在固原市黄河水调蓄工程何家沟水库项目建设中，采用先进技术安装4台双进口卧式两级双吸离心泵，配套2台变频异步电动机以及2台工频同步电动机，大幅提高了机组运行稳定性和供水效率。开发建设水库、泵站、输水管网等设施综合自动化控制系统，泵站机组运行状态、输水管线流量、压力、水库水位实现实时监测，运行管理水平全面提升。

水文水质勘测

【汛前备汛】 2021年，宁夏水文水资源勘测局固原分局提前全面检查、维护辖区内28处中小河流水文站、16处水位站、22处墒情站、288处雨量站、27眼地下水井。搬迁雨量站11处，更换电池72块，更换物联卡120余张，更换RTU50块、DTU85块，结合水库现状自行设计支架恢复除险加固拆除仪器6站。面维护、保养9处基本水文站对水文缆车、主副索、循环索、供电线路等。重新检定了水准仪、天平、比重瓶、秒表等测验仪器。重新校测和测量了水准点、水尺零点高程以及大断面。全年各类水文设施信息化监测设备上线率达99%以上。

【水文测报】 2021年，宁夏水文水资源勘测局固原分局积极完善报汛站点各类信息，全力维护各业务系统正常运行。汛期期间严格落实24小时值班制度和领导带班制度，全年发送水文情报900余条，启动洪水预报作业1次，全年共发生洪水22次，实测流量390次(最大流量为9月24日泾河源站13.7m^3/s)，取单沙291次，大断面测量14次，水准测量21次、墒情监测133次。完成“0818”暴雨洪水调查。

【水文监测】 2021年，宁夏水文水资源勘测局固原分局全年共完成8个站、20厘米蒸发皿基座以及西吉站简易吊箱的安装、王花兰水位计水毁修复工作。完成蒿店、沙南、庞沟等6处水位站河道断面整治和新建水准点三等校测。完成3处地下水井标准化围栏制作及安装和国控地下水井七营、省控井彭堡4监测仪器的升级改造工作。完成泾河源等8处省界断面日常流量监测、分析和报送以及辖区内21眼国控井的洗井、pH值、电导率等项目的测量和采送样工作。完成4处省界断面、5处国家重点站、9处省级重点站、8处专用水质站每月一次采样分析、2020年17处监测断面的水质监测资料整编及“2021年6月份质量控制考核”工作。完成分局辖区内沟道断面流量监测统计表的计算、分析对比及上报工作;持续推进水文资料“即时整编”和月度上报工作。完成各站《测验任务书》的修订,加大平水期流量监测和自动在线监测设备的应用。

【水文服务】 2021年,宁夏水文水资源勘测局固原分局完成葫芦河流域可利用水资源量分配方案编制和清水河、葫芦河流域47座水库外业调查及水质检测。完成《原州区、西吉60余眼地下水井“以电折水”调查分析报告》,积极开展水旱灾害普查工作。积极与水务部门联系,承揽辖区内企业水权改革与彭阳、西吉四条河流的生态流量报告。

【水文文化】 2021年,宁夏水文水资源勘测局固原分局合区域水文特色,以黄家河三代水文站原貌为主线,建成了黄家河水文站发展阵地;依托有利条件,打造了以水文知识科普、固原市水系和红色精神墙面彩绘及书香墨韵展示为特色的泾河源水文文化展室。积极组织志愿者服务队赴原州、黄家河、泾河源水文站开展服务活动,共开展青年志愿者服务活动3次,文体活动1次,慰问退休、生病职工及家属18人次;汛期慰问测站职工1次。

【水文安全生产】 2021年,宁夏水文水资源勘测局固原分局按照签订安全生产责任书与随安排、随检查、随提醒、随落实的“四随”原则,切实筑牢安全思想根基,强化隐患排查治理。组织开展“安全生产月”活动,对单位、部门进行安全检查。维修了测站道路,整治了分局专用变压器隐患和韩府站供电线路,重新更换60余台灭火器,及时检修车辆,确保了全年安全生产无事故。

【水文业务培训】 2021年,宁夏水文水资源勘测局固原分局全面落实“传帮带”工作,安排业务骨干从基础测验、水情预报、资料整编、暴雨洪水调查、信息化仪器维护等方面提升职工的基础业务水平。组织工作人员参加中心举办的水旱灾害调查、水质监测分析等业务培训班,重点提升水文对外服务能力。全年共举办培训班3次,参加中心培训班3次;编制完成《固原分局各站超标准洪水防御预案》和固原市12座中、大型水库雨量预警指标报告。根据中心测验质量检查组反馈问题,进行了销号整改,确保汛期水文测报工作有序开展。

城市建设

综　述

【概况】　2021年，固原市住房和城乡建设局主动融入全区“一带三区、一主两副”城镇发展格局，抢抓国家新型城镇化综合试点及海绵城市建设试点机遇，对标黄河流域高质量发展先行区建设各项任务，按照“1411”城镇化体系建设思路，突出城乡规划引领、加大基础设施建设、加快美丽村庄建设、提高公共服务水平、坚持城市综合治理，不断加快城乡一体化进程。截至2021年年底，市区城市规划区面积为53.8平方公里，城市建成区面积为45.6平方公里，常住人口城镇化率为53.19%。

【城市项目建设】　2021年，固原市住房和城乡建设局完成丝路公园二期、城墙遗址公园三期及第三污水处理厂，饮马河湿地公园二期及西南新区养老院东侧绿地公园4个续建项目建设。新建城市道路两条（九龙湖畔家园规划一路、二路）1.18公里，改造道路两条1.97公里（兴康路、开城路），新建雨水管网3.46公里，新建污水管网1.18公里，改造污水管网1公里。同时，组织编制了《固原市新型城镇化发展“十四五”规划》。

【城市路网完善】　2021年，固原市住房和城乡建设局在疏通拥堵点、打通断头路上下更大功夫，持续优化城市道路布局，提升通行能力和承载能力。目前，市区共有城市道路266.18公里，路网密度达到5.91公里/平方公里。

【城市住房保障】　2021年，固原市住房和城乡建设局及时开展公租房实物配租及补贴发放，积极督促固原惠生公租房管理公司向原州区综合执法局移交空置公租房源368套，发放市区公租房租金补贴2541户433.6万元。督促九龙湖畔家园规划一路、二路建设项目等保障性安居工程配套基础设施建设完成竣工验收备案、工程造价审核及资产移交等相关任务。督促原州区土地房屋征收办抓紧完成各项目区遗留户征收扫尾工作。

【农村住房保障】　2021年，固原市住房和城乡建设局对标脱贫攻坚“两不愁三保障”目标，集中开展“四查四补”，全市农村危窑危房开工339户竣工279户，抗震宜居农房改造建设开工624户竣工验收382户，超额完成当年的任务，极大地改善了困难群众的住房条件，达到了应改尽改。其次，积极开展农村房屋安全隐患排查整治。成立由市分管领导为召集人，住房和城乡建设局等16个相关部门为成员单位的市农村房屋安全隐患及自然灾害风险排查整治联席会议办公室，制订市级排查整治方案。全市排查鉴定农村自建房231020户，排查村庄实现100%覆盖（其中，排查用作经营的自建房6837户，鉴定为C、D级240户，已于6月30日全部整改）。

【海绵城市试点建设】　2021年，固

老旧小区改造见成效

原市住房和城乡建设局推行“海绵城市+旧城改造+民生工程+文化旅游”理念，采取PPP模式，实行项目、资金“双锁定”，实施海绵城市试点建设项目123个，总投资29.88亿元，市区建成海绵城市试点区域23平方公里，解决一些群众普遍关注、反响强烈的道路塌陷、雨污合流、老旧小区设施破旧、清水河周边环境脏乱差等“城市病”，得到了群众的广泛赞誉和认可。海绵城市建设试点区实现年径流总量控制率、雨水资源化利用率等14项指标达到或高于国家标准，城市水生态水环境得到改善，有效解决清水河城区段水污染、水环境问题，黑臭水体得到全面治理，使清水河城区段实现了“水清、岸绿、河畅、景美”目标，城区段水体达到国家Ⅳ类水质排放标准。依据《关于加强海绵城市建设的决定》，全市域推广海绵城市建设内容。

【公共服务设施建设】 2021年，固原市住房和城乡建设局着力补齐城市基础设施短板，市区新建供水管网5.5公里，供水管网总长度达到264.76公里。新建雨水管网41公里、污水管网9.2公里，排水管网总长度达到427.2公里。打造城市公园广场新景观，新建九龙公园、古城墙遗址公园一期和二期、丝路公园等8个。新建古城墙遗址公园等公共停车场项目，目前，市区共有公共停车位2500个、配建停车位4.38万个，停车难、停车乱问题得到有效缓解。

城市规划

【城市更新】 2021年，固原市城市管理局坚持应改尽改，突出“三线”重点，概算投资2.5亿元，年内实施改造老旧小区40个，涉及132栋楼、4696户居民，改造面积47.8万平方米。按照“见缝插绿、拆迁建绿、弃地覆绿”要求，概算投资3884万元，完成对市区体育馆周边、7处节点、4条道路分车带实施绿化修复提升改造，进一步巩固国家园林城市成果，为创建国家森林城市、国家生态文明示范市、全国文明城市奠定坚实基础。指派专班专人常态化进驻项目现场，指导督促加快第三污水处理厂一期项目和第二热源厂一期项目建设进度。

【智慧城管】 2021年，固原市城市管理局配合市委政法委完成“雪亮工程”国家验收工作。数字化城市管理指挥大厅顺利接入雪亮工程视频监控5000余路，涵盖市区居住小区、公园广场、主要干道、污水处理厂、加气站等重点区域。大力推广智信APP应用，形成投诉件、转办件掌上办理工作闭环。

【行政执法】 2021年，固原市城市管理局巩固深化“强基础、转作风、树形象”专项行动，细化明确执法权力清单和行政处罚事项，全面推行行政执法“三项制度”，严格执行《城市管理执法行为规范》《关于进一步规范城市管理执法人员执法行为的通知》《城市管理执法人员十条禁令》等规定，认真办理各类转办投诉案件240余件，执法服务水平不断提升。

【城市安全排查】 2021年，固原市城市管理局深入开展城市运行安全排查整治，维修北京路等城市道路60余条8000余平方米，更换井盖142套，清掏污水管网1000余米，疏通检查井、雨水井404个，维修路灯3930盏，排除路灯箱故障288处，更换敷设电缆6300余米，整治消除燃气安全隐患200余处；出台《固原市城市管理局践行“我为群众办实事”开展市区停车场专项整治实施方案》，着力解决市区停车难、停车乱等人民群众“急难愁盼”问题。

【市容环境改善】 2021年，固原市城市管理局认真落实《固原市城市环境卫生管理条例》，集中开展环境卫生和市容秩序专项整治行动，

市区城市集中供热热源项目一期建设工程正在施工中。今年，总估算投资9.62亿元的固原市城市集中供热热源项目实施，供热总负荷696兆瓦，向市区辐射供热管网约10公里，计划总供热面积1200万平方米

8月17日，固原市第三污水处理厂项目建设现场一派繁忙。该项目设计每天处理污水2万立方米，建成后将弥补当前市区污水处理能力不足的短板，处理后的出水水质达到一级A类标准

整治门头牌匾185处，拆除违建3879平方米，规范流动摊点、占道经营4600户(次)，清除各类垃圾7000余吨，全面清除各类市容顽疾。有序推进城市生活垃圾分类，生活垃圾减量化、资源化和无害化水平持续提升。

【污水处理整治】 2021年，固原市城市管理局全面整改落实中央环保督察明察暗访反馈市区东关北街污水外溢问题，制订《固原市城市管理局落实市区东关北街生活污水溢流问题整改工作方案》，突出问题导向，强化工作举措，扎实推进7个方面13项整改措施落实落地，坚决守好改善生态环境的生命线，实现非雨天零外溢，雨天最大能力提升处理量减少外溢的初期目标。

城市管理

【概况】 2021年，固原市具有资质的总承包和专业承包建筑业企业68家，全年完成建筑业总产值38.02亿元，比上年下降10.7%。建筑业企业房屋建筑施工面积79.57万平方米，下降27.7%；房屋竣工面积33.97万平方米，下降47.2%；竣工产值18.74亿元，下降23.1%。全市共有建设项目141项(含海绵城市建设、市政、管网、老旧小区改造)，从业人员3.5万余人。

【建筑节能】 2021年，固原市有序推进建筑节能和绿色建筑发展，市区新建民用建筑节能普及率达100%，节能建筑面积达556.8万平方米，绿色建筑面积达168.1万平方米，建成装配式建筑24.1万平方米。

【建筑工程监管】 2021年，固原市建立和完善了建设工程质量监管体系，全面落实工程项目负责人质量终身责任制，五方责任主体质量安全责任承诺书签署率达100%，全市在建工程竣工一次性验收质量合格率达100%。

【建筑项目审批】 2021年，固原市全面推进多评一表、多勘一踏、多图一审、多验一联的“四多合一”审批模式，将政府和社会投资工程建设项目从立项批复到竣工验收全流程审批时间压缩到60个工作日内完成。

【行业问题整治】 2021年，固原市结合扫黑除恶专项斗争，集中开展建设工程领域行业乱象治理，对排查出的各类问题全部进行了整改，行业秩序不断规范。坚持问题导向，成立工作专班，采取分类化解举措，全力推进问题楼盘化解工作。

房地产业

【概况】 2021年，固原市主动应对市场变化，全面落实防范风险的调控政策，合理引导市场预期。固原市区商品房批准预售10.17万平方米(其中住宅8.36万平方米，1133套)，同比上升92.61%(其中住宅同比上升85.37%)。市区商品房累计销售27.19万平方米(其中住宅累计销售22.97万平方米)，同比上升150.36%(其中住宅同比上升252.3%)。市区新建商品房累计可售面积为105.09万平方米，其中商品住宅43.19平方米(3932套)，商网61.9万平方米。全市新建商品房累计可售面积为203.85万平方米，其中，商品住宅71.99万平方米。

房地产开发经营

【房地产企业】 2021年，固原市共有118家开发企业，其中，二级资质16家；三级资质16家；四级资24家；暂定62家。其中，原州区61家开发企业，泾源县10家开发企业，彭阳县10家开发企业，西吉县26家开发企业，隆德11家开发企业。

【商品房预售】 2021年，固原市商品房累计批准预售95.52万平米(其中住宅78.29万平方米)，同比上升

13.24%(其中住宅同比上升24.27%)。其中,市区商品房批准预售55.98万平方米(其中住宅52.28万平方米,4691套),预售面积同比下降0.11%(其中住宅同比上升17.75%)。西吉县、隆德县、泾源县、彭阳县四县商品房累计批准33.23万平方米,其中,住宅累计批准27.56万平方米。

【二手房交易】 2021年,固原市存量房(二手房)成交24.34万平方米,同比上升186.02%,其中,住宅成交23.64万平方米2485套,同比上升237.7%。全市二手房成交23.06万平方米,同比上升216.75%,其中,住宅成交22.58万平方米2372套,同比上升322.05%。

【房地产库存】 2021年,固原市在建商品房小区主要有华城壹品、中山名苑、荣华贵园、雁岭名筑、金城清河人家、碧桂园公园华府等24个项目。新建商品房累计可售面积为203.85万平方米,其中商品房住宅71.99万平方米。市区新建商品房累计可售面积为114.24万平方米,其中商品住宅71.99平方米(4875套),商网42.26万平方米(3250套)。

房地产市场管理

【房屋备案管理】 2021年,固原市住房服务中心共办理《商品房买卖合同》备案3632份;受理查询房屋备案信息6993条;房屋租赁备案487件;项目备案12件;解除、变更《商品房买卖合同》备案107份;配合行政审批局办理《商品房预售许可证》现场查勘53次;签订《商品房预售资金监管协议》18份;配合各级法院协助执行查封、解封27件,办理房地产中介机构备案37家;受理住建厅、市委组织部领导干部个人房屋备案信息查询2100余人次。

【住房价格调控】 2021年,固原市区新建商品房销售均价为5025元/平方米,同比下降1.85%;西吉新建商品住宅均价4275元/平方米,同比上升2.44%;隆德新建商品住宅均价3398元/平方米,同比下降3.27%;泾源新建商品住宅均价3253元/平方米,同比上升0.77%;彭阳县新建商品住宅销售价格4342元/平方米,同比上升33.76%。

【房地产市场秩序维护】 2021年,固原市住房服务中心严格落实《固原市区整治规范房地产市场秩序三年行动方案》通知精神,结合《固原市区2021年整顿规范房地产市场秩序工作方案》要求,联合市发改、市场监管等相关部门,先后对市区在建在售项目24家房地产开发企业和96家中介机构进行了检查,下发整改通知7份,均已完成整改。

物业管理

【概况】 2021年,固原市共有住宅小区522个,总建筑面积约1610.5万平方米。其中,有物业企业服务的小区192个,建筑面积约1313.62万平方米;"三无小区"有330个(包括自管和托管小区),建筑面积约296.88万平方米(原州区有155个,面积约160万平方米;西吉县67个,面积约35.96万平方米;隆德县54个,面积约64.15万平方米;泾源县37个,面积约15.27万平方米;彭阳县17个,面积约21.5万平方米)。全市共有物业服务企业96家,其中:原州区50家,西吉15家,隆德15家,泾源县13家,彭阳9家。全市物业服务平均覆盖率81.56%,固原市区物业覆盖率83.89%,年物业服务收费收缴率低于80%。全市住宅小区共成立业主委员会101个,占总小区数的19.35%。

【物业服务质量监管】 2021年,固原市住房与和城乡建设局督促各县(区)物业主管部门对没有业主委员会的小区成立业主委员会,对已有的业主委员会加强管理,选优配强。全市成立业主委员会的小区101个。加强业主委员会对物业服务企业的监管,其中选优配强业主委员会参与物业管理的小区20个。全面推行"红色物业"服务制度,制订印发《固原市进一步加强物业行业党的建设提升城市基层治理水平实施方案》,督促各县(区)物业主管部门积极协调街道办事处,在业委会选举时,推荐符合条件的社区"两委"成员参选业委会委员;鼓励符合条件的社区党组织书记、副书记和居委会主任,通过法定程序兼任业委会主任,目前共有9个小区成立联合党支部,加强小区物业服务管理。

【管理制度完善】 2021年,固原市住房和城乡建设局按照《固原市城区物业管理工作联席会议制度》(固政办发〔2021〕22号)文件精神,督促各县(区)建立物业管理工作联席会议制度,开展部门联动,整合物业小区服务资源,加强物业管理用房等服务设施排查治理。目前,各县区共建立物业管理工作联席会议制度2个,排查住宅小区有47个,完善补齐物业管理服务资源和服务设施治理12个。

【房屋专项维修资金管理】 2021年,固原市共归集住宅专项维修资金6253.92万元,共支出专项维修资金55.92万元,利息收入150.70万元。截至2021年年底,住宅专项维修资金累计交存50886.92万元,累计收益(利息收入)748.70万元,累计审批使用689.92万元。

【物业服务企业责任落实】 2021年,固原市坚持把物业管理纳入法治化轨道上，保障行业持续健康发展，相继出台了有关消防安全的相关文件，明确了物业服务企业消防安全的权益、责任和义务，规范了物业管理市场的诸多关系。对部分物业服务企业没有落实消防安全管理、住宅小区缺少熟悉消防安全管理业务的工作人员、消防检查不经常、宣传教育不到位进行督查验收，以及存在消防通道被严重堵塞占用、住宅小区消防设施缺少维护保养、电动车存在充电管理不规范等违法违规现象进行联合处理。

【物业安全排查】 2021年，固原市印发《关于开展在小区楼道内乱停乱放及院内私拉电线充电专项整治的通知》《关于进一步加强小区物业管理突出问题集中整治的实施方案》《关于开展住宅小区电动车飞线充电安全隐患专项实施的方案》等文件，明确业主及物业服务企业的权益、责任和义务，规范了物业管理市场的诸多关系。累计排查131家物业小区天然气管道，查处2家物业服务企业有重大安全隐患，并在物业行业予以通报。集中整治以来对私拉电线予以剪除4000多件；清理电动自行车5000多辆；清除杂物8000平方米；规范机动车辆小区40多家；有35家物业服务企业共计70家住宅小区安装1500个充电桩设备；100家物业服务小区划定消防通道标示线。通过报纸、网络、微信公众平台等多种形式，宣传物业管理相关法规政策，制订了《物业管理手册》宣传彩页2000余份、制作、发放《安全生产手册》宣传彩页2000余份。春节期间印发了《关于在市区禁止燃放烟花爆竹的通告》1000余份。

乡村振兴

综　述

【概况】 2021年，固原市认真落实中央和自治区关于巩固拓展脱贫攻坚成果和乡村振兴的决策部署，积极适应机构转型、工作转轨新形势，有力有效克服疫情灾情等不利影响，扎实推进巩固拓展脱贫攻坚成果同乡村振兴有效衔接工作，全面落实巩固衔接相关政策，乡村振兴机构队伍衔接平稳过渡，脱贫攻坚成果得到巩固拓展，全面推进乡村振兴实现良好开局。组织起草了《固原市巩固拓展脱贫攻坚成果全面推进乡村振兴“十四五”规划》，建立“领导包抓+专班推进+驻村帮扶”乡村振兴和“1+5+38+278+X”移民致富提升行动推进机制。原州区、西吉县被确定为国家乡村振兴重点帮扶县，隆德县、泾源县、彭阳县被确定为自治区乡村振兴重点帮扶县。

【产业振兴】 2021年，固原市坚持以龙头企业引领产业发展，培育壮大福建融侨、河北雪川、山东水发、宁夏凤集、长江医药等产业化龙头企业。投产水发15万吨脱水蔬菜加工项目，建成融侨10万头肉牛精深加工项目，开工建设雪川20万吨马铃薯主食化开发一期项目，培育打造千头肉牛养殖示范村10个，创建自治区绿色食品标准化原料基地33个、马铃薯标准化示范基地20个、冷凉蔬菜示范（直供）基地40个、小杂粮标准化示范基地20个。全市肉牛饲养量预计达到116万头，马铃薯、冷凉蔬菜、小杂粮（油料）种植面积分别达到97.27万亩、50.24万亩和36.63万亩。完成高标准农田50.9万亩。

【人才振兴】 2021年，固原市建立健全固原“人才智库”，柔性引进950余名决策咨询类专家入库。引进研究生以上学历高层次人才14名，培养认定市级骨干教师1244名，推荐自治区认定区级骨干教师785名。发挥优秀骨干教师传帮带作用，建设“名师工作室”62个。培训各类专业技术人员、农村实用人才和高素质农民等10万余人次。建成泌尿外科等15个重点特色科室。筛选认定挂牌“固原市农村实用人才培训基地”93个，建设农民“田间学校”70个。先后吸引220名在外人才创办企业公司。培养后备干部2412名。

【文化振兴】 2021年，固原市共开展习近平新时代中国特色社会主义思想进农村宣讲4500余场次，受益群众30万人，开展“感恩、认同、法治”教育，宣讲政策1500余场次。新创建全国文明村镇7个、区级文明村镇15个，新增各级文明村镇76个、文明家庭25户，组建新时代文明实践志愿者服务队伍970余支，培育特色志愿服务项目114个。构建了“市有三馆、县有两馆、乡有一站、村有一室”四级文化设施网络，改造提升文化大院20家。举办网络春晚、春官送福、送戏下乡等群众性系列文化活动312场次。成功举办第十七届宁夏六盘山山花节暨龙王坝山桃花节等节会活动。西吉龙王坝旅游特色村入选100家世界旅游联盟旅游减贫案例。

【生态振兴】 2021年，固原市共完成国土绿化面积61.3万亩。新建3000亩以上集中连片造林绿化示范点11个，4.56万亩。扎实开展百村示范、千村整治、万户清洁行动，完成村庄绿化和庭院经济林建设2.35万亩，改造农村厕所14132座。推进“四权改革”，原州区签订全区跨市水权交易“第一单”、泾源县发放用水权质押贷款“第一笔”，隆德县敲响全区农村集体经营性建设用地入市“第一槌”，彭阳县颁发全区林权不动产“第一证”和林权抵押贷款“第一笔”。2021年，固原市被命名为第五批国家生态文明建设示范区，泾源县被命名为“绿水青山就是金山银山”实践创新基地，隆德县登上“2021年中国最美县域”榜单。

【组织振兴】 2021年，固原市制定全面推进乡村组织振兴十项措施，全面提升农村基层党建工作质量。扎实推进“一抓两整”示范县乡创建行动，全市74.6%的村创建为党建工作示范村，“一村一册”整顿提升软弱涣散和移民村党组织56个。深化“三大三强”行动，圆满完成村“两委”换届工作，大专以上学历提高8.2个百分点。线上线下开展乡村振兴主题培训7100人次，新培育农村致富带头人464名，累计达到7754名，“二合一”带头人占73%，党员致富带头人占40%，带动23.5万群众致富奔小康。累计投入发展壮大村集体经济项目资金10.2亿元，全市村集体经济收入5万元以上实现全覆盖，23个村达100万元以上。

【经验做法】 2021年，固原市探索出了“领导包抓+专班推进+驻村帮扶”乡村振兴推进机制、“1+5+38+278+X”移民致富提升行动推进机制，“两个带头人”工程、金融助力乡村振兴，原州区发展“牛”产业助推乡村振兴、西吉县乡村旅游带动群众增收、隆德县网格化管理巩固脱贫成果、泾源县“铸魂工程”推进乡村振兴、彭阳县生态建设促进山绿民富等一些好的做法和经验继续巩固提升，有效推动了巩固拓展脱贫攻坚成果同乡村振兴有效衔接工作。

生态建设方面。固原市被命名为第五批国家生态文明建设示范区，原州区被中华人民共和国水利部命名为国家水土保持示范县，隆德县登上“2021年中国最美县域”榜单，泾源县被命名为“绿水青山就是金山银山”实践创新基地。

社会治理方面。固原市被平安中国建设协调小组办公室命名为平安中国建设示范市，隆德县被命名为平安中国建设示范县，西吉县偏城乡上马村被农业农村部确定为第二批全国乡村治理示范村镇。

全民健康方面。彭阳县被国家卫生健康委确定为全国健康促进工作示范县。

文化旅游方面。西吉龙王坝村等12个村入选全国乡村旅游重点村名录，龙王坝旅游特色村入选100家世界旅游联盟旅游减贫案例，将台堡红军长征胜利会师纪念园入选全国60个红色旅游发展典型案例，泾河源镇入选全国旅游重点镇。

隆德县凤岭乡李士村村民和村干部走在新修的文化广场上，喜笑颜开

规划部署

【战略布局】 2021年，固原市坚持在召开市委常委会会议、政府常务会议时常态化传达学习中央和自治区有关巩固拓展脱贫攻坚成果、全面推进乡村振兴会议、文件和讲话精神，听取工作汇报，研究解决存在问题，持续推进工作落实。全年共召开5次市委常委会会议，7次政府常务会议，3次农业农村工作领导小组会议，2次原市扶贫开发领导小组会议、2次市实施乡村振兴战略工作领导小组会议，以及多次专题推进会，持续巩固拓展脱贫攻坚成果、推进乡村振兴。各县（区）精心部署、周密安排、积极推进。

【健全机制】 2021年，固原市建立“领导包抓+专班推进+驻村帮扶”乡村振兴推进机制，实行市级主要领导包抓县（区）（联系乡镇指导村）、其他厅级领导包抓乡镇（指导村）、108名市直部门及中央、区属单位负责人和141名县级领导包抓415个重点村。成立产业、人才、文化、生态、组织5个振兴工作专班，分工负责、协调联动。建立“1+5+38+278+X”移民致富提升行动推进机制，制定1个总清单、5县（区）具体落实清单、38个1000人以上移民安置区实施规划、278个1000人以下移民安置区（点）推进计划、X个精准到户帮扶措施。市委主要领导和37名市级领导、38个市直部门、38名县级领导以及各乡镇领导包抓38个1000人以上移民安置区，实现市、县（区）、乡（镇）三级包抓全覆盖。

【清单管理】 2021年，固原市认真贯彻自治区《关于巩固拓展脱贫攻坚成果同乡村振兴有效衔接的实施意见》，实行清单管理，研究制定《固原市巩固拓展脱贫攻坚成果全面推进乡村振兴工作清单》和“四大提升行动”任务清单，从巩固拓展脱贫攻坚成果衔接乡村振兴工作层面提出巩固、拓展、衔接、融合、振兴的工作思路，落实落细百万移民致富提升、城乡居民收入提升、基础教育质量提升、全民健康水平提升工作目标任务和工作措施，对于“五个清单”，明确时限、责任，对照逐项销号，确保各项任务清单有效落实。

【责任落实】 2021年，固原市坚持精准派人，将全市793个村和13个社区划分为ABCD四类，重点从机关优秀干部、年轻干部，国有企业、事业单位优秀人员中选派第一书记723名、工作队员1673名，帮扶全市1000人以上的移民安置区、国家及自治区乡村振兴重点帮扶县(区)的脱贫村、红色村及软弱涣散村(社区)723个，发挥乡村振兴“尖兵”作用。市、县、乡三级共安排帮扶责任人17912名，常态化进村入户宣讲政策，落实帮扶措施，帮助脱贫户和“三类人群”强产业增收入，改陋习树新风。

脱贫成果巩固

【监测帮扶】 2021年，固原市健全农户自主申报、基层干部排查、部门筛查预警互为补充、相互协同的监测预警机制。新纳入监测对象641户2575人；累计纳入防返贫监测“三类人群”5208户21230人。建立“一村一策、一户一策、一户一档”精准帮扶工作台账，因户因人施策，开展精准帮扶。累计消除风险4507户18379人，剩余701户2851人全部落实了针对性帮扶措施。坚持问题导向，对全市“三保障”与饮水安全保障情况及时深入开展摸底排查，加强监测预警，实行动态管理、动态清零，做到“四查四补”长效化、常态化。

【资金投入】 2021年，固原市从资金投入、项目建设入手，全力服务保障巩固脱贫成果。全年投入中央、自治区各类财政衔接补助资金24.89亿元(其中，中央14.704亿元、自治区3.2353亿元、地方债4.1亿元、闽宁资金2.85亿元)，比上年增加0.74亿元，实施项目2646个，整合涉农项目资金31.4142亿元(其中，中央财政衔接资金14.704亿元、自治区财政衔接资金3.2353亿元、政府一般性债务资金2.7亿元、其他涉农资金10.4386亿元、市县本级财政安排资金0.3363亿元)。全市全年共发放涉农贷款204.89亿元，其中，新增脱贫户小额信贷4.37万户23.2亿元，贷款余额33.97亿元，覆盖面71%。评级授信所有行政村全覆盖。

【基础建设】 2021年，固原市全力开展抗旱救灾，全市域推广“互联网+城乡供水”，完成投资3.56亿元，新建及维修改造联户水表井8313座，安装智能水表33655户，完成县级控制中心2个，完成分控中心5个。开工建设农村公路57条365公里，建成通车31条236公里，完成农村公路安全生命防护工程113.6公里。完成抗震宜居农房改造1134户，农村低收入群体危窑危房改造556户。改造农村电力线路996.19公里。新建农村4G基站64个、5G基站144个。

【社会帮扶】 2021年，固原市全力开展抗旱救灾，全市域推广“互联网+城乡供水”，完成投资3.56亿元，新建及维修改造联户水表井8313座，安装智能水表33655户，完成县级控制中心2个，完成分控中心5个。开工建设农村公路57条365公里，建成通车31条236公里，完成农村公路安全生命防护工程113.6公里。完成抗震宜居农房改造1134户，农村低收入群体危窑危房改造556户。改造农村电力线路996.19公里。新建农村4G基站64个、5G基站144个。

【扶贫资产】 2021年，固原市严格落实中央和自治区关于加强扶贫项目资产后续管理的决策部署，按照“谁主管、谁负责”的原则，督促推动县(区)开展扶贫项目资产确权，防范资产流失损失和闲置浪费，确保项目资产稳定良性运转、持续发挥作用。2013年以来，全市扶贫项目实际投入229.84亿元，资产个数38639个，资产原值合计224.09亿元，形成资产占比97.26%。截至2021年年底，全市已确权资产原值合计224.05亿元，确权进度99.98%。

【问题整改】 2021年，固原市全面整改完成2020年国家脱贫攻坚成效考核、自治区督导检查、自治区相关通报和后评估4类反馈问题。其中，2020年脱贫攻坚成效考核反馈5个方面11个具体问题，自治区督导检查反馈5个方面共性问题，自治区相关通报反馈中办督查报告、中央纪委国家监委机关调研报告和国务院第八次督查以及暗访调研通报6个方面32条共性问题。

农村改革

【县(区)支持】 2021年，固原市积极争取国家和自治区政策倾斜支持力度，全市域确定为乡村振兴重点帮扶县，其中原州区、西吉县被确定为国家乡村振兴重点帮扶县，隆德县、泾源县、彭阳县被确定为自治区乡村振兴重点帮扶县。按照国家出台的14个方面和自治区出台的16个方面支持政策措施，结合实际，制定印发了《固原市贯彻落实中央和自治区支持乡村振兴重点帮扶县责任清单》，从16个方面提出了60项落实措施，全面推动重点帮扶县发展。

【产业扶持】 2021年，固原市持续保持脱贫攻坚时期特色产业扶持政策，各县（区）对马铃薯、蔬菜、玉米、小杂粮，肉牛、绒山羊、生态鸡等特色种养业不同程度进行扶持。在空间布局上，构建县、镇（乡）、村层级分工明确、功能有机衔接的格局。在产业结构上，构建种养业为基础、农产品加工为重点、商贸物流为引领的乡村产业有机整体。在链条安全上，强化加工产能重心下沉，打通产业链供应链堵点，确保上下游各环节之间顺畅对接。在主体培育上，构建企业和农户优势互补、分工协作、互惠双赢的格局。

【基础教育】 2021年，固原市全聚焦边远地区、“三类人群”、薄弱环节，实施教育资助政策，保持现有帮扶政策稳定。持续常态化开展控辍保学工作，义务教育阶段辍学学生动态“清零”。深入开展中小学生作业、睡眠、手机、读物、体质“五项管理”，有效推动“双减”政策落实，基础教育得到保障，质量水平明显提升。中小学校课后服务全覆盖。

【创业就业】 2021年，固原市认真落实自治区关于创业就业的各项政策措施，保持创业就业稳中有升。用工企业招用脱贫群众就业，及时缴纳失业保险的，给予稳岗补贴。对招用固原市脱贫群众签订一年以上劳动合同、缴纳社会保险、开展岗前培训和岗位技能提升培训的，按自治区灵活就业人员社保补贴办法和标准从衔接专项资金中给予社保补贴。通过各种政策扶持，全市农村就业人口达到33.6万人，比去年增长0.51万人，其中脱贫户和“三类人群”

设施农业助农增收

11.92万人，比去年增长1.24万人。

【基本医疗政策】 2021年，固原市持续实施“一免”“一降”“四提高”“一兜底”制度。全市脱贫户和“三类人群”对象患者救治率为99.67%，脱贫户和“三类人群”对象患者住院平均报销比例达到91.57%。居民疫苗接种率持续保持在95%以上，法定传染病报告率下降到239.51/10万。深入实施医疗医生“双提”计划，促进医疗机构提档升级。加强基层公共卫生服务体系建设，建成发热门诊11个，发热哨点57个。开展卫生健康“六进”活动260场次，受益群众20万人。开展“千名医生下基层活动”，选派233名专业技术人员到99家基层单位开展帮扶。推进“互联网+医疗健康”，形成了“乡村检查，市县诊断”的新格局，与区内外33家三甲医院建立了互联网诊疗通道。

【兜底保障】 2021年，固原市持续实施农村低保、两项残疾人补贴、高龄津贴、五保供养、孤儿养育政策。严格落实低收入困难群众“应保尽保”“应助尽助”的主体责任，科学规划、统筹安排，加强监管，切实提升困难群众的获得感、幸福感和安全感。新增农村低保对象1967户3385人，退出低保对象4001户6997人。为36130名困难残疾人发放生活补贴3876.4万元，为33498名重度残疾人发放护理补贴4335.4万元。实现23个敬老院、23个日间照料中心、269个农村老饭桌数据信息动态化管理。

产业发展

【百万移民致富提升行动】 2021年，固原市聚焦产业、就业、社会融入“三件事”，扎实推动移民增收致富。为生态移民和劳务移民发放小额信贷4.16亿元。打造移民示范村15个。推进“出户入园”，建成统一养殖园区25个。选派科技特派员88名，指导生态移民安置区开展种养服务。成立农村新型合作组织167个，带动1.35万户5.57万移民参与合作社经营。开展移民培训1.15万人次，在800人以上移民安置区创办就业服务站17个，培育劳务经纪人103人，劳务移民实现就业30172人。加大移民安置点环境综合整治力度，村容村貌明显改观。

【城乡居民收入提升行动】 2021年，固原市围绕全市“5+4”重点产业，引进培育中达传纺纱、丰源纺织、中山华人礼服制衣等6家龙头企业，提供就业岗位1万多个，吸纳就业6000多人。实施"消费回流"，发展地摊经济、家政服务等，吸纳就业1万人次以上。安置农村公益岗位13961人。开展职业技能培训33142万人次。发放创业担保贷款2.2亿元，兑现创业贷款贴息资金2850万元，培育创业实体1566户，带动就业8614人。建立创业孵化示范基地23个，累计入驻创业实体700多家。

【基础教育质量提升行动】 2021年，固原市以农村地区共享优质资源、脱贫地区控辍保学提质为重点，加快构建更加公平更高质量的基础教育体系。中小学校课后服务全覆盖。全市学前三年毛入园率达到86%。公办幼儿园占比和普惠性幼儿园覆盖率分别达到70.2%和99.5%。培训教师300余人次，建成在线互动课堂330间，应用示范学校20个。

【全民健康水平提升行动】 2021年，固原市开展卫生健康"六进"活动280场次，受益群众20万人。居民免疫规划疫苗接种率持续保持在95%以上。引进驻点帮扶专家100余人次，培养双优医生100名，选派240名专技人员，服务基层。推进"互联网+医疗健康"，形成了"乡村检查，市县诊断"的新格局，与区内外33家三甲医院建立了互联网诊疗通道。目前，全市脱贫户和"三类人群"对象患者救治率为94.6%，脱贫户和"三类人群"对象患者住院平均报销比例达到91.1%，四种慢性病患者签约管理服务率100%。

村镇建设

【概况】 2021年，固原市以实施村镇建设行动为抓手，实施乡村建设基础设施提档升级、公共服务均衡发展、人居环境稳步提升、农民素质全面提升、农村改革全面深化"五个行动计划"，夯实农村水、电、路、网基础，促进城乡融合发展，补齐农村基础设施短板，集中整治农村人居环境，提升农村环境美、田园美、村庄美、庭院美"四美"建设水平，为实现建设宜居宜业美丽乡村奠定坚实基础。加强农业面源污染治理，全市域推广泾源幸福农家"123"做法(改水、改厕、改厨、改棚、改院，建设1个幸福大院；种好2个增收园子，即一个菜园子，一个果园子；结合"四个一"工程，栽好房前屋后、村组道路、河道沟渠的"3棵树")，扎实开展百村示范、千村整治、万户清洁行动，筹措资金9327万元、参与群众75.76万人次，拆除维修房屋院落4384处、清理垃圾36万吨，完成村庄造林绿化148.65万株、污水处理项目14个。

【小城镇建设】 2021年，固原市新建及提升小城镇10个。其中，提升8个(原州区寨科乡、西吉县白崖乡、田坪乡、隆德县沙塘镇、泾源县新民乡、兴盛乡、彭阳县小岔乡、交岔乡)。新建2个(原州区彭堡镇、隆德县联财镇)，累计完成总投资45135万元，完成全年任务的97.2%。

【美丽村庄建设】 2021年，固原市实施新建及提升美丽村庄50个，其中：新建12个(原州区3个、西吉县2个、隆德县2个、泾源县3个、彭阳县2个)，截至11月底，各县(区)累计完成总投资54802.38万元；累计提升改造美丽村庄38个(原州区7个，西吉县8个，隆德县8个，泾源县7个，彭阳县8个)。

农村人居环境整治

【乡村治理】 2021年，固原市围绕打造善治乡村、活力乡村、文明乡村，深入实施"三大三强"行动和"两个带头人"工程，抓实基层治理、民风建设、农村改革三个重点，全面提升基层党建引领能力、乡镇管理服务能力、乡村依法治理能力、村级组织自治能力。开展"感恩、认同法治"教育，宣讲政策1500余场次。创成全国文明村镇7个、自治区级文明村镇15个。建成乡镇文明实践所58个，村级文明实践站705个，组建新时代文明实践志愿者服务队伍970余支，培育特色志愿服务项目114个。改造提升文化大院9家。

【农房安全隐患排查】 2021年，固原市制订印发《固原市农村房屋安全隐患及自然灾害风险排查整治方案》，成立了由市分管领导为召集人、住房和城乡建设局等16个相关部门为成员单位的市农村房屋安全隐患及自然灾害风险排查整治联席会议办公室，明确各职能部门责任，加快农村房屋安全隐患排查和整治。各县(区)按照"信息准确全覆盖、排查录入全覆盖、安全鉴定全覆盖、隐患整治全覆盖"的要求，全面开展农房排查工作。截至2021年6月30日前，全市共排查鉴定农村自建房231020户，排查村庄实现100%覆盖，鉴定为C、D级危房的1997户，鉴定为C、D级占比0.86%(排查用作经营的自建房6837户，鉴定为C、D级240户)，其中用作经营的240户C、D级危房已全部整改完成，按时完成用作经营的自建房排查整治工作。排查的其他农村房屋224183户，鉴定为C、D级1757户，将严格按照时间节点要求在三年内全部完成整治。同时，进一步强

西吉县今年集中开展人居环境整治以来，田坪乡大岔村文化活动广场干净整洁，村庄面貌焕然一新

化督查，采取不定期、不定检查点、不打招呼的方式先后4次对各县（区）排查情况进行了督查，并于2021年8月24日至25日对西吉县兴隆镇、将台镇、新营乡共360户农户进行了抽验复核。

【农村危房改造】 2021年，固原市聚焦“两不愁三保障”，坚持应改尽改和科学规划原则，严格标准规范，加强资金统筹，扎实推进农村危窑危房改造，确保农村安全住房全覆盖。截至12月底，危房改造竣工556户（任务262户），抗震宜居农房改造竣工1134户（任务386户）。

【农村生活垃圾治理】 2021年，固原市住房和城乡建设局制定印发《固原市农村生活垃圾治理工作实施方案》，明确时间节点，明确要求各县（区）将治理任务落实到具体乡镇和村，形成一级抓一级、层层抓落实的工作格局。目前，各县（区）共配置上门收集户用垃圾桶（箱）、定点收集户外垃圾桶（箱）、中转收集垃圾桶（箱）近18000个，保洁员用小型收集车、中大型转运车达到10000余辆，建设垃圾分拣点、垃圾填埋场70余座。生活垃圾分类处置的有机垃圾堆肥21450吨、可回收垃圾资源利用2433吨、大件垃圾分解利用45吨、沙土灰渣垃圾垫埋63463吨、有毒有害垃圾专业处理89.06吨、其他垃圾填埋或焚烧157114吨，投资近2.5亿元。农村生活垃圾治理的行政村，治理率达96%以上。

生态环境

耕地保护

【概况】 2021年，固原市自然资源局完成了各县（区）2021年度耕地保护目标责任书的签订工作。指导各县（区）上报了2020年度耕地保护责任履行情况自查报告，汇总并起草了《固原市2020年度耕地保护责任履行情况自查报告》。借助耕地保护动态监测系统认真核查、督促整改下发图斑，强化全市耕地保护动态监管，积极构建耕地数量、质量、生态“三位一体”保护新格局。

【国土空间规划】 2021年，固原市自然资源局全力推动《固原市国土空间总体规划》编制。完成市辖区基数转换，编制完成《固原市国土空间开发保护现状评估、空间规划实施评估、灾害和风险评估报告》（简称“双评估”）、《固原市资源环境承载能力和国土空间开发适宜性评价报告》（简称“双评价”），形成阶段性成果，初步完成国土空间总体规划草案（公众版）、文本、说明书、图集、中心城区控制性详细规划等。编制完成《固原市市辖区近期国土空间规划实施方案》《固原市市辖区城镇开发边界划定报告》。完成市辖区2025年、2035年建设用地、城镇建设用地、城乡建设用地规模预测。指导各县区完成195个“多规合一”实用性村庄规划工作，其中8个已批复实施。

【土地开发利用】 2021年，固原市完成土地供应44宗，面积2330.91亩；其中，挂牌出让26宗，面积1417.47亩，划拨土地18宗913.44亩。完成市委、市政府目标责任考核土地供应任务1600亩的146%，市辖区全年重点建设项目、招商引资项目及公共设施用地得到全面保障。全年共收缴土地出让金10亿元。完成市委、市政府目标责任考核收缴土地出让金3.5亿元的286%。组织隆德县开展农村集体经营性建设用地入市试点工作，协助隆德县制定了集体经营性建设用地实施管理办法、村集体决策制度等相关配套政策和制度。面向全区率先建成覆盖辖区四县一区的土地使用权转让、出租、抵押二级市场交易平台，实现区、市、县三级互联互通，并接入自治区监测监管平台。全年共办理国有建设用地使用权转让2宗，面积105.89亩，涉及转让价款8406.9万元。

【土地依法报批】 2021年，固原市自然资源局完成了六盘山雪川农业（宁夏）有限公司、西南新区及基础设施等10宗建设用地，总面积为379.7304公顷的报批工作。其中，取得自治区政府批复8宗，批复面积57.6767公顷，剩余2宗（官厅至原州区公路项目、银昆高速项目）因占用永久基本农田和生态保护红线，待上报自然资源部批复。

【耕地补充项目验收】 2021年，固原市自然资源局组织协调农业农村、水利等部门专家对各县（区）耕地补充项目进行了验收，分别是西吉县2020年度高标准农田水利项目新增耕地项目（新增耕地5999亩）、隆德县2020年高标准农田水利项目新增耕地项目（新增耕地2000亩）和原州区高标准农田水利项目（新增耕地2924.90亩）。对到期的宁夏东海房地产有限公司临时生活区及固原经济技术开发区新材料产业园污水处理厂工程临时用地复垦进行验收，面积共计6.39亩。

【耕地保护例行督察】 2021年，固原市自然资源局配合自然资源部完成了耕地卫片监督系统填报工作；第一批次共下发固原市监测图斑5个，其中，西吉县2个，彭阳县3个。配合自然资源督察西安局完成可耕地保护例行督察工作，各县（区）共完成1629个图斑的外业核查举证工作，并同步开展整改。配合农业农村局开展了“大棚房”专项整治回头看工作。

【土地征收成片开发方案】 2021年，固原市自然资源局完成了市辖区2021—2022年土地征收成片开发方案。根据《中华人民共和国土地管理法》第四十五条、《土地征收成片开发标准（试行）》的有关规定，组织编制了《固原市市辖区2021—2022年土地征收成片开发方案》，并得到自治区政府的批复。

【城乡建设用地增减挂钩项目验收】 2021年，固原市自然资源局组织专家对各县（区）申请验收的5个城乡建设用地增减挂钩项目进行验收。其中，原州区2019年度城乡建设用地增减挂钩项目，经实地验收，项目拆旧区复垦到位，于年底下发验收批复，并上报自治区自然资源厅入库；彭阳县2017年城乡建设用地增减挂钩项目，经实地验收个别地块未复垦到位，待整改到位后下发批复即可报自治区自然资源厅入库；西吉县2020年城乡建设用地增减挂钩跨县域交易项目、原州区及西吉县2020年城乡建设用地增减挂钩跨省域交易项目，待县局整改完善后下发批复即报自治区自然资源厅入库。

【耕地“非农化”及永久基本农田核实清理】 2021年，固原市自然资源局对自然资源厅下发的7927个耕地“非农化”疑似图斑逐一核查、逐一举证，对少量的农民违法建房、设施养殖用地等22个违法问题（原州区3个、西吉县3个、彭阳县5个、泾源县2个、隆德县9个），县（区）已同步开展整改工作，其中，整改到位21个，未整改到位1个，未整改到位问题涉及危房改造已纳入农村违法建房专项整治，正在申请销号。全力做好迎接国务院大督查工作。依据自然资源厅、农业农村厅《关于印发全区永久基本农田核实清理工作方案的通知》要求，核查图斑168399个。

矿产资源管理

【概况】 2021年，固原市自然资源局建立、健全了县、乡、村、组四级地质灾害防治体系，印发《固原市地质灾害防治方案》，修订《固原市突发地质灾害应急预案》，层层落实责任。6月8日至10日，固原市联合自治区自然资源厅、原州区人民政府在原州区官厅镇高红村举办2021年度地质灾害应急演练现场会。联合气象部门建立了地质灾害预警监测机制，做到信息及时共享，确保极端天气“早知道”“早预防”，确保（灾）险情第一时间通知到地质灾害隐患点的责任人、监测人和危险区群众。联合自治区地质矿产勘查院等相关技术单位对全市地质灾害隐患开展排查，全市全年共发现地质灾害隐患点680个（按隐患点类型划分：滑坡隐患点391个，崩塌隐患点285处，泥石流隐患点3个，地面塌陷隐患点1个；按行政辖区划分：原州区122个，西吉县234个，隆德县104个，泾源县85个，彭阳县135个），占全区总数的70%。

【绿色矿山建设】 2021年，固原市自然资源局开展绿色矿山建设摸底调查工作，全面掌握全市矿山数量、规模、矿种、生产状态、剩余资源储量和绿色矿山建设基础等情况，明确绿色矿山建设目标。研究制订《固原市绿色矿山建设两年行动推进方案》，进一步细化推进措施、配套政策、责任分工、评估验收、资金保障等相关内容，严格把控辖区内各矿山建设进度。全年共组织召开绿色矿山建设观摩会2次，共组织全市21家矿山企业进行现场观摩，并组织色矿山建设方面的相关专家现场交流学习，听取专家对建设绿色矿山的意见建议。

【矿山恢复治理】 2021年，固原市自然资源局共实施历史遗留矿山生态保护修复项目共2个，其中，原州区清水河段历史遗留废弃矿山生态修复项目，建设规模36865公顷，总投资3500万元。泾源县历史遗留废弃矿山生态修复项目，建设规模61.27公顷，总投资1125万元。对照环保督察发现问题，举一反三，指导各县（区）做好辖区矿山恢复治理工作，监督矿山企业依法依规生产。

【矿山安全监管】 2021年，固原市自然资源局及时调整安委员会组成人员，明确职责分工，设立局领导包抓县（区）安全生产工作组，认真落实安全生产“党政同责、一岗双责”责任制。在特殊节假日前，印发《固原市自然资源局关于切实做好“五一”期间安全生产工作的通知》等文件，指导各包抓工作组不定期开展安全生产工作检查督导，压紧压实安全生产职责。结合“5·12”防灾减灾日、2021年“安全生产月”等活动，联合自治区地矿院志愿服务队、市应急局、市红十字会等单位，制作宣传展板，印发《宁夏回族自治区安全生产条例》《宁夏回族自治区安全生产行政责任规定》《宁夏回族自治区安全风险管控与安全生产事故隐患排查治理办法》500余份，依托手机短信平台发送安全生产宣传信息5多万条。

【矿产资源总体规划】 2021年，固原市自然资源局依据自治区自然资源厅《关于开展市县级矿产资源规划2021—2025编制工作的通知》要求，组织编制《固原市矿产资源总体规划（2021—2025）》。督促各县（区）完成了49家矿山企业开发利用统计年报工作和应公示的50家矿山企业矿业权人勘查开采信息公示工作。指导各县（区）完成辖区内非油气矿业权人2020年度矿山储量年度报告，并通过自治区矿产资源储量管理系统进行抽查审核汇总。

【矿产资源管理专项整治行动】 2021年，固原市自然资源局联合自治区矿山违法违规开采专项整治行动第一检查组对全市265家生产及停产的矿山企业进行了检查。要求各县(区)自然资源局及时下发限期整改通知书,并督促落实整改。联合自治区自然资源厅检查组实地督导检查全市生产矿山及部分生态恢复不到位矿山,要求矿山企业按照“一矿一策”制订整改方案,完成整改落实。共实地检查87处,其中,生产矿山55家(原州区18家,西吉县26家,彭阳县11家)、关闭矿山7家(隆德县4家,泾源县3家)、群众举报线索5处、卫片图斑20处(核销41个)。

【矿山违法违规开采专项整治】 2021年,固原市自然资源局印发《关于非煤矿山企业非法开采矿产资源大排查大整治专项行动工作安排的通知》《固原市自然资源局关于深入开展全区矿山违法违规开采专项整治行动实施方案》《关于印发自然资源系统2021年“安全生产月”活动方案的通知》。集中开展安全隐患排查整治专项行动、非法开采矿产资源大排查大整治专项行动和矿山违法违规开采专项整治行动等工作,开展拉网式排查辖区内矿山企业。组建检查组全面检查55家生产矿山安全生产专项整治工作。

自然资源执法

【执法巡查】 2021年,固原市自然资源执法监察支队成立2个巡察组,明确各巡察组工作任务分工和巡察责任片区,制定印发《2021年度自然资源执法巡察工作实施方案》,重点对城市规划区内开展动态巡察。全市共开展动态巡察645次,发现并制止违法行为72起,下发责令停止违法行为通知书65份。其中:支队动态巡查138次,发现并制止违法行为27起,下发责令停止违法行为通知书27份。

【案件查处】 2021年,全市共立案查处各类自然资源违法案件82宗,结案64宗,拆除建筑物面积11476.65平方米,没收建筑物面积27590.4平方米,行政罚款368.4160万元。其中,支队查处案件3宗,结案2宗,行政罚款65.82万元。

【卫片执法检查】 2021年,固原市自然资源执法监察支队结合全市实际,制定印发《固原市自然资源局关于开展全市2021年卫片执法工作的通知》。采取“月清”“季核”的方式对2021年自然资源部每月下发的土地、矿产卫片图斑、2021年土地变更调查补充卫片图斑和“宁夏自然资源执法动态监测监管系统”监测下发的疑似违法占用耕地图斑进行外业核查。

【违法线索核查】 2021年,固原市自然资源执法监察支队按照“属地管理”原则及时向各县(区)转办在自然资源《综合监管平台》和电话举报等渠道反映的违法线索,并在综合监管平台违法信息采集系统中及时填报核查结果。全市共受理举报113件。其中,原州区35件,西吉县19件,隆德县43件,泾源县3件,彭阳县2件,市支队(城市规划区内)11件。

【违建别墅排查】 2021年,固原市自然资源执法监察支队联合各县(区)自然资源局,及时核查上报辖区内违建别墅排查情况。全市全年未发现有违建别墅情况。

【自然资源法律培训】 2021年,固原市自然资源执法监察支队组织开展2021年度全市自然资源执法案卷质量评查工作。对全市参加评比的9宗行政执法案卷现场采取业务培训、县区互评、集中讨论和工作总结的方式进行评查,评选出优秀案卷和合格案卷。

【农村乱占耕地建房问题专项整治】 2021年,固原市自然资源执法监察支队配合区厅执法局对各县(区)疑似农村乱占耕地建房新增问题进行现场核实,并对各县(区)22个图斑新增图斑整改工作进行实地核实验收。其中,原州区7个,西吉7个,彭阳1个,隆德8个。组织人员前往各县(区)自然资源局,督导检查2021年执法队伍建设、卫片执法、动态巡查、例行督察、乱占耕地建房、2018年以来在建项目摸排和各类执法系统填报情况,并将督查情况进行通报。

林草管理

【概况】 2021年,全市生态经济发展坚持生态产业化、产业生态化,统筹推进林果经济、林下经济、庭院经济,大力培育富民产业,生态经济稳步发展。完成国土绿化59.48万亩,其中,南部水源涵养林建设工程52.73万亩(人工造林18.87万亩、未成林抚育提升及退化林改造33.86万亩)、村庄绿化和庭院经济林建设2.35万亩、生态经济林4.4万亩,是总任务60.62万亩的98.12%。完成林草种植257.97万亩,其中,发展“一棵树”31.05万亩、完成92.7%,“一株苗”1.94万亩、完成97%,“一棵草”215.3万亩、完成102.5%,“一枝花”9.5万亩、完成114.4%。中蜂养殖达到10.5万群、完成110.5%,食用菌生产0.6万吨、完成100%,中药材种植44.67万亩、完成92.1%。500亩以上示范点建成121个(其中千亩以上67个)、完成111%,发展庭院经济14.5万亩、完成88%。种植元宝枫为主的国家储备林4.85万亩,完成

林草资源监测

97%，发展田园综合体10个。

【林权改革】 2021年，固原市围绕确权、赋能、增效、增绿改革目标，资源摸底完成100%、勘界完成100%、颁证率达到100%、换证率达到100%。持续推进“三权分置”，鼓励新型经营主体适度规模经营山林（草）达到38家，山林（草）地经营权流转新增15万亩；积极构建“政府+银行+担保+保险”的林业金融服务机制，各县（区）从事山林权运营的商业性担保机构全面建成，山林权抵押、担保贷款和森林保险全面推开；“1+5”（市、县区）山林权交易平台全面建成，引导经营主体在平台上交易。争取财政投入，各县（区）山林资源回购基金在上年基础上增长20%；对市域内现有的285家苗木经营主体规范提升，打造示范大户100户、家庭林场10个、专业合作社40个、专业化服务组织10个。指导各县（区）因地制宜制定完善扶持政策，推进“以林养林”新模式，探索“以地换林”新路径，鼓励社会资本投资国土绿化、生态修复、林草业建设、林地综合开发利用，开展森林康养等经营活动，发展林下经济和林产品深加工，实现林（草）业就地增值增效。

【国土绿化】 2021年，固原市贯彻落实生态立市战略，围绕自治区三山规划落实，统筹实施三北防护林、国土绿化、天然林保护、水源涵养林、森林质量精准提升、退化林改造、草原植被修复、湿地保护修复等生态建设和保护修复工程，把生态建设、国土绿化、水源涵养、水土保持、经果林产业发展有机结合，不断提升林草覆盖水平，厚植绿色发展本底，夯实生态经济发展基础。全市森林面积达475.9万亩，今年年底森林覆盖率将达到30.8%，比2015年末22.2%提升了8.6个百分点，天然草原面积349.35万亩，草原综合植被覆盖度从2015年的83.54%提高到89.8%，降雨量大幅增加，400毫米降水线北移20公里左右。

【产业培育】 2021年，固原市立足全市经济林发展现状，围绕生态经济林、村庄绿化和庭院经济林建设等工程项目，推进生态与产业有机结合，对经济林产业扩增优化、调整结构，发展红梅杏、苹果、山楂、梨、大果榛子、黑果花楸等经果林；着力培育以六盘山特色花灌木和彩叶树种为主的高端苗木产业，苗木产业进一步优化，质量不断提升；立足全市饲草资源，引进优质饲草新品种，打造优质饲草示范基地，让广大人民共享更多生态福祉。经测算，全市2021年底林草产业产值预计达到130315万元、增长4%，提供农民可支配收入预计达到955元以上、增长9%。其中，苗木销售收入32860万元、特色经济林产值14100万元、林下经济（林下种植、林下养殖、林产品采集加工利用）预计实现产值30100万元、退耕还林补助资金25595万元、草原补偿（禁牧补贴）资金2313.8万元、生态护林员工资5925万元；天保护林员工资2409万元、公益林生态效益补偿资金5433.4万元、劳务收入11578.8万元。

【产业链延伸】 2021年，固原市结合经果产品深加工基础薄弱现状，引进宁夏金誉生物科技有限公司、水发浩海集团公司、宁夏富康源黑果花楸科技开发有限公司等企业，初步建成蜜饯果脯、果（蔬）汁饮料、山野菜、小秋杂粮、杏仁、桃仁等中药材、工业用活性炭、黑果花楸和玫瑰酱等产品生产线，开发奶油杏肉、杏脯、果片、果酥、胡萝卜汁、枸杞汁、梨汁、玫瑰精油、玫瑰酱、山桃山杏壳活性炭、山野菜等产品50余种，采用“公司+基地+农户”的模式，对当地生态经果产品进行深加工，打造六盘山原生态产品品牌，有效增加经果产品附加值、提升市场知名度，促进生态经济效益显现和农民增收。

【林草空间规划】 2021年，固原市贯彻“绿水青山就是金山银山”和“山水林田湖草是一个生命共同体”等生态理念，统筹山水林田湖草等全域生态要素和空间，加强各类资源要素保护与利用，优化生态空间与生产、生活空间的关系和布局。结合固原市的生态战略地位和生态优先的理念和要求，依据村庄布点规划和现实发展情况逐步退出耕地，实施退耕还林还草工程，加强生态保育和水源涵养能力；针对生态极重要区内的大规模的耕地，站在自治区乃至区域生态保护和水源涵养区建设要求的高度，积极向自治区争取核减耕地和永久基本农田规模，发展林草产业等生态经济。针对经果林产业受国家耕地"非粮化"政策限制，结合国土空间总体规划、国土三调，通过新增造林，挖掘草地潜力；补植补造，优化林分结构；调整树种，提高退林地效益；腾笼换鸟，建设国家储备林等措施，不断拓展生态经济发展空间，提高生态用地效益。

【林草资源保护】 2021年，固原市以推进林草新品种、新技术推广应用为重点，制订《固原市"十百千万"科技服务行动工作方案》，对标林草产业生产、加工、流通等环节关键技术和示范园建设，加强院(校)地、企地合作，组建10个专家团队，引进100名专家，深入示范园、基地开展技术服务活动，为固原市生态经济发展提供技术保障。围绕森林、草原、流域、湿地、农田、城市"六大生态系统"建设，积极开展全市草原封山禁牧、森林草原防灭火督查，实施《固原市黄土丘陵区森林火灾高风险区和草原火灾极高风险区综合治理项目》《六盘山土石质山地森林火灾高风险区综合治理项目》，有效提升全市森林草原火灾技防能力、机具装备水平，不断完善防火道路、隔离带等基础设施；做好病虫(松材线虫病、鼠)害和生物多样性监测防控保护，强化六盘山、清水河、葫河、党家岔等湿地公园、自然保护地的保护修复及日常管理工作。

【林草资源应用】 2021年，固原市充分利用林下土地资源和林荫空间优势，积极发展林草、林药、林菌、林菜、林禽、林蜂等林下种养新兴富民业态，大力发展特色林果、林下经济、文旅经济、观光经济、田园经济，围绕生态移民迁出区生态修复、旅游景点环线绿化美化、城乡及庭院四旁绿化、新修水平梯田地埂造林等，搭配种植观赏性的林草品种，着力打造一批生态旅游景点、一批景观田园综合体。培育、扶持、引导龙头企业、专业合作社、家庭林场、林农，发展林下种植、养殖、森林旅游、林下产品采集加工等林下经济活动，培育不同发展类型和发展模式的林下经济发展基地，推动林下经济规模化、集约化、标准化、品牌化、市场化发展，实现美丽环境与美丽经济的共建共赢。

环境监管

【环保督察反馈问题整改】 2021年，固原市生态环境局坚持以查促改，开展全市生态环保工作"大督查大调研大起底"行动，采取"背靠背"、跨县区交叉执法检查等方式，加大执法检查力度，推动督察反馈问题整改。中央环保督察及"回头看"反馈的29个问题已全部整改到位。2020年，自治区党委例行督察反馈的20项问题完成整改15项，96个具体问题完成整改94个。2021年，自治区党委专项督察反馈的12项问题完成整改8项，81个具体问题完成整改70个。通过环保督察反馈问题整改，集中解决了一批突出生态环境问题，不断夯实了生态文明建设和生态环境保护的政治责任，有力促进了生态环境质量改善提升，增强了践行新发展理念的思想自觉和行动自觉，形成了党政主导、企业主体、公众参与的生态环境保护格局。

【生态环境机构垂改】 2021年，固原市生态环境局编制完成《固原市"十四五"生态环境保护规划》、《固原市三线一单生态环境分区管控实施意见》。完善环评审批机制，制订了《固原市环评与排污许可监管行动计划(2021—2023年)》，强化环评、排污许可、监测和执法深度融合。积极优化营商环境，严格执行"环境影响评价审批正面清单"，简化小微企业项目环评管理，将全市重点项目纳入"绿色通道"，实现100%提前对接、100%并联提速。审批环评文件64份，核发变更排污许可证82份。制订《固原市排污权有偿使用和交易改革实施方案》和责

河道治理成效显著

任清单，摸清全市主要污染物现状排放量、“十四”五期末排放量、环境容量“三笔账”，并确立初始排污权、新增排污权、政府储备权、可交易权“四项权”，完成95家排污单位初始排污权、8家污染物排放企业新增排污权、443个减排项目政府储备排污权的核算，实现固定污染源排污许可及登记全覆盖。

【环境监管执法】 2021年，固原市生态环境局制订《固原生态环境损害赔偿制度改革实施方案》，将生态环境损害赔偿线索排查与日常环境监管执法和群众投诉件办理相结合；对全市59家重点监管企业开展环境信用评价工作，将信用评价结果综合运用于环保信贷、环境管理、日常监管等各个领域，倒逼企业落实环境保护主体责任。严格落实污染源“双随机、一公开”制度，深入推进行政执法公示、执法过程全记录、重大执法决定法治审核等制度，组织开展水、气、土、生态领域环境执法专项行动，注重应用无人机、在线监测等优化执法方式，及时公开行政许可、行政处罚、重点监管企业、环境质量等环境信息。2021年全市出动环境执法人员1700多人次、现场检查企业1300多家次，行政处罚13件、罚款182.5万元，处理信访139件，办结率100%。

【管理服务】 2021年，固原市生态环境局举办全市生态环境系统干部能力素质提升暨“贯彻新发展理念 继续打好污染防治攻坚战”专题培训班，召开全市生态环境系统恳谈会、人才工作座谈交流会，开展生态环境执法“大练兵”和生态环境监测技术“大比武”以及“生态环保工作大调研、督察反馈问题大整改大督查、存在问题和短板弱项大起底”活动，带领全体干部职工在深入打好污染防治攻坚战中自我担当、自我奋斗。加强与中国环科院、南京环科院和宁夏环科院等科研院所的合作，开展固原市七河流域水生态环境保护和修复、农村生活污水治理和马铃薯淀粉加工废水治理及资源化利用等调查研究，并从南京环科院和宁夏环科院引进高层次人才8名，吸收本系统基层人才12名，为深入打赢污染防治攻坚战储足人才。推进环境应急能力建设，筹措200余万元配置了应急处置、应急监测、个人防护等应急物资和装备，督促84家企业编制、更新突发环境事件应急预案，组织监测和执法业务尖兵参与完成“铸盾宁防—2021”固原人民防空实战化演习。

环境质量监测

【污染源监测】 2021年，固原市生态环境局对全市21家涉水、气的重点排污单位开展上、下半年各一次的监督性监测，11家涉土壤重点排污单位委托监测；对全市马铃薯淀粉生产企业还田汁水进行监测；完成全市91个20吨及以上农村污水处理设施出口水质每年两次的监督性监测；对全市169家排污单位的自行监测及信息公开情况进行了监督和帮扶，全年共抽取10%的排污企业，联合执法工作人员进行实地检查。完成生态农村环境空气和县域河流湖库每季度及年终数据审核及上报工作。完成了农村千吨万人饮用水源地每季度一次的水质监测；完成13个农村环境质量试点村的监测工作。完成对清水河16个监测点位水质进行每月1次的跟踪监测工作。完成了清水河三营、茹河沟圈断面地表水中总磷、氟化物、砷、汞等8个项目前处理比对课题的研究性监测、数据汇总及报告编制工作。

【空气环境质量】 2021年，未剔除沙尘天气，固原市区优良天数333天，优良比率91.2%，PM_{10}平均浓度66微克/立方米，同比上升26.9%，$PM_{2.5}$平均浓度24微克/立方米，同比下降4%；剔除沙尘天气，PM_{10}平均浓度45微克/立方米，同比持平，$PM_{2.5}$平均浓度20微克/立方米，同比下降16.7%。固原市生态环境局应对气候变化，完成了2020年度全市控制温室气体排放目标任务自评估工作及5家企业碳排放报告核查及交易履约。制定印发了《固原市2021年度应对气候变化重点工作的通知》，将重点任务分解落实到各县区及相关部门。全面完成全市大气污染物总量减排目标任务，全市全年重点工程二氧化硫消减27.1吨（要求26.96吨）、挥发性有机物消减0.059吨（要求0吨）。

【水环境质量】 2021年，固原市7条主要河流8个国控断面水质优良比例达到87.5%，除清水河三营国控断面水质为Ⅳ类外，泾河弹筝峡等7个国控断面水质均为Ⅱ类。10个县级以上城市饮用水源地和4个农村千吨万人水源地（除本底值）水质均达Ⅲ类及以上，达标率100%。固原市生态环境局固原市积极保障2个国控断面水质自动监测站、9个水源地水质自动监测站运行维护，组织开展了8个国控断面、4个区控断面、4个市控断面、10个水源地、4个黑臭水体控制断面的手工监测工作，及时推送发布监测数据，为全市河长制考核、水污染防治、山水林田湖草治理等工作提供决策依据。编制完成《2021年固原市城市集中式饮用水水源地状况评估报告》和《2021年固原市地级以下城市集中式饮用水水源地年度状况评估报告》。

【声环境质量】 2021年，固原市生态环境局对固原市城市建成区范围内9个声环境功能区、126个区域环境噪声网格、13条主要交通道路32个监测点进行了监测。2021年，固原市声环境功能区中，1类功能区噪声达标率83.3%，2类功能区噪声达标率75%，3类功能区噪声达标率100%，4类功能区噪声达标率100%。2021年固原市区昼间平均等效声级为47.5dB(A)，声环境质量总体水平等级为一级。市道路交通昼间平均等效声级为65.4dB(A)，道路交通噪声强度等级为一级。

【辐射环境质量】 2021年，固原市生态环境局制定印发《关于开展全市核与辐射安全隐患排查工作通知》，加强全市三类射线装置辐射环境监管。完成40家医疗机构辐射监管系统信息核查及安全许可证变更、延续及核发工作。全面总结全市核与辐射安全隐患排查监管工作情况。

污染防治

【水污染防治】 2021年，固原市紧盯7条河流8个地表水国控出境断面水质，加大污水处理厂日常监管力度，确保污水处理设施正常运行、污染物达标排放。加强入河排污口监督管理和溯源整治，对全市入河排污口开展核查，建立66个排污口审批、备案台账。持续推进10个饮用水水源地环境保护专项行动，确保饮用水水源地环境安全。完成固原市第三污水处理厂、彭阳县第二污水处理厂、固原市污水处理尾水资源化利用等6个水污染防治重点项目建设，持续推进19家马铃薯淀粉加工企业汁水还田利用试点，混合汁水全部得到资源化利用。

【大气污染防治】 2021年，固原市强化大气面源污染治理控扬尘，加大施工、道路、堆场、裸露地面等管控力度，全面推行湿法清扫、增加喷雾降尘频次，道路机械化清扫率达到80%以上。强化散煤等治理控煤尘，配送清洁煤7120吨、环保炉具2240台，淘汰改造燃煤锅炉4台、整治取缔散煤销售点17户。强化加油站和机动车监管控气尘，对97座加油站油气回收设施运行情况进行常态化抽查，开展柴油货车专项检查，划定高排放非道路移动机械"禁用区"，淘汰黄标车7731辆。强化非组织排放治理控烟尘，在加强六盘山热电厂、宁夏金昱元资源循环有限公司及集中供热锅炉等重点企业监管确保污染物达标排放的同时，完成宁夏金昱元资源循环有限公司等物料堆场改扩建，积极开展联合执法和专项执法检查行动，有效控制秸秆和垃圾焚烧、露天烧烤、爆竹燃放，推进农作物秸秆利用，积极开展应对气候变化工作，组织5家碳排放企业和2家挥发性有机物重点企业完成"一企一策"治理及碳排放核查工作。环境空气质量优良天数比例达到91.2%。

【土壤污染防治】 2021年，固原市及时发布土壤环境污染重点监管单位名录，建立完善土壤污染企业风险分级清单，完成19处重点监管企业隐患排查整改。深入开展危险废物专项整治三年行动，完成5家危险废物重点监管单位2020年规范化考核中发现问题整改，督促28家医疗机构完成59个问题整改。全面推进农村生活污水处理设施建设，完成2020、2021年41个农村生活污水处理设施项目，畜禽粪污综合利用率达92%，化肥、农药使用实现零增长，农田残膜回收率达92%以上。

生态资源保护

【生态资源】 截至2021年年底，固原市共有六盘山、云雾山、火石寨3个国家级自然保护区、党家岔（震湖）自治区级自然保护区，面积128.6万亩，占国土总面积的7.6%。2017—2021年连续五年绿盾专项行动共排查建立各类活动点位475处，整改完成率达到99.1%。其中，中央环保督察点位13处；整改完成率100%，四类重点问题点位17处，其中，采砂采石3处、工矿用地11处，

彭阳县水质检测中心工作人员进行水质检测

核心区缓冲区旅游设施3处，水电设施零处，整改完成率100%。

【生态经济】 2021年，固原市生态环境局贯彻落实生态立市战略，坚持生态优先、绿色发展，致力于山绿与民富两手抓，统筹推进山水林田湖草系统治理，一任接着一任干、一张蓝图绘到底，实施三北防护林工程、天然林保护工程和400毫米降水线绿化造林等工程，实现了从荒山秃岭到高原绿岛的历史性转变。全市森林覆盖率达到30.8%，草原综合植被覆盖度提高到90.3%，400毫米降水线北移20公里。全市共建成生态经济发展基地1200亩，形成六盘山乡土树种生产、销售产业链，本年度苗木收入达200万元。全市持续开展“绿盾”行动，强化自然保护地监管，完成国家遥感监测出的34处疑似线索点位核查整改。围绕生态经济林、村庄绿化和庭院经济林，推动生态与产业有机结合，促进产业生态化、生态产业化，打造中国“马铃薯种薯之乡”“冷凉蔬菜之乡”“六盘山黄牛之乡”，建成百万亩马铃薯种植基地和50万亩供港蔬菜基地，形成“春赏雪、夏避暑、秋观景、冬滑雪”全域全时全景旅游格局，荣获“最美中国·魅力特色旅游目的地城市”“全国十佳生态休闲旅游城市”等，2021年全市林草产业提供农民可支配收入955元，旅游收入20个亿，让农民享受到了更多的生态福祉。2021年10月14日，在COP15生态文明论坛大会上，固原市荣获第五批“国家生态文明建设示范区”称号，泾源县荣获“绿水青山就是金山银山”实践创新基地称号。

【有害生物防治】 2021年，固原市六盘山林业局共完成了135.66万亩森林病虫害监测、普查；采用物理防治办法人工采集叶蜂虫茧64.23万枚，有效降低虫口密度；开展有害生物无公害防治4.41万亩；检疫苗木102.3万株；采集野生动物媒介样本106份，筑牢黄河流域先行区建设生态大后方“安全网”。

娃娃鱼救助

【林业科学研究】 2021年，固原市六盘山林业局开展《华北豹及其大型兽类调查项目》《华北落叶松人工林生长规律及生物量调查研究》《漆树生产性实验研究》《六盘山野生林木繁育与示范推广》等科研项目研究，全年共发表《宁夏六盘山地区黄花楤木播种育苗技术》《元宝枫育苗技术》论文2篇。

【水资源保护】 2021年，固原市生态环境局建立水质预警监测检查制度，制订《关于加强东关路污水外溢期间清水河水质监测监管工作方案》，确定8个断面4个支沟和4个排洪口，开展雨季水质检测60余次。指导5县（区）完成66个入河排污口排查摸底和审批、备案登记工作，与河长办联合制订《加强清水河原州区段规范管理的工作方案》，进一步明确了原州区政府和水务、住建、城管等部门职责，于2021年8月底前全面完成清水河原州区段10个排水口的现场排查，采取签字背书方式，落实责任，限期完成规范整治。强化涉水企业监管，安排生态环境综合执法支队、监测站对重点城镇污水处理厂和水质例行抽检70余次；定期专项督查5个工业园区涉水企业设施运行台账等管理措施落实情况。跟踪开展马铃薯淀粉企业混合汁水肥力化还田对土壤和水质影响，坚决杜绝偷排漏排或进入河流水体等问题。

【森林资源保护】 2021年，固原市六盘山林业局通过天然林资源保护工程的实施，林区森林资源实现全覆盖、网格化管理，有效保护辖区森林资源；深入开展“清风行动”，严厉打击破坏野生动物资源违法犯罪行为，遏制野生动物非法贸易活动成效明显；对自治区林业和草原局下发的20个疑似违法违规改变林地用途图斑进行核查，巩固生态建设成果；全面启动“森林资源一张图”年度更新工作，形成森林资源遥感判读数据库等一系列动态数据，为高质量发展提供科学依据。

【矿产资源保护】 2021年，固原市六盘山林业局积极开展矿山恢复治理，2021年实施历史遗留矿山生态保护修复项目共2个，其中，原州区清水河段历史遗留废弃矿山生态修复项目，建设规模36865公顷，总投资3500万元。泾源县历史遗留废弃矿山生态修复项目，建设规模61.27公顷，总投资1125万元。

【野生动植物资源保护】 2021年，固原市六盘山林业局与复旦大学、猫科动物保护联盟、阿拉善SEE塞上江南项目中心等多家专业机构、院校、单位开展六盘山华北豹及其他大中型兽类调查监测项目，共计开展6次红外相机的安装与回收工作。共安装红外相机700台次，拍摄到有效野生动物照片18000余张、视频6000余段，保护区的野生动物种类、种群数量等数据逐步完善，初步建立了六盘山野生动物影像资料数据库。积极开展极小种群桃儿七、黄芪等濒危植物繁育驯化，完成播种育苗桃儿七1万株、黄芪1.5万株，促进植物群落多样性发展，高质量发展底色更加靓丽。

生态修复

【生态功能区保护】 2021年，固原市编制完成了《六盘山生态功能区（宁夏段）山水林田湖草沙一体化保护和修复工程项目实施方案（2021—2023年）》。成功申报自然资源部入库山水林田湖草沙一体化保护和修复项目共8类、55个子项，投资概算54.36亿元，实施期限为2021—2023年，其中有25个项目纳入到自治区党委批复的“三山”规划中的《六盘山生态保护修复专项规划（2020—2025年）》，涉及项目资金28.58亿元。实施方案于3月18日通过自治区财政厅组织的竞争性评审，并作为自治区唯一申报项目上报财政部、自然资源部、生态环境部。依托视频连线方式组织召开了全国竞争性评审会议，实施方案在全国参与竞争性评审的29个省（市、自治区）中排名第十三位。2021年下半年，启动《六盘山生态功能区（宁夏段）山水林田湖草一体化保护和修复工程项目实施方案（2022—2024年）》编制工作。

【国土绿化】 2021年，固原市共完成国土绿化面积61.30万亩，完成总任务的101.12%，完成投资5.38亿元。其中，南部水源涵养建设工程55.26万亩（人工造林18.89万亩、未成林抚育提升及退化林改造36.37万亩）、村庄绿化和庭院经济林建设2.35万亩、生态经济林3.69万亩。分县（区）完成情况。

【集中连片造林绿化示范点建设】 2021年，固原市五河水质优良比例达到80%，水环境质量改善受到生态环境部在全国范围内通报表扬。固原市生态环境局贯彻响应疫情防控要求，严格执行医疗废物和医疗废水监管相关要求，制定《固原市应对新型冠状病毒感染肺炎疫情工作指挥部公告（第五号）》，加强全市6家定点医疗机构污水处理设施环保设施运行监管，每日取样监测水质，根据监测结果，指导调整加氯量，确保粪大肠杆菌菌群和水质总体达标，严防二次污染。坚持“控源、截污、治理、修复”系统推进水污染防治，加强6座城市污水处理厂、19处人工湿地、5个工业园区污染治理设施运行监管，完善建立52个排污口台账。争取环保专项资金6326万元，建设水资源利用、流域综合治理、水源地保护等水污染防治项目17个。推进马铃薯淀粉汁水还田研究试点。组织编制《固原市马铃薯淀粉加工废水汁水还田利用研究试点工作总结》和《固原市马铃薯淀粉加工废水汁水还田利用研究试点技术报告》，开展万吨以上马铃薯淀粉加工企业汁水还田利用研究试点19家，汁水科学规范用于农田灌溉，不直排入河。开展水环境专项规划编制。编制《固原市水生态环境“十四五”规划》，完成全市4个农村“千吨万人”集中式饮用水源地划分。

【全民义务植树造林活动】 2021年，固原市生态环境局印发《固原市加强大气污染防治和应对气候变化信息调度工作的通知》《固原市柴油货车污染治理攻坚战实施方案》《固原市煤炭消费总量控制实施方案》。开展城市建成区燃煤锅炉及散煤污染治理，淘汰燃煤锅炉7台，建成清洁煤配送中心5座，面向城中村、城乡接合部配备清洁煤炉具1208个，在重点区域城中村、城乡接合部、大型批发市场、学校等配送清洁煤9500吨。落实城区建筑、拆迁工地、裸露地面“6个100%”措施，增加城区道路清扫、洒水、保洁频次，市区机械化清扫率70%。严控重型柴油车、农用车、渣土物料运输车进入市区，禁止“黄标车”“无标车”上路，淘汰老旧车5626辆。为各县主城区安装大气微观站60台，为市区南北主要道路入口安装汽车尾气遥感监测设备3台。

【森林质量精准提升工程】 2021年，固原市生态环境局建立重点土壤环境污染监管企业清单11家，完成1处涉重金属企业污染源调查并销号。全市固体废物安全处置率100%，5家危废重点企业规范化考核为合格等次，危废安全处置率100%。医废安全处置率100%。落实减排措施，对涉重金属公司开展强制性清洁生产审核。完成县域农村污水治理规划编制，全市农村无黑臭水体。开工建设农村污水处理项目32个。19家马铃薯淀粉加工企业废水汁水还田利用研究试点项目通过自治区专家组验收。

科学技术

综　述

【概况】　2021年，固原市共争取自治区科技专项资金6123.2万元，市、县区安排科技项目资金5606万元（其中市本级1830万元），2021全社会R&D经费投入1.68亿元，投入强度0.48。实施科技型企业梯队培育计划，新增国家高新技术企业家4家、自治区科技型“小巨人”企业2家、自治区农高新企业5家，国家级科技型中小企业34家、自治区科技型中小企业达到103家、市级科技型中小企业达到87家。备案组建自治区技术创新中心9个。科技专家库专家达到134名，全市科技特派员达到839名。

科技项目

【科技项目建设】　2021年，固原市共开工实施各类科技项目357个，完成建设项目投资204.9亿元，其中80个重点项目完成投资133.8亿元，中央预算内项目145个，开工139个，完成投资5.3亿元。组织相关领域专家对全市2018—2019年到期市级科技计划项目（农业社发类）和科技扶贫项目到（延）期项目进行验收，通过验收13项，其中，7项建议申请固原市科技成果登记，未通过验收1项，未参加验收4项。从自治区科技专家库中抽取相关行业专家4名及财务专家1名，对“中药配方颗粒共性关键技术与产业化研究”等13项2021年度第二批固原市-高新技术领域自治区一般科技研发项目进行立项评审。实地核查18家申报国家科技型中小企业、45家申报自治区科技型中小企业、33家申报固原市科技型中小企业、7家申报自治区农业高新技术企业。实地考察对申报自治区技术创新中心和工程技术中心的企业。检查71个工业领域项目及33个农业社会领域未验收项目实施进展及资金使用情况。

【科技创新】　2021年，固原市科技局新增有研发活动规上工业企业6家。建成产业技术创新研究院，组建科技创新团队4个，培育认定国家高新技术企业3家、自治区科技“小巨人”企业2家，登记自治区科技成果6项，技术合同登记额3897万元。固原经济开发区被认定为自治区高新技术产业开发区，实现了固原市在自治区级高新技术产业开发区领域零的突破。在第五届中阿博览会上展示的“乡村振兴与功能农业开发关键技术”，被列为10个主推项目之一。开展大型动物骨材料试验的空军军医大学西京医院骨科裴国献教授、郭征教授领衔科研团队，在骨缺损修复救治体系与关键技术领域取得重大突破，并获得2020年度国家科学技术进步奖一等奖。

【科技成果转化】　2021年，固原市科技局完成《固原市科技创新工作“十四五”规划》和《固原市中药材产业发展“十四五”规划》，科技治理体系不断完善。起草《关于实施科技强市行动，为固原经济社会发展赋能的若干意见》，更鲜明地让科技创新这个关键变量成为建设黄河流域生态保护和高质量发展先行区美丽新固原的战略支撑。将R&D投入强度作为科技部门安身立命的核心指标，通过倾斜项目支持、落实税收优惠政策、支持企业建立研发机构、聘请第三方中介机构“一对一”业务指导等多举措谋划推进。组织人员开展了2020年度全市统计工作，信息涉及全市科普资源状况，具体包括科普人员、科普场地、科普经费、科普传媒、科普活动、创新创业中的科普共6大类；涉及市直及五县区140个成员单位。

科技平台

【固原科技馆】　2021年，固原市科技馆坚决贯彻习近平总书记在庆祝中国共产党成立100周年大会上的重要讲话、视察宁夏重要讲话精神和在两院院士大会、中国科协第十次全国代表大会上的重要讲话精神，坚决克服新冠肺炎疫情带来的不利影响，持之以恒推进科普阵地建设，着力提升全民科学素质，为“十四五”开局起步、乡村振兴全面

无人机考试进学校

气势，建设黄河流域生态保护和高质量发展先行区、全面建成社会主义现代化强国贡献力量。固原市科技馆累计接待参观者10万人(次)。

【科普服务】 2021年，固原市科技馆持续开展免费开放工作，参加科普日、科普“七进”等活动，组织开展科普培训、科普展览等活动，推进各项工作落实落地。充分利用基础科学展厅、机器人教育展厅、VR虚拟现实展厅、科普大讲堂、四季星象图演示仪、青少年科普长廊、科普图书馆、无人机、3D打印展厅、酷拍天下展厅以及新馆的各个展厅，共接待观众3.1万人次，提供丰富多彩的科普服务，提升参观者讲科学、爱科学、学科学、用科学的积极性。

【科普活动】 2021年，固原市科技馆先后在炭山乡炭山小学、泾源县下桥小学、原州区第十二小学、彭堡中学、彭堡小学等学校，北环路社区、长城社区等社区，固原农副产品批发市场、固原南河滩市场等公共场所，开展科普进校园、进社区、进市场等活动，在庆祝建党100周年之际，开展了六盘山长征纪念馆科普宣传活动，开展了2次科普主题宣传活动和走访红色文化足迹暨科普展览活动。

【科普知识培训】 2021年，固原市科技馆开展“快乐暑期，科普相伴”主题培训活动，安排了五个班次的主题培训，共有200余人报名参加，32名小朋友参加了“经典诵读+视力保健+主题展览”主题培训，28名青少年参加了为期4天的“机器人拼装”主题培训，19位爱好编程的小朋友参加了“青少年创意编程”主题培训，“我是小小飞行员”和“书法课堂”主题培训受到青少年和家长的欢迎和喜爱。

【东西部科技平台共建】 2021年，固原市全力推进东西部科技合作平台共建工作，建成固原市产业技术创新研究院，聘任兰思仁教授为名誉院长，针对产业关键技术需求，强化创新链和产业链有机衔接，每个产业依托一家科技型龙头企业、组建一个研发中心，组建完成纺织服装、肉牛、林草、特色农业、小杂粮产业等8个技术研发中心。制订印发《固原市产业技术创新研究院建设方案》，完成固原市产业技术创新研究院维修改造工程和移交工作由空军军医大学西京医院、固原市人民医院、宁夏博迪生物科技有限公司三家单位联合建设的宁夏骨科材料(固原)技术创新中心取得动物试验许可证。针对本市肉牛产业发展面临的饲草紧缺和中药材副产物过剩、资源浪费问题，与中国农业科学院饲料研究所正在共同筹备组建“固原市肉牛营养与健康科技创新飞地实验室”。推动闽宁协作科技孵化园建设和科技要素市场建设，搭建闽宁协作科技新引擎。

科技合作

【拓展合作范围】 2021年，固原市科技局多措并举，培育壮大科技型企业队伍。构建了“市级科技型中小企业-自治区科技型企业-国家科技型中小企业-自治区科技型小巨人(自治区农业高新技术企业)-国家高新技术企业”的培育体系，采取“一企一档、一企一策、精准发力”的辅导原则，新增认定市级科技型企业25家，备案自治区科技型中小企业30家、国家科技型中小企业21家，认定自治区科技“小巨人”企业2家、国家高新技术企业3家，申报的自治区农业高新技术企业5家进入公示环节。新注入宁科贷固原市专项基金500万元，专项基金池资金达到1400万元，全年共有6家企业争取协议合作银行1200万元贷款支持。联合自治区生产力促进中心和业务处室，举办全区特色农业新成果推介会和企业家创新精神培训班，加速科研成果转化，增强企业科技创新水平。第六届中国创新挑战赛(宁夏)生态农业及肉牛产业技术需求专场对接会在固原召开，企业的6项技术需求和科研团队达成合作意向。

【科技人才引进】 2021年，固原市科技局按照持续巩固拓展脱贫攻坚成果和乡村振兴的要求，2021年，新聘任程炳文等44名科技人员为全市第十四批市级科技特派员，全市科技特派员达到839名，组织实施区、市科技特派员专项项目81项622万元，围绕肉牛、绿色食品、文化旅游、生态经济等产业集成转化应用一批先进科技成果，提升农业产业链科技含量，直接带动农户人均收入年同比增长约10%，促进农民增收致富。借助闽宁协作平台和机制，19名福建援宁专家充分发挥专业优势，解决了草畜、中药材、食用菌等产业的技术难题和新品种、新技术引进。为满足社会公众日益增长的科普文化需求，制作了科技创新视频专题片、科技宣传画册和宣传展板，结合文化科技卫生“三下乡”、科技活动周等，开展科技为民服务活动，宣讲农业产业先进技术培训和新冠肺炎防控科普知识，培训450人次，发放资料1000份，营造科普教育氛围，提升全民科学素养。

科技管理

【科技专家库建设】 2021年，固原市科技局充分发挥科技人才在转型升级中的作用。全市全年在库专家达到437人，涉及农学、医学、林业类、水利类、经济管理类、节能环保类和电子信息类等各类专家。

【科技助力产业发展】 2021年，固原市科技局重点围绕破解产业关键技术和支撑黄河流域生态保护和高质量发展的先行区建设，科技成果转化应用及产业化，科技创新创业主体培育和人才团队建设等方面，深入企业帮助挖掘技术需求和诊断分析，凝练出55项关键技术需求。争取自治区级科技资金2898.6万元，计划安排市级科技项目49项1330万元。组织验收各类科技项目90项，攻关类项目突破了牧草种子生产、甘草黄芪育苗新型播种设备、育苗青贮生物制剂，苜蓿新品种繁育等关键技术难题。同时让科技创新成果尽快转化为现实生产力，研发的枸杞燕麦营养代餐粉产品项目产业化后，已实现销售收入100万元；宁夏地方品种静原鸡保护和利用关键技术研究与示范成果转化项目，解决了形成繁育商品鸡与静原鸡培育和养殖技术关键技术体系，生态鸡成活率达95%以上，项目产业化后，年实现销售收入850万元，农民增收500万元。新培育千头肉牛养殖示范村10个、万头肉牛养殖示范乡镇1个，建设“出户入园”标准化养殖场18个，良种化率达到90%以上，全市肉牛饲养量116万头，成功打造“固原黄牛”“六盘山牛肉”2个“地标产品”金字招牌。绿色食品扩规增效，原州区200万羽高品蛋鸡产业园年产1.99亿枚高品鸡蛋，雪川农业工厂化项目首期1.2万亩高产马铃薯获得丰收，长江医药大健康产业园落户固原，建成高标准有机供港蔬菜基地50万亩。

气象测报

【气象预警监测】 2021年，固原市气象局联合固原市应急、交通等9个部门签订合作协议，气象预警发布机制不断健全，联合构建共享“多员合一、一专多能”的基层灾害信息员1100名。配合完成县级行政区气象灾害综合风险调查，完成灾害风险普查数据上报及审核，争取普查经费23万元。结合实际探索制定出递进式气象服务流程和模式，提高了决策服务的针对性和及时性，为争取地方支持发挥了积极作用。年内开展国务院第八次督查等重大活动气象保障5次，现场参与2次，制作气象服务材料3期，组织开展原州区“3·13”火灾事故应急气象保障，重大活动保障跟进及时，服务方式获得市委、市政府的一致好评。

【气象抗旱服务】 2021年，固原市出现了近10年来最为严重的干旱，固原市气象局及时启动了重大气象灾害（干旱）Ⅲ级应急响应，开展加密人工测墒、农情调查7次，制作服务专报14期，向各级领导主动汇报旱情动态监测信息和抗旱服务情况，获市县党委政府领导批示7次。参加市县防汛抗旱调度会议12次。抓住有利时机开展人工增雨作业675点次，增加降水约3000万吨，减轻了干旱造成的损失和影响。

2021年8月，固原市气象局业务人员深入蔬菜大棚开展气象服务

【气象现代化建设】 2021年，固原市气象局完成了组织实施隆德县气象局迁建工作，组织实施六盘山气象站道路冰冻灾害灾后修复项目。联合市发改委印发《固原气象事业发展“十四五”规划》，凝练重点项目5项，并有序组织实施，其中“发挥气象助力乡村振兴能力建设”规划项目，纳入《固原市巩固拓展脱贫攻坚成果全面推进乡村振兴“十四五”规划》。申报重点实验室项目3项，联合申报实施自然基金项目1项，自治区重点研发计划项目1项，获批固原市科技研发计划项目1项。完成14套自动气象观测站的升级和1套自动冻土观测仪器安装、试运行。科技创新工作得到宁夏气象局通报表扬。完善固原气象试验示范中心基础设施建设，坚持“引进来”工作思路，加强与科研院所合作，开展科研项目5项，开创“以项目养基地”的管理模式，实现锻炼人才和提升科研能力的“双赢”。协助六盘山地形云野外科研基地装备建设，完成风廓线雷达、微波辐射、激光云高仪等8部设备的安装，配合开展综合观测及人工催化野外科学试验4次。

【气象治理能力提升】 2021年，固原市气象局按照《固原市人民政府办公室关于做好人工影响天气安全保障工作的通知》，组织开展人影安全检查6次。防雷安全监管纳入《固原市安全生产行政责任规定》体系，下发社会管理性文件6份，对辖区131家防雷重点单位进行摸排筛查，加强升放气球安全管理，开展执法检查25次，联合检查2次。优化“放管服”改革，推行“证明事项告知承诺制”，全年行政审批办件9件，申报《农业气象观测规范　红梅杏》地方标准1项。召开安全生产会议7次，检查13次，对全市气象部门用电安全进行专项检查，整改问题22个，年内未发生安全生产事故。

【气象保障先行区建设】 2021年，固原市气象局积极融入固原经济社会发展，全方位做好交通、旅游、生态经济气象服务保障服务。全年共启动和响应各类应急命令11次。发布预警信息646次，暴雨预警信号命中率100%，强对流天气提前量44.3分钟。制作气象信息专报147期、农用天气预报53期，春播、“三夏”、秋收秋种专题气象服务18期，马铃薯、冷凉蔬菜、中药材、中蜂、油菜花等特色气象服务材料106期，发送服务短信1764条、服务90余万人次。印发《固原市气象局加强气候变化工作实施方案》，向市政府提供决策咨询材料7份。马汉成书记、冼国义市长在《气候变化对固原市生态的影响》专报上作出批示，要求相关部门加强联合，做好生态建设保护和产业调整。与宁夏农林科学院固原分院加强合作，发挥科研引领、项目推动和气象保障作用，为黄河流域生态保护和高质量发展先行区建设固原篇章提供更为优质的服务。推动生态文明建设和旅游产业融合发展，宁夏首个“中国天然氧吧”落户泾源。制作发布生态遥感决策咨询报告11期，开展生态修复人工影响天气作业702点次。

农林科技

【项目申报】 2021年，固原市农林科学院固原分院共申报各类项目51项，获批19项，共承担国家现代农业产业技术体系、自治区重点研发、宁夏自然科学基金、固原市科技攻关等各类科研、示范和推广等项目68项，全年到位科研资金1903.63万元。

【科技创新】 2021年，固原市农林科学院固原分院获自治区科技进步奖2项，其中以第一完成单位获批三等奖1项，第二完成单位获批一等奖1项，取得登记成果7项；授权国家发明、实用新型等专利39项，取得软件著作权5件，发布地方标准1项，发表高质量论文15篇，出版专著1部。

【产业服务】 2021年，固原市农林科学院固原分院紧紧围绕旱作农业、马铃薯、林业与生态、冷凉蔬菜、草畜等5大产业发展的科技需求，积极有序推进各项科研成果转化，共承担科技成果转化项目3项，科技平台建设提升项目2项，到位经费131万元。依托各类项目，在宁南山区建立示范基地65个，集成、孵化、示范新品种（产品）43个、新技术21项；核心示范面积3.67万亩、辐射推广面积52.51万亩，服务经营主体35家，举办培训场次55期、培训人员3132人次；成果有偿转让6项、获得收益49万元，技术服务1项、技术服务收益2万元。申报宁夏农林科学院重大科技平台建设提升项目2项、院农业科技自主创新专项成果转化1项。

【学科体系优化】 2021年，固原市农林科学院固原分院围绕自治区现代农业发展的重大科技需求和科学技术前沿问题，遵循学科发展规律，强化顶层设计，优化调整学科领域和学科方向，确定了宁夏农林科学院固原分院“2个学科领域4个学科方向8个重点任务”的主攻研究方向，同时立足分院发展实际，基于宁南山区发展需求，积极与宁夏农林科学院院属各单位学科方向深度融合，确立了分院“3个学科领域7个学科方向6个重点任务”的协作研究方向。重点加强马铃薯、小杂粮、油料作物等一批综合实力强、能产出重大科技成果、区内外有重要影响的优势学科领域建设，注重基础研究和关键核心技术突破，进一步巩固提升学科创新实力和综合竞争力。大力促进宁南山区生态修复与多功能林业研究、经济林品种选育与栽培、旱作玉米育种与栽培、冬小麦育种与栽培、宁南山区草畜资源开发与利用、冷凉蔬菜品种引进与栽培、生态林业等重点学科方向的发展。瞄准学科前沿，拓展培育六盘山中药材资源开发与利用、六盘山菌类资源开发与利用等学科方向，提升学科建设水平。

【人才梯队拓展】 2021年，固原市农林科学院固原分院通过招聘的方式补充硕士研究生5名，引进博士1名，推荐1名科技人员攻读博士学位，1名科技人员攻读硕士学位，将进一步缓解高层次人才短缺的矛盾。12名科技人员取得了初、中、高级职称任职资格，25名科技人员晋升专业技术岗位等级。推荐申报各类人才6人次，1人入选青年科技托举人才。1人荣获第八届“固原青年五四奖章”称号。“宁夏小杂粮创新团队”经自治区科技厅批准获批组建。“固原市产业技术创新研究院小杂粮产业技术创新研发中心”挂牌运行。

【基础设施保障】 2021年，固原市农林科学院固原分院完成马铃薯脱毒核心种苗生产供应中心轻钢架温室项目建设。完成头营科研基地新修建田间试验地护坡930平方米；完成头营科研基地院内外绿化改造；完成头营科研基地试验田低压管道维修；完成了基地的整地、养护工作；观庄科研基地新修建田间道路建设450平方米；建设680平方米农作物挂藏室1座；完成了基地电杆更换，休闲地杂草打杆、深耕、田间地埂杂草人工打药清除等；完成了基地东坡地396米的排水沟开挖工作；通过人工除草、药物除草、人工分捡拾石头等措施积极改善了两基地的环境面貌。新购置仪器设备21台(套)。

【学术合作交流】 2021年，固原市农林科学院固原分院依托院地共建项目《固原市特产产业提质增效技术集成与示范》为纽带，有效加强了分院与地方产业部门的合作与交流。通过线上线下，走出去、请进来等交流方式，邀请行业专家给分院干部职工做学术讲座5场次；特邀中国林科院王彦辉研究员等专家及分院新入职硕士研究生做专题报告；组织科技人员6人次赴区内外科研院校考察学习。完成了2个合作项目的结题验收工作；完成1个合作项目、2个专家服务基地年度目标任务，签订2项合作协议。积极深化与中国农科院、西北农林科技大学等合作，共同谋划合作项目，开展青年科技骨干交流培训。

教育体育

教育管理

【概况】 2021年，固原市共有各级各类学校935所，其中，幼儿园441所，小学415所，初级中学45所，九年一贯制学校11所，完全中学6所，高级中学8所，特殊教育学校3所，职业教育学校5所，普通高等学校1所。全市各级各类学校在校学生273622人，其中，幼儿园44667人，少数民族24355人；小学115976人，少数民族68290人；初中58892人，少数民族33944人；高中32982人，少数民族15195人；特殊教育学校363人，少数民族204人；职业学校10941人，少数民族6644人；普通高等学校9801人，少数民族6320人。全市各级各类学校教职工22018人，专任教师18261人，其中幼儿园教职工4609人，专任教师2326人；小学教职工8031人，专任教师7914人，专任教师学历合格率99.94%；初中教职工4990人，专任教师4685人，专任教师学历合格率99.94%；高中教职工2808人，专任教师2522人，专任教师学历合格率98.30%；特殊教育学校教职工96人，专任教师94人；职业学校教职工786人，专任教师720人；普通高等学校教职工698人，专任教师638人。全市各级各类学校占地面积11092644.53平方米，校舍面积3431857.91平方米，其中，幼儿园校舍面积479567.24平方米，生均10.74平方米；小学校舍面积1169603.18平方米，生均10.08平方米；初中校舍面积871759.43平方米，生均14.80平方米；高中校舍面积650179.16平方米，生均19.71平方米；特殊教育学校校舍面积27868平方米；职业学校校舍面积232880.9平方米，生均21.29平方米。

彭阳县在线互动课堂

【校园疫情防控】 2021年，固原市教育体育局大力推广领导包联、健康卡管理、医教联合体等成功防控经验，强化重点时段、重点环节防控，错时错峰安排学生寒假离校和开学返校。严格要求教职员工做到“喜事缓办、丧事简办、宴会不办”、严格管控师生员工行踪、严格要求外省户籍学生尽量留在学习地、严格管控大型文体活动。强化四方责任落实、强化校园应急防控式管理、强化应急处置措施、强化值班值守、强化督导检查。对所有体育场馆实行“三限两检一培训一暂停”的管理措施。

【体美劳教融合】 2021年，固原市教育体育局认真落实《固原市加强中小学思想政治课建设实施方案》和习近平新时代中国特色社会主义思想“三进”《任务清单》，在中小学思政课程中专门安排《习近平新时代中国特色社会主义思想学生读本》教学。举办习近平新时代中国特色社会主义思想“三进”工作培训和中小学校思想政治课一体化建设教学展示研讨活动，培训思政课教师900余名。严格落实“双减”和“五项管理”要求，将“双减”列入《固原市基础教育质量提升行动任务清单》

和义务教育优质均衡发展关键指标。制订了《"五项管理"实施方案》《校外培训机构专项治理实施方案》《固原市中小学生课后服务工作实施方案》等专项文件，建立了教育部门牵头，发改、公安、民政、财政、市场监管等部门分工负责的任务落实机制，坚持从严整治、从严审批、从严监管校外培训机构。建立市级教研员包县区(乡镇)、包学校、包教师制度，开展中小学教师优秀作业设计评选，推动作业减量提质。深化体教融合，培训足球教练员、裁判员150人。承办和举办全区青少年篮球锦标赛、全市第二届田径运动会、校园足球联赛等全市性学生体育赛事活动，参赛学生3000多人次。实施学校美育教师配备和场地器材建设三年行动计划。设立劳动教育必修课程，组织实施劳动教育周活动。培育自治区级劳动教育示范学校13所，打造自治区级劳动教育精品课5节、劳动教育获奖课20节。

学生的音乐课

【"互联网+教育"建设】 2021年，固原市教育体育局实施"互联网+教育"创新应用项目，实施在线互动课堂建设项目，实现全市各级各类学校在线课堂全覆盖；实施固原市教育考试系统建设项目，建设全市中考英语听力人机对话系统，改造升级原州区五小、六小中高考考点，新建固原回中标准化考点，完善提升中考阅卷招生系统。全年建成在线互动课堂项目330间，81%以上学校建有校园局域网，98%以上教学班安装了多媒体教学设备。创建教育信息化达标县1个，应用示范校20个。扎实推进"N+1+N"网络精准扶智行动，开展"三个课堂"建设与应用培训。对50名"互联网+教育"市级骨干教师开展培育工作，并组织开展新一批50名培养对象的选拔工作。办市直属学校"互联网+教育"教师应用能力培训提升班、全市"互联网+教育"远程互动课堂应用培训班、市直属学校(园)"互联网+教育"专题培训暨说课大赛，共培训教师1900余名。

【教育助力乡村振兴】 2021年，固原市教育体育局制定了《固原市建立义务教育控辍保学长效机制实施办法》，建立"六项长效机制"，常态化开展控辍保学，实现了义务教育阶段辍学学生动态"清零"。加强精准资助，推进资助育人，严格落实学前教育"一免一补"、义务教育"两免一补"、高中阶段助学金等资助政策，2021年各类免补资金总计78628.626万元(含大学生生源地贷款资金)，实现了全学段、全部困难学生全覆盖，确保农村家庭孩子不因贫困失学。完善乡村学校办学条件改善机制，全年共争取了24个改善义务教育办学条件项目。

【校园治理】 2021年，固原市教育体育局深化教育评价改革，中考将体育与健康纳入单独科目进行考试。组织开展了普通高中体育与健康、音乐、美术、信息技术、通用技术5个学科的学业水平合格性考试，促进学生综合发展。对照《深化新时代教育评价改革总体方案》和《负面清单》，清理不一致的文件规定8项。对所有进校园事项实行清单管理和报备审核制度，推进校园减负。开展教育评价改革政策宣传月活动，举办了全市教育评价改革政策培训会，培训210人。积极探索教育行政部门有效放权、学校自主办学、社会广泛参与评价的"管办评分离"改革，开展教师"县管校聘"改革试点，激发学校办学活力。规范调整固原市人民政府教育督导委员会，增加市委组织部、宣传部、统战部等作为成员单位，聘任市督学59名，市特约督导员18名。积极应对新高考改革，组织校长、教师赴新高考先行区开展学习培训，做好新高考前期各项准备工作。联合市场监管、公安、网信等部门，开展整治校外培训机构学科类培训、虚假广告、合同欺诈等不良行为活动6次。

【师资力量扩充】 2021年，固原市教育体育局完成政府购买学前教育保育保教服务岗位500个。通过连人带编划转方式，为原州区和市直学校补充教师179名，协调自治区安排教师周转编200个。自主公开招聘普通高中教师40名。市本级签约公费师范生17名，为市职业技术学校引进高层次人才4名。推进“六盘名师名校名校长”培育工程，举办“六盘名校名校长”高端研修班、六盘名校教育科研课题开题培训班各一期。开展音乐、美术教师专业能力提升、年轻骨干教师等集中培训300余人次。举办第六届教师教学能力竞赛和“四评一赛”活动，教师参与率达到18000多人次，有1773名教师及作品获奖。对乡村教师依据工作年限和艰苦边远程度实现差别化补助。给区、市、县骨干教师兑现了补贴。严格执行自治区中小学校绩效工资政策，兑现了校长、班主任津贴和寄宿制学校绩效工资。分层次培训校长200名、乡村教师3000名。按计划开展50名“互联网+教育”市级骨干教师培育工作，并组织开展新一批50名培养对象的选拔工作。

【校园减负行动】 2021年，固原市教育体育局全面排查梳理原有进校园事项，科学制定了《固原市中小学进校园事项清单》，对所有进校园事项实行清单管理和报备审核制度，进校园事项比去年压缩57%。

【教育科研项目建设】 2021年，固原市教育体育局开展以“三进”为主要内容的“三优”（优质课、优秀论文、优秀教学设计）评选活动，4500多名教师参加，评选优质课430余节，优秀论文720余篇，优秀教学设计1100余篇。

基础教育

【学前教育】 2021年，固原市启动了2021年政府购买公办幼儿园保育教育服务工作，计划购买幼教服务岗位500个，已完成购买岗位1000个，提高了农村学前教师队伍专业化水平。落实公办园生均公用经费和普惠性民办园的办园补助。按照《固原市基础教育质量提升行动任务清单》实施“五大工程”任务安排，进一步深化教育评价改革，起草制定《固原市幼儿园质量评估办法》，促进全市学前教育质量提升。全市学前教育毛入园率为87.6%。

【义务教育】 2021年，固原市启动义务教育优质均衡县（区）创建，市政府印发《推进县域义务教育优质均衡发展创建方案》。印发了《固原市中小学生课后服务工作实施方案》，推行“5＋2”“6＋2”两种模式，实现所有中小学校课后服务全覆盖、有需求的中小学生全覆盖“两个全覆盖”，所需资金纳入属地财政预算。全市小学学龄人口入学率100%，初中生毛入学率117.88%，小学六年巩固率99.89%，初中三年巩固率为98.3%，九年义务教育完成率89.36%。

【特殊教育】 2021年，固原市教育体育局加强教师队伍建设，通过送出去、请进来等办法，积极开展培训学习，培训教师200多人次，拓宽了视野，更新了理念，提高了综合素质，为教育教学不断注入新鲜血液。加强融合教育。全市3所特殊教育学校借助附设普通班的有利条件，充分发挥特普融合教育优势，以普促特，特普共进，在学习生活中注重让残疾学生和普通学生互相接纳，融洽相处，互相学习，共同进步，形成了尊师爱生、扶残助残、关爱弱势群体的良好道德风尚。

高中教育

【普通高中教育】 2021年，固原市深化高中招生制度改革。将体育与健康纳入单独科目进行考试。物理、化学、生物学实验操作、音乐、美术、书法、综合实践科目纳入考试科目。建成中考人机对话系统。推进普通高中多样特色发展，争取自治区安排固原一中特长生招生计划250名，满足不同潜质学生发展需要。固原一中全校一本总上线率77.82%，全校本科总上线率94.33%；艺术类考生文化课、专业课双上线率95%。理科最高分659分，文科最高分643+40分，达到清华北大线15人，实际录取14人（北大医学部），卓越工作室达到清华北大线12人。固原二中高考二本以上上线1792人，其中一本上线775人；校男子篮球队再夺固原市冠军，在自治区中学生篮球年度锦标赛中获亚军，并第一次组队代表宁夏参加全国比赛战胜天津队，实现历史性突破。2021年11月15日，根据自治区党委编办《关于调整固原市部分机构设置的通知》精神，固原市回民中学更名为宁夏师范学院附属中学。

职业教育

【学生发展】 2021年，固原市全面贯彻党的教育方针，落实立德树人根本任务，培育和践行社会主义核心价值观，健全德技并修、工学结合育人机制，坚持守正与创新相统一，坚持问题导向和目标导向，不断提高学生思想水平、政治觉悟、道德品质、文化素养。全体学生思想政治状况良好，文化基础课合格率达93.7%，体质测评合格率95.9%，毕业生专业对口就业率达92.5，职业技能等级（含职业资格证书）证书获取比例达8.2%。

【教学改革】 2021年，固原市政府投资7670万元确保固原市职业技术学校提升改造项目全面完工，改善学校实训综合楼、学生宿舍楼等基础设施。紧盯宁夏黄河流域生态

2021年5月，隆德县职业技术学校开放校园实训基地——初中学生在山河实训基地参观，时新宁工程师讲解

保护和高质量发展先行区建设，围绕固原“5+4”产业发展，新增市政工程施工、机器人技术应用、大数据与技术应用专业等13个专业，增强职业教育服务市域经济社会发展能力。积极争取国家支持在贫困地区实施中等职业教育和公费师范生计划，2021年公开招聘专业兼职教师124个，引进公费师范生8个，引进高层次人才4个。持续推进“3+2”办学模式，提高中职学校的办学吸引力。全市现有3+2专业42个，招收学生1546人。

【政府履责】 2021年，固原市落实现代职业教育质量提升中央和自治区专项资金2.66万元，加大实验室实训室和学校信息化建设力度，改善学校办学条件。严格落实国家中职免学费、助学金和自治区级“9+3”两免一补资助政策。2021年，共计为70165名中职学生资助资金7762.64万元。

【校企合作】 2021年，固原市积极主动与具备条件的企业开展合作，为企业提供所需课程、师资等资源。企业利用资本、技术、知识、设施设备等要素参与校企合作。每年召开实习就业招聘会，为每一位毕业生提供多个对口专业岗位，拓展就业渠道。全市毕业生专业对口就业率达92.5%以上，就业单位对毕业生职业素养的满意度和职业技能的满意度均达94%以上。

【技能培训】 2021年，固原市积极参加全国和自治区职业院校技能大赛，全国职业院校技能大赛获奖数4个，自治区级职业院校技能大赛中获奖数达154个，在获奖方面取得了突破。积极推进“1+X”制度试点工作。职业技能等级（含职业资格证书）证书获取比例达8.2%。坚持学历教育与职业培训并举，2021共开展各类鉴定70批次，鉴定人数2640人次，合格人数2485人，合格率93%。举办固原市机关事业单位工勤人员岗位晋级考核培训32次，共计309人。

【固原市职业技术学校】 2021年，固原市职业技术学校围绕市委、市政府确定的肉牛养殖、绿色食品、文化旅游、生态经济、纺织服装以及经济社会发展对技能型人才的需求，合理设置专业。各专业均建有3个以上稳定合作企业，保证学生实训实习。同时，建立实习就业人才数据平台，发布就业信息。加强“双师型”教师队伍建设，认真实施教师教学教育质量双升计划，加大教师培训，学校选派110人次教师外出培训学习。全年招考编外教师19人，引进高层次人才4人，确保了紧缺人才的引进。加强岗课赛证融通，积极参加自治区“九大产业”对接行动，主动联系技术先进、专业适切度高的企业参与人才培养，重视技能大赛训练和参赛，探索“1+X”证书制度试点，确保专业对接产业，课程融通

让课堂对接市场，让学生走进实战

岗位。加强对外合作协同育人。加入行业职教联盟，通过政校、行校、校校合作，提升学生职业技能和职业素养。稳步推进内涵建设档次提升工程。以贯彻落实《国家职业教育改革实施方案》为抓手，坚持专业建设与产业需求对接，课程内容与职业标准对接，教学过程与生产过程对接，积极探索现代学徒制和校企“双元”育人模式，促进产教融合往深里融、校企合作往实里做，服务地方经济社会发展水平显著提升。2021年，建立了彭阳县红河镇常沟村、原州区姚磨村2个校外实训基地，启动校内现代农业实训基地建设工程。完成了2020—2021学年免学费、全年共发放各类助学金2.0448万人次，总1587万元。其中，免学费8098人，计809.8万元；国家助学金5572人，计557.2万元；“9+3”生活补助人数5732人，共计143.3万元；毕业生求职创业补贴137人，计27.4万元；国家奖学金7人，计4.2万元；建档立卡户846人，计42.3万元；滋惠计划56人，计2.8万元，为困难学生顺利完成学业保驾护航。

高等教育

【制订“十四五”规划】 2021年，宁夏师范学院聚焦办学定位、发展目标、重点任务及主要发展指标等，科学编制《宁夏师范学院“十四五”事业发展规划（2021—2025年）》，确立了学校到“十四五”中后期升格更名为宁夏师范大学，到“十四五”末基本具备申请创建博士学位授予单位条件，并建成教师教育特色优势鲜明、服务地方发展能力强的西部地区高水平师范大学和国家师范教育基地发展目标，明确学校“十四五”期间主要目标和办学定位、办学规模、办学特色等，对基本建设、人才培养、科学研究、学科专业、文化建设等进行了详细的规划，为学校高质量发展描绘了远景蓝图，明确了实现路径。

【党的建设】 2021年，宁夏师范学院坚决执行党委领导下的校长负责制，全年召开党委会27次、校长办公会23次，研究决定涉及教学、科研、管理、服务等方面的事项300余项，议事程序更加规范，决策水平进一步提高，学校党委履行管党治党、办学治校的主体责任更加凸显，把方向、管大局、作决策、抓班子、带队伍、保落实的领导责任有效发挥。积极发挥督查作用，督查室紧盯巡视整改、年度要点工作、调研问题清单、专项检查督查问题清单、党委会议和校长办公会议落实等重点工作完成情况，全年督办重要事项近20次，建立督查工作台账10余份，督促具体工作500余次。出台《宁夏师范学院党委关于加强新时代党的建设的实施意见》，修订《二级学院党组织委员会议议事规则》《二级学院党政联席会议议事规则》，制定《二级学院“三重一大”制度》等，不断强化党对学校工作的全面领导，基层党组织政治功能和组织力明显提升。党委理论学习中心组召开会议13次，邀请校内外专家学者作专题辅导报告7场，校领导重点发言14人次，中层干部交流发言18人次。

【思想政治工作】 2021年，宁夏师范学院创建全区师德师风建设示范基地，加强高层次人才与青年教师的政治吸纳和师德培养。制定“三全育人”工作清单并全力推进，扎实开展“七进一交友”活动。加强“易班学生工作站”建设，着力打造学生思政教育新载体。实施“新生引航工程”“党委书记校长第一课、党总支书记院长第一讲”，创新开学典礼、毕业典礼，价值引领作用发挥显著。研究制订《宁夏师范学院课程思政工作实施方案》，深入挖掘专业课程和各教学环节育人功能，充分发挥每门课程的育人作用，推进各类课程与思政课程同向同行，专业教育、创新创业教育和思政教育有机融合的协同效应逐步形成。立项建设校级课程思政“示范课”30门，教学改革专项22项，政治与历史学院罗瑞老师的《中国传统文化概论》课程获批教育部课程思政“示范课”，罗瑞老师及其团队分别荣获课程思政教学名师和教学团队荣誉称号。积极探索线上教学，推进“互联网+思政课”建设，提升教师的专业能力和运用现代信息技术能力。开展庆祝建党100周年系列活动，广泛开展革命历史传统教育，赓续红色血脉，传承红色基因，爱党爱国爱社会主义的热情空前高涨，社会主义核心价值观深入人心。党外人士思想引领有力有方，制定《中共宁夏师范学院委员会贯彻落实〈中国共产党统一战线工作条例〉实施细则》，认真组织开展《条例》的学习宣传，大力营造人人知晓统战、全员支持统战的浓厚氛围；全年召开党外人士“双月座谈会”4次，组织开展党外人士“学党史·感党恩·跟党走·做贡献”区情考察教育活动，在红旗渠干部学院举办党外人士（干部）主题培训班，建立党外知识分子“同心聚智”实践创新基地并组织开展文化考察活动2次，组织召开宁夏师范学院党外知识分子联谊会第二次会员代表大会暨二届一次会议，积极协助九三学社宁夏师范学院支社、民盟宁夏师范学院支部开展换届工作，2021年各民主党派成员向自治区、固原市提交提案10件，社情民意3件。

【“升大创博”工作】 2021年，宁夏师范学院推动“升大创博”写入自治区政府工作报告，列入自治区和固原市“十四五”规划。《宁夏师范学院“升大创博”工作方案》已报送自治区人民政府，自治区党委教育工作领导小组专题会议研究解决“升大创博”相关问题，学校“升大创博”工作得到自治区及各厅局委办的大力支持。召开“升大创博”启动大会，制订《宁夏师范学院“升大创博”实施方案》，签订了任务书，明确了目标任务，分解制定了各项关键性约束指标，为“升大创博”的顺利实现确定了“时间表”“路线图”。争取到自治区财政“升大创博”统筹资金500万元，争取到其他预算外资金2800万元，并继续争取自治区财政为我校在下年预算中安排专项资金；博士引进、省部级教学成果奖、科研获奖等指标均有新突破。

【校园建设】 2021年，宁夏师范学院系统论证、科学制订《宁夏师范学院校园基本建设规划（2021—2030年）》。师范生职业技能实训中心、11#12#学生公寓建设项目按期竣工并交付使用，完成师范生综合素养与创新能力教学实践基地、教学科研实验实训楼建设项目招标，即将开工建设。完成教育强国中央预算内资金投资计划。学生浴室、医务室等后勤用房建设项目进入可行性研究论证阶段。

【本科职业教育】 2021年，宁夏师范学院对接国家和自治区发展战略，立足学校发展实际，推进普职融通，统筹推进职业教育与普通教育协调发展，落实“一校两区”运行机制，盘活文苑校区资源，综合利用文苑校区软硬件设施，2021年招收303名“中职升本”“高职升本”学生，为全区本科职业教育开辟了新途径，注入了新动能。

【教学工作】 2021年，宁夏师范学院新增数学、物理学2个一级学科硕士学位授权点和体育、电子信息、艺术3个专业硕士学位授权点，硕士学位点布局得到进一步优化。获得宁夏高等教育自治区级教学成果奖（研究生教育类）一等奖1项、二等奖2项。研究生教育重要制度逐步建立健全，制订了《宁夏师范学院关于加强研究生教育工作的实施方案》，方向引领、根本任务、具体举措、条件保障等内容基本明确。研究生参加全国教指委举办的“田家炳杯”全日制教育硕士专业学位研究生教学技能大赛，1人获得二等奖，2人获得三等奖。完善“U-G-S”师范生协同培养机制，新建教育实习基地31个，向银川市、石嘴山市、盐池县等市县25所中小学、幼儿园选派“顶岗实习”学生196名。联合固原市教育体育局推进“联合培养师范生改革与实践”教育教学改革项目，2021年完成结题验收9项。组织开展公费师范生教师职业能力测试、“未来教师职业素养培养（训练）项目”等，进一步加强师范生教师职业能力培养。制订了《宁夏师范学院开展高水平本科教育试点学校建设2021年度实施方案》，分配九类项目经费1550万元，学校本科教育基本条件大幅改善。开展全校师范生“信息技术应用能力培训”1800余人，组织开展“新师范教育”专项课题研究67项。获批国家级一流专业建设点2个（化学、历史学），区级一流专业建设点4个，一流基层教学组织3个，卓越拔尖人才培养班2个，一流课程14门。本科教学工作卓有成效。获自治区本科教学成果奖一等奖3项、二等奖4项。2021年申报备案新增翻译、雕塑、体育训练、大数据科学与技术、应用心理学（心理健康教育方向）5个本科专业，其中翻译、雕塑、体育训练、大数据科学与技术4个专业已通过自治区教育厅审核和教育部专家评审。成功举办了“庆祝建党100周年，弘扬中华传统文化”通识课教学展演活动，成功举办第38届田径运动会，圆满完成2020、2021级4630多名学生的军训工作。本科教学管理制度更加完善。制定（修订）《宁夏师范学院教学奖励办法（试行）》《宁夏师范学院本科专业建设管理办法（修订）》等14项制度，遴选组建新一届教学督导，加强了教学质量监控评价，突出教育教学实绩，完善教学激励机制，教学效果和人才培养质量不断提升。

【科研工作】 2021年，宁夏师范学院教育学学科进入自治区一流学科二期（2021—2025年）建设行列，化学和物理学两个学科成为自治区一流学科二期（2021—2025）培育建设学科。获自治区第十五届哲学社会科学优秀成果奖15项，其中一等奖3项，二等奖3项，三等奖9项。1个团队首次入选2021年自治区科技创新团队（50万元）。宁夏回族自治区功能性生物质环境材料重点实验室项目通过自治区专家组评审。宁夏现代教育技术重点实验室一期建设通过验收。获立国家级项目6项、省部级项目42项、地厅级项目19项、人才项目6项，立项经费2400万元。有10位教师入选人才项目、4名教师入选第六批“自治区青年科技人才托举工程”、2名教师入选2021年自治区哲学社会科学和文化艺术青年托举人才工程，获立自治区重点研发项目（引才专项）4项。选派10名乡村振兴科技指导员服务10个村，财政厅拨款120万元，助力乡村振兴战略。征集“十四五”教育研究课题30多个，加强基础教育调查研究和课题研究工作，在“一流学科”中设立基础教育专项课题。依托固原产业发展研究院，对接自治区9大重点产业，积极服务地方经济社会发展。

【学生工作】 2021年，宁夏师范学院在11个二级学院建立心理工作站，配备11名心理专职辅导员，举办大学生心理健康节及心理健康教育等专项活动150余场，组织全校9808名学生进行全覆盖心理普测。评审发放学生奖助学金4565万元，开展资助育人项目申报、评审、结题42项。实现85%日常事务线上办理，全年办理在校生事务70000余件次。全力护航学生教师资格考试，调动全校力量，实行闭环管理，3481名考生顺利完成教师资格考试，先后被新华社、《中国教育报》、学习强国等多个平台媒体报道。公费生招生计划由300名增至500名。2021年文科录取最高分超出一本分数线86分，理科录取最高分超出一本分数线153分，高质量完成招生工作。开展校长赠书活动，推动习近平新时代中国特色社会主义思想进学生头脑，被共青团中央官微广泛宣传。扎实推进就业工作，毕业生毕业去向落实率86.41%。出台《宁夏师范学院促进毕业生就业创业工作实施办法(试行)》，校院联动举办线上线下专场招聘会90余场，提供就业岗位6800余个。精准开展辅导培训，完成“公务员、事业编、特岗教师、教师资格国考”笔试辅导培训，着力提高毕业生就业竞争力。为2022届毕业生申请求职创业补贴258.6万元，学校获全区高校毕业生就业工作考核优秀等次，1人获全区就业工作先进个人，2名学生首次入围教育部典型人物事迹，学校就业工作被《人民日报》宣传报道，点击量达15万次。选聘专职辅导员34人，全额配齐配强专职辅导员队伍，出台《辅导员队伍建设实施细则》，促进辅导员专职化、职业化发展，1名辅导员获全区高校最美辅导员。

【人才工作】 2021年，宁夏师范学院引进博士28名，自主培养的7名博士回校工作；招聘8名急需紧缺高层次人才，分三批招聘148名备案人员。制定完善《宁夏师范学院绩效工资实施办法(试行)》《宁夏师范学院专业技术职称评审办法》《宁夏师范学院二级单位目标管理考核办法(修订)》《宁夏师范学院高层次人才引进奖励办法(试行)》等19项制度。推荐高校青年骨干教师国内访问学者2名、2021年度青年拔尖人才1名、国家高层次人才特殊支持计划教学名师1名、国务院政府特殊津贴人选1名。争取增加56个特设岗位，完成338名专技人员聘用晋级，全年评审正高级职称20人、副高级职称26人，逐步解决教职工关注的职称评聘问题。追回干部档案材料2000多份，完成391名干部(职工)的档案审核工作。其他用工人员福利待遇进一步提高。为编制外聘用人员、外聘、返聘教职员工每人每月增加270元劳动报酬和200元生活补贴。

【管理服务工作】 2021年，宁夏师范学院财政下达各类资金46717.79万元，开展预算动态调整4次，动态调整资金1000余万元。修订财务管理制度，不断推进财务改革，开展“十四五”时期项目库建设，制订《宁夏师范学院项目库建设及项目实施管理办法(暂行)》《宁夏师范学院预算绩效评价管理办法(暂行)》等，预算执行进度明显加快，资金使用效益明显提升。认真开展工程建设政府采购领域专项治理工作。开展基建项目跟踪审计，进一步促进基建项目的规范管理。完成文苑校区多功能厅、实验楼、研究生楼及附属设施专项维修改造项目，完成古雁校区图书馆供暖管网、山城文苑公寓房天然气安装等20多个维修改造项目，校园基础设施得到有效改善。积极推进节约型校园建设，加强饮食服务管理，确保饭菜价格平稳，食品卫生安全。组织实施2021年高水平校和中央财政支持地方高校发展专项资金招标采购13个项目及校内资金54个项目的招标采购工作，预算总金额4518.55万元，对7191台(件)设备进行了报废处置。扎实开展“生命安全”教育，深入推进校园综合治理，加大校园消防管控力度，加强校园及周边环境整治，平安校园建设成效显著。开展校园网运维及信息化建设工作，实现两个校区校园有线网、无线网楼宇全覆盖。

【和谐校园建设】 2021年，宁夏师范学院认真学习贯彻习近平法治思想，党政主要负责人认真履行推进法治建设第一责任人职责，“党委领导、校长负责、教授治学、民主管理、依法治校”的内部运行机制更加完善。推进年终考核改革，发挥正向激励作用。校园治理达标校建设通过自治区教育工作领导小组评估验收，学校荣获自治区精神文明建设工作先进集体。成功召开三届三次、四次“教代会”，绩效工资改革、“十四五”规划等重大事项的决策更显民主科学，教职员工参与管理监督的权利进一步体现。开展合作交流，选派38名本科生赴宁夏大学开展1年或3年的访学活动，与华东师范大学、福建师范大学开展对口协作、支援相关工作，充分利用“云端”优质国际教育资源，助力师生专业成长。建设校友信息化管理平台，为推进校友工作提供条件保障。“第二课堂”活动丰富多彩，成功举办第六届五项全能基本功大赛、第二十一届校园科技文化艺术节等活动，举办主题团日活动2000余场次。深入推进“第二课堂成绩单”制度，扎实开展暑期“三下乡”社会实践，推进共青团改革，实施基层团支部“活力提升”工程。组织参加自治区“互联网+教育”大学生创新创业大赛，举办宁夏师范学院首届大学生创新设计大赛和“学党史　感党恩　跟党走”——宁夏师范学院星火创客空间作品展大赛等活动。持续打造“学人文库”和“今朝学术大讲堂”学术品牌，举行“今朝学术大讲堂”和“六盘山论坛”等线上线下学术讲座60余场次。深入推动教育评价改革。制订《宁夏师范学院贯彻落实<深化新时代教育评价改革总体方案>实施方案》，坚决破除“五唯”顽瘴痼疾。继续教育工作取得新成效。2021年，成人继续教育招生人数达870人，创近五年内招生人数新高。争取国培区培项目16个，培训1100人，获批培训经费792.72万元。

体　育

【竞技体育】 2021年，固原市教育体育局举办了固原市首届“体教融合杯”中学生校园篮球联赛，承办全区青少年篮球锦标赛、举办全市第二届田径运动会、校园足球联赛等学生体育赛事，举办“满天星”中小学生足球训练营等青少年业余训练，培养选拔优秀体育后备人才。

【群众体育】 2021年，固原市教育体育局举办了“我要上全运”乒乓球、羽毛球邀请赛、“抗疫健身行”中国象棋网络大赛、固原市第五届围棋联赛、百乡千村广场舞大赛、线上体育健身大拜年、亲子线上运动会等群众体育活动，满足群众多样化体育文化需求。

【体育文化】 2021年，固原市教育体育局拓展了全民健身、公益导向、激情冰雪、多方参与的体育工作局面。举办了“公益体彩　快乐操场”捐赠活动，进一步拓展“满天星”足球训练进校园活动，以实际行动助力体教融合、助力乡村振兴。承办全区青少年锦标赛高山滑雪项目，举办第二届六盘山杯滑雪比赛，筹措资金，积极开展“运动焕新　喜迎冬奥”体育消费券活动，着力提升体育工作创新。

西吉县拼装式游泳池

【青少年体育】 2021年，固原市教育体育局认真开展1小时阳光体育活动，开足开齐开好体育课，加强学生体育锻炼，降低儿童青少年“小胖墩”比例。持续开展学生体质健康监测评估，提高监测和数据质量。举办固原市校园足球最佳阵容选拔赛、2021年全区中学生三人制篮球锦标赛固原市选拔赛和固原市青少年校园足球夏令营最佳阵容选拔活动等一系列青少年体育活动，着力增强青少年体质。

【体育基础设施建设】 2021年，固原市完成了市体育馆由宁夏师范学院移交市教育体育局管理工作，编制了维修改造提升方案，正在实施维修工程。5个多功能运动场、10公里健身路径已完成施工。新开工建设西吉县全民健身中心、泾源县足球场等群众性体育项目。建设完成社区多功能运动场13个、健身步道30千米、拼装游泳池1个。

卫生健康

综 述

【概况】 截至2021年年底，固原市共有医疗卫生机构1172个，其中，二级以上公立医院16个；民营医疗机构190家，其中，民营医院21家，个体诊所169家；基层医疗卫生机构954个，其中，卫生院68个，城市社区卫生服务机构25个，村卫生室861个；专业公共卫生机构12个，其中疾病预防控制中心6个，卫生监督机构6个。年末全市卫生技术人员8347人，其中，执业医师和执业助理医师3699人，注册护士4455人。全市医疗卫生机构实有床位7350张，其中，医院5927张，基层医疗卫生机构1423张。全年全市累计诊疗人次348.52万人次，入院人数13.39万人次。

疾病防控

【传染病管理】 2021年全市法定传染病疫情总体平稳，以散发为主。报告各类法定传染病19种3686例（无甲类传染病报告，报告乙类13种2711例、报告丙类6种975例），报告发病率为294.76/10万，死亡2例（艾滋病1例、狂犬病1例）。报告病例数较去年同期（3561例）相比上升了3.51%。发病居前五位的是布病1123例、其他感染性腹泻病688例、病毒性肝炎607例、梅毒501例、肺结核379例，占报告发病总数的89.47%。疫情报告信息质量进一步提高，综合率为99.55%，未及时报告卡片27张（原州区2张，西吉县14张，隆德县3张，泾源县2张，彭阳县6张），未及时审核卡片32张（原州区12张，西吉县8张，隆德县1张，泾源县1张，彭阳县10张），无重卡。全年共发出预警信号194次，涉及5个县（区）。预警的病种12种，分别是其他感染性腹泻病、无病原性结果、病原学阴性、病原学阳性、出血热、麻疹、流行性腮腺炎、手足口病、流行性感冒、利福平耐药、急性出血性结膜炎、狂犬病，经及时现场调查核实，其中，186起预警排除暴发疫情，8起继续关注系学校结核病，经及时调查处置未发生相关聚集性病例或突发事件。

【手足口病监测】 1～12月，全市按报告地区统计，报告手足口病病例107例（原州区49例，西吉县11例，隆德县1例，泾源县38例，彭阳县8例），采样送检99例（原州区43例，西吉县11例，隆德县1例，泾源县37例，彭阳县7例），实验室检测99例，结果其他肠道病毒阳性47例，肠道病毒阴性52例；原州区采样送检率87.76%，西吉县采样送检率100%，隆德县采样送检率100%，泾源县采样送检率97.36%，彭阳县采样送检率87.5%，固原市采样送检率92.52%。

【流感监测】 按月对流感监测情况进行专题分析，督促哨点医院按要求完成了流感样的采集任务。2021年，哨点医院（市医院）累计报告流感样病例834例，流感样病例占门急诊就诊比例为0.48%，采集流感样标本926份，完成了采样任务数（640份）的144.7%。经流感实验室检测核酸均为阴性。

【结核病防治】 加强了肺结核病人的发现、治疗和管理工作。2021年，非结防机构报告疑似肺结核患者458例（住院19例），转诊到位229例，到位率50.00%（≤90%）。定点医院发现并治疗管理活动性肺结核患者302例（其中单纯结核性胸膜炎15例），病原学阳性144例，病原学阳性率50.17%；耐药快速筛查258例，筛查率为85.43%；筛查出耐药患者5例，纳入治疗5例，耐药患者纳入治疗率100%。2020年，登记活动性肺结核患者311例（转入耐多药治疗7例），规范管理300例，规范管理率98.68%；治愈118例、完成疗程168例，肺结核患者成功治疗率为94.08%（≥90%）。

【流行性出血热监测】 2021年全市共报告流行性出血热病例8例（原州区2例、隆德县4例、彭阳县、西吉县各1例），死亡1例（原州区），均为散发病例，病例间无流行病学联系，经及时调查和妥善处置，疫情得到了迅速控制。目前，除原州区1

例死亡外，其余病例均已出院，健康状况较好。5县（区）按要求完成了春夏季和秋冬季宿主动物监测和重点人群出血热疫苗接种工作。春季宿主动物监测共计布夹32706夹次（野外16056夹次、居民户16650夹次），捕获鼠523只（野外278只、居民户245只），经自治区疾控中心实验室检测，结果为：鼠肺抗原阳性5份（原州区1份，泾源县4份）；鼠血抗体阳性107份（其中，原州区9份，西吉县8份，隆德县21份，泾源县29份，彭阳县40份）。秋季宿主动物监测共计布夹30370夹次（野外13770夹次、居民户16600夹次），捕获鼠533只（野外276只、居民户257只），共捕获鼠标本（鼠肺、鼠血）533份，经自治区疾控中心病毒学实验室检测，结果为：鼠肺抗原阳性7份（西吉县3份，泾源县4份），其余县区均为阴性；鼠血抗体阳性107份（其中，隆德县28份原州区10份，西吉县3份，彭阳县1份），泾源县为阴性。5县（区）累计接种流行性出血热疫苗21711剂次，其中第一剂次接种13831人，第二剂次接种7880人。

【新冠疫情防控】 加强了对重点场所传染病疫情防控工作督导检查。在市疫情防控工作指挥部、市教体局和卫健委的组织下，多次对市直及五县（区）疫情卡点、医疗机构、集贸市场、超市、冷链食品经营运输企业、宗教场所以及学校/幼儿园等重点场所新冠肺炎及重点管理传染病防控措施落实情况进行督导检查，通过督查，进一步规范传染病监测预警的组织管理、疫情报告、登记、信息报送及常态化疫情防控措施落实等工作。加强人员培训，邀请自治区级专家对全市流调人员进行专项培训；对全市流行性出血热疫情防控工作及新冠病原学监测工作进行培训；对全市重点环节、重点场所新冠疫情防控知识及个人防护进行宣讲；将防控责任落实到人，全面提升疫情防控工作人员的防控能力和水平。

【免疫规划】 2021年按要求开展疫苗出入库扫码和全程冷链运送工作，共接收和分发免疫规划疫苗十二种244449支。共接收和分发北京中兴科维和北京生物研究所两个厂家新冠疫苗54批次1423063支（2322963剂次），其中，北京科兴中维16批次50582支（57682剂次），北京生物研究所38批次1372481支（2265281剂次）。截至12月31日，全市共接种新冠疫苗2056724剂次，其中第一剂接种975487人，任务完成率97.86%，第二剂接种925222，任务完成率92.82%，第三剂接种156015人。按照《宁夏急性弛缓性麻痹病例监测工作督导方案》要求，加强了AFP病例的主动监测，全年共报告11例AFP病例（西京医院报告2例、宁夏医科大学总医院报告2例、固原市医院报告1例、西吉县医院报告6例），按要求完成了标本采集送检和随访工作。各种疫苗报告接种率继续保持在较高水平（99%以上），乙肝疫苗首针及时接种率为96.45%。加强了预防接种异常反应（AEFI）监测，提高了监测系统敏感性。全市全年共报告AEFI305例，其中一般反应277例（原州区45例、西吉县72例、隆德县11例、泾源县61例、彭阳县88例），异常反应7例（泾源县5例，原州区2例），偶合征12例（原州区5例，西吉县6例，彭阳县1例），心因性反应7例（原州区5例，西吉县1例，泾源县1例），待定2例（西吉县）。1～12月全市报告麻疹风疹疑似病例8例（原州区无、西吉县4例、隆德县1例、泾源县3例、彭阳县无），采样送检率100%，经市疾控中心麻疹实验室检测结果为阴性8例（临床诊断其他疾病7例、水痘1例）；排除麻疹/风疹报告发病率0.64/10万，其中，原州区未报告，西吉县1.13/10万、隆德县0.64/10万、泾源县2.93/10万、彭阳县未报告；原州区、隆德县、彭阳县没有完成自治区排除麻疹风疹报告发病率大于1/10万指标。个案率录入100%、48小时内完整调查率100%、调查后48小时内个案

2021年10月25日，监督员在开城镇卫生院开展疫情防控督查

录入率100%，监测病例分类错分率为零；监测病例血标本采集率100%，3日内送达100%，实验室4天内报告结果比例100%；采集病原学标本率100%，3日内送达87.5%。按照《宁夏脊髓灰质炎麻疹等国家免疫规划疫苗查漏补种工作实施方案》要求，2021年，全市范围圆满完成了两轮0～6周岁儿童脊髓灰质炎、麻疹等国家免疫规划疫苗查漏补种活动。4月份，全市共摸底调查106702名儿童，建卡率100%。应补种儿童1634人，实补种1630人。无证1人，补证1人。11月份，全市共摸底调查108808名儿童，建卡率100%。应补种儿童363人，实补种363人。无证1人，补证1人。同时，按要求及时完成了受新冠肺炎疫情影响未及时接种的适龄儿童免疫规划疫苗补种工作，各种疫苗补种率均在95%以上。

【性病/艾滋病控制】 按照监管场所人员逢进必检的工作方案，对市戒毒所31人、监狱334人和市看守所567人进行HIV抗体初筛及梅毒血清抗体检测，其检测结果HIV抗体阳性1例，梅毒血清抗体阳性29例，丙肝血清抗体阳性1例。完成自愿咨询HIV检测500份，检测结果HIV抗体阴性，并进行网报和随访干预工作。根据国家哨点监测方案要求，制订固原市吸毒、长卡、性病门诊三个哨点监测方案，完成了三个哨点共1175人份问卷调查和采血工作，检测结果：吸毒哨点HIV血清抗体阴性，梅毒血清抗体阳性10例；丙肝血清抗体阳性17例；长卡哨点HIV血清抗体阴性，梅毒血清抗体阳性3例，丙肝血清抗体阳性2例；性病门诊哨点HIV血清抗体阴性，梅毒血清抗体阳性29例，丙肝血清抗体阳性3例。近几年，公安部门加大对吸毒贩毒的打击力度，美沙酮维持治疗服药人员因吸毒贩毒、犯罪判刑收监羁押，服药人员逐年减少，维持治疗。截至目前，门诊开诊时入组453人，退出425人，目前在治人数34人，平均每天服药8人次。截至2021年12月31日，固原共累计报告发现AIDS/HIV248例（HIV139例/AIDS109例），死亡42例，现存活206例，新发现HIV/AIDS26例（HIV15例/AIDS11例）男性22例、女性4例。全市符合治疗人数为206例，实际治疗192例，治疗覆盖率94.1%。继续加大对艾滋病、性病宣传教育工作。对宁夏固原监狱、市强制隔离戒毒所、市看守所的在押人员在原州区公安分局禁毒中心协助下对重点乡镇戒毒康复人员进行视频形式宣讲艾滋病、性病防治知识，发放性病、艾滋病宣传单2200余份，使他们了解性病、艾滋病传播途径、预防措施及危害性。2021年12月1日是第34个“世界艾滋病日”，固原市疾控制中心联合有关防艾成员部门，以“生命至上，终结艾滋，健康平等”为活动主题，宣传普及艾滋病防治知识。固原市疾病预防控制中心于2021年11月30日至12月2日利用多媒体微信平台开展艾滋病知识有奖问答，参与人员8000余人次，通过有奖问答抽奖活动，使广大群众了解和掌握艾滋病防治知识。

【麻风病防治】 进一步加强麻风病防治和疫情监测工作，积极推进《全国消除麻风病危害规划（2011—2020年）》有效实施。一是完善疫情监测系统，准确掌握疫情。根据自治区疾控中心关于麻风病病例自动搜索工作内容和方法安排，各县（区）对麻风病病人进行了全面搜索调查，全市管理现存活病人6人，（西吉县4人、原州区1人、彭阳县1人）。对接触者进行了全面的调查核实，家族及后代身体健康，无麻风病例发生。二是加强领导、明确目标，市、县（区）卫健部门领导对麻风病防治工作高度重视，始终贯彻预防为主的方针，坚持科学防治，巩固成果，加强麻风病防治工作的统一领导，加强部门合作，广泛动员群众参与，落实有效的综合防治措施。三是健全防治体系 落实各项职责，明确各级防治工作职责，加强县（区）麻风病疫情监测、病例发现、治疗管理、健康教育，县区级负责督导检查乡镇卫生院麻风病防治工作，落实病例发现、随访等具体防治措施，提高麻风病人早期发现和诊断的水平。四是加强麻风病健康教育力度，提高大众麻风病预防知识水平，促进大众出现可疑症状时能主动就诊及咨询。

【慢性非传染性疾病】

一是癫痫病防治工作。2021年按照自治区疾控中心方案要求，完成了全市癫痫病督导、数据收集、汇总和上报，2021年新增疑似患者460例，完成任务数的107.5%，诊断复核患者数349例，确诊患者数146例，累计确诊患者数为2222例，在管患者1263例，新增退组失访21例，新增死亡21例。

二是死因监测。2021年按照工作方案要求，完成半年对全市报告死亡病例登记审核，完成季度分析，全市共报告死亡病例9619例，报告粗死亡率为667.03/10万，完成了600/10万任务指标。完成了2021年固原市人均期望寿命测算，2021年固原市人均期望寿命77.03岁，重大慢性病过早死亡概率14.63%。

三是高血压、糖尿病、老年人管理。2021年，各县（区）加强了对高血压、糖尿病、老年人的管理工作，全市高血压患者健康管理任务数为70207例，管理高血压患者78638例，管理率为112.01%，规范管理高血压患者67948例，规范管理率为86.41%；全市糖尿病患者健康管理任务数为18003例，管理糖尿病患者19554例，管理率为108.62%，规范管理糖尿病患者16608例，规范管理率为84.93%；全市65岁以上老年人117961人，接受健康管理的老年人数89011人，老年人健康管理率75.46%，接受健康体检的老年人为102339人，老年人城乡社区规范健康管理服务率为75.46%。

【地方病】 碘缺乏病、饮水型地方性氟中毒、饮茶型地氟病防治监测。根据2021年地方病监测任务，制订相关实施方案，完成了季度督导，各县（区）按照方案要求开展日常监测，全年采集食用盐1500份，合格碘盐1402份，合格碘盐食用率93.47%，达到国家90%以上的要求；采集检测学生一次性随机尿样1000份，尿碘中位数为201.63ug/L，处于适宜水平；完成8~10岁儿童甲状腺容积检查300名，检出甲状腺肿1例，儿童甲状腺肿大率为0.33%，达到国家消除要求。

【鼠疫监测】 按照2021年鼠疫防治工作方案要求，两县（区）扎实开展了本年度监测工作，加强基础设施建设（两县新的鼠防点都投入运营），强化人员培训，狠抓各项防治措施落实，加强鼠疫防治工作常规监测，完善鼠疫防治信息系统管理的规范化，在以往工作的基础上进一步加强制度化管理，2021年在全体鼠疫防治工作人员的共同努力下，圆满完成了鼠疫监测任务，监测结果细菌学和血清学检验结果均为阴性。

【包虫病防治】 2021年按照自治区方案要求，制订实施方案，完成了现阶段包虫病数据收集、汇总和上报，2021年全市B超影像学筛查65807人，新发包虫病例22例，其中囊型20例，泡型2例，现患病人数为503例，药物治疗420例。目前，共调查登记流行村81516条家犬，开展药物驱虫犬只次数1014983次。

【布病防治】 2021年传染病报告信息管理系统显示，固原市布病病例数与往年相比呈明显上升，报告发病率89.80/10万；报告病例数1123例，与2020年发病率47.10/10万、报告病例数589例相比明显上升，增长42.70/10万，原州区报告346例，发病率为79.89/10万；西吉县报告512例，发病率为143.35/10万；隆德县报告61例，发病率为38.76/10万；泾源县报告131例，发病率为127.35/10万；彭阳县报告73例，发病率为36.51/10万。固原市2021年中转项目监测共计筛查高危人群5325人，定点医院筛查4119人，实验室阳性人数1800例，确诊新发病例1123例，对确诊病人及时进行网络报告。布病是一种人畜共患病，传染源为染疫牲畜，人与人之间不传染，预防和控制畜间传染是有效降低布病发病率的关键措施。固原市从传染源、传播途径，免疫屏障的建立均存在较大的风险，畜间疫情在一定范围内存在暴发流行的风险。

【肿瘤随访登记】 按照2021年自治区技术方案要求各县（区）均开展了肿瘤随访登记工作。一是开展随访登记工作。各县（区）开展了肿瘤随访登记工作培训，提高报告人员网报系统操作能力。截至目前，全市报告新发肿瘤病例数2097例，死亡1058例，随访病例数5636例。二是上消化道癌高危人群筛查。原州、隆德两个项目县（区）共筛查1212人，完成全年任务的75.76%，共筛查出早癌20例、晚癌2例，对确诊的癌症患者及时开展治疗和随访工作。

【健康体检】 根据《学校卫生工作条例》和《中小学健康体检管理办法》，一是对所辖学前班、幼儿园8745名新生进行了入园前的学生常见病健康体检，对市辖中小学入校15801名新生进行了健康体检，宁夏师范学院3001名学生进行健康体检，完成了健康评价工作。二是对辖区29324名驾驶员进行了健康体检，特种工体检145名。三是完成了三支一扶、幼儿教师及新入职工作人员共2388人健康体检工作。

【全市卫生监测工作】 截至12月底，全市共监测38家放射诊疗机构686名放射工作人员，其中固原市人民医院7人次个人剂量为大剂量，固原市中医医院1人次个人剂量为大剂量。积极开展固原市城区生活饮用水专项监测工作，共监测水样40份，合格40份，合格率100%。按照方案要求开展食品监测工作，全年监测任务为214份。截至12月31日，监测食品样品229份，其中，化学污染物及有害因素监测样品69份，检出农药残留的样品65份，检出率94.20%，无超标样品；微生物及其致病因子监测样品160份，检出阳性2份，检出率为1.25%。截至12月31日，上报食源性疾病病例信息共740例，采集便样标本247份。报告一起食源性疾病暴发事件，为西吉县吉强镇老虎沟董彦虎一家五口食用麻辣烫引起的食源性疾病。积极开展固原市饮用水水质卫生监测工作，截至12月31日，农村生活饮用水应监测水样406份，实监测406份，水质检测项目全部合格的362份，合格率为89.16%；单项或多项超标44份，被评为不合格水样。城市饮用水应监测水样162份，实监测162份，完成率为100%。水质检测项目全部合格的为154份，合格率为95.06%。截至12月31日，职业病与职业卫生信息监测系统显示，2021年固原市共报告农药中毒病例52例（生产性中毒1例，生活性中毒51例),死亡2例(原州区1例、彭阳县1例),病死率为3.85%;开展用人单位工作场所危害因素监测32家,其中危害因素超标20家;2021年全市开展职业健康检查的劳动者共4163人,其中31人接触的重点职业病危害因素仅为粉尘,4人接触的重点职业病危害因素仅为噪声,10人接触的重点职业病危害因素为噪声和一氧化碳,4118人接触的重点职业病危害因素为粉尘及噪声,存在职业禁忌证670人。

【健康危害监测】 按照国家《2021年公共场所健康危害因素监测方案》要求,选择原州区、泾源县、隆德县作为监测范围,对宾馆(酒店)、商场(超市)、理发店、候车室等8类重点公共场所开展健康危害因素监测。全市范围内监测三星级以上宾馆(含三星级)、三星级以下宾馆、快捷酒店各18家,商场(超市)8家,理发店8家,美容店4家,游泳馆3家,沐浴场所5家,健身房2家,候车室2家。截至12月31日,监测工作已完成,数据已录入公共场所健康危害因素监测平台,目前正在国家审核中。监测结果显示:其中万和水世界有一处游泳池水菌落总数超标;泾源汽车站有一处室内空气菌落总数超标;美诺护肤会所氨含量超标。联合市卫生监督所开展了2021年度学校卫生"双随机"工作,监测学校照明符合率较低。截至12月31日,各县(区)均完成监测工作,监测数据和结果已提交至中国疾控中心。2021年上学期(即系统中2020—2021学年下学期)固原市辖区共报告344所中小学校,视力健康电子档案系统建档率达到95%;2021年下学期(即系统中2021—2022学年上学期)固原市辖区共报告344所中小学校,视力健康电子档案系统建档率达到100%。制订《2021年固原市医疗机构消毒质量监测方案》,截至12月31日,已完成监测任务3家,监测频次精神康复医院和中医医院各1次,妇幼保健院两次,监测样品共341份,妇幼保健院合格率98.73%,精神康复医院合格率94.74%,中医医院合格率98.57%。

【检验检测】 2021年,共计完成各类检验检测47972份。其中,完成新冠病毒核酸检测72653份。学前班学生、幼儿园幼儿和教师资格人员以及特种工人员总共28507人做了肝功能和血常规化验,其中肝功化验异常者59人;高危人群艾滋病初筛2568份,艾滋病确证25份阳性,CD4淋巴计数185份;院感样检测268份;水质检测95份;食品风险检测175份。麻疹风疹核酸、血清学检测7份,麻疹风疹均为阴性;禽流感核酸检测188份,手足口核酸检测99份;流感核酸检测928份。完成了盐、尿、水碘、水铜、水砷、水氟、茶氟、盐碘、尿碘和水碘等考核样测定工作。通过国家级流感盲样考核,参加并通过了自治区临检中心新冠核酸盲样考核。完成了全年五县区枯水期和丰水期的水质检测任务(568份水、检测项目15~30项不等);完成全年食品风险监测工作(69份新鲜蔬菜,检测项目38项);完成了全年城市水质专项检测任务(40份水,检测项目40项)。

【健康教育与健康促进】 将健康教育与健康促进工作常抓不懈,制订了年度工作计划,大力宣传疾病防控知识。受新冠肺炎疫情影响,2021年宣传以线上与线下相结合的宣传为主。一是充分利用3.24、4.25、5.31、6.26、7.28.12.1等各种专题宣传日开展疾病预防控制知识宣传教育。二是积极利用新媒体开展健康教育工作,固原疾控微信公众号向广大网民发送疾病预防控制知识200余篇。三是在《固原日报》上设立了疾病控制专栏,定期刊登疾病预防控制相关知识。四是通过联通公司短信服务平台,向社会公众发放宣传短信10万条。通过广泛的宣传活动,有力地促进了疾病预防控制工作的社会影响力和群众的认知程度。五是联合彭阳县卫健委,抽调专业理论知识扎实的专业人员组成巡讲团,分别深入王洼煤业有限公司及彭阳县职业中学、三中、茹河街社区、住房和城乡建设局、城阳乡长城村、城阳村,开展以"卫生科普城乡行、健康知识进基层"为主题的健康知识进厂矿、进学校、进机关、进农村、进社区巡讲活动,共有740余人参加了讲座活动。通过本次巡讲活动,使广大师生、干部职工和群众充分认识到健康生活方式的重要性,引导他们养成适当锻炼、均衡膳食、保持健康心态等健康生活方式,提高群众对健康知识知晓率,让疾病远离自己,让健康伴随左右。六是完成了全市居民健康素养水平监测工作,2021年,固原市居民健康素养水平为20.07%。

医疗卫生监督

【概况】 2021年,固原市卫生监督所认真贯彻落实区、市卫生健康工作会议精神,扎实开展医疗废物和医疗污水督查、新冠肺炎疫情防控督查、打击非法行医专项性等医疗卫生监督执法工作。

【医疗废物和医疗污水专项监督督查】 根据自治区生态环境保护领导小组办公室《关于医疗废弃物专项整治有关问题整改工作的督办函》《关于印发宁夏回族自治区医疗卫生机构医疗废物、医疗污水专项整治工作方案》(宁生态环保办〔2021〕4号),市卫生健康委《关于做好自治区党委第三生态环境保护督察组反馈问题整改的通知》《全市医疗卫生机构医疗废弃物和医疗污水专项整治实施方案》《关于对疫情防控、医疗废物专项整治及2021年卫生监督重点工作进行督查的通知》等文件要求，先后组织监督执法人员坚持问题导向，查漏补缺，对全市129家公立医疗机构、民营医院、个体诊所医疗废物暂存间设置、医疗废物收集、运送处置及在线监控监测情况，医疗污水处理系统安装运行以及污水在线监控监测等内容进行5轮次专项督查，并及时对整改落实情况进行“回头看”督察，对整改不到位的17家单位进行了通报，落实整改问题303条。

【新冠疫情防控专项督查】 组织监督执法人员对全市各级各类医疗卫生机构、集中隔离医学观察点重点场所设置管理、院感防控等持续开展行业督查。10月份，宁夏疫情发生后，在人员紧张的情况下又抽调4名监督执法人员配合纪检委四个督查组，对全市重点人员管控、重点场所管理、风险防范、应急处置、疫苗接种情况等方面进行全面督查。共督查58家医疗机构、17家集中隔离观察点，发现问题215条，落实院感防控应急机制、重点场所布局、应急储备能力等整改措施15条，上报督查工作专报13篇，对执行疫情防控措施不力的2家乡镇卫生院、4家民营医院、18家个体诊所予以关停整顿。

【打击非法行医专项行动】 按照区、市安排部署，组织县（区）卫生监督机构以民营医院、门诊部及个体诊所、零售药店、生活美容场所、农贸市场、集市等黑诊所为重点，与公安机关、药监部门、市场监管部门建立衔接机制并召开联席会议，联合检查、联合办案，查处无证行医案件20起，罚款19.75万元，没收违法所得4.57万元，查处医疗机构使用非卫人员、超范围开展诊疗活动案件16起，罚款5.35万元。

妇幼保健

【概况】 2021年门诊就诊105831人次，出院患者6063人次，医疗服务收入占比42.97%，药占比12.68%，百元耗材10.05元，医疗费用增幅5.12%，检查化验占比38.32%，门诊次均费用260.27元，住院次均费用2984.13元，床位使用率67.82%。健康扶贫一站式结算补助救助97人，财政兜底53人，财政兜底补助金额41676.61元，民政救助44人，民政救助资金23291.96元；医疗大病保险财政补助19人，补助金额16439.07元。

【疫情防控】 全力以赴配合做好常态化疫情防控工作，常年派驻银川疫情点、固原高速出口专职疫情防控人员3人，选派5名一线医护人员赴银抗疫，并圆满完成支援任务；抽调8名专业技术人员，负责援银抗疫返回医务人员、公安干警休养观察点管理服务工作，圆满完成医学观察、生活照料服务。严格落实院感防控，制订多部门联合巡查方案，对防控基础设施、基本流程逐一进行梳理排查，对发现的问题和风险点建立整改台账，明确整改责任科室、责任人和整改时限，进行逐一销号管理。按照《发热门诊设置管理规范》要求，对发热门诊进行改造，重新设置布局流程、规范设置区域，各辅助用房（如挂号、收费、药房等）配备齐全，于11月8日正式投入使用。做好新冠疫苗接种及核酸检测工作，2021年共完成疫苗接种人次15300人份，核酸检测46081人次，承接康泰医院、康济医院、六盘山医院、舒康口腔医院送样检测工作。加强医院感染培训，开展新型冠状病毒感染的预防与控制知识培训23次，培训人次达到500余人，新型冠状病毒的传播途径、防控措施、隔离措施、防护原则、防护用品、手卫生等基础知识知晓率实现全覆盖，医务人员整体应急防控水平明显提高。

【妇幼健康监测】 2021年，全市辖区管理产妇数12594人，活产12593人，早孕检测率、产后访视率、新生儿访视率均在95%以上，孕产妇死亡1例；新生儿死亡37例，死亡率2.92‰；婴儿死亡55例，死亡率4.34‰；5岁以下儿童死亡87例，死亡率6.87‰。0~6岁儿童数99574人，0~6岁儿童数管理人数95006人，儿童健康管理率95.41%，0~6岁儿童视力检查人数94527人，视力筛查覆盖率为94.93%。免费婚前医学检查人数13531名，婚检率为94.46%；增补叶酸预防神经管缺陷项目叶酸新增应服用17575人，叶酸服用17551人，服用率99.86%；贫困地区儿童营养改善项目营养包应服用人数30981人，实际服用30180人，服用率97.41%；孕前优生检查人数10202对；接受艾滋病、梅毒、乙肝检测产妇数12638人，产妇咨询检测率99.99%。其中，孕期检测率96.50%，孕早期检测率59.89%，婚检发现HIV阳性患者5例，HIV感染产妇2例，所娩儿童2例（1例转泾源县随访管理，1例转隆德县随访管理）；梅毒感染产妇38例；乙肝感染产妇439例，乙肝感染产妇所生新生儿441例，免费注射乙肝免疫球蛋白440例，注射率99.77%。接受孕期三项检测孕妇11600人，检出艾滋病感染孕妇2例，梅毒感染孕妇26人，乙肝感染孕妇358人。免费产前筛查6586例，筛查出高风险人数838例，向上级医疗机构转诊进行产前诊断493人，其中接受产前诊断确诊人数为6人，6例患病胎儿进行了终止妊娠。新生儿先天性遗传代谢性疾病免费筛查12582人，新生儿遗传代谢性疾病确诊阳性患儿24例，其中，苯丙酮尿症患儿4例、先天性甲状腺功能低下症患儿7例、葡萄糖－6－磷酸脱氢酶缺乏症4例，其他遗传代谢性疾病9例。先天性听力障碍免费筛查12577人，新生儿听力障碍确诊15例，耳聋基因筛查3024人，其中发现44例患病，均转诊至上级医院进行治疗与遗传咨询。农村适龄妇女两癌检查中完成宫颈癌检查42341人，HPV检测阳性人数37125人，共查出生殖道感染总人数10983人，高级别病变169人，确诊癌症患者25人（其中，原位腺癌14人，浸润癌9人，其他恶性肿瘤2人）；完成乳腺癌检查42508人，乳腺钼靶X线检查680人，乳腺癌确诊17例（其中，导管内乳头状癌1例，浸润癌13例，其他恶性肿瘤3例）。

【学科建设】 立足市情院情，突出薄弱专科建设，成立新生儿危重症救治转运中心，购置新生儿危重症救治转运车及相关设备，从基层机构转运危重患儿200余例，并得到有效及时治疗，解决了偏远地区危重患儿及时转运和救治难的问题，极大减轻了群众就医负担。开展了新生儿脐静脉置管技术、有创血压检测、CRRT连续性肾脏替代疗法、新生儿AEEG及亚低温治疗重度窒息等新技术、新业务。新生儿全肠外静脉营养、腰椎穿刺技术、有创（无创）通气技术、肺表面活性物质应用、新生儿换血等技术日臻成熟。早产儿和极低出生体重儿的救治水平不断提升，850克体重极低体重儿、26周的超早产儿成功救治，新生儿科危急重症救治中心能力有效提升。

【医政医管】 严格落实“三合理”专项整治行动。制订下发《固原市妇幼保健院关于2021年度“合理检查、合理用药、合理治疗”专项整治行动方案》（固妇幼发21号），明确专项行动实施目的、各时间段工作任务及责任科室。组织100余名医护人员开展了“合理检查、合理用药、合理治疗”专项整治行动动员培训会。抽取门诊病历200份、处方400份、住院病历50份，对“三合理”进行专项督查，梳理归纳出问题5项（其中，检查1项、用药3项、治疗1项），限期整改落实。将“三合理”专项整治行动纳入月度医疗质量目标责任考核中，开展经常性督导检查，有效推动了专项整治工作落实。

【“医疗医生双提”活动】 结合医院实际，制订下发《固原市妇幼保健院医生水平双提计划实施方案》（固妇幼发〔2021〕44号），明确了工作目标、主要任务、实施时间节点及责任科室。制订年度培训计划，确定培训课题和授课师资，将医疗质量核心制度纳入专题培训计划，全年共组织开展各类院内学习班、培训班23期。组织院外业务培训学习，全年参加区内各种培训学习班71人次，完成医生“三基”理论全员考核工作。

【药品质量管理】 建立供货商信息档案，索要三证，签订供货质量保证协议书；对药品效期实行动态管理，以先进先出为原则，近效期药品及时报告并通知临床科室，从而保证临床用药安全，减少医院损失。成立了医院药品质量监控小组，质控小组成员严格执行近效期药品管理制度，每月不定期对工作流程及各岗位的工作质量进行抽查，并督促科室工作人员认真执行各项管理制度。严格执行《处方管理办法》，定期开展处方点评，对不合格处方在全院通报，及时督促处方医师限期整改，处方书写合格率达到95%。药品采购平台建设的完成，实现了医疗机构实时将采购订单、配送、入库数据同步至采购平台，与宁夏药品采购平台互联互通共享，做到管理同步、数据一致。

【医保审核报销审查】 定期不定期开展病历、住院诊疗费用、收费标准督导检查，切实规范医保基金使用。扎实落实医保DIP分值付费的编码贯标及医保两定系统改造工作，完成15项国家医保信息业务编码映射工作并通过国家医保局的验收。实行首诊医生、接诊科室、结算窗口三级责任管理制度，严把证件审核、诊疗审核、药品审核、发票审核和现金支付“五个环节”，严格执行先住院后付费诊疗服务，2021年，实施“先住院，后付费”4420人，免押金884万元。

文化建设。以文化建设为抓手，整合医院产科住院部、产科门诊，妇科住院部、妇科门诊等科室优质技术资源，实行产、妇、儿等科室一体化管理，提升医护人员凝聚力，教育引导医护人员建立和谐的医患关系，构建家庭化的服务理念。开展岗位标兵、医德医风标兵、党员示范岗、技能竞赛等评选活动，激发医护人员工作动力和服务热情。投资近20万元，新建活动室、瑜伽室、乒乓球室、篮球场等职工休闲活动场所，极大地丰富了职工业余生活，有效缓解了工作压力，提升了工作动力。投资20余万元，为部分病房购置电视、微波炉、电脑、冰箱等设施设备，为住院患者提供家庭化的温馨服务，群众就医体验全面提升，医患关系得到健康发展，满意度持续提高。2021年11月，自治区文明单位通过固原市复检。

中医发展

【概况】 固原中医医院占地100亩，建筑总面积44278平方米。医院编制床位400张，现有在岗职工、返聘外聘老专家、后勤保障等服务人员等406人，其中，卫生专业技术人员343人，正高职称8名，副高职称52名，中级职称45名，“六盘名医”9人。配备64排128层螺旋CT和1.5T、0.4T磁共振、彩色多普勒超声诊断仪、血管机等先进医疗诊断设备，配置经络分析仪、经颅磁治疗仪等先进中医药诊疗康复设备。

【中医防疫】 全年先后召开疫情防控工作会议15次，组织开展新冠肺炎疫情应急防控演练3次，穿脱防护服培训1240人次，接诊发热病人47人次，转往定点医院20人，留观治疗2人，无漏诊漏转情况。核酸检测患者12445人次，陪护5761人次，愿检尽检15955人次，职工3804人次；参加新冠疫情防控相关任务累计近300人次，为医学隔离观察点、交通查验点提供中药预防汤剂5000余服。

【医疗服务水平提升】 一是以医疗医生双提计划为抓手，医疗服务水平稳步提升。严格执行医疗18项核心制度与技术操作规范，制定病历质量考评与持续改进实施办法，每月开展病历质量讨论、点评，病历质量得到稳步提升，病历书写考核合格率≥95%，病历甲级合格率100%，无丙级病历。二是深入推进“三合理”专项整治行动，加强重点科室、区域、环节的质量安全管理，以病历点评、处方点评和行政查房等为切入点，对违法违规行为进行严肃查处，共开展公开病历点评6次，累计检查病历150余份，查处违反“三合理”项目30人次，合理用药、合理检查、合理治疗水平得到有效提升。三是加强药品监管，根据医保目录重新遴选医院药品目录，加大对国家限制药物使用监管与重点监控，每月进行处方点评，门诊处方合格率97.8%，住院病历合格率92%，基本药物使用率39.66%，比去年同期上升0.8%；药占比25.45%，比去年同期下降1.6%。四是大力推行临床路径管理依靠临床路径管理系统实施单病种质量控制，加强对临床路径实施过程中各项指标的考核管理，开展临床路径病种40种，临床路径管理3161例，占出院总人数39%。五是深化优质护理服务，以护理核心制度落实为中心，护理质量考核标准为依据，二级质控方式为抓手，实行每月一次的护理质量质控考核，通过开展护理创新培训、健康教育，管控不良事件，为患者提供规范、安全、舒心的护理服务，医院优质护理覆盖率达100%，护士“三基三严”及心肺复苏理论和技能考核合格率100%。

【中医药学科建设】 一是在与北京望京医院、韦以宗教授“中医整脊学”团队合作交流平台基础上继续深化，新院搬迁后，成立了“皇甫谧脊柱健康”康复中心，中医康复能力凸显，全年服务群众10000余人次，韦以宗教授团队指导培训60余人次。二是肛肠科成为“宁夏中医肛肠专科联盟核心成员单位”，肛肠病诊疗能力得到进一步提升，肛肠病全年诊疗2400余人次，开展肛肠病手术200余台。三是积极与上级医院加强交流合作、协同创新，医院专科建设蓬勃发展，与宁夏医科大总院总院、自治区人民医院、银川中医医院建立了心血管、内分泌、神经内科专业合作关系，为医院高质量发展增加新动力，党毓起教授团队共指导帮扶医院6次，服务群众患者群众200余人次。

固原市中医院搬迁后全景图

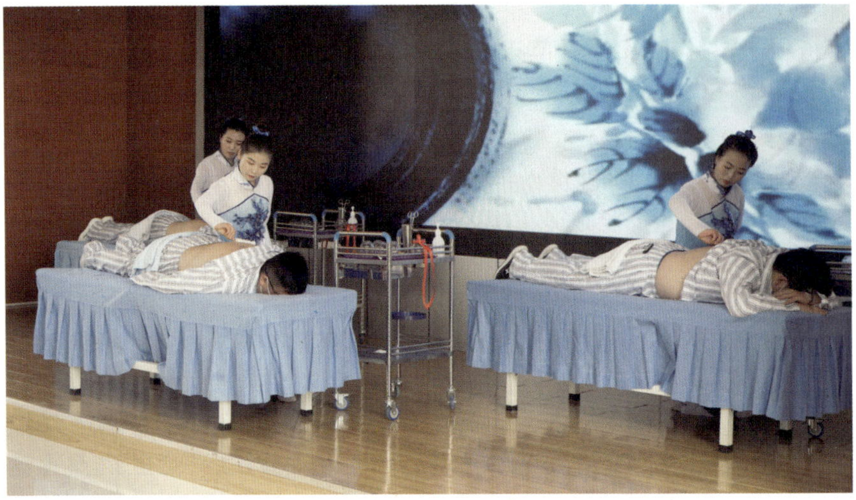

展示中医技术

【中医药人才培养与传承】 突出人才培养，完善中医药人才培养模式，注重青年人才培养，2021年累计引进护理、中医、临床及检验人才32人，为医院发展注入新活力。突出技能提升，通过进修学习、学术交流、技术指导等方式，培养技术水平过硬的专业技术人员，派遣31名人员赴上级医院进修学习，开展继续教育项目25项，累计培训2640人次。加强中医传承发展。通过名医工作室带动科室发展，建设“名医工作室”11个，通过“传、帮、带”培养学科带头人与骨干人才共计15人，8名业务骨干拜师名医，推动针灸推拿、脑病科、心内科、骨伤科等专科发展。

【中医服务群众】 一是把好健康管理“预防关”。以健康体检为支撑，开展中医体质辨识、中医健康监测、咨询评估、健康管理为一体的中医特色健康服务，全年健康体检12547人次。二是练好特色医疗“基本功”。积极推广中医特色适宜技术，共开展督灸、穴位敷贴、三伏贴等适宜技术共10项，应用中医适宜技术为患者提供服务16234人次。

【智慧医疗服务】 一是以信息化建设为载体，有效解决就医便捷。预约挂号率37.53%，叫号系统全覆盖，微信、银行卡、自助设备等缴费方式与床头支付、诊间支付等便捷缴费功能全面实现，完善线上线下挂号缴费体系，增设门诊住院支付平台，完成医生护士站“多屏合一”建设，为群众提供便捷的就医服务。二是以医院搬迁为抓手，有效延伸医疗服务。8月份完成医院搬迁工作，建筑面积增大，解决了近年来逐渐加剧的科室病床紧张问题，提高了医院对患者的容纳能力满足了更多患者的诊疗需求，优化了就医环境。三是多措并举，有效缓解群众看病就医难问题。开设节假日门诊，缓解“上班族”看病难等问题。制定床位优化管理制度，提升床位管理能力和利用效率，彰显医院公益性和“患者为中心”的服务宗旨。

【欺诈骗保专项整治行动】 2021年共开展专项推进会3次，严厉打击欺诈骗保行为，整治医疗乱象，规范我院诊疗服务和收费行为，确保医保基金安全、高效、合理地使用；加强工程建设和政府采购领域专项整治，对2017年1月1日至今的政府采购项目进行拉网式排查，对排查的5方面问题进行整改，并进一步健全完善采购管理体系、设备论证、审批及监督机制，切实加强政府采购、医药购销领域整治管理；积极开展医疗废物和医疗废水专项整治，按照要求完成医疗废物暂存点改造，于2021年8月份完成医疗废物、医疗污水在线监测系统安装工作，全面实现在线监测，对医疗废物、污水的收集、储存、运送、处置等全过程进行监测，切实提高了医院医疗废物、废水管理水平。

【健康扶贫工作】 2021年进一步完善、细化、规范“先住院后付费”和“先诊疗后付费”诊疗服务流程，2021年办理医保先住院免收住院后付费10861人次，免收住院押金4420.77万元；做好对口帮扶、支援工作。全年组织帮扶责任人入户120人次，宣讲扶贫政策，梳理发展思路，并赴帮扶村、开展义诊与免费健康体检、送药活动2次。派遣12名医护人员完成“千名医师下基层”对口支援工作；做好医疗应急与保障工作。执行医疗保障任务40余次，出动车辆20余次，积极支持公共卫生突发事件应急救援和政府性医疗保障工作任务。

精神卫生康复

【概况】 固原市精神康复医院(固原市精神卫生中心)，位于原州区北京路东端西南侧，占地面积32.46亩，建筑面积12112平方米，设置床位200张。现有职工135人，其中正式职工31名，聘用职工104名。医院内设34个科室，分别为行政科室7个，具体为党政办公室、行政办公室、护理部、医教科、信息科、财务科、医改办；功能科室18个，具体为公共卫生科、质控科、健康教育科、院感防控科、检验科、医保科、药械科、心电、B超室、心理治疗室、音乐治疗室、经颅磁刺激治疗室、脑生理治疗室、心理CT室、眼动检测室、脑功能检查室、无抽搐电休克治疗室、森田治疗室、病案室;一线专科诊疗科室9个,其中,专科门诊3个、临床科室4个(重症男、女病区、开放病区、老年代养病区)、康复科1个、中西医结合医学睡眠科1个。承担国家“严重精神障碍管理治疗项目”“宁夏残疾人彩票公益金重性精神疾病患者救助项目”及沪宁精神卫生合作项目的诊断复核、免费发药、应急处置、解锁救治及社区精防医生培训工作。为固原市四县一区及周边地区精神疾病防治提供技术保障,做到精神疾病早发现、早诊断、早治疗,有效降低精神疾病患者肇事肇祸等危险行为的发生。中国医师协会精神科医师分会曾授予医院“杰出精神科医师星火燎原奖”。

【诊疗收支】 2021年医院实现总收入医院医疗总收入为:1736.22万元;其中事业收入1067.85万元,(事业收入中药品收入525.24万元);财政补助收入613.87万元;非财政补助收入39万;其他收入15.5万元。医疗总支出为:2012.02元,其中,业务活动费用1803.78万元;(其中,药品支出为531.52万元;工资福利支994.17万元;商品和服务支出为104.76万元;固定资产折旧费162.07万元;无形资产累计摊销10.2万元,计提专用基金1.06万元);管理费用208.24万元,(其中,工资福利费用163.18万元,商品和服务支出为45.06万元)。

【业务开展】 全院门诊就诊人次为12718;门诊总收入4152984.64元,次均费用326.54元;住院人次为504,平均住院日为73.54,次均费用为13833.99,药占比为49.6%。

【基础护理】 基础护理合格率达94%;入院时完成风险评估率90%;护理文书合格率92%;“三基”专业知识合格率达74.5%(80分合格);技能操作合格率达78%(90分合格);急救物品完好率达100%;一人一针一管一用灭菌合格率达100%;常规器械消毒灭菌合格率100%;一次性注射器、输液(血)器用后毁形率达100%;外走病人次数为零;严重差错事故为零。

【药品采购管理】 共有药品130种,其中国家基本药品87种,占药品总数64.8%;医保不报销药品4种,占药品总数3.3%;国家集中采购药品15种,二类精神药品10种,抗菌药品6种,抗真菌药品1种。药品总药费5439648.69元,国家基药费用3273315.9元,占60.18%;4+7带量采购药品费用585026.62元,占10.75%;二类精神药品费用209775.6,占3.86%;医保不报销药品费用6855.25元,占0.13%。4+7集中采购药品中,有9种药品现阶段未完成签约量,其中奥美拉唑和右佐匹克隆片由于厂家原因不能供货,导致任务未完成;其他5种药品完成率均在70%左右。抗菌药品DDDS为1.45%,相比于去年的2.2%,下降了34.09%。

【院感质控】 建立健全医院感染暴发应急预案,定期进行院内感染病例监测,对院感诱发因素有效干预。全院共监测25份,合格19份,合格率76%。院内感染率为5.7%,感染病例标本送检率为5.7%;住院患者抗菌素使用总计47人,使用率为3.8%,符合规范要求。感染患者标本送检5人,送检率10.6%,未达到细菌培养送检率应≥80%。全院共产生医疗垃圾255.67千克,其中感染性废物205.47千克、损伤性废物50.2千克。全院人员对院感知识知晓率有了明显提高,手卫生正确率达到92%,已接近预期目标(100%),依存性78%。

【新冠肺炎防控】 认真贯彻执行外防输入、内防反弹、人物同防的原则,建立起全院感防控组织机构,压实感控工作责任,确保疫情防控各项工作落到实处。一是成立了由主要领导和科室负责人为主要领导及委员的院感委会,专门负责制定本单位院感防控的相关制定,定期对全院感控工作进行督导检查,发现问题及时解决,确保了医院疫情防控及感控工作的顺利开展。二是加强业务培训,强化感控专业人员及全员疫情防控及院感知识,今年共组织全体医务人员和后勤人员参加各类线上培训十余场,同时对医护人员分批分次进行疫情防控相关知识培训,组织展人员开展穿脱防护服、心肺复苏等业务技能竞赛,利用微信、短信息等形式向全体职工防控知识信息。三是组织全体职工进行新冠疫苗接种和定期开展核酸检测工作,到目前为止,除禁忌证外第一二剂次接种率达到百分之百,第三剂次接种正在有序进行。同时对重点科室工作人员进行每周两次核酸检测,其他工作人员每周一次核酸检测。四是加强硬件设施建设,在医院资金十分紧缺的情况下,筹集资金对医院的污水处理、医用垃圾管理、医患出入院通道、预检分诊体温监测及人员信息采集等基础设施进行建设、改造,保证了疫情防控及院感工作规范有序开展。五是组织全员参与的新冠肺炎疫情防控应急演练,使每个职工熟悉疫情防控工作各项流程和规范,为今后疫情防控工作打下坚实基础。

【医院改革】 以控制医药费用增长、减轻群众负担为目标,严格按照全市公立医院医疗费用指标控制要求,加强管理措施。使医院检查化验占比、耗材占比医疗收入占比、人员支出率、取消药品耗材加成补偿率达到指标要求,但是还有多项超出指标，截至2021年10月底，药占比49.19%，门诊次均费用326.65元，住院次均费用10734.22，与2020全年12875.6相比降低16.6%，管理费用率10.37%，接近10%，百元医疗收入成本144.22元，比2020年205元降低29.75%，仍高于105元。取消药品耗材加成，完善补偿机制，贯彻执行“4+7带量采购”。通过二次调整医疗服务价格补偿药品差价的60%，财政定向补贴的30%能够及时补偿到位，剩下的10%通过加强医院内部核算以及节约运行成本等方式进行补偿，医疗服务价格调整以来运行良好，补偿到位率100%。参与“4+7”带量采购的药品种类达15种，目前完成任务指标的任务80%。

【项目实施】 严重精神障碍患者管理治疗等。截至2021年10月30日，全市累计建档人数6085人，在册患者5326人，报告患病率4.26‰。在管患者5102人，在册患者的管理率95.79%，规范管理率92.13%，面访率88.75%，体检率61.36%，服药率83.16%，规律服药率69.58%，精神分裂症服药率86.45%，精神分裂症规范服药率72.71%，应急处置完成48例。免费发药4000人次（686项目发药2800余人次，残联发药1200余人次），免费复诊3000余人次，新发现病例筛查2000余人，确诊患者148人，派出专业人员一百多人次，车辆40余辆次。

【医保管理】 全院普通门诊结算共655人次，费用总额162127.69元，个人账户支付151373.26元；职工门诊大病368人次，费用总额257586.47元，基本统筹150074.01元，个人账户支付69366.96元，补助14701.19元；职工普通住院17人次，费用总额168539.79元，基本统筹112977.52元，补助10153.02元；居民门诊大病2618人次，总费用1801196.77元，基本统筹818567.95元；居民普通住院410人次，总费用4615164.24元，基本统筹2899523.06元，补助166283.98元；（扶贫保一站式结算20人次，医疗费用总金额526560.76元，扶贫保基金支付金额60911.4元；宁夏健康扶贫医疗救助结算1606人次，医疗费用总额4402963.15元；（其中财政兜底83644.13元，医疗民政救助基金774088.02元），城乡居民大病保险结算37人次，医疗费用总额954963.95元，大病保险金额83617.71元；转诊转院、转区外住院病人9人次；窗口办理门诊大病222人次，跨省异地就医医保结算1人，总费用7901.74元，医保统筹3911.19元。

社会生活

劳动就业

【概况】 2021年，全市就业创业工作以实施城乡居民收入提升行动、百万移民致富提升行动就业帮扶为抓手，扎实推进惠民惠企就业政策落实落地，确保城镇重点群体、农村劳动力就业增收，创业带动就业增效，全市通过公益性岗位安置、单位吸纳就业、灵活就业等形式，累计实现城镇新增就业9057人（失业人员再就业4043人，就业困难人员就业1382人），完成市任务8300人的109%，就业人数与去年同期基本持平；城镇调查失业率年平均值为5.61%，控制在自治区的目标内，就业局势保持总体稳定，好于预期。

【创业带动就业】 2021年，全市发放创业担保贷款2.2亿元，培育创业实体1566户，创业带动就业8614人，23家创业孵化示范基地带动就业1万多人。

【职业技能培训】 2021年，实施职业技能提升行动，开展家政服务、电工、电焊工、手工编织、中式烹饪、机械操作等职业技能培训33142人，职业技能鉴定取证15062人，兑付各类培训补贴4604.25万元，培训后实现就业22895人，培训就业率达72%。

【农村劳动力转移就业】 2021年，坚持政府引导、企业搭台，市场化运作模式，全市通过“点对点”组织输送、群众自发、劳务中介组织和经纪人带动等，农村劳动力转移就业33.65万人（脱贫人口8.64万人），实现转移就业收入73.36亿元，人均年均收入达到2.18万元，农村居民人均可支配收入中转移就业收入占比达40%以上。

【城镇居民收入增速明显】 2021年，固原市城镇居民人均可支配收入32546.4元，与2020年相比增加2494.3元，增长8.3%，增速居宁夏五市第一。比全区平均增速（7.2%）高1.1个百分点，比最低的中卫市（6.7%）高1.6个百分点。绝对收入水平比全区平均水平（38290.7元）低5744.3元，比最高的银川市（42412.0元）低9865.6元，为五市第四。从四项收入构成看，人均工资性收入26657.0元，同比增长6.6%；人均经营净收入3280.9元，同比增长27.3%；人均财产净收入1096.3元，同比增长3.8%；人均转移净收入1512.1元，同比增长7.4%。

人才服务与管理

【概况】 2021年，坚持人才优先战略，坚持抓改革、抓培养、抓激励、抓服务，不断提升人才工作水平。全市各类人才109815名，人才资源占人力资源总量比例为12.65%。其中，党政人才7082名，占6.4%；专业技术人才27464名，占25%；企业经营管理人才3589名，占3.3%；高技能人才1641名，占1.5%；农村实用人才68813名，占62.7%；社会工作人才1226名，占1.1%。

【职称评审制度改革】 2021年，认真落实全区新修订评审条件和新制定的《操作规程》，组织市级群文图资文博、农业、水利、林草、新闻、工程、卫生和中小教等8个系列职称评审委员会开展职称评审，在职称评审中规范工作程序，严格评审条件，严肃评审纪律，市级共评审通过高级288人、中级854人、初级115人。

【岗位聘用制度管理】 2021年，全市事业单位专业技术人员的职称实行按岗聘用，高级中学专业技术高级、中级、初级岗位设置比例为2.5∶5∶2.5（其中全区示范性高中为3∶5∶2），初级中学（含特殊教育学校）专业技术高级、中级、初级岗位设置比例为1.5∶5∶3.5，小学幼儿园专业技术高级、中级、初级岗位设置比例为1∶5∶4；市级其他事业单位专业技术高级、中级、初级岗位设置比例为1.5∶3.5∶5；乡镇卫生院专业技术高级、中级、初级岗位设置比例为1.5∶5∶3.5；县级其他事业单位专业技术高级、中级、初级岗位设置比例为1∶4.5∶4.5。

【工资制度改革】 2021年，固原市完善事业单位岗位绩效工资制度，健全绩效工资考核分配办法，核定绩效工资总量；落实中小学绩效工资有关政策，核定校长津贴、班主任津贴；深化公立医院薪酬制度改革，实行绩效工资分配向一线医务人员倾斜。

【服务乡村振兴】 2021年，制定出台《关于进一步支持和鼓励事业单位专业技术人员创新创业的通知》，支持和鼓励人才到乡村创新创业；通过设立专岗或单列名额等方式，招考（募）农村教师特岗计划50名、“三支一扶”计划830名、志愿服务西部计划155名，公开招聘乡镇事业单位工作人员125名；围绕固原“5+4”产业发展、乡村振兴和移民致富提升行动，开展纺织工培训279人、种养殖培训3589人、特色农业培训750人、生态移民培训2890人、快递员等新业态培训650人；开展基层专技人员“定向评价、定向使用”职称评审，共评审“双定向”高级职称342名，中级职称144名，初级职称45名，畅通基层专技人员职称晋升渠道； 跟进落实评选评奖和创建示范活动专项整治工作，推荐自治区人社厅事业单位脱贫攻坚专项奖励记大功集体1个、个人2名。全市事业单位脱贫攻坚专项奖励记功集体7个、个人31名。

【人才选拔培养】 2021年，全市公开招聘事业单位工作人员333名，市直事业单位招聘硕士研究生学历人员12人；获得自治区政府特殊津贴人选2名、获得自治区青年拔尖人才人选4名、“西部之光”访问学者人选3名，并做好相关的考察考核。

【职称电子证书推行】 2021年，加快推进“互联网+人社”，积极开展专业技术人员高级职称证书电子换证工作，全市高级职称证书电子换证共6189本。不断提高专技人员职称证书管理工作质量和效率，为广大专技人员提供更加便利优质的服务。

社会保险事业管理

【概况】 2021年，社会保险工作紧紧围绕以人民为中心的发展思想，深化窗口行风建设，增强信息化支撑，推动全市社会保险事业高质量发展。固原市打造社保“四心”服务品牌典型经验被中共中央党校列入《党的基层建设与思想政治工作成果汇编》，固原市社保行风建设先进经验被人社部列入《行风建设永远在路上》，固原市自助开通异地就医直接结算服务典型经验列入全国医保经办服务“学党史、办实事”典型案例，在全国推广交流。社会保险“适老化”服务先进经验、社会保险改革惠民生先进经验、社会保险基金监管先进经验和典型做法等在全区推广交流。

【保险基金收支】 2021年，全市企业职工养老保险基金收入7.8亿元，支出11.4亿元（自治区统收统支）；机关事业养老保险基金收入10.8亿元，支出11.9亿元，累计结余1.6亿元；城乡居民基本养老保险基金收入4.9亿元，支出3.3亿元，累计结余11.8亿元；职工医疗保险基金收入7亿元，支出4.9亿元，累计结余13.83亿元；城乡居民基本医疗保险基金收入11.92亿元，支出11.43亿元，累计结余8.59亿元。

【扩大群众参保】 2021年，固原市社会保险事业管理中心全面推进全民参保计划，全市城乡居民基本养老保险、基本医疗保险参保人数分别达到68.54万人、118.81万人，参保率分别达到96.5%和98.5%；全市企业职工基本养老保险、机关事业单位养老保险、城镇职工基本医疗保险、工伤保险、失业保险参保人数分别达到10.86万人、5.25万人、11.54万人、12.32万人、7.99万人，全部完成了自治区下达的目标任务。为全市2037家企业阶段性降低社会保险费20999万元，其中，养老保险13026万元，失业保险7310万元，工伤保险663万元。全面推进“同舟计划”，全市新建及在建的建筑、公路、水利等项目458个3.4万人全部按项目参加工伤保险，新开工项目工伤保险参保率达到98.5%。

【养老金发放】 2021年，全市认真落实国家、自治区关于企业和机关事业单位退休人员基本养老金及城乡居民基础养老金调整政策，原州区、西吉县分别调增月人均基础养老金10元，隆德县从2021年1月起连续5年每年在上年度基础上调增5元，已全部发放到位。2021年，全市企业退休人员3.7万人，月人均养老金达3335元；机关事业单位退休人员1.62万人，月人均养老金达5483元；符合领取养老保险待遇的城乡居民14.39万人，月人均基础养老金达187元。全市被征地农民参加养老保险33090人，累计筹集资金17.87亿元，到龄领取养老保险待遇9286人，月人均养老金为1321元，较去年增加147元，被征地农民养老保险参保率、资金筹集率、社会化发放率实现三个100%。

【助力乡村振兴】 2021年，固原市社会保险管理中心坚持将巩固拓展脱贫攻坚成果放在突出位置，印发了《固原市社保中心关于巩固拓展社会保险扶贫成果助力全面实施乡村振兴战略实施方案》，巩固拓展脱贫攻坚成果与实施乡村振兴相衔接，设立5年过渡期，严格落实“四个不摘”要求，继续实施为缴费困难群体按照最低缴费档次100元代缴养老保险费和补助基本医疗保险费政策，继续落实自治区健康扶贫政策和全市农村居民商业健康大病保险政策、全市重特大疾病补充医疗保险政策，保持社会保险扶贫主要优惠政策总体稳定，并根据实际情况予以延续、优化和调整，确保政策的连续性。全市建档立卡脱贫人员基本养老保险、基本医疗保险参保率均达到100%，建档立卡脱贫人员住院实际报销比例为91%。

【基金监管】 2021年，固原市社保中心建立"1254"基金监管机制：紧盯基金安全这一目标，实行行政监管、经办内控"两线"管控，抓实巡察审计、稽核检查、交叉互查、自查自纠、举报投诉5种监管方式，严格限时整改、诫勉谈话、追回基金、移交司法4项处理办法，切实筑牢社会保险基金风险防线，守好百姓"养老钱""救命钱"。认真落实《医疗保障基金使用监督管理条例》，充分利用智能监控系统和统计分析系统，扎实开展日常稽核查和专项治理"回头看"工作，切实加强医疗保障基金使用的监督管理，保障基金安全。成立了固原市社会保险基金管理风险排查工作专班，全面开展社会保险基金管理风险排查工作，瞄准经办管理核心环节、关键岗位、重点部位和重要事项，按照"13个排查、13项整治"全面排查梳理社会保险待遇审核、发放、资格认证、信息系统管理和基金监督等风险点，逐项核对核实疑点数据，对排查、核实出的问题，不回避、不掩盖、不推诿，建立问题清单、责任清单，逐一对号销账，逐一整改落实。

【服务群众】 2021年，固原市社会保险管理中心持续深化"放管服"改革，深入推动社保快办服务行动、清单制管理、首问负责制、一次性告知承诺制和"好差评"制度，推行办理事项"打包办""提速办""简便办"。升级改造经办服务大厅，统一规范服务标识，梳理完善社会保险基本公共服务事项清单，完善办事指南、流程，增加窗口便民设施，完善领办、帮办、代办服务，为参保企业和办事群众提供网上经办"一对一"委托代办和自助服务，不断提升服务的水平和质量。全市社会保险网上"不见面"办理事项达到92%，离退休人员通过网上进行养老资格认证率达95%以上。主动融入全市"163"政务服务模式，实行"一窗受理、一网通办"和综合柜员制服务，基本实现"一门、一窗、一网、一卡(证)、一次"经办目标。推行社保业务档案电子化，拓展社会保障卡应用领域，加快固原"银社医"平台推广应用，推广普及电子社保卡和医保电子凭证。全市累计发放社会保障卡151万张，申领电子社保卡82.5万张，医保电子凭证90.4万张。着力推进社会保障卡申领、异地就医登记备案和结算、社会保险关系转移接续等27项社会保险高频事项"跨省通办"，参保人员"单点登录、全国漫游、无感切换"即可办理业务，切实解决群众跨省办事"多地跑""折返跑"等堵点难点问题，方便企业和群众办事，提升人民群众获得感。

医疗保障服务

【概况】 2021年，全市建立职工基本医疗保险、大额医疗保险、公务员补充医疗保险、门诊统筹及门诊大病制度。居民医保在基本医保的基础上，建立了城乡居民大病保险、医疗救助，健康扶贫制度。全方位保障参保人员基本、大病、慢病、生育及普通门诊方面的需求。全市医保共参保130.24万人，其中，职工医保参保11.44万人，城乡居民医保参保118.8万人，参保率稳定在98%以上。低保对象、脱贫不稳定和边缘易致贫等47万困难人员无一人漏保。全面推行住院费用"一站式"结算和异地就医直接结算，参保人员住院率达14.8%，城乡居民基本医疗保险人均财政补助标准新增30元，达到每人每年580元。全市城乡居民住院费用实际报销比例为75.2%，城镇职工住院费用实际报销比例为76.5%。其中，困难人员实际报销比例为91.1%。全市参保人员累计完成跨省异地就医备案26132人次，其中通过线上自助备案880人次，备案成功率达100%，跨省异地就医6174人次，医保统筹基金支付13147.93万元。两项医保报销比例均位居全区前列，有效防止因病致贫返贫。

【职工医保】 2021年，全市职工参保11.44万人。当年基金收入6.99亿元(其中，统筹基金3.94亿元，个人账户基金3.05亿元)，当年支出4.85亿元(其中，统筹基金2.20亿元，个人账户基金2.65亿元)，累计结余13.88亿元(其中，统筹基金11.3亿元，个人账户基金2.58亿元)。门诊统筹，在社区卫生服务中心及乡镇卫生院的费用报销比例为60%，在二级医疗机构的报销比例为40%。门诊大病保障，将冠心病、恶性肿瘤放疗或药物治疗等28种门诊大病纳入保障范围，起付线为500元，支付比例为75%。高血压、糖尿病起付线以下按50%报销，起付线以上支付比例75%。住院保障。一级、二级、三级乙等、三级甲等医疗机构起付标准分别为300元、500元、800元、1200元，支付比例分别为95%、90%、85%、80%。年度最高支付限额为5万元，基本医疗保险最高支付限额以上至累计支付40万元的住院医疗费用，职工大额医疗保险支付比例为90%,40万元以上的职工大额医疗保险支付比例为70%。公务员医疗补助,年度累计住院医疗费用(含起付额)1500元以上(不含1500元)部分,按85%报销,一个医疗年度内公务员医疗补助基金最高支付限额为10万元。享受国务院特贴及自治区政府津贴和高层次人才报销比例再提高10%。

【居民医保】 2021年个人缴费标准为300元/人·年,各级财政普补550元/人·年。2021年度全市城乡居民基本医疗保险参保118.86万人,其中低保对象等困难人群参保48.08万人,困难人群100%参保。当年基金收入11.1亿元,累计结余10.76亿元。门诊统筹,在社区卫生服务中心和乡镇卫生院的费用报销比例为60%,社区卫生服务站和村卫生室的费用报销比例为70%。门诊大病保障,将冠心病、恶性肿瘤放疗或药物治疗等30种门诊大病纳入保障范围,起付线为500元,支付比例为60%。高血压、糖尿病起付线以下按50%报销,起付线以上按60%。住院保障,一级、二级、三级乙等、三级甲等医疗机构起付标准分别为200元、400元、700元、1000元,支付比例分别为90%、87%、75%、55%。年度最高支付限额13万元。城乡居民大病保险,筹资标准为62元/人、年,起付标准为8500元,六个段的报销比例为60%、61%、62%、63%、66%、70%,同步提高20种大病参保患者支付比例1~3个百分点。

【城乡居民大病保险】 2021年,加强与商业保险公司合作,实行合署办公、数据共享、"一站式"结算及医保费用共同监管工作机制,提升经办服务水平。筹资标准从最初每人每年28元提高到62元,贫困患者大病保险报销起付线从8500元下调至3000元,报销比例普遍提高了5%。全市居民大病保险8年累计报销大病患者9.03万人4.16亿元,人均报销额达4605元,患者住院费用实际报销比例在基本医保报销的基础上提高了15.3个百分点。

【脱贫群众保障】 2021年,全市提高大病保险保障,报销起付线降至3000元,报销比例在普惠性的基础上再提高5个百分点;门诊大病和住院救助共用5万元年度救助限额。在救助限额内,特困人员(含孤儿)按100%比例救助,低保对象(含高龄低收入老年人)和脱贫不稳定、边缘易致贫及突发严重困难人口按80%比例救助。经过三重制度保障后,对剩余合规费用仍超过3000元的救助对象,再按70%比例给予倾斜救助,年度救助限额为16万元。

【医保支付方式改革】 2021年,开展总额控制、单病种收付费、按病种分值付费、区域点数法总额预算和按病种分值付费(DIP)国家试点,确定120种病种为基层病种,实行同病同质同治同价,推进了分级诊疗制度落实;确定25种中医优势病种给予系数加成,支持中医药发展;实行县域医共体DIP下打包支付,破解分级诊疗难题。9月28日,正式上线运行DIP实际付费,先后两次接受国家医保局省级交叉评估验收,试点工作被国家评为"优秀"等次。

【医疗服务价格优化】 2021年,全面取消公立医院药品加成和医用耗材加成,同步调整提升医疗技术项目服务价格,破解以药养医、以耗养医问题。调整市人民医院医疗服务项目1267项,增加医保基金支出约1100万元。常态化实施药品耗材集中带量采购,全市共完成5个批次218个品规国家集采药品采购使用,中选药品价格降幅达60%以上。同时落实好冠脉支架、人工晶体自治区和省际联盟集中带量采购。建立国家医保谈判药品"双通道"管理机制,实行国家医保谈判药品在定点医疗机构和定点零售药店依处方购买,有效减轻群众就医负担,方便参保人员就医购药。

【医保基金专项治理】 2021年,全市认真贯彻落实《医疗保障基金使用监督管理条例》《国务院办公厅关于推进医疗保障基金监管制度体系改革的指导意见》,积极开展打击欺诈骗保和规范使用医保基金专项治理,固化"六查"(即查库、查网、查账、查床、查案、查单)和"六个一批"(即提醒纠偏一批,公开曝光一批,协议处理一批,行政处罚一批,清出定点一批,打击惩处一批)交叉检查等医保基金监管制度机制,抓好医疗机构采购报备等五项监管制度,积极实施国家和自治区飞检及市级交叉检查,规范医疗机构服务行为,减轻群众就医负担,7月,对全市1390家定点医药机构进行了第一次全覆盖核查,共核查发现574家医药机构存在过度诊疗等违规行为,追回违规基金552.96万元。10月,配合自治区飞检组完成第二次全覆盖检查,共追回违规基金1749.49万元,行政处罚15家医疗(药)机构,罚款共计204.96万元,彰显打击欺诈骗保的威慑力。三年拒付追缴违规基金近5000万元,医保基金使用效率不断提升。

【新冠肺炎疫情防控】 2021年,疫情防控常态化后核酸检测费用纳入住院报销范围,发热门诊核酸检测费用医保基金全额支付。及时向医疗机构预拨付基金,全市新冠患者、疑似患者和发热门诊患者救治费用全部保障。从医保基金中预算新冠病毒疫苗及接种费用专项资金2.21亿元，全面保障疫苗费用。三次下调核酸检测价格，降幅超过50%，切实减轻财政支出和群众负担，有力保障了疫情防控工作。

【信息化建设】 2021年，认真组织做好国家15项医保信息业务编码在固原市的贯标落地，医保电子凭证下载使用率超过70%。上线运行国家医保服务平台和自治区统一的医保网络系统，实现医疗保障经办一站式服务、一窗口办理、一单制结算，不断提升医保经办管理服务能力。加快医保信用评价体系建设，发挥个人自律、行业守信的作用，推行守信联合激励和失信联合惩戒。扩大异地就医直接结算医疗机构及费用范围，异地安置、异地居住及转诊转院人员可与全国31个省4.5万余家医疗机构实施跨省异地就医住院费用直接结算，与部分省部分医疗机构实现职工门诊费用跨省直接结算，群众就医费用报销获得感大幅提升，拓展医保电子凭证使用功能，全市激活人数突破90万人、激活率达70%，方便参保群众看病就医。开展系统行风建设，落实医保服务“好差评”制度，持续推进行风建设向好转变，确保医保服务无投诉、待遇无拖欠，群众无上访。群众对医疗保障的满意度不断增强。

社会组织管理

【基层自治】 2021年，全市开展村(社区)“两委”换届，村党组织书记和村委会主任“一肩挑”607名、占76.5%，比上届提高73.1%。社区“两委”交叉任职104名、占19%，比上届降低18.5%。社区党组织书记和居委会主任“一肩挑”68名、占100%，比上届提高46.6%。全面规范村民自治，结合实际制订村民代表推选具体工作方案，与村“两委”换届选举工作统筹部署、一体推进、压茬开展；持续抓好村民代表会议制度落实，规范村级“小微权力”；探索村规民约“奖惩机制”，推进乡村文明建设步伐。

【社区治理】 2021年，固原市强化社区阵地建设，协调开发商解决了8个社区用房；筹措资金1000余万元，采取购买、新建、租赁等方式解决了7个社区用房。高标准推进“雪亮工程”建设，先后筹资4000多万元对264个小区安装门禁系统；新建3个街道智慧社区服务平台和5个智慧社区，提升社区治理信息化、智能化水平。增设优化社区布局，新设5个社区居委会，撤并调整13个社区居民委员会。

【社会组织管理】 2021年，全市紧密结合基层治理“1+6”政策体系，整合资源、联管共治，推动社会团体规范有序发展。认真开展社会组织年检工作，年检社会组织358个，年检率80%；扎实开展“僵尸型”社会组织专项整治行动，清除名存实亡的社会组织7家，整改3家，进一步优化社会组织内外发展环境。加强社会组织党的建设，建立社会组织党组织参与社会组织重要事项决策制度，落实社会组织党组织成员与社会组织负责人“双向交叉任职”制度。目前，单独建立党组织367个，联合建党组织58个，共覆盖267个社会组织，党的组织覆盖率达82%，党的工作覆盖率达100%。大力弘扬志愿服务精神，完善政府购买服务、人才保障等社会组织扶持政策，盘点社工人才1226名，提升社会组织专业服务能力，规范服务行为，使社会组织在社会治理中成为党委和市政府的有力助手。

【地名管理】 2021年，全市地名公共服务工作有序开展。共筹资300多万元，对市区街路巷和楼门牌进行了全面设标，共安装二维码标牌共23899块，设置街路标牌428块，固原市辖区地名管理工作进一步规范，城市文明水平得到有力提升。

社会保障

【低保发放】 2021年，全市以服务保障对象中易返贫致贫等低收入人口为重点，完善分类施保，实行动态管理，健全防止返贫动态监测和帮扶机制，深化社会救助领域“放管服”改革，强化社会救助兜底功能，织密编牢困难群众基本生活保障网，推动实现民政领域巩固拓展脱贫攻坚成果同乡村振兴有效衔接。全市共有低保对象10.11万户16.41万人，其中，农村8.83万户14.0万人，占农业总人口的13.06%，累计支出农村低保资金50609.85万元；城镇1.25万户2.41万人，占非农人口总数的6.2%，累计支出城市低保资金13220.17万元。累计新增低保对象2560户4318人(其中，农村2126户3608人，城市434户710人)，退出低保对象6099户11129人(其中，农村4830户8351人，城市1269户2778人)。全市实施临时救助5.64万人次，发放临时救助金5125.87万元，为1.42万人发放高龄补贴4104.13万元，为3454名特困供养人员补贴982.48万元。

【社会救助】 2021年，进一步提升救助管理和托养机构服务质量，优化服务供给，筑牢救助管理和托养机构疫情防控、安全生产等屏障。全年共救助流浪乞讨人员3056人次；连续4个月在全市2100余辆出租车顶灯箱发布救助热线广告；积极协调对接，为15名长期滞留受助人员办理了集体户口，并移交属地民政局妥善安置；成功寻亲2人。新建固原市未成年人救助保护中心，该项目主体工程已竣工，即将投入使用。

【走访慰问】 2021年，全市精心开展具有民政特色的“我为家乡办实事送温暖”访贫济困行动，走访32个乡镇42个行政村，入户调查222户，发放慰问金4.75万元，物资459份，提供政策解读300多人次。通过访贫济困行动，全面梳理总结了脱贫攻坚成果、准确把握乡村振兴形势任务，为下一步推动民政工作高质量、可持续发展启迪了智慧，打下坚实的群众基础。

【残疾人救助】 2021年，全面落实整合残疾人“两项补贴”制度。严格按照《关于提高困难残疾人生活补贴和重度残疾人护理补贴标准并建立动态调整机制的通知》精神，从2021年1月1日起，将困难残疾人生活补贴标准由每人每月100元提高至110元，重度残疾人护理补贴标准由每人每月80元提高至120元，全面落实困难残疾人生活补贴和重度残疾人护理补贴，进一步改善了困难残疾人和重度残疾人生活水平。全市共有残疾人6.96万人(其中，农业人口59457人，非农业人口10099人)，残疾人“两项补贴”覆盖面为100%，每月新增支出180万元，累计发放“两项补贴”8211.8万元(其中，为36130名困难残疾人发放生活补贴3876.4万元，为33498名重度残疾人发放护理补贴4335.4万元)。计划新建固原市精神卫生福利服务中心，项目规划总用地面积16311平方米(24.5亩)，项目总建筑面积10817平方米，设置床位数200张。项目建设土地已于2021年7月14日公示。

人口家庭

【概况】 2021年，全市强化法规政策宣传，创新宣传载体，充分发挥宣传橱窗、微信微博等平台作用，通过发放宣传倡议书，印刷固定标语、绘制漫画等方式大力开展婚姻法律法规等相关政策和婚俗改革宣传。充分利用“村规民约”“一约四会”作用宣传推行移风易俗改革，教育引导广大群众积极参与，从自身做起，革除陈规陋习，起到引领作用。各县(区)集中办理婚姻登记，充分提高了婚姻登记的管理水平和质量。全市结婚登记11285对，离婚登记1488对，补领结婚登记11577对，补领离婚登记277对，更改系统错误信息18157条。

【婚姻管理】 2021年，全市持续完善婚姻登记工作制度，维护婚姻当事人的合法权益。在不断总结经验的基础上，加大查处违法婚姻力度，违法婚姻逐年减少，注重抓好婚姻登记管理工作的制度化、规范化建设，坚持从制度抓起，以制度建设促登记质量。指导全市普遍建立了登记验证制度、检查考核评比制度、婚姻档案建档制度，全程做到手续齐全、填写正确、档案完备、管理规范。在登记过程中，坚持“一问、二看、三审查”的工作程序，以机构正规化、人员专职化、场地专门化、登记规范化、服务人性化、手段信息化为目标，严格登记制度，堵塞漏洞，提高了婚姻登记合格率。坚持把婚姻管理的立足点放在社会化上，规范开展婚姻登记工作以来，婚姻登记合格率达100%。

【收养登记】 2021年，固原市儿童收养工作始终恪守“一切为了孩子”的工作宗旨，在全社会广泛宣传《收养法》，增强人们的收养观念和慈善意识，依法按程序办理收养登记手续。规范收养登记档案管理，每年按档案管理办法及时整理各种资料，并分类登记存档，及时办理移交手续，为解决收养登记纠纷提供原始的、真实的依据。对从事收养登记的工作人员不定期进行集中培训，提高综合素质和业务水平，特别是依法行政的能力。市儿童福利院的各项建设取得了长足发展，设施更加完善，已初步形成了依法办事、程序规范的良好工作秩序，最大限度地维护了收养当事人的合法权益，帮助儿童回归家庭，健康快乐成长。目前固原市儿童福利院、西吉县儿童福利院、彭阳县儿童福利院三个机构共抚育“孤弃儿童”27名、临时监护的困境儿童14名。

【未成年人保护】 2021年，全面贯彻落实《中华人民共和国未成年人保护法》，提请市政府成立固原市未成年人保护工作领导小组，联合领导小组11家成员单位联合开展辖区娱乐场所、网吧、宾馆及其他可能容留未成年人的场所进行专项执法检查，在《固原日报》、交通广播等各类媒体宣传300余期，为全市未成年人健康成长创造良好的社会环境。

【关爱留守儿童】 2021年，全市创新推动留守儿童关爱保护工作，积极争取项目资金，通过以奖代补方式，对2020年评估为一星级的72个“儿童之家”、5个县区进行了表彰奖励，发放以奖代补活动经费47万元。通过表彰奖励，鼓励已建成的“儿童之家”充分发挥示范带头作用，切实提高服务质量，有效解决未成年人关爱保护工作“最后一公里”的问题。

老龄事业

【养老服务】 2021年，全市认真开展全国第四批居家和社区养老服务改革试点工作，精心组织，统筹推进，加大项目监督检查力度，下发整改通知书3份，责令限期整改10个，切实将改革试点工作开展好、资金效益最大化。认真实施政府购买居家养老服务、农村互助养老试点、养老服务人才培训表彰奖励等工作，加快盘活养老服务资源，加大扶持力度，遵循“开门办院”的原则，办好公办养老机构。严抓养老机构安全生产，提升养老机构服务质量，做好疫情常态化工作。认真办理老龄人意外伤害综合保险工作。持续推进公办养老机构实行“公建民营”改革，支持社会力量举办养老机构，提高养老服务有效供给。

【爱老敬老活动】 2021年，立足固原市养老服务体系建设实际，聚焦老人需求，开展“关爱老人安享晚年”服务行动。落实政府购买项目资金607万元为5000多名困难老年人提供助餐、助洁、助急、助医、助行、适老化改造、居家医养结合签约等服务，做到“点对点、心贴心”的服务，用情用心解决好老年人的“操心事”。

殡葬管理

【文明祭扫宣传】 2021年，全市深刻吸取原州区3·13火灾惨痛教训，清明节期间，印发《固原市人民政府关于倡导文明祭扫严禁引发火灾的通告》及宣传彩页4万份，印制殡葬法规宣传彩页3万份。强化行业条块祭扫管理措施，引导祭扫群众安全文明祭扫，有力保障了春节、清明节、寒衣节期间祭扫安全。集中对近10年殡仪服务对象信息进行补录，结束了长期手工操作历史，殡葬工作步入规范化、信息化道路。

【行业监管】 2021年，全市持续深化殡葬改革，兑付节地生态安葬奖补共计10万元；联合多部门开展全市殡葬领域专项整治，共整治查处违法违规殡仪服务中介22家，市辖区未明码标价殡葬用品销售商铺30家，非法接运遗体车辆11辆。

【殡仪馆建设】 2021年，新建固原市汉民殡葬服务中心，殡仪馆、火葬场消防、水保和环评验收工作全部完成年底交付使用。新建固原市回民殡仪服务中心，该项目于3月底开工建设，按照回民殡仪服务中心、生态公墓“两位一体”规划建设，三栋主体房（西大厅、北大厅、南大厅）已封顶。

【殡葬服务】 2021年，全面推行基本殡葬服务全免费的惠民政策，全年免除基本殡葬服务费用17.4万元。启用全国通用版信息平台，结束了长期手工记录服务信息的历史，集中补录2012年至2021年殡仪服务对象信息，使殡葬服务基本实现信息化，殡葬管理步入规范化。

住房公积金管理

【住房公积金归集】 2021年，全市新开户缴存住房公积金的单位63个，新增缴存职工3921人。全市住房公积金归集计划任务10亿元，实际新增住房公积金归集额12.15亿元，完成年度计划任务的121.5%。截至2021年年底，全市住房公积金归集总额突破105亿元，达到105.21亿元，归集余额达到39.21亿元。

【住房公积金使用】 2021年，全市1.85万名住房公积金缴存职工办理提取住房公积金9.21亿元，完成全年目标任务6亿元的153.33%；共为全市1737户职工家庭发放住房公积金个人贷款7.58亿元，完成全年目标任务5亿元的151.6%。全市住房公积金提取总额达到66亿元，住房公积金个人贷款总额达到67.67亿元，累计受益职工家庭3.18万户，全市住房公积金个贷率和使用率分别达到85.39%和94.55%。

【住房公积金管理】 2021年，全面落实住房公积金信息披露制度，向社会公布2020年度住房公积金年度报告。通过举办住房公积金“一网通办”“跨省通办”“全国住房公积金”小程序、住房公积金监管服务平台、住房公积金网上业务大厅和手机APP业务政策培训班，全面加大住房公积金政策宣传力度，进一步扩大了住房公积金制度群众知晓率和参与率。重新修订了住房公积金缴存、提取、贷款业务服务指南，完善了住房公积金缴存、提取、贷款、会计核算业务操作规程及人员岗位职责，从制度机制层面进一步强化了住房公积金管理，全面提升了住房公积金制度化、规范化、精细化管理水平。健全网络信息安全防护体系，保障住房公积金数据安全和网络安全，完成住房公积金管理信息系统三级等保测评备案工作。全面落实住房公积金廉政风险防控措施，深入开展日常内部审计稽核，借助住建部电子化稽查工具常态化开展风险隐患排查整改，全面接受自治区住建厅住房公积金监管处和市财政局、市纪委监委派驻纪检监察组的监督检查，切实规范政策执行，防范操作风险。加大逾期贷款清欠力度，住房公积金贷款逾期率由2020年年底的0.66‰下降到2021年底的0.33‰，下降了50%，有效化解了贷款资金风险。

【住房公积金服务】 2021年，结合贯彻落实《宁夏回族自治区住房公积金业务操作规范》，进一步完善住房公积金“双贯标”及管理信息系统、综合服务平台服务功能，扎实开展“一网通办”“跨省通办”“全国住房公积金”小程序业务和“163”政府服务模式及工作日延时服务、节假日预约服务，认真开展“三个一百”活动，深入开展政务服务“好差评”，继续推行“不见面、马上办”，便民利民惠民服务机制得到进一步完善和升华。邀请26名住房公积金缴存职工代表、媒体记者代表、企业家代表、社区工作者代表，举办了“我为群众办实事，群众为我建真言”为主题的“政府开放日”活动，进一步提高了住房公积金政策知晓率和管理服务透明度，取得了良好的效果。

【保障性住房建设】 2021年，落实城市廉租（公共租赁）住房建设补充资金3200万元，同比增长6.67%，累计落实城市廉租（公共租赁）住房建设补充资金2.31亿元，进一步充分发挥了住房公积金对保障房建设的支持和保障作用，为全面支持和推进我市新型城镇化建设作出了应有贡献。

应急管理

【概况】 2021年,固原市先后在8次市委常委会会议、12次市政府常务会议、政府党组(扩大)会议以及4次市安委会全体(扩大)会议上传达贯彻党中央、国务院以及自治区党委、政府安全生产工作部署,听取县(区)、部门工作汇报,研究解决工作推进中存在的问题。市应急管理局在主要新闻媒体进行刊播宣传《生命重于泰山—学习习近平总书记关于安全生产重于论述》电视专题片,全市各部门以及重点企业干部、员工学习观看电视专题片500场次以上,通过主题演讲、交流研讨深化学习效果,不断增强全市上下做好安全生产工作的思想自觉、政治自觉和行动自觉。有序推进全市62个乡镇、3个街道办应急管理“六有”建设,794个行政村、68个社区应急管理“三有”建设工作,着力打通应急管理“最后一公里”。全市以防范化解重大安全风险为重点,以推进安全生产专项整治三年行动为主线,进一步强责任、防风险、除隐患、夯基础、遏事故,有力确保了人民群众生命财产安全,促进和保障了全市经济社会各项事业健康发展。全市共发生生产安全事故10起,同比下降9.1%,死亡9人,同比下降10%,没有发生较大及以上生产安全事故、自然灾害亡人事故、森林草原火灾,连续9年未发生重大以上生产安全事故,全市安全生产、消防和防灾减灾救灾形势保持总体稳定。

【制度完善】 2021年全市安全监管部门积极尽责,修订《固原市安全生产行政责任规定》,制定了《固原市防灾减灾救灾责任规定》,印发了《固原市安委会成员单位安全生产工作任务分工》,完善固原市安委会以及防汛抗旱指挥部、抗震救灾指挥部、减灾委、森林草原防灭火指挥部4个专项指挥部的工作规则和工作制度,进一步厘清了各级政府、安委会、消委会、减灾委各成员单位监管职责。市、县(区)两级负有安全监管职责部门均成立安全生产、消防和防灾减灾救灾工作领导小组,明确了分管负责人和履职机构,主要负责人认真履行每季度召开一次安全生产专题会议制度,班子成员根据各自分工,严格履行安全生产“一岗双责”,每季度开展一次督查检查。

【企业监管】 2021年,全面落实企业安全生产全员责任制,在煤矿等重点行业企业推行安全总监制度,在高危行业领域实行安全生产责任险制度,建立了企业诚信管理体系,综合运用“红名单”“黑名单”管理和消防违法行为公示等措施,强化激励惩戒。以安全风险分级管控和隐患排查治理信息系统为依托,对255家工矿企业实时线上监督,督促企业定期开展自查自纠、整改落实。通过政府购买服务的方式,聘请专业中介机构完成全市22家工贸企业、16家危化企业安全生产标准化达标创建情况考评工作,既减轻企业经济负担,又促进了企业安全生产主体责任落实的标准化。

【三年专项整治行动】 围绕从根本上解决问题,从根本上消除隐患,推动三年专项整治在责任链条、制度成果、管理办法、重点工程和工作机制方面取得实效。统筹确保庆祝建党100周年、党的十九届六中全会、第五届中阿博览会、全国全区两会等重要敏感时段的安全稳定,召开全市安全生产专项整治三年行动推进会议,制订印发集中攻坚实施方案,以动态更新突出问题、重大隐患和制度措施“两个清单”为抓手,以落实“五定措施”为切入(定整改责任单位、定整改责任人、定整改完成时限、定整改具体负责人、定整改评估主体的),推动17个重点行业领域开展督导检查5000余次,检查单位1.5万余家(次),约谈警示300余家(次),行政处罚469.73万元,查摆企业层面重大隐患22处,已整改21处;查摆市本级层面突出问题49项、整改44项,形成制度措施49项,截至目前,已完成42项,县(区)级层面突出问题106项、整改91项,形成制度措施126项,截至目前已完成106项。整改落实国务院安委会考核巡查反馈问题31项、自治区政府督查室督查反馈问题11项。

【消防工作】 2021年,紧紧围绕“防大火、控小火”火灾防范目标,检查单位9621家(次),发现并督促整改火灾隐患6071处，处罚153家，临时查封64家，责令三停60家，罚款77.18万元。组织召开全市扶贫安置区消防安全现场观摩会，推动全市城区易地扶贫搬迁安置点住宅小区安置点全部建成微型消防站，推动各级投入16万元整改资金，拆除夹心材料为易燃可燃材料的彩钢板建筑26处，拆除面积约4796平方米，督促全市建筑面积大于10000平方米的商业综合体投入经费165万元，整改火灾隐患206处。总投资金额5000余万元新建站5个、综合训练馆1个、科普基地1个、装修改造项目7个，支队投入资金70余万元为指战员集体宿舍楼购置家具家电，改善指战员及家属来队住宿条件。投入资金约500万元开展基层队站正规化建设，进行库室装修改造、开展文化建设，为指战员提供温馨的队站氛围。

【行业安全治理】 2021年，固原市对标国务院安委办确定的专项整治八大任务，道路交通领域查处各类交通违法行为2.4万起，查处酒驾醉驾1063起、行政拘留726人、货车超载3093起、超速行驶18017起、客运机动车超员59起，罚款2800多万元。燃气领域排查整治各类安全隐患324处，对排查出的36783个液化气瓶全部实行二维码信息管理，报废到期和未使用二维码的气瓶818个，更换燃气具连接胶管6009米、减压阀5321个，及时启动全市城镇燃气安全排查整治工作。煤矿方面，针对王洼煤矿600万吨/年技改项目联合试运转到期关停安全事项，聘请1名煤矿行业专家驻矿盯守，排查问题隐患413条，跟踪督促整改落实；积极稳妥处置银洞沟煤矿井下自燃发火隐患。危险化学品领域，检查危险化学品生产经营存储单位13家，行政处罚立案2起、行政处罚70.4万元。其他行业领域也结合各自实际深入排查治理隐患。强化防疫保障。把疫情防控与安全生产结合起来，在疫情防控紧要期实行煤矿、危险化学品等重点高危行业企业落实安全生产每天“零报告”制度，实现了宁夏王洼煤业有限公司3对矿井安全监控、人员位置监测、工业视频等联网系统与煤矿事故风险分析平台数据的联网对接，不断强化煤矿领域能源保供的本质安全水平。调拨帐篷74顶、棉大衣114件以及折叠床、棉被、棉褥、电暖气等物资若干，用于疫情检测卡点执勤值守，有力保障了疫情防控工作的顺利开展。组织住建、卫健、消防等部门单位对市内集中隔离点、定点医院等重点涉疫场所开展安全督导服务。

灾害防范

【防汛抗旱】 2021年，组织召开全市防汛抗旱工作会议，签订防汛抗旱工作责任书。调整完善防汛抗旱指挥部及其成员单位，对全市170座中小型水库、230座骨干坝、259座中型淤地坝、271座小型淤地坝全部落实了“三个责任人”并进行了公示。高度重视抗旱工作，密切关注旱情，及时会商研判抗旱形势，印发通知对全市旱情进行统计普查，进一步掌握情况和底数。

【地质灾害防治】 全市及时更新汛期地质灾害防治工作领导小组和自然资源系统地质灾害防治应急分队，加强市、县、乡、村四级地质灾害防治群测群防体系建设，落实险点监测责任人和监测员542人。组织力量排查地质灾害隐患680处，其中滑坡391处、塌陷295处、泥石流3处、地面塌陷1处，落实了整治责任人等整改措施，确保不出问题。其中原州区投资660万元，对张易镇驼巷、陈沟、毛庄和大店等4处地质灾害隐患点进行工作治理，对开城镇上青石村1处隐患点组织搬迁避让，共涉及32户146人。泾源县投资1979万元，对28处地质灾害隐患点实施工程治理，3处地质灾害隐患点进行搬迁避让，共涉及118户。

【森林草原防火】 全市认真吸取原州区“3·13”火灾事故教训，市人大常委会出台关于森林草原野外防火的决定，在防火重点时段、重大节日派出督查组多层次、多方位反复检查巡查、对林区周边等特殊群体进行登记造册，落实监护人责任、严格落实林区草原墓地摸底登记、上坟预约备案，加强特殊人群管控。坚持严防死守、联防联控，认真落实每年10月至次年5月森林防火戒严期的各项防控措施，严防死守森林草原防火形势稳定。

【综合风险普查】 全市成立普查工作领导小组，制订印发落实方案，组建普查工作专班，将450万中央自然灾害防治体系建设补助资金(全国自然灾害综合风险普查经费)分配下达至县(区)和9个核心职能部门，确保普查工作有序推进。开展普查业务工作培训，培训各级领导干部和工作人员1600余人(次)，提高了广大普查工作人员业务能力。印发宣传资料20000余份，设立展板200余个，悬挂横幅50余条，并充分利用电视、网络、微信等媒体大力宣传自然灾害综合风险普查的意义、目的、任务等，营造了全社会支持、参与普查工作的良好氛围。

【保障能力提升】 2021年全市多措并举提升防灾减灾救灾综合能力，为各县区配备急救援指挥通信设备，全市65个乡镇(街道)配备防汛抢险应急灯、雨衣650套。督促各林场、各扑火队按需配备了无人机、高清图像传输等84个种类防灭火设施装备。道路交通领域投资3900万元建设农村公路安全生命防护工程395.9公里、改造危桥4座,投资500万元建成警保合作劝导站62个,住房安全方面投资5亿元改造农村危房危窑6689户,投资5000万元改造抗震宜居房2658户,城市运行领域投资2000万元打造固原市城市管理综合服务平台,整合“雪亮工程”、数字城管有关资源,数字化、可视化监督管理城市供热供水供气等能源保供工作。

【应急队伍建设】 培育壮大以消防救援队伍为骨干的综合救援力量,以部门和企业应急救援队伍为支撑的专业救援力量,以蓝天救援队伍为辅助的社会救援力量,以乡镇应急救援队伍为基础的基层救援力量四个层面应急救援队伍体系。组织开展固原市地震应急拉动演练等各种演练28场次,各级负有安全生产监管和灾害防御职责的部门(单位)严格执行领导干部到岗带班、值班人员24小时值班制度和事故报告制度,确保信息报送渠道畅通。建立了公安、自然资源、交通运输、水务、应急、消防、气象联合预警机制,发布大雾预警、道路结冰黄色预警、暴雪预警等预警信息73次,及时提醒政府相关部门及广大公众做好防范工作。

【宣传培训】 以第20个“安全生产宣传月”、“5·12”防灾减灾日、“11·9”消防日、第三届应急管理普法知识竞赛、森林草原防火宣传周等活动为载体,通过组织广场宣传活动、开展线上知识竞赛,利用广播、电视、报刊、网络以及微博、微信等形式进行宣传,面向社会公众大力普及安全生产、森林草原火灾、地震、地质灾害、洪涝、风雹等自然灾害预防应对知识,提高全社会的防灾减灾意识和应急避险能力。举办全市救灾和物资保障、森林草原防灭火、安全培训百千万工程、高危行业技能提升等培训班16期,培训市、县(区)、乡镇(街道办)、重点企业等相关人员2000多人(次),提升了广大干部群众的安全防范的能力和水平。

消防救援

【概况】 2021年,固原市消防救援支队有效维护了全市消防安全形势稳定,全市消防救援队伍共接处警1575起,抢救被困人员191人,疏散被困人员32人,抢救财产价值560.32万元,保护财产价值1692.5万元,成功处置了“2·4”正祥集团附属综合楼火灾、“3·13”原州区张易镇红庄林场火灾等一系列急难险重任务。

【消防执勤备战】 支队党委认真落实“研训议训、抓训督训”机制,严格落实“周测试、月考核、阶段比武”的训练考评制度,先后组织开展冬春练兵考核及体能对抗赛、全员岗位大练兵考核及比武竞赛活动,全面检验练兵成效。在全区首届消防行业职业技能竞赛中荣获优秀组织奖和团体第二名的好成绩。举办基层指挥员、班长骨干和攻坚组队员培训班2期、灭火救援业务大讲堂暨典型案例复盘研讨会12期,邀请甘肃省森林消防总队专家来队开展森林草原火灾扑救业务学习和实操培训,提升专业处置能力。举办安全员、紧急救援小组培训班,夯实作战训练安全工作。强化专业指挥,每周组织开展业务技能培训,每月组织开展业务技能与理论考核,切实提高全勤指挥部实战指挥能力。与第三方公司签订信息化系统技术服务合同,完成综合业务系统服务器迁移和信息报送系统开发工作,组建1支无人机侦查专班、8支应急通信保障分队,组织开展“多部门、多力量”联合演练2次,投入70余万元开展网络安全达标建设,投入10余万元强化应急通信人才培养,投入20余万元采购应急通信装备,进一步优化通信装备配备结构和布局。

【重点场所监管】 坚持把抓关键除火患作为中心任务,构建社会化消防工作体系,着力在加强公共消防安全管理上取得新突破。紧扣建党100周年庆祝活动安保,冬春火灾防控和消防安全专项三年行动,深入开展大型商业综合体、“高低大化”(高层建筑、地下建筑、大型商业综合体、石化企业)、旅游景区、“小火亡人”、易地扶贫搬迁点等专项整治,圆满完成了春节、全国“两会”、建党100周年等重要节日和重大活动消防安保。2021年,共检查单位9069家,发现并督促整改火灾隐患5770处,处罚142家,临时查封64家,责令三停55家,罚款76.74万元,全市连续20多年未发生较大亡人以上火灾,消防安全形势持续平稳。

【消防宣传教育】 支队提请市委组织部持续将消防安全教育纳入干部年度培训计划,在固原市电视台、市级官方媒体开通消防宣传和隐患曝光专栏、专版2个,开展移民安置点消防安全精准帮扶和“敲门”服务,持续打造消防宣传“三九”(选取9个重点行政村,建设9个乡村消防科普教育点,组建9支乡村志愿消防队)工程,先后投入200余万元建成市级消防科普教育基地1个,县级6个。拍摄并制作平安119电视专栏25期,全年央视上稿8篇、省级媒体350余篇,推送消防宣传信息8万条,微博、微信、抖音、快手粉丝量突破11万,群众消防安全意识显著增强。

【消防装备保障】 2021年,全市加快补充急需装备，升级换代常规装备，补齐配备高精尖装备，加速布点基层队站，全市消防救援队伍在建项目11个，其中新建站3个，训练基地1个，改造项目7个，组织对总队采购配发的8辆特种消防车，658件（套）器材装备逐一进行了装备效能测试，基础建设得到进一步发展。

防震减灾

【概况】 2021年，固原市制定《市抗震救灾指挥部2021年工作要点》，明确市抗震救灾指挥部各成员单位工作任务和职责，强化防震减灾和抗震救灾各环节责任措施，形成了上下贯通、左右协调的地震应急指挥体系。组织修订《固原市地震应急预案》，合理设置市抗震救灾指挥部，调整优化组织机构和成员单位，进一步细化明确工作职责，加强部门协作。组织周会商52次，月会商12次，紧急会商2次，与固原地震台开展联合会商4次，高质量编写地震趋势研究报告2份，固原市2022年度地震趋势研究报告被评为全区市级第一名。与固原地震监测中心站、甘肃平凉地震台及陕甘宁川十三市（州）地震联防区进行业务联系，互通震情信息，上报《震情反映》22期。

【地震监测预报】 2021年，固原市密切跟踪分析地下流体、电磁、地壳形变等55项前兆观测资料，收集分析西吉苏堡、南郊观测井水位和泾源水氡取样分析值，不断摸索和总结前兆资料变化规律。全年共落实前兆资料突变情况（异常）12次。建立完善地震监测预警体系，配合宁夏地震局在固原市建成8个基准站、12个基本站、71个一般站，在部分学校、机关单位安装预警信息发布终端24个，国家地震烈度速报与预警工程固原信息服务中心基本建成。强化地震监测设备日常运行维护和观测环境保护，确保监测设施正常运转，观测资料连续可靠。全年检查泾源水氡观测环境和仪器运行1次，对原州区南郊井水位、西吉苏堡观测井水位开展实测6次。强化群测群防网络体系建设，全市设置地震宏观观测点109个。针对5月21日云南大理州漾濞6.4级地震、5月22日青海玛多7.4级地震和6月13—26日原州区中河乡小震群，对全市宏观观测和异常核实上报。

【地震安全监管】 固原市将地震安全性评价纳入建设项目评估评审事项审批审查“一次性告知清单”，一次性告知企业地震安全性评价最新政策法规、审批条件、申报材料和办理流程。加强抗震设防指导和地震安全性评价监管，联合宁夏地震局通过座谈交流、走访调研等方式，调研指导开发区管委会和各县（区）工业产业园区地震安全性评价区域评估开展及成果应用，现场检查了固原市城市集中供热热源项目、原州区第二十小学、隆德县第一幼儿园教学楼、西吉县格兰美景房地产开发项目等8个新开工建设项目的抗震设防情况，督促指导建设单位和施工单位认真贯彻执行防震减灾法律法规和抗震设防要求，切实提高建设工程抗震能力。

【防震减灾宣传教育】 全市广泛开展防震减灾宣传教育，利用宣传橱窗、LED屏、政务微博等广泛宣传防震减灾法律法规，普及防震减灾知识。利用市政府门户网站发布全球、全国、宁夏及固原市境内有关的震情信息，引导社会关注、参与防震减灾工作。精心组织开展“5·12”全国防灾减灾日、“7·28”唐山地震纪念日、“12·4”国家宪法日、“12·16”海原大地震纪念日等重要时段的宣传活动，深入开展防震减灾知识“六进”活动，展出宣传展板300余块，发放知识读本及宣传彩页17000多份（册），发放印有防震减灾知识的台历、帽子、笔、手提袋等生活用品18000多份（个），编辑发送手机宣传短信20万条。认真贯彻落实《关于加强新时代宁夏防震减灾科普工作的实施意见》，加强防震减灾科普宣传，不断增强社会公众的防震减灾科学素质。向社会公众开放市防震减灾科普馆，邀请机关单位干部、学校师生参观学习，在全市范围内选拔优秀选手参加全区防震减灾科普讲解大赛，取得二等奖的好成绩。撰写《固原防震减灾信息》50期，党办约稿《固原市地震活动断层避让工作现状及对策建议》被自治区党委办公厅采用。

【地震应急演练】 5月12日上午，组织市抗震救灾指挥部成员单位开展2021年地震应急响应桌面推演，市人大常委会副主任云生元应邀观摩指导，市委常委、市人民政府常务副市长、市抗震救灾指挥部指挥长李志达，市人民政府副市长、市抗震救灾指挥部常务副指挥长吴璞全程参与演练。6月25日下午，组织开展2021年地震应急拉动演练，市委宣传部、网信办，市发展改革委、公安局等25个部门（单位）、500多名应急工作人员参加，出动60余辆应急抢险车辆和2台挖掘机，圆满完成了应急救援队伍拉动、地震现场人员搜救等13个科目的演练，副秘书长戴耀骞全程指挥，市政府副市长、抗震救灾指挥部常务副指挥长吴璞现场指挥并讲话，自治区应急管理厅地质灾害救援处处长马汉武现场观摩指导点评。

【应急避难场所建设】 全市依托绿地、公园、广场、学校操场，共设立固定应急避难场所42个，临时应急避难场所155个，总面积超过200万平方米，除学校操场外，市区其他16个应急避难场所设立应急避难标识牌41块、疏散指示牌53块，达到城市临时应急避难场所人均有效面积不少于1平方米，服务半径500米，固定应急避难场所人均有效面积不少于2平方米，服务半径2~3公里的标准。

【地震应急救援队伍建设】 建立地方专业队伍、志愿者队伍相结合和共训共练、救援合作机制，全市造册登记地震应急救援队伍148支，队员9950人。依托固原消防救援支队和县（区）消防救援大队，分级组建市、县应急救援队。组织住建、自然资源、公安、电力、电信、交通、卫生等行业对照《固原市地震应急预案》建立行业应急工作队。协调团市委组建志愿者救援队伍，协调固原军分区组建民兵应急营，协调王洼煤矿组建矿山救援队。固原蓝天救援队在地震局的管理和支持下，今年发展新队员20名，队伍不断壮大，总人数达到141人，积极组织参与应对各领域突发事件、公共救灾救援行动，常态化开展地震应急演练和防震减灾宣教工作，多次获国家、自治区级奖项。

【地震应急保障能力提升】 加强应急救援设备储备和管理，市地震局储备液压泵、凿岩机、探照灯、液压撑顶器、欧星电话、单兵通信背包、对讲机、大应急包等救援装备设备共31类191件。强化应急技术保障，建立完善“三个一”应急保障机制，即每月对应急指挥大厅、应急通信设备进行一次维护，每季度与全区地震部门、台站开展一次视频会议联调测试演练，每半年进行一次全面检测检修，切实保障应急指挥系统正常运行。全年对应急指挥大厅、应急通信设备进行12次维护，实施2次全面检测检修，与全区地震部门、台站开展视频会议联调测试演练4次，组织单位干部职工开展应急救援设备实操培训1次。

【自然灾害防治重点工程】 配合实施地震易发区房屋设施加固工程，协调应急管理指挥部办公室印发《关于加快实施地震易发区房屋设施加固工程的通知》，督促各县（区）、相关部门建立责任清单。组织开展全市房屋设施抗震设防信息采集工作，建立部门联动和数据动态更新机制，共采集新建工程2587项，加固工程747项。加快推进地震灾害风险普查，制订印发了《固原市地震灾害风险普查实施方案》，成立了工作专班，建立了市局主要负责人和分管领导亲自抓，科室负责人和各县（区）地震部门负责人具体抓的工作机制，配合宁夏地震局和市普查办完成了清查、调查阶段工作。

【处置地震事件】 5月22日青海玛多发生7·4级地震后，采取措施积极应对，及时向市委、市政府汇报应对情况，自治区党委常委、市委书记马汉成做出批示，“这种工作责任、状态很好”，并要求加强监测预警、会商、应急演练和常态化值班等工作。6月13—26日，原州区中河乡连续发生1.5级以上地震9次。迅速进入应急状态，第一时间向市委、市政府及相关单位上报地震三要素；组织专业人员深入原州区中河乡小沟村、硝口村和海子峡观测点进行调查核实；与固原地震监测中心站开展震情联合会商，对地震活动性、前兆资料等进行分析研判。认真落实自治区党委常委、市委书记马汉成在《固原信息》〔要情专报 第4期〕重要批示精神，制定下发了《市地震局关于切实做好防震减灾工作的通知》。通过固原市人民政府网、“固原防震减灾”新浪微博公布震情信息，通过“固原大城小事”“固原发布”微信公众号和“今日固原”客户端强化舆论宣传引导，迅速安定民心。加强宣传引导，深入社区开展防震减灾知识宣传教育，切实增强公众的防震减灾意识，提升自救互救能力。

县（区）概览

原州区

【概况】 固原市原州区位于黄土高原中部，宁夏回族自治区南部，六盘山东北部。东与甘肃环县、固原市彭阳县接连，南与固原市泾源、隆德县毗邻，西与固原市西吉县相连，北与宁夏海原县接壤。地处东经106°00′~106°30′，北纬35°50′~36°20′。地势南高北低。海拔1450~2500米。总面积2739平方公里。西南为六盘山山地，占20.55%；东北为黄土丘陵，占32.94%；中北部为清水河谷平原，占46.49%。原州区2021年平均气温为6.1℃，与历年同期值相比，偏高0.5℃。月平均气温与历年同期值相比，4、10、11月偏低0.8℃，其他各月偏高0.4℃。2021年全年降水量为516.7毫米，偏多21%。1、2、5~8月份偏少，其他月份偏多。年内出现干旱、冰雹、暴雨等气象灾害，对农业生产、人民生活、交通运输等造成一定影响。2021年3月31日至4月4日，出现连阴雨雪天气，累计降水量5.2毫米。2021年夏季（6~8月）累计降水量126.1毫米，为1961年以来第三低值。秋季（9~11月）累计降水量271.6毫米（偏多191%）。原州区辖区内石灰岩、白云岩等非金属矿产资源相对较丰富，金属矿产资源贫乏。原州区森林草原共有110科420属1100余种，其中木本植物46科108属355种（变种或变型）。国家珍稀濒危树木资源有：四萼猕猴桃、软枣猕猴桃、水曲柳、胡桃楸、沙冬青、中麻黄等10余种。主要的野生观赏树木资源有：陕甘花楸、五尖槭、元宝槭、茶条槭、沙棟、盘腺樱桃、香荚蒾、天目琼花、金银木、尖叶茶藨子、暴马丁香、栓翅卫矛、卫矛、黄芦木等100余种。主要的野果资源有：软枣猕猴桃、四萼猕猴桃、少毛复叶葡萄、榕叶葡萄、山荆子、甘肃海棠、李、榛、毛榛、毛樱桃、喜阴悬钩子、茅莓、刺悬钩子、甘肃山楂、酸枣、牛奶子、枸杞等30余种。野生动物有脊柱动物150余种，其中哺乳动物20余种、鸟类110余种、两栖类动物近10种、爬行类动物近10种。国家I级保护野生动物4种、国家二级保护野生动物26种、自治区重点保护野生动物22种，中日候鸟保护协定规定保护的野生动物22种、国家保护的有益或者有重要经济和科学研究价值的野生动物70种、《濒危野生动物种国际贸易公约》规定保护的野生动物31种。原州区土壤类型主要为缃黄土、黑垆土、红黄土、淡黑垆土和淡黑黄土。其中分布面积最大的是缃黄土，在河谷平原的川地、台塬地、盆埫地、平缓的梁峁坡及崾岘等地，多分布着淡黑垆土。原州区地表水分三系：清水河系、泾河系、渭河系。其中，清水河系包括清水河、冬至河、中河；泾河系包括颉河、茹河；渭河系包括张易河。地下水主要分布在清水河谷平原及南部山区，东北丘陵地下水贫乏，埋藏深。水质南部好，北部差。清水河地表水资源总量为0.5823亿立方米。地表径流主要来源于大气降水，径流的空间分布趋势与降水一致，由南向北逐渐减少，径流深变化幅度较大，在16~50毫米之间，平均28.6毫米。原州区下辖7镇4乡3个街道办事处，150个行政村919个村民小组，41个居民委员会。2021年末全区总人口共有15.53万户、46.95万人。城镇人口为19.99万人，乡村人口为26.96万人。常住年平均人口为47.3万人。原州区历史悠久，文化积淀厚重，名胜古迹众多，独具特色，历史文化遗产丰富，境内有古建筑遗址400多处，其中有国家级重点文物保护单位3处，自治区级重点文物保护单位9处，县级重点文物保护单位7处，收藏历代文物4000多件，诸多的人文历史资源使原州区具有发展旅游产业的巨大潜力。境内著名景点有：东海子、西海子、北海子、须弥山石窟、蝉塔山林区，毛家台子民俗村，黄铎堡古城，战国秦长城，固原古城墙，固原博物馆，东岳山公园、二十里铺拱北，红军长征青石嘴战斗纪念碑等。

【党的建设】 2021年，原州区认真践行新时代党的建设总要求，以永远在路上的执着和韧劲纵深推动全面从严治党。圆满完成县乡村"三级"换届工作，配齐配强村"两委"成员1009人，年龄、学历等结构进一步优化。坚持"选育用"一体推进，选育435名村级后备干部,50.8%的人员进入村"两委"班子。扎实开展"两个带头人"工程,选拔村党组织带头人148名,培育致富带头人1172名,促进"两个带头人"融合转化,"二合一"带头人占行政村总数的60%以上,带动1.1万农户发展产业,村党组织服务群众能力显著提升。卫健局、开城镇、黄铎堡镇、蔡川村被评为自治区先进基层党组织。不断推进"三大三强""一抓两整"提升行动,深化"三强九严"工程,持续完善"四联四化"机制,全面加强非公企业和社会组织党建工作,整顿软弱涣散农村党组织,推动基层党组织全面进步、全面过硬。常态化开展政治监督,制订《2021年原州区全面从严治党党风廉政建设和反腐败工作主要任务分工方案》,开展专项监督检查2次,查处"两个责任"落实不力问题2起3人,给予党纪政务处分3人,督促各级党组织扛稳抓牢主体责任,推动"两个责任"贯通协同、形成合力。把疫情防控监督作为重大政治任务,成立2个督查检查组,深入11个乡镇、3个办事处、7个主要职能部门(单位),紧盯校区、社区、厂区、医院、农村"五区",高速公路、汽车站、火车站、飞机场等"四个出入口",宾馆酒店、快递市场、娱乐场所、冷链市场、建筑工地、敬养老院等"七个重点领域",深入开展监督检查,下发督查通报4期,督促整改问题165个,约谈疫情防控不力的党政"一把手"13人,做到守土有责、守土负责、守土尽责。全面压实"两个责任",始终保持惩治腐败高压态势,严格执行中央八项规定及其实施细则精神、自治区"八条禁令",持之以恒纠"四风"、转作风,政治生态更加清朗。同时,发挥巡视巡察"利剑"作用,常态化开展政治巡察,将巡察触角延伸到村(社区),做实巡察整改"后半篇文章",实现本届区委巡察全覆盖、整改问题全覆盖。

【贯彻习近平新时代中国特色社会主义思想】 2021年,原州区坚持用习近平新时代中国特色社会主义思想武装头脑。始终把"两个维护"作为最大的政治、首要的原则和最严的纪律,将习近平新时代中国特色社会主义思想、党中央和自治区固原市党委重要会议、最新决策、最新文件及习近平总书记最新重要讲话列为原州区委常委会会议、各级党委(党组)理论学习中心组学习的第一议题和常设议题,及时校准偏差、指导实践、推动工作,组织原州区委理论学习中心组学习20次,举办专题读书班2期,理论大讲堂4场,交流发言7次,不断推进习近平新时代中国特色社会主义思想入脑入心入行。坚持以习近平总书记视察宁夏重要讲话精神为激励,把学习贯彻习近平总书记视察宁夏重要讲话精神与推动黄河流域生态保护和高质量发展先行区建设、统筹疫情防控和经济社会发展、巩固拓展脱贫攻坚成果同乡村振兴有效衔接、庆祝中国共产党成立100周年结合起来,深刻理解把握习近平总书记对宁夏工作的殷殷嘱托,牢牢把握工作正确政治方向。认真贯彻执行《中国共产党重大事项请示报告条例》,加强请示报告工作,切实做到政令畅通、令行禁止、贯彻有力、执行到位。

【贯彻党的十九届五中、六中全会精神】 2021年,原州区把学习贯彻党的十九届五中、六中全会精神作为一项重要政治任务,制定《关于认真学习宣传贯彻党的十九届五中全会精神的通知》《学习宣传贯彻党的十九届五中全会精神宣传工作方案》《党的十九届五中全会精神宣讲工作方案》《关于认真学习宣传贯彻党的十九届六中全会精神方案》《党的十九届六中全会精神宣传宣讲工作方案》等文件,分别成立区级宣讲团和乡镇、街道宣讲团(组),充分利用新时代文明实践中心(所站)等平台,分级分类分众开展多种形式的宣讲活动,全面准确宣讲党的十九届五中、六中全会精神,累计开展宣讲活动180余场次,受众1万余人。统筹原州发布、新原州报、原州新闻网等设置专题专栏,刊登稿件50余篇。设置擎天柱宣传牌5面,宣传栏300余面,横幅标语700余幅,电子屏播放200余个,切实增强社会层面知晓度和影响力,引导全区上下感恩核心、拥戴核心、跟随核心、维护核心。

【铸牢中华民族共同体意识】 2021年,原州区以铸牢中华民族共同体意识为民族工作主线。坚持把学习贯彻习近平总书记在中央民族工作会议上的重要讲话精神,与习近平总书记视察宁夏重要讲话精神结合起来,与自治区党委十二届十三次全会精神贯通起来,一体学习、一体推进,自觉把思想和行动统一到党中央和自治区党委决策部署上来,不断增强"四个意识、坚定"四个自信"、做到"两个维护",坚决守好维护民族团结生命线。深入开展中华民族共同体教育、中国特色社会主义和中国梦宣传教育,教育各族群众牢固树立"三个离不开"思想、不断增强"五个认同"。严格按照"1+6"工作方案,抓实工作专班,挂图作战,全面推进基层治理。促进宗教与社会主义社会相适应。严格落实宣传工作责任制,持续巩固宣传工作领导地位,原州区委常委会研究宣传领域工作5次,定期召开宣传工作联席会议3次。加强网络安全监管,对辖区245家网站进行全面排查,依法依规约谈教育违规网络主播20名,行政拘留1名,封号处置3名,维护网上宣传安全工作的主动性和预见性逐步增强。对宣传工作开展专项督查1次,并在一定范围通报宣传工作情况，牢牢掌握宣传工作主动权。

【党史学习教育】 2021年，原州区把党史学习教育作为贯穿全年的重大政治任务，围绕习近平新时代中国特色社会主义思想、习近平总书记视察宁夏重要讲话、在党史学习教育动员大会上的重要讲话、在庆祝中国共产党成立100周年大会上的重要讲话、在中共中央第十九届六中全会上的重要讲话、在中央经济工作会议上的重要讲话精神等重点学习内容，紧盯学史明理、学史增信、学史崇德、学史力行总要求，进一步增强“四个意识”、坚定“四个自信”、做到“两个维护”，努力把学习教育成效转化为加快推动原州区高质量发展的强大动力。聚焦“学党史”，原州区委常委会举办读书班2期，原州区委理论学习中心组学习20次，集中研讨560次，举办宣讲报告会3场，开展集中宣讲、巡回宣讲、专题讲座等2000余场（次），切实用党史铸魂补钙、涵养精神，不断增强走好新时代长征路的政治自觉、思想自觉和行动自觉。聚焦“悟思想”，读原著、学原文、悟原理，举办专题学习班3期，系统学习领会我们党推进马克思主义中国化形成的重大理论成果，深刻理解把握习近平新时代中国特色社会主义思想的科学性真理性，在学深学透中增强政治判断力，在常悟常进中增强政治领悟力，在笃信笃行中增强政治执行力。聚焦“办实事”，把“我为群众办实事”作为出发点和落脚点，各级干部走访群众2.5万户，确定办实事清单432项，2021年年底办结421项。扎实开展“办好实事惠民生”“创新治理保平安”“推动发展增福祉”“信访维稳促和谐”4个专项行动，有效促进人民生活品质、基层社会治理、和谐稳定大提升，被确定为全国信访工作“三无”县（区）。聚焦“开新局”，对标落实自治区十大工程、九大产业和固原市五大重点产业，大力推进“一河三山”生态修复保护、河道整治及水环境治理、高效节水灌溉、集污管网建设、天然气进村入户“五大工程”，人民群众获得感、幸福感、安全感不断增强。

【经济发展】 2021年，原州区坚持以习近平新时代中国特色社会主义思想为指导，以习近平总书记视察宁夏及“七一”重要讲话精神为激励，全面贯彻落实党中央和自治区、固原市党委决策部署，扎实开展党史学习教育，纵深推进黄河流域生态保护和高质量发展先行区建设，统筹推进疫情防控和经济社会发展，各项工作取得了新突破、新进展、新成效。实现地区生产总值158.71亿元，同比增长6.7%；完成全社会固定资产投资64.04亿元，同比增长15.8%；实现社会消费品零售总额70.89亿元，同比增长3.6%；完成地方一般公共财政预算收入1.74亿元，同比增长3.2%；完成一般公共财政预算支出50.06亿元，同比增长3.2%；城镇居民人均可支配收入34683.2元，同比增长8.5%；农村居民人均可支配收入13712元，同比增长9.1%。

【项目建设】 2021年，原州区对标自治区十大工程、九大产业、“四大提升行动”“四权”改革，围绕先行区建设、巩固拓展脱贫攻坚成果同乡村振兴有效衔接、基础设施、改善民生等，确定重点项目84个，总投资198亿元，年度计划完成投资74.6亿元，截至2021年年底，实施项目开工82个，开工率98%，完成投资40.66亿元，投资完成率68%。建立“一个项目、一个包抓领导、一个责任单位、一名责任人、一套工作方案、一抓到底”的“六个一”包抓责任机制，实行项目建设工作责任清单，在建项目抓进度，落地项目抓开工，计划项目抓落实，倒排工期，挂图作战，全过程、全链条协调解决问题，压茬推进项目建设和管理。加大招商引资力度，坚持需求导向和目标导向，系统谋划推进全产业链招商、以商招商、全域招商，原州区委、人大、政府、政协围绕五大产业先后组织招商小分队赴甘肃、福建、山东、四川、江苏、浙江等地开展招商活动12次，随自治区考察组赴重庆开展招商活动2次，开展闽宁协作对接活动2次，共对接企业56家，完成固原市“百日行动”下达原州区在谈项目转签约任务的130%、签约项目转落地任务的100%；落地在建项目共23个，计划总投资90.5亿元，到位资金35.4亿元，完成固原市下达目标任务29.5亿元的120%。

【乡村振兴】 2021年，原州区坚持把巩固拓展脱贫攻坚成果同乡村振兴有效衔接放在突出位置，严格落实“四个不摘”要求，常态化开展“四查四补”，持续完善“三保障”和饮水安全动态清零机制，坚决守住不发生规模性返贫的底线，不断巩固拓展脱贫攻坚成果，有序推进乡村振兴。争取中央和自治区衔接资金8.1亿元，继续发展壮大冷凉蔬菜、草畜、特色种养、文化旅游等致富产业。彭堡镇、头营镇被确定为宁夏特色旅游村镇。建成5个万亩、14个千亩冷凉蔬菜基地，蔬菜种植面积达到22.4万亩。引进雪川农业落地，建成马铃薯基地4个，带动全区种植马铃薯14万亩。依托融侨、兴百业高品蛋鸡产业园，培育肉牛养殖示范乡镇2个、示范村10个，肉牛、生态鸡饲养量分别达到29万头、260万羽。举办大型促销活动25场次，实现销售收入1.2亿元。

【扩大就业】 2021年，原州区按照“多措并举促就业，‘铁杆庄稼’保收人"的思路,多措并举扩大群众就业面,新增城乡公益性岗位900个,发放稳岗补贴200万元。落实"双创"政策,申请"原州区返乡创业孵化园区"为市级创业孵化示范基地,吸纳36家企业入园创业。发放创业担保贷款4210万元,培育创业实体500家,创造新岗位1370余个,带动就业2430余人。闽宁劳务协作不断深化,成立宁夏飞毛腿技工学校,赴闽务工人员陈满库获得全国五一劳动奖章。实现农村劳动力转移就业7.32万人(其中脱贫人口2.97万人),实现工资性收入17.83亿元,与往年同期基本持平。主动对接区内外企业岗位用工信息,通过包机和租车等"点对点、一站式"服务方式,集中多批次向区内外转移就业。扎实开展消费帮扶产品认定及供应商资质审核,累计101家企业911个产品进入全国消费帮扶产品名录,有78家供应商686个产品进入中国消费扶贫网"扶贫832"平台销售,供应商及产品入驻位居自治区第一。完成消费帮扶4.94亿元,同比增加16.4%。安排资金740万元,发放牧草种子450吨,组织群众抢墒播种牧草3万亩。督促4家保险公司开展受灾农作物面积核查和损失鉴定,落实赔付资金5060万元。

【生态建设】 2021年,原州区大力实施"生态立区"战略,全面推进国土绿化、生态修复、质量提升行动,推进重点区域植树造林工程,完成营造林17.8万亩,废弃矿山生态修复治理5000亩,被确定为国家水土保持示范县。区域空气优良率、地表水和地下水水质稳定达到国控指标,生态环境质量明显改善。大力推进人居环境整治,深化"五清一绿一改",完善"户保洁、村收集、乡转运、区处理"四级垃圾收运处置机制,实施环境整治十大攻坚行动,动员全原州区力量,全面清理生活垃圾、村内沟渠、乱堆乱建和废弃房屋残垣断壁,确保各类垃圾应收尽收、应运尽运,推动厕所粪污、牲畜养殖、农业生产废弃物无害化处理、资源化利用,被确定为农村生活垃圾和资源化利用试点三级示范县区。整村推进"厕所革命",新改建户厕5751座,农村人居环境颜值与魅力不断提升,头营镇杨朗村、张易镇宋洼村被确定为自治区2021年高质量美丽宜居村庄。

【社会事业】 2021年,原州区坚持把"四大提升行动"作为增强人民福祉的重要抓手,建立领导包抓、协同推进、督导问效工作机制,实行台账管理、清单推进、专班落实,"四大提升行动"各项工作取得积极进展。扎实推进移民致富提升行动。紧盯原州区10490户44378人移民、101个集中安置区(点),在雷东生常委、彭友东副主任的精心指导下,在自然资源厅的倾力帮扶下,细化实化工作方案,制订实施移民安置区基础设施建设3年攻坚计划。以移民示范村创建为抓手,在移民群众产业、就业、社会融入,移民村环境整治、基层治理等8个方面,制定25大项46小项具体推进措施,创新实施"经营主体+村集体+移民""经营主体+移民"等利益联结机制,开展形式多样的精神文明建设、民族团结进步创建,切实增强移民的归属感和认同感。扎实推进城乡居民收入提升行动。围绕增加城乡居民工资性收入、经营性收入、财产性收入等5个方面,制定17大项36小项推进措施。举办各类劳动技能培训146期6900人次,发放创业担保贷款3430万元,发展农民专业合作社603家,培育家庭农场213家,入社社员1.01万人,辐射带动农户4.2万户,农民增收渠道不断拓宽,被确定为全国农民合作社质量提升整县推进试点县(区)。扎实推进基础教育质量提升行动。实施学校标准化建设、师资队伍建设、优质教育扩面、教育环境优化等7大提升行动,进一步优化学校建设布局,3所小学(幼儿园)于秋季开学投入使用,加快推进二十小、二十一小等7所小学、幼儿园建设,确保2022年交付使用。完善学校思想政治教育体系,严格落实"五项管理",设立"留守儿童关爱之家"142个,扎实推进"双减",推广"集团化办学""城乡共同体""四点半"课后服务经验,扩大优质教育资源覆盖面,促进学生全面发展。原州区第十二小学、第十小学被确定为全国中小学中华优秀文化传承校,原州区十七小学"和润5+X"学生发展评价被评为全国第二批"一校一案"落实《中小学德育工作指南》典型案例。扎实推进全民健康水平提升行动。加快推进全民健康素养提升、全民身体素质提高、提升医疗卫生服务能力、提升全民医疗保障水平、深化重点领域改革创新等十项重点工作,建立健康科普专家库,建成危重孕产妇、新生儿救治等中心5个、乡镇(社区)中医馆14个。高血压、糖尿病规范管理率分别达97%和93.1%,人均预期寿命77.5岁。

【"四权"改革】 2021年,原州区坚决把推进"四权"改革作为重大政治任务,以新发展理念为引领,以高质量发展为主题,以市场化改革为方向,切实肩负起历史赋予的时代使命。用水权改革方面:按照用水权改革重点县(区)蹚出路子、积累经验、做出示范的要求,围绕"节水增效"目标,完成"十四五"末用水量分析测算,研究制订了《原州区2021年水量分配计划和调度方案》,严控地下用水管制,强化水资源刚性约束。调查核实用水确权总量9020万立方米,其中农业用水确权水量8100万立方米,清查"用水黑户"企业56家。制订农业水价综合改革实施方案，编制完成以电折水工作实施方案，选择代表性较强的彭堡镇姚磨村、中河乡丰堡村开展试点工作。指导9个灌溉乡镇成立了灌溉服务专业合作社，健全管理服务体系，完善联合执法管理办法，严厉打击违规违法取用水行为。土地权改革方面：围绕“盘活增值”目标，从管好用好、放开放活两个方面入手，扎实推进土地权改革，被确定为全国第二轮土地承包到期后再延包30年试点县（区）。配合市局编制完成国土空间总体规划和近期规划实施方案，初步划定了市区和三营镇城镇开发边界。编制完成18个村庄规划，正在开展7个镇区控制性详细规划和29个村庄规划编制。完成土地确权登记62622户123.34万亩，完成农村宅基地“房地一体”确权65124宗，确权率96%。摸排集体建设用地542宗，完成集体建设用地不动产权籍调查440宗。摸排闲置宅基地和其他集体建设用地4156宗2720亩，其中2000亩作为城乡建设用地增减挂钩跨省交易调剂指标，完成上图入库工作。排污权改革方面：围绕“降污增益”目标，抓好排污权初始核定、政府排污权储备等重点工作。依法科学确定排污权属，将已核发排污许可证的45家企业全部纳入排污权改革范围，精准核定初始排污权并进行确权登记。确立初始权二氧化硫147.8吨；氮氧化物96.6吨；化学需氧量105.1吨；氨氮10.6吨。开展政府排污权储备工作，核算符合改革要求形成的减排量二氧化硫86.9吨、氮氧化物57.9吨、化学需氧量239.9吨、氨氮31.3吨，作为政府排污权的储备量上报自治区审核。山林权改革方面：以放开放活、增值增效、植绿增绿为核心，扎实推进山林权改革。完成7个乡镇55个村53万亩集体林地和32万亩国有林地确权登记；完成移民迁出区各类地物界线落界工作。制定印发《原州区山林权流转管理办法（试行）》，将河川乡寨洼村等3个村1.6万亩集体林地流转地给瑞丹苑公司，为山林权改革探索经验。加大招商引资力度，依托河川油用牡丹集团，对接山东大宗集团，以元宝枫、油牡丹深加工为示范，带动我区经果林产业链条延伸。

西吉县

【概况】 西吉县地处宁夏回族自治区南部、六盘山西麓，位于北纬35°35'~36°14'，东经105°20'~106°04'。东与固原市原州区接壤，距固原市63千米；南与宁夏隆德、甘肃静宁两县毗连，距隆德县91千米，距静宁县73千米，南距陕西省西安市450千米；西与甘肃会宁为邻，距会宁县132千米，西距甘肃兰州市272千米；北同海原县相依，距海原县城96千米，北距银川市391千米。县境东西宽67千米、南北长74千米，总面积3129.44平方千米，耕地面积140055.01公顷，森林面积48845公顷。西吉县地处陇西黄土高原腹地，境内群山连绵，峰峦叠嶂，沟壑纵横，山势错落。主要有葫芦河川道平原区、西南部黄土丘陵沟壑区和东北部土石山区3个地貌类型，地势南低，北、东、西渐次增高，海拔1688~2633米。地貌分3种类型，黄土丘陵区分布最广、面积最大、占土地总面积的83.5%；中部葫芦河川道区地势平坦，占总面积的6.1%；东北部为月亮山和六盘山余脉的土石山区，占总面积的10.4%。月亮山是境内最高山峰，形似弧月而得名，主峰海拔2633米，呈西北往东南走向。西吉县境内有葫芦河、清水河、祖厉河3条水系，均属季节性河流。葫芦河为境内最大的河流，发源于县境西北边缘的月亮山南麓，状如葫芦，曲流南下，经新营、吉强、硝河、将台堡、兴隆等乡镇流入甘肃静宁，经秦安注入渭河，境内全长97千米，流域面积1358.5平方千米。清水河发源于偏城乡双羊套和白崖乡九条沟垴，经固原、同心抵中宁流入黄河，境内全长30千米，流域面积565平方千米。祖厉河发源于震湖、田坪、马建、红耀、新营等地，经甘肃会宁等地汇入黄河，流域面积491平方千米。近年，由于干旱和地下水位的下降，这3条河系大部分地段已干涸或断流。全年全县总用水量3230万立方米，比上年增长3.4%。其中，生活用水970万立方米，增长18.0%；工业用水10万立方米，农业用水2250万立方米，下降2.2%。西吉县境内主要野生动物有蜜蜂、孢、鼬、刺猬、松鼠、狐狸、雉鸡、野兔、白琵鹭、黑鹳、白鹳、凤头麦鸡、凤头鸊鷉、白骨顶鸡、白腰草鹬、针尾鸭、绿翅鸭、绿头鸭、赤麻鸭、猎隼、豹猫、鸢等，主要分布于全县河流、湖泊湿地，火石寨、月亮山自然保护区；主要野生植物有山杨、旱柳、柽柳、山杏、白桦、山楂、紫丁香、珍珠梅、黄刺玫、沙棘、枸子、榛子、山桃等乔灌木，甘草、白芍、秦艽、黄芪、茵陈、大蓟等中药材和蕨类、草地风毛菊、东方草莓、土人参、山丹、石竹、蒲公英、野枸杞、芨芨草等草本植物。在2021年林木种质资源调查中发现，境内有黑榆生长，是全县首次发现，主要分布于全县河流、湖泊湿地，火石寨、月亮山自然保护区。2021年年底，全县森林覆盖率达22.51%。林区禁采禁猎，国有林场采取蹲点看守和巡查值守相结合的方式，加强对野生动植物的保护，消除监测盲区，严防破坏林区野生动植物的行为。2021年，西吉县辖4镇15乡，8个居委会、295个村民委员会。2021年年末，全县总人口12.91万户，47.40万人。城镇人口为7.02万人，乡村人口为40.37万人。常住年平均人口为31.7万人。西吉红色文化底蕴深厚，是红色革命圣地，毛泽东夜宿单家集，红军长征胜利会师将台堡。1996年江泽民同志为“中国工农红军长征将台堡纪念碑”亲笔题词。2016年7月，习近平总书记冒雨来到将台堡向红军长征纪念碑敬献花篮，参观了红军长征纪念园，发出了“缅怀先烈、不忘初心，走好新的长征路”的伟大号召。西吉县是中国首个“文学之乡”，也是中华古钱币收藏第一县，境内有入列国家森林公园、地质公园的火石寨丹霞地貌4A级自然景区，有亚洲第一、世界第二的国家级地震堰塞湖遗址。农产品资源丰富，是“中国马铃薯之乡”和“中国西芹之乡”“西吉马铃薯”“西吉芹菜”是“中国驰名商标”。劳动力资源充裕，是“全国劳动力转移就业示范县”。

【经济发展】 2021年，西吉县实现地区生产总值80.69亿元，比上年增长4.0%。其中，第一产业实现增加值20.74亿元，同上年持平；第二产业实现增加值11.31亿元，比上年下降3.3%；第三产业实现增加值48.64亿元，比上年增长7.8%。全社会固定资产投资完成36.6亿元，比上年下降7.8%。实现社会消费品零售总额20.19亿元，比上年增长3.4%；完成地方一般公共预算收入17404万元，比上年下降3.7%；完成一般公共预算支出65.53亿元，比上年下降6.4%。城镇居民人均可支配收入31240.9元，比上年增长7.8%；农村居民人均可支配收入12772.4元，比上年增长8.3%；城乡居民人均可支配收入比为2.45。全年全县城镇居民人均生活消费支出20445.5元，比上年增长7.5%，城镇居民恩格尔系数为30.0%；农村居民人均生活消费支出10743.2元，比上年增长12.1%，农村居民恩格尔系数为29.7%。

【精神文明建设】 2021年，西吉县以培育和践行社会主义核心价值观为抓手，培育新时代社会主义文明新风，深化乡村移风易俗建设。针对自治区文明办移风易俗第三方测评反馈问题，制订印发《西吉县关于自治区移风易俗第三方测评有关反馈问题整改方案》，认真落实整改任务，持续提高群众移风易俗知晓率、满意度。结合村“两委”换届选举工作，指导做好各村红白理事会队伍建设，进一步健全完善红白理事会运行机制。围绕移风易俗、文明乡风建设，对新上任的村支书、村主任进行培训，提升“两委”班子履职能力。以“学党史•颂党恩•传家风”为主题，深入全县19个乡镇集中开展家风家教主题宣传活动，不断厚植广大群众家国情怀。以贯彻落实《新时代公民思想道德建设实施纲要》《新时代爱国主义教育实施纲要》为抓手，以“我们的节日”主题活动为载体，广泛开展评先评优、先进典型现身说法等新时代文明实践活动，选树表彰了一批“移风易俗示范户”“脱贫光荣户”“好婆婆”“好媳妇”等先进典型，评选县级文明单位7个、文明村镇23个、文明校园4个、文明家庭11户。创建县级以上文明村(镇)共186个，占比63.1%。制订印发《关于开展诚信缺失突出问题专项治理行动的实施方案》，重点开展电信网络诈骗、扶贫脱贫失信、骗取社会保险、金融领域失信等问题专项治理行动，推动形成诚实守信、重信守诺的浓厚社会氛围。举办“庆祝建党100周年”文艺晚会、书法绘画展览、广场文化演出、排球比赛等群众性文化活动200余场次，彰显“党的盛典、人民的节日”，进一步丰富了广大群众的精神文化生活，为巩固脱贫攻坚成果，接续实施乡村振兴，共圆伟大中国梦提供了强大精神动力。

【巩固脱贫成果】 2021年，西吉县抢抓国家乡村振兴重点帮扶县机遇，紧盯低收入人口发展困点、增收难点，先后制定农业产业发展扶持、防返贫动态监测等系列政策性文件，对235户1117人“三类监测对象”逐户逐人建立监测预警台账，采取“普惠+特惠”举措精准帮扶、精准施策、精准消除返贫风险。统筹整合各类资金12.07亿元，严格落实“四个不摘”要求，分类实施4类49项壮大产业、乡村建设等项目，确保巩固拓展脱贫攻坚成果同乡村振兴有效衔接。

【乡村振兴工作】 2021年，西吉县以“四大提升行动”为抓手，不断开创接续推进乡村振兴的新局面。一是开展移民致富提升行动。聚焦102个生态移民安置点和5个移民社区(13个劳务移民小区)，重点解决好产业、就业和社会融入3件事。新建集中养殖园5个，实施基础设施维修改造示范村18个，建设高标准日光温棚39座，实现户均有1~2项增收产业。移民转移就业14707人，外出就业占22.4%，自主创业占6%，从事农业生产占71.5%。开展移民技能提升培训651人次，在产业园区建立劳务基地，吸纳450名劳务移民就业。二是开展城乡居民收入提升行动。聚焦肉牛、马铃薯等重点产业，培育壮大山东水发、亲亲食品等龙头企业，全面提升农产品加工能力，提高农民经营性收入5350元以上。全年转移农村劳动力13.1万人，城镇新增就业1796人。新培育创业实体61家，带动就业633人。安置公益性岗位2815人。54个帮扶车间吸纳贫困人口就业1000余人，月工资收入2000元以上。三是开展基础教育质量提升行动。推进数字校园建设，“智慧校园”开通率100%，建成在线“互动课堂”教室356间，多媒体教学终端配备率100%。开展“西吉名师”“六盘名师”

培养对象培训100人次。推动乡村小规模学校集中办学，稳妥撤并整合10人以下小规模学校84所。投入资金6.41亿元，新建第八中学，在建幼儿园4所，新建和改（扩）建校舍总建筑面积20.47万平方米，新增体育活动场地4万平方米，不断加快补齐办学条件短板。四是开展全民健康水平提升行动。完成县疾控中心综合楼、县医院感染性疾病科综合楼建设项目和县中医医院救治能力提升工程，启动县人民医院三级乙等综合医院等级创建。加快提升危急重症救治能力，县内就诊率达到90.45%。推进网上会诊、远程培训“互联网+医疗”，基层就诊占比提高到68.6%。创建健康社区2个、健康机关10个、健康学校5个、健康家庭21个，居民健康素养水平19.36%，国民体质监测合格率达90%以上。依托沪宁、京宁、闽宁等对口帮扶，引进区内外医疗专家130余人。

【农业农村工作】 2021年实现农林牧渔业总产值44.98亿元，比上年下降0.7%。其中，农业产值30.51亿元，比上年下降5.6%；牧业产值11.88亿元，比上年增长14.9%。实现农林牧渔业增加值22.12亿元，比上年增长0.2%。全年粮食作物播种面积133.64万亩，比上年减少4.57万亩。其中，小麦10.13万亩，比上年减少15.38万亩；玉米38.66万亩，比年增加9.18万亩；马铃薯66.26万亩，比上年增加2.95万亩；小秋杂粮15.79万亩，比上年增加0.62万亩。全年粮食总产量32.19万吨，比上年减少7.56万吨，下降19.03%。其中，夏粮产量1.62万吨，下降71.52%；秋粮产量30.57万吨，下降10.28%。全年全县小麦产量1.50万吨，比上年下降71.66%；玉米产量9.32万吨，比上年增长10.13%；马铃薯产量19.88万吨，比上年下降15.12%；小秋杂粮产量1.37万吨，比上年下降36.97%。年末全县生猪存栏5.11万头，比上年增长7.5%；肉牛存栏26.9万头，比上年增长16.9%；羊存栏30.2万只，比上年增长15.4%。全年生猪出栏4.4万头，比上年增长11.1%；肉牛出栏9.2万头，比上年增长5.3%；羊出栏24.5万只，比上年下降4.5%；家禽出栏22.3万只，比上年增长35.5%。全年肉类总产量22660吨，比上年增长3.0%。其中，猪肉产量3301吨，比上年增长0.6%；牛肉产量14489吨，比上年增长6.8%；羊肉产量4339吨，比上年下降7.4%；禽肉产量459吨，比上年增长15.5%，其他小畜品种肉产量72吨。全县成立村集体股份经济合作社106家、经济合作社189家，开展土地承包经营权抵押贷款试点村5个。全县各类配套农机具总量7.5万余台（件）、农机总动力57.4万千瓦、农机作业服务组织42家、农机从业人员2.7万余人，完成机械化服务面积100万亩以上，实现农机化耕种收综合作业68%。全县现有农产品加工企业49家，主要以加工马铃薯、果蔬、杂粮（油料）为主，加工转化鲜薯50万吨、蔬菜20万吨、杂粮、油料2万吨，生产精淀粉7万吨、“三粉”3万吨、主食产品1000多吨，农产品加工转化率达到35%。聚焦农产品品牌建设，认定绿色食品15个，评定二星级绿色食品加工企业4家、三星级绿色食品企业2家。建设牛肉线下营销网点25个，年销售营业额超过100万元。先后组织17家农业经营主体参加区内外农产品展销会、农博会、洽谈会等农产品推介活动11次，共展出西吉农产品43种。

【固定资产投资】 2021年全社会固定资产投资比上年下降7.8%。其中，地方投资增长58.4%，占全社会固定资产投资的比重为64.5%；房地产投资下降32.3%，占全社会固定资产投资的比重为21.7%，厅局投资下降61.6%，占全社会固定资产投资的比重为13.8%。全年全县房地产开发投资7.9亿元，比上年下降32.3%。其中，住宅投资5.5亿元，下降40.0%；商业营业用房投资1.7亿元，增长32.0%。商品房销售面积12.6万平方米，比上年增长3.0%，商品房待售面积16.9万平方米，比上年增长3.0%。商品房销售额5.5亿元。其中，住宅销售额4.5亿元，商业营业用房销售额0.7亿元，其他销售额0.3亿元。

【工业和建筑业】 2021年，全县全工业增加值42183万元，比上年下降7.3%，其中规模以上工业增加值下降9.6%。全年规模以上工业企业利润总额5552.8万元，比上年下降9.2%。全年全县建筑业增加值70875万元，比上年下降1.0%。注册地在本地且具有总承包资质和专业承包资质的建筑企业3家，全年完成建筑业总产值6.18亿元，比上年下降36.2%。建筑业企业房屋建筑施工面积134176平方米，比上年下降52.4%；房屋竣工面积108439平方米，比上年下降48.5%；竣工产值4.4亿元，比上年下降40.5%。

【招商引资工作】 2021年，西吉县制定印发《西吉县2021年度招商引资工作实施方案》《招商引资目标管理考核体系》《招商引资考核细则》，明确目标任务、提出工作思路，围绕肉牛、马铃薯、文化旅游、纺织服装、“四个一”林草“五大产业”，突出“招大、引强、选优”做好“强链、补链、延链”文章，县主要领导带队赴山东济南、福建福州、莆田、广东深圳、汕头等地招商6次，分管领导带队及各部门外出招商14次，邀请客商32批次63家企业前来西吉考察调研，在谈项目23个，签约落地项目11个。年内共实施招商引资项目31个，到位资金31.25亿元,完成全年招商引资任务的110%。全年完成全部工业增加值4.22亿元,同比增长-7.3%,其中规模以上工业增加值增长-9.6%。

【城乡建设】 2021年,西吉县完成旧城区(吉强东路、吉强西路)综合治理,对安居路、康泰路、惠安小区周边路等13条道路、人行道及合流制管道进行改造建设,当年完成地下管线敷设及道路基层施工;对西吉县交通运输局家属楼、东关粮库家属楼、华龙公司住宅楼等7个小区楼体及室外配套基础设施进行改造,涉及12栋住宅楼258户居民,改造面积2.57万平方米;对全县各乡镇、小区等公共区域基础设施进行改造及亮化提升。续建西吉县红太阳花园C区商住楼、格兰美景商住小区、世纪花园商住小区、泰和嘉园东区商住小区;新建西吉县未来城小区。完成改造危房108户,抗震宜居改造房屋337户,其中加固房114户,排查鉴定房屋78944户。建设新营乡甘井村、吉强镇龙王坝村高质量美丽宜居村庄2个。

【教育教学】 2021年,全县各级各类学校360所。其中,幼儿园164所(其中民办幼儿园17所)、普通小学167所(含67个教学点,1所特殊教育)、初级中学26所(含9所九年一贯制学校)、完全中学1所、高级中学1所、职业中学1所。全县年末专任教师4964人(不含特岗)。其中,幼儿园36人、普通小学2468人、普通中学2232人、职业高中228人。年末在校学生78723人。其中,学前教育12529人(含民办幼儿园2860人),普通小学生34132人(含特教学生89人)、初中学生18211人(含特教学生24人)、普通高中学生9415人、职业高中学生4436人。学前教育毛入园率87.06%,小学学龄人口入学率100%,初中阶段毛入学率104.38%,高中阶段毛入学率94.63%,小学六年巩固率和初中三年巩固率均为100%。2021年,高考报名总人数6036人,其中普通高考报名4508人、高职分类报名1528人,一本录取492人、二本录取1021人、高职专科录取1853人、高职分类录取1380人、应用型本科录取4人。

【农业科技】 2021年,西吉县共签订技术合同49项,技术合同成交金额1017万元,比上年增长1.53倍,占GDP的0.13%。争取区、市科技部门安排资金698.7万元,实施科技研发和成果转化项目35个。全年专利授权数132件,农业科技进步贡献率61.0%。利用县财政安排442万元R&D项目资金,安排实施科技研发项目19个,撬动全社会R&D经费投入2562万元,R&D经费投入强度0.33%。全县培训发展科技特派员230名,其中,法人科技特派员105名、自然人特派员125名。培育种养科技示范户1800户,推广草畜、中蜂等新品种10个。新认定宁夏佳立马铃薯产业有限公司为自治区农业高新技术企业,新增西吉县万里淀粉有限公司等4家公司为国家科技型企业,新增宁夏穆柯寨生态农业科技有限公司等9家为自治区科技型中小企业,新增宁夏宏丰生态农业科技发展有限公司等4家公司固原市级科技型企业。

【文化体育】 2021年全县文化和旅游系统有艺术表演团体14个,共举办文艺演出325场。有县级文化馆1个、乡镇文化站19个、村级文化室295个、社区文化室8个、农家书屋295个;有公共图书馆1个,藏书22万册,借阅人次15.672万人次;有博物馆1处,馆藏文物4087件(可移动文物),其中国家级二级文物127件。全县定级不可移动文物23处,其中7处为区级保护单位、14处为县级保护单位。年末全县有线电视实际用户5189户,广播节目综合人口覆盖率为100%,电视节目综合人口覆盖率为100%。剧场、影剧院1个,广场文艺演出35场次,放映电影3572场。全年共完成新闻358期(档),播出新闻358条,摄制各类专题节目12部、微剧15部。全县共有旅游景点5个,其中,4A级旅游景点2个、A级旅游景点1个。全年接待游客167.18万人次,创旅游总收入3100万元。年末全县体育场馆45个。在小区、公园、广场、社区安装健身路径累计15套、篮球架17幅、健身驿站6个。共组织开展体育活动赛事17项,新建社区健身广场3个,广场配体育健身器材累计24个。全县共有体育场地339个,体育场地总面积83.97万平方米,建筑面积32.99万平方米,人均体育场地面积达2.66平方米。县全民健身中心、县体育场、社区多功能运动场,城乡所有体育运动场所全部免费对外开放。参加体育锻炼的人数达11.88万人次,占常住人口的37.4%以上。全县运动员参加国际国内比赛共取得金牌15枚,取得银牌15枚,有49人达国家二级运动员等级标准。

【卫生健康】 2021年年末,全县共有各类卫生机构355个。其中,公立医院2所、民营医院3所、乡镇卫生院19所、城市社区卫生服务站4个、妇幼保健院1个、疾病预防控制中心1个、卫生监督所1个、村卫生室296个、个体诊所28个。各类卫生技术人员3137人。其中,执业医师和执业助理医师885人、护士1225人、药剂师86人、技师55人、其他卫生技术人员886人。公立医院实有病床数768张,私立医院实有病床数373张。孕产妇死亡率为零,婴儿死亡率3.58‰(1周岁以内),其中新生儿死亡率2.95‰(28天以内),传染病发病率269.176/10万。全年总诊疗856664人次,入院人数55924人。

【社会保障】 2021年,全县参加城镇职工基本养老保险人数30713人,比上年末增加2845人;参加城乡居民基本养老保险人数241223人,增加46550人,参保率为100%。参加基本医疗保险人数425214人,其中,参加职工基本医疗保险人数33679人;参加城乡居民基本医疗保险人数391535人,参保率为98.66%。参加失业保险人数13807人,减少94人。参加工伤保险人数22278人,增加1543,其中,参加工伤保险的农民工8413人,增加1528人。全县城乡居民最低生活保障人数65513(含高龄)人。其中,城市居民最低生活保障5044人(含高龄),农村居民最低生活保障60469人(含高龄)。发放城镇居民最低生活保障金3036.59万元(含高龄48.97万元);发放农村居民最低生活保障金23032.68万元(含高龄1863.95万元),718人享受农村特困人员救助,全年临时救助53167人次。全年全县退役军人和其他优抚对象4536人,其中重点优抚对象1320人,年发放抚恤生活补助728.6万元。年末全县有敬老院5所,床位1017张,五保供养人数724人,其中,集中供养170人。年末全县共有各类提供住宿的社会服务机构6个,其中养老机构4个。提供住宿的社会工作机构床位1137张,其中养老服务床位1017张。年末共有社区服务中心(包括社区服务站)303个。年末全县缴存住房公积金人数13213人,当年归集住房公积金22283.18万元,当年发放贷款160户6651.70万元,公积金当年提取3225人15491.21万元,公积金使用率83.51%,公积金个贷率56.70%。

【就业创业】 2021年,全县城镇新增就业人员1707人,城镇失业人员实现再就业853人,城镇登记失业率4.46%。全年农村劳动力转移就业13.1万人,实现工资性收入24.9亿元,购买“铁杆庄稼保”9.07万人。完成创业培训200人、技能培训8856人。创造新岗位761个,安置公益性岗位2815人。全年领取失业保险金280人261.29万元,发放创业担保贷款4065万元。

【交通运输】 2021年,全县境内等级公路里程达到3289公里。按技术等级,其中,高速公路72公里、一级公路49公里、二级公路137公里、三级公路398公里、四级公路2633公里;按行政等级,其中,省级高速72公里、国道131公里、省道197公里、县道26公里、乡道658公里、村道2146公里、专用公路59公里。全县营运车辆438辆。其中,客运152辆、公共交通运营车辆48辆、出租汽车238辆。全年旅客运输总量1672.5万人次。其中,客运旅客运输总量59.5万人次,运输周转量6371.2万人公里;出租车旅客运输量总量1146.0万人次,载客车次总数391万车次;公交车旅客运输总量467.0万人次,运输周转量3362.4万人公里。年末全县民用汽车保有量47866辆(包括三轮汽车和低速货车),比上年增加1446辆,增长3.1%。其中,私家车保有量17241辆,比上年增加3509辆,增长21.7%。全县19个乡镇295个行政村全部通客车,乡镇和行政村通车率均达到100%。2021年7月,成功创建国家“城乡交通运输一体化”示范县。

【环境治理】 2021年,西吉县以“创建自治区卫生县城”为契机,大力开展卫生整治工作,人工清扫工作模式由之前的单班制改为两班四倒工作制,城区道路机械清扫率由之前的75%提高到80.5%。城市生活垃圾日产日清,全年垃圾清运处理量5.76万吨,生活垃圾无害化处理率达到98.63%。加大县城道路、公厕、路灯等公共设施的维修和管理,对城区27座公厕进行升级改造,安置移动环保公厕12座;投放垃圾屋98座、240L铁质垃圾桶455个、塑料垃圾桶400个;对县城建成区4公里污水管道和121.41公里雨污合流管道进行清挖、疏通。开展污水处理厂(站)设施设备维护保养300次,全年污水处理量556万吨,污泥处置1.3万吨,出水全部稳定达标排放。扎实开展“百村示范、千村整治、万户清洁行动”工作,村庄绿化植树87.06万株,拆除残垣断壁5415处,建成14个垃圾填埋场,完成垃圾处理46432吨,295个行政村农村生活垃圾得到治理的行政村比例为95%。整村推进户厕改造村10个,完成农村厕所改造3010座。

隆德县

【概况】 隆德县位于宁夏回族自治区南部,六盘山西麓。为固原市辖县,东接泾源县,北邻原州区,西界西吉县,南部与西南部分别与甘肃省庄浪县、静宁县毗连,地处北纬35度21分至35度47分、东经105度48分至106度15分之间,南北长47公里,东西宽41公里,全县辖区面积985平方公里,耕地面积46.7万亩,年均降水量496.7毫米,年均气温6.1℃,草畜、中药材、冷凉蔬菜等特色产业发展良好。2021年年末,全县总人口共有4.91万户、15.31万人。城镇人口为4.24万人,乡村人口为11.06万人。常住年平均人口为10.9万人。

【经济发展】 2021年,隆德县完成地区生产总值372210万元,按可比价格计算,同比增长5.8%,比上年下降1.9个百分点,其中一二三产业分别完成增加值8亿元、7.4亿元和

22.6亿元,分别增长3%、8%和8%;全社会固定资产投资完成22.2亿元,增长3%;地方财政一般预算收入完成9170万元,增长3%;城镇居民人均可支配收入达到27790元,增长7%;农村居民人均可支配收入达到12580元,增长8.5%。2021年,隆德县外出招商8次,考察对接企业20余家;请进来客商32批次18家。引进"建链、强链、补链、延链"的上海桐君堂中药材种植基地项目、大果榛子产业园区等招商项目,招商引资12家企业落地园区,落地资金为29124万元,主导产业项目12个。

【农业】 2021年,隆德县按照"适当调减低效、产能过剩作物,扩大节水、增产增收作物"的思路,调整优化种植结构和区域布局。形成北片万头肉牛、中片川道区万亩冷凉蔬菜、中南片万亩中药材、六盘山西麓阴湿区万亩马铃薯4个特色农业产业发展示范区。建成张程、杨河等肉牛标准化养殖示范乡4个,观庄乡田滩村等肉牛养殖示范村58个,兴鸿旺牧业等千头规模肉牛养殖场6个,奠安乡张田村等百头以上规模肉牛养殖场24个,全县肉牛饲养量达10.1万头。建成沙塘镇新民村等千亩设施蔬菜园区15个,联财镇恒光村等永久性设施蔬菜基地10个,全县种植冷凉蔬菜5万亩。建成神林观音等千亩中药材规范化种植基地7个,全县大田中药材达到3万亩,林药间作24万亩。建成观庄、陈靳等乡镇2000亩以上一级种薯繁育基地10个,全县种植马铃薯10.3万亩。全县完成农林牧渔业总产值161576万元,同比增长2.1%,比2019年增长7%,两年平均增长3.4%。其中,农业产值103149万元,同比增长0.5%,比2019年增长11.5%,两年平均增长5.6%。林业产值9109万元,同比增长56.2%,是2019年的1.18倍,两年平均增长47.5%;牧业产值40836万元,同比增长2.9%,比2019年增长7.6%,两年平均增长3.7%;农林牧渔服务业产值8482万元,同比增长4.2%,比2019年增长8.6%,两年平均增长4.2%。2021年,全县生猪存栏14237头,同比下降34.6%,出栏27810头,同比下降11.7%;牛存栏63433头,同比增长19.1%,出栏24977头,同比下降8.2%;羊存栏24822只,同比增长8.7%,出栏21410只,同比下降24%;家禽存栏72651只,同比增长6.4%,出栏26579只,同比下降79%;肉类总产量6732吨,同比下降15.6%。

【工业】 2021年,隆德县完成工业增加值15673万元,同比下降5.3%,增速较上年回落22.4个百分点,较2019年增长10.9%,两年平均增长5.3%。其中,规模以上工业企业完成增加值6920万元,同比增长2.7%,比2019年增长27.9%,两年平均增长13.1%;完成规模以上工业增加值8753万元,同比下降20.3%,较2019年下降11%,两年平均下降5.6%。2021年,全县完成建筑业增加值56661万元,同比下降0.5%,增幅较去年回落25.1个百分点,较2019年增长25.8%,两年平均增长12.1%。探索政府基础配套、企业建设运营、政企共同发展的"园区+工业地产"模式,引进上海医药、河南太龙等上市企业和黄土地食品、金誉生物等龙头企业,入六盘山工业园区企业60家,以中药材加工、农副产品生产、特色轻工业为主的产业。争取自治区技改资金642万元,引导浩德纸业、爱丽娜地毯等企业投资4285万元实施技术改造升级;加大科技创新扶持力度,申报认定四兴醋业为2021年自治区"专精特新"示范企业;培育桐君堂、浩德纸业拟进入规上企业;打造爱丽娜、人造花、兴宇粗粮、六盘山中药4个企业治理示范点和供水公司、公交公司、黄土地食品等5家标杆企业。

【第三产业】 2021年,隆德县休闲农业与乡村文化旅游融合发展,陈靳乡新和村等6个行政村入选全国乡村旅游重点村,老巷子被评为国家3A级景区;发挥隆德县红色旅游资源优势和夏季低温避暑优势,实施六盘山长征精神研学基地项目,建成神林山庄自驾游营地,新和村、老巷子房车营地,打造隆张公路、隆庄公路、隆泾公路三条精品旅游线路,打造盘龙山庄、锦瑟客栈2家精品民宿,培育六盘山文化城、盘龙山庄旅游商品购物店2家,打造老巷子餐饮、龙泉苑广场小吃等特色街区,全年累计接待游客150万人次,直接性营业收入1690万元,旅游社会总收入5.92亿元;隆德县入选2021年中国最美县域榜单。来隆旅游人数年均增长10%,旅游社会总收入年均增长8%。建成多元广场等商业综合体,打造龙泉苑特色休闲美食街区,增强电子商务带动传统商贸、助力特色产业发展能力,争取促进电子商务发展资金100万元,利用节假日开展电商节、购物节等消费促进活动,培育壮大消费热点,优化消费供给结构;助推快递下乡,鼓励多多买菜、美团优选等团购平台在农村开展配送业务,全年快递进港500万单、出港40万单,农产品线上销售额1800万元。全县全年实现服务业增加值22.6亿元,增长8%。

【医疗卫生】 2021年,隆德县共有医疗卫生机构23所,其中县级公立医院2所,其他县级医疗卫生机构3所,社区卫生服务站4所,乡镇卫生院13所,民营医院1所。现有卫生健康工作人员1281人,专业技术人员962人,占比75.1%;标准化村卫生室111所，乡村医生165名；全县共设床位842张，每千人拥有床位5.36张，每千人拥有执业医师2.66人，每千人拥有执业护士3.04人。1~11月，全县总诊疗人次403297人次，住院人次14393人次，基层诊疗人次196908人次，县域内就诊率92.02%，县域内基层就诊率48.82%。2020年，隆德县被授予“国家卫生县城”荣誉称号，获“2020年度健康宁夏建设考核二等奖”“2020年度健康固原建设考核二等奖”“全区爱国卫生工作先进集体”，县人民医院被国家卫健委等十部委评为“2018—2019年度全国平安医院工作表现突出集体”，获县政府2020年度效能目标管理考核一等奖，卫健局党委被授予“全区先进基层党组织”荣誉称号。

【基础设施建设】 2021年，隆德县实施基本建设项目108项，总投资40.6亿元，年度计划投资30.17亿元，完成投资30.52亿元，总体进度达101%；县城雨污分流项目等12项列入自治区重大项目，完成投资7.47亿元；农业一二三产业融合项目等61项列入市级建设项目，完成投资18.06亿元；隆德县六盘山工业园区集中供能扩建项目等5项列入市级重点项目，完成投资2.16亿元，重点项目涵盖全县产业发展、城乡基础设施建设、生态环保、民生保障等领域。

【城乡建设】 2021年，隆德县城乡居民饮水安全保障不断加强，建设余家峡水库、互联网+农村供水工程和桃山水库除险加固等工程，完成好水片区供水管网及农户改造提升、城乡供水水源连通（水源替换）工程。县城基础设施更加完善，投入1.2亿元实施人行片区、西海子西区等7个老旧小区改造工程，敷设雨污管网4.6公里，小区硬化13600平方米，绿化面积达3650平方米，安装充电桩8组，新增车位136个，建成物业管理用房4个；投入1.12亿元实施县城雨污分流改造工程，新改建雨污管网22公里，修复道路4公里；美丽乡村建设不断深化，建设联财镇重点小城镇1个，双村、辛平等5个美丽村庄，建成卫生厕所1000间，敷设6个行政村污水管网121.39公里，建成垃圾分拣和资源化利用中心58个。投资1.1亿元，新改建神杨公路等农村路33.5公里，新建杨坡至新庄湾、红堡至杨家磨等16条农村公路安防工程52公里，改造大庄、石庙2座危桥，新增御景鸿府至锦华、红崖社区至永丰等5条公交线路，完成30个智能化公交站台建设，安装230个临时公交站牌站点，方便群众出行安全便捷。成功入选“全国第二批城乡交通运输一体化示范创建县”。

【巩固脱贫成果】 2021年，隆德县制定《关于实现巩固拓展脱贫攻坚成果同乡村振兴有效衔接的实施意见》，建立健全长效帮扶、农村低收入人口帮扶等5个方面，巩固“两不愁三保障”成果、实施移民致富提升行动、加强农村低收入人口监测、分层分类实施社会救助等27项具体工作，整合资金2.6亿元，对全县104个村（社区）排水渠、巷道、田间道路进行维修改造；落实“四个一”“三带四联”等示范带动机制，深化“企业+合作社+农户”经营模式，筛选培育产业发展好、示范带动能力强的产业扶贫示范村35个、龙头企业15个、合作社30个，带动农户稳定发展。采取“企业订单、培训机构列单、培训对象选单、政府买单”的方式，完成各类职业技能培训6000人，提升脱贫户和边缘户劳动技能和致富能力，消除致贫返贫风险。

【社会事业】 2021年，隆德县推进教育优质均衡。提升教育基础条件，累计投入1.8亿元，新建城关镇、联财镇、张程乡中心小学教学楼、观庄中学实验楼等，改造隆德二中等3所学校运动场，创建隆德四中、隆德二小2所自治区“互联网+教育”标杆校，改造提升中小学幼儿园校园网，推进校园治理达标县（校）地创建。实施文化惠民。发挥红色文化资源优势，投资1.35亿元实施六盘山长征精神研学基地、游客服务中心项目，补齐文化旅游基础设施短板；举办“庆祝建党100周年暨第五届老巷子民俗文化旅游节”“传承红色基因、感悟历史文化”“两晒一促”文旅宣传推介活动，开展图书下乡、送戏下乡活动70余场次。提升医疗服务。投资5000万元实施人民医院救治能力提升、疾病预防控制中心综合实验楼迁建项目，新建核酸检测实验室154.67平方米，改造重症监护病房和危重新生儿救治中心900余平方米，购置核酸检测及医疗急救能力提升设备191台（件/套）；组建县级医疗集团，累计大病集中救治537人，慢性病签约服务7943人，重病兜底保障81人，依托“互联网+医疗健康”系统开展远程诊疗2274人次。提升社会保障。对标自治区养老院质量提升118项指标，提升改造5所敬老院餐厅、娱乐室、图书室等设施，满足老人生活需求；开展居家养老适老化改造，完成79户困难老年人居家养老适老化改造试点工作；推进医养结合融合发展，对县社会福利院进行无障碍设施改造，共改造房屋40间，改造面积1200平方米，建成隆德县社会福利院“医养结合”服务中心；投资972万元，建设应急粮油储备项目，提升全县应急保障能力；强化综合性保障救助政策，累计发放城乡低保资金9469万元，临时救助资金1166万元，残疾人两项津贴1160万元，孤儿养育资金161万元，特困津贴753万元，发放城乡居民养老保险4524万元。

【新冠肺炎疫情防控】 2021年，隆德县实施预防为主、外防输入、内防反弹策略，严防疫情输入，稳妥开展疫苗接种。加强预警监测。实时监测全国疫情动态，收集各省(区、市)公布的新发病例及中高风险地区预警信息，第一时间报告县疫情工作指挥部。先后开展内蒙古、黑龙江、陕西等重点省份和区内银川、吴忠等中高风险地区来返隆人员摸排和分类管理。预检分诊和发热门诊实行24小时值班制，配强值班医务人员，配足防疫物资，对包括患者、陪护人员在内的所有入院人员严格落实戴口罩、测温、扫码、重点地区旅居史询问等防疫措施。第一时间发现发热患者，规范转运至县人民医院发热门诊并采取闭环管理措施；对有重点地区旅居史人员查验核酸检测报告并及时报县应对疫情工作指挥部。对县应对疫情工作指挥部摸排的中高风险地区来返隆人员及国外入境人员全部落实集中健康监测，期间至少做两次核酸检测。加强核酸检测服务。加强县人民医院核酸检测实验室能力建设，开展检测技术培训，做好核酸检测试剂盒储备。目前累计检测108852人份，其中“应检尽检”76618人份，“愿检尽检”32234人份。加强冷链物流食品及从业人员排查。对重点地区冷链食品和从业人员做到每周采样检测2次，对其他常态地区的冷链食品和从业人员做到每周采样检测1次；对农贸市场、商场按照每周1次，对其余需要监测的集贸市场按照每月1次的频次进行病毒监测。做好防疫物资储备。实行物资设备动态储备，建立物资储备清单，物资药品储备量按照满足医疗机构30天满负荷运转需求储备。县财政投入防疫物资专项资金596万元，采购储备移动DR2台及核酸检测试剂盒等疫情防控物资。各医疗卫生机构自行采购储备医用外科口罩18.82万个、医用N95口罩1.37万个、医用防护服7365套、医用隔离衣3205套，额温计148个、红外测温仪18台等。开展新冠疫苗接种。按步骤、分年龄段制订疫苗接种工作方案、医疗保障方案，及时开展不同年龄段目标人群摸底工作，开展新冠病毒疫苗接种。全县共确定接种单位12家、医疗保障定点医院1家。截至1月2日，自治区陆续为隆德县配送新冠病毒疫苗36批次214606人份。3~11岁人群任务数12749人，第一二剂分别接种12013人、11272人，任务完成率分别为94.20%、88.39%；12~17岁人群任务数8218人，第一二剂分别接种10128人、8889人，任务完成率分别为123.24%、108.17%；18~59岁人群任务数56826人，第一二三剂分别接种53704人、52390人、18251人，任务完成率分别为94.51%、92.19%、55.01%。60岁以上人群任务数18675人，第一二三剂分别接种18535人、16275人、1102人，任务完成率分别为99.25%、87.15%、41.32%。

泾源县

【概况】 泾源县位于宁夏回族自治区最南端，地处六盘山东麓，因泾河发源于此而得名。地理位置介于东经106°12′~106°29′、北纬35°15′~35°38′之间。东与甘肃省平凉市毗邻，南与华亭县、庄浪县交界，西与宁夏回族自治区隆德县接壤，北与原州区、彭阳县相连。东起泾源县泾河源镇底沟村，西至香水镇大庄村，东西宽约27.3公里；北起大湾乡四沟村，南至新民乡王家沟村，南北长约103.8公里。县城距固原市79公里，距自治区首府银川市420公里；至陕西省西安市360公里；至甘肃省兰州市350公里。县政府驻香水镇。全县总土地面积1131平方公里，其中耕地2612万亩。境内海拔高度2200~2900米，区域地质构造上处于中朝地台的西南边缘和昆仑秦岭地槽褶皱区的东段，分为侵蚀构造山地(占全县面积的36%)，剥蚀构造丘陵(占全县面积的24%)和侵蚀堆积河谷川地(占全县面积的40%)三种类型。辖3镇4乡(六盘山镇、香水镇、泾河源镇、大湾乡、黄花乡、兴盛乡、新民乡)，3个居民委员会，96个村民委员会。2021年年末，全县总人口共有3.22万户、11.47万人。城镇人口为1.15万人，乡村人口为10.32万人；常住年平均人口为8.6万人。泾源县境内群山环抱，百泉汇流，气候湿润，山清水秀，风景宜人，被列为国家级自然保护区、国家森林公园和全国第一个旅游扶贫开发试验区。有秦汉时期瓦亭萧关，成吉思汗屯兵避暑的凉殿峡，神奇秀丽的老龙潭，蜿蜒曲回的弹筝峡，水波荡漾的卧龙山，流泉飞瀑的胭脂峡，荷叶碧翠的野荷谷，云雾缭绕的白雾山和济公修行的延龄寺等，是一个以自然山水、森林景观为特色，集生态旅游、疗养避暑、野外探险、科学考察于一体的风景名胜区，被誉为黄土高原上的“绿色明珠”和“小九寨”。主要旅游景点有老龙潭、二龙河、鬼门关、野荷谷、胭脂峡米岗山、五锅梁、大雪山。泾源县历史悠久，地方文化积淀深厚，人文景观有水沟秦汉遗址、制胜关、石窑湾石窟、凉殿峡、堡子山、北伍家清真寺等。全县有4A级旅游景点1个，3A级旅游景点1个，2A级旅游景点1个。

【国民经济指标】 2021年，泾源县扎实做好“六稳”工作，全面落实“六保”任务，多措并举抑制减量、优化存量、扩大增量，经济发展平稳复苏。全年完成地区生产总值23.49亿元，增长7%；固定资产投资14.2亿元，增长7%；社会消费品零售总额8.6亿元，增长8%；地方一般公共预算收入1.085亿元，增长5%；金融机构各项存款余额40.52亿元，增长7.56%，各项贷款余额31.15亿元，增长16.83%；城镇居民人均可支配收入30139元，增长9%；农村居民人均可支配收入11831元，增长10.5%。

【深化改革】 2021年，泾源县继续深化"放管服"改革，政府权责清单制度全面实施，基层整合审批服务执法力量改革有序推进，"163"审批平台建设全面融通，网上办理事项达到85%。深化"证照分离"改革，"双随机、一公开"监管机制全面落实，质量强县成效突出。"四权"改革（用水权改革、土地权改革、排污权改革、山林权改革）稳步推进，争取用水总量1900万立方米，国土空间规划编制顺利推进，吸引上海能源科技公司参与生态修复发展新能源产业，引进宁苗生态园林参与生态保护修复试点改革，排污权确权核算核定全面完成，山林权勘界确权全面展开，完成天然林政策性参保13.89万亩。加快推进科技成果转化，培育认定自治区级技术创新中心3家、国家和自治区科技创新型企业7家。

【作风建设】 2021年，泾源县深入学习贯彻习近平新时代中国特色社会主义思想和习近平总书记视察宁夏重要讲话精神，增强"四个意识"、坚定"四个自信"、做到"两个维护"。认真开展党史学习教育，为群众办理实事341件。严格落实中央八项规定及其实施细则精神，认真履行党风廉政建设"一岗双责"，深入开展工程建设政府采购等重点领域突出问题专项治理，坚决纠正指尖上的形式主义。牢固树立过紧日子思想，压减一般性支出6%。坚决落实县委决策部署，自觉接受人大、政协和社会各界监督，人大代表议案建议、政协委员提案办复率均达到100%。支持工青妇等群团组织开展工作。粮食、消防、邮政、气象、通信等工作取得新成绩。

【基层治理】 2021年，泾源县持续深化乡村、社区、校园、企业、社团治理，基层治理基础不断夯实，冶家村党支部荣获全国先进基层党组织，新旗村荣获全国民主法治示范村。平安泾源建设深入推进，社会治安持续向好，六盘山派出所荣获全国公安机关"集体一等功"。扎实开展政法队伍教育整顿，积极推动扫黑除恶常态化，县公安局荣获全区扫黑除恶专项斗争先进集体。"八五"普法全面启动，依法治县深入推进。食品药品监管有效加强，安全生产形势总体平稳，群众反映强烈的信访矛盾问题得到有效化解。扎实开展民族团结进步创建，依法管理宗教事务，民族团结、宗教和顺局面更加巩固。

【巩固脱贫成果】 2021年，泾源县严格落实"四个不摘"要求，整合各类资金2.73亿元，实施项目44个，切实巩固脱贫攻坚成果。继续落实"一户一策"，强化动态监测帮扶，全年消除边缘户致贫风险38户157人、脱贫不稳定户返贫风险19户87人，风险消除率95%。常态化开展"四查四补"，排查整改各类问题198条。扎实推进移民致富提升行动，泾河社区、集美等移民重点村基础设施和公共服务明显改善，完成技能提升培训221人，转移就业1000人，安置公益性岗位95人，帮扶车间吸纳就业230人。

【乡村振兴】 2021年，泾源县全面推进乡村振兴，培育打造示范村16个。深化闽宁对口协作和央企定点帮扶机制，厦门市和中国建材集团投入资金6140万元，实施项目22个，惠及27423人。强化消费帮扶产销对接，外销各类农特产品1.08亿元。

【基础设施建设】 2021年，泾源县狠抓项目有效投资，全年实施重点项目54个16亿元，落实招商引资项目22个24亿元，"双争"到位资金20亿元。泾华高速全线贯通，312国道维修进展顺利，泾平公路改造提升稳步推进，沙蒿公路建成通车，改建提升农村公路9条46.6公里，硬化巷道7.1万平方米。"互联网+城乡供水"工程有序推进，水系连通及农村水系综合治理试点县项目全面完成，实施小流域综合治理项目5个，治理水土流失面积20.35平方公里。提升改造农村饮水管网299公里，更换配水管道54公里。深化园区体制机制改革，创新"文化旅游+工业+电商"产业融合发展模式，创建"泾品臻牛"农特产品区域公共品牌，产品研发展示中心投入使用，工业污水处理厂建成运行，众天蜂业、富康源黑果花楸正式投产，引进泾源黄牛肉精深加工企业2家，培育规上企业1家。

【产业发展】 2021年，泾源县大力实施"旅游+"战略，县城游客集散中心、香水新村二期、旅游标识牌等配套设施顺利竣工，成功举办乡村文化旅游节，"两晒一促""云上文旅馆"宣传推介影响广泛，泾河源镇入选全国第一批乡村旅游重点镇，杨岭村、冶家村入选全国第二批乡村旅游重点村，泾河源旅游度假区被评定为自治区级旅游度假区。全年接待游客102万人次，实现旅游综合收入8.2亿元，成功创建自治区级全域旅游示范县，荣登2021中国最美乡村百佳县市榜、中国最具诗意百佳县市榜。全力以赴调结构、拓领域、育企业、壮产业，推广种植优质高产高效饲料玉米8万亩,优质牧草2.3万亩,补栏育肥牛1.1万头,肉牛饲养量达到8.8万头。引进新疆天康生物开展“户繁场育、联企带农”服务。继续推行“出户入园、出村入场”肉牛养殖模式,建成示范场8个。做好“生态+”文章,按照“整片推进、整乡推进、整流域推进”的发展模式,发展黑果花楸、刺五加、食用玫瑰、金银花等为主的林草产业4.1万亩。继续推行“1+10”养殖模式,新发展养蜂户253户,建设标准化蜂场11个,全县蜂群达到3.7万群。成功举办宁夏“泾源蜂蜜”宣传推介会,“泾源蜂蜜”品牌影响力进一步扩大。抢抓全市打造现代纺织与服装产业集群的机遇,以闽宁纺织扶贫城和工业园区为载体,培育纺织企业8家,带动就业600余人。

【城乡建设】 2021年,泾源县实施城市更新行动,新兴嘉苑一期加快推进,建设巷、西苑人家、八方隆三期进展顺利,8个老旧小区改造全面完成,县城雨污分流一期工程如期竣工,集中供热迁建及管网改扩建项目接近尾声。实施乡村建设行动,沙南、下黄、羊槽3个高质量美丽宜居村庄建设项目加快实施,张堡、五里、下桥等31个地质灾害隐患点治理进展顺利,农村生活垃圾分类处理试点项目有序推进,配备四分类垃圾箱2000个、垃圾清运车72辆,完成农村改厕2037户。持续推进幸福农家123工程,新建小拱棚2000座,巩固提升小菜园5000户,栽植果树12.5万余株。

【生态环境建设】 2021年,泾源县坚持树木树林、治山治水同步发力,统筹推进山水林田湖草系统治理,成功创建国家“绿水青山就是金山银山”实践创新基地。大力推进蓝天行动,建设清洁能源综合利用示范村5个,严格落实6个百分百扬尘防控措施,全年环境空气质量优良天数比例为93%。聚力推进碧水行动,县城污水处理厂扩容和泾河水质净化项目调试运行,六盘山镇污水处理站投入使用,新民乡、兴盛乡污水处理厂全面建成,泾河出境断面平均水质稳定保持在Ⅱ类标准。着力推进净土行动,建设高标准农田2.4万亩,回收残膜580余吨,推广应用有机肥5万亩。全力推进复绿行动,实施秋千架矿区、金石矿业生态修复61.27公顷,完成工程造林7.75万亩。

【民生事业】 2021年,泾源县聚合财力的80%用于改善民生,10件民生实事全部办结。实施基础教育质量提升行动,开工建设义务教育阶段薄弱学校改造项目4个,城关一小综合楼项目有序推进,城关二小迁建主体竣工,2所农村幼儿园开园招生。深入推进“互联网+教育”提升改造,建设标杆校1所,打造智慧教室、创客教室13个。提高教育保障水平,招聘中小学教师20人、公办幼儿园服务岗位34名、专职安保人员40名。实施全民健康水平提升行动,县域医共体信息化平台全面建成,中医楼建设项目投入使用,县医院救治服务能力提升项目主体完工。常态化抓好疫情防控,累计接种疫苗11.5万剂次,全县确诊病例、疑似病例零发生。实施城乡居民收入提升行动,完成职业技能提升培训1956人、创业培训210人,新增城镇就业613人,农村劳动力转移就业2.7万人,实现创收6.3亿元。发放创业担保贷款278笔3883万元,培育创业实体209个,创造新岗位311个,带动就业1293人。实施文体惠民工程,图书馆、文化馆分馆制全面落实,完成“送戏下乡”“戏曲进乡村”活动140场次。泾河源镇健身场馆基本建成,荷花新城社区全民健身中心竣工验收,龙脊山至园子、县城环城健身步道投入使用。社会保障体系逐步完善,养老服务水平有效提升,家门口服务站便民服务机制不断深化,“双拥”和退役军人管理服务工作更加规范,城乡居民养老保险和医疗保险参保率均达到97%。

彭阳县

【概况】 彭阳县位于宁夏、甘肃、陕西三省省会城市的几何中心,宁夏东南部,六盘山东麓,西连固原市原州区,东、南、北分别接甘肃省镇原县、平凉市和环县,彭青高速接福银高速并连通火车站、固原机场,309、327国道东西横穿,正在建设的G85银昆高速和202省道南北纵贯,西连宁夏原州区,东、南、北分别环临甘肃省镇原县、平凉市和环县,具有“三省通衢、宁南门户”的特殊区位。总土地面积2533.49平方千米,其中耕地面积125.5万亩。海拔1248~2418米。年平均气温8.8℃,较历年偏高0.9℃;极端最高气温35.9℃,7月13日出现;极端最低气温-20.2℃,1月7日出现。年降水总量481.0毫米,较历年同期平均值偏多32.5毫米。年日照总时数2133.0小时,较历年同期平均值偏少227.2小时。年无霜期162天。属黄土高原丘陵沟壑区,典型的温带半干旱大陆性季风气候,是以农业经济为主的国家扶贫重点县。全县辖4镇8乡156个行政村和6个居民委员会。2021年年末,全县总人口共有7.54万户、24.62万人。城镇人口为6.61万人,乡村人口为18.0万人。常住年平均人口为16.1万人。2021年年底,全县户籍户数75366户,户籍总人口246207人,其中,户籍城镇人口66140人,占户籍人口比重26.86%;户籍乡村人口180067人,占户籍人口比重75.38%。建成李儿河流域生态治理示范区,完成国土绿化10.7万亩,治理小流域42平方公里,水土流失治理程度达到76.9%，全县森林覆盖率达到32.2%。彭阳县先后获得2021—2023年创建周期全国文明城市提名城市、2020年度全国综合减灾示范社区、全国信访工作“三无”县（区）、2020年国家农民合作示范社、2021年全国休闲农业重点县等多项荣誉称号。

【国民经济指标】 2021年，彭阳县实现地区生产总值761619万元，同比增长7.1%。其中，第一产业增加值138431万元，增长2.3%；第二产业增加值282073万元，增长6.7%；第三产业增加值341115万元，增长10.0%。三次产业结构为18.18∶37.04∶44.78。按平均常住人口计算，全县人均地区生产总值47306元，增长8.0%。地方一般公共财政预算收入41806万元，同比增长69.1%。社会消费品零售总额150163万元，同比增长2.7%。全社会固定资产投资330900万元，同比增长13.0%。全县全体常住居民人均可支配收入16547元，同比增长8.9%。城镇常住居民人均可支配收入30404元，同比增长7.3%。农村常住居民人均可支配收入13514元，同比增长10.5%。

【财政金融】 2021年，全县地方一般公共预算收入完成41806万元，增长69.1%。其中，税收收入完成13736万元，同比降低3.14%，占地方一般公共预算收入的32%；非税收入完成28070万元，同比增长166.27%，占地方一般公共预算收入的68%。全县地方一般公共预算支出完成414265万元，同比增长3.56%。其中用于教育、社会保障与就业、医疗卫生、城乡社区、农林水等方面的民生支出达到农林水方面的民生支出365960万元，占支出总量的90.69%。全县各项贷款余额57.41亿元，存款余额70.33亿元，存贷比81.63%。其中涉农贷款余额37.63亿元，其中小额信贷余额5.38亿元，当年新增小额信贷5701户2.75亿元，完成固原市下达任务3.3亿元的83.3%。

【党的建设】 2021年，彭阳县始终坚持把党的政治建设摆在首位，全面落实党的政治建设责任制，推动各级党组织和广大党员干部增强“四个意识”、坚定“四个自信”、做到“两个维护”，提高政治判断力、政治领悟力、政治执行力。强化党的创新理论武装，持续学懂弄通做实习近平新时代中国特色社会主义思想，严格落实“第一议题、第一责任、第一要求”制度，抓好专题教育、经常性教育。全年开展县委理论学习中心组集中学习17次，组织交流研讨发言55人次，专题讲座4次，各类宣讲254场次，培训班2期。严明政治纪律和政治规矩，严格执行重大事项请示报告制度，严肃党内政治生活，引导党员干部把对党绝对忠诚体现在强执行、抓落实、促发展的具体行动上。注重一线选拔干部，大力培养年轻干部，干部队伍结构明显优化。先后提拔重用科级干部79名，配备乡镇党政正职24名，配备女党政正职3名；配备35岁以下干部43名，其中党政正职4名，30岁以下17名。坚定不移推进全面从严治党，深化监察体制改革，自觉接受中央和区、市委巡视、审计、督察，集中开展违反中央八项规定精神、扶贫领域问题等专项治理，解决了一批群众身边的不正之风，严肃查处了一些腐败问题，基层减负效果明显，八届县委任期内巡察全覆盖，营造了风清气正的政治生态。全县共有基层党组织424个，其中党总支24个、党支部378个，优化设立社区党总支5个、小区党支部10个、楼栋党小组26个，在银川和固原建立“地缘型”党支部各1个。共有党员10598名，其中农村党员5690名。在巩固提升3个党建示范乡镇和107个示范村创建成果的基础上，新创建党建示范乡镇6个，党建示范村13个，整顿转化软弱涣散和乡村振兴薄弱村党组织15个。打造自治区级非公企业党建示范点1个，非公企业和社会组织党组织覆盖率达到92%、87.5%，选派31名党建指导员指导非公企业和社会组织开展党建工作。评定“让党中央放心、让人民群众满意”模范机关31个。新发展党员252名。向村（社区）全覆盖选派第一书记和驻村工作队员422名。

【基层治理】 2021年，彭阳县有社会组织共62家，其中社会团体44家、民办非企业单位18家，村（居）委会备案社会组织133家。全县注册志愿者1.28万人，现注册有志愿团体49个，其中法人组织38个，未登记的志愿服务组织11个。科学划分城市社区网格63个、农村网格2230个。选举产生村委会女性成员236人，村委会女性主任18人。全县共有团组织469个，团员1.37万名。其中，基层团委23个、团工委1个、团总支1个、团支部444个。有团属社会组织2个，分别为彭阳县青年志愿者协会、彭阳县青年创业协会，团属民办非企业1个为彭阳县希望公益服务中心，青年中心2个，分别为电商孵化园、农村电子商务中心，有在岗大学生志愿服务西部计划志愿者35人。2021年，分配彭阳县大学生志愿服务西部计划志愿者20人，其中厦门大学研究生支教团5人，青岛科技大学研究生支教团4人。

【乡村振兴】 2021年5月26日，彭阳县将扶贫开发办公室整编制重组为县乡村振兴局，由县农业农村局统一领导和管理。其所属事业单位县扶贫开发服务中心更名为县乡村振兴服务中心，于31日完成挂牌工作。工作重心从解决贫困人口"两不愁三保障"转向实现产业兴旺、生态宜居、乡风文明、治理有效、生活富裕,全面推进乡村振兴。建立防返贫致贫动态监测预警和精准帮扶机制和"四查四补"常态化查补机制。累计调查入户58255户,查补各类问题335个,进一步巩固"三保障"和饮水安全成果,守住防止规模性返贫底线。制订《彭阳县扶贫资产管理工作方案》,成立领导小组和工作专班,研究扶贫资产管理工作,组织相关部门(单位)和乡镇扎实有序推进扶贫资产清查、录入、确权、移交等工作,取得了阶段性成效。2021年,全县实际投入资金65.8549亿元,形成扶贫资产5348个、资产资金63.7070亿元,其中,到户资金21.6973亿元、占34.07%,到村资金23.5651亿元、占37%,到乡镇资金5.1345亿元、占8.06%,到部门资金13.2913亿元、占20.87%;资产确权进度99.97%,移交完成率99.97%。

【特色产业】 2021年,彭阳县将调结构、延链条、强品牌作为推动农业高质量发展的突破口,确定"农业六大产业集群"发展思路,配套产业扶持政策方案。草畜产业,2021年以来全县粮食作物播种面积74.7万亩,总产量达到22万吨以上。优质牧草种植面积达到65万亩,其中,饲草玉米39万亩,紫花苜蓿26万亩。培育"2652""5350"肉牛养殖示范村36个,建立"5个1"推进机制,建设饲草料配送中心5个,标准化养殖暖棚85.97万平方米,全县肉牛饲养总量稳定达到20.5万头,支撑农民人均可支配收入5060元。截至2021年年底,全县牛存栏13.01万头,出栏7.54万头;羊存栏25.27万只,出栏29.56万只;猪存栏1.33万头,出栏6.71万头;鸡存栏55.6万只,出栏75.23万只。林草产业,大力推进"四个一"林草产业试验示范工程,引进新品种147个,示范推广适宜品种40种100万亩,打造示范园34个,示范点35个。其他产业方面,大力推行"公司+合作社+基地+农户"发展模式,种植中药材15万亩(其中大田药材4万亩、林下药材11万亩),蔬菜8.5万亩、小麦13万亩、马铃薯8.3万亩,其他杂粮3.3万亩、张杂谷5万亩,生态鸡饲养量达130万只,养殖中华蜂1.6万群。做大做强彭阳辣椒、红梅杏、朝那鸡等区域特色农产品,认证"两品一标"农产品6个。

【肉牛养殖】 2021年,彭阳县在深入分析国内外肉牛产业发展趋势和县域资源禀赋、产业基础、市场前景、群众意愿,进一步强化肉牛产业的主导地位。结合区、市肉牛产业发展定位,遵循高质量发展要求,提出"优质+高端"的产品路线,"西门塔尔+安格斯+夏洛莱"的品种路线,"多元化牧草种植+科学合理配方+以丰补歉"的饲草路线,"轻简化舍饲养殖+自然生态散养"的生产路线,明确"北繁南育""山繁川育""北草南用""北扩东进"的战略布局,找准园区建设、示范村培育、精深加工"三个重点",品种改良、饲草调制"两个要害",突出延链、补链、壮链、优链,加快从抓生产到抓链条、从抓产品到抓产业、从抓环节到抓体系转变,全力推进肉牛产业品种培优、品质提升、品牌打造和标准化生产,确保肉牛产业高质量发展。截至2021年年底,全县肉牛养殖户1.7万户,占常住户3.2万户的53%;肉牛饲养量20.55万头;年出栏肉牛8万头,实现销售收入16亿元,提供农民人均可支配收入3300元,占全县农民人均可支配收入的27%。创建"5350"模式示范村30个,培育"5350"示范户1180户,存栏肉牛7426头。创建"2652"模式示范村37个,培育"50"户(存栏肉牛50头以上)125户,户均年销售收入50万元以上。建立300头以上肉牛养殖园区3个、100头以上肉牛养殖区13个,其中生态移民安置区肉牛产业"出户入园"示范园区4个。

【农田水利】 2021年,彭阳县年平均降水量450~550毫米,境内有红河、茹河、安家川三条河流,水资源总量为8920万立方米,其中,地表水8920万立方米,地下水3830万立方米,重复计算量3830万立方米,可利用水资源量为6026万立方米;用水总量2753.16万立方米,其中,生活用水488.66万立方米、工业用水105.21万立方米、农业用水2126.4万立方米、人工生态环境补水32.89万立方米。"互联网+人饮"模式在全国推介、全区推广,河长制工作受到水利部通报嘉奖,彭阳县被水利部确定为第二批深化小型水库管理体制改革样板县。截至2021年年底,累计建设高标准农田33.85万亩,发展节水灌溉农田16.74万亩。

【生态建设】 2021年,彭阳县有耕地面积102.52万亩,林地面积160.8万亩,其中,退耕面积77万亩,经果林面积54.5万亩,国家级重点公益林面积68.4万亩,幼林面积101.03万亩,经果林总收入2.88亿元,人均年收入1100元。森林覆盖率由建县初的3%提高到32.2%,彭阳生态建设得到全国"三北"地区生态扶贫现场会的充分肯定,荣获全国生态建设突出贡献奖。治理小流域134条1794平方公里,流域综合治理程度由建县初的11.1%提高到76.9%。2021年完成营造林15.63万亩,其中,新造林6.27万亩,未成林补植补造和退化林分改造9.36万亩,力争全县森林覆盖率达到34.31%。

【环境整治】 2021年,彭阳县深入

开展乡村人居环境整治，紧盯农村环境整治、农院“五土”共改、农户厕所改造、农民习惯养成，制定“三方案一办法”，全域推广环境卫生“网格化”管理，打造人居环境整治示范村和厕所革命整村推进村各15个，落实农村改厕3603户，集中清理“土房”“土窑”6458户，回收清理生产生活垃圾7.95万余吨，城乡生态环境明显改善。

【煤炭工业】 2021年，彭阳县煤炭地质储量35.05亿吨，远景储量达140亿吨以上，在全区仅次于宁东煤矿，有王洼、草庙两个储煤区，由中铝宁夏能源集团有限公司下属企业王洼煤业有限公司开采经营，3个生产矿井原煤年生产能力达到750万吨，技改后达到(去掉)1200万吨。探明石油可控制地质储量超过5000万吨，开工建设井场192个，打井362口，其中投产运行274口(正常生产运行180口，停用水井94口)，日产原油300吨左右，县内现有1个采油作业区、2个拉油脱水注水站，投入支持地方发展资金5858万元、收缴各种规费2400万元，征收县级税金2亿多元。截至2021年年底，全县工业企业共128家，其中，规模以上工业企业8家，“专精特新”企业20家、规下样本工业企业16家、自治区科技型企业29家，培育自治区产业技术创新中心5家。2021年二产完成增加值28.21亿元，同比增长6.7%，增速居全市第一，两年平均增长8.7%。规模以上工业增加值17.95亿元，同比增长6.8%。全县共有限上企业8家，其中批发企业3家、零售企业2家、住餐企业3家；线下样本监测企业24家；电商标杆企业15家，村级电商服务站点126个，农村物流站点100个。2021年，实现农产品网络销售额1.06亿元，第三产业完成增加值34.11亿元，增长10%。

【产业园区】 2021年，彭阳县王洼产业园区就业总人数4442人，其中，王洼煤业有限公司就业3832人，其他非煤矿业生产企业从业人数610人。园区布局为“一园三区块”，规划面积451.01公顷，其中，区块1、区块2位于王洼镇北洼村一矿区域、姚岔村二矿区域，规划面积298.46公顷，建成区面积151.7公顷，主导产业为煤炭资源综合利用，现有入园企业4家；区块3位于县城南门，规划面积152.55公顷，建成区面积65.3公顷，主导产业为农副产品加工，区块3入园企业45家，其中，农副产品加工企业21家，纺织服饰加工5家，服务业7家，酒类酿造3家，电商销售2家，轻工制造4家，建材行业3家。2021年，园区实现工业总产值32.52亿元，较上年增长43.4%，实现工业增加值14.63亿元，较上年增长43.3%，税收4.2亿元，2021年度除王洼煤矿外工业用地固定资产投资强度94万元/亩，工业用地产出强度39万元/亩，地均税收1.3万元/亩。

【项目建设】 2021年，彭阳县建设项目94个，当年计划投资46.24亿元，其中续建项目18个，当年计划投资29.79亿元；新建项目76个，当年计划投资16.45亿元；拟建项目51个。按项目类型分为保障和改善民生体系17个，当年计划投资2.76亿元；城乡融合发展体系14个，当年计划投资5.24亿元；社会治理工程红点项目1个，当年计划投资2600万元；生态修复和环境治理体系14个，当年计划投资2.47亿元；文化事业体系项目7个，当年计划投资5100万元；现代产业体系项目14个，当年计划投资5.28亿元；现代化基础设施体系项目27个，当年计划投资29.72亿元。2021年累计完成投资35.07亿元。共落地招商引资项目25个，概算总投资68.38亿元，到位资金9.04亿元，其中续建项目12个，概算总投资54.68亿元，到位资金5.14亿元。新建项目13个，概算总投资13.7亿元，到位资金3.9亿元。

【县城建设】 2021年，彭阳县城区面积达到8.4平方公里，建筑物总面积330万平方米；城市道路总长54条65.19公里，排水管网209.75公里；累计建成保障性住房5963套；城市集中供热面积249万平方米，燃气普及率45%；建成区绿化覆盖率47%，绿地率42.5%；建成日处理1万吨污水处理厂和日处理70吨垃圾填埋场各1座，城市污水处理率97.52%、垃圾集中处理率100%；城区常住人口增加到6.25万人，城镇化率提高到39%。上半年完成民乐苑等27个住宅小区门禁系统安装，惠民家园等4个劳务移民小区基础设施改造提升。

【交通道路】 2021年，彭阳县县等级公路总里程达到3204.96公里，等级公路密度126.5公里/百平方公里，其中，高速公路34.5公里，国道125.9公里，省道85.7公里，农村公路2958.86公里，其中，县道47.7公里，乡道475.7公里，村道2435.46公里。全县156个行政村全部通硬化路、通客车，现有道路运输企业5家，跨县客运班线运营车辆40辆，出租车辆213辆，公交车辆86辆(其中：新能源公交车75辆，燃油公交车11辆)，农村班线车28辆，定制客运10辆，专用包车3辆，乡镇通公交率50%；727个自然村实现道路硬化或沙化目标，其中，通硬化路自然村701个，20户以上未通硬化路自然村18个，自然村通硬化路率96.42%。G85银昆高速公路宁夏段项目设计路线全长236公里，估算投资约270亿元，全线采用双向四车道高速公路标准建设，设计速度为100公里/小时。彭阳过境段项目全长67.48公里,设王洼镇(矿区)和彭阳县城两个枢纽出口,途经白阳镇、王洼镇、红河镇、城阳乡、交岔乡5个乡镇14个行政村,项目概算总投资90.91亿元,截至2021年年底,累计完成固定资产投资33亿元。

【文化旅游】 2021年,彭阳县共有博物馆、图书馆、文化馆(挂牌成立县美术馆)各1所;建成县文化馆、图书馆分馆2所;乡镇综合文化站12个;162个村组(社区)综合文化服务中心,其中,6个社区文化活动中心,156个村级综合文化服务中心。全县共有旅游资源31处,其中,人文遗迹7处,朝那湫、朝那古城、战国秦长城、皇甫故里、无量山石窟、瓔珞宝塔、姚河塬遗址;自然生态景观15处,有莲花五峰、悦龙山、栖凤山、冯庄大石峡、石头崾岘水库、茹河瀑布风景区、金鸡坪梯田、栖霞滩梯田、青湾梯田、麻喇湾梯田、桃花山梯田、贞爱花峪、挂马沟林海、店洼湿地风景区、牛湾杏花岭风景区等;红色遗迹9处,有宁夏最早的地下党支部——虎家小园子地下党支部、中共峁堡地下交通站旧址、中共红河地下党支部旧址、中共固原县委(草庙)旧址、中共固北县草庙区委遗址、鹦哥嘴战斗遗址、任山河烈士陵园,乔家渠红军长征毛泽东宿营地旧址、小岔沟红军长征毛泽东宿营地旧址等。县博物馆、金鸡坪梯田公园被评定为国家3A级景区,姚河塬西周遗址被列入第八批全国重点文物保护单位古遗址项目,任山河烈士陵园被列为全国重点烈士纪念建筑物保护单位。全县共有农家乐61家(其中,五星级农家乐1家、四星级农家乐5家,三星级农家乐21家)。2021年,游客达72万人次,实现社会综合收入3.24亿元,旅游商品线上销售2378.57万元,线下销售1418.65万元,星级农家乐接待游客17.32万人次,经营收入866.2万元。两晒一促宣传片《在那杏花盛开的地方》播放量突破118万。

【教育体育】 2021年,彭阳县有各级各类学校228所,其中,高级中学2所,职业中学1所,初级中学8所,小学74所,教学点97个,幼儿园46所,撤并小校额95所后现剩余133所;在校学生31855人,其中,普通高中生4645人,职业高中生1260人,初中生7009人,小学生13542人,学前幼儿5399人。城区学生19843人,农村学生12012人;有教职工3160人,其中,专任教师2688人。学前三年毛入园率达到89.11%,小学六年巩固率达到95.62%,初中三年巩固率达到93.75%,高中阶段毛入学率达到94.50%。

【医疗卫生】 2021年,彭阳县有公立医疗卫生机构19个,其中,县级医疗卫生机构5个、社区卫生服务中心2个、乡镇卫生院12个,医疗机构设置床位数842张,每千人拥有病床数5.25张,共有医疗卫生专业技术人员1096人,其中在编在岗人员631人,高级职称人员184人(正高34人,副高150人),中级职称152人,初级及以下职称295人;村卫生室156所,乡村医生182人。有标准化村卫生室156所,实行城区医疗资源整合项目,实现村村都有标准卫生室、乡乡都有门诊楼、住院部,有效缓解了群众看病难的问题。全县新冠病毒疫苗累计接种30.6190万剂,第一次完成接种14.1022万剂,第二次完成接种13.2705万剂,第三剂次完成接种32458剂次,上报不良反应73例。

【民生保障】 2021年,彭阳县有民政定期保障对象2.33万人,占全县总人口的14.7%,其中,农村低保对象17019人,城市低保对象2720人,城市高龄对象104名,农村高龄对象2349名,集中供养特困人员413名,分散供养特困人员401名,儿童福利院供养孤儿22名,社会散居孤儿237名,困难残疾人4363人,重度残疾6926名。将生活半自理和不能自理分散供养特困人员照料护理补贴标准提高到120元/人·月,完成108户残疾人家庭无障碍改造;建成儿童之家162个;建成公建公营养老服务机构8所,入住床位数727张,服务管理人员120人;县残疾人托养中心共托养残疾人27名;农村老饭桌42个,农村互助院2个,社区日间照料中心5个;建成区级残疾人扶贫基地3个,辐射带动1090名残疾人增加家庭收入。现有退役军人2800人,1978年以来符合政策政府安置工作566人,重点优抚对象(参战、涉核、因公致残退役军人)110人,参加抗美援朝9人,参加对越自卫反击战11人,参加青海、西藏剿匪战斗24人,中华人民共和国成立前入伍3人。

【就业创业】 2021年,彭阳县农村劳动力转移就业62816人,“铁杆庄稼保”参保52796人,实现工资性收入14.92亿元,政府“点对点”集中输送366人。开展各类培训5181人,其中,技能培训3703人,创业培训330人;已发放创业担保贷款8984万元,培育创业实体254个,创造新岗位398个。全县扶贫车间运行25个,吸纳就近就业732人。全县养老保险参保率为99%,城乡居民、企业、机关事业单位养老保险参保人数分别是12.64万人、1.43万人、0.76万人。纳入全县劳动用工管理的监察对象共计9422个,全年共有新建续建工程项目215个(其中,政府投资类项目202个,社会投资类项目13个),市场用工主体9207余家,劳动用工13060余人次，其中企业用工4400余人次，建筑领域劳务用工8660余人次，在劳动监察部门进行工资专项集体合同备案的企业53家，签订劳动合同12200余人次，全年未发生重大劳动保障违法行为。

【市场监管】 2021年，彭阳县共登记注册各类市场主体13360户，2021年新增市场主体1616家，企业年报公示率已达到96.2%；创建“明厨亮灶”餐饮单位105家（学校食堂）。持续推进质量强县建设，产品质量合格率保持在96.2%以上。

【政务服务】 2021年，彭阳县政务大厅进驻行政审批部门（单位）30个，进驻企业9家，全县政务服务事项1358项，进驻大厅事项1216项。整合设置64个服务窗口，进驻工作人员90余人。乡（镇）民生服务中心承办审批服务事项123项。162个村（社区）“家门口”服务站全覆盖。

【物资储备】 2021年，彭阳县粮食和物资储备系统下辖县粮食购销有限公司，公司下设3个粮库7个粮站；“好粮油”示范企业4家，产后服务中心7家，应急成品粮油承储企业4家，原粮代储企业1家，18个应急粮油供应网点，粮食价格监测点4个。2021年储备县级政府临时原粮小麦2000吨，落实应急成品粮油储备590吨，其中面粉440吨、大米100吨、食用油50吨，社会责任储备粮面粉80吨。建立供应网点18个，储备应急物资57种226万元，确保出现应急状态时的粮食及物资供应有保障。

【社会综治】 2021年，彭阳县坚持和发展新时代“枫桥经验”，创新建立矛盾纠纷大预警、“1+1+N”大调解、大联防、城乡一体大交管“四种模式”，彭阳县创建“枫桥式派出所”提升基层治理能力经验得到公安部和区、市委主要领导批示推广。深入推进扫黑除恶专项斗争，县委政法委荣获全国扫黑除恶专项斗争（2018—2020）先进集体。全县信访总量656批918人次，按期办结率96.24%，回访属实率100%。

荣誉·人物

省部级以上先进集体

全国先进基层党组织

泾源县泾河源镇冶家村党支部

第九届全国服务农民、服务基层文化建设先进集体

彭阳县融媒体中心影视中心

第20届全国青年文明号集体

西吉县明星客运汽车出租有限责任公司志愿者服务队

国家税务总局西吉县税务局纳税服务股

泾源县公安局香水派出所

2021年度全国三八红旗集体

西吉县国家税务总局城区税务分局

第十三届全国家庭工作先进集体

固原市原州区妇女联合会

全区先进基层党组织

隆德县凤岭乡李士村党支部

固原市原州区寨科乡蔡川村党支部

西吉县红耀乡党委

泾源县大湾乡杨岭村党支部

固原市乡村振兴局党支部

彭阳县委组织部党支部

国家税务总局固原市税务局机关党委

固原市原州区开城镇党委

西吉县田坪乡大岔村党支部

彭阳县白阳镇中庄村党支部

中国电信股份有限公司固原分公司党委

隆德县卫生健康局党委

固原市原州区北塬街道文化巷社区党支部

宁夏师范学院化学化工学院党总支

固原市妇幼保健院党支部

西吉县马莲乡罗曼沟村党支部

泾源县人民检察院党支部

国家税务总局彭阳县税务局机关党支部

固原市特殊教育学校党支部

固原福苑实业有限公司党支部

固原市人民医院离退休党总支

泾源县泾河源镇庞东村党支部

彭阳县城乡供水管理总站党支部

固原市原州区卫生健康局党委

隆德县第一小学党总支

西吉县文化旅游广电局党总支

西吉县疾病预防控制中心党支部

自治区三八红旗集体

固原市政务服务中心

固原市第六中学

原州区文化街城市社区卫生服务中心

西吉县妇女联合会

西吉县吉强镇人民政府

隆德县城市公共服务中心

国家税务总局泾源县税务局

彭阳县住房和城乡建设局环卫队

全区精神文明建设工作先进集体(9个)

隆德县
原州区南关街道办事处
国家税务总局西吉县税务局
泾源县幼儿园
彭阳县第三小学
中国移动通信集团宁夏有限公司固原分公司
中共固原市委政法委
国家统计局固原调查队
固原市文明办

未成年人思想道德建设工作先进县(1个)

彭阳县

未成年人思想道德建设工作先进单位(6个)

原州区第十八小学
西吉县委宣传部
隆德县第一小学
共青团泾源县委
固原市教育体育局
固原市第二中学

移风易俗工作先进县(区)(1个)

原州区

移风易俗工作先进村镇(6个)

原州区寨科乡
西吉县震湖乡堡玉村
西吉县将台堡镇
隆德县沙塘镇
隆德县温堡乡杜堡村
彭阳县冯庄乡小寺村

移风易俗工作先进红白理事会(8个)

原州区头营镇泉港村红白理事会
原州区张易镇田堡村红白理事会
西吉县马莲乡罗曼沟村红白理事会
西吉县兴隆镇兴隆村红白理事会
隆德县沙塘镇马河村红白理事会
隆德县神林乡杨野河村红白理事会
彭阳县草庙乡新洼村红白理事会
彭阳县红河镇文沟村红白理事会

自治区文明城市(1个)

彭阳县

自治区文明村镇(12个)

固原市原州区头营镇
固原市原州区头营镇杨郎村、西吉县平峰镇
西吉县将台堡镇保林村
西吉县平峰镇八岔村
隆德县沙塘镇光联村
隆德县沙塘镇清泉村
隆德县沙塘镇街道村
泾源县新民乡
泾源县大湾乡牛营村
彭阳县红河镇常沟村
彭阳县城阳乡沟圈村

自治区文明单位(12个)

固原市人大常委会办公室
固原市人民检察院
固原市交通运输综合执法支队
中国移动通信集团宁夏有限公司固原分公司
固原市疾病预防控制中心
固原市妇幼保健院
固原市六盘山林业局
固原市原州区妇联
西吉县人民法院
隆德县新华书店
国网宁夏电力有限公司隆德县供电公司
国网宁夏电力有限公司彭阳县供电公司

自治区文明校园(6所)

宁夏师范学院
固原市第二中学
固原市第三中学
西吉县第一小学
隆德县中学
彭阳县第一中学

固原市先进集体

全市先进基层党组织（50个）

固原市原州区第十八小学党支部
固原市原州区河川乡寨洼村党支部
固原市原州区综合执法局党委
固原市原州区政研室党支部
固原市原州区黄铎堡镇党委
固原市原州区文化馆党支部
固原市原州区南关街道西湖路社区党支部
固原市原州区彭堡镇姚磨村党支部
固原市原州区人民政府办公室机关党支部
固原市原州区人民检察院机关党支部
西吉县第一小学党总支
西吉县明星客运汽车出租有限责任公司党支部
西吉县吉强镇湖滨社区党支部
宁夏新安康医院党支部
西吉县偏城乡党委
西吉县应急管理局党委
西吉县马铃薯产业服务中心党支部
西吉县硝河乡新庄村党支部
西吉县平峰镇陈滩村党支部
西吉县公安局新营派出所党支部
隆德县城关镇竹林社区党支部
隆德县神林乡杨野河村党支部
隆德县人民医院党支部
隆德县第二中学党总支
隆德县水务局党总支
宁夏兴宇建设工程有限公司党支部
隆德县纪委监委党支部
泾源县兴盛乡兴盛村党支部
泾源县香水镇泾河社区党支部
泾源县泾河源镇学区中心校党支部
泾源县六盘山镇大庄村党支部
泾源县财政局党支部
泾源县乡村振兴局党支部
彭阳县城阳乡杨坪村党支部
彭阳县草庙乡党委
彭阳县城阳乡初级中学党支部
彭阳县小岔乡榆树村党支部
彭阳县罗洼乡寨科村党支部
彭阳县住房和城乡建设局党总支
彭阳县中医医院党支部
彭阳县城阳乡长城塬食用菌产业党支部
彭阳县自然资源局林草资源管理党支部
固原市幼儿园党支部
固原市委政法委党支部
固原市烟草专卖局机关党委
固原市发展和改革委员会党支部
宁夏师范学院政治与历史学院教工党支部
固原市卫生监督所党支部
国家税务总局固原经济开发区税务局机关党委
固原市公路勘测设计院党支部

固原市标兵单位

市纪委监委
市委办公室
市委组织部
市直机关工委
市财政局
市水务局
市妇联
市烟草专卖局

固原市模范机关

市纪委监委
市委办公室
市政协办公室
市委组织部
市委政研室
市委网信办
市委编办
市直机关工委
市委老干部局
市委党校
市委党史室
市发展和改革委
市司法局

市财政局
市生态环境局
市交通运输局
市水务局
市农业农村局
市商务和投资促进局
市退役军人事务局
市应急管理局
市审计局
市市场监督管理局
市国资委
市统计局
市信访局
市机关事务管理局
市地方志研究室
市地震局
市投资促进服务中心
市住房公积金管理中心
市总工会
共青团固原市委员会
市妇女联合会
市工商业联合会
市残疾人联合会
市伊斯兰教协会
市烟草专卖局
市气象局
国家统计局固原调查队
市邮政管理局

固原市事业单位脱贫攻坚专项奖励记功集体名单

原州区社会保险事业管理中心
原州区生态移民管理中心
西吉县职业中学
隆德县扶贫服务中心
泾源县畜牧技术推广服务中心
彭阳县畜牧技术推广服务中心
固原市住房服务中心

第二十七批固原市文明单位19个

原州区(4个)

中共原州区委办公室
中共原州区委组织部
原州区教育体育局
共青团原州区委员会

西吉县(3个)

西吉县政府办公室
西吉县图书馆
国家统计局西吉调查队

隆德县(3个)

隆德县工商业联合会
隆德县城关镇竹林社区
隆德县第四幼儿园

泾源县(2个)

泾源县审计局
泾源县幼儿园

彭阳县(3个)

中共彭阳县委机构编制委员会办公室
彭阳县扶贫开发办公室
彭阳县中医院

市直和中央、区属驻固(4个)

中共固原市委政策研究室
固原市发展与改革委员会
固原市档案馆
固原市邮政管理局

第十三批固原市文明村镇17个

原州区(4个)

原州区官厅镇薛庄村
原州区寨科乡蔡川村
原州区中河乡丰堡村
原州区河川乡骆驼河村

西吉县(5个)

西吉县偏城乡
西吉县偏城乡涵江村
西吉县王民乡
西吉县震湖乡李章村
西吉县硝河乡新庄村

隆德县(4个)

隆德县沙塘镇
隆德县沙塘镇锦屏村
隆德县沙塘镇新民村
隆德县奠安乡景林村

彭阳县(4个)

彭阳县交岔乡
彭阳县白阳镇中庄村
彭阳县城阳乡杨坪村
彭阳县草庙乡和谐村

第四批固原市文明校园9所

原州区(2所)

原州区第十二小学
原州区第十五小学

西吉县(2所)

西吉县什字中学
西吉县兴隆中学

隆德县(2所)

隆德县联财镇中心小学
隆德县第三小学

泾源县(1所)

泾源县第三小学

彭阳县(2所)

彭阳县第三小学
彭阳县王洼镇中心学校

继续确认固原市文明单位168个

原州区(18个)

中共原州区委宣传部
原州区妇联
原州区文物管理所
原州区就业创业和人才服务中心(原州区劳动就业局)
原州区三营供电公司(原州区三营供电局)
原州区卫生健康局(原原州区计生局)
原州区人大常委会办公室
中国移动通信集团宁夏有限公司原州区分公司
宁夏交投高速公路管理有限公司青石嘴收费站(原固原公路分局青石嘴收费站)
原州区人民医院
中共原州区委政研室
固原市市场监督管理局原州区分局(原固原市市场监督管理局原州区一分局)
原州区师资培训中心
原州区消防救援大队北塬消防救援站(原原州区武警消防中队)
原州区人社局
原州区审计局
宁夏交投高速公路管理有限公司固原收费站(原宁夏公路管理局固原分局固原收费站)
原州区民政局

西吉县(28个)

中共西吉县委组织部
中共西吉县委宣传部
西吉县震湖乡中心卫生院
西吉县新华书店有限公司(原西吉县新华书店)
西吉县房屋管理与服务中心(原西吉县房产管理所)
中国邮政集团有限公司宁夏回族自治区西吉县分公司(原西吉县邮政局)
中国农业银行西吉县支行
中国人民银行西吉县支行
宁夏电信有限公司西吉县分公司
西吉县气象局
西吉县公路养护中心三合公路站(原西吉县三合公路站)
固原市烟草公司西吉分公司(西吉县烟草专卖局)
西吉县财政局
西吉县市场监督管理局
西吉县民政局
西吉县消防救援大队(原西吉县公安消防大队)
共青团西吉县委员会
西吉县统计局
西吉县交通运输综合执法大队(原西吉县运管所)
西吉县审计局
西吉县人民检察院
西吉县人民法院
西吉县教育体育局
西吉县农业农村局(原西吉县农牧局)
西吉县自然资源局(原西吉县林业局、西吉县国土资源局)
西吉县供电公司
西吉县文化旅游广电局
西吉县明星客运汽车出租有限责任公司(原西吉县明星出租公司)

隆德县(19个)

隆德县人民法院

隆德县公路管理段
国家税务总局隆德县税务局(原隆德县国家税务总局)
中国人民银行隆德县支行
隆德县市场监督管理局
隆德县检察院
隆德县发展和改革局
隆德县消防救援大队(原隆德县公安消防大队)
隆德县第二幼儿园
隆德县水务局
隆德县审计局
隆德县人社局
隆德县财政局
隆德县自然资源局(原隆德县国土资源局、隆德县林业局)
隆德县桃山公路站
固原市烟草公司隆德分公司(隆德县烟草专卖局)
宁夏回族自治区六盘山气象站(原六盘山气象站)
隆德县档案馆
隆德县城关镇红崖社区

泾源县(22个)

国网泾源县供电公司(原泾源县供电局)
宁夏电信有限公司泾源县分公司
泾源县气象局
泾源县民政局
泾源县人力资源和社会保障局
泾源县市场监督管理局
中共泾源县委办公室、泾源县交通运输局(原泾源县交通局)
泾源县自然资源局(原泾源县林业局)
泾源县消防救援大队(原泾源县公安消防大队)
中共泾源县委宣传部
宁夏交投高速公路管理有限公司六盘山收费站(原固原公路分局六盘山收费站)
泾源县文化旅游广电局(原泾源文广局)
泾源县交通运输综合执法大队(原泾源县运管所)
泾源县妇女联合会
中共泾源县纪律检查委员会(原泾源县纪委)
泾源县人大常委会办公室
中共泾源县委组织部
泾源县财政局
泾源县扶贫开发办公室
固原市烟草公司泾源分公司(泾源县烟草专卖局)
中共泾源县委政法委员会

彭阳县(26个)

彭阳县司法局
彭阳县公安局
中国人民银行彭阳县支行
彭阳县人民检察院
彭阳县自然资源局(原彭阳县林业局)
彭阳县交通运输综合执法大队(原彭阳县道路运输管理所)
彭阳县人力资源和社会保障局
彭阳县妇幼保健院(原彭阳县妇幼保健所)
彭阳县卫生健康局(原彭阳县计生局)
中国移动通信集团宁夏有限公司彭阳分公司
彭阳县消防救援大队(原彭阳县消防大队)
彭阳县社会保险事业管理中心(原彭阳县社会保险事业管理局)
中共彭阳县委宣传部
彭阳县就业创业和人才服务中心(原彭阳县劳动就业服务局)
彭阳县政府办公室
中共彭阳县委组织部
彭阳县人民法院
彭阳县交通运输局(原彭阳县交通局)
彭阳县住房和城乡建设局(原彭阳县建环局)
彭阳县市场监督管理局
彭阳县残疾人联合会
彭阳县幼儿园
彭阳县农村商业银行(原彭阳县农村信用合作联社)
固原市烟草公司彭阳分公司(彭阳县烟草专卖局)
彭阳县供销社
固原市生态环境局彭阳分局

市直和中央、区属驻固(55个)

中共固原市纪律检查委员会(包括市委巡察办)
固原市人民政府办公室
固原市政协办公室
中共固原市委组织部
中共固原市委宣传部
固原市人民检察院
固原市水务局
固原市就业创业服务中心(原固原市劳动就业局)
固原市妇女联合会
固原市卫生与健康委员会(原固原市卫计局)
固原市地方志办公室
固原市党史研究室
中共固原市委党校

固原市自然资源局(原固原市林业局、国土资源局)
固原市经济开发区管委会
中共固原市委机构编制委员会办公室
固原市住房公积金管理中心
中共固原市委直属机关工委
中共固原市委政法委员会
固原市投资促进服务中心(原固原市经济技术合作局)
固原市市场监督管理局
固原市市场监督管理局经济开发区分局(原经济开发区工商分局)
固原市公安局
六盘山热电厂
中国工商银行股份有限公司固原支行
固原经济技术开发区税务局(原固原经济开发区国税局)
固原消防救援支队(原固原消防支队)
固原市司法局
固原市教育体育局
固原市地震局
固原市人大常委会办公室
宁夏固原博物馆
中共固原市委办公室
固原市总工会
固原市文学艺术界联合会
固原市财政局
固原市新闻传媒中心(原固原日报社)
固原市审计局
固原市民政局
固原市人社局
固原市交通运输局
固原市残疾人联合会
固原市社会保险事业管理中心(原固原市医疗事务管理中心)
共青团固原市委员会
固原市信访局
固原市中医院
宁夏六盘山水务有限公司
固原农村商业银行股份有限公司(原固原农村商业银行)
固原市烟草公司
固原经济开发区消防救援大队(原固原市公安消防支队扶贫发展试验区大队)
国家统计局固原调查队
固原市国资委
固原市机关服务中心
固原市生态环境局(原固原市环保局)
固原市退役军人事务局

继续确认固原市文明村镇55个

原州区(13个)

原州区头营镇
原州区头营镇杨郎村
原州区黄铎堡镇金堡村(原三营镇金堡村)
原州区开城镇和泉村
原州区河川乡寨洼村
原州区三营镇孙家河村
原州区三营镇团结村
原州区张易镇田堡村
原州区河川乡明川村
原州区三营镇新三营村
原州区黄铎堡镇白河村
原州区黄铎堡镇和润村
原州区张易镇驼巷村

西吉县(12个)

西吉县吉强镇
西吉县兴隆镇
西吉县平峰镇
西吉县震湖乡
西吉县吉强镇大滩村
西吉县震湖乡蒙集村(原西吉县苏堡乡蒙集村)
西吉县兴平乡
西吉县偏城乡下堡村
西吉县王民乡姚坡村
西吉县吉强镇万崖村
西吉县震湖乡孟湾村
西吉县吉强镇龙王坝村

隆德县(11个)

隆德县城关镇
隆德县联财镇联合村
隆德县凤岭乡李士村
隆德县杨河乡红旗村
隆德县神林乡双村(原隆德县神林乡双村村)
隆德县神林乡辛平村
隆德县联财镇联财村
隆德县城关镇杨店村
隆德县陈靳乡新兴村

隆德县陈靳乡新和村
隆德县联财镇赵楼村

泾源县(11个)
泾源县兴盛乡
泾源县新民乡
泾源县香水镇下寺村
泾源县黄花乡红土村
泾源县泾河源镇南庄村
泾源县六盘山镇李庄村
泾源县六盘山镇大庄村
泾源县六盘山镇什字村
泾源县兴盛乡兴盛村
泾源县兴盛乡新旗村
泾源县泾河源镇冶家村

彭阳县(8个)
彭阳县孟塬乡
彭阳县红河镇文沟村
彭阳县城阳乡刘河村
彭阳县城阳乡沟圈村
彭阳县冯庄乡小寺村
彭阳县红河镇
彭阳县城阳乡城阳村
彭阳县草庙乡新洼村

继续确认固原市文明校园11个

原州区(3个)
原州区彭堡中学、原州区杨郎中学、固原市第三中学

西吉县(1个)
西吉县实验中学

隆德县(1个)
隆德县职业中学

泾源县(2个)
泾源县一中、泾源县高级中学

彭阳县(1个)
彭阳县第二中学

市直和中央、区属驻固(3个)
固原市职业技术学校
宁夏师范学院附属中学
宁夏师范学院

“圆梦六盘”2021固原电商大赛获奖名单

50个固原市级电商示范村获奖名单

原州区(10个)
宋洼村　徐河村　姚磨村　老庄村　南城村
三营村　大店村　庙湾村　马路村　骆驼河村

西吉县(4个)
芦子沟村　立眉村　韩塬村　王河村

隆德县(18个)
张银村　山河村　李士村　新和村　于河村
联财村　赵楼村　民联村　永丰村　红旗村
旧街村　清凉村　杨河村　张田村　前进村
恒光村　三星村　许沟村

泾源县(4个)
龙潭村　河北村　上胭村　蒿店村

彭阳县(14个)
王洼村　玉洼村　沟圈村　团庄村　关台村
阳洼村　长城村　店洼村　李寨村　冯庄村
牛湾村　白岔村　上湾村　榆树村

50个固原市级电商先锋团队获奖名单

原州区(11个)
固原大城小事文化传播有限公司
宁夏马逗叔食品有限公司
固原十惠文化传媒有限公司
宁夏生龙肉制品有限公司
固原市舒涵诗意服装店
宁夏师范学院物理与电子信息工程学院
固原发现信息工程中心
宁夏背包科技有限公司
宁夏乐麦科技有限公司
宁夏鹿盘山饮用水有限公司
顺丰速运(宁夏)有限公司固原片区

西吉县(4个)
中薯实业宁夏有限公司
宁夏源丰农牧业综合开发有限公司

西吉县乡土文化创意产业有限公司
西吉县伟华三粉产业有限公司

隆德县(18个)

隆德县葆易圣药业有限公司
宁夏雄丰农副产品有限公司
宁夏湘隆科技有限公司
老巷子乡土人情特产
隆德县魏氏砖雕有限公司
宁夏国隆药业有限公司
隆德县福源中药科技有限公司
宁夏益农坊电子商务有限公司
宁夏塞上甜农业科技有限公司
宁夏隆隆薯电子商务有限公司
隆德县宇杰电子商务有限公司
梦之队
宁夏诚盛电子商务有限公司
隆德乐购
宁夏黄土地农业食品有限公司
宁夏盘隆果业有限公司
宁夏六盘红电子商务有限公司
宁夏兴宇绿色粗粮加工有限公司

泾源县(3个)

宁夏中昂天园食品有限公司
宁夏解忧电子商务有限公司泾源分公司
泾源县云舟电子商务有限公司

彭阳县(14个)

宁夏西部游礼农业发展有限公司
宁夏北国蜜语农业科技发展有限公司
彭阳县利康药业有限公司
宁夏伊厦工贸有限公司
彭阳县三泰科技实业有限责任公司
彭阳县好又多商贸有限公司
宁夏赛速电子商务有限公司
宁夏拓磊电子商务有限公司
彭阳县信达电子商务有限公司
彭阳县融媒体中心
宁夏嘉庆电子商务有限公司
云诚电子商务有限公司
宁夏解忧电子商务有限公司
彭阳县壹珍药业有限责任公司

最佳组织奖

隆德县发展和改革局
彭阳县发展和改革局

全市爱国拥军模范单位
拥政爱民模范单位

一、爱国拥军模范单位(16个)

市委宣传部
市民政局
市科学技术局
市卫生健康委
固原市税务局
原州区委宣传部
原州区人力资源和社会保障局
原州区开城镇党委
西吉县民政局
西吉县白崖乡人民政府
隆德县文化旅游广电局
隆德县教育体育局
泾源县六盘山镇人民政府
泾源县民政局
彭阳县教育体育局
彭阳县古城镇人民政府

三、拥政爱民模范单位(8个)

武警固原支队
固原市消防救援支队
原州区人民武装部
武警固原支队固原中队
西吉县人民武装部
隆德县人民武装部
泾源县人民武装部
彭阳县人民武装部

先进集体简介

全国先进基层党组织宁夏固原市泾源县泾河源镇冶家村党支部

冶家村位于六盘山下，泾河源头。近年来，冶家村党支部积极响应习近平总书记“幸福是奋斗出来的”伟大号召，坚持以党建为引领、以富民为目标，依托得天独厚的生态资源，采取“支部引领、能人带动、协会运作、农户经营”的模式，带领群众大力发展以“农家乐”为“金字招牌”的乡村旅游产业，走出了一条变“绿水青山”为“金山银山”的致富之路，全村建成农家乐135家，带动就业1200余人，旅游经济收入占全村总收入的80%以上，人均可支配收入从2014年的2500元增长到2020年的10233元。冶家村实现了由“农民穷、产业弱、环境差”的落后村到“百姓富、产业兴、生态美”的先进村的“华丽转身”。

昔日冶家村，主要以种植冬小麦、马铃薯等传统农作物为主，靠天吃饭，广种薄收，是出了名的贫困村。2006年，时任村党支部书记冶俊山萌生了发展农家乐的念头，他跟村党支部一班人共同商议，建个农家乐。村党支部积极发动2名党员和3户能人做村里第一个“吃螃蟹的人”，通过争取政策项目支持，这5户人赚得了“第一桶金”，收入比原来种地四年的收入还要高。看到农家乐越办越火，群众的积极性被调动起来了，村党组织因势利导，抓紧定方案、争资金、学经验，通过“支部引领、能人带动、协会运作、农户经营”模式，带领群众大力发展乡村旅游产业，村上的农家乐由5户增加到30户、50户，最后到135户，近一半的农户都经营起了农家乐，户均收入达到8万元，“农家乐”成为冶家村的“金字招牌”。每年进入旅游淡季，村党支部都会积极协调争取旅游部门和社会专业机构，开展服务技能、文明礼仪、餐饮接待、住宿服务、手工艺加工、旅游产品研发等培训，进一步提升农家乐的经营水平和服务质量。村党支部在帮助群众“富口袋”的同时，借力产业发展壮大集体经济，充分挖掘“乡土人才”“乡土文化”“乡土传承”，利用扶贫车间，实施草绳编织、废旧轮胎加工项目，生产创意草编、创意轮胎、绿雕造型等各类产品30余种，年收入达13万元，村集体的家底越来越厚实，村干部的“腰杆子”越来越硬了。

2019年开始，村党支部创新开展乡村文明积分卡制度“铸魂”工程，将公德美德、遵纪守法、移风易俗、环境卫生、公益事业等量化为积分，积分可到爱心超市兑换生活用品，既加强了村级治理，又推进了乡村文明。建立“四点半课堂”、家庭签约医生等“六到家门口”机制，群众享受到了便捷高效的服务，干群关系拉得更近了。村党支部还牵头建立了由老党员和有威望的村民组成的“一约四会”理事机构，大力开展新时代文明实践、道德讲堂活动和移风易俗宣讲，树立了向善向好向上的村风民风。村党支部大力开展“建设1个幸福大院，引导群众种好菜园和果园2个增收园子，栽好屋前屋后、村组道路、河道沟渠3棵树”的幸福农家“123”“塑形工程”，新建幸福大院200余个，幸福农家180多户，村庄的生态更美了，群众的生活更好了。村级组织建立议事决策、村民诉求月月清、村组干部值班走访等“五项制度”，及时解决群众的操心事、烦心事、揪心事，村党支部的凝聚力和战斗力持续增强，连续3年被评定为四星级党组织。

如今的冶家村，山清水秀、环境整洁、宜居宜业、诗意盎然，一个看得见山、望得见水、记得住乡愁的美丽乡村已然形成，先后荣获了首批中国少数民族特色村寨、全国一村一品示范村、中国美丽休闲乡村全国、全国乡村旅游重点村、第六届全国文明村镇等称号。冶家村党支部将持续抓党建强引领，带领党员群众开启产业旺、农民富、环境美、乡风好的乡村振兴新篇章。

2021年度全国三八红旗集体

——国家税务总局宁夏固原市西吉县国家税务总局城区税务分局

西吉县城区税务分局共有职工14人，其中女职工10人，担负着辖区6140户纳税人的税收征管工作。长期以来，在分局的各个工作岗位上，随处闪现着女税官的身姿，她们践行着“为国聚财　为民收税”的中国税务宗旨。锐意进取，团结协作，以蓬勃向上的青春朝气，以自强不息的拼搏精神，以勤勉敬业的高尚情操，以克己自律的优秀品格，在办税缴费的一线倾情服务，创造了不平凡的业绩，演绎着新时代女税官的职业风采。2020年，分局1名女职工被评为区税务系统个税改革先进个人，4人被评为市税务系统岗位能手，带动全局形成了崇尚学习、创先争优的良好氛围。有80%的人已成为本岗位的业务骨干，5人获得了县局2020年优秀公务员称号。先后有7名女职工走上了中层管理岗位，占股级干部的47%，在落实减税降费、优化营商环境、提升纳税服务等方面发挥了不可替代的“半边天”作用。分局先后获得了“第20届全国青年文明号”“宁夏回族自治区三八红旗集体”、固原市“十二五”扶残助残“先进集体”、固原市“五一劳动奖状”和“全县五四红旗团支部”等荣誉称号。分局女职工以“巾帼不让须眉”的豪迈气概，用自身的努力和才情为新时代税收工作增添了绚丽色彩，为西吉税收事业高质量发展贡献了巾帼力量。

在立足税收岗位的同时，分局女职工们积极参与社会公益活动。2021年以来，累计开展志愿服务时长达230小时，投入资金5万余元，以实际行动践行社会责任。一是下沉5个社区参与疫情防控，分局先后有8名女职工主动请战到帮扶村开展摸排登记420余户，连续值守2个月保卫群众的健康和平安。二是服务乡村振兴，针对农村偏远地区纳税人办理业务来回花销大、耗费时间长等问题，分局女职工主动作为，积极开展发票免费邮寄到村服务、线上“问办结合”服务、优化线下服务保障农村特殊人群办税便捷等一系列便民服务，进村举办“税收讲堂”3期，到帮扶户开展摸底224户次，为群众办实事28件，获赠“热血铸税魂　帮扶暖民心”锦旗。三是开展志愿服务活动。与社区联合党委签订“一书三单”党建共建协议，分局志愿服务队到社区常态化开展志愿服务活动，通过慰问抗美援朝老兵、看望敬老院老人等活动，切实将党史学习教育转化为“我为群众办实事”的实际成果。今年以来，共开展志愿服务活动5次，为社区居民办实事12件，在开展服务活动的同时加强与社区的交流和沟通，切实搭建起共建桥梁。

站在新的历史起点上，吉强税务分局女职工将继续努力奋斗，创先争优，助推税收现代化高质量发展，为地方经济社会发展作出新的更大贡献。

第十三届全国家庭工作先进集体

——宁夏固原市原州区妇女联合会

固原市原州区牢记习近平总书记关于家庭、家教和家风的重要论述，引导广大妇女热爱祖国，忠诚于党，感恩感怀，孝老抚小，立足家庭主阵地，弘扬文明主旋律，传承和弘扬优秀文化传统，恪守社会主义核心价值观。

奋力推进家庭教育工程，制订了《原州区指导推进家庭教育的五年规划》，成立家庭教育领导小组，全面负责指导全区家庭教育工作。积极宣传普及《家庭教育促进法》，组织学习转发展播“听专家解读家庭教育促进法”系列视频，引导广大家长依法承担实施家庭教育主体责任。积极开展各种主题活动、家庭教育宣讲86场次。先后成立各类家长学校43所，家庭教育指导中心6所、家庭教育工作示范社区11个，留守流动儿童示范家长学校9个。实施“家家幸福安康工程”家校社合作育人项目，开展“亲子共读”共创“书香家庭”活动，实现家庭、学校教育和社会协调发展。

助力脱贫攻坚成果巩固与乡村振兴有效衔接，不断丰富载体开展典型家庭选树活动，积极探索将“美丽乡村积分制管理”与寻找“最美家庭”等家庭文明建设相结合，推选出200余户“最美家庭”和“五好家庭”，并拍摄制作部分故事宣传片进行展播，分享家庭故事、传播家庭美德；举办家庭教育指导活动，在各乡镇（街道）举办“我与妈妈共读一本书”“书香飘万家——颂百年风华　传红色基因”亲子阅读活动24场次，邀请家庭教育讲师开展“智慧父母幸福家庭”家庭教育指导讲座4

场；开展“爱润万家.好家庭好家教好家风”故事宣讲64场次，让良好家风家训传承下去，发扬光大。

共建共享幸福家庭生活，整合各类资源实施关爱服务，积极助弱解困。寒暑假期间，开展“把爱带回家”，关爱留守及困境儿童3000余名，并在农村开展临时托育服务，进行功课辅导、红色教育、安全教育等活动。对35名“两癌”患病及特殊困难妇女通过心理疏导、技能健康培训、节点走访慰问等开展关爱帮扶，让其生活得更幸福更有尊严。重要节日慰问困难妇女家庭150户，捐助贫困女学生2365家，救助“两癌”妇女等336家，为移民村孕产期妇女发放“幸孕套餐”爱心包94个。实施维权服务，助力平安家庭创建。以反家庭暴力为重点，倾力打造“家暴求助—安全庇护—伤情鉴定—法律援助—家事调解—心理疏导”工作协作联动机制，常态化开展婚姻家庭矛盾纠纷排查化解集中行动，把矛盾纠

纷化解在萌芽状态。

在实现第二个百年奋斗目标新征程上，原州区妇联将不忘初心，努力在家庭工作中实现新作为、贡献新力量！

省部级以上先进个人

全国优秀共产党员

杨凤鹏　彭阳县自然资源局林业技术推广服务中心高级林业工程师

全国优秀党务工作者

李荣林　隆德县联财镇党委书记

全国“五一”劳动奖章获得者

陈满库　固原市原州区寇庄村村民、飞毛腿（福建）电子有限公司制造部班组长。

第八届全国道德模范提名奖获得者名单

蒙旺平　宁夏回族自治区固原市六盘山林业局护林员。

第八届全国道德模范候选人

齐永新　隆德县凤岭乡李士村党支部书记兼村委会主任（敬业奉献）

蒙旺平　固原市六盘山林业局峰台国有林场杨家店护林点点长（敬业奉献）

虎志文　国网宁夏电力有限公司泾源县供电公司经理（敬业奉献）

2022年全国最美家庭

马秀花家庭　宁夏固原西吉县兴隆镇兴隆村三组2-217

金喜梅家庭　泾源县绿洲豪庭

王国海家庭　彭阳县白阳镇安康小区

齐发智家庭　隆德县沙塘镇许沟村二组

第十三届全国五好家庭

高丽君家庭　宁夏固原市九龙嘉苑金桔苑

潘娟娟家庭　隆德县城关镇红崖村一组

王　英家庭　宁夏固原市西吉县田坪乡黄岔村张坪组

全区优秀共产党员

杨满福（回族）　固原市原州区三营镇孙家河村党支部书记、村委会主任

蒙旺平　固原市六盘山林业局峰台国有林场杨家店护林点点长
摆世虎（回族）　隆德县杨河乡串河村农民党员
马志坚（回族）　固原市水利勘测设计院有限公司正高职高级工程师
贾世昌　彭阳县原工委书记
李龙君　隆德县凤岭乡党委书记、四级调研员
史有明　泾源县人民法院六盘山人民法庭一级法官
王自元　西吉县教育工委书记，教育体育局党组书记、局长、四级调研员
马　旭　宁夏师范学院数学与计算机科学学院院长
张　瑞　西吉县文化旅游广电局党组成员、局长、四级调研员
李鹏英（回族）　泾源县政府办公室党组书记、主任
俞开莲（女）　固原市原州区第六小学原校长
虎　富　彭阳县委办公室副主任
伍文余（回族）　泾源县六盘山镇什字村党支部书记、村委会主任
尚锐军　固原市疾病预防控制中心办公室主任
虎俊隆　彭阳县孟塬乡草滩村农民党员
海青卉（女,回族）　固原市第一小学教师
蒋建荣（女,回族）　固原市纪委监委案件监督管理室主任
逯盟玲（女）　西吉县人民医院血透室护士长
火仲舫　固原市文联原主席
王鹏里　固原市公安局离退休干部党支部书记
张国坪　固原市畜牧技术推广服务中心主任
刘文功　固原市财政局派驻彭阳县新集乡周庄村第一书记
邓　萍（女）　固原市社会保险事业管理中心参保登记科科长
穆小平（回族）　西吉县白崖乡党委副书记、乡长
乔冠荣　宁夏金昱元化工集团股份有限公司固原基地党委书记、宁夏金昱元广拓能源有限公司董事长
马文东（回族）　固原市原州区寨科乡党委书记、四级调研员

全区优秀党务工作者

魏廷峰　西吉县委常委、吉强镇党委书记
刘　勇　隆德县城关镇党委书记、四级调研员
秦振邦（回族）　中国人民银行西吉县支行派驻西吉县偏城乡涵江村第一书记
杨　梅（女，回族）　固原市原州区古雁街道小川子社区党支部书记、居委会主任
杨　志（回族）　泾源县发展和改革局党委书记、局长、四级调研员
赵志宏　彭阳县孟塬乡党委副书记
薛国虎　固原市原州区委组织部副部长、区直属机关工委常务副书记
鲜瑞芳（女，回族）西吉县政府党组成员、副县长
张毓龙　隆德县沙塘镇党委书记、四级调研员
郑彩玲（女）　彭阳县白阳镇富阳路社区党总支书记、居委会主任
申学礼　固原市原州区头营镇蒋河村党支部书记、村委会主任
任　皓　固原市弘文中学党支部书记
白国东（回族）　固原市委组织部部务委员
徐万信　彭阳县红河镇徐塬村党支部书记、村委会主任
李　静（女）　固原市公安局经济开发区分局第二党支部书记
魏广泱　固原市气象局党支部组织委员
姜正强　西吉县震湖乡李章村党支部书记
兰正荣（回族）　泾源县教育工委党建办公室主任

自治区三八红旗手标兵

刘雪梅　固原市西吉县人民医院妇产科主任、主任医师

自治区三八红旗手

张　红　固原市人民医院护理部主任
马虹霞　固原市第一中学思想政治教师
程　秀　国家税务总局固原市税务局第一税务分局副局长
朱丽媛　固原市弘文中学党支部宣传委员
马　静　固原市原州区财政局预算股股长
杨淑红　固原市原州区乡村振兴局金融帮扶办公室主任
陈　玢　固原市原州区农业技术推广服务中心高级农艺师
刘　婷　西吉县第三中学教师
郝金鹦　西吉县震湖乡党委委员、组织委员、宣传委员
苏德花　宁夏向丰农牧业开发有限公司副总经理
魏　萍　隆德县沙塘镇党委副书记

解　楠　隆德县农村商业银行党委委员、副行长
兰　兰　泾源县第一中学教师
杨瑞霞　彭阳县农业技术推广服务中心党支部书记
虎彩虹　彭阳县草庙乡新洼村致富带头人

全区精神文明建设工作先进工作者(7人)

冯晓明　原州区中河乡党委书记
马莉莎　西吉县偏城乡组织委员、宣传委员
李　勇　泾源县消防救援大队大队长
苏冰洋　隆德县委宣传部一级科员
王　宇　彭阳县委宣传部一级科员
马小丽　固原市直属机关工委群众工作部部长
朱红军　固原市第一中学高一年级党支部组织委员、团总支书记

全区未成年人思想道德建设工作先进工作者(8人)

李晓娟　原州区第六小学党支部书记、校长
马占兵　共青团西吉县委书记
寇宏吉　西吉县文明办干事
曹银军　隆德县第二中学德育处主任
于海者　泾源县第三小学政教主任
負双慧　彭阳县教育体育局干事
夏　奕　固原市第八中学副校长、少工委副主任
黄　瑜　宁夏师范学院附属中学团委书记

全区移风易俗模范户(12户)

白翠香家庭　原州区彭堡镇曹洼村
邢科亮家庭　原州区三营镇广和村
母义军家庭　原州区炭山乡新山村
马连雄家庭　西吉县沙沟乡中口村
喜占成家庭　西吉县硝河乡高原村
李来娣家庭　隆德县陈靳乡新兴村
赵永胜家庭　隆德县神林乡杨野河村
景小平家庭　隆德县奠安乡景林村
马志珍家庭　泾源县兴盛乡新旗村
马　韬家庭　彭阳县古城镇任河村
马贵宝家庭　彭阳县新集乡太寺村
李艳杰家庭　彭阳县冯庄乡崖湾村

2021年度自治区“新时代好少年”(4名)

买琛雅　女,原州区第十一小学五年级(1)班学生
袁　方　男,彭阳县第二小学五年级(5)班班长
陈雨婷　女,隆德县第一小学六年级(9)班班长、学校少先队宣传委员
魏怡然　女,固原市第一中学高一(2)班学生

拟推荐第七届自治区道德模范候选人

辛宝同　宁夏隆隆薯闽宁助残商贸中心法人、隆德县残疾人电商就业创业协会会长(助人为乐)
杨世梅　固原市原州区第十八小学副校长(助人为乐)
马建霞　泾源县泾六盘蜂业专业合作社副理事长(诚实守信)
撒风虎　生前系西吉县扶贫办项目股副股长(敬业奉献)
黄进兰　西吉县偏城乡姚庄村村民(孝老爱亲)

拟推荐第五届“宁夏好人”候选人

柳建宁　隆德县青年志愿者协会会长、理事长(助人为乐)
司彦江　西吉县青年网络文创中心负责人、西吉县壹零壹培训学校党支部书记,共青团西吉县委兼职副书记(助人为乐)
陈泽恩　彭阳县山旮旯中蜂养殖专业合作社总经理(敬业奉献)
谭　红　国家税务总局固原市税务局征收管理科副科长(敬业奉献)
屈文慧　固原市人民医院内科第二党支部书记、重症医学科副主任、主任医师(敬业奉献)
咸国平　国网宁夏电力有限公司隆德县供电公司职工(孝老爱亲)
沈克俭　原州区官厅镇乔洼村村民(孝老爱亲)

固原市先进个人

全市优秀党务工作者(30名)

赵淳钊　固原市原州区张易镇毛庄村党支部书记、村委会主任

张旭明　固原市原州区北塬街道党工委书记

薛　程　固原市原州区水务局党委党务工作者

伏小粉(女)　固原市原州区古雁街道西城路社区党支部书记、居委会主任

马珊珊(女,回族)　固原市原州区三营镇党委委员、组织委员

支雁欣(女,维吾尔族)　固原市原州区中河乡党委委员、组织委员

武定亚　西吉县田坪乡三岔村党支部书记、村委会主任

马龙飞(回族)　西吉县吉强镇党委委员、组织委员

杨　芳(女,回族)　西吉县兴隆镇党委委员、组织委员

杨永祥　西吉县水务局机关党支部书记

穆建华(回族)　西吉县自然资源局机关党支部组织委员

李晓娟(女)　西吉县离退休干部党工委专职副书记

黄收成　隆德县陈靳乡清凉村党支部书记、村委会主任

柳　娟(女)　隆德县城关镇党委副书记

陈　鹏　隆德县发展和改革局党支部书记

古　锋(回族)　泾源县六盘山镇和尚铺村党支部书记

吴桂花(女,回族)　泾源县黄花乡党委委员、组织委员

李志强(回族)　泾源县卫生健康局党总支书记

马文荣(回族)　彭阳县交岔乡关口村党支部书记

祁　涛　彭阳县王洼镇党委书记

马志科(回族)　彭阳县古城镇皇甫村党支部书记、村委会主任

余小龙　彭阳县委组织部副部长

慕容刚　固原市中级人民法院机关党委副书记、审判管理办公室副主任

安金国　固原市直属机关工作委员会委员、办公室主任

李兴民(回族)　固原市审批服务管理局党支部宣传委员

宋少军　固原市第一中学第二党支部书记

汤　飞　固原市公安局机关党委组织委员

张　宏(女,回族)　固原市离退休干部党工委办公室党建干事

杨永贤　宁夏师范学院音乐舞蹈学院党总支书记、教工党支部书记

李树海　固原建筑设计研究院党支部书记

全市优秀共产党员(69名)

毛登高　固原市原州区应急管理局派驻原州区开城镇三十里铺村第一书记

张晓龙　固原市原州区审计局党组书记、局长

杨丽萍(女,回族)　固原市原州区官厅镇党委委员、组织委员

张万金　国家税务总局固原市原州区税务局党委书记、局长

杨　娜(女)　固原市原州区中河乡党委委员、副乡长

卢永华　固原市原州区张易中心卫生院副院长

母广玲(女,回族)　固原市原州区委宣传部副部长

李　寅(回族)　固原市原州区古雁街道党工委委员、武装部部长

樊耀军　固原市原州区监察委员会委员、第一纪检监察室主任

白雪梅(女,回族)　固原市原州区人力资源和社会保障局党组成员、副局长

张玉海　固原市原州区扶贫开发办公室党组书记、主任

唐　棣(女)　固原市原州区南关街道办事处科员

吴　伟　固原市原州区环境卫生服务中心垃圾填埋场场长

王　升　西吉县卫生健康局派驻西吉县火石寨乡石山村第一书记

马俊平（回族） 西吉县偏城乡下堡村党支部书记、村委会主任
梁德森 宁夏鸿图建筑规划设计有限公司党支部书记
王旭东 西吉县红耀乡党委书记、四级调研员
冯永福 西吉县将台堡镇党委书记、四级调研员
李学智（回族） 西吉县偏城乡党委书记
王科军 西吉县纪委常委、监委委员、办公室主任
马欣妍（女，回族） 西吉县统计局党组书记、副局长
海 斌（回族） 西吉县乡村振兴局党组成员、副局长
王志强 西吉县公安局治安出入境管理大队大队长
蒙儒勇 西吉县震湖乡蒙集村党支部书记、村委会主任
穆 欣（女，回族） 西吉县白崖乡党委委员、副乡长
张显业 隆德县温堡乡新庄村党支部书记、村委会主任
樊晓瑞（女） 隆德县城关镇西苑社区党支部书记、居委会主任
杨世杰 隆德县人民法院刑事审判庭庭长
摆清选（回族） 隆德县委巡察领导小组办公室主任
王桂霞（女） 隆德县第一小学教师
赵向东 隆德县统计局普查中心主任
雍永刚 隆德县公安局刑侦大队教导员
张定周 隆德县委政法委副秘书长
张锐锋 隆德县人社局党组成员、副局长
惠渊博（回族） 泾源县公安局香水派出所警务技术四级主管
闫 毅 泾源县疾病预防控制中心副主任
兰恩慈（回族） 泾源县新民乡马河滩村党员
马有全（回族） 泾源县沙塘林场天保护林员
杨万福（回族） 泾源县第一中学党支部书记、校长
古学宏 泾源县六盘山镇党委书记、四级调研员
吴顺松 泾源县司法局退休干部
童宝强（回族） 泾源县委办公室副主任、督查室主任、档案局局长
兰武英（回族） 彭阳县红河镇文沟村党支部书记、村委会主任
韩占珍 彭阳县第三中学校长
李维春 彭阳县残疾人联合会派驻彭阳县王洼镇团庄村第一书记
曹旭平 彭阳县乡村振兴局综合室主任
高玉贤 彭阳县人民医院重症监护室主任
汪志东 彭阳县草庙乡草庙村党支部书记
杨占辉 彭阳县委党史和地方志研究室主任
马存林（回族） 彭阳县纪委常委、监委委员、案管室主任
韩俊霞（女） 彭阳县公安局交通警察大队车管所所长
曹建刚 彭阳县农业农村局党组书记、局长
杨瑞昇 彭阳县政府办公室副主任
张家萍（女） 固原市人民检察院第七检察部副主任
樊彦章 固原市委办公室信息综合科科长
赵力军 固原市委网信办互联网信息服务中心主任
邓彦卓 固原市军队离退休干部管理所军休士官
云 峰（回族） 固原市市场监督管理局机关第一党支部书记、政策法规科科长
刘永年 固原市教育体育局组织人事科科长
兰小兵（回族） 固原市五原中学教师
朱丽媛（女） 固原市弘文中学教师
王博文 固原市人民医院肿瘤科、胸外科主任
高军平 固原市城市社区卫生服务管理中心副主任
李国智 固原市公安局刑事技术鉴定中心主检法医师
刘 涛 中国电信股份有限公司西吉分公司兴隆营服中心主任
王可尧 固原市浙江企业家协会党支部书记
范继武 固原市“银耀六盘”离退休干部志愿服务队队长
张学举 宁夏师范学院办公室对外合作交流党支部书记、办公室主任
桑学军 中国邮政集团有限公司隆德分公司机要员

固原市事业单位脱贫攻坚专项奖励记功个人名单

李 烈 原州区农业技术推广服务中心高级农艺师
王武民 原州区公路管理段工程师
郑建国 原州区文化街社区卫生服务中心副主任医师
马佰军 原州区教育考试中心一级教师，派驻原州区张易镇盐泥村第一书记
殷爱萍 原州区林政执法大队高级工程师
郭 军 原州区扬黄灌溉管理站高级工程师
太 惠 固原市水资源配置与水旱灾害防御中心高级工程师，派驻西吉县红耀乡驮昌村扶贫工作队员
石 彪 西吉县震湖乡特色产业中心主任
伏豆娟 西吉县平峰镇民生服务中心九级职员

王　升　西吉县马莲乡卫生院专业技术人员，派驻西吉县火石寨乡石山村第一书记
田　鹏　西吉县吉强镇民生服务中心九级职员
马力伟　西吉县兴隆中学高级教师
崔　强　隆德县凤岭乡科教文卫服务中心九级职员
何青云　隆德县农业综合执法大队兽医师
赵世贤　隆德县城乡供水服务中心高级工程师
杜旺红　隆德县温堡乡新农村建设与信息服务中心九级职员
惠玉龙　泾源县扶贫服务中心九级职员
赫淑娟　泾源县黄花乡村镇建设规划服务中心九级职员
张　芳　泾源县大湾乡水利工作站高级工程师
秦志红　泾源县社会保险事业管理中心经济师，派驻泾源县香水镇新月村第一书记
刘宝发　泾源县扶贫服务中心八级职员
祝秉忠　彭阳县城阳乡初级中学一级教师
贾　燕　彭阳县新集卫生院主管护师
黄彦贵　彭阳县扶贫开发服务中心兽医师
刘利军　彭阳县水利服务中心工程师，派驻彭阳县冯庄乡上湾村第一书记
夏正武　彭阳县公路管理段工程师，派驻彭阳县交岔乡保阳村第一书记
张词恩　固原市扶贫服务中心八级职员，派驻原州区河川乡康沟村扶贫工作队队长
温翔杰　固原市公共资源交易中心政府采购与产权交易科科长，派驻西吉县兴平乡马沟村第一书记
邓　萍　固原市社会保险事业管理中心城乡居民社会保险管理科科长
王　刚　固原市财政投资评审中心职工，派驻彭阳县新集乡周庄村扶贫工作队员
徐志刚　固原市住房服务中心主任

全市优秀退役军人
退役军人工作先进单位及个人名单

一、优秀退役军人（16人）

张文仁　市人民检察院法警支队支队长
黑晓明　固原新时代购物中心党支部书记、总经理
卢金强　市政协办公室四级调研员
戴晓雯（女）　市财政局农业科工作人员
郝彦智　政协固原市原州区委员会工会委员
阿　斌　原州区应急管理局工作人员
徐志政　原州区林政执法大队队长
陈丁虎　西吉县自然资源局森林防火队队长
马鹏程　西吉县偏城乡涵江村包村干部
王小军　西吉县星河超市个体户
金双平　隆德县公安局城关派出所协警
席金龙　宁夏仁宝宏园实业有限公司法人
兰胜利　泾源县泾河源镇冶家村党支部书记
于建龙　泾源县香水镇副镇长
虎安平　彭阳县住建局监察大队队员
张学杰　彭阳县小岔乡榆树村党支部书记

二、退役军人工作先进单位（11个）

市人力资源和社会保障局
市公安局
市六盘山林业局
原州区退役军人事务局
原州区卫生健康局
西吉县公安局
西吉县自然资源局
隆德县城关镇人民政府
泾源县退役军人事务局
彭阳县退役军人事务局
彭阳县财政局

三、退役军人工作先进个人（11人）

傅　涛　市退役军人服务中心主任、军队离退休干部管理所所长
孟建邦　市教育体育局体卫艺科工作人员
徐　政　市民政局工作人员
张学勇　市政务服务中心网络信息科科长
贺　婧（女）　原州区头营镇退役军人服务站专职工作人员
何晓琴（女）　原州区中河乡退役军人服务站专职工作人员
高士平　西吉县白崖乡政府副乡长（原西吉县退役军人事务局副局长）
姚建生　西吉县教育体育局工委专职副书记（原西吉县王民乡人武部部长）
李　乾　隆德县凤岭乡退役军人服务站专职干事
兰海伟　泾源县民政局社会救助中心主任
王建军　彭阳县人社局党组书记、局长

全市爱国拥军模范个人 拥政爱民模范个人名单

一、爱国拥军模范（17人）

雍海霞（女） 市司法局立法备案审查科科长
柳 睿（女） 固原日报社记者部主任
杨保兵 市公交公司安全监督部事故理赔组组长
刘富贵 市应急管理局灾害监督保障科主任科员
杨 莉（女） 市交通局养护管理科科长
海 平 市退役军人局双拥优抚褒扬科主任科员
马晓明 固原市社会组织拥军协会理事长
陈 东 原州区教育体育局基础教育办公室干事
赵建宁 原州区综合执法局城市管理执法监察大队副大队长
高 勇 原州区退役军人服务中心主任
郭永科 西吉县退役军人服务中心工作人员
张明君 西吉县民政局驻新营乡腰巴庄村第一书记
刘 勇 隆德县六盘山工业园区管委会主任（原隆德县城关镇党委书记）
姚瑞斌 隆德县退役军人事务局工作人员
马银全 泾源县香水镇党委书记（原泾源县住房和城乡建设局党组书记、局长）
李成造 泾源县世纪购物中心商贸有限公司董事长
马应梅（女） 彭阳县交通运输局副主任科员、交战办干事

二、拥政爱民模范（8人）

张裕富 武警固原支队人力资源股股长
杨 阳 原78156部队52分队副班长
刘文平 原州区人民武装部政治委员
周子炜 武警固原支队装备保障股股长（原武警固原支队固原中队中队长）
马晓明 原固原市消防救援支队西吉县大队政治教导员
邹天乐 武警固原支队隆德中队队长
王燊坤 固原市消防救援支队开发区大队政治教导员（原固原市消防救援支队泾源县大队政治教导员）
贾 政 武警固原支队机动中队指导员（原武警固原支队彭阳中队指导员）

市直机关及参照公务员法管理单位 2022年度嘉奖奖励人员名单

市直部门（单位）

市纪委监委：
吴 勤 张恭昌 蒋建荣 丁海东 杨文义 安克仁 张生宏 马 静 段进南 马文丽 马勇强 王 刚 段小军 冯 丹 赵佩荣 刘亚娟 王维洲 李 艳

市委办公室：
田玉铭 宋兆璐 段晓亮 吴婧卓 高彩虹 齐佩佩

市委组织部：
张雯萍 杨国龙 苏 虎 杨小杰 罗政奇

市委宣传部：
宋亚俊 邓彦辉 黄小鹏 司永科 郜小岚

市委统战部：
马 强

市委政法委：
王 萍 武殿盛 李志坚

市委政研室：
程新伟 樊彦章

市委网络安全和信息化委员会办公室：
杜鸿雁 王刘纪 李卫东

市委机构编制委员会办公室
靳华斌 张劲华 王玉顺

市直机关工委：
张秀桂 马小丽

市委老干部局：
郑厚强

市人大常委会机关：
赫 程 魏志刚 李春生 李亚莉 李志明 石亚东

市人民政府办公室：
戴耀骞 马清智 刘剑伟 马 宁 赵星辰 沈 洋

市发展和改革委员会：
柳应彪 马佐龙 虎 敏

市教育体育局：
张国文 张城玥 范东明 余利娟

市工业和信息化局：
高文斌 米 广 王路路 王 宁

市公安局：
①局机关
马彦秀 王兆林 张 学 贾国炜 常 天

刘　磊　孙启勇　张晓亚　褚继勇　王娅婕
王树奎　李　琼　周占胜　宋宇宁　丁　杰
韩　斌　马　岩　李　强　李　成　何弘景
张　斌　徐忠虎　岳　黎　王兴煦　马元章
戴天凤　马生林　李亚亚　祁亚琼　陈利荣
丁文梅　李小燕　翟双龙　张国平　周明洋
杨铁柱　郭　宏　李俊梅　王何杰　林永兴
马　明
②原州区分局
魏向东　陈雅楠　冯　伟　胡永升　张文举
邱旭娟　张明福　李有东　马鹏(1995年)
武金东　张海峰　杨晓宁　杨　倩　王　博
侯　蕊　刘宇春　李岁选　母玉霞　雅晓玲
海　赟　黄圆满　张万里　刘晓宁　马玮玮
陈　珠　刘　阳　王天保　李　芳
马宁(1988年)　卢瑞钧　王成龙　郑　卓
石来福　李　欣　李龙军　张天奇　王成功
③交警分局
蒋小平　海存云　韩　彪　吕晓岩　乔治成
陈连东　马海腾　杨雪静　张世昌　闵　平
闫　炳　高晓琴　马　敏
④经济开发区分局
马国良　何义清　韩　兵　高　磊　陈　刚
牛广宏　李德武　张晓东
⑤六盘山森林分局
李志军　兰亚正　马　莹　马　军
市司法局：
祁　强　王勇强　李龙　张筱淳
市财政局：
王永刚　栾文东　陆　燕
市人力资源和社会保障局：
①局机关
宋新宇　马国栋
②市就业创业服务中心
李民生　张继宁　张金鸿
③市劳动保障监察监督支队
高　旭
④市劳动人事争议仲裁院
高文堂
⑤市人民政府驻新疆办事处
王国栋
市自然资源局：
①局机关
杨生智　赵德旭　贺书屏
②市自然资源综合执法支队
罗宗虎　袁　琳
市生态环境局：
①局机关
郭　隗　赵克祥　刘登甲　毛建东
②生态环境原州分局
陈惠萍
③市生态环境西吉分局
马炳良
④市生态环境隆德分局
王建平
⑤市生态环境泾源分局
郑相斌
⑥市生态环境彭阳分局
马小宁
⑦市生态环境综合执法支队
任魏、张鹏举
市住房和城乡建设局：
李彦科　李维斌
市交通运输局：
蒙彦智　杨　莉
市水务局：
周广阳
市农业农村局：
任军孝　刘俊辉　高　星　梁　欢
市商务和投资促进局：
魏志斌
市文化旅游广电局：
赵宝娣　马　倩
市文化市场综合执法支队：
张　伟　刘荣香
市卫生健康委员会：
①局机关
杨宏伟　马凤霞　魏　奇
②市老龄健康服务管理中心
张春柏
市退役军人事务局：
胡有忠　谢吾飞
市应急管理局：
马晓斌　刘天生
市审计局：
虎　伟　李翔鹰　陈红权
市市场监督管理局：
①局机关
杜彦远　杨　芳　马佳丽　柳建国　赵燕弟
梁　健　白　娟　王　瑞　马国权

②经济开发区分局
张　博　杨晓慧
③原州区分局
陶家宁　师东梅　王文娟　王儒林　贾荣安
秦玉红　张维斌　张振涛　马凤英　王亚丽
陈　健　马秀武
市金融工作局：
连廷鹏
市统计局：
曹　祥
市乡村振兴局：
宋保童　余广东
市审批服务管理局：
邢慧璧　毕云峰
市政务服务中心：
王　璐　王芳霞　田　春　马莹莹　张学勇
市城市管理局：
陈学伟　徐向臣
市信访局：
张文科　牛玉东
市医疗保障局：
杨俱和　王友琳
市粮食和物资储备局：
吴晓伟　刘　茜
市机关事务管理局：
马　强
市机关事务中心：
台喜平　黄　婕　杨　涛
市政协机关：
张　骞　陈宇青　古　原　李喜生　虎永军
田由由　金文静
市中级法院：
慕　蓉　虎少军　黄瑞娟　李　强　罗占武
闫儒红　杨　菁　柳　林　李凤玲　朱　佳
张冰玲　柴鹏鹏　高　静
市检察院：
张静隆　王重嘉　孙　岩　田　爽　郭银霞
袁　晓　王　宁　程　宪
市工商联：
杜　强
市红十字会：
蔡婧芸
市文联：
丁　正
市残联：
王启鹏　吴　璇
团市委：
梁喜明
市妇联：
刘丽华
市总工会：
王志贤　马小娟
市科协：
贾世国
市委党校(固原市行政学院)：
马东升　王桂贤　王京联　安　晔
市党史研究室：
苏明珠　张卫红
市档案馆：
林莉萍　韩孔刚
市地震局：
乔金龙　潘润霖
市投资促进服务中心：
陈　伟　杨耀龙
市地方志研究室：
杨永成　杨平梅
固原经济开发区管理委员会：
马　武　杨宏伟　周文斌　韩乃福　杜　选
马双骏　张克亮
宁夏六盘山旅游扶贫试验区管理委员会：
袁继安　余飞鹏

县(区)处级领导干部

原州区：
王统一　马耀军　薛　霞　曾新富　金占海
西吉县：
邵剑波　刘杏萍　张　杰　鲜瑞芳　冯玉宝
隆德县：
赵文福　田　云　陈　昊　毕世喜　柳春梅
泾源县：
张毓龙　于　雷　于清海　张怀彪
彭阳县：
丁志刚　王志会　王继讲　赵　坤　戴小维
县(区)法检两院：
李全德　黄　浩

2022年度受自治区嘉奖的领导干部

王新军　白学贵　位西北　任立新　何永吉
童　东　呼延俊杰　云生元　张永强

第一书记和驻村工作队员

罗　亮(市纪委监委)
吴健宁(市委组织部)
何士军(市委宣传部)
王　茜(市委统战部)
郝俊峰(市人民政府办公室)
陈　明(市工业和信息化局)
常忠效(市公安局)
马晓强(市就业创业服务中心)
方　珲(市就业创业服务中心)
郭敏武(市自然资源局)
狄雪兰(市自然资源综合执法支队)
海杰(市自然资源综合执法支队)
杨应锋(市商务和投资促进局)
魏勇斌(市文化市场综合执法支队)
杨彦平(市卫生健康委员会)
杜银烨(市审计局)
赵具才(市审批服务管理局)
杨万录(市城市管理局)
任清池(市信访局)
卢金强(市政协机关)
何尚成(市政协机关)
张　强(市工商联)
李　方(市文联)
惠　岸(团市委)
高秀萍(市妇联)
刘建福(市总工会)
李文铎(市档案馆)
牛爱杰(固原经济开发区管理委员会)

市直机关及参照公务员法管理单位 2022年度记三等功奖励人员名单

市直部门(单位)

市纪委监委:秦晓兵
市委办公室:李育龙　王　伟
市委统战部:田元文　苏治花
市委政法委:李　栋　武殿盛
市委巡察办:张冰河
市人民政府办公室:杨　军
市发展和改革委员会:张晓娥
市科学技术局:虎永勇
市公安局:
①局机关:董永强　王会东　张　娟　张　敏　张军亮
②原州区分局:李彩莹　唐　佩　杨忠良
③交警分局:刘慧芹
④经济开发区分局:祁国伟
⑤六盘山森林分局:马　柏
市民政局:马媛媛
市司法局:冯建辉
市财政局:乔金虎　褚广宏　刘文功
市人力资源和社会保障局:高　巍
市自然资源局:魏　申
市自然资源综合执法支队:张　继
市生态环境综合执法支队:杜鹏天
市水务局:米　粒
市商务和投资促进局:马孝强
市老龄健康服务管理中心:郝振梅
市市场监督管理局:
①局机关:王一平　云　峰　马彦海　李　博
②原州区分局:何万江　王　瑞
③经济开发区分局:张小琴
市统计局:计发斌　何学花
市审批服务管理局:李　东　洪　瑶
市政务服务中心:蒋旭明　王　龙　刘维国　吴汉虎
市医疗保障局:吴春贵
市人民防空办公室:杨华厚
市机关事务管理局:张双平
市机关事务管理中心:马晓才
市政协机关:陈　博
市中级法院:曹维强
市检察院:马广华　马建华　刘伟忠　杨晓花
市党校:黄玉红
市科协:王淑萍

县(区)处级领导干部

隆德县:许学军　李国英
彭阳县:张利军

第一届固原市文明家庭14户

晏　翔家庭　原州区古雁街道康居社区
庞花莲家庭　原州区古雁街道明堡路社区
马　莹家庭　原州区古雁街道西塬社区
张明福家庭　原州区南关街道中山南街社区
马　忠家庭　西吉县吉强镇中街社区
王　靖家庭　西吉县吉强镇湖滨社区
逯墨玲家庭　西吉县吉强镇湖滨社区
谢　芳家庭　西吉县红耀乡小庄村

王国世家庭　隆德县凤岭乡齐岔村
景小平家庭　隆德县奠安乡景林村
胡正江家庭　彭阳县白阳镇政府街社区
余长信家庭　彭阳县城阳乡城阳村
张维虎家庭　彭阳县红河镇韩堡村
王　鹏家庭　彭阳县草庙乡周庄村

固原电商十大优秀个人获奖名单

原州区(3个)

固原大城小事文化传播有限公司　韩晨阳
固原十惠文化传媒有限公司　王惠婕
宁夏乐麦科技有限公司　张志军

西吉县(1个)

中薯实业宁夏有限公司　王　昊

隆德县(4个)

隆德县葆易圣药业有限公司　田永强
宁夏湘隆科技有限公司　石　磊
隆德县魏氏砖雕有限公司　高银燕
宁夏隆隆薯电子商务有限公司　辛宝同

泾源县(1个)

泾源县云舟电子商务有限公司　禹龙龙

彭阳县(1个)

彭阳县三泰科技实业有限责任公司　祁登智

先进人物简介

全国优秀共产党员

杨凤鹏　彭阳县自然资源局高级林业工程师，1985年，有过园艺工作经历的杨凤鹏被招为林业专干，与彭阳的山山水水、一草一木结下了深深的情和缘。“88542”隔坡反坡水平沟抗旱集雨技术是彭阳勇于探索、大胆创新，走出的黄土高原综合治理的彭阳路子，这片土地上的人们穷尽30多年的心血和汗水，让“山变绿、水变清、地变平、人变富”。工作实践中，他近乎苛刻地恪守“88542”技术，每个坑子都挖得上下齐帮齐底，尺寸一分不差。对数量，他精益求精，从不马虎，所有账务做到日清月结，并和队员一一核对，他手里出的账，从未出现差错。对造林队制定的各项制度和规定他严格执行落实，不走样、不打折扣。工作雷厉风行，需要今天办的事，决不会拖到明天，需要现在办的事，决不会拖延一分钟。

2002年实施退耕还林，红河镇上王村被规划为红梅杏试点村，为保证试点成功，林业局把这一艰巨任务交给了杨凤鹏，他立下“只许成功，不许失败”的军令状，带领造林队边学技术边试种，三年后喜获丰收。如今，彭阳红梅杏作为中国国家地理的标志性产品，成为群众的“致富果”。

2013年，在悦龙山绿化工程中，中标公司面对在土质坚硬、超过45度陡坡植树任务时，束手无策，被迫弃标。杨凤鹏“临危受命”，带领200多名造林队员，克服重重困难，用时33天，开挖水平沟5万多米，栽植云杉、油松等绿化苗木5万多株，不仅提前完成了工程，还节约了几十万元资金。2014年，在古城镇高庄村造林工程中，杨凤鹏带领队员在砂石胶泥陡坡刨出了近万米“带子田”，所栽树木成活率达90%以上。

在长期的探索与实践中，他总结出“穴状柽柳栽植法”、阔叶树夏季带土遮阴栽植等技术，使栽植成活率达90%以上。2014年，他首创“慈善兴林”方式，带头捐助价值一万多元的云杉苗木1000多株，动员热心林业建设的造林队员、林业经营户在五峰山旅游景点栽植侧柏、云杉等常绿乔木1400余亩、80000余株。

36年来，他率领造林队员们拓荒植绿，用铁锹和汗水改变彭阳山川面貌，全县“88542”整地工程连接起来，可以绕地球三圈半，造林队完成的工程累计超过两个“二万五千里长征”，栽植树木超过千万株。全县林木保存面积由建县初的27万亩增加到203.87万亩，森林覆盖率由3%提高到30.6%，累计治理小流域134条1780平方公里，水土流失治理程度提高到76.3%，降雨量达到759毫米，县境内三条主要河流地表水水质为Ⅲ类及以上，为控制黄河流域水土流失和生态恢复建设作出了突出贡献。2019年，全县经济林产值达3.88亿元。杨凤鹏也先后获得“全国先进工作者”“全国绿化奖章”“全区优秀共产党员”等荣誉。

杨凤鹏认真践行“生态立县”方针，以铁锹为笔、以绿树为墨、以山川为纸，在彭阳大地绘“青山”造“金山”，绘就出了风景宜人的“江南小县城”。彭阳的绿浸透着他的辛劳和汗水，折射出“领导苦抓、部门苦帮、群众苦干”的“三苦”作风和“勇于探索、团结务实、锲而不舍、艰苦创业”的彭阳精神。

全国优秀党务工作者

李荣林 宁夏隆德县联财镇党委书记。他是一名善抓党建的带头人，他连续多年坚持为全镇党员集体讲党课，通过亲自带头讲、党委成员到村讲等办法，为农村党员讲解党史知识、党风廉政、党员助力脱贫攻坚等党建内容，激励党员发挥先锋模范作用，培养听党话、跟党走、感党恩的农村党员队伍。针对农村党员教育管理宽松软、活动阵地小等问题，他积极筹措资金，整合资源，为每个村建成500平方米的党群服务中心，作为宣传教育党员群众的主阵地，为全县村级组织活动场所建设树立了榜样。他组织开展“身边人讲身边事、身边事教育身边人”“书记讲惠农政策大讲堂”“书记讲党课”“我脱贫我光荣”等活动，每年组织宣讲活动150余场，教育培训党员群众2.5万人次。

全国脱贫攻坚集结号吹响后，他响应党中央和习近平总书记的号召，坚持抓党建促脱贫，认真履行主责主业，建立党员领导干部包村抓党建责任制，每周跑遍每个村，指导推动“三会一课”、主题党日等党建基本制度落地见效。带头包抓重难点软弱涣散村，健全组织、配强班子、用好阵地，以点带面推动全镇6个村党组织政治功能和组织力全面提升，三星级以上村党组织达到83%。深入实施“两个带头人”工程，创新“致富带头人+产业+建档立卡贫困户”扶贫模式，在全镇培养86名党员致富带头人，示范带动全镇2700多户贫困户脱贫致富，2017年全国贫困村创业致富带头人培育工作现场会在联财镇赵楼村观摩学习。抓实开展“双评双定”活动，将星级评定结果与村干部报酬、评先选优等挂钩，激励督促基层党组织和党员在脱贫攻坚中发挥作用。

抓产业发展，他坚持“走出去、请进来、谋出路”的理念，学习先进经验，引进现代科技，争取闽宁资金，整合优势资源，在全镇建成5家中药材加工厂、4个千亩标准化蔬菜种植基地，发展山野杏嫁接和经果林，在河谷川道区建成蔬菜拱棚8600亩，请进浙商种植无籽西瓜和三亚客商种植小番茄，将南山水库水源引上北山旱塬，新增6000亩水浇地，通过发展产业带动贫困户脱贫增收。为了打开蔬菜销售渠道，他跑遍拉萨、西宁、西安、郑州等地市场，风餐露宿，为群众奔波上万公里，为当地农民带来了可观的经济收入，真正让老百姓过上了好日子。2018年，联财镇农民人均收入突破9800元，在全县率先实现所有的村脱贫。

2015年为解决饮水质量安全问题，他跑遍了所有村的沟沟岔岔，多次跑区市县相关部门争取项目资金，解决了全镇2000多户的自来水入户问题，让干净放心水“流入寻常百姓家”。2016年3月，他带领群众在赵楼村开展以建设新房子、拆除危旧土房土墙、硬化村道巷道、绿化美化为内容的“整村推进”攻坚战。在全镇6个行政村建成乡村道路168公里，改造危房2086户，建设污水管道26000米，安全住房保障率达100%。

李荣林患有双侧踝关节骨性关节炎，为了落实“党委书记遍访贫困户”的要求，他身患重病不下脱贫一线，以“挣死牛不翻车”的意志，拄着拐杖，忍着疼痛，每天坚持行走6公里以上。多年来，他走遍了6个村的沟沟岔岔、家家户户，全镇每个角落都留下了他的身影，被当地老百姓亲切地称为“拐杖书记”。长期在基层高强度、无规律的工作和生活，2019年8月李荣林被确诊直肠癌肝转移。他忍受着放疗、化疗、手术的痛苦，一边接受治疗，一边远程指挥全镇开展脱贫攻坚“四查四补”等工作。治疗半年后，他又重新返回工作岗位，边治疗边奋战在巩固脱贫攻坚成效、推进乡村振兴的一线。

他是一名25年如一日，用生命和实干诠释对党和人民无限忠诚的乡镇基层干部，怀着对党和人民的事业无限忠诚与热爱，在推进联财镇的脱贫攻坚和乡村振兴事业中鞠躬尽瘁、默默奉献，生动展现了一名新时代党员干部的创新、奋斗、奉献精神，赢得了党组织的肯定和干部群众的广泛称赞。

全国五一劳动奖章获得者

陈满库　宁夏固原市原州区开城镇寇庄村人，现任飞毛腿（福建）电子有限公司第五事业部NB管理中心NB制造部240车间组长。

2018年，他与100多名固原老乡到2000公里外的福建马尾的飞毛腿电子有限公司务工。刚进入公司，陈满库便从一线车间的贴胶作业员干起。陈满库踏实努力肯干，只要有空就钻进流水线，学习各个岗位的操作流程和规范。三个月后，凭着过硬的实操本领，陈满库从作业员晋升为机动工。车间领导见他刻苦钻研本领，也设法为他创造学习机会，从一名普通的作业员到生产线机动工，再成长为班组长。现在，陈满库已经是一名生产组长，负责两条生产线的运作，管理着50多名员工。他用奋斗谱写了靠双手摆脱贫困的劳动者之歌。2019年2月，他被授予“优秀员工”称号。2020年1月，他带领的团队获得了“车间十佳班组”荣誉。同年12月，被国务院农民工工作领导小组授予“全国优秀农民工”称号。他用实际行动以身作则，赢得了大家的信任和尊重。

2020年，陈满库被国务院农民工工作领导小组授予“全国优秀农民工”称号。2021年1月，被评为“全国优秀农民工”。2021年3月，入选宁夏回族自治区总工会公示的“2021年全国五一劳动奖章拟推荐对象”名单。2021年4月13日，入选中华全国总工会公示的“2021年全国五一劳动奖章”拟表彰个人名单。2021年4月，荣获全国五一劳动奖章。

全国绿化奖章获得者

蒙旺平　1976年1月生，中共党员，宁夏六盘山国家级自然保护区峰台保护站护林员。荣获第三届固原十大道德模范、第九届“感动宁夏人物”“中国好人榜”好人等荣誉。2021年5月11日，被宁夏第八届全国道德模范评选活动组委会办公室公示为第八届全国道德模范敬业奉献模范候选人。2021年6月6日，被确定为“宁夏回族自治区优秀共产党员”拟表彰对象。2021年7月，入选全国敬业奉献模范候选人名单、入选第八届全国道德模范提名奖、全国生态建设突出贡献先进个人等，被授予全国绿化奖章。

1995年，蒙旺平继承父业，来到条件艰苦的峰台保护站工作。26年来，蒙旺平常住护林点，精心护林、防火，无怨无悔，默默奉献。每当出现突发情况，他都冲锋在前，快速处置。他累计管护森林资源5万余亩，参与造林3万余亩，参与森林抚育3万余亩。他制止盗伐盗猎，面对艰苦的环境，耐住寂寞，守住清贫，把生命的价值写在了六盘山浩瀚的林海里。

2004年5月，正值林区的树木长势茂盛时。一天，一些不法分子手拿斧头、砍刀、油锯，开着拖拉机到林区偷伐木材，蒙旺平上前劝阻，不料，他们不仅不听劝，反而将他包围起来，用长棍、斧头相威胁。这次，蒙旺平被不法分子棍棒击中而住院，在医院躺了16天。出院后，第一件事就是往护林点跑。当时，家人都劝他换个岗位，而蒙旺平却说：“林区就是我的家，离开了林区，我不知道还能去哪里。”一次，蒙旺平的一个亲戚偷砍木材时被他发现了。他义正词严地说：“砍伐木材是犯法的，我必须依法处理，你也不例外！”蒙旺平当即没收了木材，并处以50元罚款。也因为此事，这家亲戚再没跟他来往。这些年来，经蒙旺平处理的大大小小的盗林事件，共有80多件。

2010年，蒙旺平主动承担起林场最偏远、人口最分散、防火任务最艰巨的巡山防火任务。每年的防火期，是他最繁忙的日子。每天天不亮，他就沿着山路喊话宣传，等太阳出来，他已巡视了辖区的各主要入山路口。每遇林区办丧事，他都与村民协商好，在坟头边制作一个适宜焚烧纸钱和放鞭炮的简易设施，而他也一直守候在那里，直到丧事办完。在他负责的辖区及周边林区里，没有发生过一次火警。

中国好人榜入选人物

杨世梅　女，回族，1975年12月出生，中共党员，原州区第十八小学副校长。从事教师工作24年，业余时间从事公益事业15年，被大家称为“公益好妈妈”，被誉为“最具有雷锋精神的教师”，先后荣获原州区“最美义工”、固原市“身边的雷锋”、第五届固原十大道德模范、自治区优秀志愿者、“温暖

宁夏大使”等荣誉称号。

2013年，她组织发起成立了固原市“宁南爱心公益社”，数年的发展，目前爱心团队已拥有成员500多名，溢出和辐射效应迅速扩大。她带头帮助贫困学生累计128名，救助孤寡老人3000人次，组织志愿服务活动100多场，总计服务人数高达1万多人次。她还通过各种渠道宣传公益活动，从各方面联系真正需要帮助的人群，带领社团成员先后联系社会上的爱心人士及各大企业进行捐助，在汶川地震和玉树地震中，为灾区人民募集善款达十几万元。15年前有一个叫余晖的女孩，生长在单亲家庭，母女俩相依为命，家境贫寒且妈妈身患重病，没有经济来源，妈妈只能通过在街道上擦皮鞋赚钱维持母女生活。杨世梅得知情况后，四处奔走给孩子想方设法筹措善款，最终得到好心人士每年提供助学金。逢年过节，杨世梅还联系其他渠道的善款帮助余晖家庭。杨世梅公益团队已经帮助了近万名百姓和贫困学生。

2017年以来，固原市妇联、市教育局聘请她为“好家风好家庭好家教”和“护航春蕾计划”讲师团讲师，在全市各行各业承担“好家风好家庭好家教”公益性质的讲座50多场，受益人群50000人次。她的公益团队已经帮助了近千户普通家庭和近万名贫困学生走出了教育困境。因在公益方面的突出成绩和良好口碑被当地老百姓及青年学子爱称为“公益好妈妈”。

2017年，杨世梅在靖朔门社区组织成立了固原市首个“七彩梦”留守儿童童伴之家，成员由开始的十几人扩大到后来的二百余人，2018年“七彩梦”留守儿童童伴之家服务活动荣获固原市首批“优秀志愿服务项目”。15年的助人为乐、志愿服务生涯，她忠实践行“奉献、友爱、互助、进步”的志愿者精神，热忱地投身青年志愿者行动，服务群众、奉献社会。2021年5月入选中国好人榜助人为乐好人。

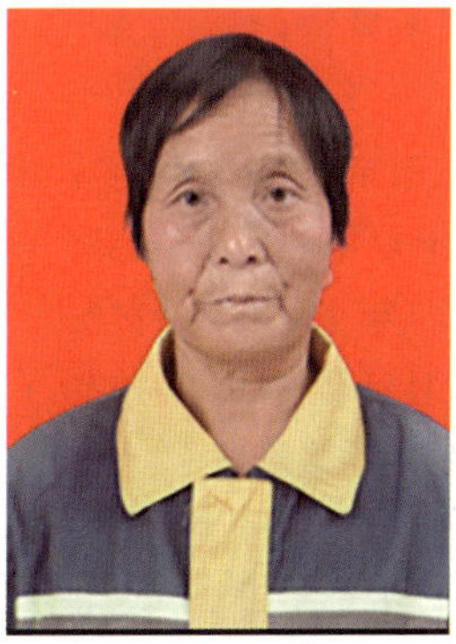

苏秉梅　宁夏固原市彭阳县环卫工人。2019年7月18日下午5时，苏秉梅在彭阳县消防大队巷子工作期间，捡到一个装有2万元现金的手提袋，面对这样一笔没有第二人知晓的现金，苏秉梅首先想到的是，这么多现金，失主肯定很着急，她没有做任何思想斗争，毫不犹豫第一时间去多方联络苦寻失主，在苦寻失主无果的情况下，主动汇报环卫队，功夫不负有心人，经过多方努力，终于联系到了失主。据了解，失主刘先生在经过彭阳县看守所路段时看见路边的苦苦菜长势良好，便将装有2万元现金的手提袋放路边挖起了野菜，也许是挖得太投入，野菜装满了一袋子，高高兴兴回家了，却把装钱的袋子忘记了，随后被该路段负责打扫卫生的环卫工人苏秉梅捡到。后经民警联系失主经过核实，苏秉梅捡到的2万元现金正是刘先生丢失的，此时刘先生的心放下了，苏秉梅心里的石头也落了地。为了表示感谢，刘先生当场拿出500元往苏秉梅的手里塞，面对失主的酬金苏秉梅毅然微笑离去，只留下朴实的一句话“今后把钱装好，别再弄丢了”，回到自己的岗位上继续工作。

苏秉梅同志爱岗敬业，自参加环卫工作以来，她始终坚持做好自己的本职工作。与所有职工一样，苏秉梅用辛苦和汗水在一线工作岗位上，不断努力地抒写着环卫工人无私奉献的篇章。她在用辛勤劳动美化城市的同时，也用实际行动净化着我们的每一个人的心灵，她是最美环卫工人！2021年5月入选中国好人榜爱岗敬业、拾金不昧好人。

齐永新　1964年12月出生，中共党员，隆德县凤岭乡李士村村党支部书记兼村委会主任。2004年至今，担任凤岭乡李士村党支部书记，2018年1月，兼任李士村村集体股份经济合作社董事长。

2017年年底，作为村支部书记的齐永新同志抢抓中央及区市县壮大发展村集体经济的大好机遇，在县乡两级各部门的支持下，争取到自治区扶持发展壮大村级集体经济资金200万元。借鉴区内外农村集体产权制度改革的先进经验和做法，通过村民代表大会集体决策，成立了隆德县凤岭乡李士村股份经济合作社。合作社按照“支部+股份合作社+农户”的模式，实行自主经营模式，在运行管理过程中建立“资金变股金、农民变股东、收益有分红”资产收益分配机制。随着村集体经济的发展，在脱贫攻坚中帮助村民户增收200~1600元不等；带动村上长期用工人员18人，临时用工6人，其中建档立卡户用工16人，人均月工资2800元左右。

李士村作为隆德县唯一的五星级基层党组织，离不开齐永新同志的带领与付出，作为一名共产党员，齐永新始终不忘初心、牢记使命，用踏踏实实地付出和情系百姓、倾心奉献的精神，赢得群众的信赖，践行新时代共产党员应有的责任和担当。2021年6月入选中国好人榜敬业奉献好人。

辛宝同 1987年8月出生，共青团员，宁夏隆德人，宁夏隆隆薯闽宁助残商贸中心法人、隆德县残疾人电商就业创业协会会长。2013年，因不明原因的发烧导致辛宝同深度昏迷，经过抢救后留下了下肢瘫痪的后遗症。他身残志坚，在命运面前没有低头，不断与命运斗争，带动一批和他一样有志有梦的残疾人创业，与大家一起实现梦想。

2017年8月，在隆德县委、县政府的关心支持下，隆德县残疾人托养中心正式运营。辛宝同一家搬入残疾人托养中心，并为辛宝同及其母亲安排了力所能及的工作。辛宝同加入了隆德县成立的电商创业中心，认真自学电子商务相关知识，学习图片处理等软件的操作方法，做起电商的后台客服。辛宝同与几个青年残疾人朋友一起创业，成立了“闽宁协作隆德县残疾人青年电商创业就业协会”，注册了“闽宁协作助残乐购微商城”“闽宁协作助残乐购平台”淘宝网店、“宁夏隆隆薯闽宁助残商贸中心”，并设计注册了自主品牌“隆隆薯”，通过不懈努力，相继开设了隆隆薯隆德体验店、隆隆薯成都驿都汇爱心店、厦门大学隆德特产店、隆隆薯福州店线下实体店。在中国残联领导的引荐下，中国残联艺术团团长、千手观音领舞邰丽华女士免费为隆隆薯代言。

隆隆薯的发展也得到了闽宁协作的极大帮助，先后得到各级团委的积极帮助和鼓励，协助实现志愿帮扶20余次。在大家的支持和指导下，辛宝同带领其电商协会团队实现了2000余万元的营业额，创收400多万元。对全县2200余名建档立卡重度贫困残疾人给予600元到2000元的入股分红。2021年，辛宝同的团队实现残疾人就业32人，为全县2390名重度残疾人分红186万元。2021年9月入选中国好人榜助人为乐好人。

第十三届全国五好家庭

——固原市原州区高丽君家庭

多年来，高丽君一家人在家庭生活中相互支持，相互勉励。在平凡的岗位上尽职尽责，认真工作。女儿贾洁成绩优异，热爱祖国。中国人民大学研究生毕业后，作为巴黎第二大学留学生，毅然放弃高薪，回到家乡工作。女婿宋志军在工作岗位上兢兢业业，被评为宁夏回族自治区政法系统十大优秀法官。

高丽君是一名高中语文教师，她在教育教学工作之余，积极参加各种公益宣传活动，为妇女儿童尤其是“女童自我保护”工作做了不懈的努力。先后在四县一区进行了“护航春蕾——女童自我保护”“移风易俗　树文明家风”“注重家庭，注重家教，注重家风”等专题宣讲活动50多场；在自治区非公有制经济服务局、六盘山干部学院、宁夏师范学院马克思学院、固原市机关工委、六盘山旅游公司、固原市水务局等单位，开展了一系列扎实有效的家风家教的宣传工作，获得了学生家长和干部群众的一致好评。

在丈夫贾旭林心中，妻子家的事就是自己事，岳父母同样需要照顾与赡养。在双方家族中，他们更是不计较个人得失，勇于担当。在他们的影响下，兄弟姐妹毫无芥蒂，互帮互助；妯娌之间亲如姐妹，相亲相爱，成为人们心目中的家庭楷模、道德模范；也是优良家教家风的传承者，更是恪守传统美德、弘扬中华传统文化的践行者。

高丽君家庭

第十三届全国五好家庭

——固原市隆德县城关镇
红崖社区潘娟娟家庭

潘娟娟自主创业经营了以隆德特色菜暖锅为主的客满堂农家乐，她的暖锅先后在宁夏电视台公共频道，《舌尖上的中国》进行了报道，2022年1月，自治区妇联自创栏目《妈妈的家常菜》栏目组到潘娟娟家拍摄了“妈妈的家常菜”。2019获自治区级“最美家庭”。

潘娟娟在尊重老人，孝敬父母上总是竭尽所能，为婆婆送去温馨和舒适，让婆婆能尽情地安享晚年。把公公婆婆生日熟记于心，每到这一天，潘娟娟都会精心为婆婆准备一份生日礼物，送上一份真挚的祝福。精心下厨为老人烹制一道健康、可口的美味大餐。并组织一家

潘娟娟家庭

人与老人齐聚一堂，享受天伦之乐。当老人有些头痛感冒时，潘娟娟总是第一个到婆婆身边嘘寒问暖，端水递药。每到婆婆发火、唠叨时，她从不与老人争辩，等老人气消了，才细心地了解老人生气的原因，她非常理解老人的心情，经常安慰和开导老人。

2017年政府提出改造农家小院，扶持百姓发展的优惠政策，潘娟娟和家人共同商量决定改造自家院子，开办农家乐。在农家乐开办以来，两位老人分工明确，有条不紊，潘娟娟负责装暖锅，熬汤汁，公公负责烧暖锅，把握火候，婆婆负责招待客人，向客人耐心介绍砂暖锅的独特性。就这样一家人起早贪黑，勤勤恳恳，在忙里忙外的时光里没有抱怨，只想着怎样把暖锅越做越好。从开始的三三两两到今天的宾客满堂，源自初心，源自味道，源自口碑，源自脚踏实地，源自一家人的坚持和付出。在这个过程中，不仅让家乡人品尝到了儿时的味道，而且让外地人感受到了隆德美食的魅力，这是一家人齐心协力获得的成果。

第十三届全国五好家庭

——固原市西吉县田坪乡
黄岔村王英家庭

2007年开始，王英担任西吉县田坪乡黄岔村党支部书记，11年来，黄岔村在他的带领下，先后荣获自治区级荣誉1次、市级荣誉2次、县级荣誉5次、乡级荣誉9次。2002年至2016年，个人曾4次获得优秀共产党员称号，2017年，荣获自治区“最美家庭”荣誉称号、西吉县优秀致富带头人称号。

作为一名共产党员，他清楚自己的职责和使命，始终坚持把群众利益放在第一位，黄岔村常年干旱少雨，他通过养牛发家致富，以实际行动影响和感染着村民。在他的带动下，村民们靠双手致富，黄岔村发展成养殖示范村，现在户户种草，家家养畜，全村牛存栏达到1000余头。作为村干部，他不仅自己发家致富，还带领村干部努力学习，全力带动和促进学习与致富双丰收。学习发展旱作节水农业，努力提高村民的经济收入。在他的不懈努力下，黄岔村于2009年和2011年分别获得田坪乡旱作节水农业先进集体一等奖，旱作节水农业和肉牛养殖产业双管齐下，2020年黄岔村群众实现了高质量脱贫摘帽。

在生活中，王英把培养子女的人生观、道德观同学习科学文化知识教育结合起来，在经营好自己美满家庭的同时，他还思考农村老龄化出现所带来的一系列问题。为了做好为老服务，他专门成立了关爱老年人协会。如何将村上的老年饭桌长久地维持下去，是他一直思考的问题，他深知，做好村上的老年饭桌，一方面可以解决老年人在家吃饭困难的问题，另一方面也能让年轻人放心地在外面打工，办好农村老年饭桌，利老又利小。为了做好老年饭桌的长期运营，他四处奔波，在不同的部门向年老饭桌要米面油等生活用品，正因为有他这种无私奉献的精神和长远的目光，才使得黄岔村的老年饭桌从来没有停止，既方便了老人，又给年轻人送上了一颗“定心丸”。

王英家周围有十几户人家，这些年来，他遵纪守法，坚持法治与乡村社会治理充分结合，他们家从未和邻里产生矛盾，大家和平共处、相互尊重。别的邻里发生矛盾，他们夫妻总是积极主动去调解，在她们的带动下邻里关系相处得很融洽，极大地促进了黄岔村文明和谐的社会风尚。

王英家庭

编者按：根据《退役军人名录和事迹载入地方志实施办法（试行）》的相关要求，对固原市退役军人事务局提供的本市历年参战军人和立功军人做第一期记载。

逝世人物

张志远 （1926—2021），河北涞源人，1928年6月出生，1947年2月参加中国人民解放军，1948年加入中国共产党，曾任排长。1951年赴朝作战，1955年在志愿军五十八团连任副政治指导员，因工作成绩突出记三等功一次，并被授予“解放奖章”。1963年转业到宁夏固原，历任固原县食品公司经理，固原县商务局党总支书记、副局长。2021年5月10日，因病医治无效，在原州区逝世，享年95岁。

周化德 （1926—2021），甘肃泾川人，1926年5月出生，1949年7月参加革命，1953年3月加入中国共产党。曾任中国人民解放军战士、班长、排长、副连长、团部参谋；1951年在宁夏西吉剿匪中立三等功一次；1960年在兰州剿匪中受到嘉奖。1964年转业，历任宁夏固原县彭阳供销社主任；红河公社党委书记；县二轻局书记、局长、调研员。2021年12月3日，因病医治无效，在原州区逝世，享年95岁。

参战退役军人

一、中国革命的“活化石”——谭德本

谭德本 中共党员，1918年出生，1933年入伍，1956年退伍，曾在红九军、129师、115师、鲁西南鞋工厂、西北汽车团、解放军第21陆军医院、志愿军531医院服役，先后参加过长征、抗日战争、解放战争、抗美援朝战争。

1933年8月，谭德本在四川南充老家参加革命，那一年，他还没满15岁，是个“红小鬼”。他经历过长征，先后参加了抗日战争、解放战争和抗美援朝，无数次在枪林弹雨中战斗，身上伤痕累累，印满了战争的烙印，是中国革命的“活化石”。

1936年10月，红四方面军在甘肃会宁与红四方面军会师，不久后，全国进入了全面抗战时期。谭德本所在的部队被改编为八路军129师385旅第769团，正是在这个部队，他参加了著名的夜袭阳明堡战役。抗战前期，阳明堡机场是日军一个重要的军用机场，平时停有24架用于侦察、轰炸太原、忻口的飞机。为配合正面战场的忻口战役，769团在当地群众的协助下，隐蔽进入机场，突然发起进攻。谭德本至今仍记得1937年10月19日那个炮火纷飞的夜晚，战士把手榴弹绑在身上，扑进敌群，奋勇拼杀，也清晰地记得，自己右腿中弹后，拄着枪拖着伤腿跑了30多里继续战斗。经过一个多小时的激烈战斗，日军飞机全部被摧毁，同时还歼灭了日军100多人。这场胜仗，极大地鼓舞了全国军民的抗战意志。

在部队，他战功卓著，获得了八一勋章、独立自由勋章和解放勋章三枚颇具分量的勋章，这三枚勋章也分别对应着红军长征、抗日战争和解放战争。在后方，谭德本是一位好管家。1941年，抗日根据地遭日军经济封锁后，生活必需品短缺、军需品紧缺。抗战中后期，谭德本在部队鞋厂任厂长，“那时候没有布料用来做鞋，前线战士又不能光着脚打仗，有的百姓拿出自己的衣服，有的拆掉了自己的被子，捐给鞋厂，一个月我们就给前方输送了1万多双鞋。”

抗战结束后，谭德本又先后参加了解放战争和抗美援朝战争，默默为保家卫国奉献力量。退休后，老人没有闲下来，每逢清明国庆，老人经常进校园、社区、革命纪念馆，为市民和学生们讲述长征精神、抗战精神，他希望年轻人永远不要忘记今天的生活是牺牲的革命先烈用鲜血换来的。

二、抗日战争时期（1人）

李福年 1929年1月出生，该同志1945年1月入伍，在原国民党38军17师51团（起义后为中国人民志愿军38军），1945至1948期间曾参加上党保卫战、平汉

战役等战斗(战役)。1950荣获原西北军政委员会人民功臣奖。1952年11月从部队转业至原固原汽车运输公司单位工作,1989年11月退休正处待遇。

三、解放战争时期(5人)

苏成科 1924年4月出生,1949年7月入伍,在甘肃固海豫旺游击队服役,曾参加了解放战争王洼敌后武工队游击战役、民兵地下游击等工作,1952年7月复员回家至今。

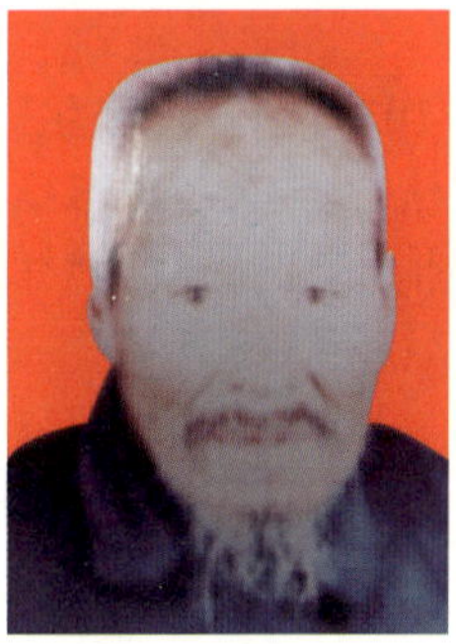

王登川 1926年12月出生,1949年1月入伍,1949年7月编入固海豫旺游击队,1949年7月25日曾参加了任山河战役后勤运输及伤员救治任务,1949年10月整编入伍,在甘肃固原县武装警察部队服役五年,1956年3月复员回家至今。

李忠安 1929年10月出生,1949年3月入伍,在甘肃平凉军分区司令部服役,1949年6月参加了解放战争、甘南剿匪战役二年,1951年10月复员回家至今。

马维富 1927年8月出生,1949年7月入伍,在甘肃平凉军分区司令部服役,曾参加了解放战争、甘南剿匪战役三年,1956年3月复员回家至今。

张志远 河北涞源人,中共党员,1927年出生,1947年2月入伍,在五八一团辎重二连服役,先后参与解放太原、张家口、天津、保定、邯郸等一系列大小战役,1951年随部队入朝,1952年回国,编入邯郸五八一团辎重二连,荣获抗美援朝纪念章、华北解放纪念章、获解放奖章等奖章,1963年从部队转业。

四、抗美援朝时期(40人)

杨廷栋 中共党员,1933年出生,1957年7月—1958年4月,在中国人民志愿军531医院服役(护士),参加抗美援朝出国作战,于1953年12月和1956年6月分别立三等功一次。

欧阳剑萍 女,中共党员,1936年出生,1957年7月—1958年4月,在中国志愿军531医院服役(护士),抗美援朝出国作战医务人员,于1954年1月立三等功一次。

张书忠 中共党员,1933年出生,1949年7月入伍,1963年5月退伍,曾在中国人民志愿军65军195师0215部队服役,参加抗美援朝出国作战,立三等功2次,一级先进工作者1次。

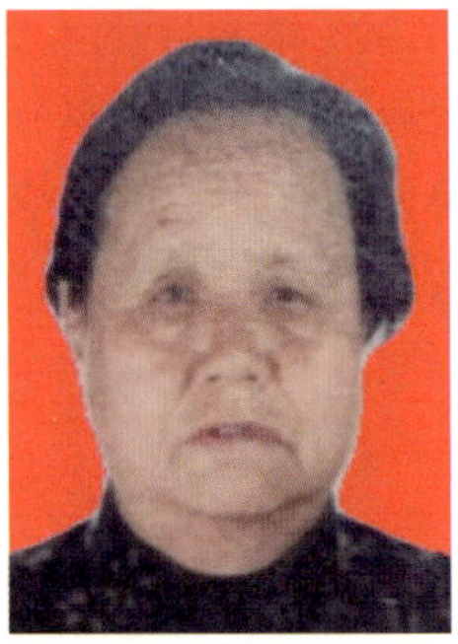

成希珍　女，中共党员，1938年出生，1957年7月—1958年4月，在中国志愿军531医院服役（护士），抗美援朝出国作战医务人员，于1954年1月立三等功1次。

国玉径　中共党员，1934年出生，1945年入伍，曾在中国人民志愿军202师炮团指挥连服役，1951年6月—1955年4月，随部队入朝参加抗美援朝出国作战。

王爱涛　女，1935年出生，1951年5月入伍，1958年8月退伍，曾在中国人民志愿军531医院服役，抗美援朝出国作战医务人员。

张铭芳　中共党员，1929年出生，1949年12月入伍，在十军二十八师八十三团政治处服役，1957年12月随部队入朝，1958年5月回国后转业。

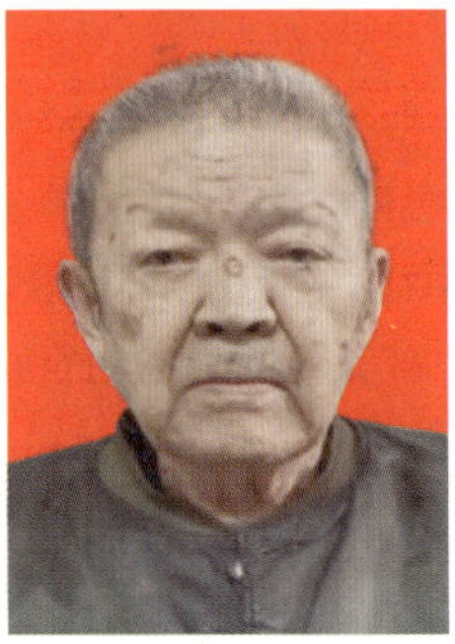

程修德　中共党员，1947年10月入伍，朝鲜第九陆军医院参加抗美援朝，朝鲜队前嘉奖两次。

何福存　1932年9月出生，1951年1月入伍，在志愿军后方勤务第十大站服役，1958年3月退伍。

刘存德　1931年10月出生，1951年4月入伍，在志愿军后勤第二分部服役，1956年3月退伍。

汪　发　男，1933年11月出生，1950年6月入伍，在朝鲜第九陆军医院服役。

张世荣　1933年10月出生，1951年5月入伍，志愿军250部队服役，随队参加抗美援朝，1957年5月退伍。

赵国俊　1926年11月出生，1949年7月入伍，兰州空军某部服役，1954年7月退伍。

火山统 1925年4月出生，1951年5月入伍，在甘肃固原县人民武装部服役，1951年10月随部队入朝，编入中国人民志愿军后方勤务司令部兵站第10大站，曾参加后勤运输保障任务，因完成任务突出，先后荣立两次三等功。1956年3月回国复员回家至今。

王栋臣 中共党员，1932年出生，1951年1月入伍，在中国人民解放军250部队服役，1951年4月随部队入编中国人民志愿军250部队并担任后勤运输保障任务，因完成任务突出，荣立三等功四次，1957年4月回国后复员至今。

张治杰 1932年3月出生，1951年4月入住，在甘肃固原县武装部服役，1951年随部队入朝，编入中国人民志愿军支后二分部十大站二十八分站二连战士，担任后勤装卸任务。1956年4月，回国后复员务农至今。

乔宗信 1935年出生，1951年3月入伍，1951年7月随部队入朝编入中国人民志愿军二分部，曾参加了抗美援朝后勤运输保障任务，1952年4月因病回国后复员。

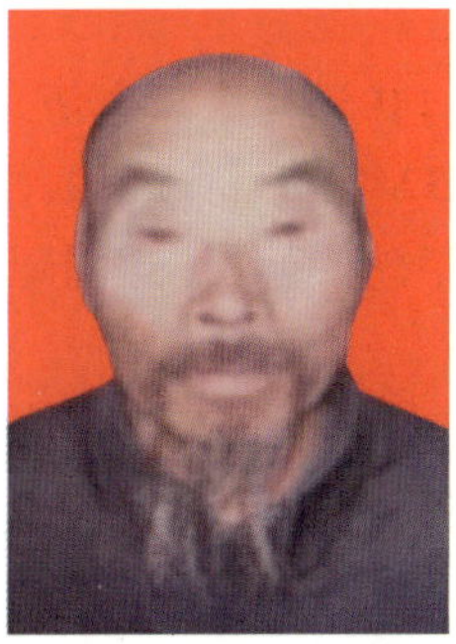

马万春 1929年9月出生，1951年4月入伍，1951年7月随部队入朝，编入中国人民志愿军湘江部队，曾参加了抗美援朝后勤运输保障任务五年，1956年1月，回国编入固原县人民武装部，1956年3月复员。

刘秉成 1932年9月出生，1951年5月入伍，在中国人民解放军前方勤务第十大站服役，1953年7月随部队入朝，编入中国人民志愿军湘江部队，因完成任务突出，荣立三等功一次，1956年3月回国复员。

李玉玺 中共党员，1932年2月出生，1949年1月入伍，在甘肃平凉3550部队服役，1949年1月—1953年7月，参加了甘南剿匪战役，1953年7月20日，随部队入朝，编入中国人民志愿军湘江部队，曾参加了抗美援朝后勤运输保障任务，因表现突出，荣立三等功一次，1957年5月回国复员。

牛海山 1931年出生，1949年8月入伍，在中国人民解放军63军187师560团服役，先后参加宁夏战役、抗美援朝第五次战役和抗美援朝铁原战役，获三等功1次。1951年2月，随部队入朝，编入中国人民志愿军63军187师560团，曾参加抗美援朝第五次战役，因作战突出，获三等功1次，1951年8月回国，编入中国人民解放军63军187师560团，驻守陕西华阴市。1955年从部队转业。

岳文忠 中共党员，1937年出生，1949年8月入伍，在中国人民解放军63军187师560团服役，1951年2月随部队入朝，编入中国人民志愿军63军187师560团，曾参加抗美援朝第五次战役中的突破临阵江、攻打雪马山战斗。1953年1月回国，1954年从部队转业。

马志强 中共党员，1934年出生，1949年10月入伍，在十九兵团63军189师566团2营机枪连服役，1950年年底随部队入朝，编入中国人民志愿军十九兵团63军189师566团2营机枪连，曾参加五次战役、保卫板门店、保卫西海防战役，因作战突出，获二级优等射手、三等功1次，1953年年底回国，编入十九兵团63军189师566团2营机枪连，驻守北京军区。1957年复员回家。

闫满堂 中共党员，1933年出生，1951年6月入伍，在甘肃平凉军区独立营服役，1952年随部队入朝，编入中国人民志愿军子种团，曾参加秋季南瓦战役，1952年12月回国。1957年从部队转业。

王明润 中共党员，1931年出生，1948年9月入伍，1958年3月退伍，曾在解放军第四军医大学服役，1952年11月—1953年3月，抽调参加抗美援朝出国作战医疗保障，荣获三等功1次。

孟荣华 女，中共党员，1942年出生，1956年9月—1958年5月，在中国人民志愿军531医院服役，抗美援朝出国作战医务人员。

秦仲贤 女，1934年出生，1949年5月入伍，1958年8月退伍，曾在中国人民志愿军531医院服役，1957年7月—1958年5月，入朝参加医疗保障工作。1953年立三等功1次。

马登昌 回族，1931年8月出生，1953年4月入伍，在中国人民解放军250部队服役，1953年7月随部队入朝，编入中国人民志愿军250部队并担任后勤运输保障任务，1957年1月回国，编入中国人民解放军固原县大湾区武装部服役，1963年3月，复员回乡至今。

海正志 回族，中共党员，1931年7月出生，1951年3月入伍，在甘肃固原县人民武装部服役，1951年7月随部队入朝，编入中国人民志愿军湘江部队，曾参加抗美援朝后勤运输保障任务，1956年3月回国复员。

邓清世 中共党员，1934年出生，1949年3月入伍，1958年8月退伍，曾在中国人民志愿军531医院服役，1957年7月—1958年5月，入朝参加医疗保障工作。

赖邦国 1935年出生，1951年7月入伍，1958年退伍，曾在中国人民志愿军531医院服役，1957年入朝参加医疗保障工作。

郭利娟 女，1938年出生，中共党员，1956年9月入伍，1958年5月退伍，1957年8月—1958年5月，随中国人民志愿军531医院入朝，抗美援朝出国作战医务人员。

冯秀成 1933年出生，中共党员，1951年6月入伍，1958年8月退伍，曾在中国人民志愿军531医院服役，抗美援朝出国作战医务人员。

甄志成 1930年出生，1951年5月入伍，在西北军区平凉分区辎重四团一营四连服役。1952年1月随部队入朝，编入志愿军后勤二分部十大站一营四连，参加抗美援朝战斗，1956年3月回国退役，回乡生产。荣立三等功一次。

董庚义 1938年12月出生，1956年3月入伍，在陆军63师炮兵343团3营2连服役，1956年12月，随军入朝参战，1958年8月回国，先后驻守山西太谷，陕西宝鸡，甘肃平凉。其间作为军人代表参加了1969年9月30日庆祝中华人民共和国成立20周年国宴和10月1日庆祝中华人民共和国成立20周年国庆观礼。

吴成福 1928年7月出生，1949年8月入伍，1956年4月退伍。在中国人民解放军63军188师部队服役，1952年12月随部队入朝。

马瑞岐 1933年2月出生，1951年5月入伍，在志愿军后勤二分部十大站一营四连服役，随部队出国入朝，担负警戒,待命,作战任务。1953年3月回国，复员回乡生产。

孟荣华 女，1942年1月出生，1956年8月入伍，1956年8月参加解放军21医院，1957年6月，中国人民志愿军531医院赴朝(护士)。1958年5月从朝鲜返回随医院集体转业到固原人民医院。

冯秀成 甘肃武威人，中共党员，1933年3月出生，1951年6月入伍，该同志1951年6月入伍，在武威新兵三团部队服役，1957年7月随部队出国入朝，编入中国人民志愿军二八零部队(中国人民志愿军531医院),1958年5月回国后,随部队集体转业到固原专区医院工作。

王志强 1933年出生,1951年5月入伍,在辎重四团一营三连服役,9月随部队出国入朝,编入志愿军后勤二分部十大站一号库。1955年,回国转业在原州区水利局工作。

段玉春 1952年3月出生,1973年1月入伍,1977年3月退伍,工程兵建筑第102团服役,随部队执行抗美援老筑路任务,荣获连嘉奖3次。

五、援老抗美作战(22个)

陈春来 1954年9月出生,1973年1月入伍,1977年3月退伍,工程兵建筑第102团服役,1974年随部队执行抗美援老筑路任务。

高进财 1952年7月出生,1973年1月入伍,1980年1月退伍,工程兵建筑第102团服役,随部队执行抗美援老筑路任务,荣获三等功1次,营嘉奖1次,连嘉奖5次。

陈世杰 1954年12月出生,1973年1月入伍,1977年3月退伍,工程兵建筑第102团2营6连服役,1974年到1976年随部队执行抗美援老筑路任务,荣获连嘉奖9次。

何　嘉 1954年5月出生,1973年1月入伍,1976年4月退伍,工程兵建筑第102团服役,1974年8月—1977年6月,随部队执行抗美援老筑路任务,荣获连嘉奖4次。

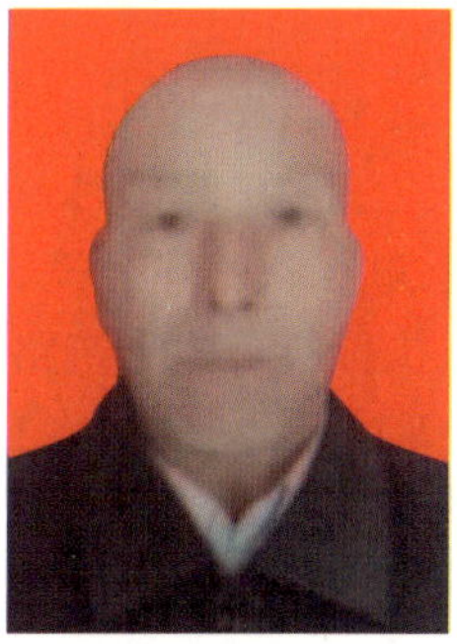

杜兴洲 1952年9月出生,1973年1月入伍,1980年1月退伍,工程兵建筑第102团服役,1974年随部队执行抗美援老筑路任务。

何金科 1954年2月出生,1972年1月入伍,1978年4月退伍,工程兵建筑第102团服役,1974年随部队执行抗美援老筑路任务,荣获连嘉奖2次。

何志忠　1954年10月出生，1973年1月入伍，1980年1月退伍，工程兵建筑第102团3营服役，1974年随部队执行抗美援老筑路任务，荣获连嘉奖5次。

李风桐　1952年9月出生，1973年1月入伍，1976年4月退伍，工程兵建筑第102团3营8连服役，1974年随部队执行抗美援老筑路任务。

李宏业　1952年12月出生，1972年12月入伍，1977年3月退伍，工程兵建筑第102团卫生队服役，1974年随部队执行抗美援老筑路任务，荣获处嘉奖1次，连嘉奖2次。

李友军　1952年11月出生，1973年1月入伍，1978年4月退伍，工程兵建筑第102团卫生队服役，1974年随部队执行抗美援老筑路任务，荣获连嘉奖3次。

李志学　1953年11月出生，1973年1月入伍，1976年4月退伍，工程兵建筑第102团卫生队服役，1974年随部队执行抗美援老筑路任务，荣获连嘉奖2次。

梁柏福　1954年12月出生，1972年12月入伍，1978年4月退伍，工程兵建筑第102团11分队服役，1974年随部队执行抗美援老筑路任务，荣获营嘉奖3次，连嘉奖3次。

梁君义　1951年12月出生，1973年1月入伍，1978年4月退伍，工程兵建筑第102团服役，1974年随部队执行抗美援老筑路任务，荣获三等功1次。

王治杰　1953年11月出生，1973年1月入伍，1978年4月退伍，工程兵建筑第102团服役，1974年随部队执行抗美援老筑路任务，荣获连嘉奖4次。

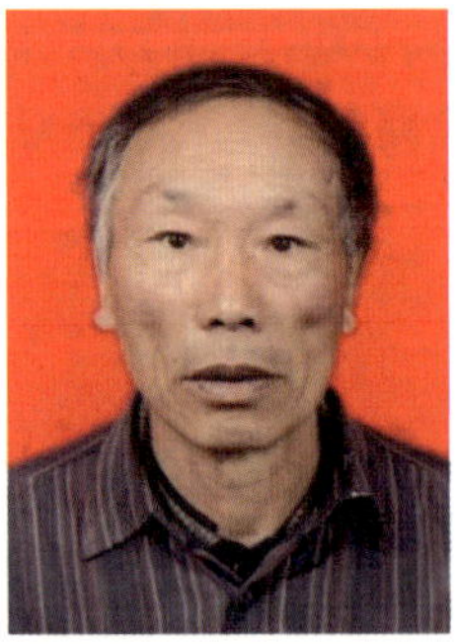

魏宝存　1953年5月出生，1973年1月入伍，1980年1月退伍，工程兵建筑第102团5中队服役，1974年随部队执行抗美援老筑路任务，荣获分队嘉奖1次。

宣新地　1954年6月出生，1972年12月入伍，1979年12月退伍，工程兵建筑第102团服役，1974年随部队执行抗美援老筑路任务，荣获三等功1次，营嘉奖1次，荣获连嘉奖8次。

张宽宽 1952年4月出生，1973年1月入伍，1980年1月退伍，工程兵建筑第102团一营一连服役，1974年随部队执行抗美援老筑路任务，荣获连嘉奖1次。

张占智 1950年12月出生，1973年1月入伍，1976年4月退伍，工程兵建筑第102团服役，1974年随部队执行抗美援老筑路任务。

赵凤林 1950年4月出生，1973年1月入伍，1978年4月退伍，工程兵建筑第102团服役，1974年随部队执行抗美援老筑路任务，荣获连嘉奖4次。

赵宏治 1953年3月出生，1973年1月入伍，1976年3月退伍，工程兵建筑第102团服役，1974年随部队执行抗美援老筑路任务。

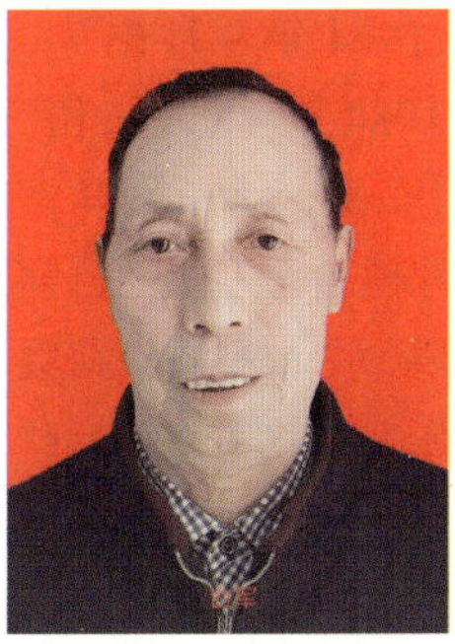

白　军 1951年8月出生，1973年1月入伍，1980年1月退伍，工程兵建筑第102团服役，1974年随部队执行抗美援老筑路任务，荣获三等功1次。

六、对越自卫反击战(83人)

王开华 中共党员，1956年出生，1976年入伍，1988年退伍，原昆明军区十一军第三十一师九十一团服役，1979年2月17日，随队参加对越自卫反击战。战斗中他英勇顽强，指挥果断，身先士卒，敢打敢拼，冲锋在前，重伤不下火线，身中18个弹片仍然负伤营救战友并击毙敌军数名，荣立一等功。

周治山 1965年出生，1985年1月入伍，1988年1月退伍，原中国人民解放军84802部队服役，随队参加对越自卫反击战，在一线担负坑道施工任务中，不怕苦，不怕累，危险时刻冲在前，1987年2月1日，在进行坑道作业时因塌方身负重伤。荣立一等功1次。

王向荣 1966年出生，中共党员，1985年1月入伍，1988年1月退伍，原84802部队服役，随队参加对越自卫反击战，在1986年10月19日战斗中，右大臂被弹片撕裂了一条13公分的血口，他强忍剧痛，胜利完成任务。战斗结束后，医院在他的伤口里取出了3块弹片。荣获二等功1次。

武　强 1965年出生，中共党员，1985年1月入伍，1988年1月退伍，原84885部队服役，随队参加对越自卫反击战，胜利完成各项任务，荣获三等功1次。

张明仓 1965年出生，1983年10月入伍，1987年10月退伍，原35194部队服役，随队参加对越自卫反击战，先后打退了敌人数十次的偷袭和进攻，圆满完成上级交付的作战任务。所在连荣获集体“一等功”，个人记“三等功”1次。

刘金平 1958年出生，1976年11月入伍，1982年6月退伍，原33974部队服役，1979年3月随队参加对越自卫反击战，荣立三等功1次。

曹效贤 1966年出生，中共党员，1983年10月入伍，2013年10月退伍，原84895部队76分队服役，随队参加对越自卫反击战，在老山前线坚守阵地397个昼夜，荣立三等功1次。

海振忠 1962年出生，中共党员，1981年9月入伍，1993年9月退伍，原84504部队服役，随队参加对越自卫反击战，共执行33次炮击任务，发射炮弹3084发，摧毁多处敌军火力点和重要设施，被14集团军(丙)评为阵地模范干部。

田永毅 中共党员，1963年2月出生，1982年10月入伍，1988年1月退伍，原84803部队服役，随队参加对越自卫反击战，任给养员职务，圆满完成各项任务，为秘密屯兵洞的战友配送热食，荣获二等功1次。

袁志国 1965年9月出生，固原彭阳人，1984年10月入伍，1989年3月退伍，1985年12月随队参加对越防御作战，作战勇敢，不怕牺牲，圆满完成各项任务。

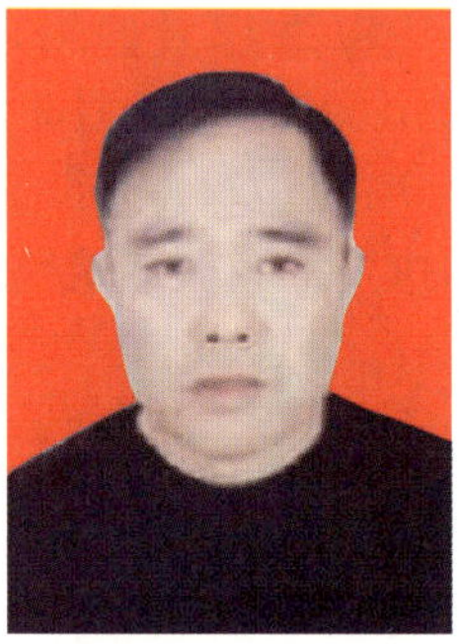

王进武 1963年12月出生，1984年11月入伍，1989年3月退伍，原84880部队服役，1984—1989年，随队参加云南前线老山地区防御作战，所在部队荣获集体一等功。

王志明 中共党员，1961年1月出生，1984年1月入伍，1990年3月退伍，原84802部队服役，随队参加对越自卫反击战，因表现突出荣获三等功1次，团嘉奖1次。

魏斌亚 1967年1月出生，1984年10月入伍，1988年1月退伍，原84803部队服役，1985年12月—1987年6月，随队参加云南前线老山地区防御作战。

王万明 1964年9月出生，固原西吉人，1984年11月入伍，1988年1月退伍，原84803部队服役，随队参加对越自卫反击战，多次冒着敌人的炮火完成了线路畅通任务，确保了前端观察所与阵地的线路的畅通无阻，荣立三等功1次。

司玉龙 1965年10月出生，固原西吉人，1984年1月入伍，1988年1月退伍，原35165部队服役，1985年12月—1987年6月，随队参加云南前线老山地区防御作战，荣立三等功1次。

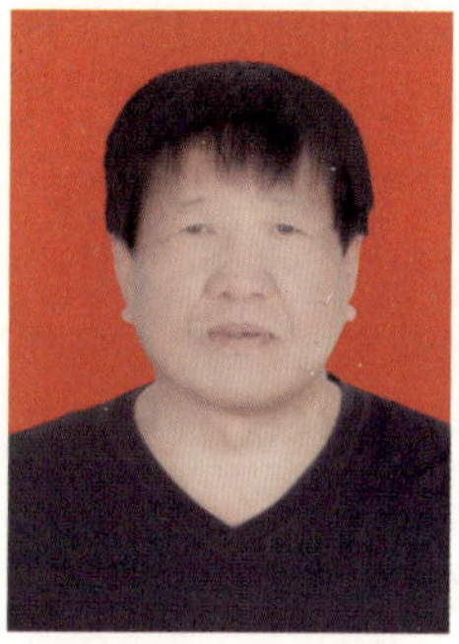

王志龙 1965年6月出生，固原西吉人，1984年10月入伍，1988年12月退伍，原35165部队服役，1986年随队参加云南前线老山地区防御作战，荣立三等功1次。

魏海洲 1965年2月，固原西吉人，1984年1月入伍，1988年1月退伍，原84803部队服役，1987年随队参加云南前线老山地区防御作战，荣立三等功1次。

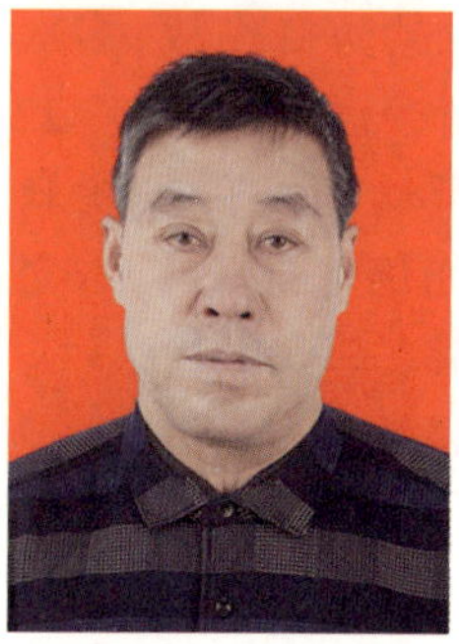

许俊财 1962年9月出生，固原西吉人，1980年11月入伍，1988年1月退伍，原84875部队服役，1986年随队参加对越自卫反击战，荣立二等功1次。

尤万忠 1964年11月出生，固原西吉人，1983年1月入伍，1988年1月退伍，原86887部队服役，随队参加对越自卫反击战，所部荣立集体三等功。

马存德 1966年3月出生，固原西吉人，中共党员，1984年11月入伍，1988年1月退伍，原84803部队服役，随队参加对越自卫反击战，荣立三等功1次，团嘉奖1次，连嘉奖1次。

马风祥 1966年12月出生，固原西吉人，中共党员，1984年10月入伍，1987年10月退伍，原35174部队服役，随队参加对越自卫反击作战，荣立三等功1次。

王炳国 1966年2月出生，固原原州区人，中共党员，1983年1月入伍，1988年1月退伍，原55师163团服役，随队参加对越自卫还击作战，战绩突出，表现出色，被评为优秀战士。

王开华 1956年8月出生，固原原州区人，1976年12月入伍，1988年退伍，原昆明军区11军第31师91团服役，1979年2月17日—3月16日，期间参中越边境自卫反击战，战斗中身中18个弹片仍负伤营救战友并击毙敌军数名，荣立一等功1次。

马全胜 1964年12月出生，固原隆德人，1984年10月入伍，1990年3月退伍，原47军139师高炮团服役，随队参加对越自卫反击作战，荣立三等功1次。

魏转旺 1965年9月出生，固原隆德人，1985年1月入伍，1989年3月退伍，原47军139师1团服役，在1985年至1987年随队参加对越防御作战，荣获连嘉奖2次。

武义兵 1966年12月出生，固原隆德人，1985年10月入伍，1990年3月退伍，原47军高炮旅服役，随队参加对越防御作战。

胡文广 1963年4月出生，固原隆德人，1982年10月入伍，1994年7月退伍，原空军45师133团服役，随队参加对越自卫反击作战，荣获连嘉奖2次。

仇建科 1964年1月出生，固原隆德人，1984年10月入伍，1987年10月退伍，原47军139师防化连服役，1985—1987年，随队参加对越防御作战，荣获连嘉奖3次。

时永红 1965年11月出生，固原隆德人，1984年10月入伍，1987年10月退伍，原35175部队服役，1985—1987年，随队参加对越防御作战，荣获营嘉奖3次。

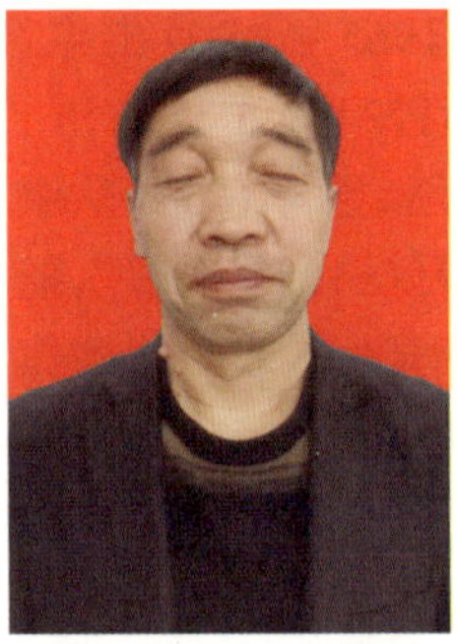

张智彪 1964年10月出生，固原隆德人，1984年10月入伍，1987年10月退伍，原35176部队服役，1986年随队参加对越防御作战，荣立三等功1次。

张万有（已故） 1962年8月出生，固原彭阳县人，1980年11月入伍，1987年10月退伍，原84859部队91分队服役。1985年12月—1987年6月，随队参加对越防御作战，带领一个班坚守老山地区某前沿阵地117天，参加大小战斗28次，击退敌人的偷袭或进攻30多次，承受敌军3000余发炮弹的轰击。1986年6月15日，在战斗工事被敌军炮火摧毁、身负伤的情况下仍然坚持战斗，牢牢地守住了阵地，全班无一阵亡，取得了战斗的胜利。荣立一等功1次，被评为优秀指挥员。

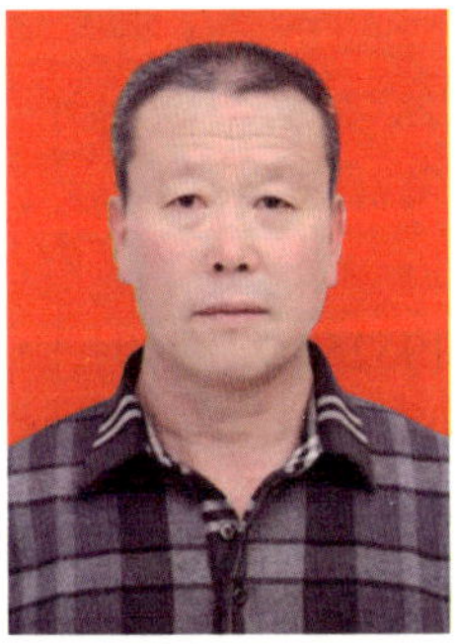

李彦明 1984年10月入伍，1965年出生，固原彭阳人，1984年10月入伍，1987年10月退伍，原84875部队78分队服役。1986年随部队参加对越防御作战，多次打退敌人的偷袭。1987年2月22日晚，在一次反偷袭战斗中，勇救战友、身负重伤仍坚持战斗，取得了战斗胜利。荣立一等功1次。

马克仓 1966年10月出生，固原彭阳人，1984年1月入伍，1988年10月退伍，原84875部队、35195部队服役。1985年10月，随队参加对越防御作战，先后抗击了越军80多次进攻、袭扰，顶住了敌人上万发炮弹的袭击。1986年10月19日，在攻打越军盘踞的某高地的战斗中担任突击队尖刀班突击组长，仅用35分钟就一举攻占阵地，全歼守敌，战后所在连被中央军委授予“智勇兼备、攻坚英雄连”称号，荣立二等功1次和火线模范共产党员称号。

王存忠　1962年11月出生，固原彭阳人，1980年11月入伍，1987年10月退伍，原84859部队89分队服役，1985年12月随队参加对越防御作战，带领班排始终坚守在前线阵地、坚守在通往越南的交通要道大桥上，全班战友一起堵住了敌人的多次进攻和偷袭，在战斗中指挥得当，机智灵活，出色完成了战斗任务，荣立二等功1次。

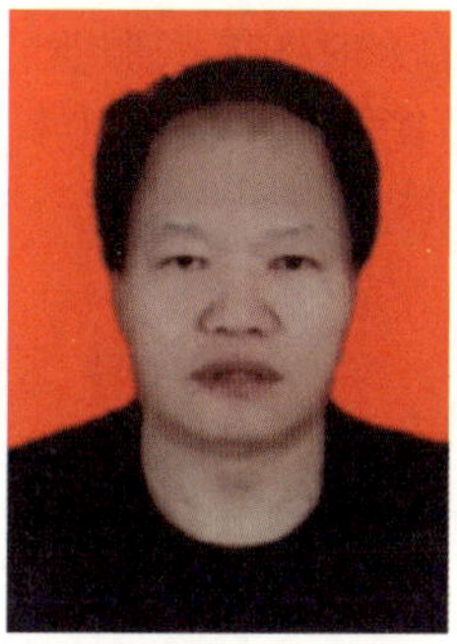

赵　林　1965年4月出生，固原彭阳人，1983年10月入伍，1987年10月退伍，原84885部队服役，1986年4月—1987年4月，随队参加对越防御作战，打退了敌人上百次的进攻和袭扰。1986年12月12日，在一次反偷袭战斗中，所在班临危不惧，英勇杀敌，取得了歼敌5名的出色战果，荣立二等功1次。

马统瑞　1964年1月出生，固原彭阳人，1983年10月入伍，1988年1月退伍，原84895部队服役。1985年11月随队参加对越防御作战，突出表现，荣立三等功1次。

田永宏　1966年4月出生，固原彭阳人，1984年10月入伍，1988年3月退伍，原84875部队91分队服役。1985年12月—1987年7月，随队参加对越防御作战，英勇顽强，机智灵活，荣立三等功1次。

马世明　1965年2月出生，固原彭阳人，1984年10月入伍，1999年12月退伍，原84875部队76分队服役。1985年12月—1987年6月，随队参加对越防御作战，冒着敌人的炮火封锁为阵地运送物资、抢救伤员，被十四集团军评为“战地模范汽车兵”。

孟世银　1965年6月出生，固原彭阳人，1984年10月入伍，1987年1月退伍，原84875部队服役。1985年12月—1987年10月，随队参加对越防御作战，先后8次出境侦察，出色地完成了侦查任务，荣立三等功1次。

虎安平　1964年1月出生，固原彭阳人，1983年11月入伍，1987年1月退伍，原84885部队服役。随队参加对越防御作战，先后毙敌6名，伤敌1名，荣立三等功1次。

罗应虎　1963年9月出生，固原彭阳人，1982年10月入伍，1987年10月退伍，原35156部队服役。1985年11月随队参加对越防御作战，任无线电台台长，荣立三等功1次。1989年代表宁夏军区参加全国民兵无线电通信比赛，被中国人民解放军总参谋部表彰为“优秀通信报务员”。

孙玉文　1964年11月出生，固原彭阳人，1983年10入伍，1987年12月退伍，原84885部队服役。1985年随队参加对越防御作战，荣立三等功1次。

宋治德 1965年2月出生，固原彭阳人，1984年10月入伍，1987年10月退伍，原84802部队服役。1985年12月—1987年6月，随队参加对越防御作战，荣立三等功1次。

施克玉 1964年10月出生，固原彭阳人，1984年10月入伍，1989年3月退伍，原84875部队90分队服役。1985年12月—1987年7月，随队参加对越防御作战，勇敢战斗，成绩突出，荣立三等功1次。

张有宗 1965年4月出生，固原彭阳人，1984年1月入伍，1987年1月退伍，原84875部队服役。1986年1月—1987年6月，随队参加对越防御作战，先后敌情侦察8次，荣立三等功1次。

张富财 1966年11月出生，固原彭阳人，1984年1月入伍，1988年1月退伍，原84802部队服役。1985年12月随队参加对越防御作战，担负通信保障任务，荣立三等功1次。

吴克祥 1964年6月出生，固原彭阳人，1983年10月入伍，1988年1月退伍，原35194部队服役。1985年12月—1987年6月，随队参加对越防御作战，战绩突出，荣立三等功1次。

王伯礼 1965年10月出生，固原彭阳人，1984年10月入伍，1987年10月退伍，原84875部队服役。1986—1987年，随队参加对越防御作战，英勇顽强、机智灵活，荣立三等功1次。

韩志福 1964年5月出生，固原彭阳人，1984年10月入伍，1989年3月退伍，原84875部队服役。随队参加对越防御作战，作战英勇，不怕牺牲，荣立三等功1次。

张启龙 1964年2月出生，固原彭阳人，1983年1月入伍，1987年11月退伍，原84885部队服役。1985年随队参加对越防御作战，勇敢顽强、机智灵活，荣立三等功1次。

陈国明 1964年7月出生，固原彭阳人，1984年10月入伍，1989年3月退伍，原84802部队18分队服役。随队参加了对越防御作战，多次顺利完成上级交给的任务，荣获战区“优秀通信兵”的称号。1987年返回甘肃天水驻地，参加了青铜峡军事演练，荣立三等功1次。

杨　录 1968年1月出生，固原彭阳人，1984年1月入伍，1987年1月退伍，原35159部队服役。1985年12月随队参加对越防御作战，多次担负出境侦察任务，圆满完成任务，荣获优秀侦查兵荣誉。

魏效义 1965年10月出生，固原彭阳人，1984年10月入伍，1989年3月退伍，原84875部队91分队服役。1985年12月随队参加对越防御作战，作战勇敢，不怕牺牲，圆满完成作战任务。

郭维怀 1963年10月出生，固原彭阳人，1984年10月入伍，1988年1月退伍，原84875部队服役。1985年12月随队参加对越防御作战，作战勇敢，不怕牺牲，被评为火线模范优秀党员。

祁　政 1965年2月出生，固原彭阳人，1983年11月入伍，1987年10月退伍，原35177部队服役。1985年随队参加对越防御作战，出色地完成了任务。

时建勇 1965年7月出生，固原彭阳人，1984年10月入伍，1987年10月退伍，原84875部队88分队服役。1985年12月随队参加对越防御作战。

周世亮 1966年12月出生，固原彭阳人，1984年10月入伍，1989年3月退伍，原84875部队79分队服役。1985年12月随队参加对越防御作战。

陈志坚 1966年7月出生，固原彭阳人，1984年10月入伍，1987年10月退伍，原84875部队86分队服役。1985年12月—1987年7月，随队参加对越防御作战，担任迫击炮手。

吕永存 男，1966年3月出生，固原彭阳人，1984年10月入伍，1987年11月退伍，原84875部队服役。1985年12月—1987年7月，随队参加对越防御作战，所在连队被五大军区授于集体一等功，吕永存被评为火线模范党员。

单志东 1953年1月出生，1976年入伍，1979年退伍，原84626部队服役，随队参加对越自卫反击战。

马德虎 1964年10月出生，固原彭阳人，1984年10月入伍，1987年10月退伍，原84875部队服役。1986年随队参加对越防御作战，不怕牺牲，圆满完成作战任务。

宋志才 1962年10月出生，固原西吉人，中共党员，1980年10月入伍，1994年7月退伍，原84875部队服役，随队参加对越防御作战，荣获“火线模范党员”称号，荣立三等功1次。

陈正军 1966年12月出生，固原原州区人，1984年1月入伍，1989年3月退伍，原84802部队服役，随队参加对越防御作战，战火线入党，荣获二等功一次。

张　雨 1966年4月出生，固原原州区人，1984年1月入伍，1989年3月退伍，原84802部队服役，随队参加对越防御作战，先后十余次担负抵近侦察，伏击捕俘，渗透侦查等任务，荣立三等功1次。

路克孝 1963年4月出生，固原原州区人，中共党员，1981年10月入伍，1988年1月退伍，原84802部队服役，随队参加对越防御作战，荣立三等功1次。

靳建国 1959年1月出生，固原原州区人，中共党员，1978年2月入伍，1999年1月退伍，原84967部队服役，随队参加对越自卫反击战，圆满完成了作战物资的发出任务，顺利运往前线，荣立三等功1次。

顾正强 1966年12月出生，固原原州区人，中共党员，1984年10月入伍，1988年1月退伍，原84802部队服役，随队参加对越防御作战，先后两次去前沿高地运送物资，圆满完成任务，荣获三等功1次。

李满成 1966年12月出生，固原原州区人，中共党员，1984年1月入伍，1988年1月退伍，原84801部队服役，随队参加对越防御作战，表现突出，成绩显著，荣立三等功1次。

杨凤江 1962年6月出生，固原原州区人，中共党员，1980年11月入伍，1988年1月退伍，原84859部队89分队服役，随队参加对越防御作战，成绩显著荣立二等功1次。

宋忠明 1962年9月入伍，固原原州区人，中共党员，1980年11月入伍，1992年11月退伍，原84859部队服役，随队参加对越防御作战，荣立三等功1次。

马志录 1964年7月出生，固原原州区人，中共党员，1983年1月入伍，1987年1月退伍，原38182部队服役，随队参加对越自卫反击作战，先后参加几十次出巡作战，抓获俘虏12名，所部被五大军区授予英雄侦察连称号，荣立集体三等功。

李俊恩 1965年6月出生，固原原州区人，中共党员，1984年1月入伍，1989年3月退伍，原84802部队服役，随队参加对越防御作战，先后十余次执行设伏抵近和渗透侦查等任务，荣立三等功1次。

王福立 1966年4月出生，固原原州区人，中共党员，1984年10月入伍，1989年3月退伍，原84802部队33分队服役，随队参加对越防御作战，荣立“二等功”1次。

赵军学 1967年11月出生，固原原州区人，1984年10月入伍，1987年10月退伍，原84802部队服役，1985年9月—1987年7月，随队参加对越防御作战，担负战区通信保障任务，荣获三等功一次。

王玉银 1962年8月出生，固原原州区人，1981年10月入伍，1987年10月退伍，原84801部队服役，随队参加对越防御作战，先后多次出境侦查，圆满完成战斗任务，荣立三等功1次。

张　云 1963年9月出生，固原原州区人，1981年10月入伍，1996年11月退伍，原84875部队服役，随队参加对越防御作战。1992年因及时处理部队外训途中车辆故障，为部队外训任务作出极大贡献，荣立二等1功。

王秋回 1967年7月出生，固原原州区人，1984年10月入伍，1987年8月退伍，原356156部队服役，在1985年12月—1987年7月，随队参加对越防御作战，荣立三等功1次。

计发学 1955年11月出生，固原原州区人，1974年12月入伍，1988年8月退伍，原84859部队服役，随队参加对越防御作战，荣立三等功1次。

杨有录 1965年6月出生，固原原州区人，1983年10月入伍，1987年1月退伍，原84885部队服役，随队参加对越防御作战，先后10余次执行设伏抵近和渗透侦查等任务，荣立三等功1次。

马玉福 1957年4月出生，固原袁州区人，1978年3月入伍，1984年1月退伍，原84849部队服役，随队参加对越防御作战，荣立三等功1次。

吴刚泽 1972年12月入伍，2003年4月退伍，服役期间随原五大军区第十侦察大队参加了对越自卫反击作战，负责侦察大队后勤物资保障工作，出色完成任务，荣立二等功1次。

王志亮 1963年10月出生，固原原州区人，1981年10月入伍，1986年12月退伍，原84802部队服役，随队参加对越自卫防御作战。

张全民 1966年3月出生，固原隆德人，1984年10月入伍，1988年1月退伍，原47军139师2团服役，随队参加对越防御作战。

七、剿匪、平叛等零星作战

王文杰 男，1935年出生，1954年3月入伍，1964年3月退伍，原0073部队服役，1955年参加青海剿匪战斗，1956年6月18日荣立三等功1次。

苏义祥 男，1933年3月出生，固原西吉人，1950年1月入伍，1953年9月退伍，1590—1953年在海原县参加剿匪战斗。

段国俊 男，1940年7月出生，固原西吉人，1959年入伍，1966年2月退伍，原骑兵第一师服役。1959年随队参加零星剿匪作战。

马天明 男，1959年3月出生，固原西吉县人，1959年3月入伍，1966年2月退伍，原8011部队34分队服役，1959年随队参加西藏平叛作战。

马银福 男，1941年2月出生，固原西吉人，1959年3月光荣入伍，1961年8月退伍，1959年随队参加西藏平叛作战。

2019—2021年全市荣立二等功军人简介

海　成 回族，1998年8月出生，中共党员，固原市原州区官厅镇官厅村人，某部队班长，热爱本职工作，军事素质过硬，岗位中严格要求，学习钻研，履职尽责，展现新时期“四有革命”军人精神风貌。2019年在军事比武中荣获二等功。

杨锁锁 1998年4月出生，中共党员，固原市隆德县观庄乡观堡村人，某部军官，执勤能力过硬，甘于牺牲奉献，大局观念强，传承和发扬当代革命军人优秀品质，2019年在军事比武中荣获二等功。

马晓宁 1992年3月出生，中共党员，固原市原州区人，某部军官，任职期间刻苦钻研，善于研究，不断创新训法战法，2019年，参加部队组织的教练员比武中，成绩优异被评为标兵教练员，荣获二等功。

赵家银 1996年4月出生，中共党员，固原市隆德县张程乡桃园村人，某部士官，军事素质过硬，工作严格要求，配合意识强，树立良好模范带头形象，2020年在军事比武中荣获二等功。

李旭辉 回族，1997年10月出生，中共党员，固原市泾源县泾河源镇庞东村人，某部士官，入伍后，坚持以岗位为阵地，主动作为，任劳任怨，圆满完成各项工作任务。2020年度在工作中表现突出，有重要贡献荣获二等功。

马成龙 回族，1985年3月出生，中共党员，固原市彭阳县古城镇人，某部士官，入伍后服从命令、听从指挥，履职尽责，敢于迎难而上，锐意进取，因工作成绩突出，2021年7月荣获二等功。

全市荣立二等功以上军人和退役军人名录

所在县（区）	姓名	性别	民族	人员类别	政治面貌	文化程度	现工作单位（退休前单位）	立功受奖情况	受奖时间	受奖原因
原州区	刘　刚	男	汉族	军队转业干部	中共党员	硕士	个体	一等功	2010	抢险救援
原州区	周治山	男	汉族	退役士兵	群众	大学专科（高职）	人民银行固原中心支行	一等功	1987	对越作战
原州区	王开华	男	汉族	军队转业干部	中共党员	初中以下	国税局	一等功	1979.02	对越自卫反击战
彭阳县	张万有	男	回族	退役士兵	中共党员	大学本科	宁夏彭阳县文广局	一等功	1987.05	对越自卫反击战
彭阳县	李彦明	男	汉族	退役士兵（残疾）	中共党员	高中	中盐分公司固原彭阳配送站	一等功	1986.06	对越自卫反击战
原州区	刘学堂	男	汉	退役军人	中共党员	大学专科	退休原安全局	二等功	1995.05	表现突出
原州区	马玉福	男	回	退役军人	中共党员	小学	无业	二等功	1985.11	表现突出
原州区	海登乾	男	回	退役军人	中共党员	初中	下岗	二等功	1993.11	表现突出
原州区	杨凤江	男	汉	退役军人	中共党员	中专	下岗	二等功	1980.12	表现突出
原州区	李满成	男	汉	退役军人	群众	初中	下岗	二等功	1986.05	表现突出
原州区	陈立文	男	汉族	退役军人	中共党员	大学专科	原州区古雁街道长城社区	二等功	2008	维稳抗震
原州区	赵志富	男	汉族	退役士兵	中共党员	大学本科	固原南收费站	二等功	2002.11	警备任务
原州区	张国强	男	汉族	军队转业干部	中共党员	大学专科（高职）	固原市场监管局开发区分局	二等功	1993	西宁维稳
原州区	孙再权	男	汉族	军队转业干部,残疾军人	中共党员	大学本科	退役自主择业	二等功	2009	藏区维稳
原州区	张　云	男	汉族	退役士兵	中共党员	高中	原州区交通管理段	二等功	1993	西宁维稳
原州区	陈正军	男	汉族	退役士兵	中共党员	大学本科	固原市第五中学	二等功	1988	军事演习
原州区	李海涛	男	汉族	军队转业干部	中共党员	大学本科		二等功	2009	西藏维稳
原州区	王天栋	男	汉族	退役士兵	中共党员	高中	务农	二等功	2009.06	工作优秀
原州区	锁成明	男	回族	退役士兵	中共党员	初中以下	务农	二等功	1977	抗洪中表现突出
原州区	姬定军	男	汉族	退役士兵	中共党员	大学专科（高职）	原州区公安局辅警	二等功	2010.09	全国优秀士官
原州区	海　成	男	回族	现役军人	中共党员		新疆喀什军分区	二等功	2019	军事比武
原州区	买三保	男	回族	退役士兵	中共党员	初中以下	无	二等功	1958	作战
原州区	马晓宁	男	回族	现役军人	中共党员		银川武警支队机关	二等功	2020	军事比武
原州区	王向荣	男	汉族	退役士兵	中共党员	中专（中技）	人民银行固原市中心支行	二等功	1986.11	云南自卫反击战
原州区	刘学亮	男	汉族	退役士兵	群众	大学专科（高职）	彭阳县公路管理段	二等功	2003.11	渭河抗洪抢险
原州区	王福立	男	汉族	退役士兵	中共党员	大学专科（高职）	固原市第三中学	二等功	1987.06	执行“34-1号”作战

续表1

所在县（区）	姓名	性别	民族	人员类别	政治面貌	文化程度	现工作单位（退休前单位）	立功受奖情况	受奖时间	受奖原因
原州区	庞宏广	男	汉族	退役士兵	中共党员	大学本科	固原市市场监督局	二等功	2004.06	比武竞赛
原州区	马向俊	男	回族	军队转业干部	中共党员	大学本科		二等功	2012.12	比武竞赛
原州区	薛永伟	男	汉族	退役士兵	中共党员	大学专科（高职）	固原市原州区组织部	二等功	1994	工作突出
原州区	陈　飞	男	汉族	军队转业干部	中共党员	大学本科		二等功	2010.09	抢险救灾
原州区	金能能	男	汉族	退役军人	中共党员		无	二等功	2015	军事比武
原州区	王　明	男	汉族	退役士兵	群众	大学专科（高职）	原州区法院	二等功	1993.08	比武竞赛
原州区	庞彦杰	男	回族	军队转业干部	中共党员	高中	固原外贸公司	二等功	1970.08	参战
原州区	魏剑锋	男	汉族	军队转业干部	中共党员	大学本科	固原市纪委监委	二等功	1997	比武竞赛
原州区	赵军学	男	汉族	退役士兵	群众	中专	自来水公司	二等功	1986	参战
原州区	杨　旭	男	汉族	转业军官	中共党员	大学本科	交警四大队	二等功	2009	藏区维稳
西吉县	文金满	男	汉族	退役士兵	中共党员	大学专科		二等功	2008	群星奖一等奖
西吉县	田永毅	男	汉族	退役士兵	中共党员	中专	宁夏固原市西吉县西吉中学	二等功	1987.05	对越作战
西吉县	李　军	男	汉族	退役士兵	中共党员	大学	宁夏德圣亚科技有限公司	二等功	2009.11	煤矿爆炸抢险救援
西吉县	韩佩杰	男	汉族	退役士兵	中共党员	高中	西吉县汽车运输公司	二等功	1987.10	弹药运送
西吉县	王克祥	男	汉族	退役士兵	中共党员	高中	西吉县道路运输管理所	二等功	1987.05	对越防御作战
西吉县	马　成	男	回族	军队转业干部（参战）	群众	大学专科（高职）	无	二等功	1994	总参谋部军事考核
隆德县	姚瑞斌	男	汉族	退役士兵	中共党员	大学本科	宁夏隆德县退役军人事务局	二等功	2010.12	比武中成绩突出
隆德县	刘双龙	男	汉族	退役士兵	中共党员	大学专科（高职）	宁夏西吉县驾校	二次二等功	2003.03	保障作战任务
隆德县	柳碧民	男	汉族	退役士兵	中共党员	大学本科	闽宁镇人民政府	二等功		
隆德县	赵家银	男	汉族	现役士兵	中共党员	中专		二等功	2020.12	比武中成绩突出
隆德县	杨锁锁	男	汉族	军官	中共党员	大学本科		二等功	2019.12	比武中成绩突出
泾源县	李旭辉	男	回族	现役军人	中共党员	大学专科	中国人民解放军69220部队	二等功	2020.12	工作突出
固原市彭阳县	王存忠	男	汉族	退役士兵	中共党员	中专	彭阳县住建局	二等功	1987.05	对越作战战绩突出
彭阳县	赵　林	男	汉	退役士兵	中共党员	大学专科	彭阳县住建局	二等功	1987.05	对越作战战绩突出

续表2

所在县（区）	姓名	性别	民族	人员类别	政治面貌	文化程度	现工作单位（退休前单位）	立功受奖情况	受奖时间	受奖原因
彭阳县	李晓宏	男	汉	退役士兵	中共党员	大学	彭阳县环境保护局	二等功	1993.07	抢救落水儿童
彭阳县	赵　军	男	汉	转业士官	中共党员	大学专科	彭阳县财政局	二等功	1994.12	军事训练表现突出
彭阳县	扈广金	男	汉	退役士兵	中共党员	大学专科	彭阳县交通运输综合执法大队	二等功	1991.09	勇救落水妇女
彭阳县	王万林	男	汉	退役士兵	中共党员	大学	彭阳县城阳乡中心学校	二等功	1995.01	军事比武成绩突出
彭阳县	马克仓	男	回	退役士兵	中共党员	大学	彭阳县退役军人事务局	二等功	1986.10	对越作战战绩突出
彭阳县	马彦平	男	回	退役士兵	中共党员	大学专科	宁夏彭阳县公路管理段	二等功	2008.12	军事比武成绩突出
彭阳县	杨维军	男	汉	退役士兵	中共党员	大学	彭阳县中医医院	二等功	2011.11	装备比武成绩突出
彭阳县	安正辉	男	汉	转业士官	中共党员	大学	彭阳县机关事务服务中心	两次二等功	2008.12 2013.11	安全保障飞行保障
彭阳县	张　明	男	汉	退役士兵	中共党员	大学本科	彭阳县白阳镇周沟村李寨队	二等功	2011.01	处置突发事件
彭阳县	马成龙	男	回	现役军官	中共党员	大学本科	69218部队	二等功	2021.07	工作成绩突出

全市老红军、老战士名录

所在县区	姓名	性别	出生年月	入伍时间	退役时间	参战类型
原州区	李福年	男	1929.07	1945年	1952年	抗日战争
原州区	王志亭	女	1928.12	1937年	1982年	抗日战争
原州区	高明仁	男	1930.02	1949.04	1958.08	解放战争、抗美援朝
原州区	秦仲贤	女	1934.07	1949.04	1958.08	解放战争、抗美援朝
原州区	邓清世	男	1934.12	1949.03	1958.08	解放战争、抗美援朝
原州区	李文义	男	1931.02	1951.03	1957.04	抗美援朝
原州区	彭权奇	男	1930.05	1949.01	1958.06	解放战争、抗美援朝
原州区	朱绥明	男	1928.03	1951.03	1957.05	抗美援朝
原州区	马宗汉	男	1933.11	1951.04	1957.04	抗美援朝
原州区	马真金	男	1930.07	1951.05	1956.08	抗美援朝
原州区	吴成福	男	1928.07	1949.08	1956.04	解放战争、抗美援朝
原州区	杨金山	男	1931.09	1951.05	1956.02	抗美援朝
原州区	马生川	男	1932.07	1951.04	1955.02	抗美援朝
原州区	薛天祥	男	1932.03	1951.07	1956.07	抗美援朝
原州区	杨克仁	男	1934.08	1951.05	1957年	抗美援朝
原州区	马正昌	男	1930.12	1951.07	1956.03	抗美援朝
原州区	田世政	男	1933.07	1951.03	1956.02	抗美援朝
原州区	张铭芳	男	1929.03	1949.12	1958.05	抗美援朝
原州区	亢士林	男	1934.11	1949.01	1956.11	解放战争、抗美援朝
原州区	雷颖异	男	1930.11	1949.05	1958.05	解放战争、抗美援朝
原州区	王业图	男	1933.04	1949.01	1964年	解放战争、抗美援朝
原州区	王志强	男	1933.02	1951.05	1956.02	抗美援朝
原州区	孙世芳	男	1933.11	1951.08	1956.03	抗美援朝
原州区	杨志有	男	1933.02	1951.05	1956.03	抗美援朝
原州区	韩文秀	男	1923.11	1951.04	1959.01	抗美援朝
原州区	张志远	男	1927.07	1947.03	1963.02	解放战争、抗美援朝
原州区	杨有才	男	1929.03	1951.05	1956.03	抗美援朝
原州区	孟荣华	女	1942.01	1956.07	1958.05	抗美援朝
原州区	冯秀成	男	1933.03	1951.06	1958.05	抗美援朝
原州区	郭丽娟	女	1938.12	1956.09	1958.08	抗美援朝
原州区	陈会新	男	1927.12	1949.08	1958.05	解放战争、抗美援朝
原州区	杨生荣	男	1931.04	1951.03	1956.02	抗美援朝
原州区	赖帮国	男	1935.07	1951.07	1958.05	抗美援朝
原州区	朱玉君	男	1935.06	1951.05	1956.01	抗美援朝
原州区	朱振楠	男	1934.10	1951.01	1958.08	抗美援朝
原州区	高　仁	男	1932.07	1951.04	1957.04	抗美援朝
原州区	郑福康	男	1937.09	1953.01	1959.12	抗美援朝

续表

所在县区	姓名	性别	出生年月	入伍时间	退役时间	参战类型
原州区	妥福礼	男	1931.11	1951.03	1956.03	抗美援朝
原州区	马瑞岐	男	1933.02	1951.05	1953.03	抗美援朝
原州区	马福忠	男	1932.10	1951.03	1956.03	抗美援朝
原州区	甄志成	男	1930.09	1951.05	1956.03	抗美援朝
原州区	司世宗	男	1935.11	1951.03	1957.01	抗美援朝
原州区	康有发	男	1928.06	1949.01	1958.11	解放战争
原州区	沙富明	男	1926.10	1946.01	1956.11	解放战争
原州区	李玉森	男	1933.10	1949.02	1957.09	解放战争
原州区	陈胜利	男	1930.05	1947.01	1977.11	解放战争
西吉县	赵喜荣	男	1934.01	1949.06	1957.04	解放战争
西吉县	杨生清	男	1932.09	1949.09	1960.01	解放战争
西吉县	李忠庆	男	1931.11	1949.08	1959.09	解放战争
西吉县	李　林	男	1933.05	1949.07	1952.07	解放战争
西吉县	马存德	男	1933.10	1949.09	1955.09	解放战争
西吉县	马彦龙	男	1929.02	1949.07	1953.06	解放战争、抗美援朝
西吉县	苏正刚	男	1938.05	1949.05	1955.06	解放战争、抗美援朝
西吉县	岳文忠	男	1937.09	1949.08	1953.03	解放战争、抗美援朝
西吉县	牛海山	男	1931.09	1949.08	1956.05	解放战争、抗美援朝
西吉县	刘志福	男	1930.09	1949.02	1957.12	解放战争、抗美援朝
西吉县	闫满堂	男	1933.05	1951.04	1958.01	抗美援朝
西吉县	安建青	男	1933.05	1951.05	1952.01	抗美援朝
西吉县	撒占林	男	1935.06	1951.02	1956.02	抗美援朝
西吉县	马志强	男	1934.09	1951.01	1957.04	抗美援朝
隆德县	张世荣	男	1933.10	1951.05	1957.05	抗美援朝
隆德县	陈修德	男	1929.06	1947.01	不详	解放战争、抗美援朝
隆德县	汪　发	男	1933.11	1956.06	不详	抗美援朝
隆德县	赵国俊	男	1926.11	1949.07	1954.07	解放战争、抗美援朝
隆德县	何福存	男	1932.09	1951.01	1958.03	抗美援朝
隆德县	刘存德	男	1932.10	1951.04	1956.03	抗美援朝
隆德县	辛振邦	男	1928.07	1949.07	1957.04	解放战争
隆德县	杨国柱	男	1933.06	1949.09	1954.07	解放战争
隆德县	齐　兵	男	1928.10	1949.07	1952.01	解放战争
彭阳县	王栋臣	男	1932.05	1951.01	1957.04	抗美援朝
彭阳县	张治杰	男	1932.03	1951.04	1956.04	抗美援朝
彭阳县	马万春	男	1929.09	1951.04	1956.03	抗美援朝
彭阳县	刘秉承	男	1932.09	1951.05	1953.07	抗美援朝
彭阳县	海正志	男	1931.07	1951.03	1956.03	抗美援朝
彭阳县	李玉玺	男	1932.02	1949.01	1957.05	解放战争、抗美援朝

固原市人民代表大会
常务委员会关于森林草原野外防火的决定

（2021年3月24日固原市第四届人民代表大会常务委员会第三十四次会议通过）

为了加强森林草原野外防火工作，保护人民群众生命财产和森林草原资源安全，根据有关法律法规，结合本市实际，作出如下决定：

一、森林草原野外防火工作坚持人民至上、生命至上，坚持预防为主、防救结合、高效扑救、安全第一的方针，切实做到“三禁”（禁点火、禁着火、禁引火）“三严”（严防、严责、严罚）。

二、本市行政区域内的森林、林地、草原、草地及其边缘地带，严格禁止用火行为：

（一）禁止焚烧秸秆、残膜、焚烧垃圾、烧灰积肥、烧荒燎埂；

（二）禁止燃放易燃易爆物品、烟花爆竹，点放孔明灯；

（三）禁止野炊、烧烤、烤火取暖、火把照明；

（四）禁止烧纸、烧香、点烛、吸烟、丢弃火种；

（五）禁止其他可能引起火灾的行为。

三、森林、林地、草原、草地及其边缘地带防火范围，由县（区）人民政府根据本行政区域的实际情况划定，并向社会公布。六盘山自然保护区、云雾山自然保护区防火范围，由六盘山林业局、云雾山自然保护区管理局联合所在县（区）人民政府划定，并向社会公布。需要规定防火期的，由市、县（区）人民政府依法决定，并向社会公布。

四、特殊情形确需在防火范围内带火用火的，依法严格审批报备。

因防治病虫鼠害、冻害等特殊情形或者进行爆破、勘查、施工等活动，确需在森林、林地、草原、草地及其边缘地带用火的，应当依法向所在县（区）自然资源部门（林业和草原部门）办理审批报备手续，并按照要求采取防火措施。

穿越森林、林地、草原、草地及其边缘地带的输电线路、油气长输管道的相关责任单位，应当制定防火安全管理制度及防火措施，落实防火责任，加强分层分类管理，定期不定期开展线路巡查检查，及时排查消除火灾隐患。

五、森林草原野外防火工作实行地方各级人民政府行政首长负责制。

市、县（区）人民政府负责本行政区域森林草原野外防火工作组织领导，建立健全森林草原野外防火目标管理责任制。

乡（镇）人民政府、街道办事处应当加强本辖区野外防火的监督管理，组织开展森林草原防火知识培训和火灾扑救演练，指导村（居）民委员会开展群众性防火工作。

村（居）民委员会应当组织制定防火安全公约，并与村（居）民签订防火责任书，开展野外防火安全宣传、教育，引导村（居）民开展风险隐患排查和治理。

六、森林草原野外防火工作实行部门、单位领导负责制。

市、县（区）自然资源部门（林业和草原部门）负责森林草原野外防火的监督和管理，组织协调防火巡护、火源管理、监测预警和防火设施建设等；

应急管理部门负责野外防火的综合指导，组织指导协调火灾应急救援，负责专业应急救援力量建设；

公安机关负责依法查处野外用火涉嫌犯罪行为；

气象部门负责气象观测、预报预警、人工影响天气服务等工作；

发展改革部门负责穿越森林、草原、林地及其防火范围的非公网输配线路、油气长输管道的安全监督管理；

交通运输部门负责公路、铁路沿线森林草原野外防火的安全监督管理；

文化旅游部门负责森林草原景区景点经营单位森林草原野外防火的监督管理；

市、县(区)人民政府其他有关部门按照职责分工，做好森林草原野外防火工作。

七、县(区)、乡(镇)人民政府应当依法加强森林、林地、草原、草地及其边缘地带防火区管控，重点地段、重点区域设置巡山、护林专业队，加强巡查巡护；重要路口设立防火检查站，依法检查进入的车辆和人员，清查阻止火源、火种、易燃易爆物品进入防火区。任何单位和个人应当自觉配合接受检查。

八、县(区)人民政府应当依法加强森林草原野外防火治理体系和治理能力建设，重点区域、景点景区经营单位等应当制订实施防灭火应急预案，建设配备防灭火设施设备，设置消防标志，完善应急处置系统。

九、市、县(区)人民政府应当组织有关部门，根据森林草原野外防火需要，建立森林草原火灾监测预警机制、联防联控机制、及时发布森林草原火险等级预警预报信息，开展消防演练，推动大数据信息技术在森林草原防火中的应用，建立人防技防联防工作格局，及时处置火情火警，对野外非法用火发现一起，坚决依法查处一起。

十、市、县(区)人民政府应当组织有关部门，对森林、林地、草原、草地及其边缘地带内有关单位的防火组织建设、防火责任制落实、防火设施建设和设备配备等情况进行检查；对检查中发现的问题隐患，应当及时向有关单位下达火灾隐患整改通知书，责令限期整改，消除隐患。

十一、任何单位和个人发现火情时，应当及时向当地人民政府或主管部门报告；发生火灾时，各级人民政府及其有关部门应当根据火灾情况启动应急预案，统一指挥调度、专业扑救、高效处置。任何单位和个人不得拒绝、拖延、推诿，不得干扰现场指挥。

十二、各级人民政府及市、县(区)有关部门应当利用广播、电视、报刊及新媒体等形式，加强森林草原防火宣传，普及森林草原防火安全常识，提高公民防火意识。

各级人民政府及市、县(区)有关部门应当大力倡导安全文明绿色殡葬、祭祀，转变传统祭祀观念，摒弃陈规陋习，积极推进网络祭奠、鲜花祭奠、植树祭奠、公祭悼念等绿色低碳祭祀方式。

全市各级公职人员应当以身作则、率先垂范，做移风易俗、文明祭祀的引领者、践行者。

十三、各级人民政府及市、县(区)有关部门应当加强对野外防火责任制落实情况的监督检查，严格目标责任考核，对责任制落实不到位的，应当约谈、通报、公开曝光，严肃问责。

各级各类防火工作人员要坚守岗位、履职尽责。对组织不得力、责任不落实、措施不到位等失职渎职的，要严肃追责。

十四、任何单位和个人对违反本决定的野外用火行为有权进行举报。

县(区)人民政府应当建立举报奖励制度，设立举报电话，受理野外用火行为的举报。经查证属实的，由县(区)人民政府对举报人给予奖励，举报违规野外用火的，每查获1起奖励500元；提供森林草原火案破案线索奖励2000元。对为各级挂牌督办森林草原火案的线索举报或者有其他重大贡献者，可以视情节增加奖励金额。

十五、违反本决定规定，市、县(区)人民政府及其森林草原防火指挥机构、自然资源部门(林业和草原部门)或者其他有关部门及其工作人员，有下列行为之一的，由其上级行政机关或者监察机关责令改正；情节严重的，对直接负责的主管人员和其他直接责任人员依法给予处分；构成犯罪的，依法追究刑事责任：

(一)未按照有关规定编制森林草原火灾应急预案的；

(二)发现森林草原火灾隐患未及时下达森林草原火灾隐患整改通知书的；

(三)对不符合森林草原防火要求的野外用火或者实弹演习、爆破等活动予以批准的；

(四)瞒报、谎报或者故意拖延报告森林草原火灾的；

(五)不依法履行职责的其他行为。

十六、违反本决定规定，国务院《森林防火条例》《草原防火条例》已有处罚规定的，从其规定。

十七、违反本决定第二条禁止行为，未引起森林草原火灾的，由县(区)自然资源部门(林业和草原部门)责令停止违法行为，给予警告，可以对个人并处200元以上1000元以下罚款，对单位并处1万元以上2万元以下罚款；引起森林火灾的，责令补种树木，对个人并处1000元以上3000元以下罚款，对单位并处2万元以上5万元以下罚款。

十八、进入森林、林地、草原、草地及其边缘地带拒绝接受森林草原防火检查或者接到森林草原火灾隐患整改通知书逾期不消除火灾隐患的，由县(区)自然资源部门(林业和草原部门)责令改正，给予警告，对个人并处200元以上2000元以下罚款，对单位并处5000元以上1万元以下罚款。对不听劝阻，甚至侮辱、殴打防火工作人员的，依法追究其法律责任。

十九、因个人行为引起森林草原火灾的，依法承担民事责任；构成犯罪的，依法追究刑事责任。

二十、本决定自公布之日起施行。

固原市城市环境卫生管理条例

（2020年10月30日，固原市第四届人民代表大会常务委员会第三十次会议通过 2020年11月25日宁夏回族自治区第十二届人民代表大会常务委员会第二十三次会议批准，根据2021年9月9日固原市第四届人民代表大会常务委员会第三十八次会议通过并经2021年11月30日宁夏回族自治区第十二届人民代表大会常务委员会第三十次会议批准的《固原市人民代表大会常务委员会关于修改〈固原市城市环境卫生管理条例〉的决定》修正）

第一章　总　则

第一条　为了加强城市环境卫生管理，创造整洁、优美、文明的城市环境，根据国务院《城市市容和环境卫生管理条例》，结合本市实际，制定本条例。

第二条　本条例适用于本市行政区域内的城市环境卫生监督管理工作。

第三条　市人民政府城市管理部门负责本行政区域内城市环境卫生监督管理工作。

县（区）人民政府有关部门或者城市综合执法单位应当按照各自职责分工，做好环境卫生管理相关工作。

第四条　鼓励、支持环境卫生的科学技术研究，推广运用先进技术和智能系统，逐步建立垃圾收集、运输、处置信息平台，提高城市环境卫生管理水平。

第五条　国家机关、企事业单位、社会团体，应当加强环境卫生的宣传教育。

广播、电视、报刊等大众传播媒介应当加强环境卫生方面的公益性宣传，并对违反环境卫生管理法律、法规的行为进行舆论监督。

第二章　环境卫生管理

第六条　环境卫生管理实行责任区和责任人制度。责任区由城市管理部门划定。责任人在划定责任区域内负责做好环境卫生工作。

（一）城市主次干道路、隧道、人行天桥等区域的环境卫生，由城市管理部门或者相关部门负责；

（二）国家机关、团体、部队、企事业单位的管理区域，由本单位负责；

（三）居民住宅区由物业服务企业负责；未实行物业管理的居民住宅区由所在地乡（镇）人民政府、街道办事处负责；

（四）湖泊、流经城市的渠、沟、河等水域及沿岸的管理范围，由管理单位负责；

（五）未纳入城市清扫保洁的街巷按照属地管理原则，由所在地乡（镇）人民政府、街道办事处负责；

（六）商品交易市场、会展场所、便民摊点，由开办单位或者经营管理单位负责；

（七）临街门店按照门前三包范围由物业管理者或者经营者负责；

（八）机场、车站、停车场、公园、广场、景区、文化体育娱乐场所、公共绿地、绿化带等公共场所，由管理单位或者经营者负责；

（九）储备土地由管护单位负责，建设用地由土地使用权人负责，建筑工地由施工单位负责；

（十）公共厕所、垃圾中转站及其他环境卫生设施，由环境卫生专业管理单位或者产权人负责。

责任人或者管理人应当定期对易生蚊蝇、鼠害、病媒生物孳生的场所及设施进行消毒防疫。

除第一款规定区域外，其他建（构）筑物或者设施、场所的使用人为环境卫生责任区的责任人，但所有权人、管理人或者使用人之间约定管理责任的，由约定的责任人负责。

第七条　环境卫生责任区的责任标准是：

（一）保持环境卫生责任区整洁，无乱设摊、乱搭建、乱张贴、乱涂写、乱刻画、乱吊挂、乱堆放等行为；

（二）环境卫生责任区无暴露垃圾、粪便、污水，无污迹、杂草，无渣土、积雪；

（三）保持环境卫生设施整洁、完好。

第八条　在城市道路、广场中发生路面塌陷、破损、隆起等影响环境卫生的情况，责任单位应当及时修复。

在城市道路或者其他公共设施场所设置的井盖、沟盖、篦子等设施发生缺失、破损、移位的，责任单位应当设立警示标志，并及时修复。

第九条 城市公共区域内的环境卫生实行机械化保洁作业。

第十条 城市管理部门按照规定设置垃圾容器。

机场、车站、停车场、公园、广场、体育场、集贸市场等场所，应当设置环境卫生设施并负责维护和保洁。

第十一条 遇有降雪结冰，市、县（区）人民政府、城市管理部门、街道办事处、村（居）委会应当及时组织单位和个人清除公共区域内的积雪积冰。

第十二条 从事车辆清洗、修理的单位和个人，不得向道路、雨水排放口排泄污水、污染物或者堆放垃圾。

公共绿地的养护单位或者作业单位在道路两侧栽培修剪树木、花草或者花卉等产生的枝叶、泥土应当及时清除。

作业单位或者个人在城市道路上进行作业产生的污物，作业单位应当随时清运，并负责清洗被污染的路面。

第十三条 市、县（区）人民政府城市管理部门为本市城市生活垃圾分类管理的主管部门，会同有关部门负责组织编制生活垃圾分类管理标准，对生活垃圾分类工作进行指导、监督。

本市实行城市生活垃圾分类管理，有序推进垃圾分类管理工作。

第十四条 城市生活垃圾分为可回收物、有害垃圾、易腐垃圾和其他垃圾。

（一）可回收物，指适宜回收和可循环再利用的生活废弃物，主要包括废纸、废塑料、废金属、废玻璃、废织物、废弃家具、废弃电器电子产品等；

（二）有害垃圾，指对人体健康、自然环境造成直接或者潜在危害的生活废弃物，主要包括废电池、灯管、废药品、温度计、血压计和废油漆、杀虫剂、消毒剂及其包装物等；

（三）易腐垃圾，指从事餐饮服务、食品生产加工、集体供餐、市场经营等活动产生的易腐性生活废弃物（餐厨垃圾），居民家庭产生的易腐性生活废弃物（厨余垃圾），主要包括废弃的食材、剩菜剩饭、蔬菜瓜果、肉类、水产品等；

（四）其他垃圾，指除可回收物、有害垃圾和易腐垃圾之外的其他生活废弃物。

城市生活垃圾实行分类收集、分类运输、分类处置。

第十五条 单位和个人应当按照规定的时间、地点、方式，分类倾倒、投放废弃物，不得随意倾倒、抛撒、堆放。

生活垃圾由产生垃圾的单位或者个人按照城市管理部门指定的地点分类投放。

处置建筑垃圾的单位，应当向城市管理部门提出申请，获得城市建筑垃圾处置核准后方可处置；单位和个人应当将装饰装修房屋产生的建筑垃圾单独运送、投放到指定场所，不得随意倾倒、抛撒、堆放或者混入生活垃圾。

住宿、餐饮以及机关、院校等单位产生的餐厨垃圾，应当单独收集和处置，或者委托有关单位收集和处置，不得直接将餐厨垃圾倒入排水管网；餐饮业经营者应当配备使用地面防护及油烟净化设施，避免对地面和空气造成污染。

医疗单位、生物制品生产单位、屠宰场等产生的带有病毒、病菌和其他有毒有害物质等特种垃圾，应当按照有关规定单独收集、运输，并集中进行无害化处理，不得混入生活垃圾。

清运垃圾采用分类、封闭方式，并按照规定的时间进行清运。做到日产日清、车走地净、容器整洁。

第十六条 市、县（区）人民政府合理规划设置公共厕所，公共厕所应当设置统一标志，保持内外整洁、设施完好。

提倡、鼓励和支持沿街单位内部厕所对外开放使用，广场、商场、公园、会展中心、车站等公共场所设置的公共厕所应当免费使用。

第十七条 不得有下列影响环境卫生的行为：

（一）随地吐痰、随处便溺；

（二）乱倒垃圾、粪便、污水，乱扔动物尸体；

（三）乱弃瓜果皮（核）、纸屑、烟蒂、口香糖、废旧电池、物品包装物等废弃物；

（四）从车内、室内向外抛撒垃圾等物品；

（五）在公共场所抛撒或者未使用容器就地焚烧丧葬、祭祀用品；

（六）散发小广告，擅自张贴、喷涂宣传品；

（七）向花坛、绿化带、窨井、雨水通道、湖泊、河道扫入或者倾倒废弃物；

（八）在垃圾站、垃圾箱（桶）内焚烧杂物和倾倒粪便、积雪、污水；

（九）在道路、广场以及居民区等露天场所焚烧废弃物及其他物品等；

（十）在禁止的区域、时段进行露天烧烤；

（十一）在街巷和居住区从事屠宰家畜家禽和加工肉类、水产品等影响公共环境卫生的经营活动；

（十二）在街道两侧从事经营性废品收购和废弃物接纳作业；

（十三）在道路等公共场所冲洗各种机动车辆；

（十四）在禁止的时段和区域内燃放烟花爆竹；

（十五）将产生的垃圾、泔水排入雨水管道、污水排水管道、河道、公共厕所等地方；

（十六）其他影响环境卫生的行为。

第十八条　禁止在城市市区内饲养家禽家畜。

居民饲养信鸽、鹦鹉等宠物鸟的，应当采取措施防止影响居民生活和环境卫生。

限制居民饲养犬只，不得携犬进入市场、商场、饭店（馆）、公园、公共绿地、医院、文化体育娱乐场所、展览馆等公共场所；不得携犬乘坐公共交通工具，导盲犬除外。携犬人应当及时清除犬只在户外排泄的粪便。

第十九条　城市内的工程施工现场应当符合下列规定：

（一）在批准的占地范围内设置硬质围挡封闭作业，临街工地周围设置安全护栏和围蔽设施不低于1.8米；

（二）对垃圾、渣土、砂石、土方、灰浆等散装物体、物料等采取覆盖措施，保持施工现场及运输路段环境整洁；

（三）施工期间采取分段作业、择时施工、洒水抑尘、冲洗地面和车辆等措施，保持施工现场及运输车辆整洁；

（四）施工用水按照规定排放，不得外泄污染路面；

（五）停工场地及时整理并做必要的覆盖；

（六）工程竣工后及时清理和平整场地；

（七）有符合卫生要求的厕所和垃圾容器。

第二十条　经批准临时占用城市道路、公共场所举办节庆、宣传、文化、体育等活动的，举办方应当保持环境卫生整洁，对产生的垃圾应当及时清理。

第二十一条　海绵城市实行雨污分流措施。污水收集管网覆盖的区域，不得将污水排入雨水管网；尚未覆盖的区域，按规定未处理达标的污水不得直接排入水域或者地下。

第二十二条　单位和个人应当维护城市环境卫生，对破坏城市环境卫生、损坏环境卫生设施的行为有权劝阻和举报。

市、县（区）人民政府应当建立城市环境卫生举报、投诉、处理和反馈制度，及时核查处理有关违法行为。

第三章　环境卫生保障

第二十三条　市、县（区）人民政府应当将城市环境卫生事业纳入国民经济和社会发展规划，保障城市环境卫生事业所需经费，加强城市环境卫生基础设施建设。

第二十四条　市、县（区）人民政府应当根据城市总体规划和环境卫生设施标准配套建设环境卫生设施。

城市新建小区或者老旧小区改造，应当配套建设垃圾分类投放设施。

第二十五条　单位和个人不得侵占、损坏、封闭或者擅自拆除环境卫生设施及其附属设施，改变其用途。

因城市建设确需拆除、迁移环境卫生设施的，应当征得城市管理部门的同意，按照规定重建或者补建。

第二十六条　任何单位和个人不得妨碍、阻挠环境卫生工作人员作业。

第四章　法律责任

第二十七条　本条例规定的行政处罚由城市管理部门实施，法律、法规另有规定的，从其规定。

第二十八条　违反本条例第六条第一款第一项至十项规定行为之一的，由城市管理部门责令限期改正，给予警告，逾期拒不改正的，处一千元以上五千元以下罚款。

第二十九条　违反本条例第八条规定的，由城市管理部门责令改正。

第三十条　单位或者个人违反本条例第十二条第一款规定的，由城市管理部门责令限期改正，给予警告，逾期拒不改正的，处一百元以上一千元以下罚款。

第三十一条　违反本条例第十八条第一款规定的，由城市管理部门责令限期改正，给予警告；逾期拒不改正的，处以二百元至一千元的罚款。

第三十二条　违反本条例第二十条规定的，由城市管理部门责令改正；拒不改正的，由城市管理部门责令责任单位代为清理、拆除，所需费用由违法行为人承担。

第三十三条　违反本条例第二十四条第二款规定，未配套建设垃圾分类投放设施的，由城市管理部门责令改正。

第三十四条　违反本条例规定，法律、法规已有处罚规定的，从其规定。

第三十五条　侮辱、殴打环境卫生工作人员，违反治安管理规定的，由公安机关给予治安管理处罚；构成犯罪的，依法追究刑事责任。

第三十六条　相关部门及其工作人员在环境卫生管理工作中滥用职权、徇私舞弊、玩忽职守或者有其他不履行、不正确履行职责行为的，由相关主管机关按照规定给予处分；构成犯罪的，依法追究刑事责任。

第五章　附　则

第三十七条　本条例自2021年1月1日起施行。

机构和组成人员

（2021年12月31日在职）

中国共产党固原市第五届委员会常务委员

自治区党委常委、固原市委书记、市人大常委会党组书记）	马汉成（回族）
固原市委副书记（固原市人民政府市长）	冼国义（满族）
固原市委副书记、西吉县委书记	白学贵
常委（固原市委组织部部长、市直属机关工委书记）	杨继宏
常委（市委秘书长、政法委书记）	位西北
常委（固原市政府副市长〈挂职〉）	马煜洲
常委（固原市纪委书记、监委主任）	王　栋
常委（固原市政府副市长〈挂职〉）	陈论生
常委（固原市委统战部部长）	胡　斌
常委（固原市政府党组副书记、副市长）	任立新（回族）
常委（原州区委书记）	何永吉
常委（固原军分区司令员）	蒋刚彪
常委（固原市委宣传部部长）	褚一阳（女）
市委秘书长	位西北
市委副秘书长	李育龙　孙建军（回族）　王淑玲（女）　田玉铭（回族）

中国共产党固原市第五届委员会委员

【自治区党委批准市委委员名额为49名，现有51名（其中挂职2名），按姓氏笔画为序】

马　瑾（回族）　马　波（回族）　马天峡（回族）
马六一（回族）　马汉成（回族）　马红英（女，回族）
马志彪（回族）　马晓红（女，回族）
马煜洲　王　栋　王　萍（女）
白学贵　朱红社　任立新（回族）
任永峰（回族）　刘　斌　刘永龙
米　广　李志达　李国才
李育龙　杨　军　杨　荣（回族）
杨生俊（回族）　杨继宏　何永吉
何桂琴（女，回族）　位西北　余剑雄
宋亚俊　宋新宇　张立君
张永强　张治荣　陈论生
虎正中（回族）　周　浩　冼国义（满族）
赵万仓（回族）　胡　斌　徐　龙
高冠茹（女）　高继飞　喜晓林（女，回族）
董　军　董永强　蒋刚彪
童　东　曾宪斌　褚一阳（女）
穆小平（回族）

五届固原市委候补委员（10名，按得票多少为序）

张亚萍（女）　邵春霞（女）　马英（女，回族）
马天峰（回族）　马辉春（回族）　杨生智
何学义（回族）　徐万廷　靳华斌
翟敬军

五届固原市委候补委员（10名，按得票多少为序）

张亚萍（女）　邵春霞（女）　马　英（女，回族）　马天峰（回族）　马辉春（回族）　杨生智
何学义（回族）　徐万廷　靳华斌　翟敬军

固原市第五届人民代表大会常务委员会

党组书记、主任　李志达
党组副书记、副主任　童全成（回族）
副主任　吴　璞　张立君
袁秉和　李建平
马凤贤（回族）　马有芳（回族）
安　祯　师淑莲（女）
秘书长　魏志刚
副秘书长　王　升　张治军
委员（28名，按姓氏笔画为序）
马六一（回族）　马永宝（回族）　马全忠（回族）
马红英（女，回族）　马国虎（回族）　马玲玲（女，回族）
王　东　王成明　王志伟
王志贤　王淑芳（女）　李白虎（回族）
李佐田　李春生　李　聪
吴红红（女）　吴秉银　何少庸
张文学　张志福　张　佐
张治军　虎正中（回族）　罗丽莉（女，回族）
周德科（回族）　高耀明　景清海
穆小平（回族）

固原市第五届人民政府

党组书记、市长　冼国义（满族）
常务副市长　任立新（回族）
副市长　马煜洲（挂职）　陈论生（挂职）
王新军　童　东
张学斌　杨生俊（回族）
喜晓林（女，回族）
秘书长　杨　军
副秘书长　郑宜成　戴耀骞
任　伟　谢　敏（挂职）
虎　俊（回族，挂职）

中国人民政治协商会议固原市第五届委员会

党组书记、主席　余剑雄
党组副书记、副主席　马正学（回族）
副主席　王政权　杨耀峰
张翔宇（回族）　虎久强
剡小平（回族）　杨银梅（女）
秘书长　陈宇青
常务委员（48名，按姓氏笔画为序）：
马文山（回族）　马仲尧（回族）　马建国
马树田　马保师（回族）　马俊章（回族）
马继伯（回族）　马辉春（回族）　王　勇
王芳平　邓树森　古　原（回族）
申万林　任　俊（回族）　刘　裕（女）
刘　媚（女）　刘生珍（回族）　闫固林
许正虎（回族）　孙文呈（回族）　李　宁（经济界）
李凤菊（女）　李光明（回族）　李国英（女）
李瑞玲（女）　杨　彪（回族）　杨天峰
杨生慧（回族）　杨立慧（女）　杨丽娜（女）
张　炜　张占武　张丽慧（女，回族）
张雯萍（女）　陈景新　林吓富
罗鹏程　郑贤伦　赵万刚（回族）
柯占中（回族）　姜建国　海连鹏（回族）
陶文科　景　俊　释慈林
褚星霞（女）　赫丽娟（女、回族）
鲜碧龙（回族）

中国共产党固原市第五届纪律检查委员会

书　记	王　栋
副书记	马志彪(回族)
	张永祯
	尹效东
常务委员会委员	王泽稷
	魏剑锋
	蒋建荣
	刘国堂
	丁海东(回族)

五届固原市纪律检查委员会委员
(名额为29名,按姓氏笔画为序)

丁海东(回族)	马　宁(回族)	马志彪(回族)
王　栋	王泽稷	牛治忠
文丽荣(女)	尹效东	白万钧(回族)
刘世贤	刘国堂	祁　忠
祁　强	李　生(回族)	李润良
杨文义	李永明	张　毅
张永祯	张雯萍(女)	陈　显
胡巧琴(女)	倪万枢	蒙卫斌
慕　蓉(女)	郭　隗(回族)	蒋建荣(女,回族)
蔡文刚	魏剑锋	

固原市监察委员会

主　任	王　栋	
副主任	马志彪(回族)	张永祯
	尹效东	
委　员	魏剑锋	蒋建荣
	刘国堂	丁海东(回族)

纪委监委各室主任

案件审理室主任	张永祯
办公室主任	蔡文刚
信访室主任	范克钧
宣教(政策法规研究)室主任	李国栋
党风政风监督室主任	马小虎(回)
案件监督管理室主任	蒋建荣(女,回族)
第一监督检查室主任	李小勇
第二监督检查室主任	魏剑峰
第三监督检查室主任	刘晓祥(回族)
第四审查调查室主任	刘国堂
第五审查调查室主任	丁海东(回族)
纪检监察干部监督室主任	董生刚

派驻纪检监察组组长

派驻第一纪检监察组组长	王维民
派驻第二纪检监察组组长	倪万枢
派驻第三纪检监察组组长	黄选存
派驻第四纪检监察组组长	曹红周
派驻第五纪检监察组组长	李润良
派驻第六纪检监察组组长	王悦琴(女)
派驻第七纪检监察组组长	安克仁
派驻第八纪检监察组组长	李　生(回族)
派驻第九纪检监察组组长	金西平
派驻第十纪检监察组组长	范克钧
派驻第十一纪检监察组组长	郭满林(回族)
派驻第十二纪检监察组组长	柳全忠
固原市直机关纪检监察工作委员会书记	杨文义

固原市中级人民法院

党组书记、院长	董　军
党组成员、副院长	穆存忠(回族)
	张尚祎
	慕　蓉(女)
党组成员、纪检组长	柳全忠
党组成员、政治处主任	张　波
党组成员	陈君礼
审委会专职委员	张世平

固原市人民检察院

党组书记、检察长　曾宪斌
党组副书记、副检察长　李永花(女)
党组成员、副检察长　白万钧(回族)
张静隆
党组成员、纪检组长　郭满林(回族)
党组成员、政治处主任　胡晓香(女)
党组成员、三级高级检察官助理　李国良
检察委员会专职委员　马贵福(回族)
冯　喆

中共固原市委工作部门

中共固原市委员会办公室
办公室主任　李育龙
办公室副主任　韩建国
朱建兵
王正兵
市委督查室主任　宋兆璐

中共固原市委组织部
组织部部长　杨继宏
副部长　虎正中(回族)
靳华斌
张亚萍(女)
张雯萍(女)
部务委员　白国东(回族)
倪金栋

中共固原市委宣传部
部　长　褚一阳(女)
副部长　宋亚俊
文丽荣(女)
邓彦辉
田鹏飞
毛兆平(回族)
文明办专职副主任　高亚强(女)

中共固原市委统战部
部　长　胡　斌(回族)
副部长　马辉春(回族)
杨立慧(女)
田元文(女)
张　帆
白　瑞(回族)

中共固原市政法委员会
书　记　位西北
副书记　王　萍(女)
武殿盛
综治办副主任　任鹏达

中共固原市委政策研究室
主　任　孙建军(回族)
副主任　柳永良
徐升光
市委全面深化改革办公室专职副主任
程新伟

中共固原市委网络安全和信息化委员会办公室
主　任　杜鸿雁
副主任　樊　勇
王刘纪

中共固原市委机构编制委员会办公室
主　任　靳华斌
副主任　张劲华

中共固原市委直属机关工作委员会
书　记　杨继宏
副书记　马六一(回族)
张秀桂(女)

中共固原市委巡察工作领导小组办公室
主　任　王泽稷
副主任　张冰河
市委巡察组副组长　耿承志
袁伟勤
李征平

中共固原市委老干部局

局长、离退休干部党工委书记 张亚萍(女)
副局长 郑厚强
副局长、关工委办公室主任 罗 诚
离退休干部党工委副书记 沙广学(回族)

中共固原市委直属事业单位

中共固原市委党史研究室

主 任 陈 显
副主任 祁悦章
苏明珠(回族)

中共固原市委党校(固原市行政学院)

党校(行政学院)校长(院长) 杨继宏
常务副校长(常务副院长) 徐万廷
副校长(副院长) 雷 宁
马东升

固原市新闻传媒中心

党委书记、主任 文丽荣(女)
党委副书记、总编辑 马金平(回族)
党委委员、副主任、副总编辑
张天星
王建保
潘 江

固原市人大常委会工作部门

人大常委会办公室

秘书长、机关党组书记、主任 魏志刚
副秘书长、办公室副主任 王 升
张治军
副主任 马志宝(回族)
法制工作委员会主任 景清海
法制工作委员会副主任 谢国玉
财政经济工作委员会主任 王成明
财政经济工作委员会副主任 安希平(女)
教育科学文化卫生工作委员会主任 吴秉银
教育科学文化卫生工作委员会副主任 张怀文
农业与环境资源保护工作委员会主任 李春生
农业与环境资源保护工作委员会副主任 虎少臣(回族)
代表选举与联络工作委员会主任 高耀明
代表选举与联络工作委员会副主任 周宝林
监察和司法工作委员会主任 马全忠(回族)

固原市政府工作部门

固原市人民政府办公室

秘书长、办公室党组书记、主任 杨 军
副秘书长、办公室党组成员 郑宜成
戴耀骞
任 伟
谢 敏(挂职)
虎 俊(回族,挂职)
办公室副主任 韩 英(女)
马清智(回族)
黄彦博
李鹏英(回族)

固原市发展和改革委员会

党组书记、主任 刘永龙
党组成员、副主任 柳应彪
陈 涛
祁 刚

张新全(挂职)
刘晓宇(挂职)
党组成员、纪检组组长　黄选存

固原市教育体育局(市教育工委)
教育体育局党组书记、局长　赵万仓(回族)
教育工委专职副书记、党组成员　张国文
党组成员、副局长　张树宏
魏冠南
市政府教育督导委员会副主任督学
强　兵(回族)

固原市科学技术局
党组书记、副局长　张永奎
局长　周建设
党组成员、副局长　赵永刚

固原市工业和信息化局
党组书记、局长　米　广
党组成员、副局长　李世贵(回族)
关丽丽(女)

固原市公安局
党委书记、局长　童　东
党委副书记、政委　董永强
党委委员、常务副局长　马义平(回族)
党委委员、副局长　杨佐义
王兆林(回族)
祁应祖
党委委员、政治部主任　王维强
党委委员、市纪委第十一派驻纪检组组长
范克钧
指挥部主任　戴小维
国内安全保卫支队支队长　马明学
国内安全保卫支队政委　何永斌
刑事侦查局局长　李思学
刑事侦查局政委　李　伟
治安管理局局长　吴　毅
治安管理局政委　吴　东
巡特警支队支队长　俞利平
特警支队政委　杨立成(回族)
交警支队(交通警察分局)支队长(局长)
张怀彪
交警支队(交通警察分局)政委　马惠娟(女,回族)
经济开发区分局局长　王生琦
看守所(监察留置所)所长　麻建博(回族)
看守所(监察留置所)政委　马志军
禁毒委员会办公室专职副主任　杨晓刚

固原市民政局
党组书记、局长　邵春霞(女)
党组成员、副局长　余秀俊(回族)

固原市司法局
党组书记、局长　祁　强
党组成员、副局长　乔晓安
王勇强
李晅宁

固原市财政局
党组书记、局长　马　瑾(回族)
党组成员、副局长　任远景
王永刚
党组成员、纪检组组长　李润良

固原市人力资源和社会保障局
党组书记、局长　宋新宇
党组成员、副局长　马国栋(回族)
王　斌
王建军

固原市自然资源局
党组书记、局长　杨生智
党组成员、副局长　李江宁
辛雪峰
马志强(回族)
市自然资源和不动产确权登记中心主任
张　斌

固原市生态环境局
党组书记、局长　郭　隗(回族)
党组成员、副局长　马进才(回族)
赵克祥
梁亚明

固原市住房和城乡建设局
党组书记、局长　朱红社
党组成员、副局长　李彦科
刘晓军
毛作鹏(回族)

固原市交通运输局

党组书记、局长、交通战备办公室主任
苏厚贤(回族)
党组成员、副局长　祁德才
刘　强(回族)
蒙彦智
市交通运输综合执法支队队长　杨忠余

固原市水务局

党组书记、局长　李国帅
党组成员、副局长　周广阳
樊银军
丁亚南

固原市农业农村局

党组书记、局长　杨荣(回族)
党组成员、副局长　任军孝
辛四辈
刘　瑾

固原市商务和投资促进局

党组书记、局长　何学义(回族)
党组成员、副局长　李旭东
魏志斌
陈广洲

固原市文化旅游广电局

党组书记、局长　李国才
党组成员、副局长　赵　静(女,回族)
郭　宁
王文阁
市文化市场综合执法支队支队长
张发祥

固原市卫生健康委员会

卫生健康委员会党组书记、主任　高继飞
党组成员、副主任　杜彦远
王海清

固原市退役军人事务局

党组书记、局长　李永明
党组成员、副局长　胡有忠

固原市应急管理局

党委书记、局长　王成录
党委委员、副局长　高建军(回族)
李学仕
杜得汇

固原市审计局

党组书记、局长　蒙卫斌
党组成员、副局长　拜春晖(回族)
虎　伟
副局长　杨　升

固原市市场监督管理局

党组书记、局长　翟敬军
党组成员、副局长　王一平
刘　煜
高泽胜

固原市金融工作局

党组书记、局长　马　宁(回族)
国有资产监督管理委员会党委委员、副主任
乔金虎

固原市统计局

党组书记、局长　杨建军
党组成员、副局长　计发斌
夏崎峰

固原市乡村振兴局

党组书记、局长　任永峰(回族)
党组成员、副局长　王元明
宋保童
张玉海

固原市审批服务管理局

党组书记、局长　刘世贤
党组成员、副局长　邢慧璧
党组成员、政务服务中心主任　贾立权

固原市城市管理局

党组书记、局长　马天峰(回族)
党组成员、副局长　陈学伟

固原市信访局

党组书记、局长　李耀星
党组成员、副局长　张文科

固原市医疗保障局

党组书记、局长　海　丽(女,回族)
党组成员、副局长　刘克虎(回族)
杨俱和

固原市人民防空办公室

党组书记、主任　朱连续
党组成员、副主任　蔡　立
于秀龙(回族)

固原市粮食和物资储备局

党组书记、局长　马　英(女,回族)
党组成员、副局长　李守玲(女)
吴晓伟

固原市机关事务管理局

党组书记、局长　马德明(回族)
党组成员、副局长　邓玉平
市机关事务服务中心主任　台喜平

固原市政府派出机构

固原经济开发区管委会

党工委书记、管委会主任　李志达
党工委副书记、管委会常务副主任
张恭昌
党工委副书记　殷正旗
党工委委员、管委会副主任　马　武(回族)
尚学鹏

固原市六盘山旅游扶贫试验区开发建设管委会

办公室专职副主任　袁继安

宁夏固原国家农业科技园区管委会

专职副主任　金　琳(回族)

固原市政府直属事业单位

固原市地震局

党组书记、局长　李雅娟(女)
党组成员、副局长　乔金龙

固原市六盘山林业局

党组副书记、局长　于华学(回族)
党组成员、副局长　王克祥
于文有(回族)
王双贵

固原市投资促进服务中心

党组书记、主任　宋世军
党组成员、副主任　陈　伟
管全生

固原市住房公积金管理中心

党组书记、主任　陈　伟
党组成员、副主任　佘三才
程旭杰

固原市公共资源交易中心

党组书记、主任　李国安
党组成员、副主任　朱林祥
卫晋华

固原市社会保险事业管理中心

主任　杨晓曦(女)
副主任　王志彪(回族)
高　科

固原市林业草原发展服务中心

党组书记、主任　魏长军
党组成员、副主任　郑小义
海　钦(回族)

固原市政协办公室及各工作委员会

市政协办公室
秘书长、机关党组书记、主任　陈宇青
副秘书长、机关党组书记　杨维东(回族)
办公室副主任　冯　刚
机关党组成员、提案委员会主任　陶文科
提案委员会副主任　张占军
政协机关党组成员、经济委员会主任　李秉强
经济委员会副主任　马志强(回族)
政协机关党组成员、教科文卫体委员会主任　杨天峰
教科文卫体委员会副主任　李喜生
机关党组成员、社会法制和资源环境委员会主任　张彩虹(女)
社会法制和资源环境委员会副主任　刘继强
机关党组成员、民族宗教和港澳台侨联络委员会专职副主任　海连鹏(回族)
机关党组成员、文化文史和学习委员会专职副主任　古　原(回族)
机关党组成员、农业和农村委员会专职副主任　马　莉(女,回族)

民主党派

民盟固原市委员会
主任委员　师淑莲(女)

民进固原市委员会
主任委员　虎久强

九三学社固原市委员会
主任委员　赫丽娟(女,回族)

群众团体

固原市总工会
党组书记、主席　张立君
党组副书记、副主席　王志贤
党组成员、副主席　王旭东

中国共产主义青年团固原市委员会
书记　穆小平(回族)

固原市妇女联合会
党组书记、主席　马红英(女,回族)
党组成员、副主席　高秀萍(女,回族)
李慧琴(女)

固原市科学技术协会
党组书记、主席　王社宝(回族)
党组成员、副主席　田建明
马海鹏(回族)

固原市文学艺术界联合会
党组书记、主席　杜彦荣
党组成员、副主席　单永珍(回族)
副主席　马金莲(回族)

固原市工商业联合会
主席　何学虎(回族,不驻会)
党组书记、副主席　杨立慧
党组成员、副主席　冯宝荣(回族)
张　强

固原市残疾人联合会
党组书记、理事长　王克虎
党组成员、副理事长　王启鹏
李　军(回族)

固原市伊斯兰教协会
会长　周德科(回族,不驻会)
副会长　宝举海(回族)
黑桂森(回族)

固原市红十字会
党组书记、常务副会长　马秀梅(女,回族)

人民武装

固原军分区

司令员	苏开吉
政治委员	蒋刚彪
副司令员	张理国
战备建设处处长	郭兆江
动员处处长	王建文
政治工作处主任	申国涛
保障处处长	武海鸥

中国人民武装警察部队固原支队

支队长	马云涛
政治委员	李　新
副支队长	冯　涛
	仇　鹏
副政治委员	赵富利
参谋长	罗永庆
政治处主任	佟建文
保障处处长	王明虎

固原市有关部门管理单位

固原市档案馆

馆　长	王　伦
副馆长	南殿堂
	林莉萍(女)

中共固原市委讲师团

团　长	刘　东
副团长	海明贵(回)

固原市地方志研究室

党支部书记、主　任	张志海
副主任	杨永成
	吴红红(女)

固原市人民医院

党委书记、副院长	穆宏强
院　长	张　立
党委委员、副院长	张建钢
	褚万银
	徐海军
党委委员、工会主席	李晓辉(女)
总会计师	张丽君(女)

固原市卫生监督所

所　长	唐福银

固原市疾病预防控制中心

主　任	郭旭东

固原市妇幼保健院(儿童医院、原州区妇幼保健院)

院　长	王　东

固原市中医院

院　长	李　珺

院　校

固原市职业技术学校(宁夏六盘山高级技工学校)

党委书记、副校长	孙剑锋(回族)
党委副书记	王万龙
党委副书记、副校长	严忠成
副校长	任　清
党委委员、副校长	安启刚

固原一中

党委书记、副校长	慕　力
党委副书记、校长	张文学
党委委员、副校长	何成江(回族)
	高　岳
	马金成

固原二中

校　长	韩映顺

宁夏师范学院附属中学

校　长	任　皓

固原八中

校　长	马树田

中央、自治区驻固各单位

宁夏师范学院

党委书记　张治荣
院　长　马宗保(回族)
党委委员、副书记　吴　孝
党委委员、纪委书记　虎玉赟(女)
党委委员、副院长　钟正平
韩惠丽(女)
党委委员、副院长、统战部部长　田富军(回族)
吴占伏

固原市国家税务局

党委书记、局　长　韩轶伟
党委委员、副局长　林东升
秦福贵(回族)
杨明民
晁晓东(回族)
党委委员、纪检组组长　徐长风
党委委员、总经济师　段永刚
党委委员、总会计师　虎正武

国家统计局固原调查队

党组书记、队　长　程振卿
党组成员、副队长　李荣智
张　玲(女)
纪检组组长　杜正龙(回族)

固原市邮政管理局

党组书记、局　长　马永福(回族)

宁夏公路管理中心固原分中心

党委副书记、主任　王维庄
党委委员、副主任　王立强
李晓强
党委委员、纪委书记　刘军义

固原车务段

党委书记　刘永江
党委副书记、段　长　王　璟
党委副书记、纪委书记　李维民
党委委员、工会主席　罗录存
党委委员、副段长　宋安定
杨晓宏
曹国祥

固原市气象局

党组书记、局　长　杜　鑫
党组成员、副局长　杨志莲(女,回族)
饶彤华
党组成员、纪检组组长　高建文

宁夏储备粮固原储备库(有限公司)

书记、总经理　虎久春
副书记　武　强
副总经理　吕　涛

固原博物馆

馆　长　王效军
副馆长　王泽华
张　强

宁夏农林科学院固原分院

党委书记　余治家
党委副书记、纪委书记、副院长　杨　琳
党委委员、副院长　张国辉
副院长　王克雄

宁夏水文资源勘测局固原分局

党支部书记、局长　米占贵
支部组织委员、副局长　徐　海
支部宣传委员、副局长　张文会

中国人民银行固原市中心支行

党委书记、行长　梁非哲
党委委员、纪委书记　马长喜(回族)
党委委员、工会主任　王永锋
党委委员、副行长　辛志兵
李成林
魏志华

固原银保监分局

党委书记、局长　张学义
党委委员、副局长　李向军
刘文刚
党委委员、纪委书记　于洪涛

中国农业发展银行固原市分行

党委书记、行长　马旺升
党委委员、副行长　刘雪霞（女）
王世涛

中国建设银行固原分行

党委书记、行长　马进福
党委副书记、副行长　姜　君
党委委员、纪检组组长　陈　岗
党委委员、副行长　王垚屈
文　杰
丁艳娟

中国农业银行固原分行

党委书记、行长　詹登科
党委委员、纪委书记　孟清海
党委副书记、副行长　张　军

中国工商银行固原分行

党委副书记、副行长　潘　超（壮族）
党委委员、纪委书记　邵忠宁
党委委员、副行长　马三利
顾高峰
罗　蕊（女）

固原市农村商业银行

党委书记、董事长　虎秉铎
党委副书记、行长　禹小成
党委委员、监事长　冯富贵
党委委员、纪委书记　杨　智
党委委员、副行长　丁　伟（回族）
杨瑞刚

宁夏银行固原分行

党总支书记、行长　刘镇晶（满族）
党总支委员、副行长　杨鸿礼
党总支委员、纪检员　朱新荣

中国邮政储蓄银行固原分行

党委书记、行长　王东明
纪委书记、副行长　党凤萍
党委委员、副行长　陶伟众
党委委员、工会主席、副行长　杨晓蓉

石嘴山银行固原分行

党支部书记、行长　龚东战
副行长　郭文慧（女）

国网固原供电公司

党委副书记、总经理　刘晓宏
党委书记、副总经理　池长斌
党委委员、纪委书记、工会主席　惠　安
党委委员、副总经理　侯春生
薛玉龙
牛育忠
党委委员、总会计师　康国林

六盘山水务有限公司

党委书记、执行董事　张忠智
党委副书记、总经理　王建军
党委委员、纪委书记、工会主席　秦有财
党委委员、副总经理　倪万户
李　刚
张廷华
王　谦
张佑林
李小燕（女）

中铝宁夏王洼煤业集团

党委书记、执行董事、总经理　叶力进
党委副书记、副总经理　欧朝阳
党委委员、总工程师　方运买
党委委员、安全总监　王　强
党委委员、工会主席　姚　辉
党委委员、副总经理　曹　瑞
党委委员、纪委书记　刘学东
党委委员　刘介儒
陈　浩
副总经理　杨　利
财务总监　王汉栋
专项工作负责人　杨贵祥

中铝宁夏能源集团六盘山热电厂

党委书记、厂长　周永青
党委副书记、工会主席　李　浩
党委委员、纪委书记　贾新军
党委委员、副厂长、安全总监　张　静
党委委员、总工程师　吴　洋
党委委员、财务总监　张宏吉

中盐宁夏盐业有限公司固原分公司
书记、经理 冯　涛(回族)
副经理 王爱礼
姬彩云(回)

固原市烟草专卖局(公司)
党组书记、局长(经理) 王　伟
党组成员、副局长 苏文军(回族)
党组成员、副经理 魏世君
党组成员、纪检组组长 段晓云

中国电信股份有限公司固原分公司
党委书记、总经理 郭　明
党委委员、纪委书记、工会主席 孙　恒
党委委员、副总经理 马　斌
张让琼
王常虎

中国移动宁夏公司固原分公司
党委书记、总经理 毕继明
党委委员、纪委书记、副总经理、工会主席
马立建(回)
党委委员、副总经理 叶　路
黄　杰
副总经理 吴林春

中国联合通信公司固原分公司
总经理 王再春
副总经理 葸　爱
海　军(回族)
周小东(回族)
派驻纪检组组长 武元明

铁塔公司
总经理 赵生献
副总经理 晁建军
李国诏

中国邮政集团公司固原市分公司
党委书记、总经理 马晓芹(女,回族)
党委成员、纪检书记、副总经理 张曙光
党委成员、副总经理 路　军
党委成员、副总经理、工会主席 李娟(女,回族)

中国石油宁夏固原销售分公司
党委书记、纪委书记、工会主席、副经理
杨永昆
党委副书记、经理 伏世宽
副经理 牛铁军
王　斌
副经理、安全总监 于　彬

中国人民财产保险股份有限公司固原分公司
党委书记、副总经理 陈生杰
党委副书记 吴朝晖
党委委员、总经理助理、纪委书记 刘俊国

中国人寿保险股份有限公司固原分公司
党支部书记、总经理 徐　亮
副经理 曹志文
尚玉香(女)

中国太平洋财产保险股份有限公司固原中心支公司
党委书记 谢　强
总经理助理 赵德鹏

工业园区

宁夏西吉工业园区
党工委书记 杨生俊(回族)
党工委副书记、管委会主任 马耀宏(回族)
党工委副书记、纪工委书记 张　杰

隆德县六盘山工业园区
党工委书记 刘　斌
党工委副书记、纪工委书记 袁亚亚(女)
党工委委员、管委会副主任 杜　斌
穆　清(回族)

彭阳县王洼产业园区管理委员会
党工委书记 刘启冬
党工委副书记、管委会主任 王志会
党工委副书记、纪工委书记、管委会副主任
张明山
管委会副主任 张　涛

泾源县轻工业园区
党工委副书记、管委会主任 于　雷(回族)

市属重点国有企业

固原市供销合作社联合社

主　任　杨自远
副主任　庞英丽(女,回族)

固原六盘山机场

党委书记、总经理　马春惠
副总经理、纪委书记　徐　科
副总经理、工会主席　牛成平

固原市九龙城市建设集团有限公司

党委书记、董事长　夏　强
党委副书记、总经理　刘　强

宁夏六盘山旅游集团

党委书记、董事长　韩　文
党委副书记、纪委书记、工会主席　刘玉龙
党委副书记、纪委书记　刘德敬
总经理　张宗信

宁夏六盘山交通集团有限公司

党委副书记、总经理　魏文彬

宁夏六盘山产业扶贫开发投融资集团有限公司

董事长、总经理　袁鸿儒

固原经济技术开发区投资发展有限责任公司

党支部书记、总经理　文三军

固原市产业技术创新研究院有限公司

董事长、总经理　马国文

原　州　区

中共原州区委

书　记　何永吉
副书记、区长　马　波(回族)
副书记　马小路
常委(人武部政委)　刘文平
常委(政府副区长)　王统一
常委(统战部部长)　马耀军(回)
常委(组织部部长)　陈　启
常委(政法委书记)　张守忠
常委(寨科乡书记)　李树荣
常委(纪委书记、监委主任)　牛治忠
常委(宣传部部长)　薛　霞
常委(政府副区长)　潘振强(挂职)

原州区人民代表大会常务委员会

党组书记、主任　李佐田
副主任　白　莉(女,回族)
王正奇
罗永耀
丁　洁(女,回族)

原州区人民政府

党组书记、区长　马　波(回族)
党组副书记、副区长　王统一
副区长　潘振强(挂职)
曾新富
张小荣
曹国祥(挂职)
陈雪霞(女)
马文东(回族)
慕　夙

中国人民政治协商会议原州区委员会

党组书记、主席　马仲尧(回族)
副主席　金占海(回族)
赵向辉
张世林
何秀霞(女)

中国共产党原州区纪律检查委员会(监察委员会)

纪委书记、监委主任　牛治忠

原州区人武部

政　委　　刘文平
部　长　　张全军

原州区人民法院

党组书记、院长　　李全德(回族)

原州区人民检察院

党组书记、检察长　　黄　浩

宁夏固原国家农业科技园区管委会

专职副主任　　金　琳(回族)

西　吉　县

中共西吉县委

书　记　　白学贵
副书记、县长　　杨生俊(回族)
副书记　　邵剑波
常委(组织部部长)　　刘杏萍(女)
常委(副县长)　　张　哲(挂职)
常委(副县长)　　张　杰
常委(政法委书记)　　吴铁军
常委(吉强镇党委书记)　　魏廷峰
常委(纪委书记、监察委主任)　　祁　忠
常委(统战部部长)　　马生林(回族)
常委(副县长)　　林传烜(挂职)
常委(人武部政委)　　单国典
常委(宣传部部长)　　陈国涛

西吉县人民代表大会常务委员会

党组书记、主任　　李　聪
副主任　　王旭东
　　杨青鸿(回族)
　　王宏忠(回族)
　　刘宏霞(女)

西吉县人民政府

党组书记、县长　　杨生俊(回族)
副县长　　张　杰
　　张　哲(挂职)
　　林传烜(挂职)
　　孙占新
　　鲜瑞芳(女,回族)
　　郑　超
　　冯玉宝(回族)
　　马绍瑞(回族)

中国人民政治协商会议西吉县委员会

党组书记、主席　　马保师(回族)
副主席　　王自元
　　马桂英(女,回族)
　　马国荣(回族)
　　王庭孝

中国共产党西吉县纪律检查委员会(监察委员会)

纪委书记、监委主任　　祁　忠

西吉县人武部

政　委　　单国典
部　长　　刘　震

西吉县人民法院

党组书记、院长　　李　军

西吉县人民检察院

党组书记、检察长　　马彦平(回族)

宁夏吉德慈善产业园区管理委员会

主　任　　马耀宏(回族)

隆 德 县

中共隆德县委

书　记　刘　斌
副书记(县长)　马天峡(回族)
副书记(政法委书记)　兰秀全(回族)
常委(统战部部长)　赵文福(回族)
常委(人武部部长)　赵　敬
常委(组织部部长)　徐　虎
常委(奠安乡书记)　田　云
常委(纪委书记、监委主任)　胡巧琴(女)
常委(副县长)　陈　昊
常委(副县长)　叶建彪(挂职)

隆德县人民代表大会常务委员会

党组书记、主任　张　佐
副主任　毕世喜(回族)　任小红　党锁锁　陈作彬

隆德县人民政府

党组书记、县长　马天峡(回族)
副县长　陈　昊　叶建彪(挂职)　何冬华　柳春梅　金宝文(回族)　李龙君

中国人民政治协商会议隆德县委员会

党组书记、主席　李国英(女)
副主席　许学军　董玉科　吕　霄(女)

中国共产党隆德县纪律检查委员会(监察委员会)

纪委书记、监委主任　胡巧琴(女)

隆德县人武部

政　委　张延民
部　长　赵　敬

隆德县人民法院

党组书记、院长　高　睿

隆德县人民检察院

党组书记、检察长　张贤儒

隆德县六盘山工业园区管委会

主　任　刘　勇

泾 源 县

中共泾源县委

书　记　徐　龙
副书记(县长)　马晓红(女,回族)
副书记　张　明
常委(统战部部长)　杨继宏(回族)
常委(副县长)　李　刚
常委(纪委书记、监委主任)　张　毅
常委(组织部部长)　张毓龙
常委(宣传部部长)　刘　婧(女)
常委(副县长)　陈晓忞(挂职)
常委(人武部政委)　陈志东

泾源县人民代表大会常务委员会

党组书记、主任　李白虎(回族)
副主任　于　雷(回族)　陈　宝　马津垠(回族)　拜春霞(女,回族)

泾源县人民政府

党组书记、县长　马晓红(女,回族)
副县长　李　刚　贾国炜　马义杰(回族)　李　静(女,回族)　杨　志(回族)

中国人民政治协商会议泾源县委员会

党组书记、主席	李光明(回族)
副主席	赵宝安
	孙阿娜(女)
	于清海

中国共产党泾源县纪律检查委员会(监察委员会)

纪委书记、监委主任	张　毅

泾源县人民武装部

政　委	陈志东

泾源县人民法院

党组书记、院长	尹　鹏

泾源县人民检察院

党组书记、检察长	李宏涛

泾源县轻工产业园区管委会

主　任	于　雷(回族)

彭　阳　县

中共彭阳县委

书　记	刘启冬
副书记(县长)	张永强
副书记	李　芊
常委(政法委书记、副县长)	刘　旭
常委(组织部部长)	张利军
常委(副县长)	荆瑞芳(挂职)
常委(统战部部长)	丁志刚(回族)
常委(人武部部长)	彭　波
常委(纪委书记、监委主任)	蔡文刚
常委(宣传部部长)	李双美(女)
常委(副县长)	陈振能(挂职)
常委	安续堂
常委(副县长)	高云霞(女,回族)

彭阳县人民代表大会常务委员会

党组书记、主任	何少庸
副主任	王志会
	王　儒
	马素贵(回族)
	陈宗惠

彭阳县人民政府

党组书记、县长	张永强
党组副书记、副县长	刘　旭
副县长	荆瑞芳(挂职)
	张　学
	陈振能(挂职)
	王继讲
	张国仁
	范忠于

中国人民政治协商会议彭阳县委员会

党组书记、主席	马文山(回族)
副主席	赵　坤
	文珍珠(女)
	杨世福

中国共产党彭阳县纪律检查委员会(监察委员会)

纪委书记、监委主任	蔡文刚

彭阳县人武部

部　长	彭　波

彭阳县人民法院

党组书记、院长	孙有平

彭阳县人民检察院

党组书记、检察长	王东强

统计资料

固原市2021年国民经济和社会发展统计公报

固原市统计局　国家统计局固原调查队

（2022年4月20日）

2021年,全市上下高举习近平新时代中国特色社会主义思想伟大旗帜,深入贯彻习近平总书记视察宁夏重要讲话精神,认真贯彻落实区、市决策部署,坚持稳中求进的工作总基调,以建设黄河流域生态保护和高质量发展先行区为统揽,完整准确全面贯彻新发展理念,统筹推进疫情防控和经济社会发展,扎实做好"六稳""六保"工作,紧盯任务抓落实,紧盯项目抓进度,紧盯重点攻难点,紧盯短板强弱项,攻坚克难,勇毅前行,经济运行呈现平稳运行态势,实现"十四五"良好开局。

一、综　合

初步核算,全年全市实现地区生产总值375.13亿元,按不变价格计算,比上年增长6.1%,两年平均增长5.8%。其中,第一产业增加值64.21亿元,增长1.6%;第二产业增加值80.65亿元,增长3.5%;第三产业增加值230.27亿元,增长8.4%。第一产业增加值占地区生产总值的比重为17.1%,第二产业增加值比重为21.5%,第三产业增加值比重为61.4%。按常住人口计算,人均地区生产总值32733元,比上年增长6.2%。

图1　2017—2021年全市地区生产总值和增长速度

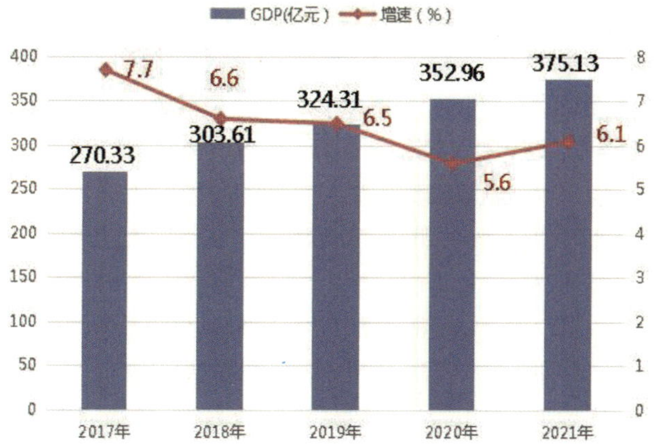

图2　2017—2021年全市三次产业增加值占地区生产总值比重(%)

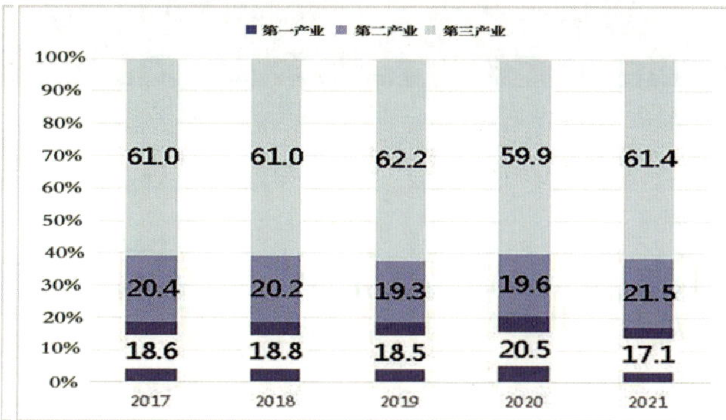

年末全市常住人口114.8万人,比上年末增加0.5万人,其中城镇常住人口51.0万人,占常住人口比重(常住人口城镇化率)为44.43%,比上年末提高0.84个百分点。全年出生人口1.46万人,出生率为12.74‰;死亡人口0.94万人,死亡率为8.20‰;自然增长率为4.54‰。

全年全市城镇新增就业9089人,城镇登记失业率为4.17%。全市共完成劳务输出33.65万人,比上年增长1.54%;实现劳务总收入73.36亿元,比上年增长2.5%。

图3　2017—2021年全市城镇新增就业人数(人)

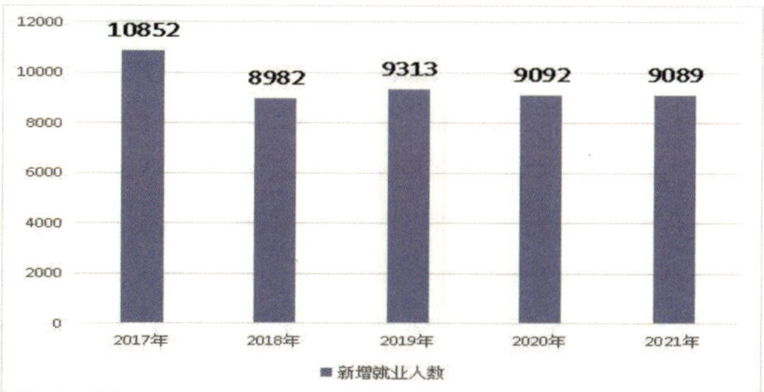

全年全市居民消费价格比上年上涨1.6%。其中,食品价格上涨2.0%,非食品价格上涨1.4%。

图4　2021年固原居民消费价格月度涨跌幅度(%)

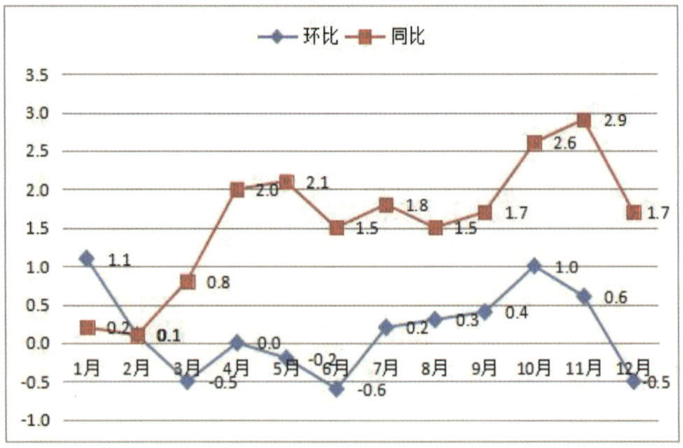

表1　2021年12月份固原市居民消费价格指数

单位:%

指标名称	环比	同比	1~12月累计
居民消费价格总指数	99.5	101.7	101.6
其中:食品烟酒	99.4	101.3	101.9
衣者	100.3	98.7	98.3
居住	99.3	100.1	100.8
生活用品及服务	100.3	100.8	100.3
交通和通信	98.7	105.7	104.1
教育文化和娱乐	99.3	101.8	101.0
医疗保健	100.0	104.1	103.2
其他用品和服务	100.1	98.4	99.0

二、农业

全年全市粮食种植面积311.18万亩,比上年减少3.76万亩,下降1.19%。其中,小麦种植面积38.07万亩,减少22.25万亩;玉米种植面积141.22万亩,增加16.21万亩;马铃薯种植面积97.27万亩,增加2.40万亩。油料种植面积20.78万亩,减少4.86万亩。蔬菜及食用菌种植面积43.02万亩,减少1.83万亩。瓜果种植面积1.71万亩,增加0.38万亩。

全年全市粮食总产量78.23万吨,比上年减产13.08万吨,下降14.33%。其中,夏粮产量7.18万吨,下降42.94%;秋粮产量71.05万吨,下降9.76%。全年全市小麦产量6.58万吨,下降43.24%;玉米产量41.51万吨,下降4.35%;马铃薯产量27.12万吨,下降15.08%。

全年全市蔬菜及食用菌产量181.82万吨,比上年下降7.23%;油料产量2.16万吨,下降22.73%。全年全市肉类总产量7.75万吨,比上年增长1.7%。其中,猪肉产量1.65万吨,增长5.0%;牛肉产量4.36万吨,增长5.3%;羊肉产量1.35万吨,下降5.17%;禽肉产量0.39万吨,下降19.96%;禽蛋产量2.09万吨,增长66.16%。年末全市生猪存栏17.35万头,下降3.18%;生猪出栏21.27万头,增长9.93%;肉牛存栏63.87万头,增长11.55%;牛出栏26.95万头,增长2.29%;羊存栏86.62万只,增长10.36%;羊出栏74.27万只,下降3.03%;家禽存栏224.21万只,增长45.00%;家禽出栏188.18万只,下降14.54%。

图5　2017—2021年全市粮食产量(万吨)

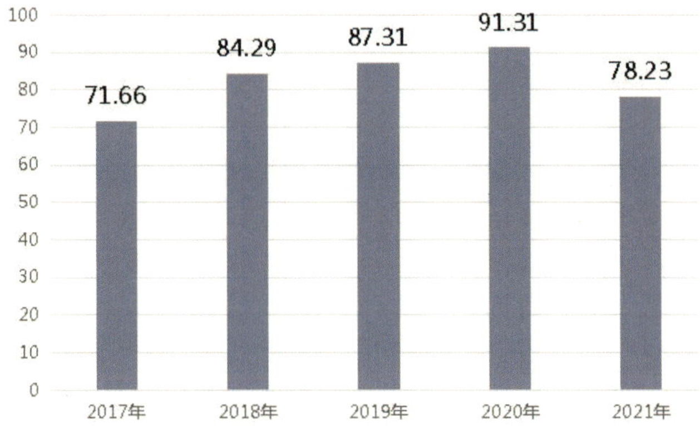

三、工业和建筑业

全年全市工业增加值47亿元,比上年增长1.8%。其中规模以上工业增加值增长2.7%。在规模以上工业中,分轻重工业看,轻工业增加值增长5.9%,重工业增长2.4%;分经济类型看,国有控股企业增加值增长9.3%,股份制企业下降1.9%,国有企业增长10.6%,外商及港澳台商投资企业下降32.9%,非公有制工业下降4.6%;分门类看,采矿业增加值增长13.4%,制造业下降7.8%,电力、热力、燃气及水生产和供应业增长4.1%。

全年全市规模以上工业中,化学原料和化学制品制造业下降9.8%、医药制造业下降0.1%、农副制品加工制造业下降0.5%、水的生产和供应业增长19.4%、煤炭开采和洗选业制造增长12.6%、非金属矿采选业增长23.6%、食品制造业下降45.5%、纺织制造业增长14.4%、文教工美体育制品制造业增长16.7%、橡胶和塑料制品制造业下降7.3%、非金属矿物质制造业增长0.3%、电力热力生产和供应业增长3.8%、燃气生产和供应业下降32.9%。工业产品销售率为98.9%。

全年全市规模以上工业企业实现利润18.1亿元,比上年增长119%。分经济类型看,国有控股企业实现利润11.8亿元,增长273.5%;股份制企业17.8亿元,增长122.3%,外商及港澳台商投资企业0.3亿元,下降18.1%。分门类看,采矿业实现利润11.2亿元,增长294.1%;制造业4.8亿元,增长36%;电力、热力、燃气及水生产和供应业2.2亿元,增长13.1%。

表2　2021年全市主要供应产品产量及其增长速度

指标	单位	产量	比上年增长(%)
发电量	万千瓦时	468746.54	5.52
原煤	吨	6350763.79	-30.38
水泥	吨	940919.80	21.04
初级形态塑料	吨	429126.00	-2.10
塑料制品	吨	38099.00	30.48
商品混凝土	立方米	612970.24	-5.33
自来水生产量	万立方米	3408.00	30.28
烧碱(折100%)	吨	284154.00	1.50
原盐	吨	961425.00	5.78
钢化玻璃	平方米	116500.33	36.92
夹层玻璃	平方米	19898.18	17.28
中空玻璃	平方米	113476.23	0.83
纱	吨	2169.77	11.06
碳化钙(电石，折300升/千克)	吨	331665.38	1.37
饲料	吨	9443.94	0.11
鲜、冷藏肉	吨	3059.85	-27.38

全市具有资质的总承包和专业承包建筑业企业68家，全年完成建筑业总产值38.02亿元，比上年下降10.7%。建筑业企业房屋建筑施工面积79.57万平方米，下降27.7%；房屋竣工面积33.97万平方米，下降47.2%；竣工产值18.74亿元，下降23.1%。

四、固定资产投资

全年全市全社会固定资产投资（不含农户）增长8%。在地方固定资产投资中，第一产业投资比上年下降21.8%，第二产业投资增长31.3%，第三产业投资增长18.3%。基础设施投资增长24.9%，占固定资产投资（不含农户）的比重为25.9%。民间固定资产投资下降14.0%，占固定资产投资（不含农户）的比重为29.4%。

全年全市房地产开发投资28.8亿元，比上年下降29.3%。其中，住宅完成投资21.4亿元，下降29.1%；商业营业用房完成投资4.2亿元，下降50.6%。

表3　2021年固原市房地产开发和销售主要指标完成情况及其增长速度

指　标	单位	绝对数	比上年增长(%)
房地产开发投资	亿元	28.8	-29.3
房屋施工面积	万平方米	423.3	6.2
其中：住宅	万平方米	290.5	-13.3
其中：本年新开工面积	万平方米	76.9	16.0
房屋竣工面积	万平方米	66.6	35.6

表3续表

指　标	单位	绝对数	比上年增长(%)
其中：住宅	万平方米	45.2	13.0
商品房销售面积	万平方米	97.5	18.4
其中：住宅	万平方米	71.7	5.1
商品房待售面积	万平方米	68.3	-5.1
其中：住宅	万平方米	24.6	51.9
商品房销售额	亿元	49.6	21.1
其中：住宅	亿元	34.6	6.0
本年实际到位资金	亿元	42.6	19.6
其中：国内贷款	亿元	1.5	73.6
自筹资金	亿元	10.1	12.0
其他资金来源	亿元	3.2	1.64倍

五、国内贸易

全年全市社会消费品零售总额124.92亿元，比上年增长3.4%，按经营地统计，城镇消费品零售额增长4.9%；乡村消费品零售额下降1.6%。按行业类型统计，批发业增长5.5%，零售业增长1.5%，住宿业增长9.4%，餐饮业增长6.8%。

图6　2017—2021年社会消费品零售总额和增速

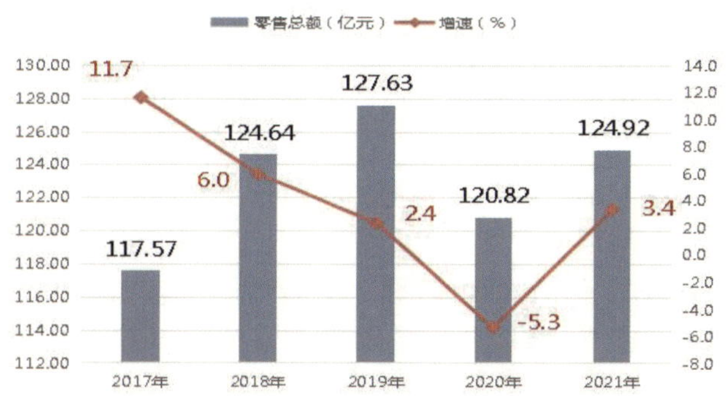

在限额以上单位商品零售额中，粮油、食品类零售额比上年增长5.4%，饮料类增长20.4%，烟酒类下降4.6%，服装、鞋帽、针纺织品类增长11.9%，化妆品类增长26.1%，金银珠宝类增长98.5%，日用品类增长13.3%，家用电器和音像器材类增长58.9%，中西药品类增长13.0%，文化办公用品类增长3.3%，石油及制品类增长48.2%，汽车类增长16.8%。

六、交通、邮电和旅游

据交通部门统计，到2021年年底，全市公路通车总里程10855.03公里，其中高速公路326.75公里（国家高速公路156.51公里、地方高速公路170.23公里）、一级公路142.57公里、二级公路900.41公里、三级公路

1277.90公里、四级公路8207.39公里。

全年铁路客运量19.05万人，比上年下降18.9%；铁路货运量271.23万吨，下降56.2%。民航客运量7.32万人，下降21.5%；民航旅客周转量5034.5万人公里，下降20.2%；民航货运量2.20吨，下降91.7%；民航货运周转量0.12万吨公里，下降96.1%。

表4　2021年固原市
铁路及航空完成运输量及增长速度

指　标	单位	绝对数	比上年增长(%)
客运量			
铁路	万人	19.05	-18.9
民航	万人	7.32	-21.5
旅客周转量			
民航	万人公里	5034.50	-20.2
货运量			
铁路	万吨	271.23	-56.2
民航	吨	2.20	-91.7
货物周转量			
民航	万吨公里	0.12	-96.1

年末全市各种民用汽车保有量29.48万辆。其中，载客汽车16.40万辆，载货汽车5.56万辆。全市摩托车1.05万辆，拖拉机5.67万辆，挂车0.67万辆。全市营运车辆2.92万辆，非营运车辆20.89万辆。

全年全市完成邮政业务总量1.41亿元，比上年增长29.2%。邮政业完成邮政寄递服务1263.35万件，快递业务量432.88万件，快递服务收入1亿元。

全年全市完成电信业务总量12.70亿元，比上年增长26.3%。年末固定电话用户数3.98万户，移动电话用户数121.45万户，其中4G移动电话用户数80.47万户，固定宽带接入用户数40.47万户，物联网用户数14.94万户。

全市共有旅游景区14个，拥有4A级旅游景区6个，拥有3A级旅游景区6个，2A级旅游景区2个。全市有27个注册旅行社，注册导游25人。全年共接待国内游客708.58万人次，接待国内游客总收入28.67亿元，国内游客人均花费404元。农家乐接待游客133.13万人次，农家乐总收入0.43亿元，农家乐人均花费32元。

七、财政、金融和保险

全年全市实现地方财政收入27.03亿元，比上年增长20.7%，其中，地方一般公共预算收入15.82亿元，增长9.2%。一般公共预算收入中，税收收入8.49亿元，增长3.3%，占一般公共预算收入比重53.7%。地方财政支出254.96亿元，下降6.2%，完成一般公共预算支出244.86亿元，下降3.5%。其中，教育支出下降4.8%，科学技术支出下降12%，社会保障和就业支出增长16.3%，卫生健康支出下降3.7%，节能环保支出增长16.9%，城乡社区支出下降5.3%，交通运输支出增长86.2%。

据人民银行统计，年末全市金融机构人民币各项存款余额546.39亿元，比上年增长5.2%，其中：住户存款余额364.29亿元，增长7.8%；人民币各项贷款余额485.35亿元，增长8.7%，住户贷款余额315.34亿元，增长15.4%。

据固原市保险行业协会统计，全年全市各类保险保费收入14.04亿元，比上年增长0.85%，其中，财产险收入7.05亿元，增长5.29%，人寿险收入6.99亿元，下降3.26%；保险赔付支出8.18亿元，增长15.5%，其中：财产险赔付支出6.18亿元，增长87.49%，人寿险赔付支出2亿元，增长8.8%；保险赔付率为58.26%，其中，财产险赔付率87.7%，人寿险赔付率28.58%。

八、科技、教育、文化和卫生

全市共争取自治区科技专项资金6123.2万元，市、县区安排科技项目资金5606万元(其中市本级1830万元)，2021全社会R&D经费投入1.68亿元，投入强度0.48。实施科技型企业梯队培育计划，新增国家高新技术企业家4家(现有11家)、自治区科技型“小巨人”企业2家(现有7家)、自治区农高新企业5家，国家级科技型中小企业34家、自治区科技型中小企业达到103家、市级科技型中小企业达到87家。备案组建自治区技术创新中心9个。科技专家库专家达到134名，全市科技特派员达到839名。

年末全市各级各类学校935所，教职工22018人。全年全市学前教育毛入园率87.6%，小学学龄人口入学率100%，初中生毛入学率117.88%，小学六年巩固率99.89%，初中三年巩固率为98.3%，九年义务教育完成率89.36%。

表5　2021年全市各级教育招生、在校、毕业人数

类别	校数(所)	招生数(人)	在校学生数(人)	毕业学生数(人)
普通高等学校	1	3087	9801	1979
中等职业教育学校	5	3978	10941	3588
普通中学	70	30752	91874	31777
高中	14	11374	32982	10114
初中	56	19378	58892	21663
普通小学	415	18796	115976	19155
特殊教育学校	3	73	363	23
幼儿园	441	18402	44667	20644

年末全市文化系统共有艺术表演团体557个，博物馆7个，公共图书馆6个，文化馆6个，档案馆6个。全市有线广播电视在册用户数9.11万户，广播节目综合人口覆盖率为99.66%，电视节目综合人口覆盖率为99.98%。

年末全市共有医疗卫生机构1110个，其中二级以上公立医院16个；民营医疗机构182家，其中民营医院20家，个体诊所162家；基层医疗卫生机构900个，其中卫生院62个，城市社区卫生服务机构26个，村卫生室812个；专业公共卫生机构12个，其中疾病预防控制中心6个，卫生监督机构6个。全市卫生技术人员10646人，其中执业医师和执业助理医师3301人，注册护士4296人，乡村医生数1049人，其他卫生技术人员2000人。全市医疗卫生机构实有床位5388张，其中医院4327张，基层医疗卫生机构1061张。全年全市总诊疗人次391.65万人次，入院出院人数17.26万人次。

九、人民生活和社会保障

全年全市城乡居民人均可支配收入18178.8元，比上年增长8.8%。按常住地分，城镇居民人均可支配收入32546.4元，增长8.3%；农村居民人均可支配收入13086.0元，增长9.5%。

图7　2017—2021年固原市
城镇居民人均可支配收入及其增长速度

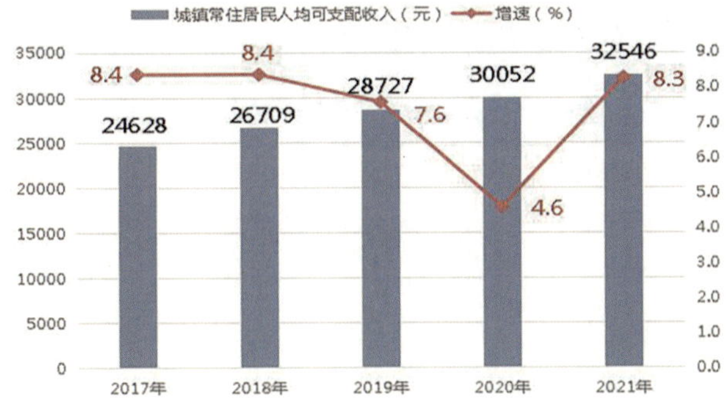

图8　2017—2021年固原市
农村居民人均可支配收入及其增长速度

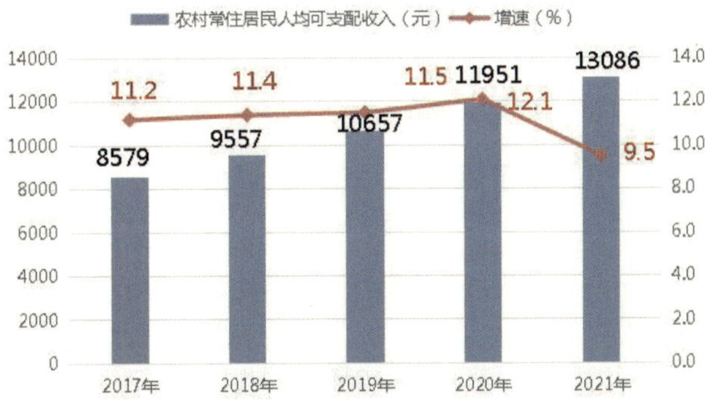

全市居民人均消费支出14212.6元，比上年增长12.1%。按常住地分，城镇居民人均消费支出23599.3元，增长12.2%；农村居民人均消费支出10885.3元，增长12.2%。

年末全市参加企业职工基本养老保险人数10.86万人，比上年末增加0.56万人；参加机关事业单位养老保险人数5.25万人；参加城乡居民基本养老保险人数68.54万人，增加2.55万人；参加城镇职工基本医疗保险人数11.54万人，增加0.67万人；参加城乡居民基本医疗保险人数118.81万人，减少4.4万人；参加失业保险人数7.99万人，增加0.52万人；参加工伤保险人数12.32万人，增加1.35万人；参加生育保险人数8.81万人，增加0.55万人。

十、环境保护和应急管理

全市环境空气有效监测天数365天，其中优良天数333天，占有效监测天数的91.2%(未剔除沙尘天气影响)。城市建成区范围内共有126个区域环境噪声网格。城市区域昼间平均等效声级为47.5dB(A)，城市区域声环境质量总体水平等级为一级(好)。

全市累计发生各类生产经营性事故10起，比上年下降16.7%，死亡9人，下降18.2%。亿元GDP生产安全事故死亡人数为0.024人，下降22.58%。道路交通生产安全事故零起。煤矿百万吨死亡人数为零人，净减少2人。

注释：

[1] 本公报中数据均为初步统计数。

[2] 地区生产总值、各产业增加值和人均地区生产总值绝对数按现行价格计算，增长速度按不变价格计算。根据第四次全国经济普查结果及有关制度规定，对2000—2018年地区生产总值进行了修订。

[3] 2017年农业相关数据为第三次农业普查修正数据。

[4] 自2018年起，不再公布固定资产投资总量。

[5] 根据第四次全国经济普查结果及有关制度规定，对1992—2019年社会消费品零售总额数据进行了修订。

[6] 资料来源：本公报中就业、养老保险、失业保险、工伤保险、生育保险、医疗保险数据来自市社会保险事业管理中心；环境数据来自市生态环境局；交通数据来自市交通局；铁路数据来自中国铁路兰州局集团有限公司；民航数据来自西部机场集团宁夏机场有限公司固原分公司；民用汽车数据来自市公安局交通警察分局机动车辆管理所；邮政数据来自市邮政管理局；电信数据来自自治区通信管理局；财政数据来自市财政局；金融数据来自人民银行固原支行；保险业数据来自固原银保监分局；科学技术数据来自市科技局；教育数据来自市教育局和宁夏师范学院；医疗卫生数据来自市卫健委；文化、广电、旅游和体育数据来自市旅游文体广电局；城市建设数据来自市住建局；气象数据来自市气象局；生产安全数据来自市应急管理局；其余数据均来自市统计局和国家统计局固原调查队。

固原市第七次全国人口普查主要数据公报

固原市第七次全国人口普查公报[1]
（第一号）
——人口情况

固原市统计局
固原市第七次全国人口
普查领导小组办公室

根据第七次全国人口普查结果，现将2020年11月1日零时我市人口的基本情况公布如下：

一、常住人口

全市常住人口[2]为1142142人。

二、人口增长

全市常住人口与2010年第六次全国人口普查的1228156人相比，减少86014人，下降7.00%，年平均增长率为-0.72%。

三、户别人口

全市共有家庭户[3]376282户，集体户11264户，家庭户人口为1091419人，集体户人口为50723人。平均每个家庭户的人口为2.90人，比2010年第六次全国人口普查减少0.75人。

四、民族人口

全市人口中，汉族人口为605884人，占53.05%；各少数民族人口为536258人，占46.95%。与2010年第六次全国人口普查相比，汉族人口减少78725人，下降11.50%；各少数民族人口减少7289人，下降1.34%。

固原市第七次全国人口普查公报[4]
（第二号）
——地区人口情况

固原市统计局
固原市第七次全国人口
普查领导小组办公室

根据第七次全国人口普查结果，现将2020年11月1日零时我市所辖5个县（区）的常住人口[5]有关数据公布如下：

一、地区人口

分县（区）[6]看，原州区人口为471329人，占全市常住人口的41.27%；西吉县人口为315827人，占27.65%；隆德县人口为109451人，占9.58%；泾源县人口为85023人，占7.44%；彭阳县人口为160512人，占14.05%。

表2-1　各地区人口

单位：人、%

地区	人口数	比重[7]	
		2020年	2010年
全　市	1142142	100.00	100.00
原州区	471329	41.27	33.53
西吉县	315827	27.65	28.85
隆德县	109451	9.58	13.09
泾源县	85023	7.44	8.23
彭阳县	160512	14.05	16.30

注释：

[1] 本公报数据均为初步汇总数据。

[2] 常住人口包括：居住在本乡镇街道且户口在本乡镇街道或户口待定的人；居住在本乡镇街道且离开户口登记地所在的乡镇街道半年以上的人；户口在本乡镇街道且外出不满半年或在境外工作学习的人。全市常住人口包括所辖5个县（区）的常住人口。

[3] 家庭户是指以家庭成员关系为主、居住一处共同生活的人组成的户。

[4] 本公报数据均为初步汇总数据。部分数据因四舍五入的原因，存在总计与分项合计不等的情况。

[5] 常住人口包括：居住在本乡镇街道且户口在本乡镇街道或户口待定的人；居住在本乡镇街道且离开户口登记地所在的乡镇街道半年以上的人；户口在本乡镇街道且外出不满半年或在境外工作学习的人。

[6] 五个县（区）包括：原州区、西吉县、隆德县、泾源县、彭阳县。

[7] 指各县（区）的常住人口占全市常住人口的比重。

二、地区人口变化

5个县(区)中,人口比重与2010年第六次全国人口普查相比,原州区人口所占比重上升7.74个百分点,西吉县、隆德县、泾源县、彭阳县人口所占比重分别下降1.20、3.51、0.79、2.25个百分点。

与2010年第六次全国人口普查相比,常住人口中,人口增加的县(区)为:原州区,增加59475人。

固原市第七次全国人口普查公报[1]

(第三号)

——人口性别构成情况

固原市统计局

固原市第七次全国人口

普查领导小组办公室

根据第七次全国人口普查结果,现将2020年11月1日零时我市所辖5个县(区)的人口性别构成情况公布如下:

一、全市人口性别构成

全市常住人口[2]中,男性人口为580618人,占50.84%;女性人口为561524人,占49.16%。总人口性别比(以女性为100,男性对女性的比例)为103.40,与2010年第六次全国人口普查总人口性别比101.75相比,上升1.65个百分点。

二、地区人口性别构成

5个县(区)中,总人口性别比在103[3]以下的县(区)有1个,在103至107之间的县(区)有4个。

表3-1　各地区人口性别构成

单位:%

地区	占常住人口比重		性别比
	男	女	
全　市	50.84	49.16	103.40
原州区	50.04	49.96	100.17
西吉县	51.49	48.51	106.15
隆德县	50.88	49.12	103.58
泾源县	51.31	48.69	105.40
彭阳县	51.59	48.41	106.59

固原市第七次全国人口普查公报[4]

(第四号)

——人口年龄构成情况

固原市统计局

固原市第七次全国人口

普查领导小组办公室

根据第七次全国人口普查结果,现将2020年11月1日零时我市所辖5个县(区)的人口年龄构成情况公布如下:

一、全市人口年龄构成

全市常住人口[5]中,0~14岁[6]人口为275630人,占24.13%;15-59岁人口为708611人,占62.04%;60岁及以上人口为157901人,占13.83%,其中65岁及以上人口为117956人,占10.33%。与2010年第六次全国人口普查相比,0~14岁人口的比重下降2.60个百分点,15~59岁人口的比重下降0.98个百分点,60岁及以上人口的比重上升3.58个百分点,65岁及以上人口的比重上升3.61个百分点。

表4-1　全市人口年龄构成

单位:人、%

年龄	人口数	比重
总　计	1142142	100.00
0~14岁	275630	24.13
15~59岁	708611	62.04
60岁及以上	157901	13.83
其中:65岁及以上	117956	10.33

二、地区人口年龄构成

5个县(区)中,15-59岁人口比重均在60%~65%之间,且5个县(区)65岁及以上老年人口比重均超过7%。

注释:

[1] 本公报数据均为初步汇总数据。

[2] 全市常住人口包括所辖5个县(区)的常住人口。

[3] (103-107)是国际公认的人口性别比正常水平。

[4] 本公报数据均为初步汇总数据。部分数据因四舍五入的原因,存在总计与分项合计不等的情况。

[5] 全市常住人口包括所辖5个县(区)的常住人口。

[6] 0~15岁人口为293843人,16~59岁人口为690398人。

表4-2　各地区人口年龄构成

单位:%

地区	占常住人口比重			
	0~14岁	15~59岁	60岁及以上	其中:65岁及以上
全　市	24.13	62.04	13.83	10.33
原州区	24.50	63.54	11.96	8.77
西吉县	26.71	60.04	13.25	10.05
隆德县	19.74	61.34	18.92	14.28
泾源县	24.12	60.39	15.48	11.62
彭阳县	20.98	62.95	16.07	12.07

固原市第七次全国人口普查公报[1]
(第五号)
——人口受教育情况

固原市统计局
固原市第七次全国人口
普查领导小组办公室

根据第七次全国人口普查结果,现将2020年11月1日零时我市所辖5个县(区)的人口受教育基本情况公布如下:

一、受教育程度人口

全市常住人口[2]中,拥有大学(指大专及以上)文化程度的人口为127339人;拥有高中(含中专)文化程度的人口为127534人;拥有初中文化程度的人口为277999人;拥有小学文化程度的人口为420027人(以上各种受教育程度的人包括各类学校的毕业生、肄业生和在校生)。与2010年第六次全国人口普查相比,每10万人中拥有大学文化程度的由5288人增至11149人;拥有高中文化程度的由9394人增至11166人;拥有初中文化程度的由26481人减少为24340人;拥有小学文化程度的由42485人减少为36775人。

表5-1　各地区每10万人口中拥有的各类受教育程度人数

单位:人/10万人

地区	大学(大专及以上)	高中(含中专)	初中	小学
全　市	11149	11166	24340	36775
原州区	14021	12044	25864	31776
西吉县	7684	10204	21775	44000
隆德县	12523	11822	25489	36794
泾源县	7732	8417	22601	36460
彭阳县	10407	11489	25050	37396

二、平均受教育年限[3]

与2010年第六次全国人口普查相比,全市人口中,15岁及以上人口的平均受教育年限由7.27年提高至8.57年。

5个县(区)中,平均受教育年限在8.57年(全市水平)以上的县(区)有2个。

表5-2　各地区15岁及以上人口平均受教育年限

单位:年

地区	2020年	2010年
全　市	8.57	7.27
原州区	9.13	7.88
西吉县	8.07	6.85
隆德县	8.77	7.35
泾源县	7.26	5.92
彭阳县	8.41	7.26

三、文盲人口

全市常住人口中,文盲人口(15岁及以上不识字的人)为65719人,与2010年第六次全国人口普查相比,文盲人口减少77358人,文盲率[4]由15.90%下降为5.75%,下降10.15个百分点。

注释:

[1] 本公报数据均为初步汇总数据。

[2] 全市常住人口包括所辖5个县(区)的常住人口。

[3] 平均受教育年限是将各种受教育程度折算成受教育年限计算平均数得出的,具体的折算标准是:小学=6年,初中=9年,高中=12年,大专及以上=16年。

[4] 文盲率是指常住人口中15岁及以上不识字人口所占常住人口比例。

固原市第七次全国人口普查公报[1]
（第六号）
——城乡人口和流动人口情况

固原市统计局
固原市第七次全国人口
普查领导小组办公室

根据第七次全国人口普查结果，现将2020年11月1日零时我市所辖5个县（区）的人口城乡分布及流动情况公布如下：

一、城乡[2]人口

全市常住人口[3]中，居住在城镇的人口为497906人，占43.59%；居住在乡村的人口为644236人，占56.41%。与2010年第六次全国人口普查相比，城镇人口增加218444人，乡村人口减少304458人，城镇人口比重上升20.84个百分点。

二、流动人口[4]

全市常住人口中，人户分离人口[5]为357965人，其中，市辖区内人户分离[6]人口为131869人，流动人口为226096人。流动人口中，外省流入人口为23950人，区内流动人口为202146人。

与2010年第六次全国人口普查相比，人户分离人口增加199372人，增长125.71%，其中市辖区内人户分离人口增加122606人，增长1323.61%；流动人口增加76766人，增长51.41%。

注释：

[1] 本公报数据均为初步汇总数据。

[2] 城镇、乡村是按国家统计局《统计上划分城乡的规定》划分的。

[3] 全市常住人口包括所辖5个县（区）的常住人口。

[4] 流动人口是指人户分离人口中扣除市辖区内人户分离的人口。

[5] 人户分离人口是指居住地与户口登记地所在的乡镇街道不一致且离开户口登记地半年以上的人口。

[6] 市辖区内人户分离人口是指一个直辖市或地级市所辖的区内和区与区之间，居住地和户口登记地不在同一乡镇街道的人口。

文件目录

2021 年中共固原市委员会发文选目

文件名称	发布文号	发布日期
中共固原市委员会关于制订国民经济和社会发展第十四个五年规划和二〇三五年远景目标的建议	固党发〔2021〕2号	1月7日
中共固原市委员会关于新时代加强和改进人大工作的意见	固党发〔2021〕3号	1月7日
中共固原市委　市人民政府关于命名表彰固原市第五届十大道德模范的决定	固党发〔2021〕4号	1月26日
中共固原市委员会关于对邱开养等12名福建省十一批在固挂职干部给予行政奖励的决定	固党发〔2021〕5号	2月5日
中共固原市委　市人民政府关于巩固脱贫攻坚成果全面推进乡村振兴加快农业农村现代化的实施意见	固党发〔2021〕8号	2月26日
中共固原市委　市人民政府关于印发《新时期固原产业工人队伍建设改革实施方案》的通知	固党发〔2021〕10号	3月23日
中共固原市委印发《固原市县(区)党校〈行政学院〉建设意见》的通知	固党发〔2021〕11号	4月12日
中共固原市委员会关于表彰全市优秀共产党员、全市优秀党务工作者和全市先进基层党组织的决定	固党发〔2021〕13号	6月29日
中共固原市委　固原市人民政府　固原军分区关于表彰全市双拥模范单位模范个人的决定	固党发〔2021〕14号	7月9日
中共固原市委　市人民政府关于表彰全市优秀退役军人　退役军人工作先进单位及个人的决定	固党发〔2021〕15号	7月9日
关于同意召开中国共产党固原市原州区第四次代表大会的批复	固党发〔2021〕16号	7月14日
关于同意召开中国共产党西吉县第十五次次代表大会的批复	固党发〔2021〕17号	7月14日
关于同意召开中国共产党隆德县第十五次次代表大会的批复	固党发〔2021〕18号	7月14日
关于同意召开中国共产党泾源县第十五次次代表大会的批复	固党发〔2021〕19号	7月14日
关于同意召开中国共产党彭阳县第九次次代表大会的批复	固党发〔2021〕20号	7月14日
中共固原市委员会关于印发《固原市法治社会建设任务清单(2021—2025年)》的通知	固党发〔2021〕22号	7月18日
中共固原市委　市人民政府关于印发《固原市重点产业招商引资政策措施(试行)》的通知	固党发〔2021〕23号	9月1日
关于中国共产党固原市第五次代表大会代表选举工作的通知	固党发〔2021〕24号	9月22日
中共固原市委　市人民政府关于印发《关于在全市开展第八个五年法治宣传教育的实施意见》的通知	固党发〔2021〕25号	9月25日
关于印发马汉成同志在市第五次党代会上报告的通知	固党发〔2021〕26号	12月7日
中共固原市委员会关于加强领导班子建设推进全面从严治党的决定	固党发〔2021〕27号	12月7日
关于同意召开中国共产党宁夏师范学院第三次代表大会的批复	固党发〔2021〕28号	12月10日
关于成立中国共产党固原市政府国有资产监督管理委员会工作委员会的通知	固党发〔2021〕29号	12月11日

2021年中共固原市委办公室发文选目

文件名称	文号	发布日期
中共固原市委办公室　市人民政府办公室关于印发《固原市推进基层整合审批服务执法力量的实施方案》的通知	固党办〔2021〕1号	1月6日
市委常委会2020年度民主生活会情况通报	固党办〔2021〕2号	1月28日
中共固原市委办公室　市人民政府办公室关于印发《固原市原州区推进基层整合审批服务执法力量的实施方案》等4个实施方案的通知	固党办〔2021〕3号	2月4日
中共固原市委办公室　市人民政府办公室关于印发《固原市防灾减灾救灾责任规定》的通知	固党办〔2021〕6号	2月23日
中共固原市委办公室关于印发《2020年度地级市党委和自治区各行业系统党（工）委书记抓基层党建述职评议考核反馈问题整改工作清单》的通知	固党办〔2021〕8号	3月17日
中共固原市委办公室　市人民政府办公室关于印发《固原市贯彻落实自治区党委生态环境保护督察反馈意见整改方案》的通知	固党办〔2021〕9号	3月24
中共固原市委办公室关于印发《巩固深化"不忘初心、牢记使命"主题教育成果责任清单》的通知	固党办〔2021〕11号	3月29日
中共固原市委办公室　市人民政府办公室关于2020年度县（区）、部门（单位）效能目标管理考核结果的通报	固党办〔2021〕13号	4月6日
中共固原市委办公室　市人民政府办公室关于推荐全区脱贫攻坚考核先进集体、先进个人评比表彰工作的通知	固党办〔2021〕15号	4月9日
中共固原市委办公室关于印发《2021年固原市全面从严治党党风廉政建设和反腐败工作主要任务分工方案》的通知	固党办〔2021〕17号	4月15日
中共固原市委办公室印发《关于开展政治生态分析研判评价工作的实施方案》的通知	固党办〔2021〕18号	4月15日
中共固原市委办公室关于评选全区优秀基层党组织、优秀共产党员、党务工作者评选表彰活动的通知	固党办〔2021〕20号	5月6日
中共固原市委办公室关于印发《固原市本级巡视员工作规则（试行）》的通知	固党办〔2021〕24号	5月27日
中共固原市委办公室　市人民政府办公室关于印发《固原市巩固拓展脱贫攻坚成果全面推进乡村振兴工作清单》的通知	固党办〔2021〕25号	5月25日
中共固原市委办公室　市人民政府办公室关于印发《全市实施移民致富提升行动任务清单》的通知	固党办〔2021〕26号	6月4日
中共固原市委办公室　市人民政府办公室关于印发用水权、土地权、排污权、山林权"四权"改革实施方案的通知	固党办〔2021〕27号	6月18日
中共固原市委办公室　市人民政府办公室印发《关于深化新时代教育督导体制机制改革的实施方案》的通知	固党办〔2021〕29号	7月1日
关于印发《实行"领导包抓+专班推进+驻村帮扶"机制扎实推进乡村振兴工作方案》的通知	固党办〔2021〕32号	7月9日
中共固原市委办公室　市人民政府办公室关于印发《进一步加强未成年人司法保护工作责任清单》的通知	固党办〔2021〕33号	7月13日
中共固原市委办公室　市人民政府办公室关于印发《固原市基础教育质量提升行动任务清单》的通知	固党办〔2021〕34号	7月14日
中共固原市委办公室　市人民政府办公室关于印发《固原市实施全面健康水平提升行动任务清单》的通知	固党办〔2021〕35号	7月14日
中共固原市委办公室　市人民政府办公室关于印发《固原市城乡居民收入提升行动方案（清单）》的通知	固党办〔2021〕36号	7月26日

续表一

文件名称	文号	发布日期
中共固原市委办公室　市人民政府办公室关于对全市“我身边的战疫模范”集体和个人进行表扬的通报	固党办〔2021〕39号	8月6日
中共固原市委办公室关于印发《固原市直机关事业单位工作人员调配管理暂行办法》的通知	固党办〔2021〕40号	8月11日
中共固原市委办公室　市人民政府办公室关于印发《固原市工业2025“十强双百”行动实施方案》的通知	固党办〔2021〕42号	8月17日
中共固原市委办公室　市人民政府办公室关于印发《固原市持续优化营商环境更好服务市场主体20条措施》的通知	固党办〔2021〕43号	8月18日
中共固原市委办公室　市人民政府办公室印发《关于建立市级领导包抓重点招商引资项目工作机制方案》的通知	固党办〔2021〕45号	9月1日
中共固原市委办公室　市人民政府办公室印发《关于建立市级领导包抓产业发展工作专班方案》的通知	固党办〔2021〕46号	9月1日
中共固原市委办公室　市人民政府办公室印发《固原市关于强化知识产权保护实施方案》的通知	固党办〔2021〕47号	9月24日
中共固原市委办公室　市人民政府办公室印发《固原市产业技术创新研究院建设方案》的通知	固党办〔2021〕49号	10月6日
中共固原市委办公室　市人民政府办公室关于印发《固原市贯彻落实自治区党委生态环境保护专项督察反馈意见整改方案》的通知	固党办〔2021〕50号	10月13日
中共固原市委办公室　市人民政府办公室印发《固原市贯彻落实〈自治区党委人民政府关于深化要素市场化配置改革的实施意见〉任务措施清单》的通知	固党办〔2021〕51号	10月18日
中共固原市委办公室印发《关于深化司法责任制综合配套改革工作任务清单》的通知	固党办〔2021〕52号	10月29日
中共固原市委办公室关于印发《固原市重要改革方案制定工作细则（试行）》《固原市重要改革任务推动落实工作细则（试行）》《固原市委全面深化改革委员会专项小组工作细则（试行）》的通知	固党办〔2021〕53号	11月5日
中共固原市委办公室关于印发《固原市关于进一步加强新形势下党建带团建工作任务清单》的通知	固党办〔2021〕54号	11月11日
中共固原市委办公室关于中共固原市委书记、副书记、常委和秘书长工作分工的通知	固党办〔2021〕55号	12月6日
中共固原市委办公室　市人民政府办公室关于印发《固原市生态环境损害赔偿制度改革实施方案》的通知	固党办〔2021〕57号	12月13日
中共固原市委办公室　市人民政府办公室关于印发《固原市全面推行林长制的实施方案》的通知	固党办〔2021〕59号	12月22日
中共固原市委办公室　市人民政府办公室关于印发《固原市法治政府建设任务清单（2021—2025年）》的通知	固党办〔2021〕60号	12月27日
中共固原市委办公室　市人民政府办公室关于印发《加强社会主义法治文化建设任务清单》的通知	固党办〔2021〕61号	12月24日
中共固原市委办公室　市人民政府办公室关于印发《固原市深化应急管理综合行政执法改革的实施方案》的通知	固党办〔2021〕62号	12月29日
中共固原市委办公室　市人民政府办公室关于做好固原市2022年元旦春节期间有关工作的通知	固党办〔2021〕63号	12月31日

2021年固原市人民政府发文选目

文件名称	文号	发文时期
固原市人民政府关于公布第二批历史建筑保护名录的通知	固政发〔2021〕2号	1月11日
固原市人民政府关于印发《固原市安全生产责任体系》的通知	固政发〔2021〕3号	1月29日
固原市人民政府关于印发市长副市长党组成员等工作分工的通知	固政发〔2021〕7号	2月10日
固原市人民政府关于下达固原市本级2021年度地方财政收支预算的通知	固政发〔2021〕8号	2月4日
固原市人民政府关于印发《固原市国民经济和社会发展第十四个五年规划和2035年远景目标纲要》的通知	固政发〔2021〕9号	2月22日
固原市人民政府关于公布第四批市级非物质文化遗产代表性项目(扩展项目)名录的通知	固政发〔2021〕13号	2月23日
固原市人民政府关于划分市级水资源税收入的通知	固政发〔2021〕18号	4月26日
固原市人民政府关于印发《固原市本级与市辖区财政事权和支出责任划分改革实施方案》的通知	固政发〔2021〕19号	4月30日
固原市人民政府关于印发《固原市"十四五"规划纲要目标任务及2021年度任务清单》的通知	固政发〔2021〕27号	7月12日
固原市人民政府关于印发《固原市贯彻落实新发展理念责任清单》的通知	固政发〔2021〕28号	7月14日
固原市人民政府关于固原市抗旱救灾工作情况及建议的报告	固政发〔2021〕33号	8月12日
固原市人民政府关于印发《固原市深化"证照分离"改革进一步激发市场主体发展活力实施方案》的通知	固政发〔2021〕35号	8月23日
固原市人民政府关于印发《固原市人民政府常务会议工作规则》的通知	固政发〔2021〕40号	9月8日
固原市人民政府关于固原市2021年安全生产工作的报告	固政发〔2021〕51号	12月24日

2021年固原市人民政府办公室发文选目

文件名称	文号	发文时期
固原市人民政府办公室关于印发《固原市推进县域义务教育优质均衡发展创建方案》的通知	固政办发〔2021〕3号	1月29日
固原市人民政府办公室关于印发马汉成同志在市人民政府2021年全体(扩大)会议上讲话的通知	固政办发〔2021〕4号	2月10日
固原市人民政府办公室关于印发《推动工业结构改造三年行动计划2021年—2023年)》等四个行动计划的通知	固政办发〔2021〕7号	3月8日
固原市人民政府办公室关于印发《固原市开展城市品质提升三年行动实施方案》的通知	固政办发〔2021〕9号	4月1日
固原市人民政府办公室关于印发《固原市足球改革发展实施方案(2021年—2026年)》的通知	固政办发〔2021〕10号	4月8日
固原市人民政府办公室关于印发《固原市政务服务标准化建设实施方》的通知	固政办发〔2021〕12号	4月19日
固原市人民政府办公室关于印发《固原市五河岸线利用项目专项整治行动工作方案》的通知	固政办发〔2021〕13号	4月20日
固原市人民政府办公室关于印发《宁夏六盘山红军长征旅游区创建国家AAAAA级旅游景区工作实施方案》的通知	固政办发〔2021〕14号	4月21日
固原市人民政府办公室关于印发《全面开展证明事项告知承诺制实施方案》的通知	固政办发〔2021〕15号	4月27日
固原市人民政府办公室关于印发《固原市城市生活垃圾分类工作实施方案》的通知	固政办发〔2021〕16号	4月28日
固原市人民政府办公室关于印发固原市本级与市辖区基本公共服务领域共同财政事权和支出责任划分改革实施方案的通知	固政办发〔2021〕18号	4月30日
固原市人民政府办公室关于印发固原市本级与市辖区医疗卫生教育科技交通领域财政事权和支出责任划分改革实施方案的通知	固政办发〔2021〕19号	4月30日
固原市人民政府办公室关于印发固原市进一步加强红十字会基层组织建设实施方案的通知	固政办发〔2021〕20号	5月18日
固原市人民政府办公室关于印发《固原市农村生活垃圾治理工作实施方案》的通知	固政办发〔2021〕21号	6月2日
固原市人民政府办公室关于印发《固原市城区物业管理工作联席会议制度》的通知	固政办发〔2021〕22号	6月2日
固原市人民政府办公室关于印发《固原市加强和改进住宅物业管理暨线上线下生活服务工作实施方案》的通知	固政办发〔2021〕23号	6月2日
固原市人民政府办公室关于印发《固原市深入开展爱国卫生运动实施方案》的通知	固政办发〔2021〕24号	6月9日
固原市人民政府办公室关于印发《固原市建立义务教育控辍保学长效机制实施办法》的通知	固政办发〔2021〕28号	7月20日

续表一

文件名称	文号	发文时期
固原市人民政府办公室关于印发《固原市加快纺织服装产业发展的实施方案》的通知	固政办发〔2021〕32号	8月18日
固原市人民政府办公室关于印发《固原市中小学生课后服务工作实施方案》的通知	固政办发〔2021〕33号	8月19日
固原市人民政府办公室关于印发《固原市国企改革三年行动实施方案任务分工》的通知	固政办发〔2021〕34号	8月19日
固原市人民政府办公室关于印发《固原市培育百家限额以上企业工作实施方案》的通知	固政办发〔2021〕39号	9月24日
固原市人民政府办公室关于印发《固原市松材线虫病疫情防控五年攻坚行动实施方案(2021—2025年)》的通知	固政办发〔2021〕40号	11月3日
固原市人民政府办公室关于印发《固原市属国有企业投资管理办法》的通知	固政办发〔2021〕41号	11月5日
固原市人民政府办公室印发《关于推进固原市属国有企业混合所有制改革的实施意见》的通知	固政办发〔2021〕42号	11月5日
固原市人民政府办公室印发《关于进一步完善固原市属国有企业法人治理结构的实施方案》的通知	固政办发〔2021〕43号	11月5日
固原市人民政府办公室关于印发《固原市区整治规范房地产市场秩序三年行动方案》的通知	固政办发〔2021〕44号	11月8日
固原市人民政府办公室关于印发固原市建设全国“数字供销”示范区实施方案(2021年—2025年)的通知	固政办发〔2021〕45号	11月9日
固原市人民政府办公室关于印发《固原市贯彻落实自然资源部支持宁夏建设黄河流域生态保护和高质量发展先行区意见的实施方案》的通知	固政办发〔2021〕46号	11月9日
固原市人民政府办公室关于印发固原市消防救援事业发展“十四五”规划的通知	固政办发〔2021〕47号	11月9日
固原市人民政府办公室关于印发固原市文化和旅游产业发展“十四五”规划的通知	固政办发〔2021〕48号	12月7日
固原市人民政府办公室关于印发固原市现代服务业发展“十四五”规划的通知	固政办发〔2021〕49号	12月7日
固原市人民政府办公室关于印发固原市重大基础设施发展“十四五”规划的通知	固政办发〔2021〕50号	12月7日
固原市人民政府办公室关于印发固原市中药材产业发展“十四五”规划的通知	固政办发〔2021〕51号	12月7日

续表一

文件名称	文号	发文时期
固原市人民政府办公室关于印发固原市特色农业发展“十四五”规划的通知	固政办发〔2021〕52号	12月7日
固原市人民政府办公室关于印发黄河流域固原市生态保护和高质量发展规划的通知	固政办发〔2021〕53号	12月7日
固原市人民政府办公室关于印发固原市新型城镇化发展“十四五”规划的通知	固政办发〔2021〕54号	12月7日
固原市人民政府办公室关于印发固原市生态经济发展“十四五”规划的通知	固政办发〔2021〕55号	12月7日
固原市人民政府办公室关于印发固原市环境保护“十四五”规划的通知	固政办发〔2021〕56号	12月7日
固原市人民政府办公室关于印发固原市现代纺织和服装加工发展“十四五”规划的通知	固政办发〔2021〕57号	12月7日
固原市人民政府办公室关于印发固原市社会事业发展“十四五”规划的通知	固政办发〔2021〕58号	12月7日
固原市人民政府办公室关于印发固原市巩固拓展脱贫攻坚成果全面推进乡村振兴“十四五”规划的通知	固政办发〔2021〕59号	12月7日
固原市人民政府办公室关于印发“数字固原”规划建设方案的通知	固政办发〔2021〕60号	12月23日
固原市人民政府办公室关于印发固原市加强乡村生活污水治理推进资源化利用的实施意见的通知	固政办发〔2021〕61号	12月26日
固原市人民政府办公室关于印发固原市深化农村公路管理养护体制改革实施方案的通知	固政办发〔2021〕62号	12月26日
固原市人民政府办公室关于印发固原市全民科学素质行动规划纲要实施方案(2021—2025年)的通知	固政办发〔2021〕64号	12月31日